HAL LEONARD

MÉTODO PARA TOCAR LA GUITARRA

Un complemento para cualquier método para tocar la guitarra

INCREÍBLE BUSCADOR DE ESCALAS

Una guía fácil de usar con más de 1300 escalas para guitarra

CONTENIDOS

T0087239

por Adam St. James

ISBN 978-1-4584-1811-1

HAL•LEONARD®
CORPORATION
7777 W. BLUEMOUND RD. P.O. BOX 13819 MILWAUKEE, WI 53213

Visite Hal Leonard en línea en
www.halleonard.com

INTRODUCCIÓN

Este libro se diseñó con un objetivo en mente: ayudar a los guitarristas a entender y utilizar las diferentes opciones tonales que tienen disponibles en los diapasones con traste a través de un conocimiento práctico de las escalas y los modos más comunes y útiles. Utilizarás el *Increíble buscador de escalas* como una guía de estudio especializado y una herramienta de referencia rápida durante muchos años.

¿Por qué son tan importantes las escalas?

Las escalas son la clave para entender prácticamente todos los elementos musicales. Si pueden comprender mínimamente cómo se forman las escalas, los guitarristas (de hecho, todos los músicos) se encuentran más capacitados para entender: 1) cómo se crean las melodías y canciones, 2) cómo se arman los acordes y 3) cómo realizar interludios instrumentales y solos más apasionantes y gratificantes.

Aunque parezca extraño, algunos músicos consideran que las escalas los limitan mucho y que inherentemente imponen un conjunto de reglas que reprimen la expresión artística. Nada podría estar más alejado de la realidad. El conocimiento es poder verdadero y el conocimiento que brindan estas páginas está relacionado con el poder musical y la libertad creativa.

Cómo explorar el Increíble buscador de escalas

Este libro consta principalmente de diagramas de mástil que ilustran los patrones de escala precisos de las doce notas fundamentales: C, C♯/D♭, D, D♯/E♭, F, F♯/G♭, G, G♯/A♭, A, A♯/B♭ y B. Se muestran las digitaciones exactas de los modos y escalas más importantes para cada fundamental desde un extremo del mástil hasta el otro. Con esta información, nunca más estarás atrapado en un solo traste del diapasón. Por el contrario, aprenderás cómo moverte por el mástil en cualquier tono mientras usas una paleta completa de escalas y modos coloridos para crear sonidos que identifiquen tu antojo y humor musical.

En este libro se ilustran diecisiete escalas diferentes. Para facilitar el aprendizaje y por otras razones que explicaremos en las próximas páginas, se presentan en el siguiente orden:

1) Escala mayor (modo jónico)
2) Pentatónica mayor
3) Escala menor natural (modo eólico)
4) Pentatónica menor
5) Escala de blues
6) Escala mixo blue
7) Modo mixolidio
8) Modo dórico
9) Escala menor melódica
10) Escala menor armónica
11) Modo frigio
12) Modo locrio
13) Modo lidio
14) Escala disminuida (semitono-tono)
15) Escala disminuida (tono-semitono)
16) Escala cromática
17) Escala de tonos

17 ESCALAS Y MODOS

Será más fácil aprender estas escalas y estos modos si entiendes los principios fundamentales sobre su composición. Tal vez sepas que una *escala* es simplemente una progresión de notas en un orden determinado con intervalos fijos. (El *modo* es básicamente lo mismo). Cada tipo de escala es diferente. Para armar escalas o para compararlas con otras, utilizamos por lo general dos métodos:

1) Tonos y semitonos. En la guitarra, un *semitono* es la distancia entre un traste y el próximo y un *tono* es la distancia entre dos trastes que están separados por otro. Se puede considerar cada tipo de escala como un patrón de tonos y semitonos desde una fundamental hasta su octava. Por ejemplo, las escalas mayores siempre siguen esta fórmula: tono-tono-semitono-tono-tono-tono-semitono.

C		D		E		F		G		A		B		C
	T		T		S		T		T		T		S	

2) Fórmula numérica. A cada nota, o grado, de la escala se le puede asignar un número específico que hace referencia a su distancia o *intervalo* de la fundamental. Por ejemplo, las escalas mayores tienen siete notas (sin incluir la octava): 1–2–3–4–5–6–7.

1	2	3	4	5	6	7
C	D	E	F	G	A	B

Para otras escalas se establecen las mismas referencias. Por ejemplo, la pentatónica mayor es una escala de cinco notas sin los grados 4.º y 7.º: 1–2–3–5–6. La escala menor natural tiene siete notas pero los grados 3.º, 6.º y 7.º son un semitono más bajo: 1–2–♭3–4–5–♭6–♭7, y así sucesivamente.

Antes de que empieces a aprender los patrones del diapasón con trastes, echemos un vistazo a las escalas y los modos que encontrarás en este libro.

Escala mayor (modo jónico)

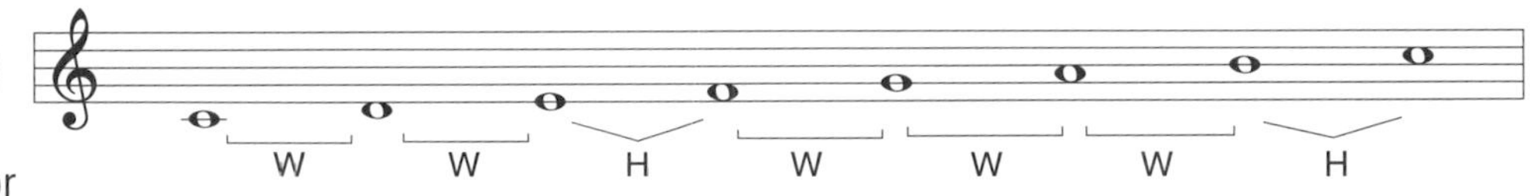

(1–2–3–4–5–6–7)

Es probable que la escala mayor sea la escala más importante que debes conocer y entender. Durante los últimos siglos, la mayor parte de la música occidental se basó en esta escala y sus modos, los cuales simplemente se forman al volver a organizar o dar una nueva prioridad a la fórmula de semitonos y tonos. Esta escala de siete notas también se denomina modo jónico.

Pentatónica mayor

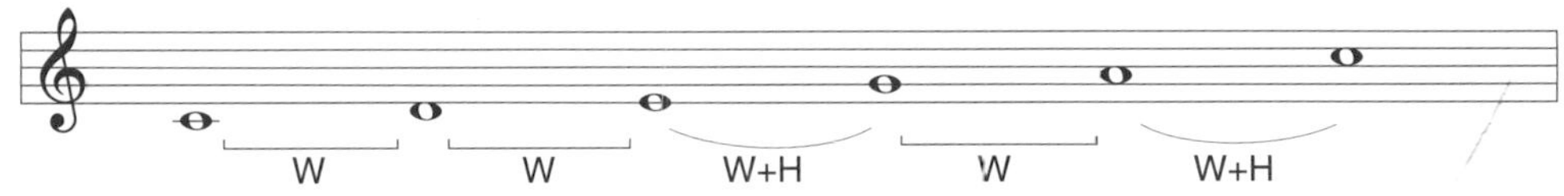

(1–2–3–5–6)

Luego de aprender la escala mayor, es lógico aprender la escala pentatónica mayor de cinco notas que incluye las mismas notas que la escala mayor pero sin los grados 4.º y 7.º de la escala. Esta también es una escala muy importante y conocida. Asegúrate de aprender las cinco posiciones ya que cada una permite crear sus propios licks increíbles.

Escala menor natural (modo eólico)

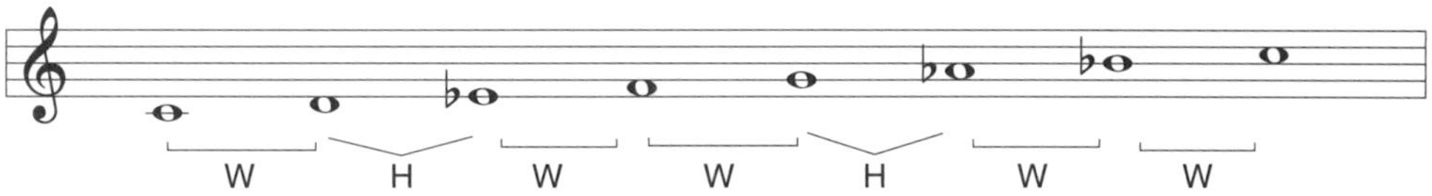

(1–2–♭3–4–5–♭6–♭7)

Es probable que la escala menor natural sea la segunda escala o modo más importante en el canon de música occidental de la mitad del último milenio. Muchos guitarristas toman a la escala menor natural con siete notas como el punto de partida en muchas de sus piezas porque, por un lado, ofrece una fácil digitación del patrón de posición de notas fundamentales y por el otro, el intervalo entre la nota fundamental de la escala hasta su 3.º menor aparentemente suena muy bien en la mayoría de las progresiones de acordes de rock o blues.

Pentatónica menor

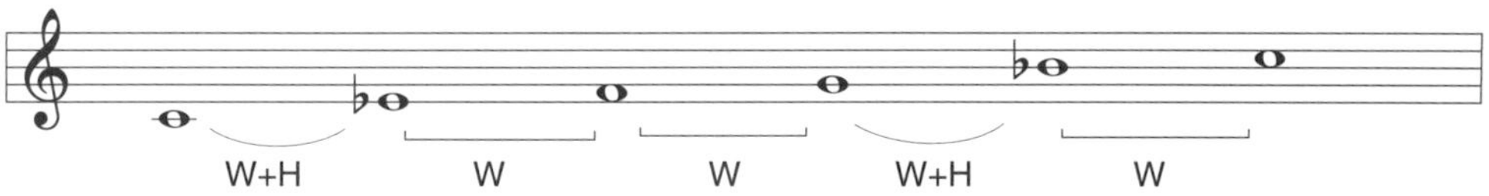

(1–♭3–4–5–♭7)

Para los guitarristas, la escala pentatónica menor de cinco notas podría ser la reina de las escalas. Aquí es donde empieza y termina el conocimiento que muchos músicos tienen sobre las escalas. Desde ya, este enfoque limita extremadamente tus opciones musicales. Sin embargo, es una escala muy importante que se debe conocer en las cinco posiciones.

Escala de blues

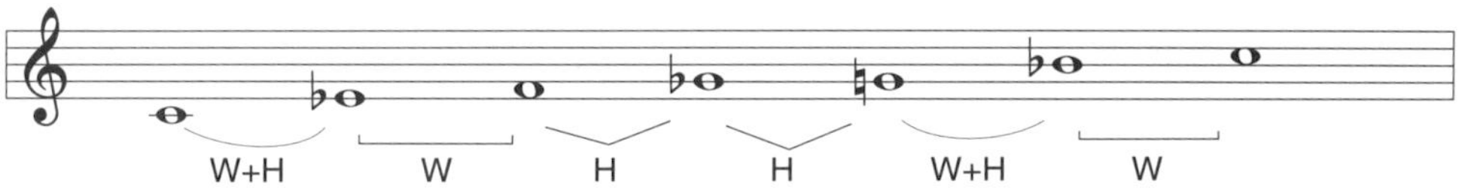

(1–♭3–4–♭5–5–♭7)

La escala de blues es una leve variación de la escala pentatónica menor. Esta escala de seis notas contiene todas las notas de la escala pentatónica menor más el intervalo de la 5.º disminuida. A pesar de que, al igual que la pentatónica menor, muchos guitarristas utilizan la escala de blues hasta agotarla desde el punto de vista musical, también es una escala muy importante sobre la que se crean muchas canciones. Es probable que la escala de blues sea la siguiente en orden de importancia, luego de las escalas mayor y menor y sus respectivas pentatónicas.

Escala mixo blues

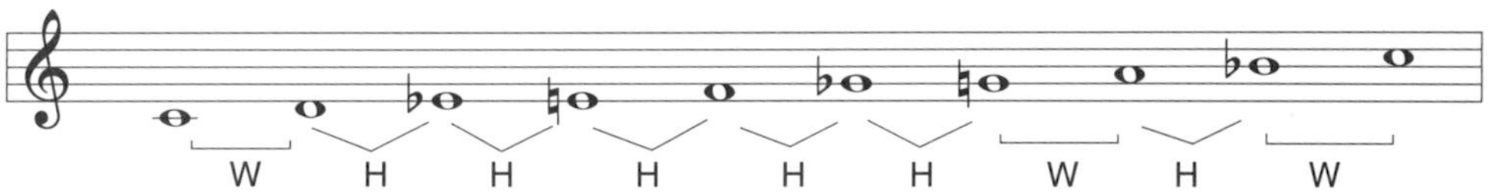

(1–2–♭3–3–4–♭5–5–6–♭7)

La escala mixo blues es una herramienta muy importante que muchos músicos legendarios utilizan casi de forma exclusiva. Es una escala híbrida que mezcla la escala de blues con el modo mixolidio. Esta escala combinada de nueve notas funciona muy bien en la mayoría de las canciones de blues y rock. La característica principal y más útil de esta escala es que incluye la 3.º menor y mayor y la 7.º menor. A pesar de que la escala mixo blues puede parecer complicada a primera vista, se puede memorizar con facilidad si se piensa en una escala mayor con una 7.º menor (en vez de una 7.º mayor) y con una 3.º menor y una 5.º disminuida adicionales.

Modo mixolidio

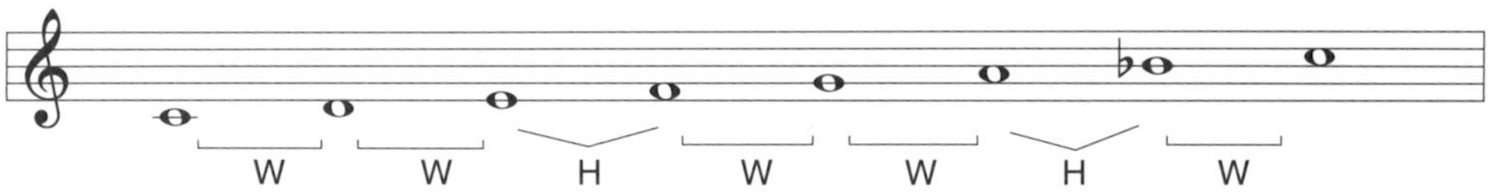

(1–2–3–4–5–6–♭7)

El modo mixolidio es uno de los modos mayores y es igual que la escala mayor, sólo que la 7.º mayor se disminuye hasta formar una 7.º menor. Este patrón de siete notas es una escala ideal en progresiones de acordes estilo blues de doce barras, a pesar de que a menudo da lugar a la escala mixo blues a medida que el músico se siente más cómodo con esa escala híbrida.

Modo dórico

(1–2–♭3–4–5–6–♭7)

El dórico es uno de los modos que se usan con mayor frecuencia. Esta escala menor de siete notas es muy similar a la escala menor natural (también conocida como modo eólico) pero contiene una 6.º mayor en vez de una 6.º menor. Pruébala cada vez que tengas que utilizar la escala menor natural y presta atención al efecto que los diferentes intervalos de la 6.º le dan a tu música.

Escala menor melódica

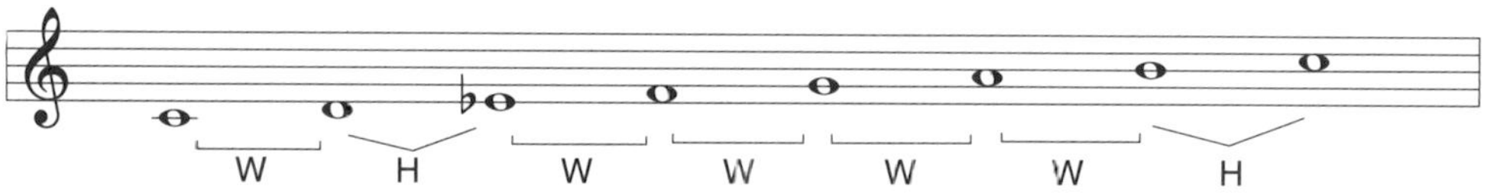

(1–2–♭3–4–5–6–7)

Esta escala menor de siete notas es muy poco común porque se puede tocar de manera diferente dependiendo de si la escala asciende o desciende. Al ascender, la menor melódica es idéntica a una escala mayor, a excepción del 3.º grado disminuido que lógicamente la transforma en una escala menor. Al descender, se disminuyen por lo general los grados 7.º y 6.º, lo que hace que la escala sea idéntica a una menor natural (consulta los patrones de la menor natural para obtener información sobre la forma descendente de la escala menor melódica). La razón de esta diferencia es que los grados 6.º y 7.º elevados tienden a la resolución en la octava al ascender. Sin embargo, al disminuir los grados 6.º y 7.º durante el descenso se provoca una disminución a la 5.º, que también es una nota de resolución. En la práctica, la forma ascendente de la menor melódica suele utilizarse de forma exclusiva a la hora de improvisar, especialmente en jazz.

Escala menor armónica

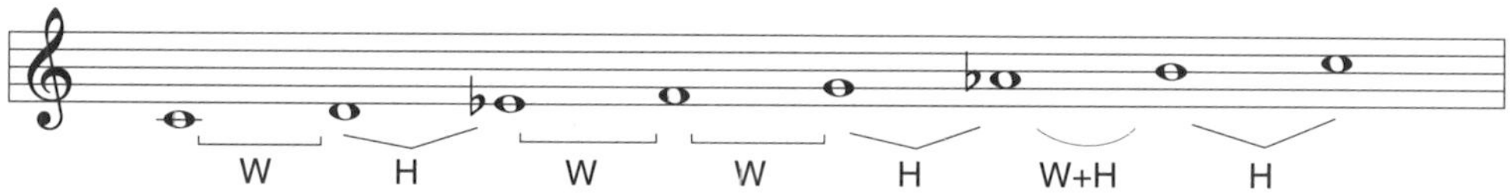

(1–2–♭3–4–5–♭6–7)

La escala menor armónica representa un sonido muy exótico de una escala menor simple, aunque con una 7.º mayor en vez de de una 7.º bemol de una escala menor natural. El paso de la menor armónica desde la 6.º menor a la 7.º mayor, un intervalo de un tono y medio, evoca rápidamente imágenes del Egipto antiguo. A pesar de que no es una escala realmente extranjera y de que en este libro no se examina la vasta y enigmática variedad de notas de la escala presentes en la música no occidental, la menor armónica de siete notas definitivamente llama la atención.

Modo frigio

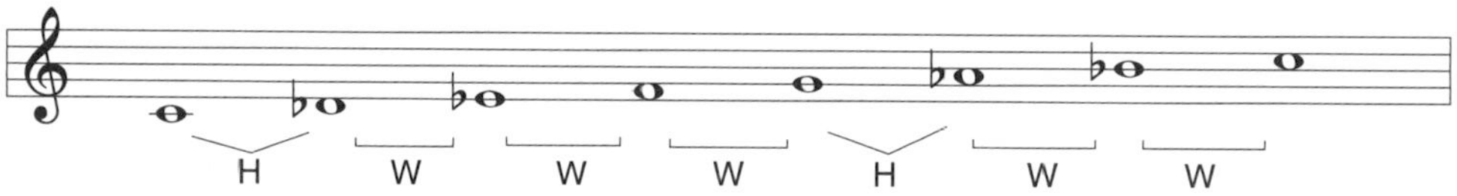

(1–♭2–♭3–4–5–♭6–♭7)

El modo frigio es otra escala menor que tiene un lado exótico. Al igual que el modo dórico, el frigio de siete notas es muy similar a la escala menor natural pero con una diferencia: El modo frigio incluye un sonido muy inusual de la 2.º menor. Por lo general, este modo se utiliza en la música flamenco y funciona bien con canciones en las que los acordes se resuelven constantemente en el acorde I (uno o tónico) desde un semitono más alto (por ejemplo, F a Em, en el cual Em es el acorde i).

Modo locrio

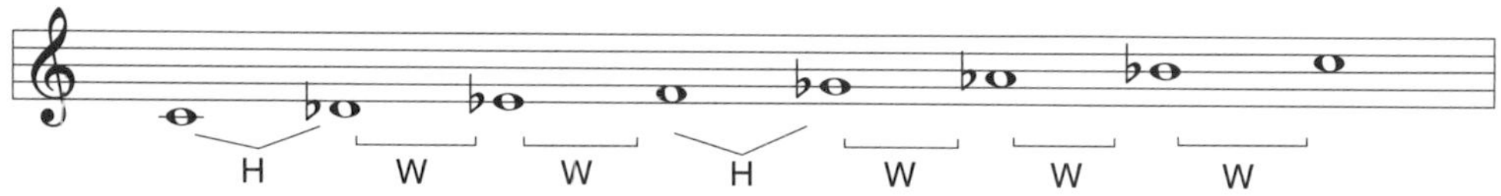

(1–♭2–♭3–4–♭5–♭6–♭7)

Debido a que la tríada que se forma a partir de la nota fundamental en el modo locrio se disminuye (el acorde i en el locrio consta de los tonos 1, ♭3 y ♭5 de la escala), el modo no es ni menor ni mayor. El modo locrio de siete notas suele denominarse modo "semidisminuido" y casi nunca se utiliza en ritmos que no sean fusión de jazz o heavy metal. Intenta utilizar el locrio en una progresión de acordes en tonalidad de E con los acordes F♭ y B.

Modo lidio

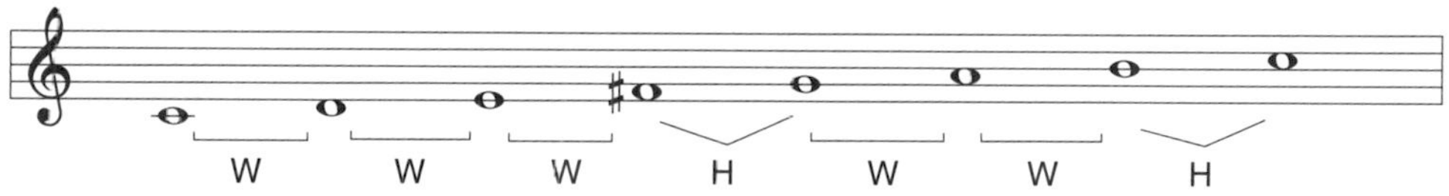

(1–2–3–♯4–5–6–7)

El modo lidio, una escala mayor de siete notas con un 4.º grado de la escala aumentado, es una herramienta que habitualmente se utiliza en el jazz y favorita entre muchos de los compositores "impresionistas" del siglo XIX, especialmente Claude Debussy. La única diferencia entre el modo lidio y la escala mayor es la 4.º elevada.

Escala disminuida (semitono-tono)

(1–♭2–♭3–♭4–♭5–5–6–♭7)

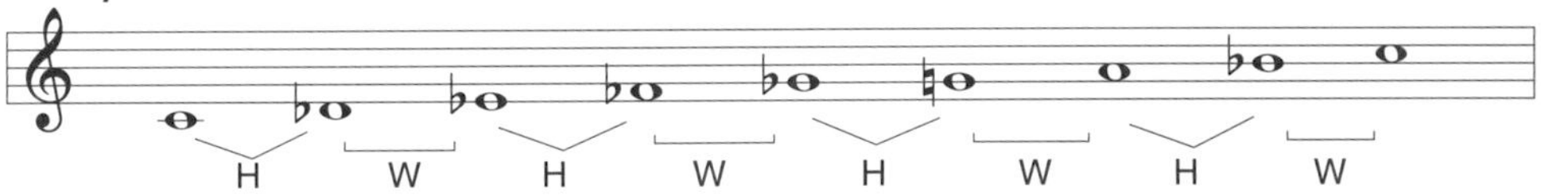

Las escalas disminuidas resultan entretenidas en los solos. Estas escalas de ocho notas rompen con las escalas y los modos más tradicionales que utilizamos para tocar con efectos llamativos y casi cinematográficos. La escala disminuida semitono-tono funciona bien con acordes V7, especialmente con aquellos que poseen 5.º disminuidas y 9.º elevadas o disminuidas. Además, las dos variedades de escalas disminuidas pueden interpretarse enarmónicamente como diferentes escalas disminuidas.

En realidad, solo hay tres escalas disminuidas semitono-tono diferentes. Por ejemplo, si tocas esta escala con un acorde C7, las escalas disminuidas en C, C♯ y D podrían resultar escalas diferentes. Sin embargo, al alcanzar E♭ estarías utilizando las mismas notas de la escala que utilizaste en C o en un grupo de notas equivalentes a nivel enarmónico. Eso se conoce como *simétrica*. Resumen:

C disminuida = E♭ disminuida = F♯ disminuida = A disminuida
C♯ disminuida = E disminuida = G disminuida = B♭ disminuida
D disminuida = F disminuida = A♭ disminuida = C♭ disminuida

Lo mejor es que solo se deben aprender dos patrones disminuidos. Estos dos patrones de digitación se alternan de forma consecutiva a través del mástil. Los mismos dos patrones funcionan para las escalas disminuidas semitono-tono y para las tono-semitono, pero en diferente orden.

Escala disminuida (tono-semitono)

(1–2–♭3–4–♭5–♯5–6–7)

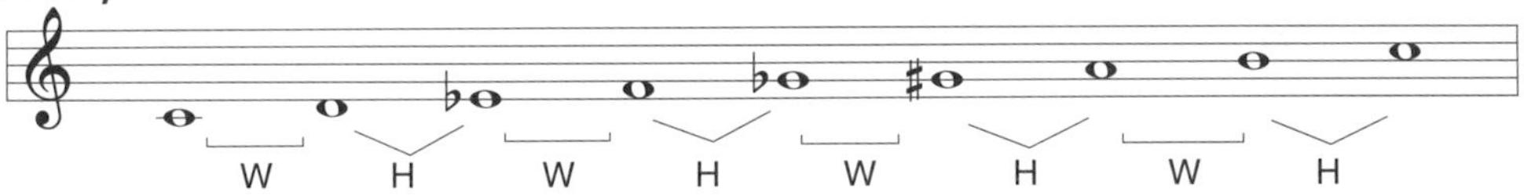

La escala disminuida tono-semitono de ocho notas es la verdadera escala disminuida y puede utilizarse con acordes disminuidos o semidisminuidos. En este caso también hay solo tres escalas disminuidas tono-semitono diferentes: C, C♯ y D. El resto son enarmónicamente iguales a estas tres.

Escala cromática

(1–♭2–2–♭3–3–4–♭5–5–♭6–6–♭7–7)

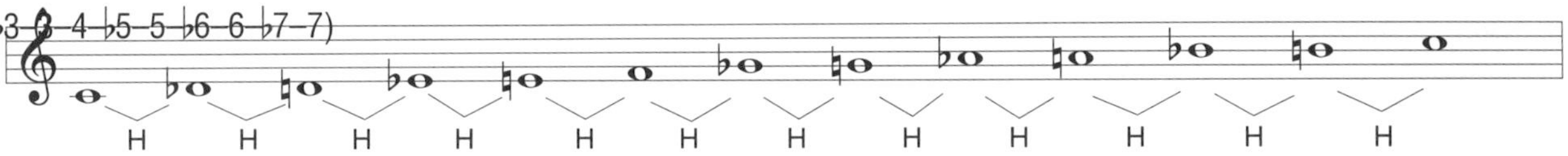

La escala cromática de doce notas debe ser la escala más fácil de memorizar. Se forma completamente con semitonos y utiliza todas las notas del mástil de la guitarra. Entonces, en realidad hay solo una escala cromática y puede comenzar o terminar en cualquier nota. La escala cromática también es un excelente patrón para practicar el posicionamiento de la mano en el diapasón. A pesar de que en este libro presentamos dos patrones cromáticos comunes, puedes insertar series cromáticas de semitonos en cualquier otra escala, parte del mástil y momento sin preocuparte por tocar correctamente los dos patrones que se ilustran aquí.

Escala de tonos

(1–2–3–♯4–♯5–♯6)

Es probable que la escala de tonos de seis notas sea la segunda escala más fácil de recordar ya que está formada completamente por tonos. La escala suena similar al jazz e incluso más misteriosa y fue ampliamente utilizada por Claude Debussy, un compositor del siglo XIX, y por otros músicos de jazz en la cúspide de la era Bebop. Es otra de las escalas simétricas y solo existen dos escalas de tonos reales: una comienza en C y la otra en C♯. Al alcanzar D, tocas las mismas notas que en la escala de tonos que comienza en C, pero comenzando en D.

IMPROVISACIÓN Y SOLOS

Una vez que hayas aprendido algunas escalas de este libro en diferentes posiciones del mástil, es posible que empieces a preguntarte cómo puedesincluirlas en tus canciones. A continuación encontrarás algunos consejos:

Tonalidades mayores y menores

Las tonalidades son una gran forma para comenzar con los solos y la improvisación porque permiten elegir una escala para una canción entera (o progresión) y mantenerla en vez de elegir una escala nueva para cada acorde. En el caso de canciones o progresiones en una tonalidad mayor, utiliza la escala mayor correspondiente (por ejemplo, C mayor para la clave de C) o su versión pentatónica. En el caso de una canción en una tonalidad menor, utiliza la escala menor natural o la pentatónica menor. Para decodificar la tonalidad de una canción, intenta ubicar los acordes en el cuadro que se encuentra debajo. Todos los acordes deberían encajar horizontalmente en una de las filas. Por ejemplo, en el caso de una canción en C mayor, se utilizarán todos o algunos de los acordes de la primera fila con prioridad del acorde I ("uno"), C. En el caso de una canción en A menor, se utilizarán los acordes de la primera fila de la misma forma pero con prioridad del acorde vi ("seis"), Am. (NOTA: Algunas canciones se tocan en más de una tonalidad; por lo tanto, deberás utilizar más de una escala para realizar tu solo).

tonalidades mayores (I) — tonalidades menores (vi)

I	ii	iii	IV	V	vi	vii°
C	Dm	Em	F	G	Am	B°
D♭	E♭m	Fm	G♭	A♭	B♭m	C°
D	Em	F♯m	G	A	Bm	C♯°
E♭	Fm	Gm	A♭	B♭	cm.	D°
E	F♯m	G♯m	A	B	C♯m	D♯°
F	Gm	Am	B♭	C	Dm	E°
F♯	G♯m	A♯m	B	C♯	D♯m	E♯°
G	Am	Bm	C	D	Em	F♯°
A♭	B♭m	Cm	D♭	E♭	Fm	G°
A	Bm	C♯m	D	E	F♯m	G♯°
B♭	Cm	Dm	E♭	F	Gm	A°
B	C♯m	D♯m	E	F♯	G♯m	A♯°
Jónico	Dórico	Frigio	Lidio	Mixolidio	Eólico	Locrio

Modos

Si los acordes de una canción pueden ubicarse en una de las filas anteriores pero se prioriza un acorde que no es el I o vi, es posible que la canción se toque en un *modo.* En ese caso, al final del cuadro anterior encontrarás el modo que corresponde con el acorde que se prioriza. Por ejemplo, si en una canción se utilizan acordes de la fila superior pero Dm es claramente el acorde principal o "tónico" (por ejemplo, Dm–G–Am–Dm), intenta realizar un solo en el modo dórico de D.

El enfoque "acorde a acorde"

Si una progresión de acordes es lenta o si la canción permanece principalmente en un solo acorde, deberías elegir el enfoque acorde a acorde para realizar tus solos. En ese caso, solo debes determinar la calidad del acorde con el cual tocas, ya sea mayor, menor u otro, y aplicar cualquier escala o modo que se adapte a esta estructura básica. Incluso puedes intentar alternar entre diferentes tipos de escala.

Tipo de acorde	Fórmula	Escala	Modo
Mayor	1-3-5	Mayor, Pentatónica mayor, Blues	Jónico, Lidio, Mixolidio
Menor	1-♭3-5	Menor, Pentatónica menor, Blues	Dórico, Frigio, Eólico
Disminuido	1-♭3-♭5	Disminuido	Locrio
Aumentado	1-3-♯5	Tono	
7.º mayor	1-3-5-7	Mayor, Pentatónica mayor	Jónico, Lidio
7.º menor	1-♭3-5-♭7	Menor, Pentatónica menor	Dórico, Frigio, Eólico
7.º dominante	1-3-5-♭7	Blues, Mixo blues	Mixolidio

Siempre debes tener presente: las escalas y los modos por lo general no se tocan de nota fundamental a nota fundamental ya que esta es solo la forma en la que se ilustran. Se pueden tocar las notas de una escala en *cualquier* orden y no es necesario que utilices todas para crear música. ¡Prueba y diviértete!

C MAYOR (JÓNICO)

MÁSTIL COMPLETO

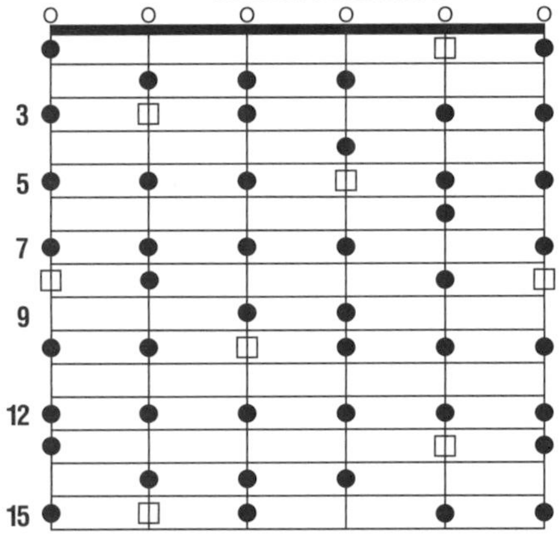

PATRÓN UNO

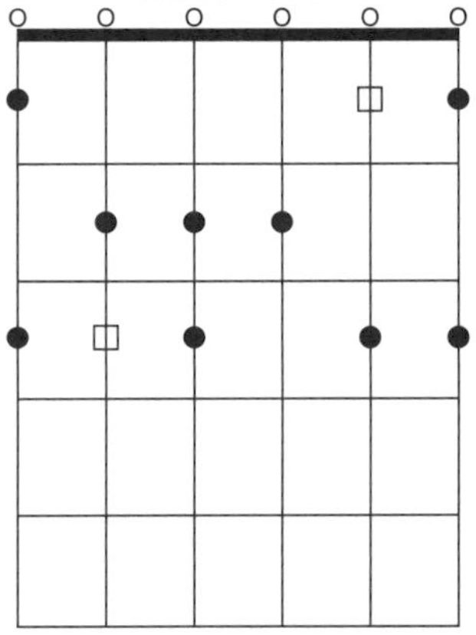

PATRÓN DOS

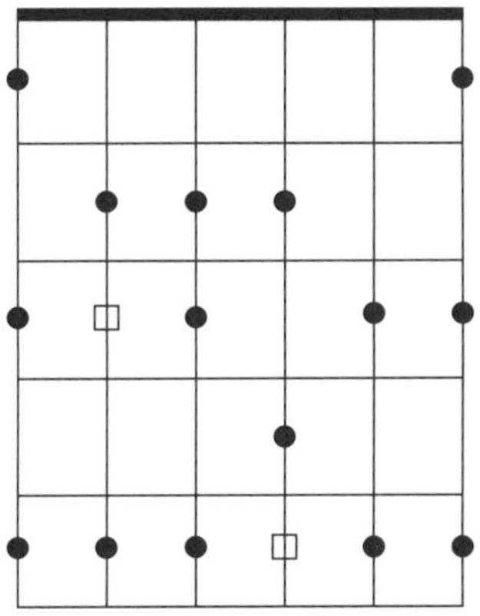

PATRÓN TRES

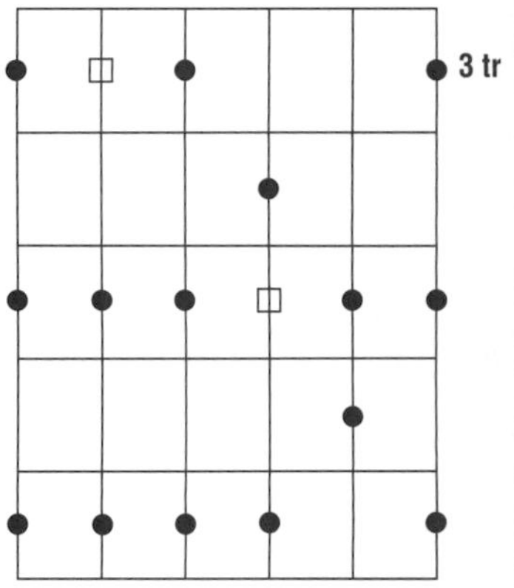

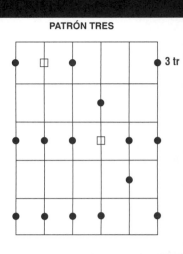

C PENTATÓNICA MAYOR

MÁSTIL COMPLETO

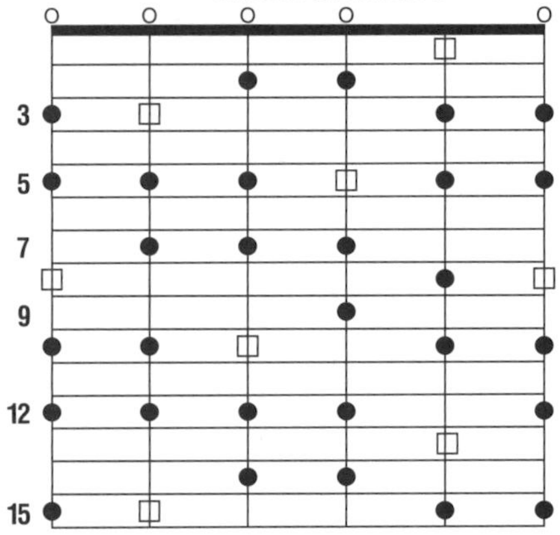

PATRÓN UNO

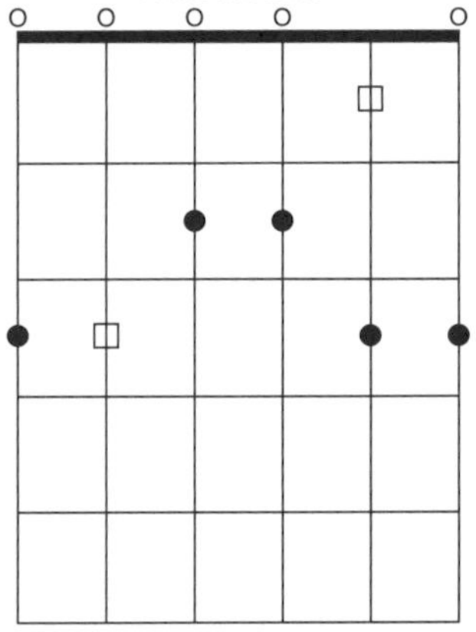

PATRÓN DOS

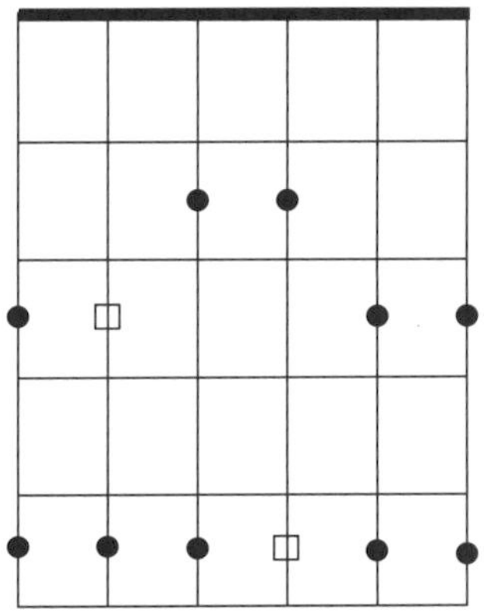

PATRÓN TRES

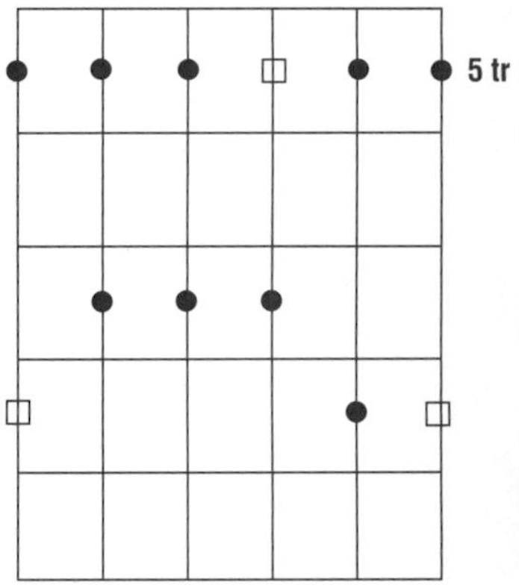

C MENOR NATURAL (EÓLICO)

MÁSTIL COMPLETO

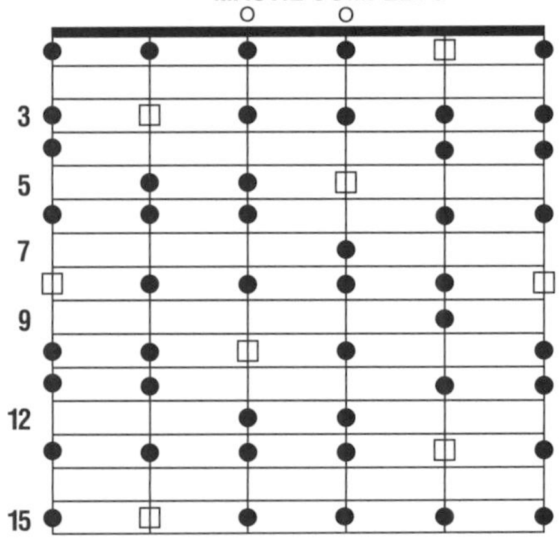

PATRÓN UNO

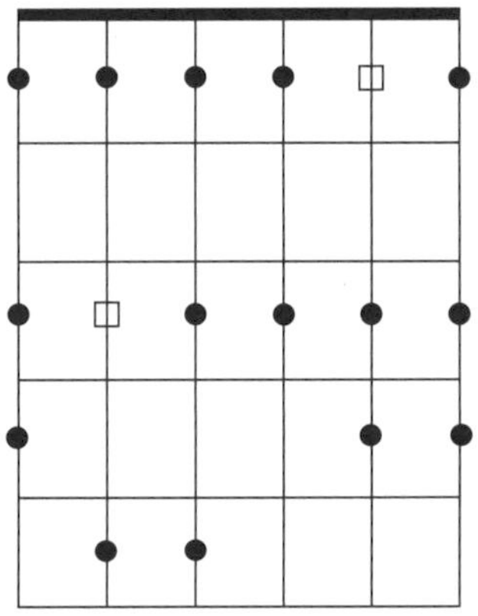

PATRÓN DOS

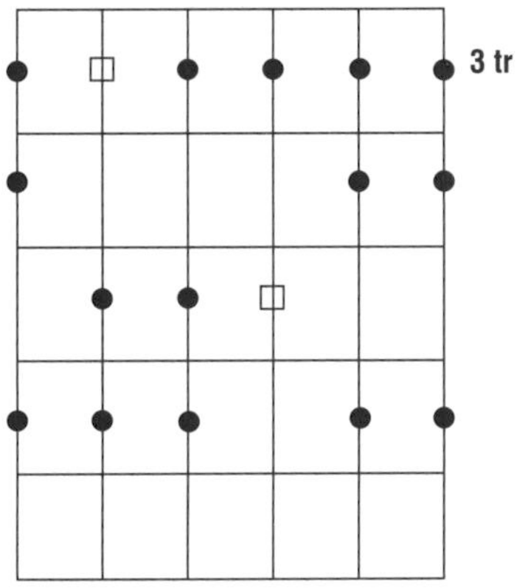

PATRÓN TRES

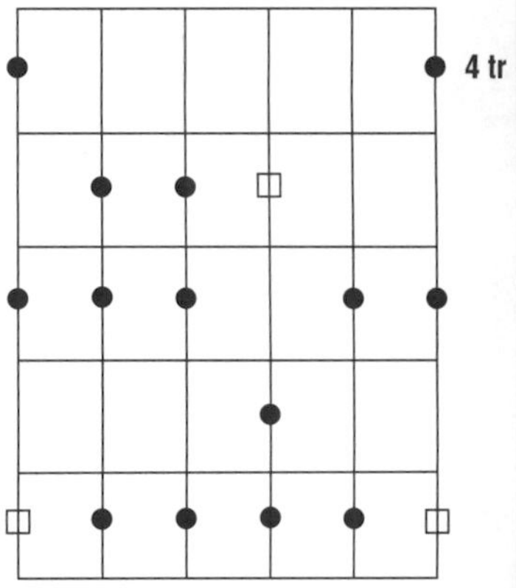

C PENTATÓNICA MENOR

MÁSTIL COMPLETO

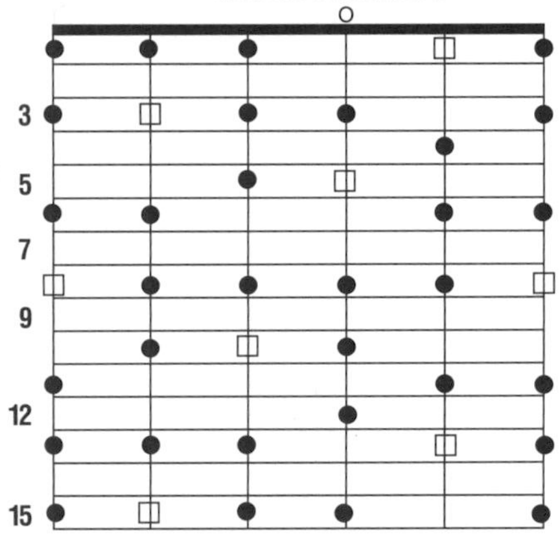

PATRÓN UNO

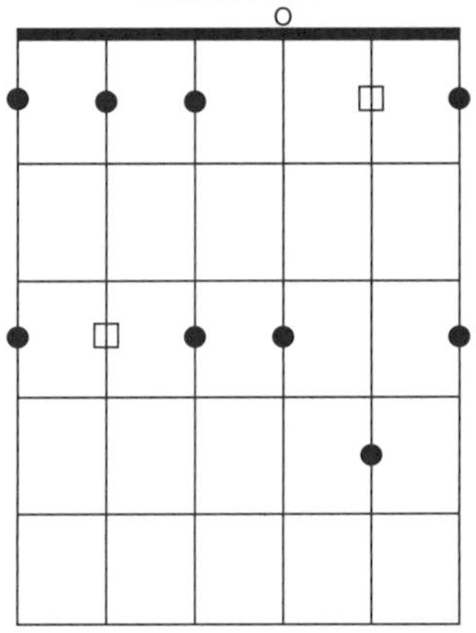

PATRÓN DOS

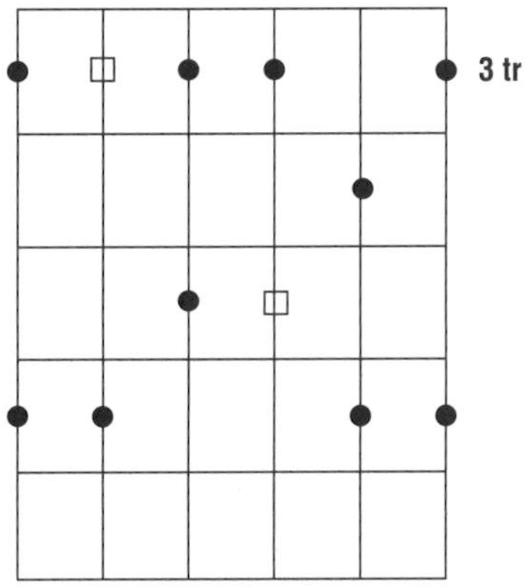

PATRÓN TRES

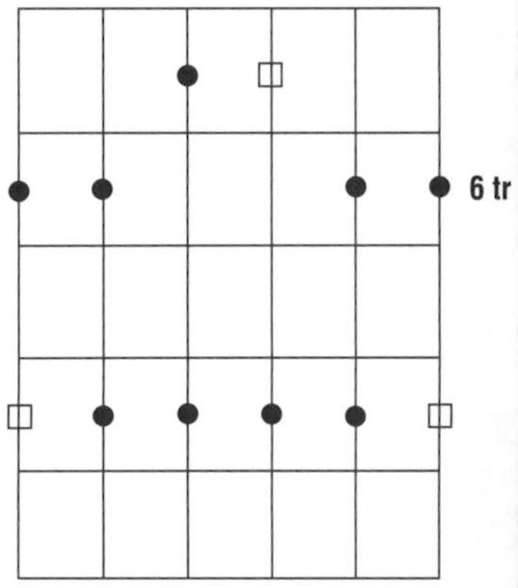

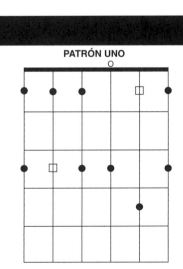

(C–D–E–F–G–A–B)

PATRÓN CUATRO

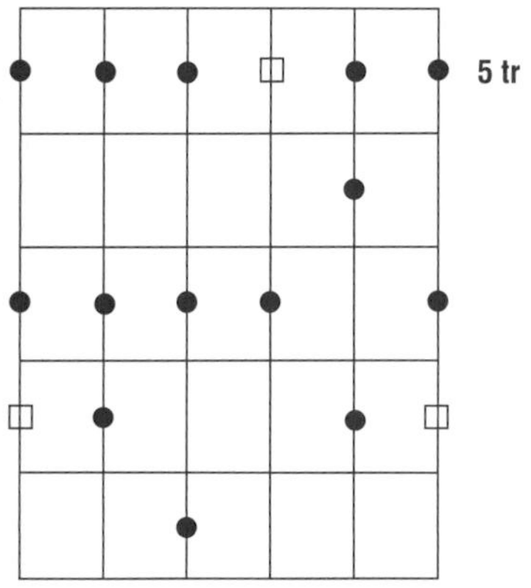

PATRÓN CINCO

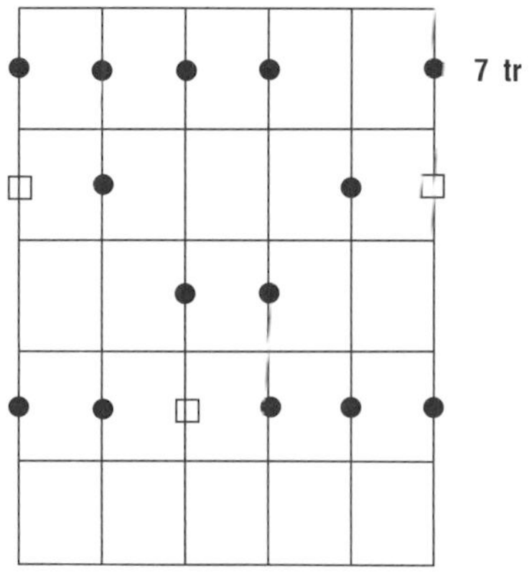

PATRÓN SEIS

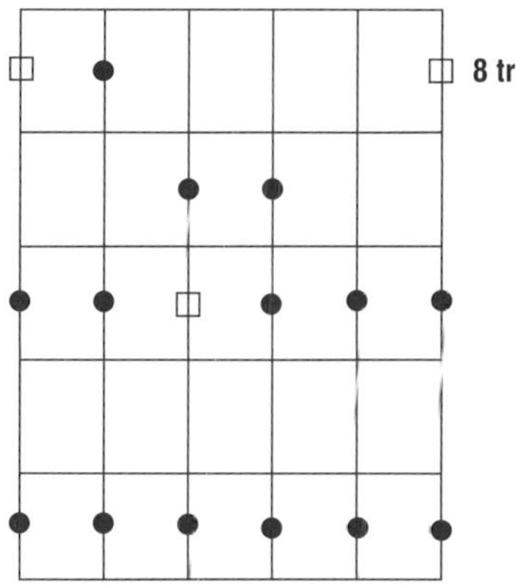

PATRÓN SIETE

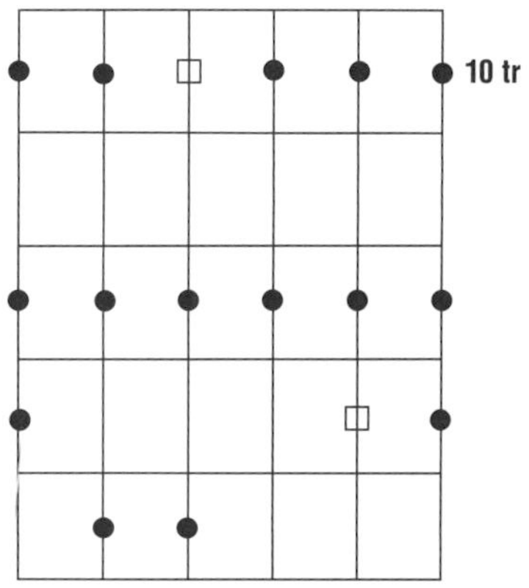

(C–D–E–G–A)

PATRÓN CUATRO

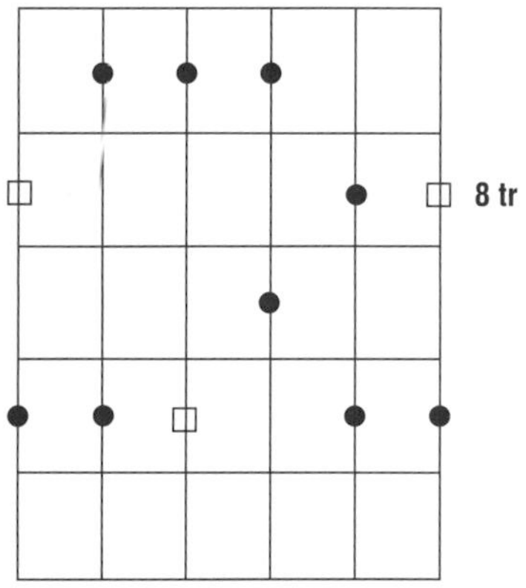

PATRÓN CINCO

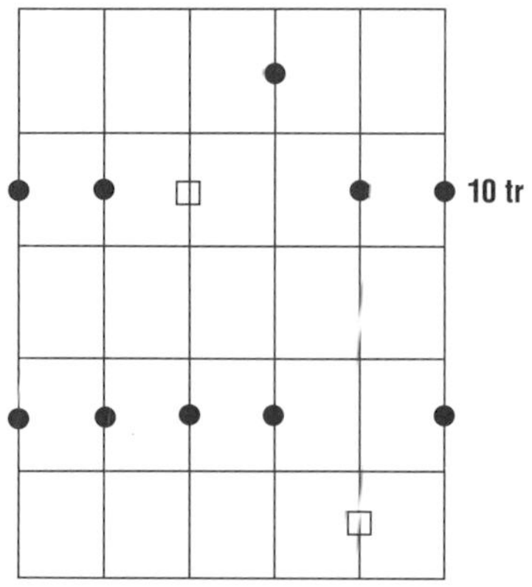

PATRÓN UNO (+1 OCTAVA)

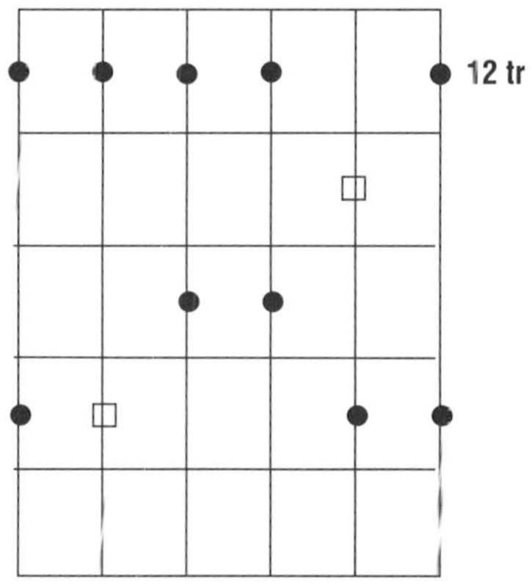

PATRÓN DOS (+1 OCTAVA)

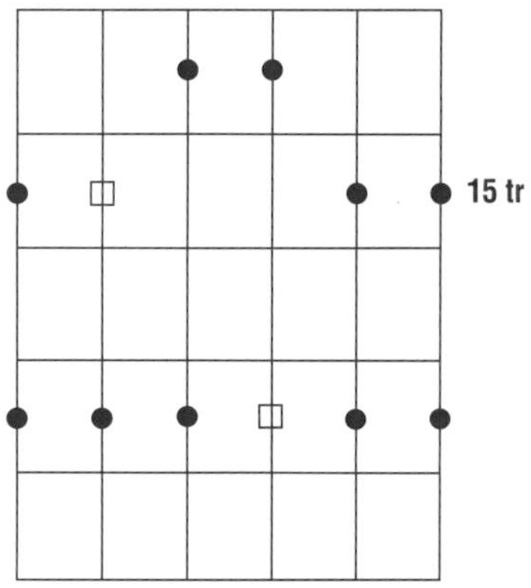

(C–D–E♭–F–G–A♭–B♭)

PATRÓN CUATRO

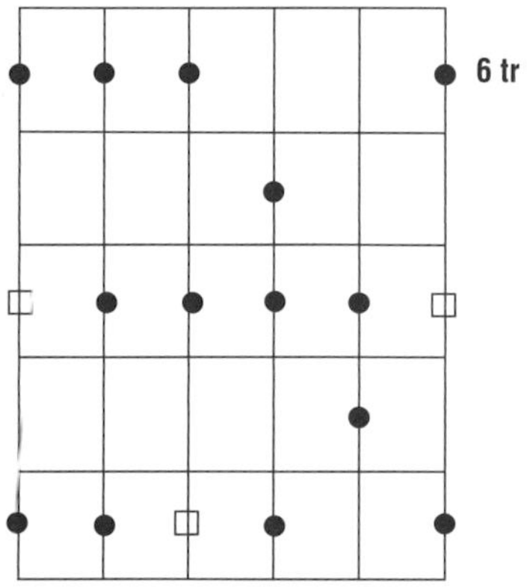

PATRÓN CINCO

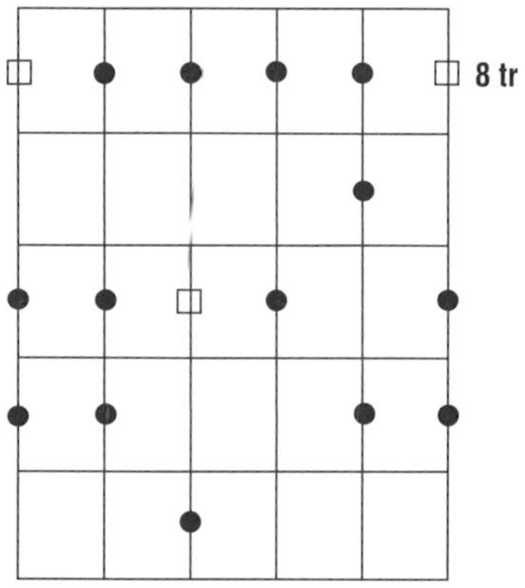

PATRÓN SEIS

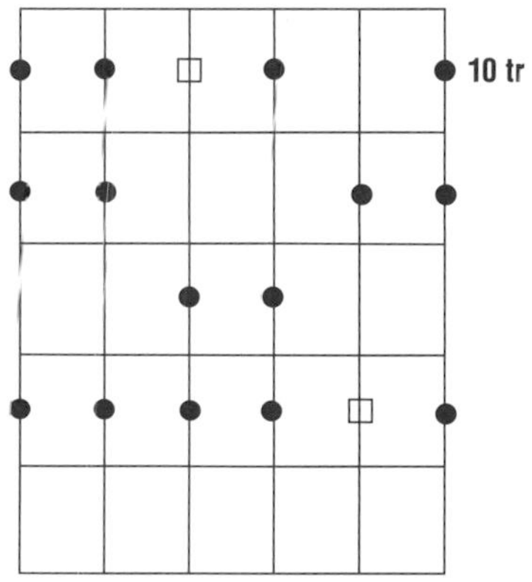

PATRÓN SIETE

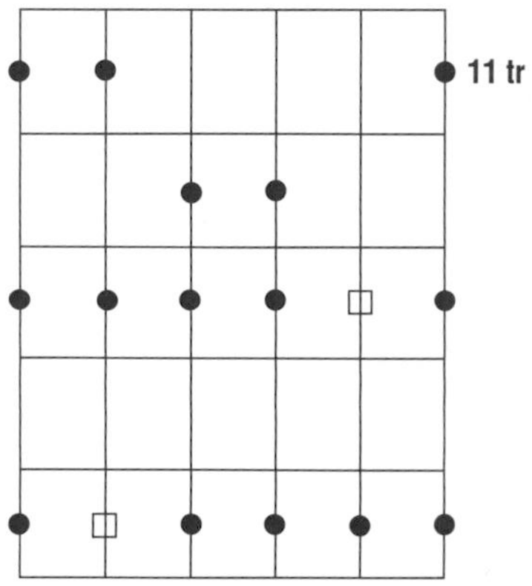

(C–E♭–F–G–B♭)

PATRÓN CUATRO

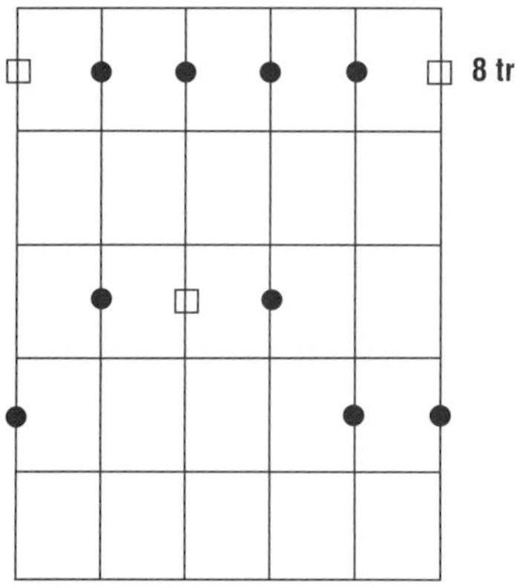

PATRÓN CINCO

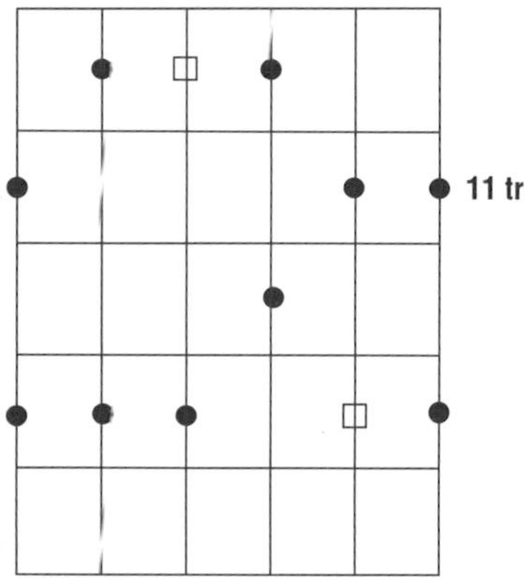

PATRÓN UNO (+1 OCTAVA)

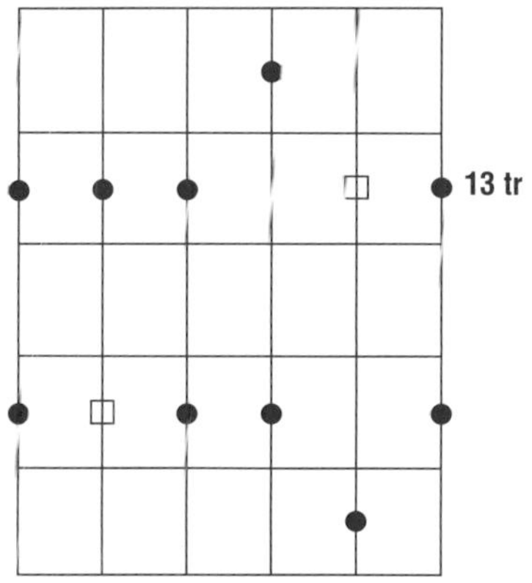

PATRÓN DOS (+1 OCTAVA)

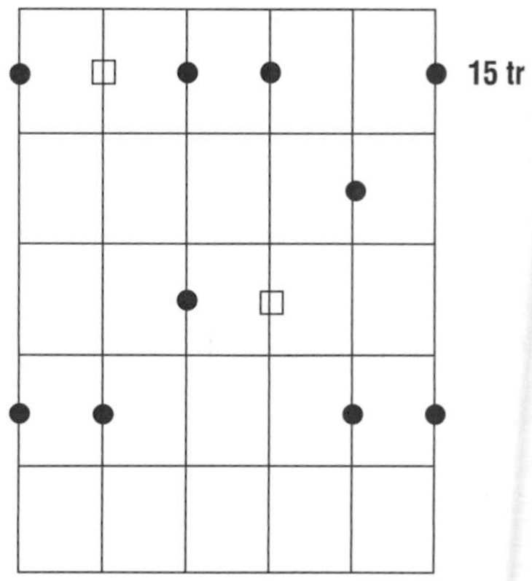

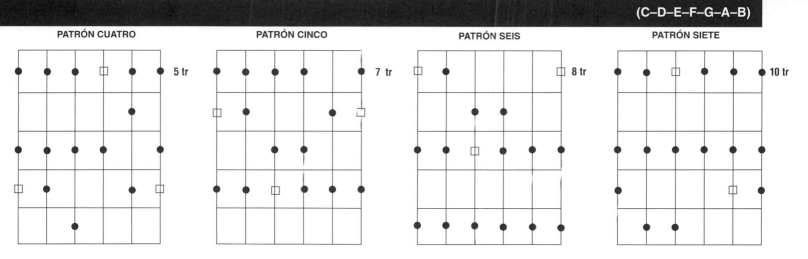

C BLUES

MÁSTIL COMPLETO

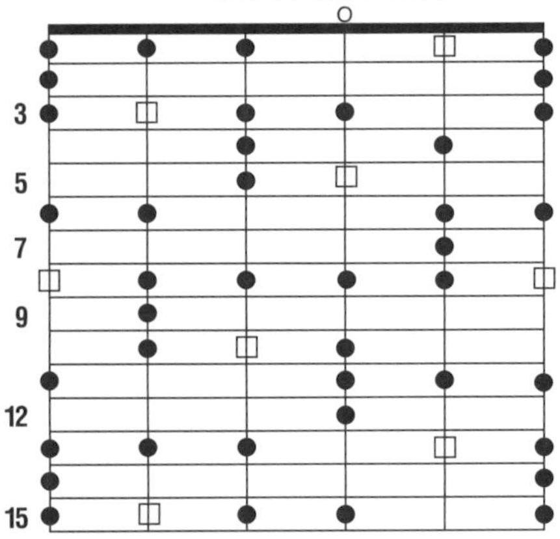

PATRÓN UNO

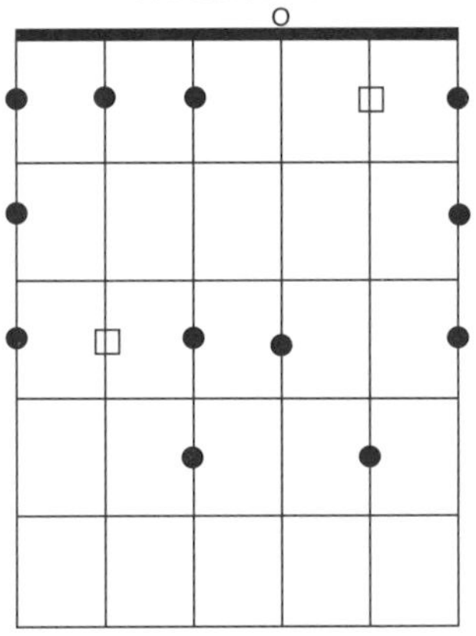

PATRÓN DOS

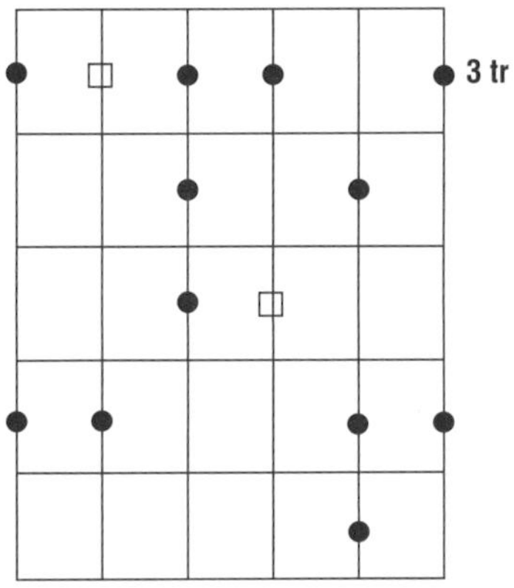

PATRÓN TRES

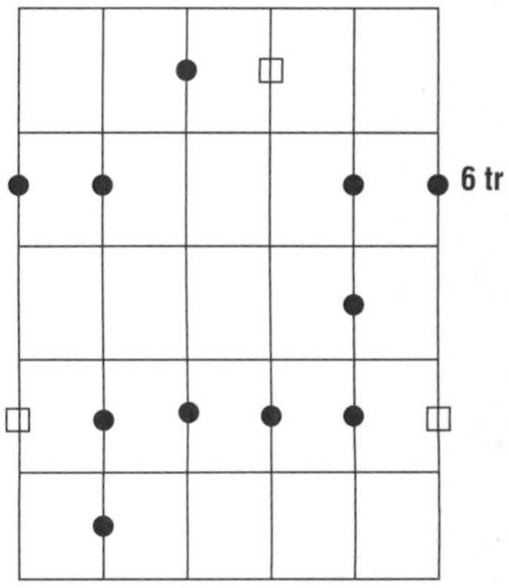

C MIXO BLUES

MÁSTIL COMPLETO

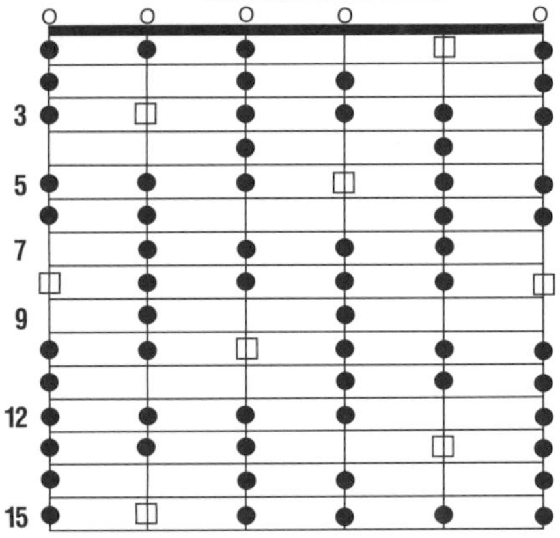

PATRÓN UNO

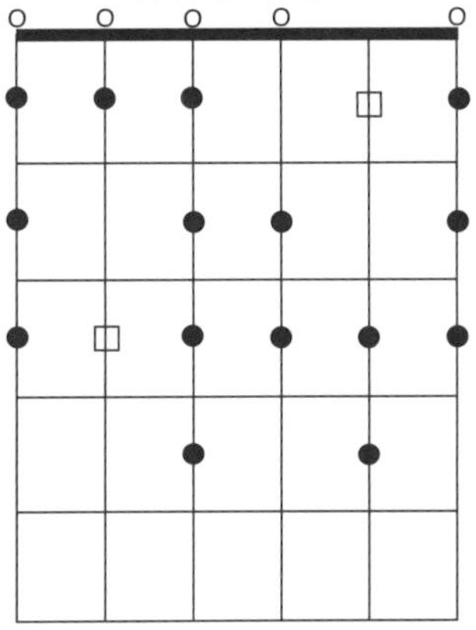

PATRÓN DOS

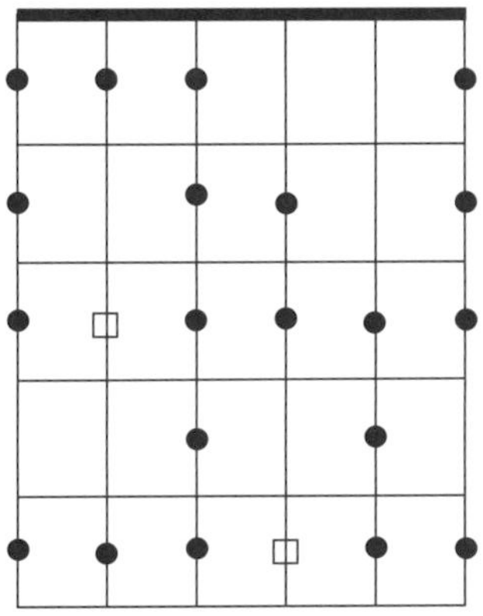

PATRÓN TRES

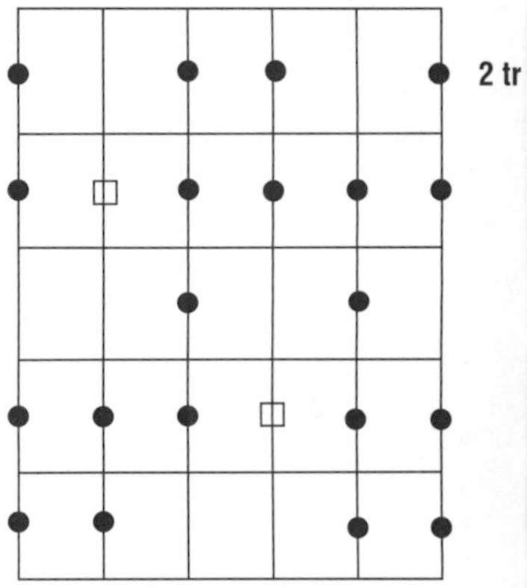

C MIXOLIDIO

MÁSTIL COMPLETO

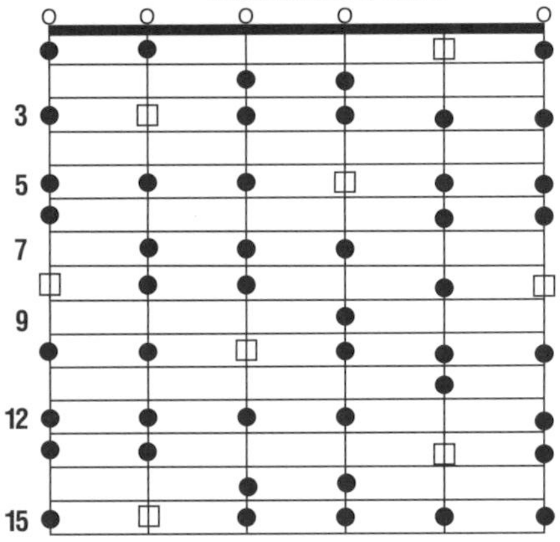

PATRÓN UNO

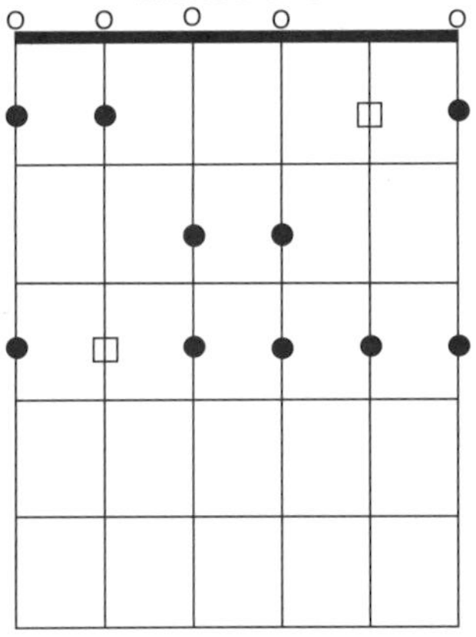

PATRÓN DOS

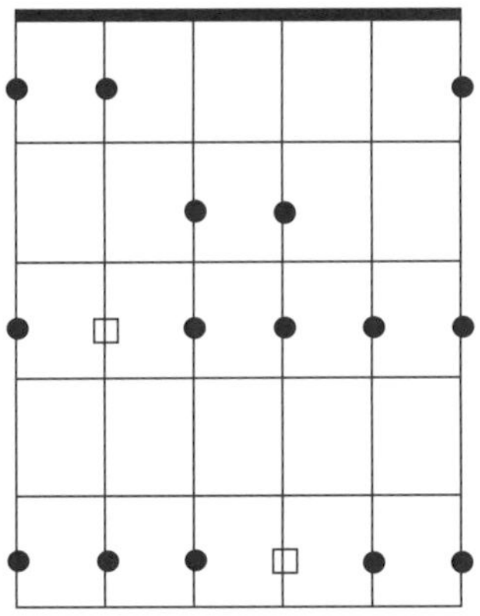

PATRÓN TRES

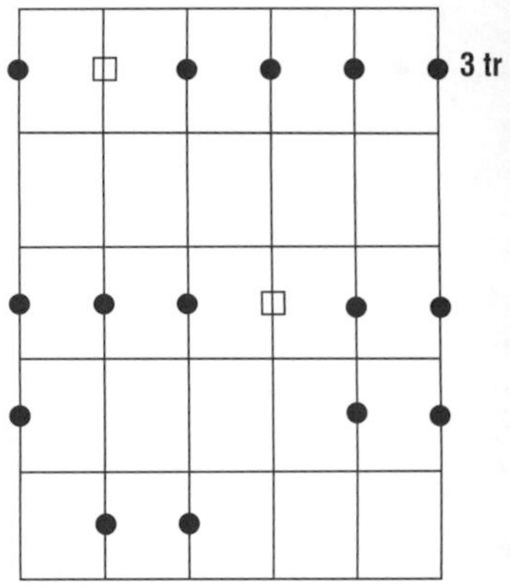

C DÓRICO

MÁSTIL COMPLETO

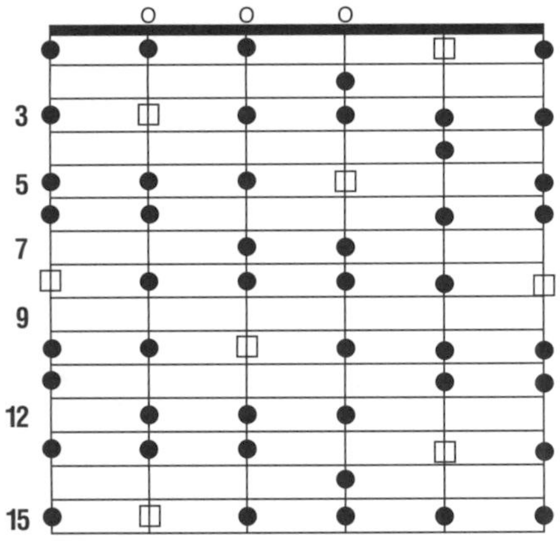

PATRÓN UNO

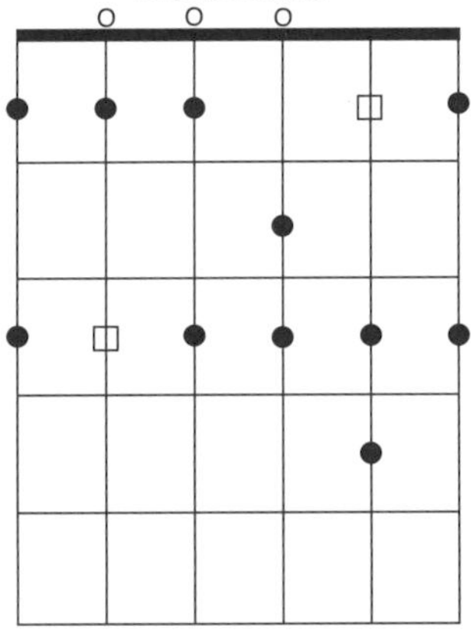

PATRÓN DOS

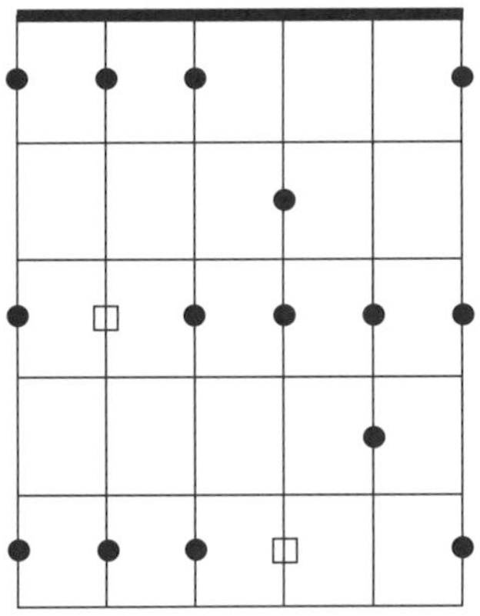

PATRÓN TRES

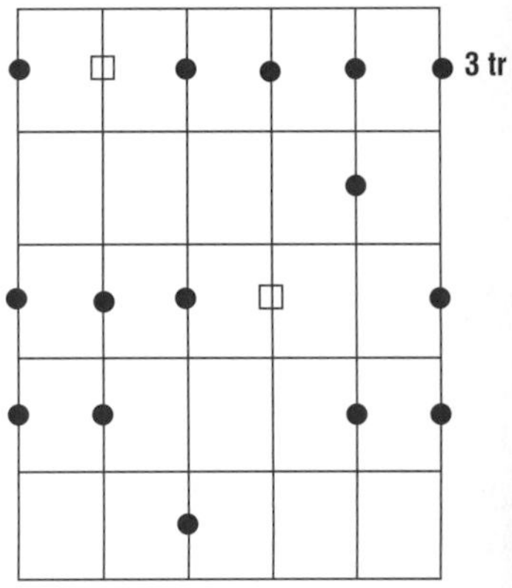

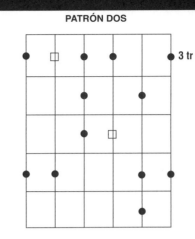

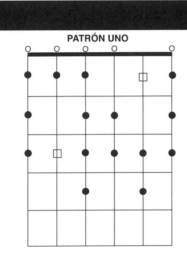

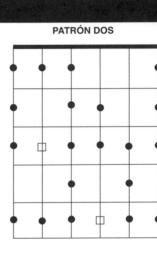

(C–E♭–F–G♭–G–B♭)

PATRÓN CUATRO

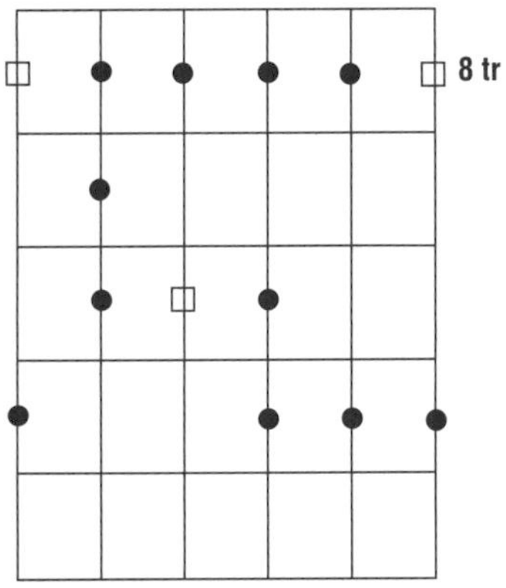

PATRÓN CINCO

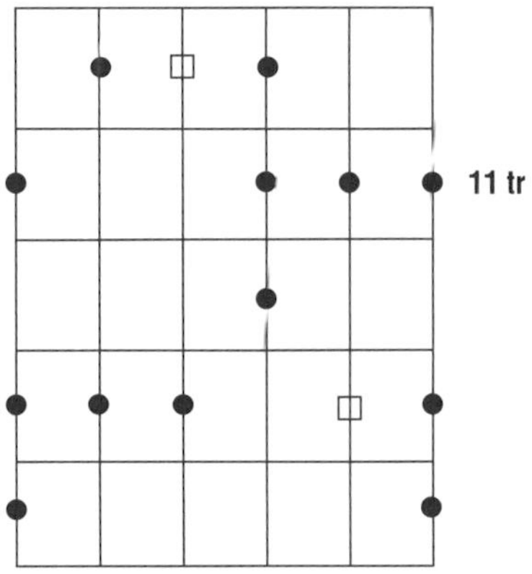

PATRÓN SEIS

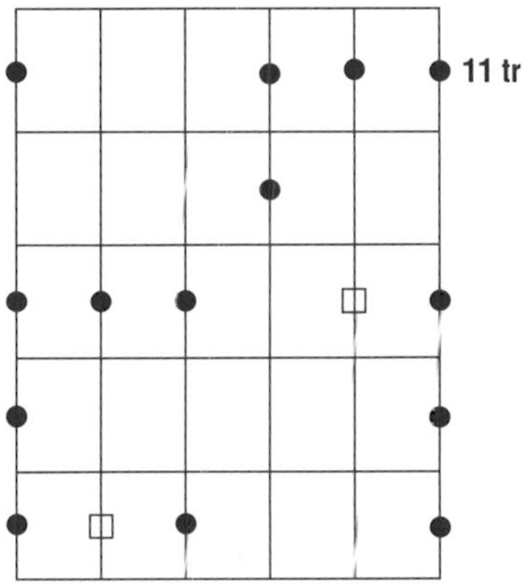

PATRÓN UNO (+1 OCTAVA)

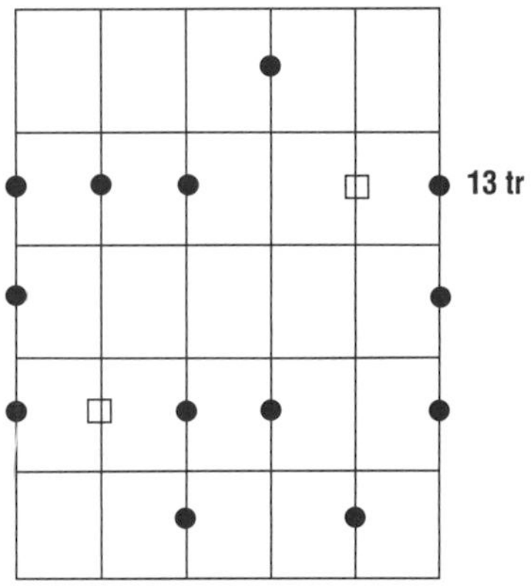

(C–D–E♭–E–F–G♭–G–A–B♭)

PATRÓN CUATRO

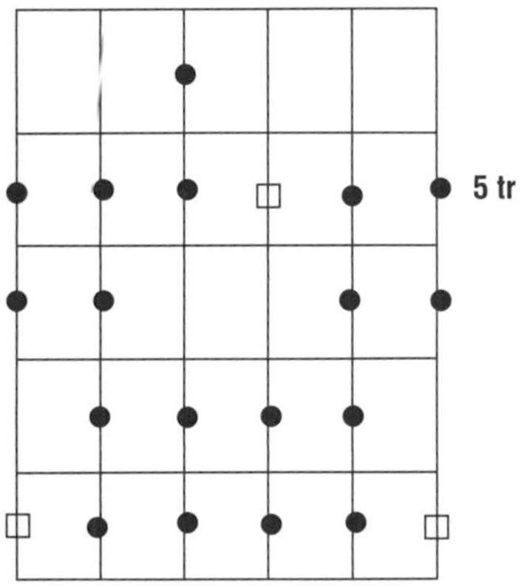

PATRÓN CINCO

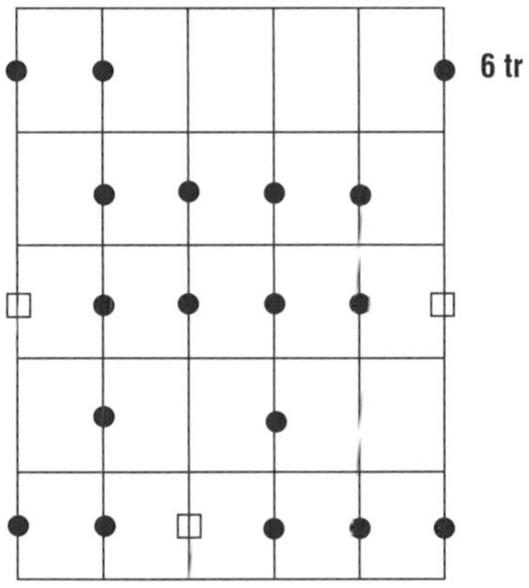

PATRÓN SEIS

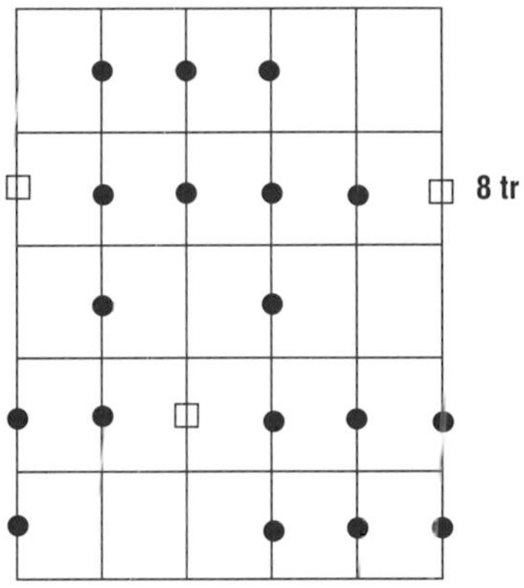

PATRÓN SIETE

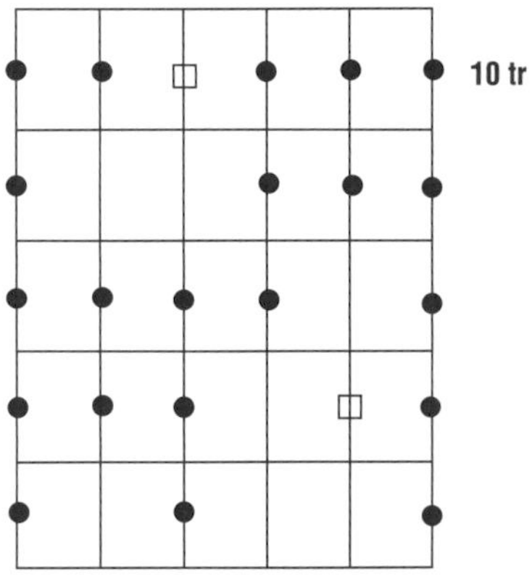

(C–D–E–F–G–A–B♭)

PATRÓN CUATRO

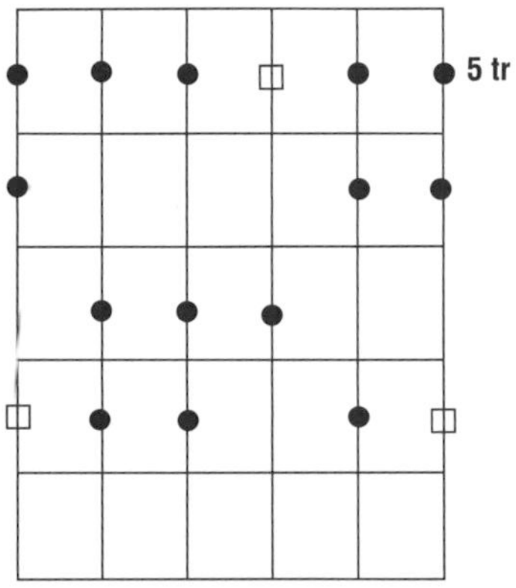

PATRÓN CINCO

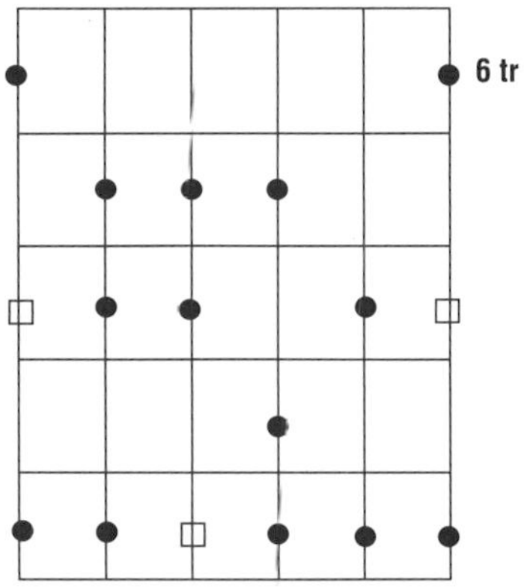

PATRÓN SEIS

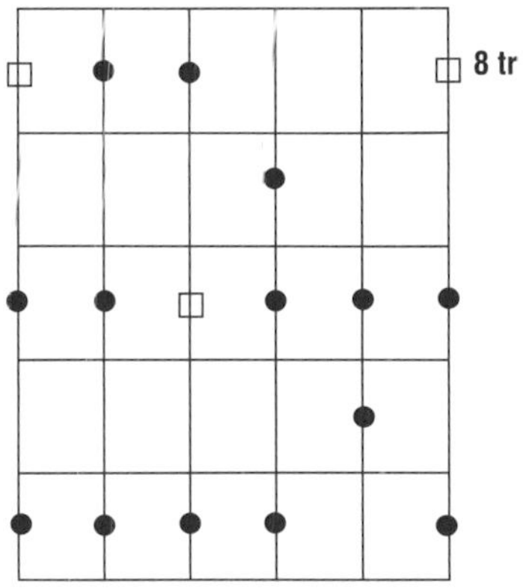

PATRÓN SIETE

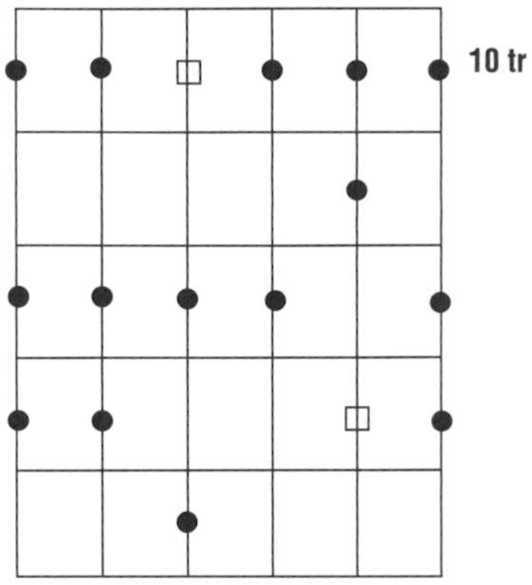

(C–D–E♭–F–G–A–B♭)

PATRÓN CUATRO

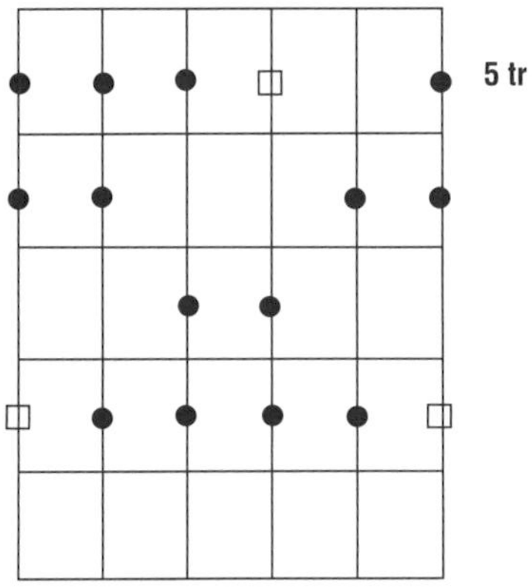

PATRÓN CINCO

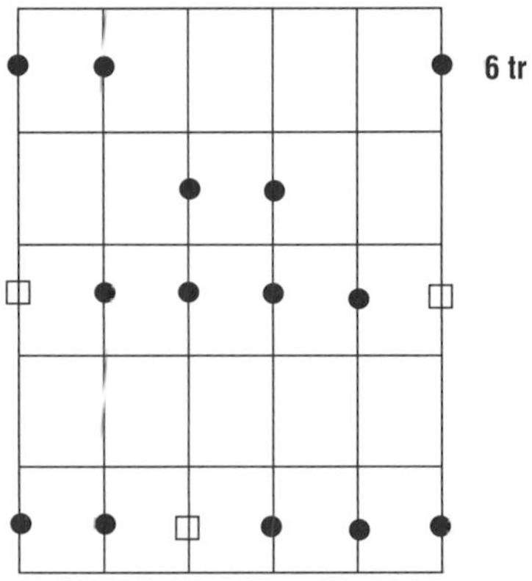

PATRÓN SEIS

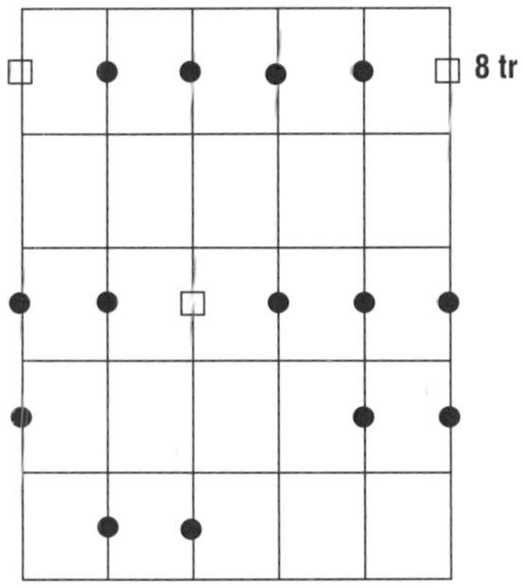

PATRÓN SIETE

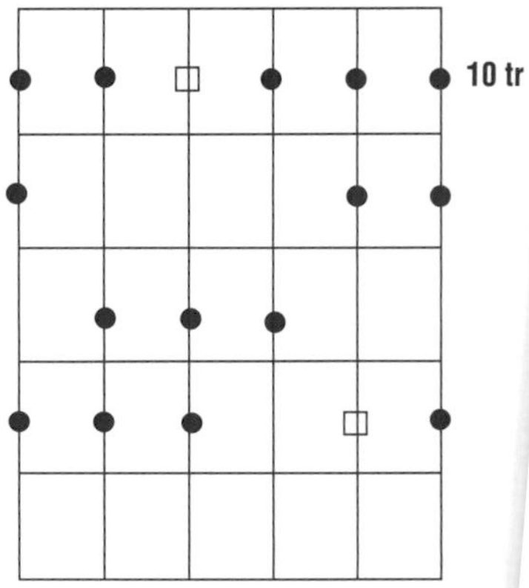

C MENOR MELÓDICA

MÁSTIL COMPLETO

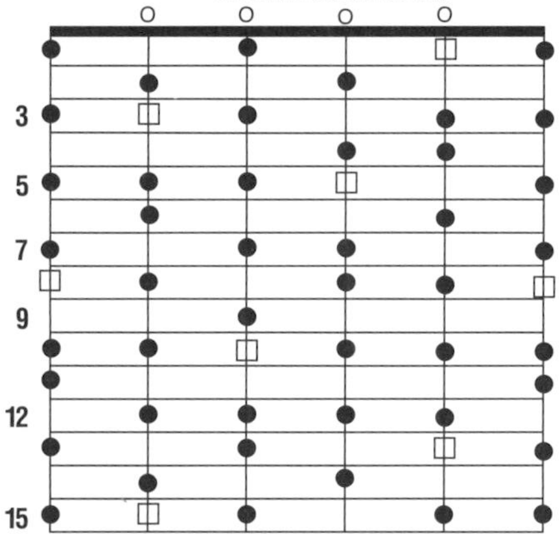

PATRÓN UNO

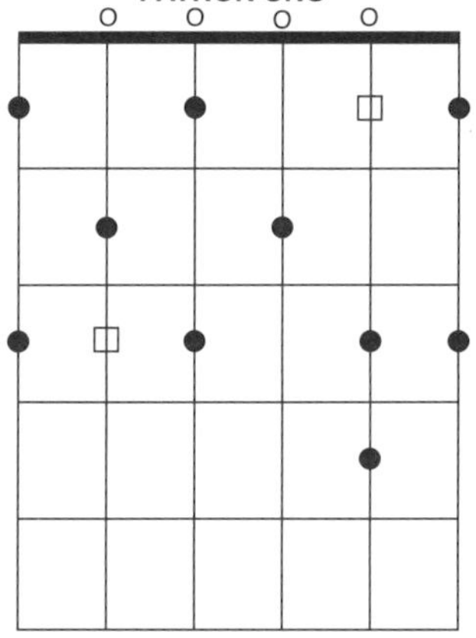

PATRÓN DOS

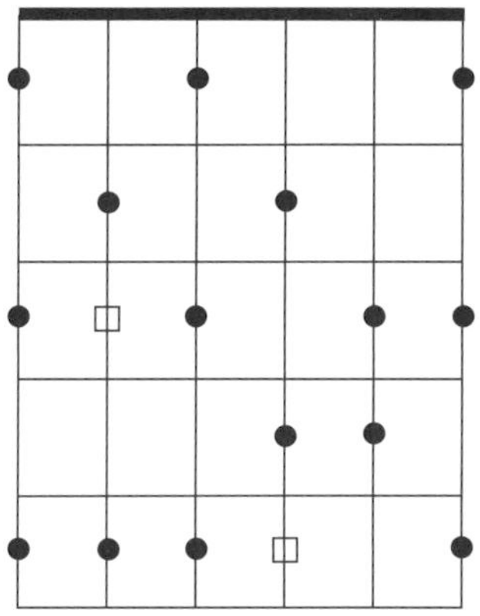

PATRÓN TRES

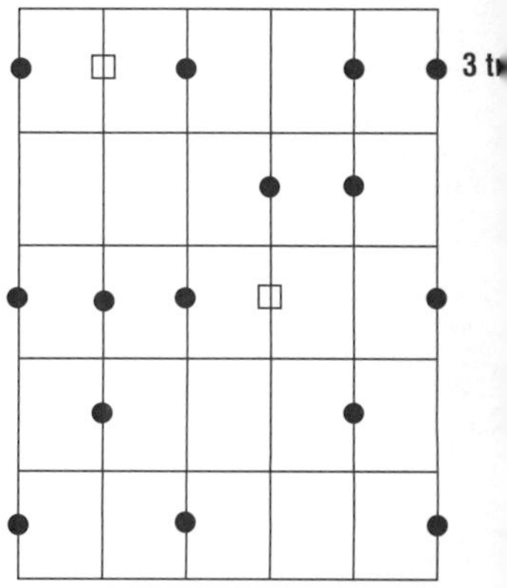

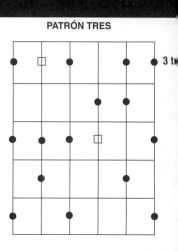

C MENOR ARMÓNICA

MÁSTIL COMPLETO

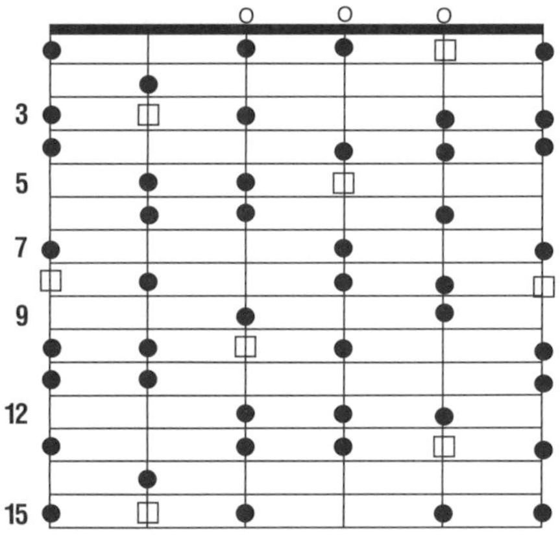

PATRÓN UNO

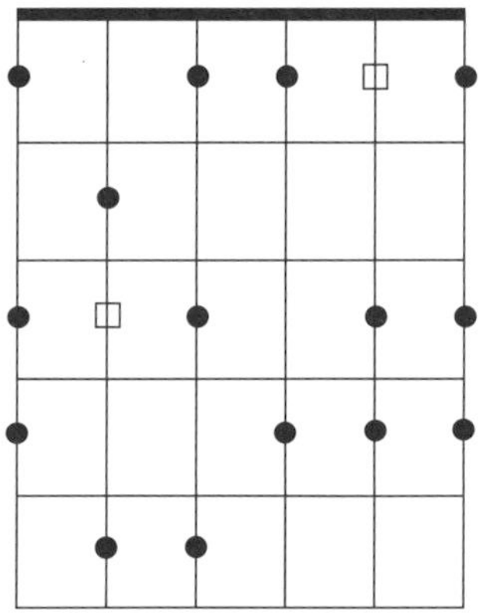

PATRÓN DOS

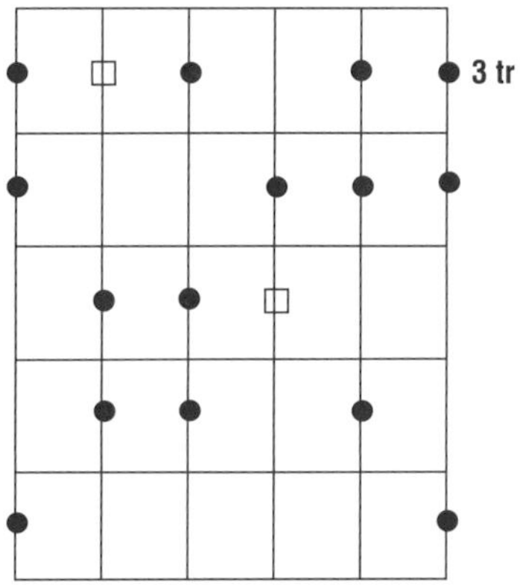

PATRÓN TRES

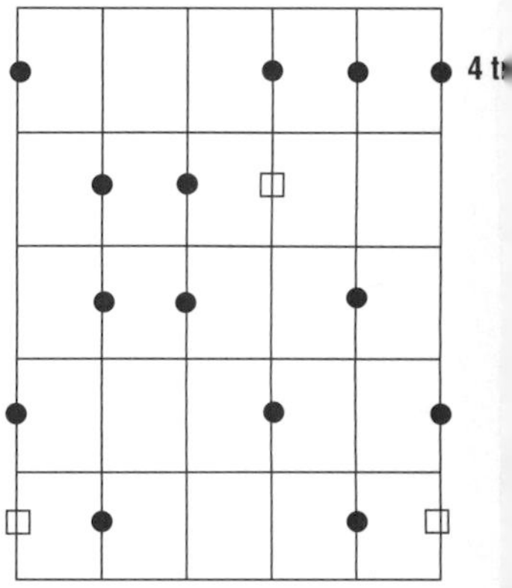

C TRIGIA

MÁSTIL COMPLETO

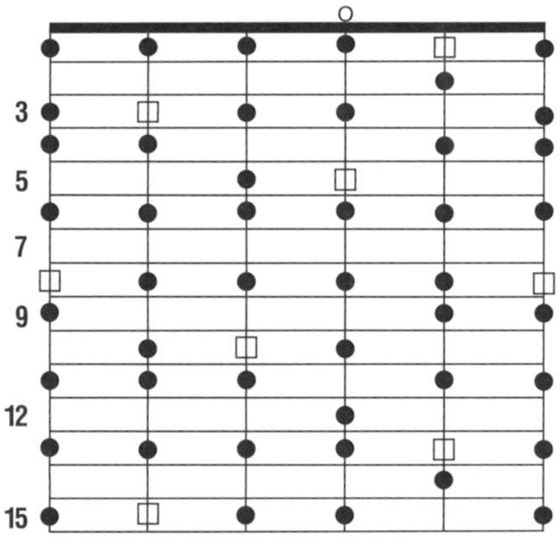

PATRÓN UNO

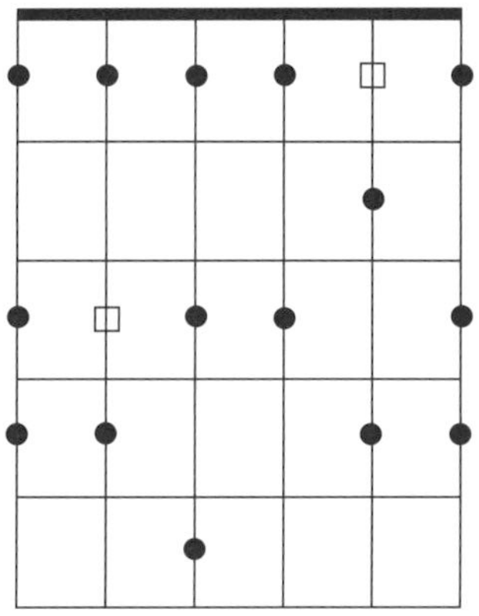

PATRÓN DOS

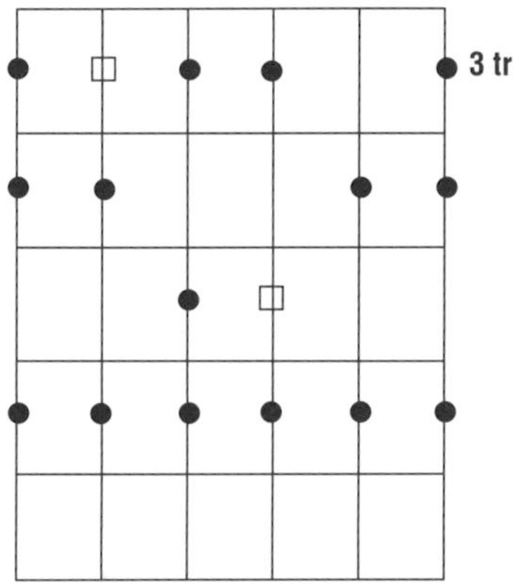

PATRÓN TRES

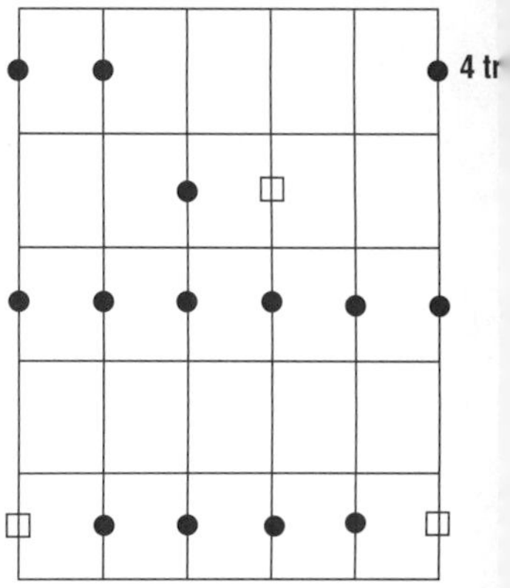

C LOCRIO

MÁSTIL COMPLETO

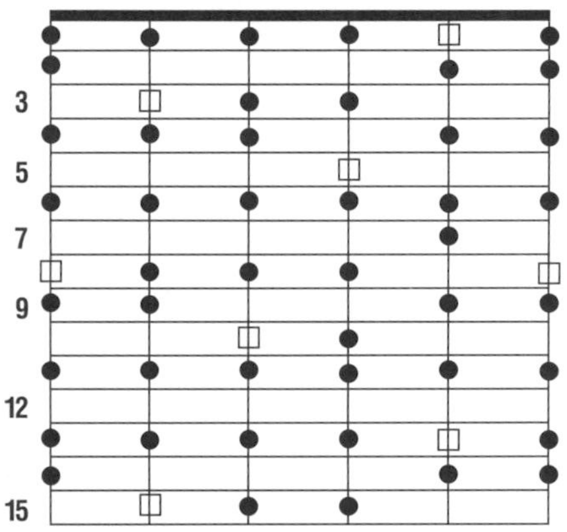

PATRÓN UNO

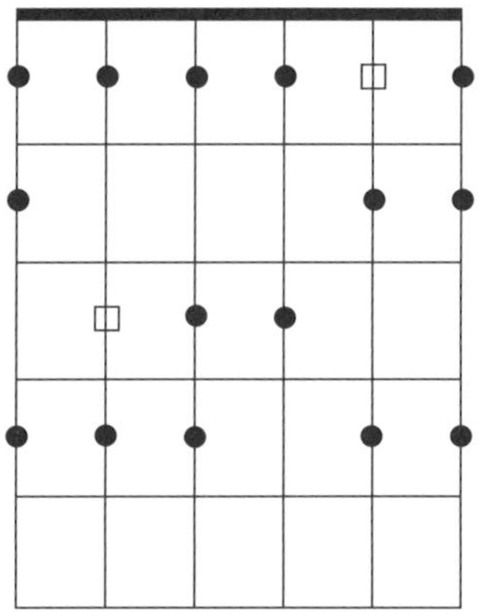

PATRÓN DOS

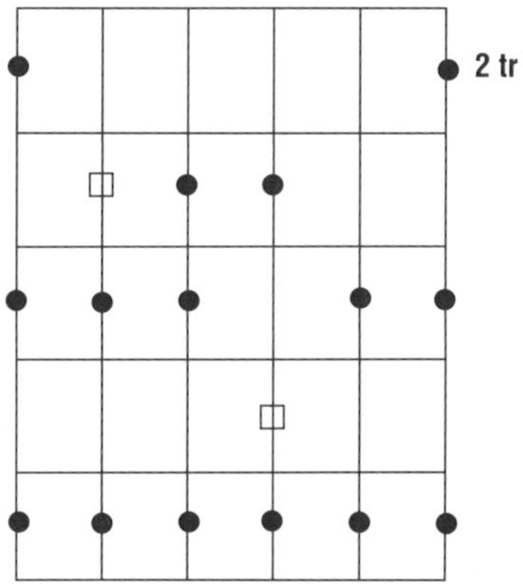

PATRÓN TRES

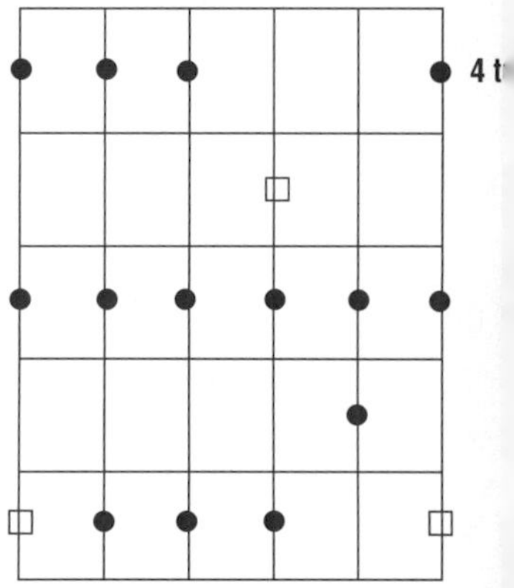

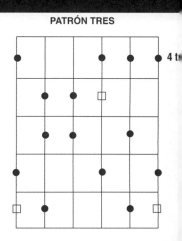

(C–D–E♭–F–G–A–B)

PATRÓN CUATRO

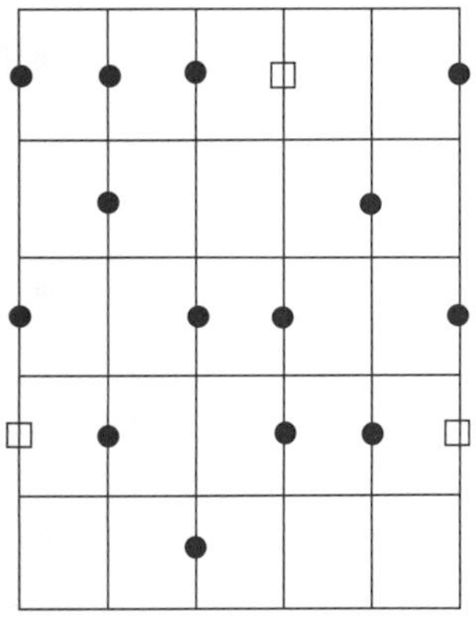

PATRÓN CINCO

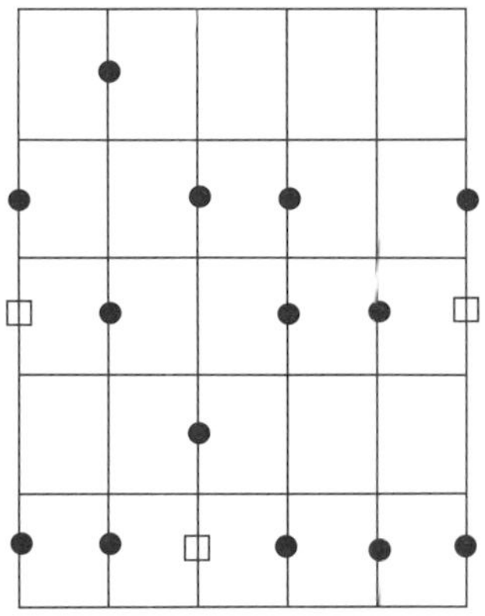

PATRÓN SEIS

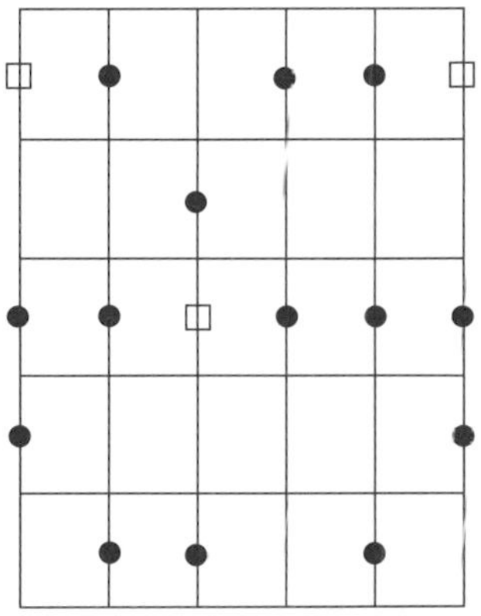

PATRÓN SIETE

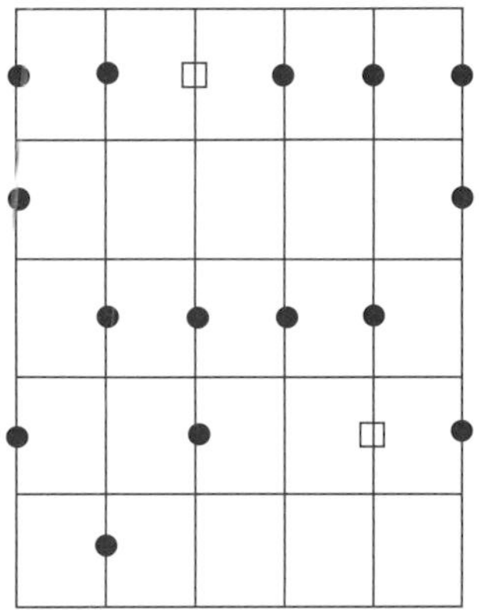

(C–D–E♭–F–G–A♭–B)

PATRÓN CUATRO

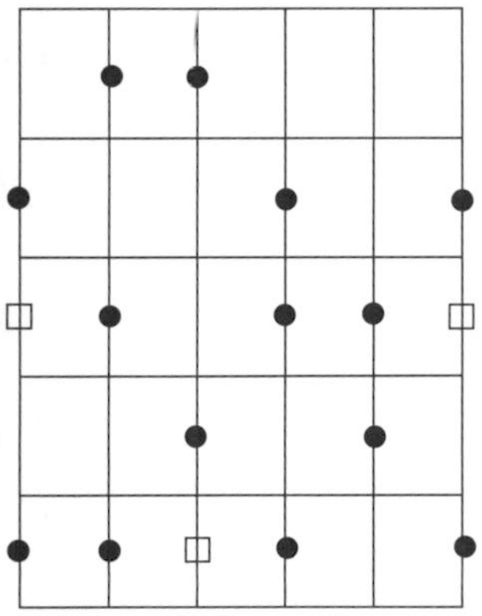

PATRÓN CINCO

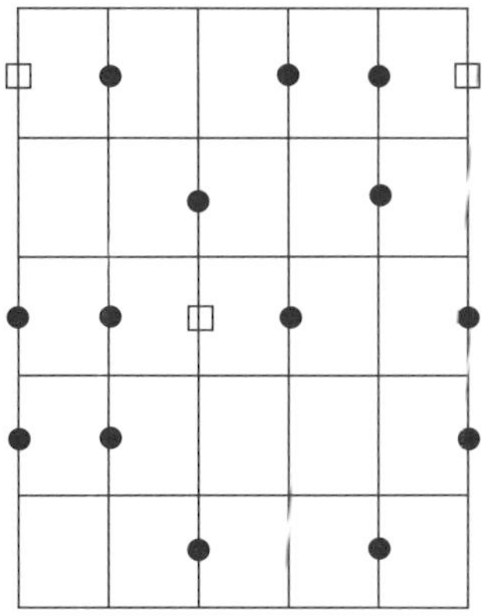

PATRÓN SEIS

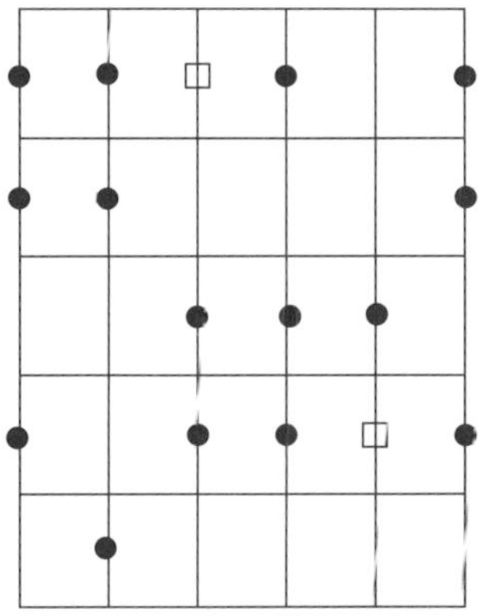

PATRÓN SIETE

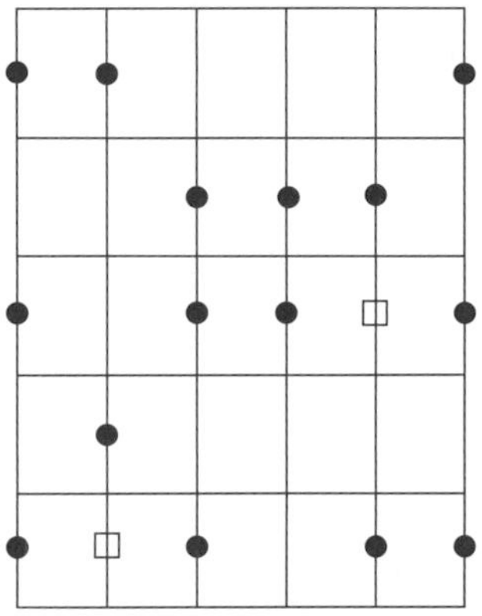

(C–D♭–E♭–F–G–A♭–B♭)

PATRÓN CUATRO

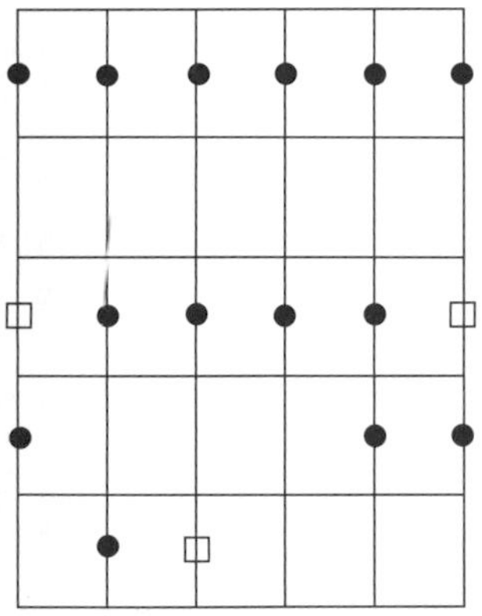

PATRÓN CINCO

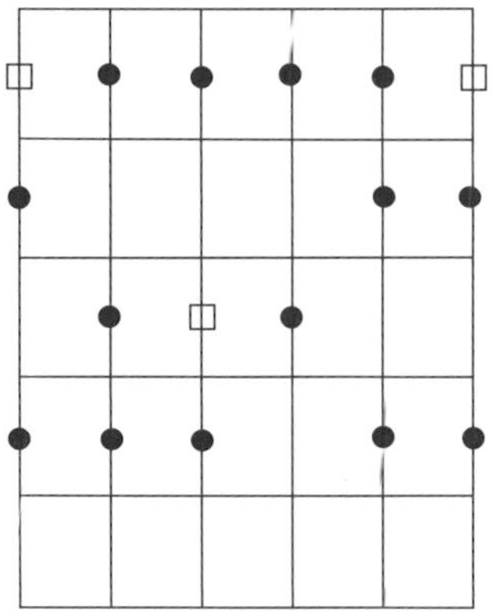

PATRÓN SEIS

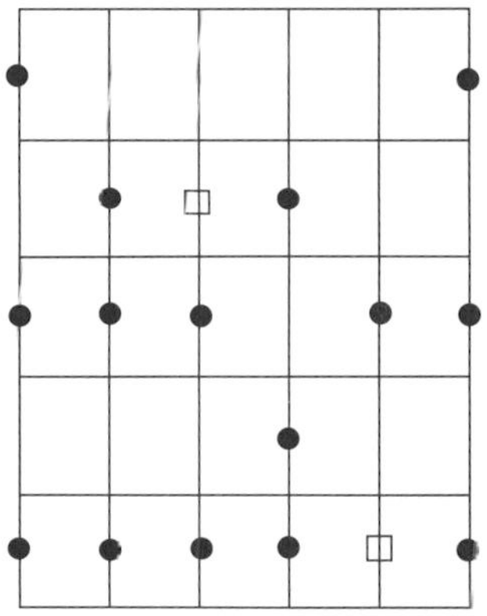

PATRÓN SIETE

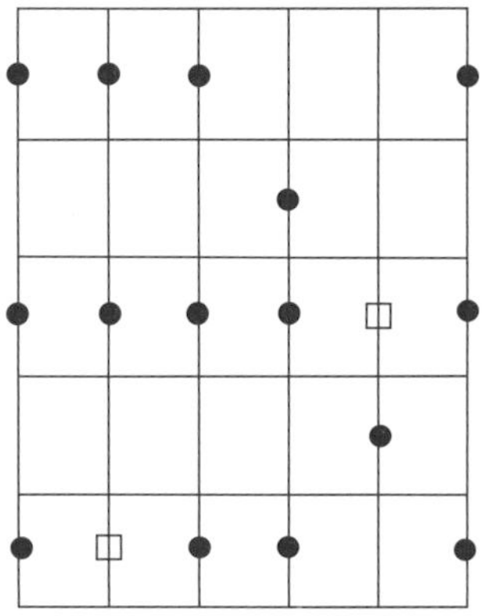

(C–D♭–E♭–F–G♭–A♭–B♭)

PATRÓN CUATRO

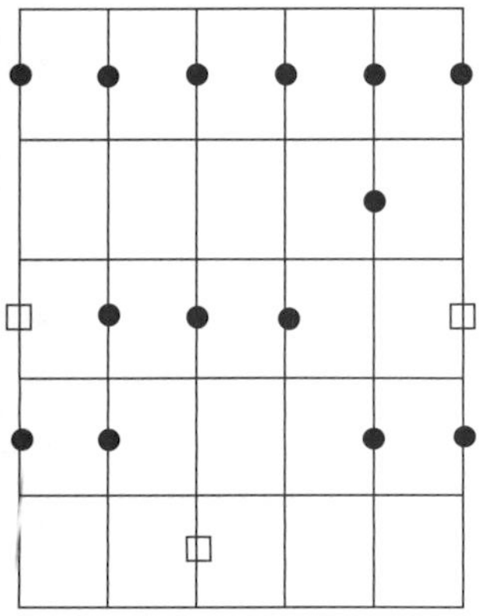

PATRÓN CINCO

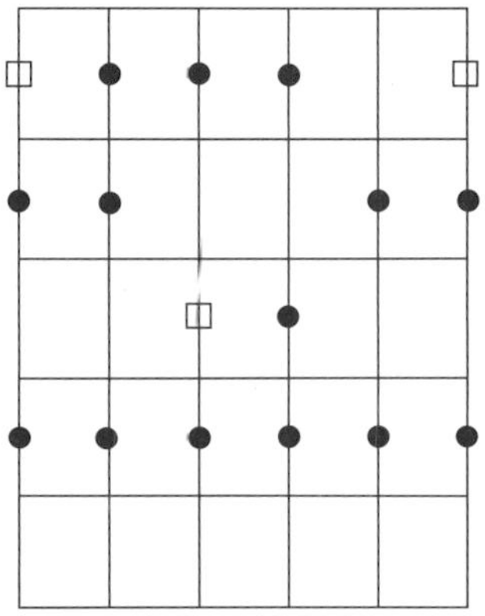

PATRÓN SEIS

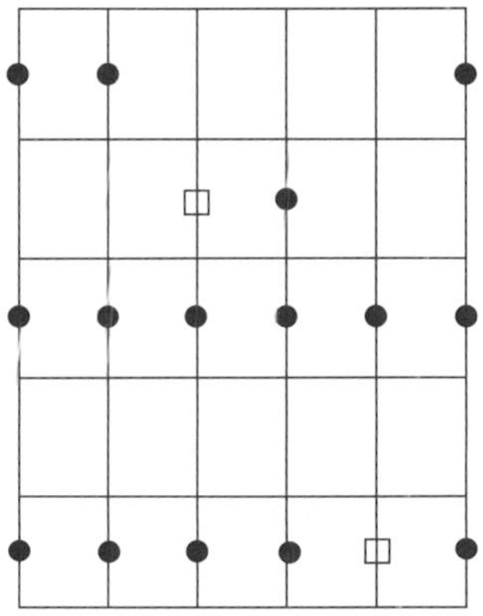

PATRÓN SIETE

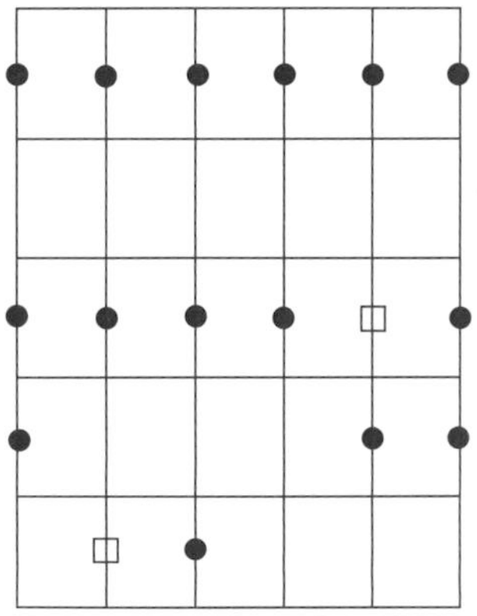

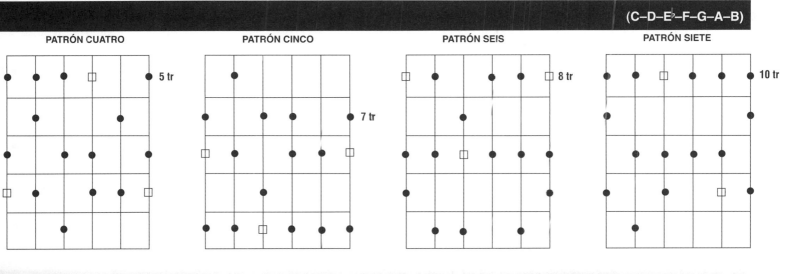

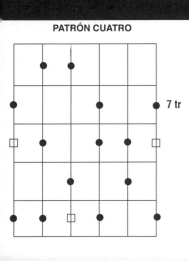

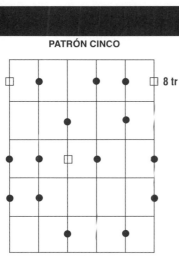

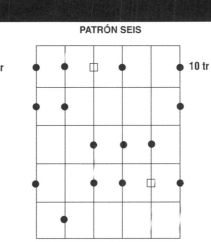

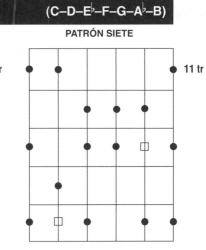

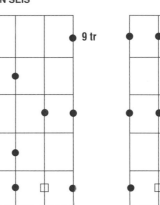

C LIDIO

MÁSTIL COMPLETO

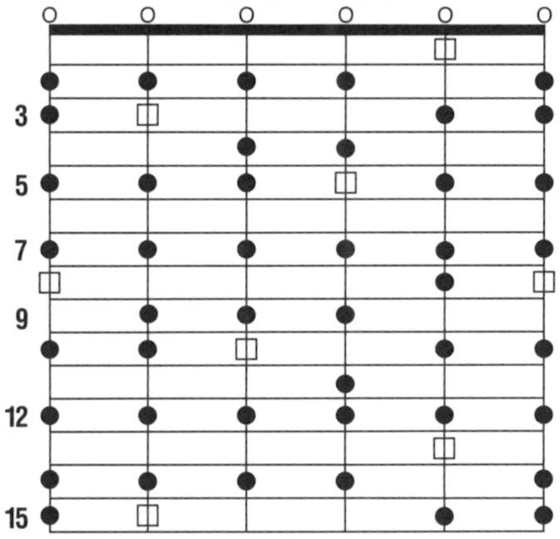

PATRÓN UNO

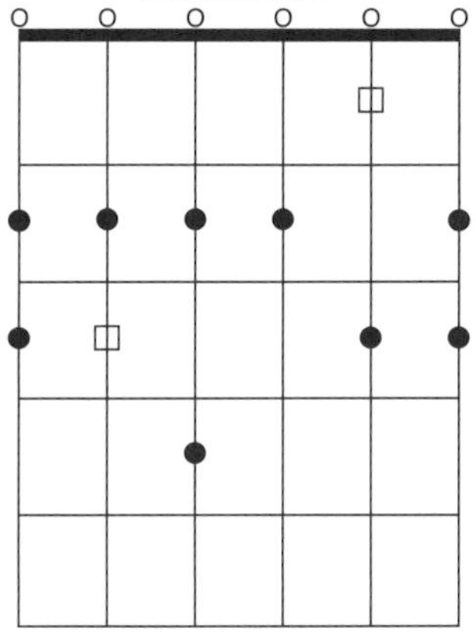

PATRÓN DOS

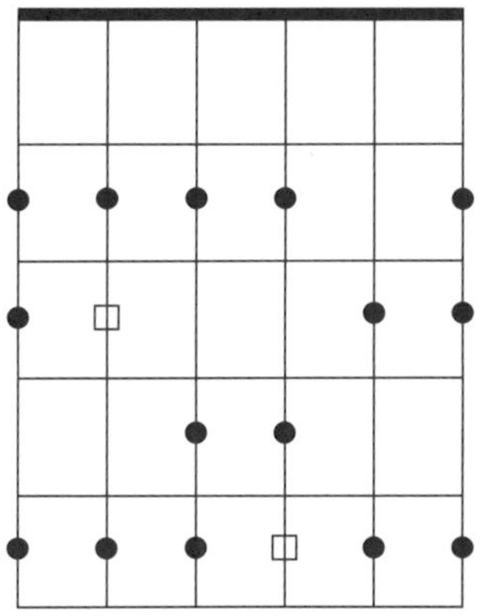

PATRÓN TRES

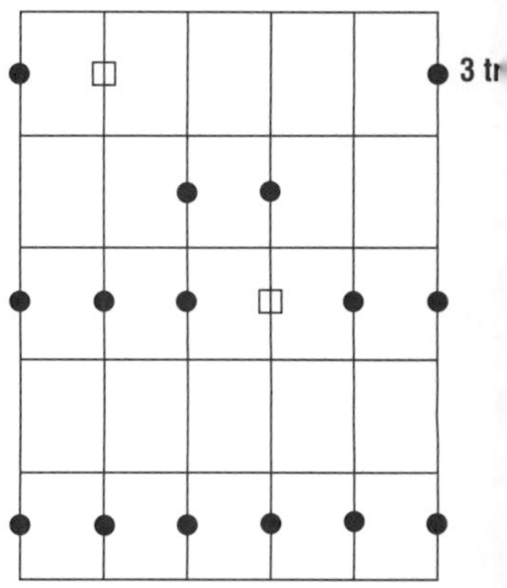

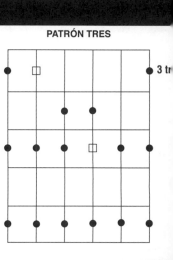

C DISMINUIDA (SEMITONO-TONO)

MÁSTIL COMPLETO

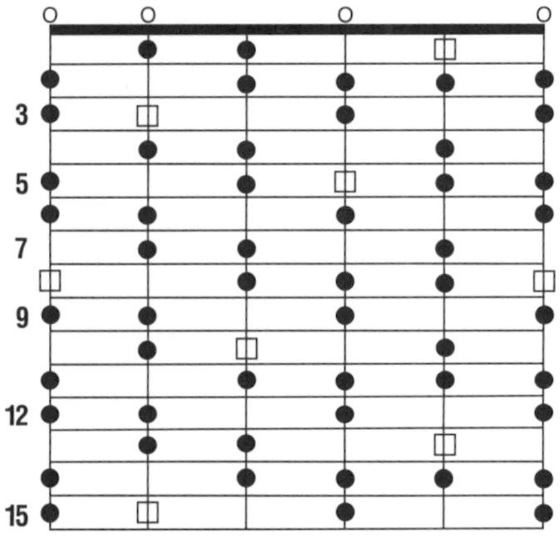

PATRÓN UNO

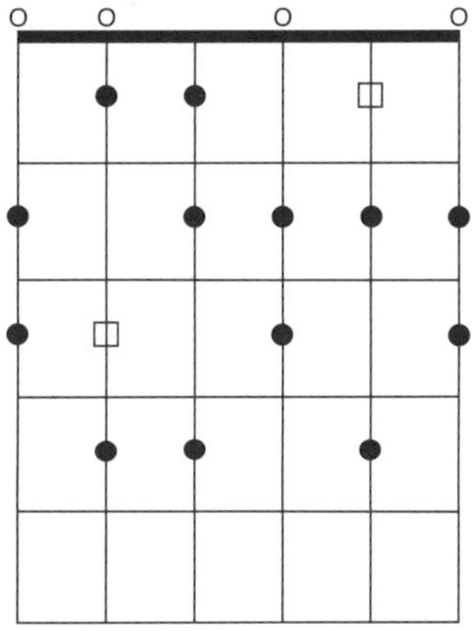

PATRÓN DOS

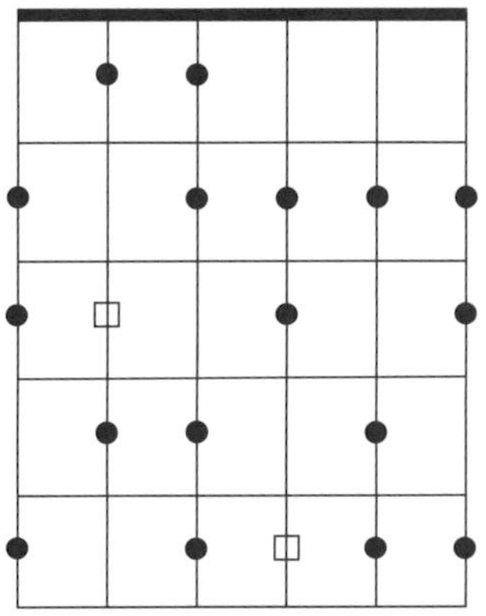

PATRÓN TRES

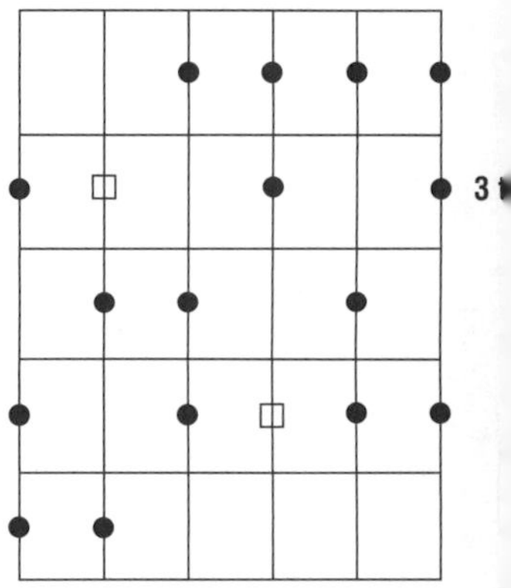

C DISMINUIDA (TONO-SEMITONO)

MÁSTIL COMPLETO

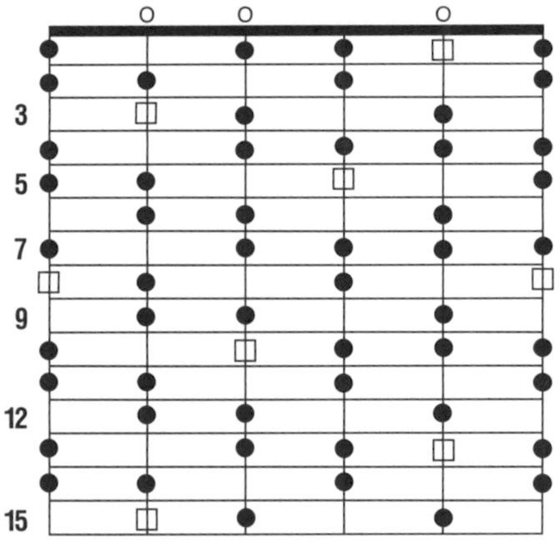

PATRÓN UNO

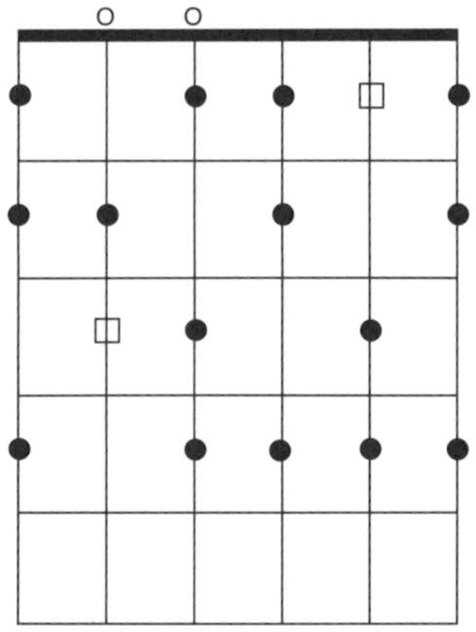

PATRÓN DOS

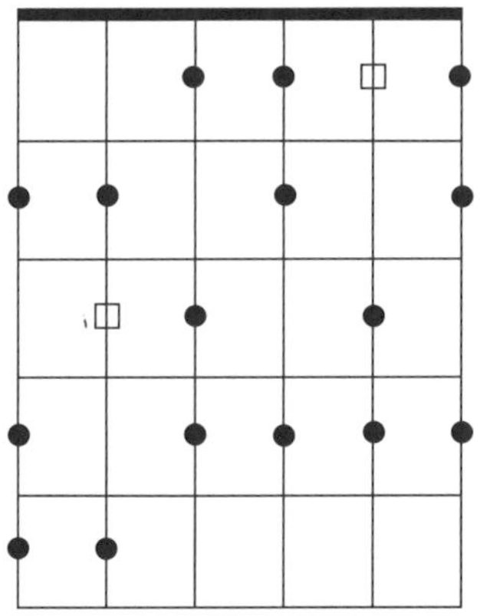

PATRÓN TRES

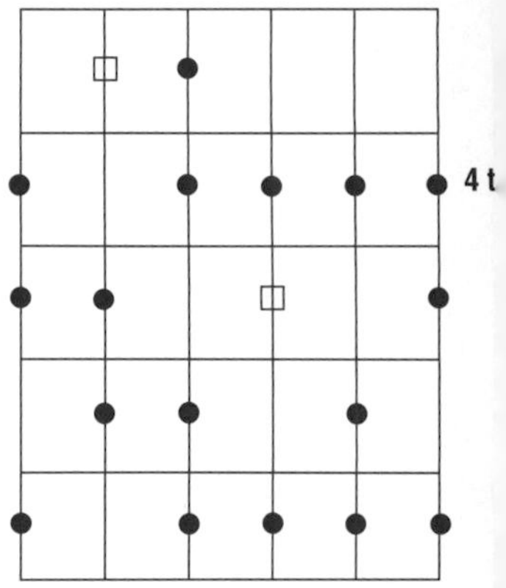

C CROMÁTICA

(C–D♭–D–E♭–E–F–G♭–G–A♭–A–B♭–B)

MÁSTIL COMPLETO

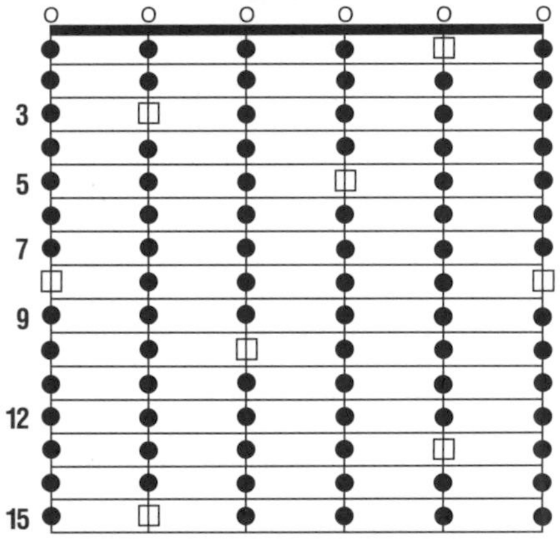

PATRÓN UNO ASCENDENTE

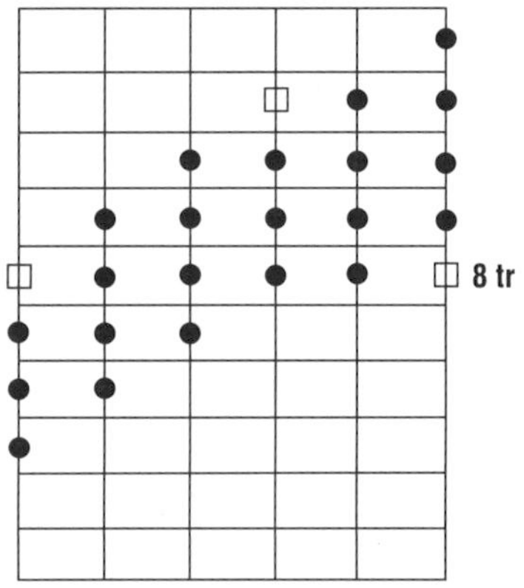

PATRÓN UNO DESCENDIENTE

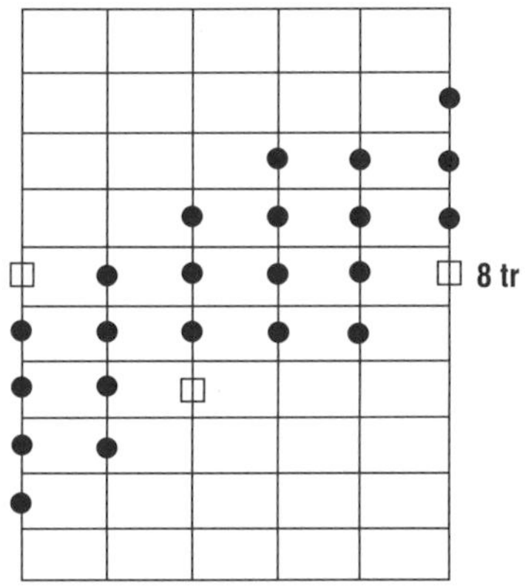

PATRÓN DOS

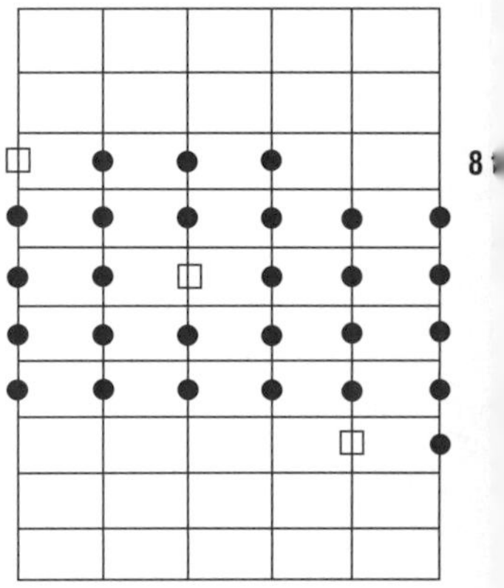

(C–D–E–F♯–G–A–B)

PATRÓN CUATRO

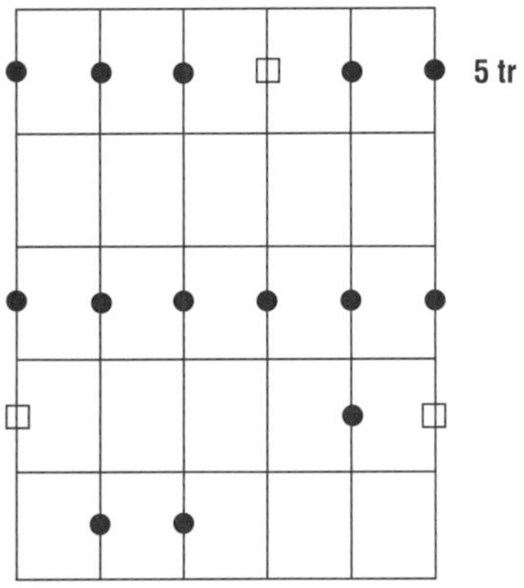

PATRÓN CINCO

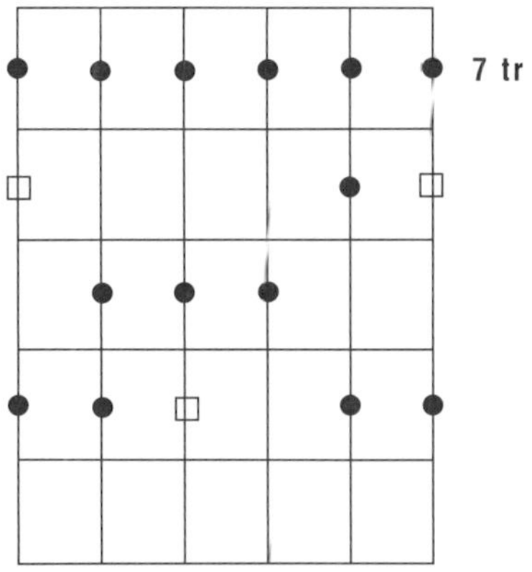

PATRÓN SEIS

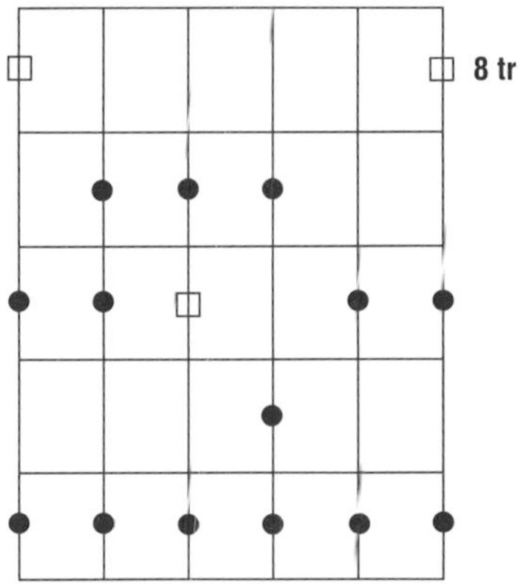

PATRÓN SIETE

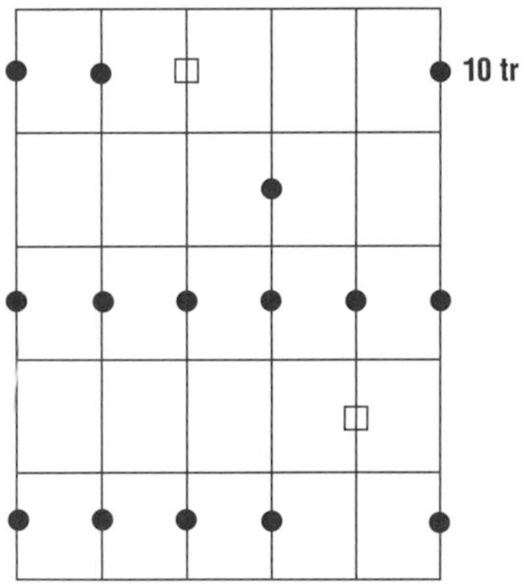

(C–D♭–E♭–F♭–G♭–G–A–B♭)

PATRÓN CUATRO

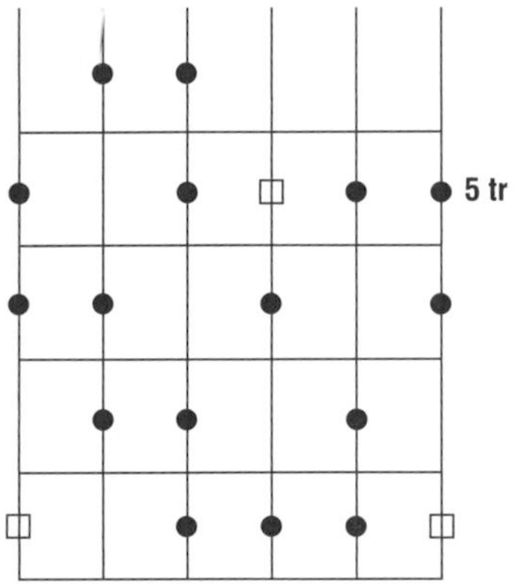

PATRÓN CINCO

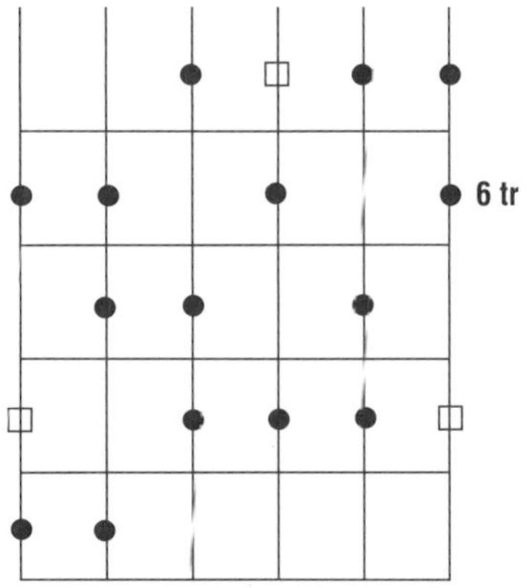

PATRÓN SEIS

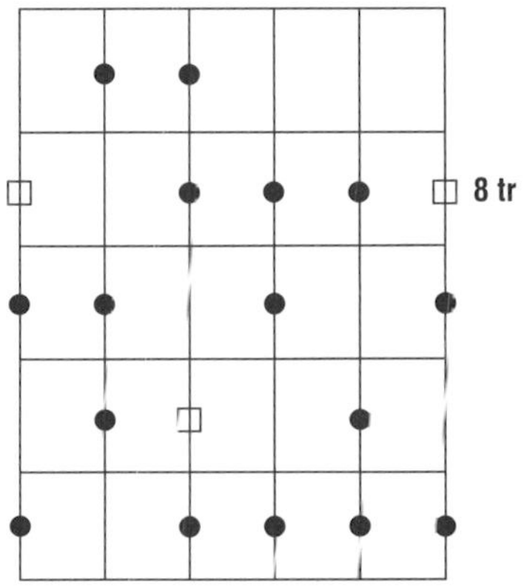

PATRÓN SIETE

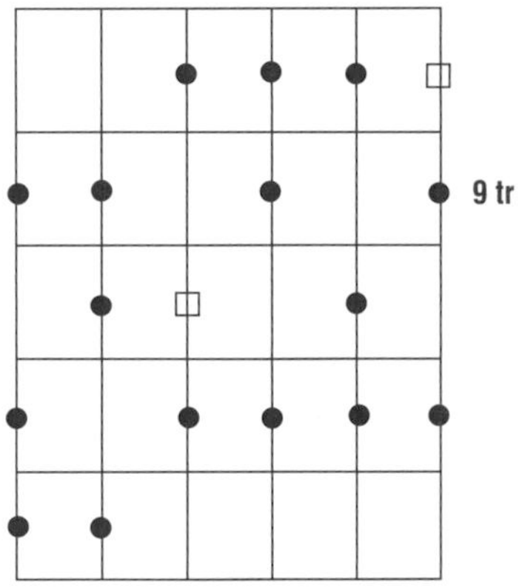

(C–D–E♭–F–G♭–G♯–A–B)

PATRÓN CUATRO

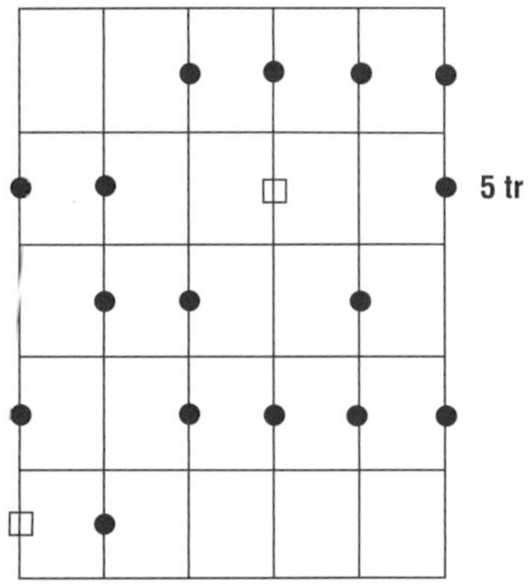

PATRÓN CINCO

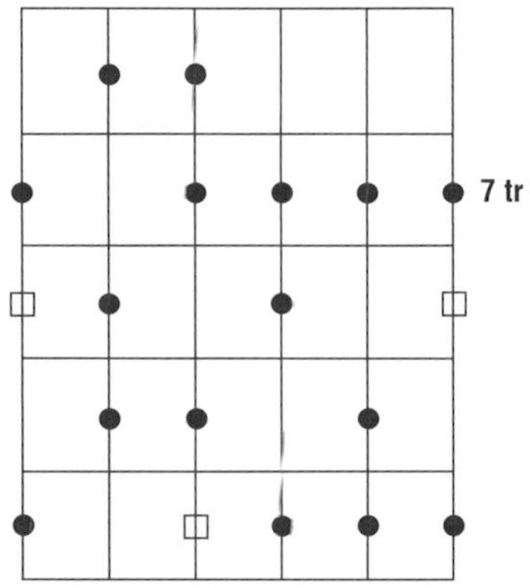

PATRÓN SEIS

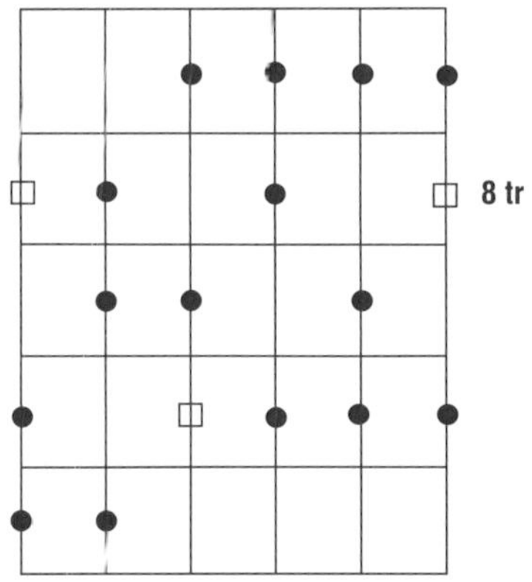

PATRÓN SIETE

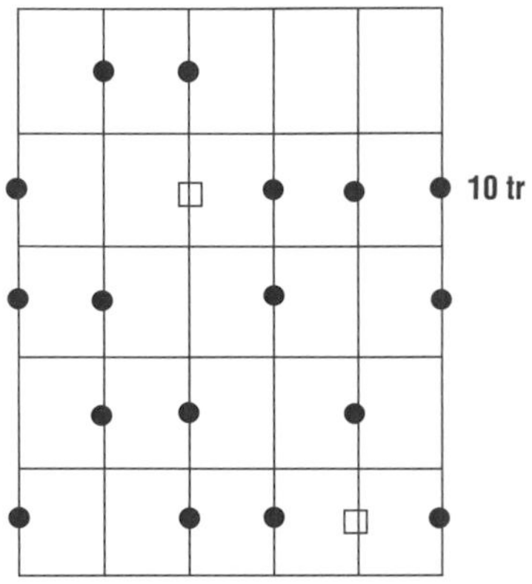

C TONO (C–D–E–F♯–G♯–A♯)

MÁSTIL COMPLETO

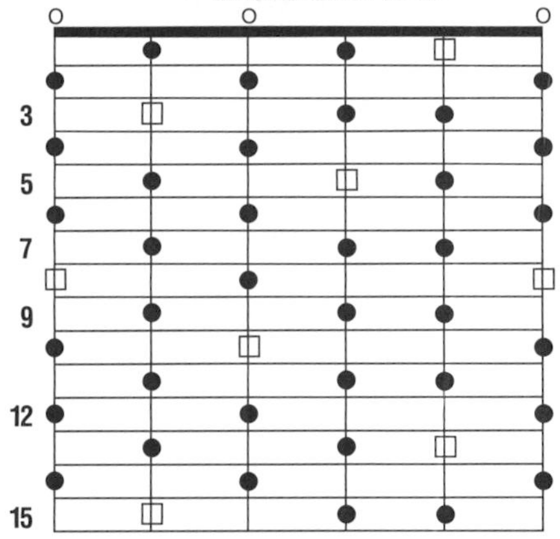

PATRÓN UNO

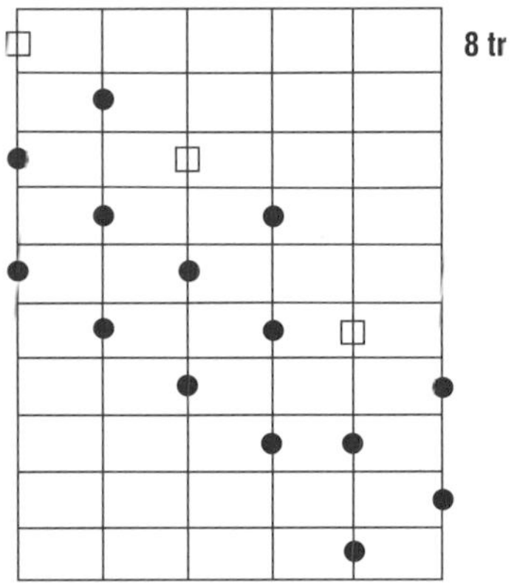

PATRÓN DOS

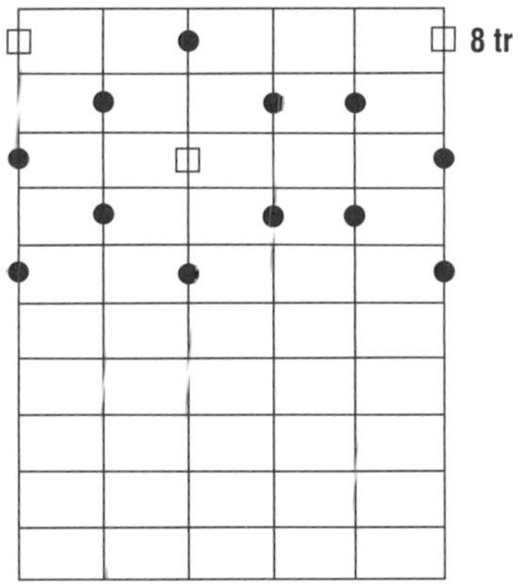

PATRÓN TRES

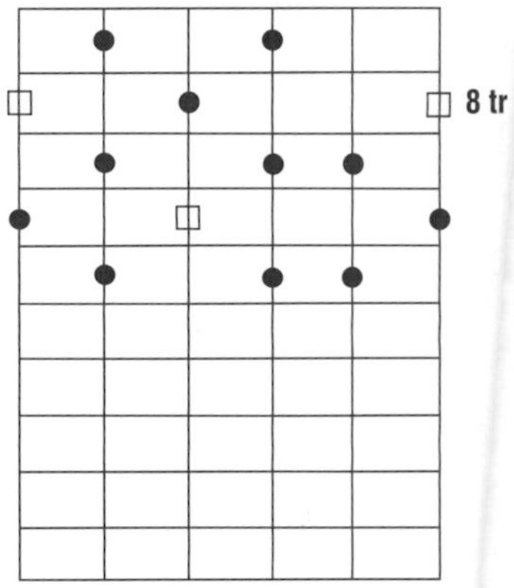

C♯ MAYOR (JÓNICO)

MÁSTIL COMPLETO | PATRÓN UNO | PATRÓN DOS | PATRÓN TRES

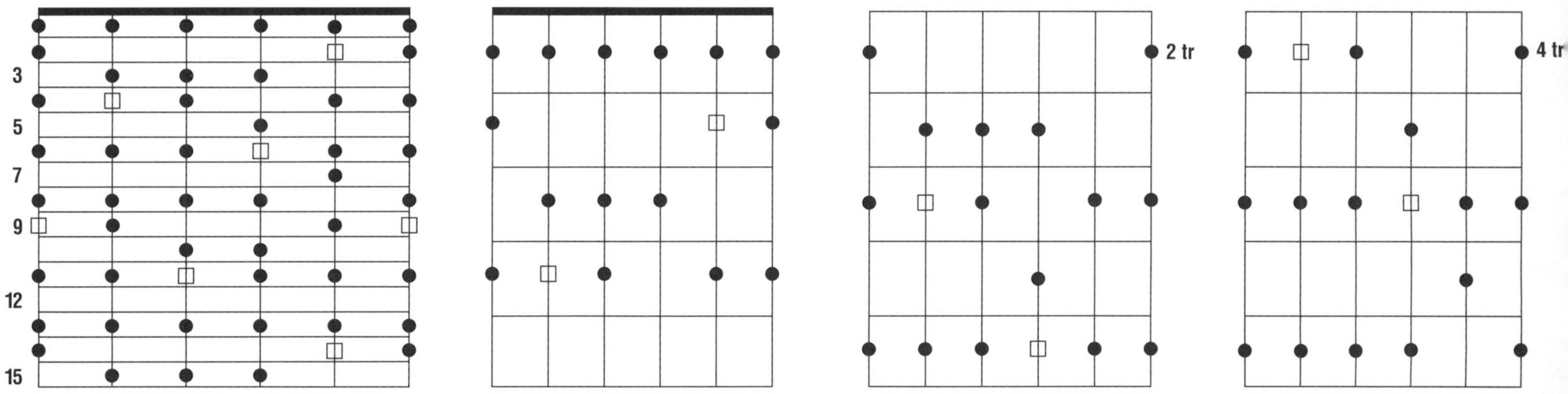

C♯ PENTATÓNICA MAYOR

MÁSTIL COMPLETO | PATRÓN UNO | PATRÓN DOS | PATRÓN TRES

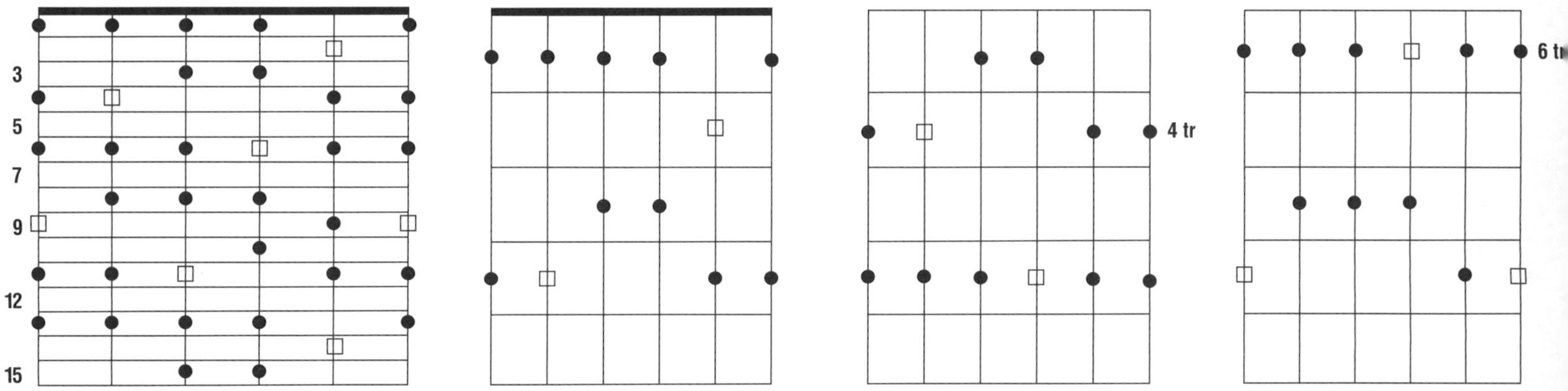

C♯ MENOR NATURAL (EÓLICO)

MÁSTIL COMPLETO | PATRÓN UNO | PATRÓN DOS | PATRÓN TRES

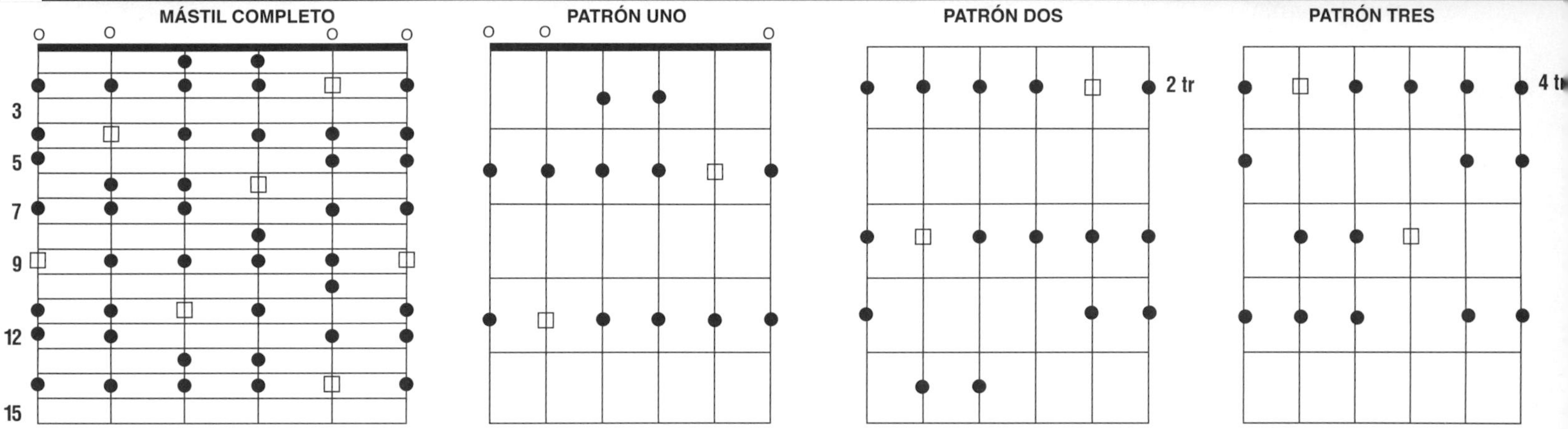

C♯ PENTATÓNICA MENOR

MÁSTIL COMPLETO | PATRÓN UNO | PATRÓN DOS | PATRÓN TRES

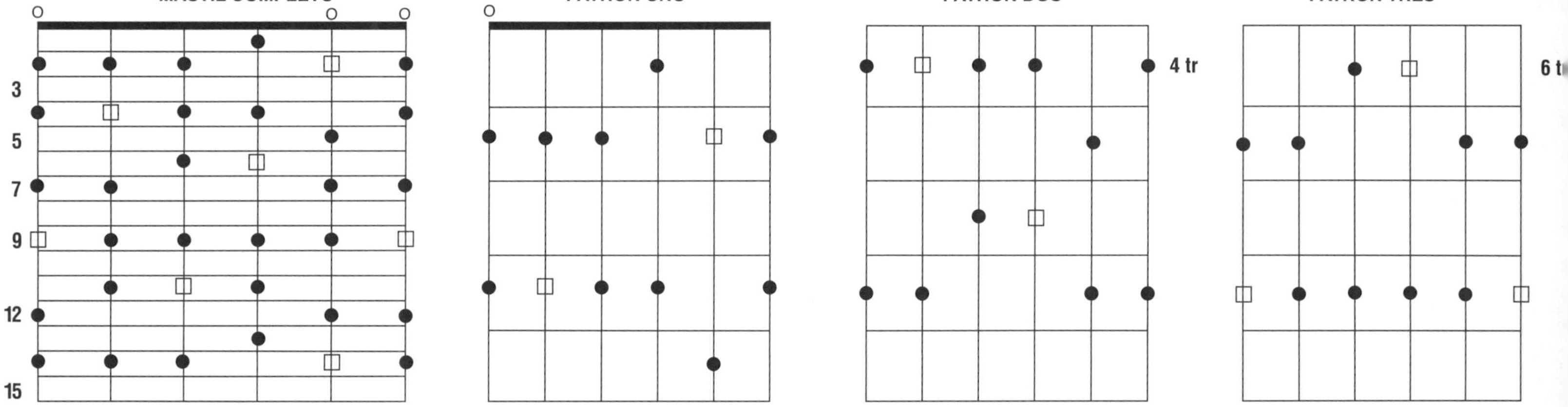

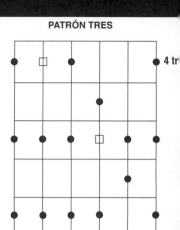

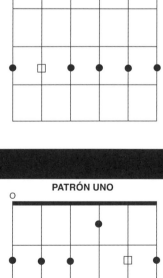

(C♯–D♯–E♯–F♯–G♯–A♯–B♯)

PATRÓN CUATRO

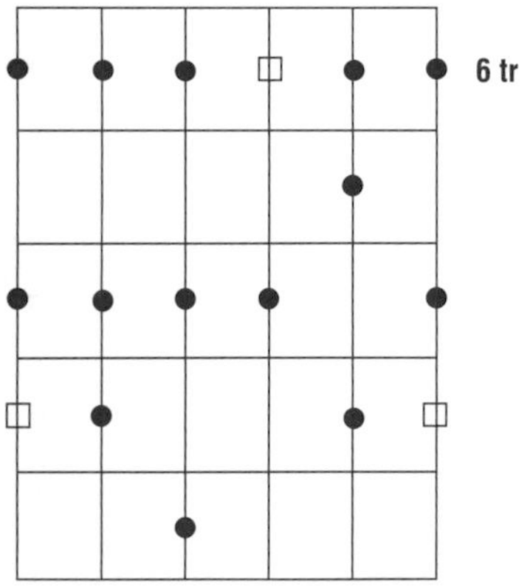

PATRÓN CINCO

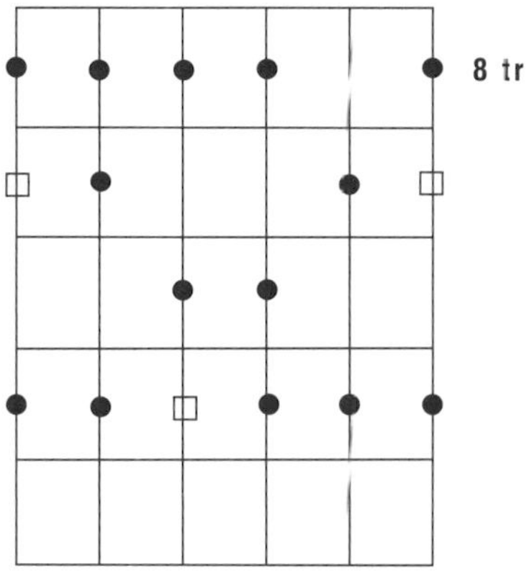

PATRÓN SEIS

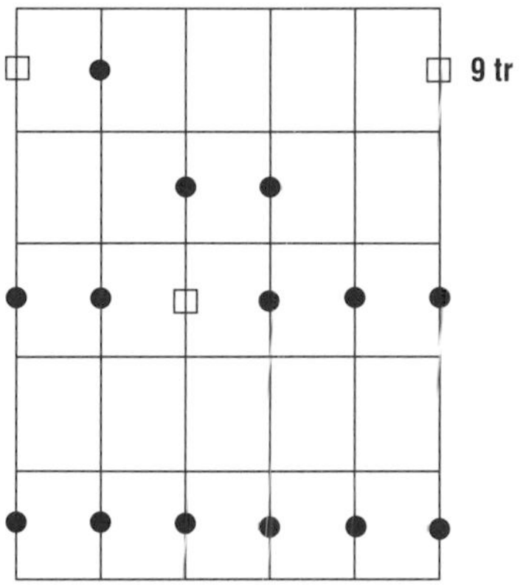

PATRÓN SIETE

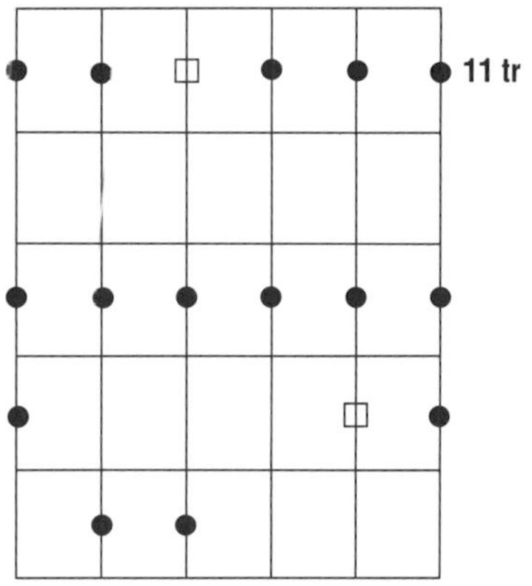

(C♯–D♯–E♯–G♯–A♯)

PATRÓN CUATRO

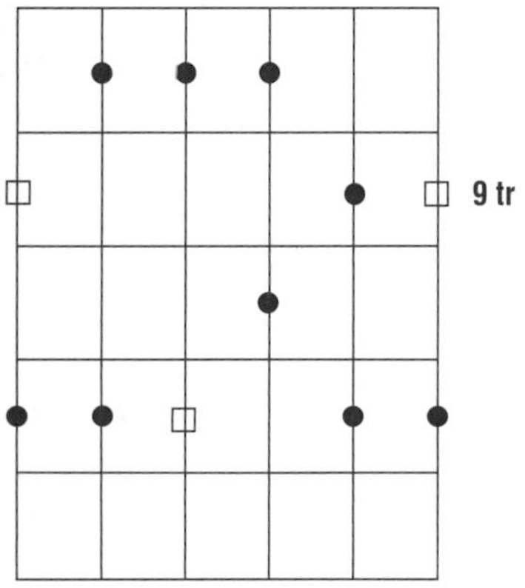

PATRÓN CINCO

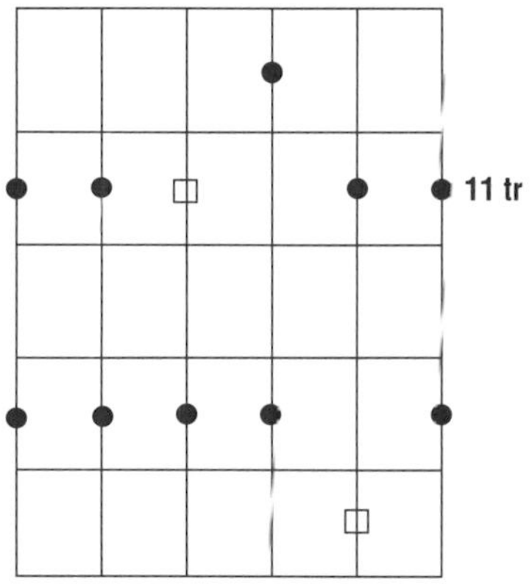

PATRÓN UNO (+1 OCTAVA)

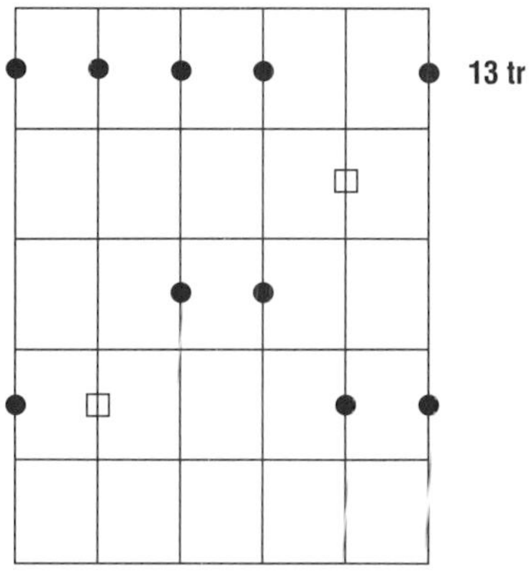

PATRÓN DOS (+1 OCTAVA)

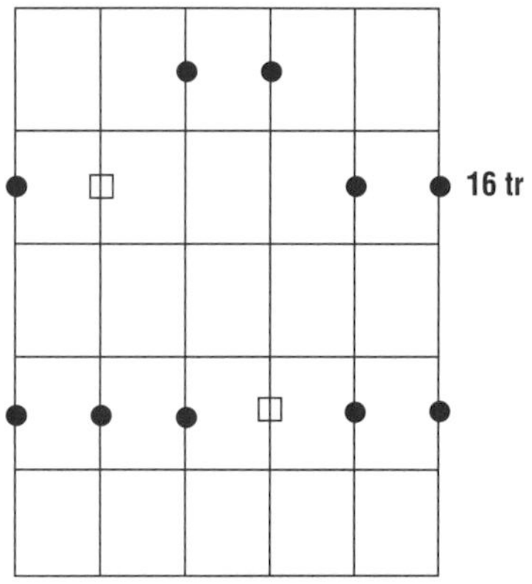

(C♯–D♯–E–F♯–G♯–A–B)

PATRÓN CUATRO

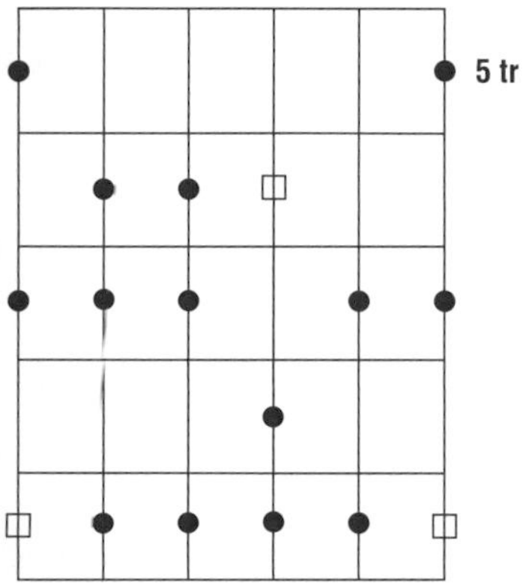

PATRÓN CINCO

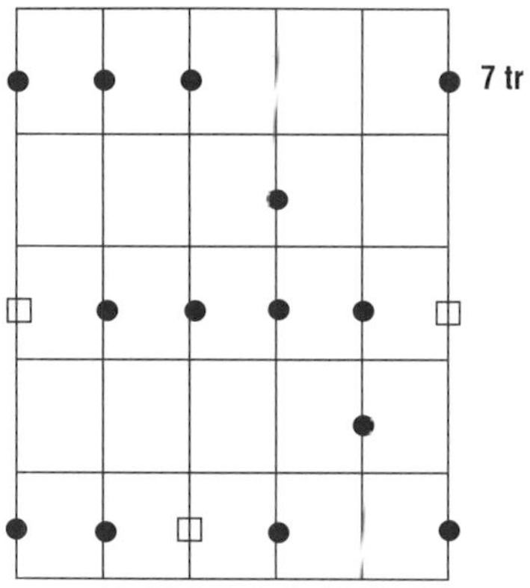

PATRÓN SEIS

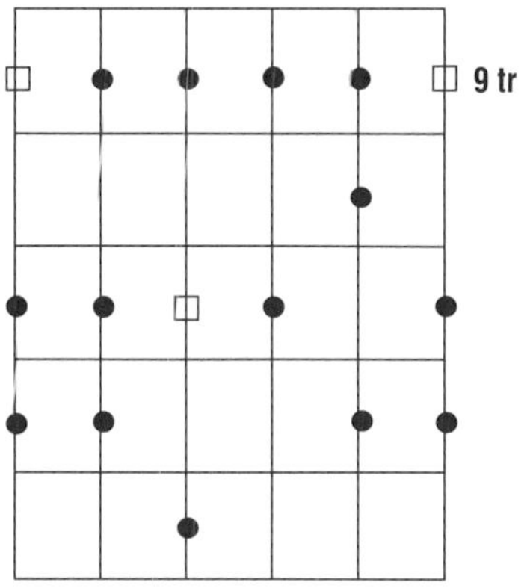

PATRÓN SIETE

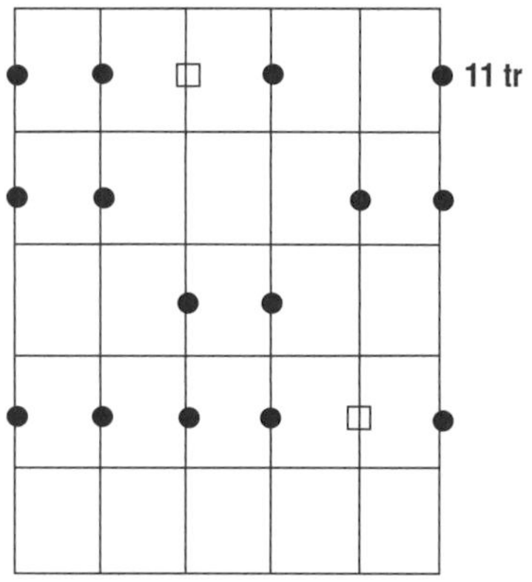

(C♯–E–F♯–G♯–B)

PATRÓN CUATRO

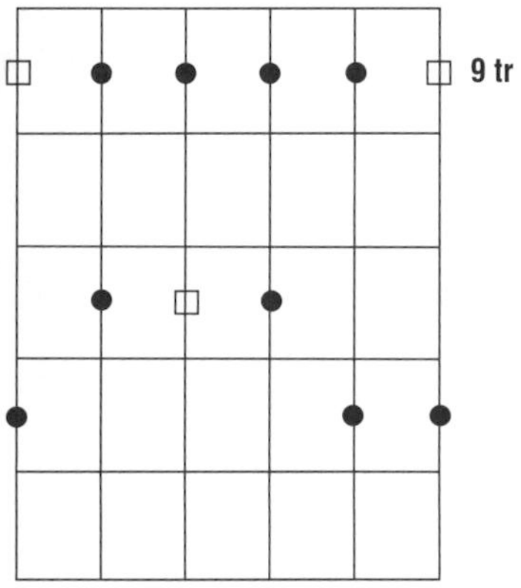

PATRÓN CINCO

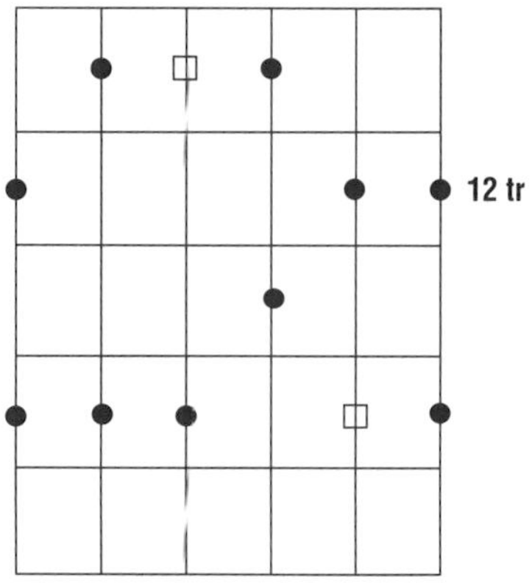

PATRÓN UNO (+1 OCTAVA)

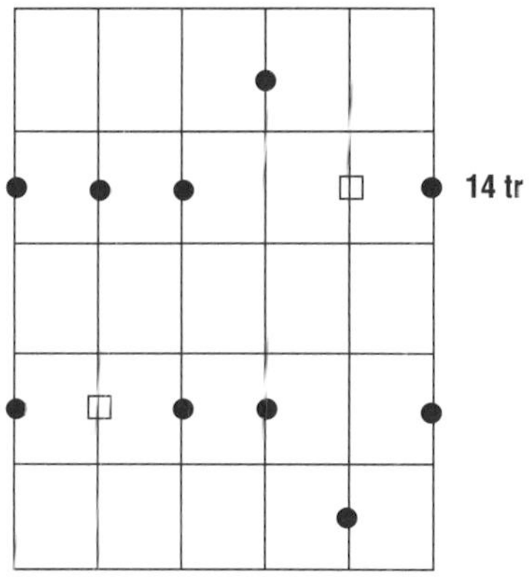

PATRÓN DOS (+1 OCTAVA)

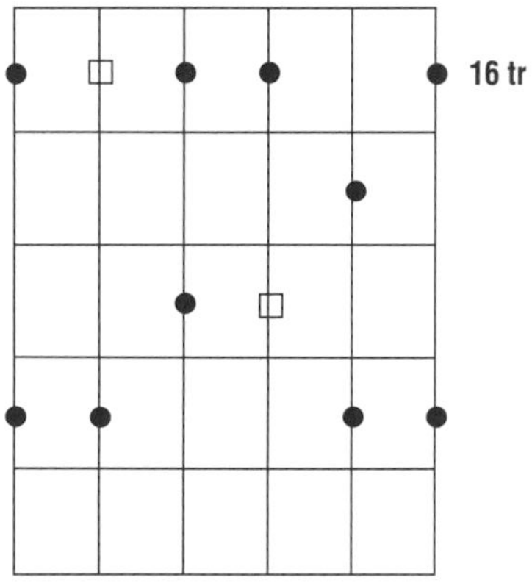

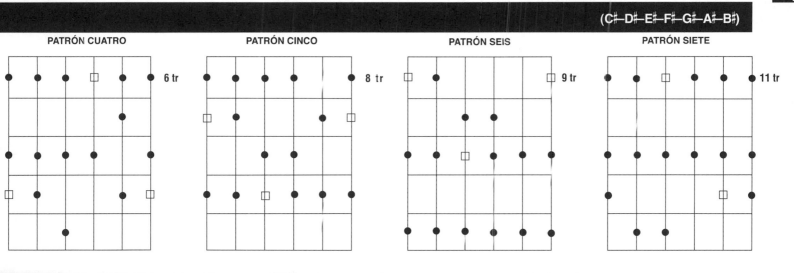

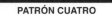

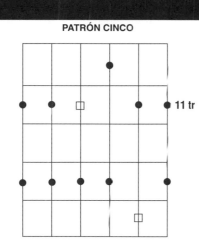

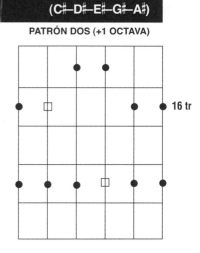

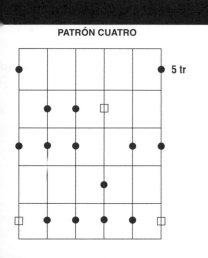

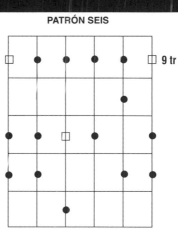

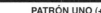

C♯ BLUES

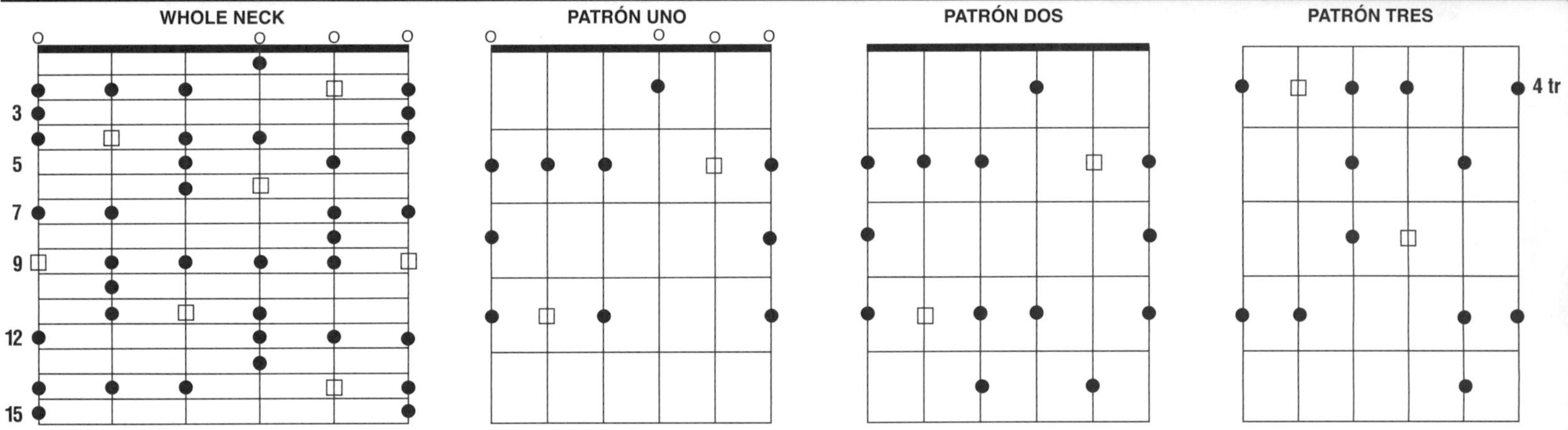

C♯ MIXO BLUES

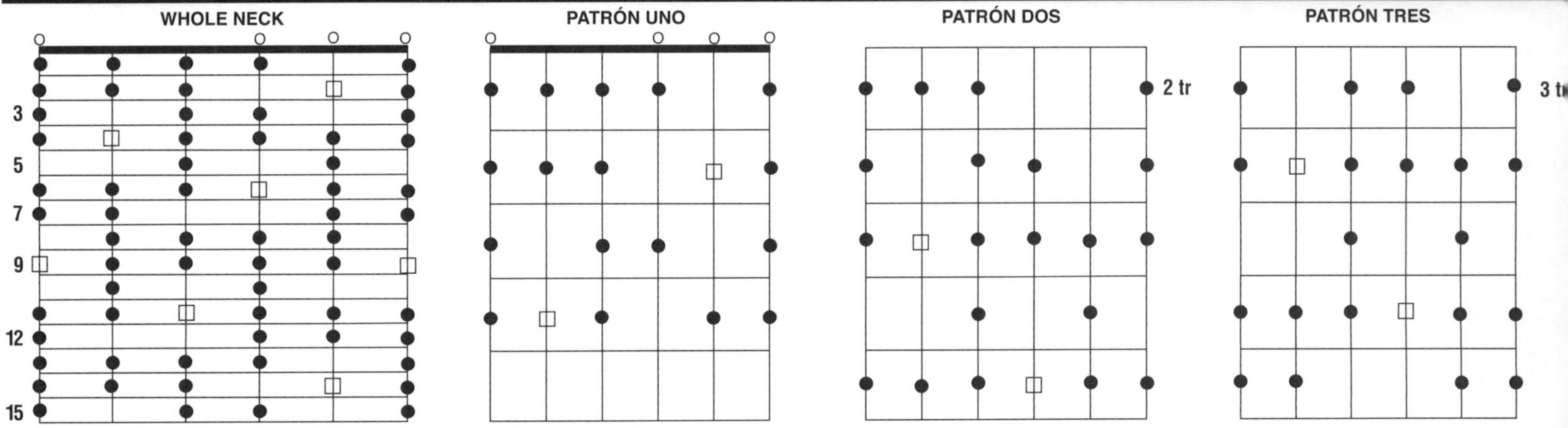

C♯ MIXOLIDIO

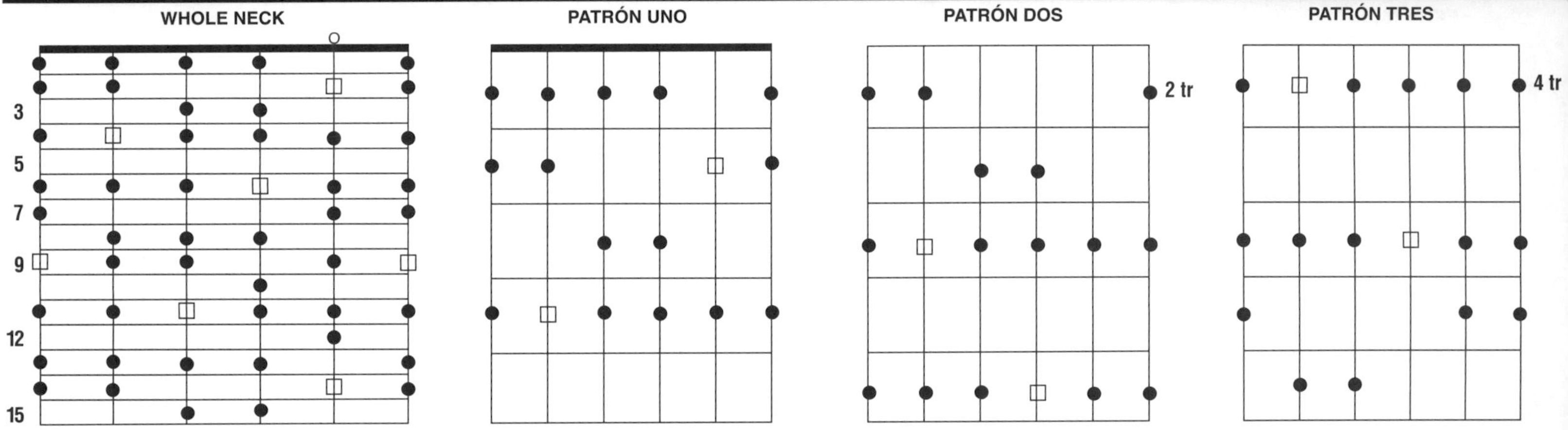

C♯ DÓRICO

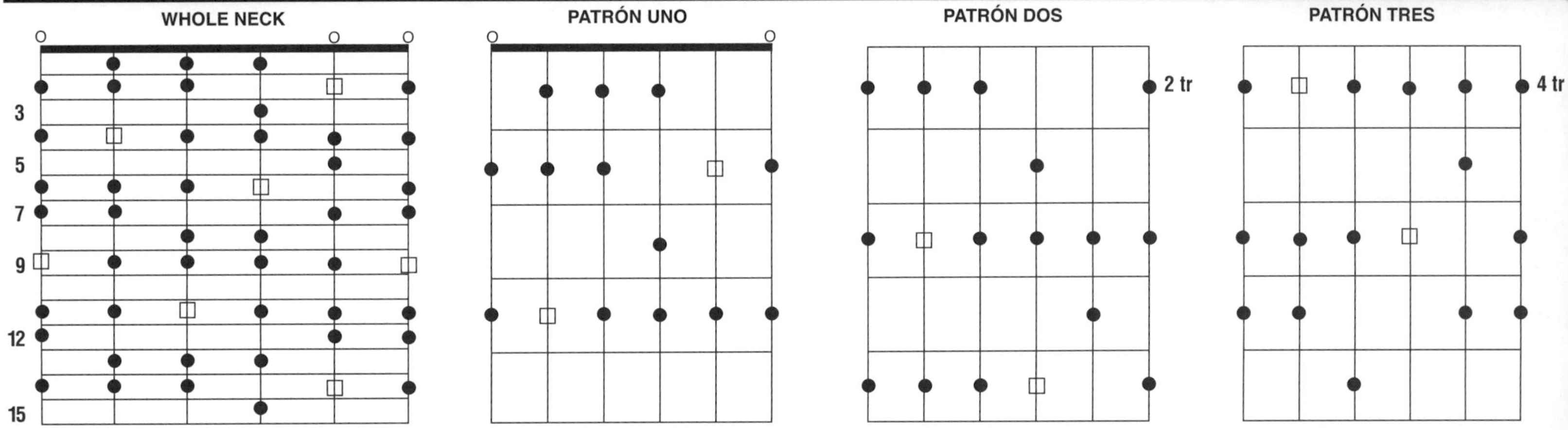

(C♯–E–F♯–G–G♯–B)

PATRÓN CUATRO

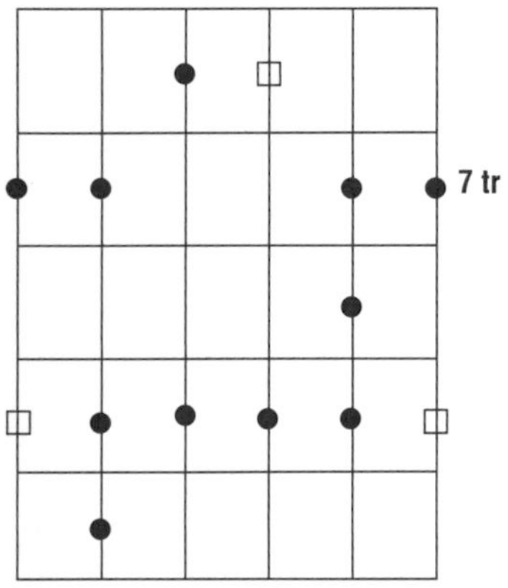

PATRÓN CINCO

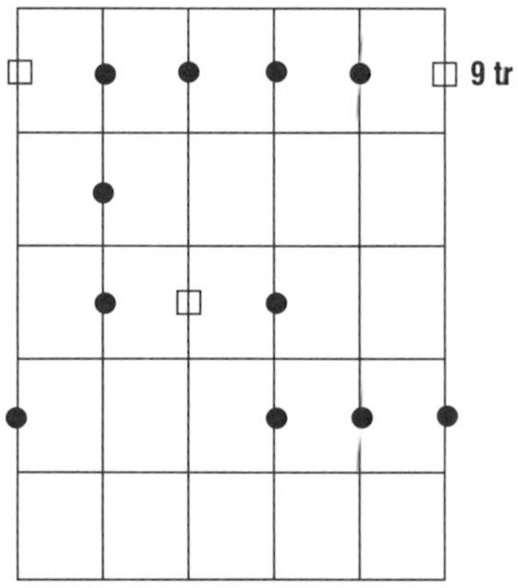

PATRÓN SEIS

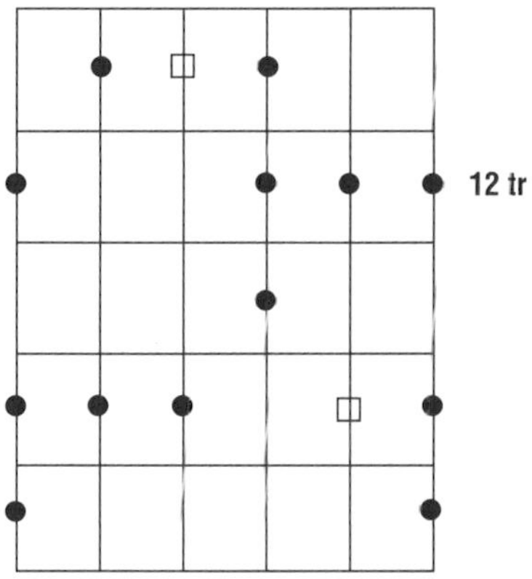

PATRÓN UNO (+1 OCTAVA)

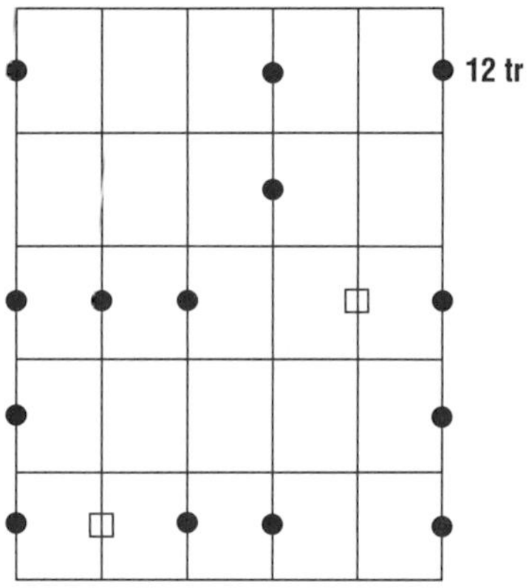

(C♯–D♯–E–E♯–F♯–G–G♯–A♯–B)

PATRÓN CUATRO

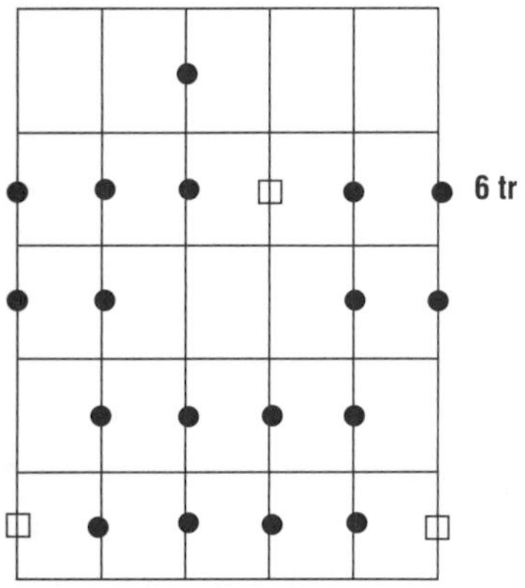

PATRÓN CINCO

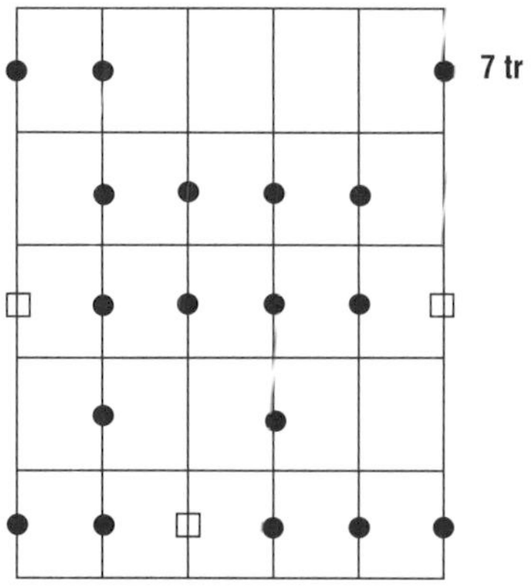

PATRÓN SEIS

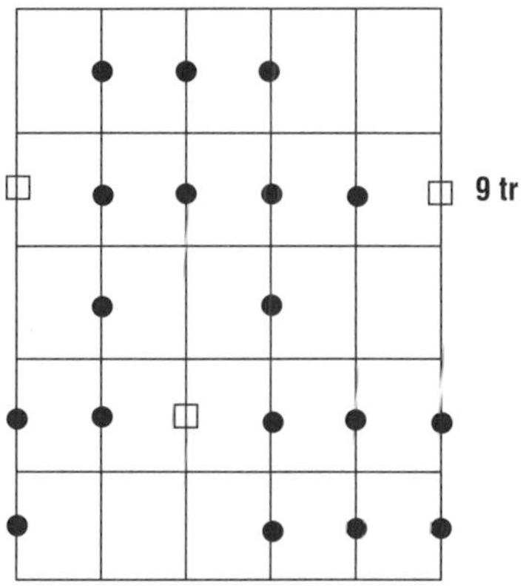

PATRÓN SIETE

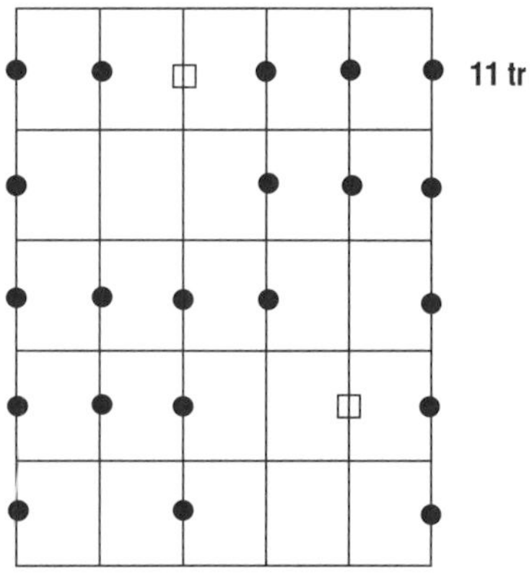

(C♯–D♯–E♯–F♯–G♯–A♯–B)

PATRÓN CUATRO

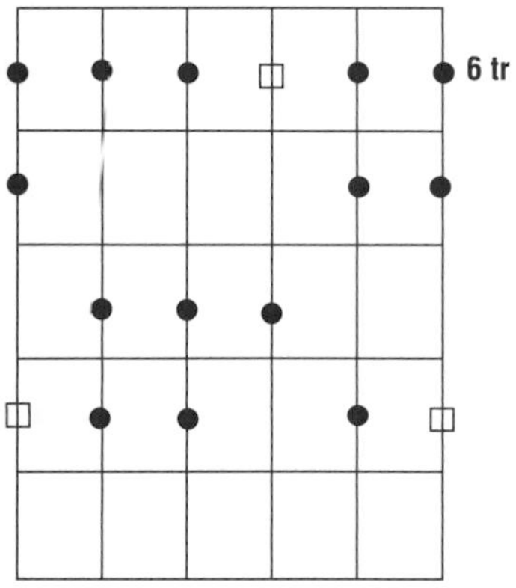

PATRÓN CINCO

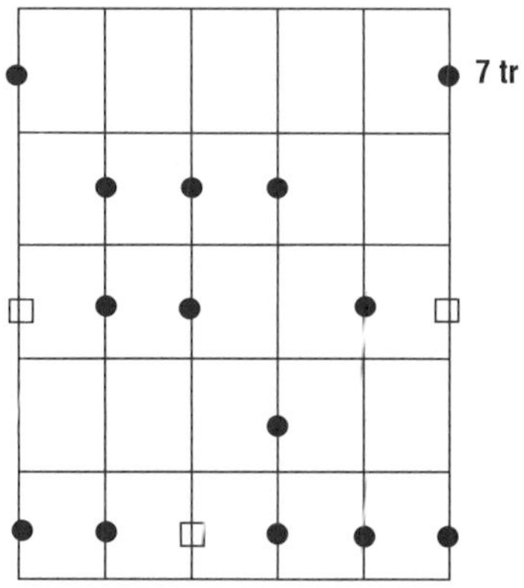

PATRÓN SEIS

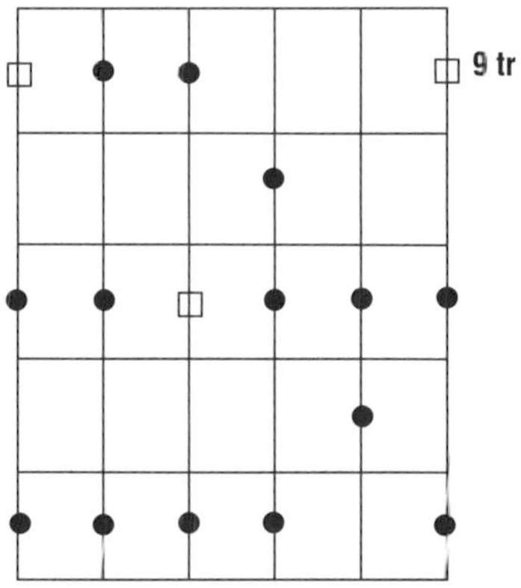

PATRÓN SIETE

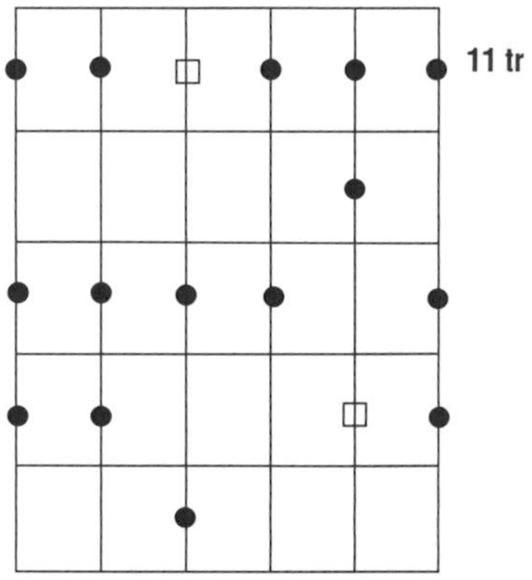

(C♯–D♯–E–F♯–G♯–A♯–B)

PATRÓN CUATRO

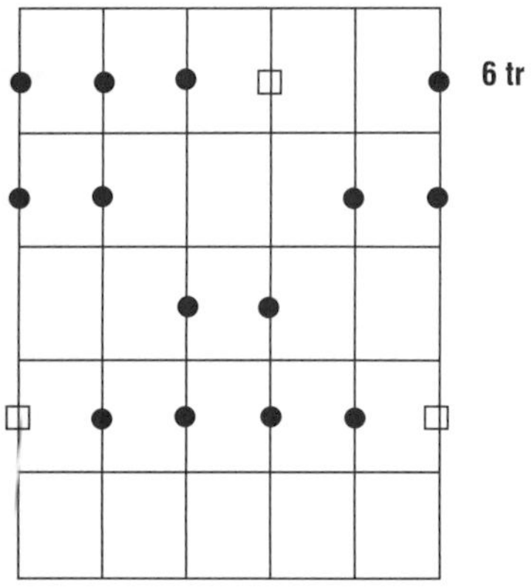

PATRÓN CINCO

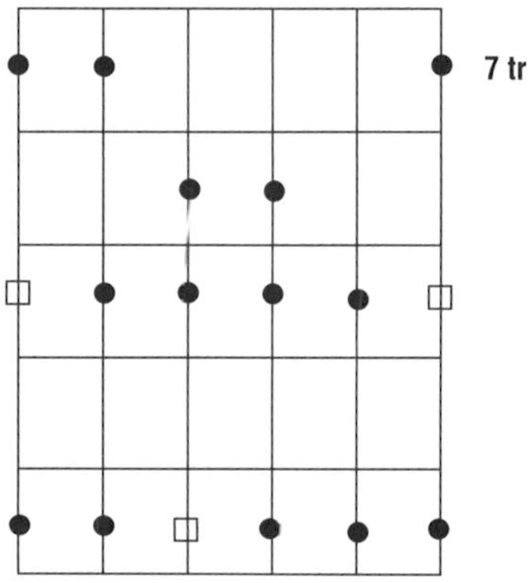

PATRÓN SEIS

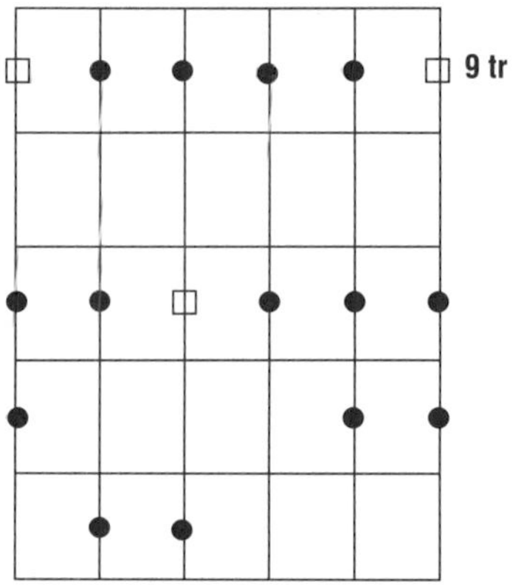

PATRÓN SIETE

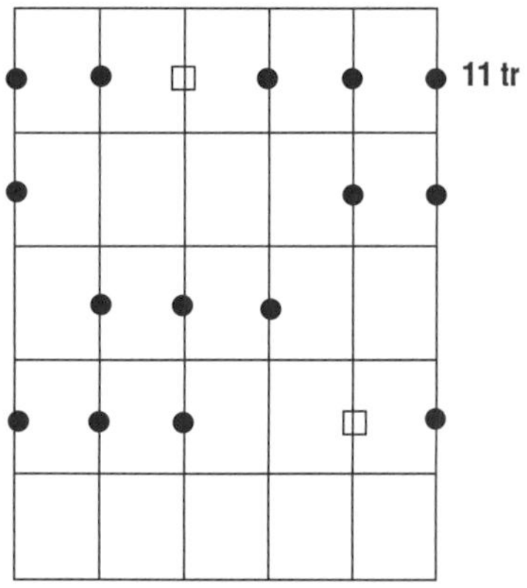

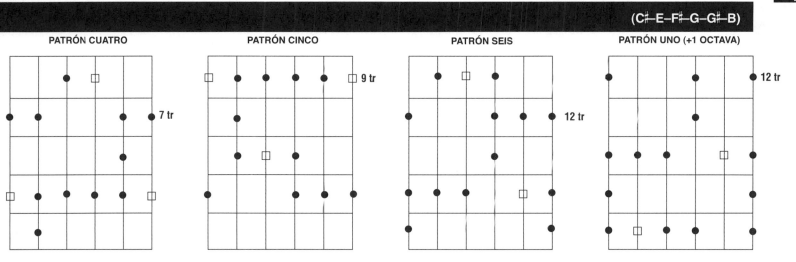

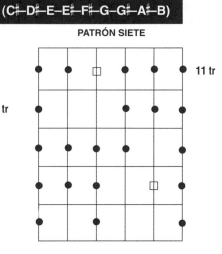

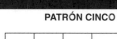

C♯ MENOR MELÓDICA

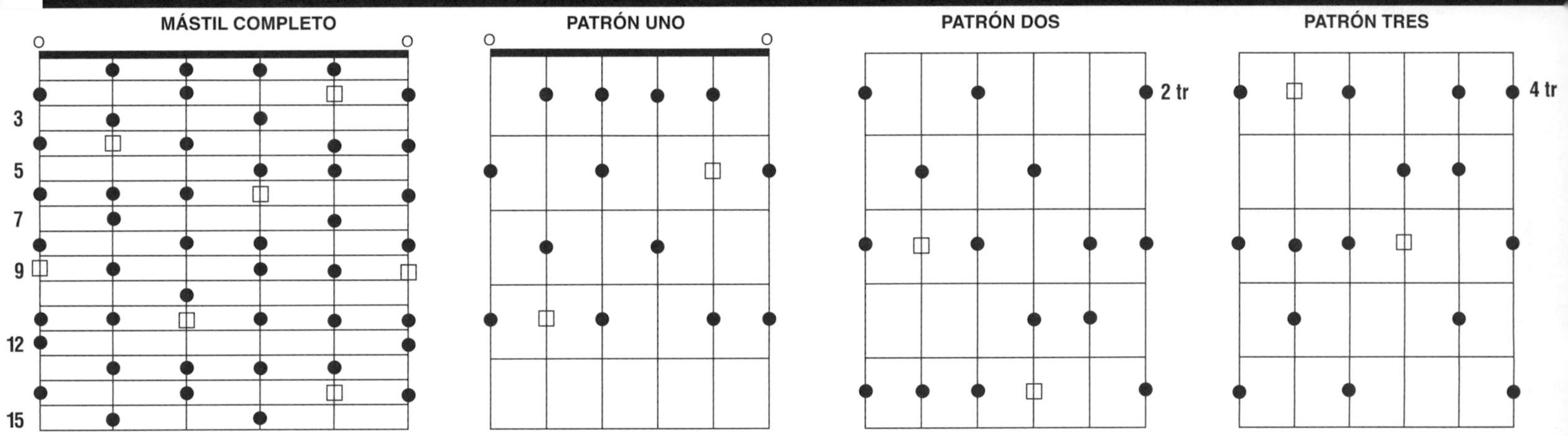

C♯ MENOR ARMÓNICA

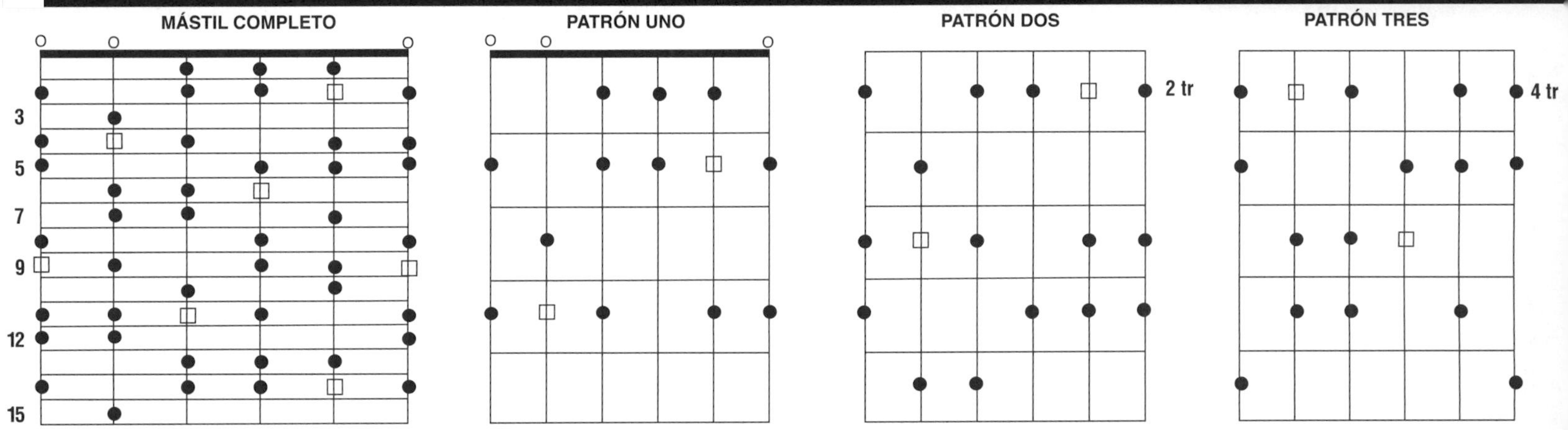

C♯ TRIGIA

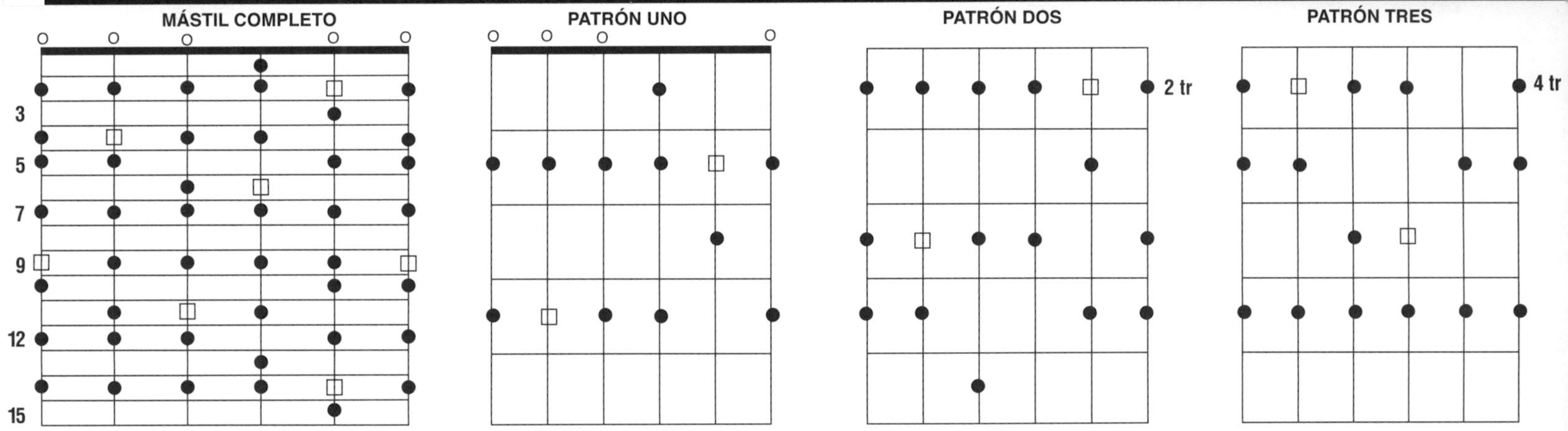

C♯ LOCRIO

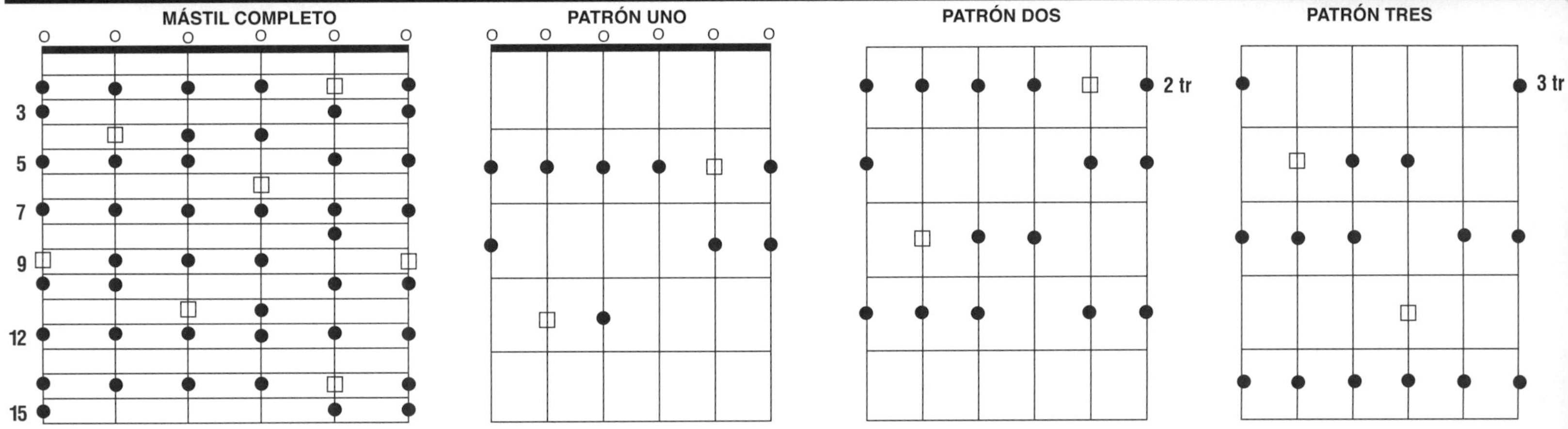

(C♯–D♯–E–F♯–G♯–A♯–B♯)

PATRÓN CUATRO

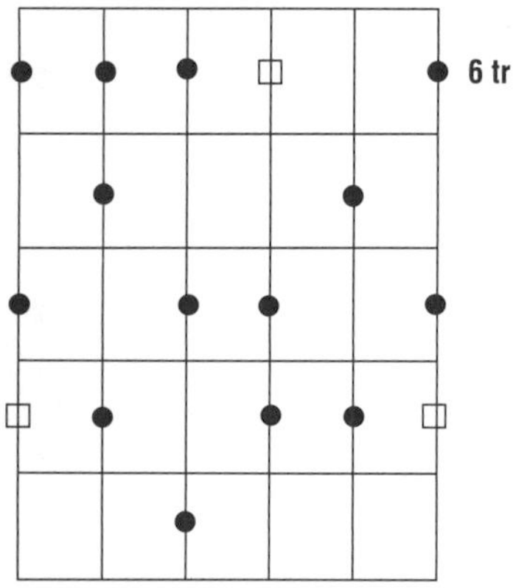

PATRÓN CINCO

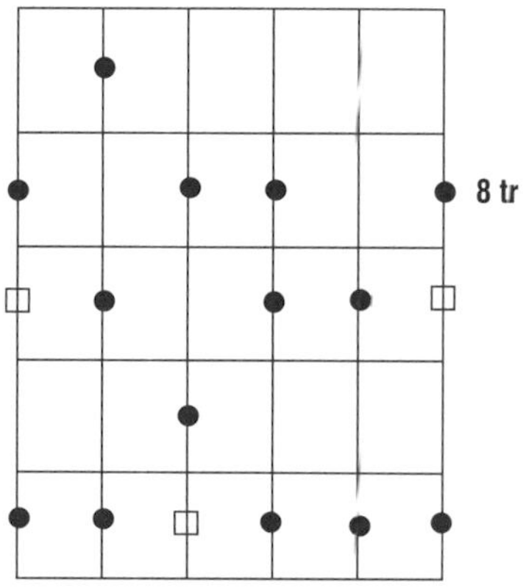

PATRÓN SEIS

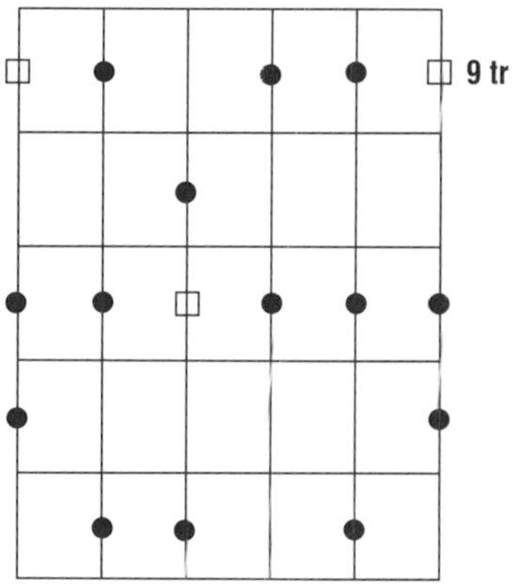

PATRÓN SIETE

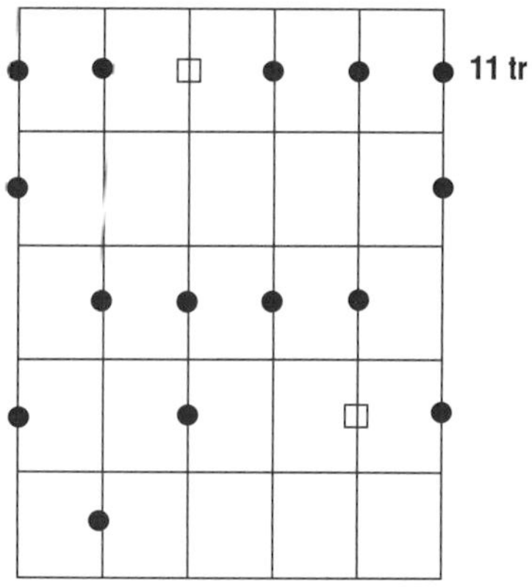

(C♯–D♯–E–F♯–G♯–A–B♯)

PATRÓN CUATRO

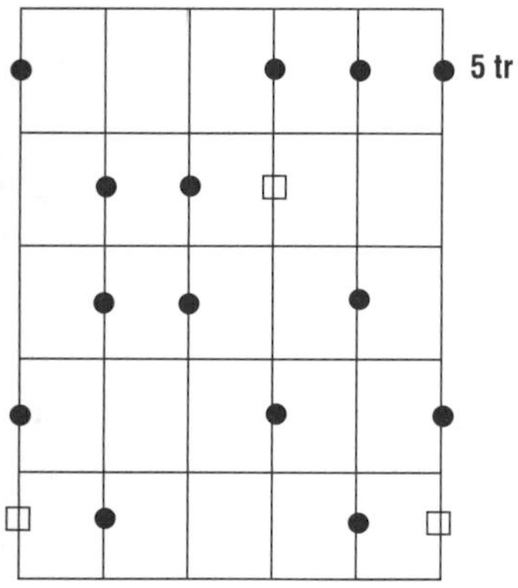

PATRÓN CINCO

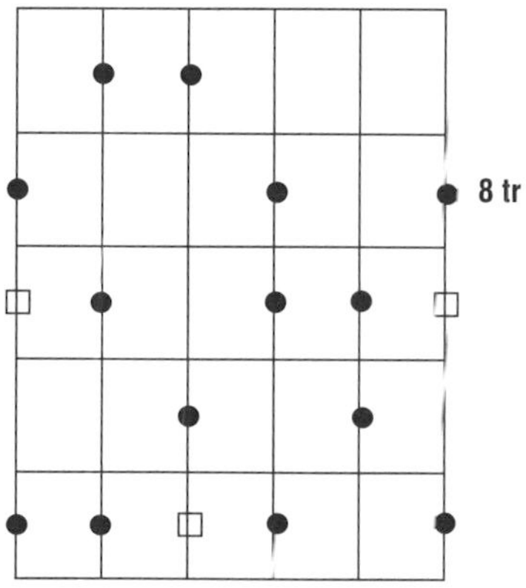

PATRÓN SEIS

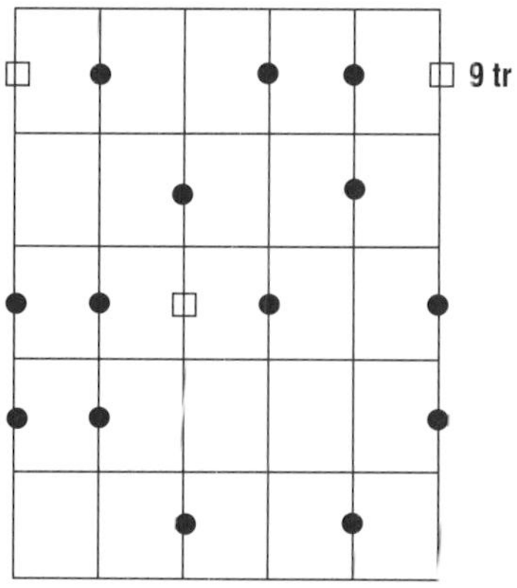

PATRÓN SIETE

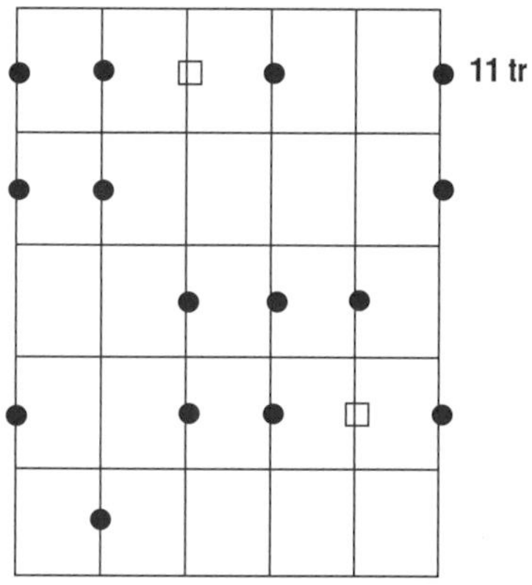

(C♯–D–E–F♯–G♯–A–B)

PATRÓN CUATRO

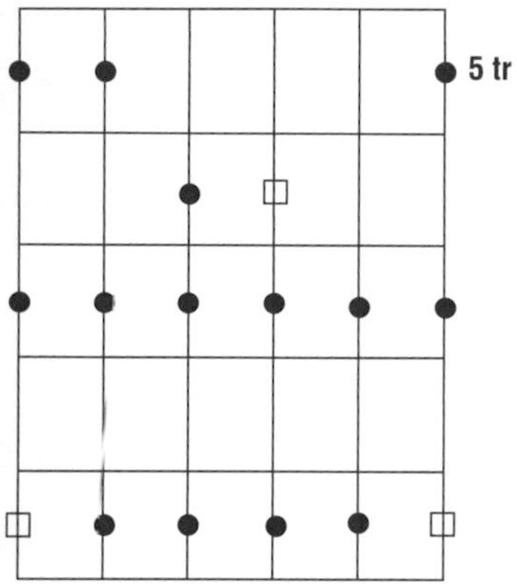

PATRÓN CINCO

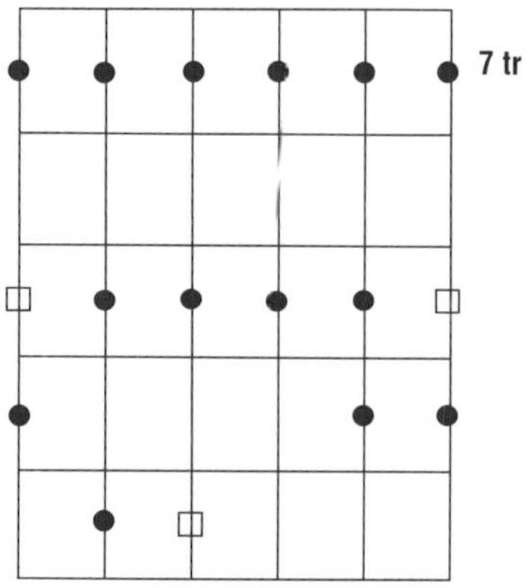

PATRÓN SEIS

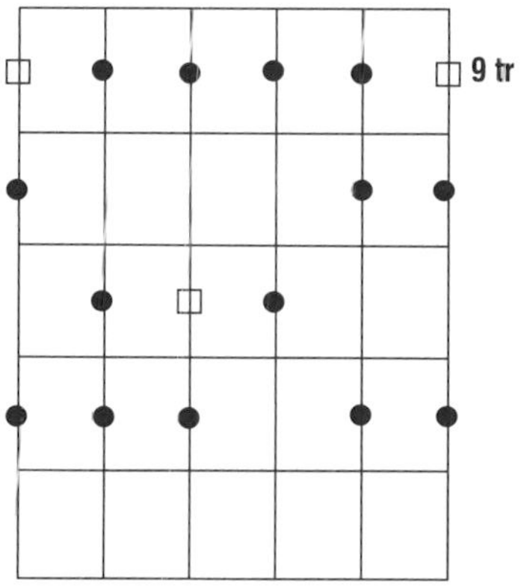

PATRÓN SIETE

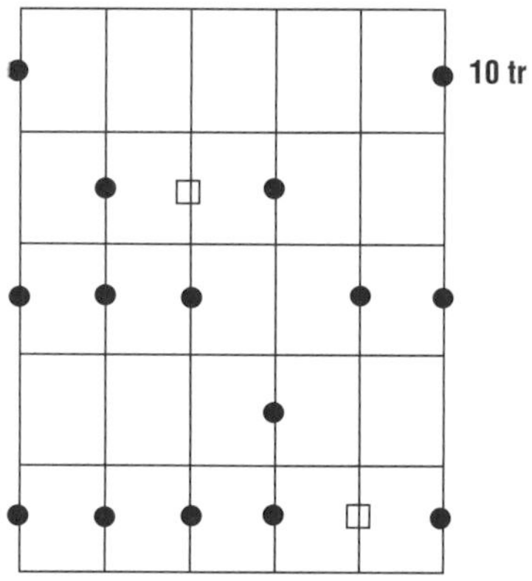

(C♯–D–E–F♯–G–A–B)

PATRÓN CUATRO

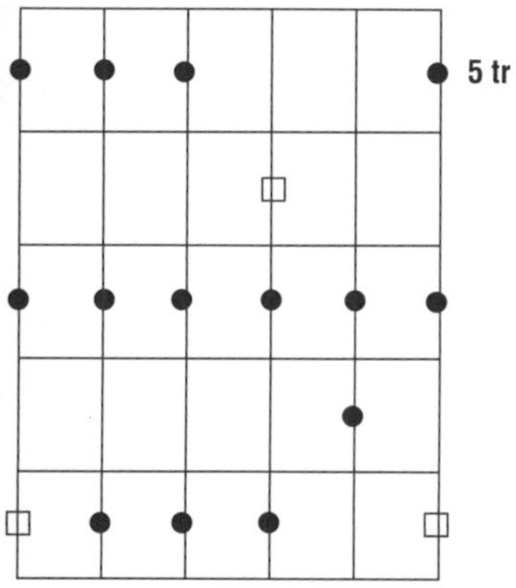

PATRÓN CINCO

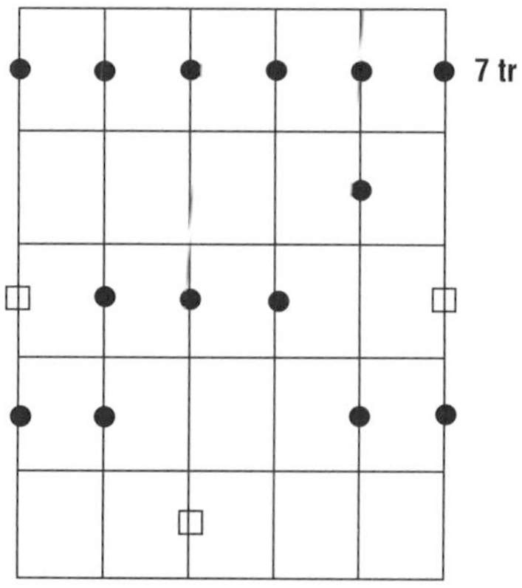

PATRÓN SEIS

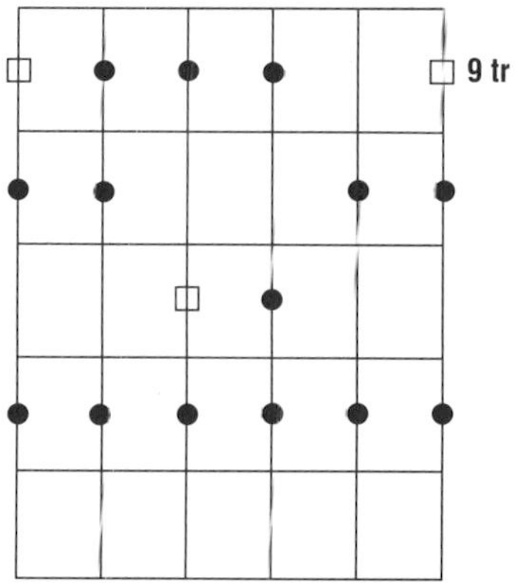

PATRÓN SIETE

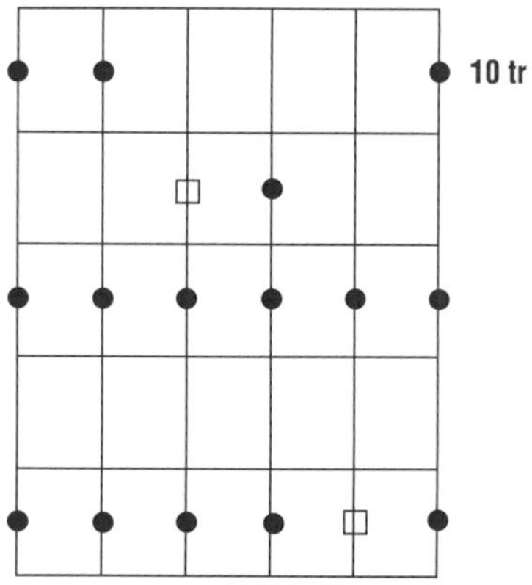

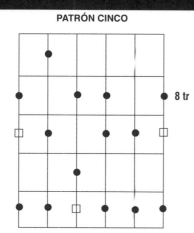

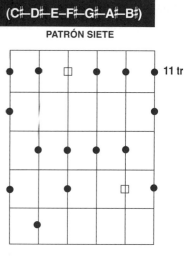

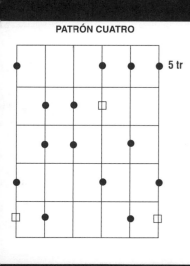

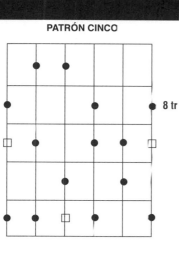

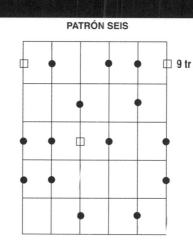

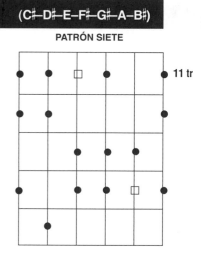

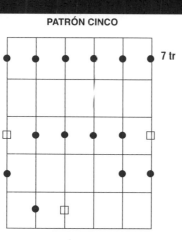

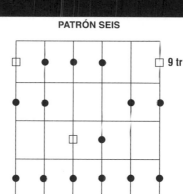

D♭ LIDIO

MÁSTIL COMPLETO

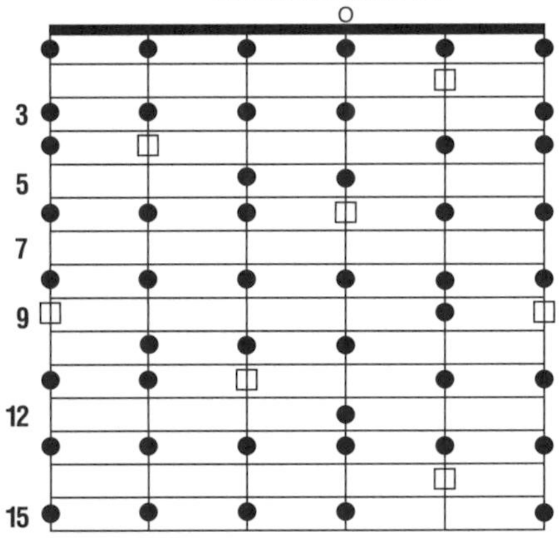

PATRÓN UNO

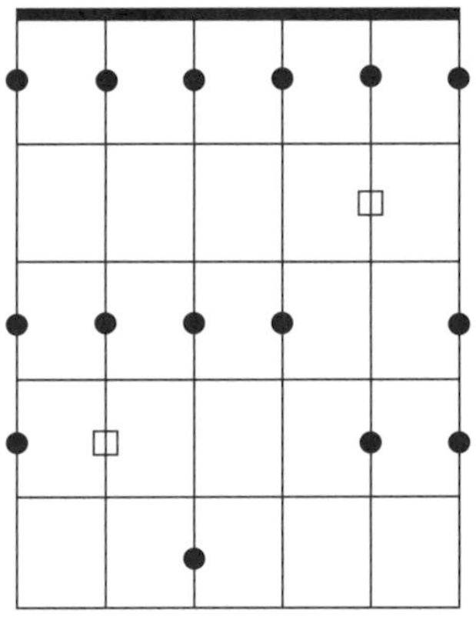

PATRÓN DOS

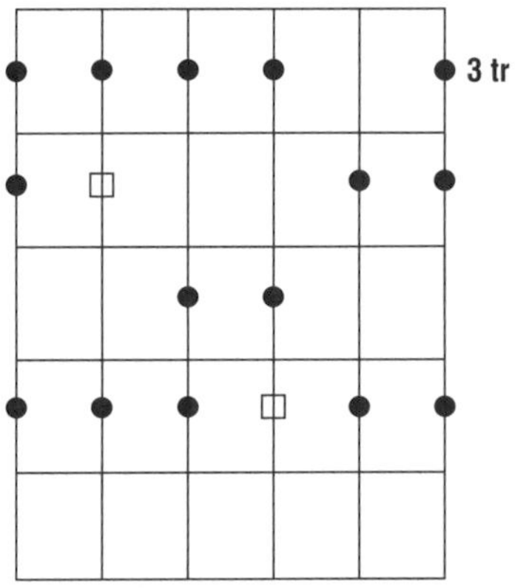

PATRÓN TRES

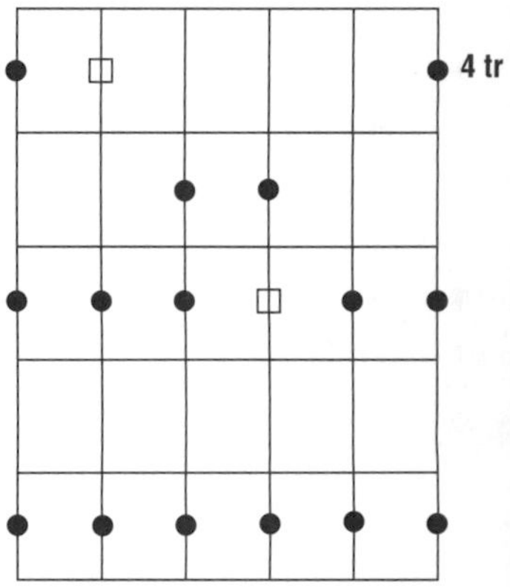

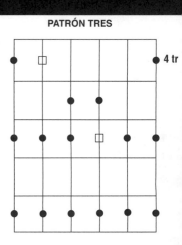

C♯ DISMINUIDA (SEMITONO-TONO)

MÁSTIL COMPLETO

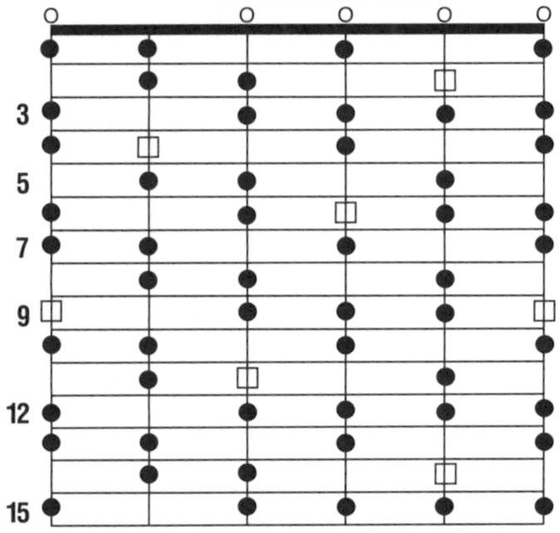

PATRÓN UNO

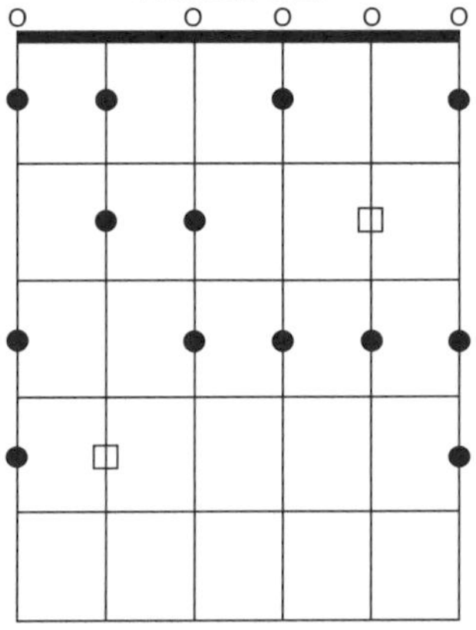

PATRÓN DOS

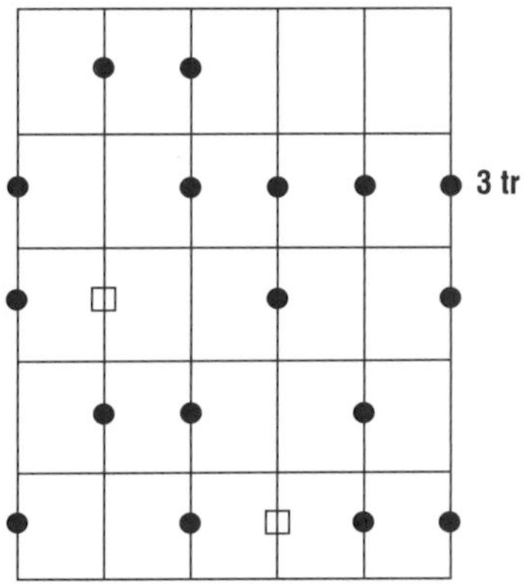

PATRÓN TRES

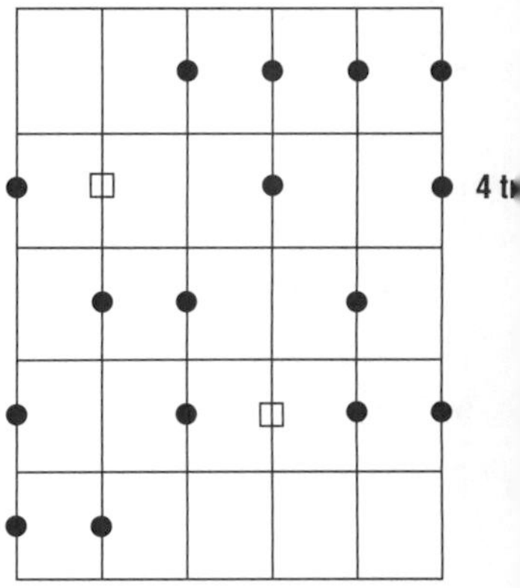

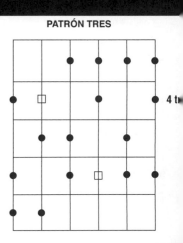

C♯ DISMINUIDA (TONO-SEMITONO)

MÁSTIL COMPLETO

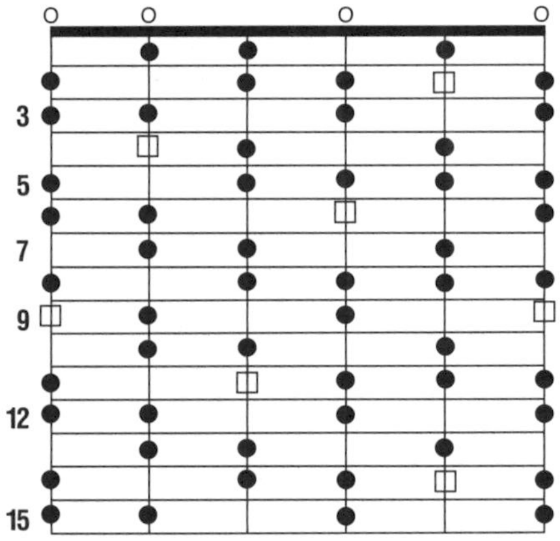

PATRÓN UNO

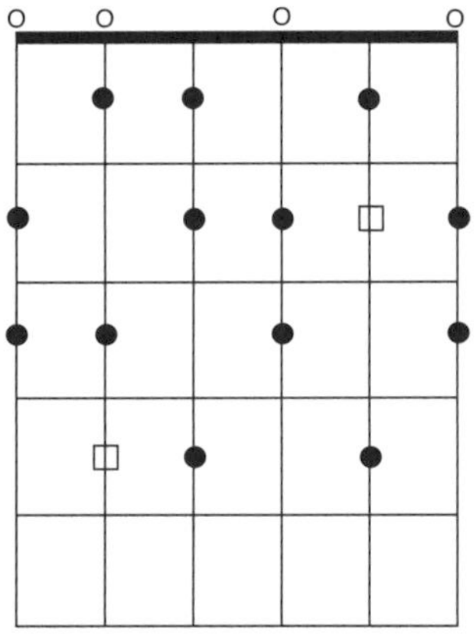

PATRÓN DOS

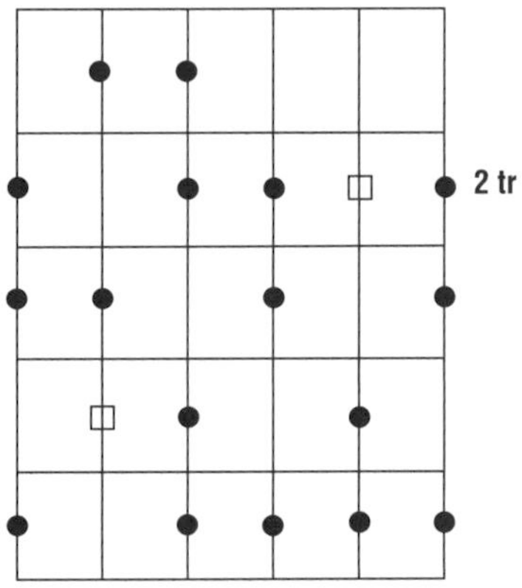

PATRÓN TRES

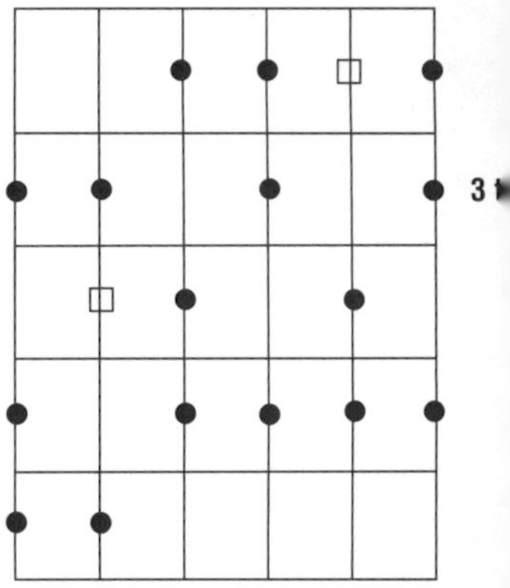

C♯ CROMÁTICA

(C♯–D–D♯–E–E♯–F♯–G–G♯–A–A♯–B–B♯)

MÁSTIL COMPLETO

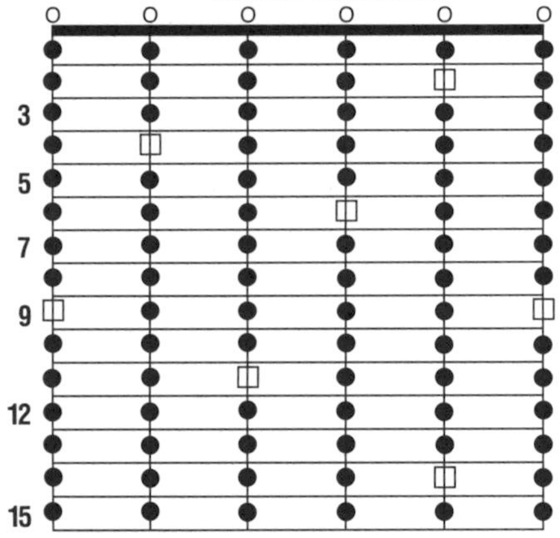

PATRÓN UNO ASCENDENTE

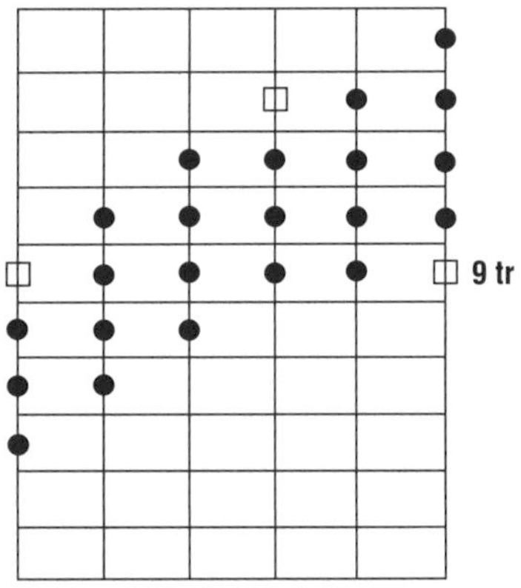

PATRÓN UNO DESCENDIENTE

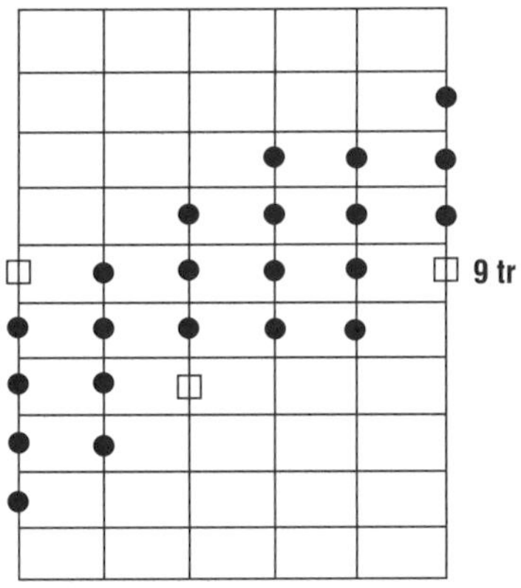

PATRÓN DOS

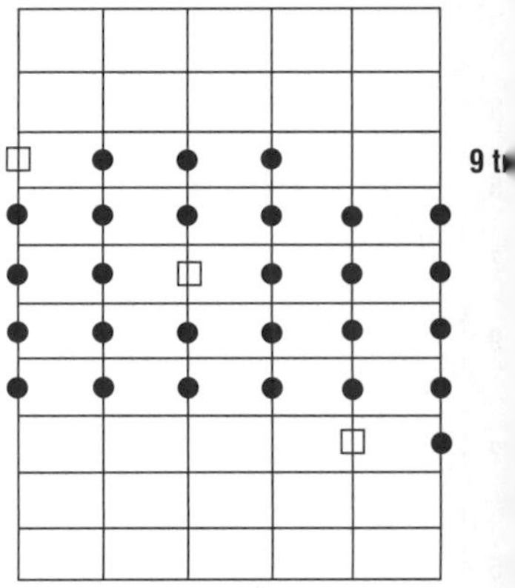

(D♭–E♭–F–G–A♭–B♭–C)

PATRÓN CUATRO

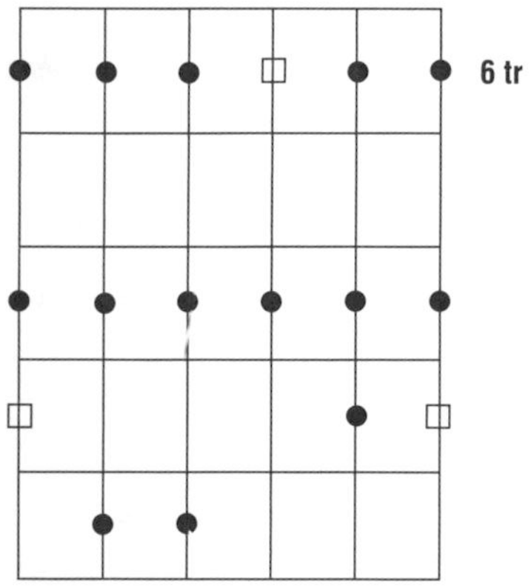

PATRÓN CINCO

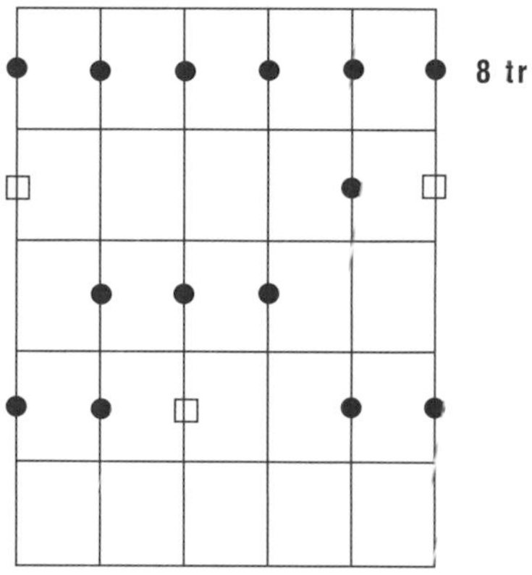

PATRÓN SEIS

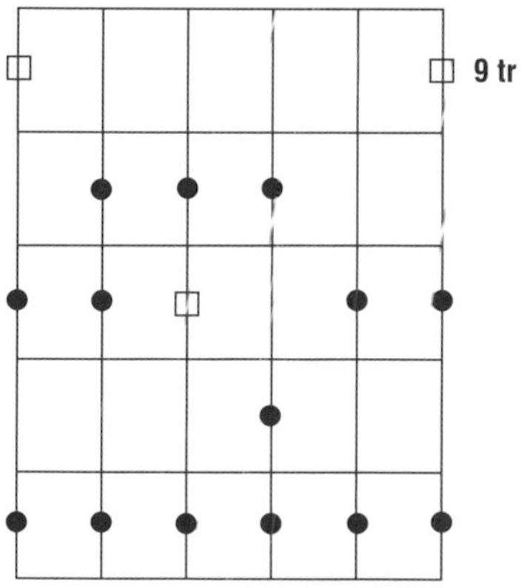

PATRÓN SIETE

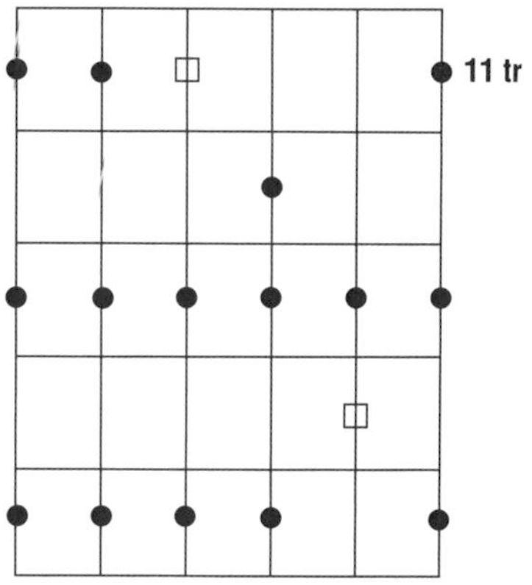

(C♯–D–E–F–G–G♯–A♯–B)

PATRÓN CUATRO

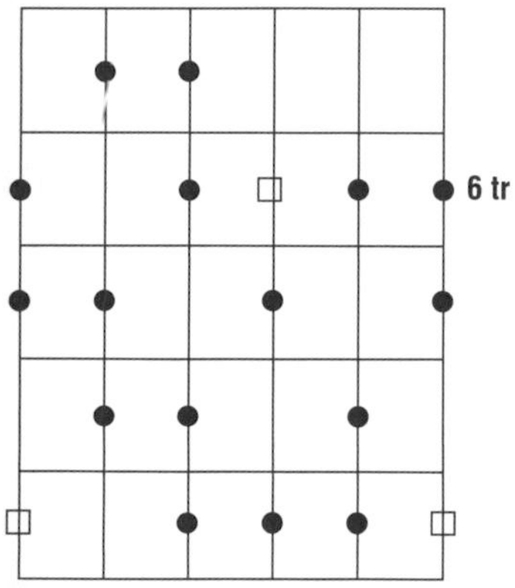

PATRÓN CINCO

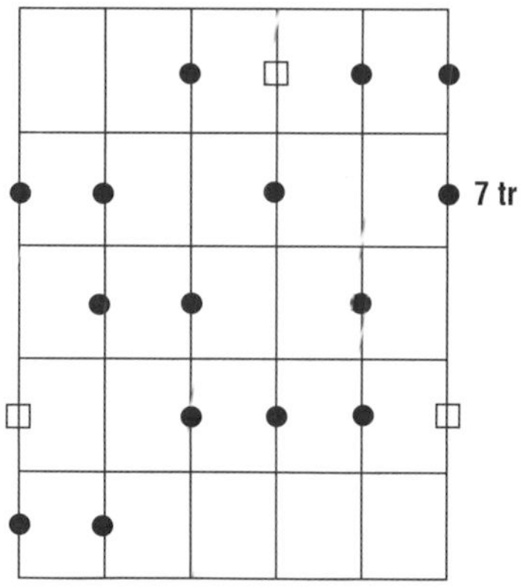

PATRÓN SEIS

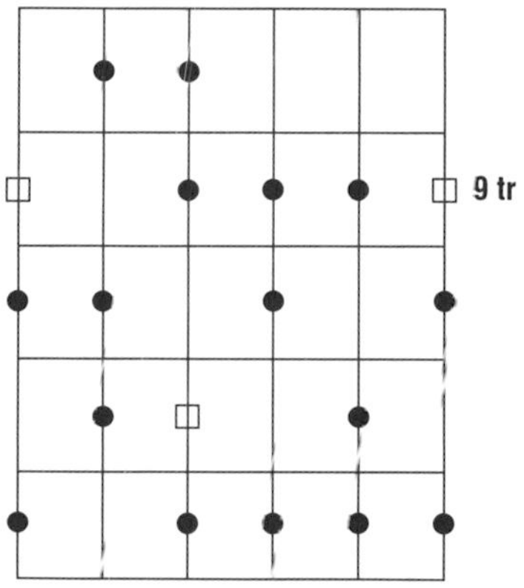

PATRÓN SIETE

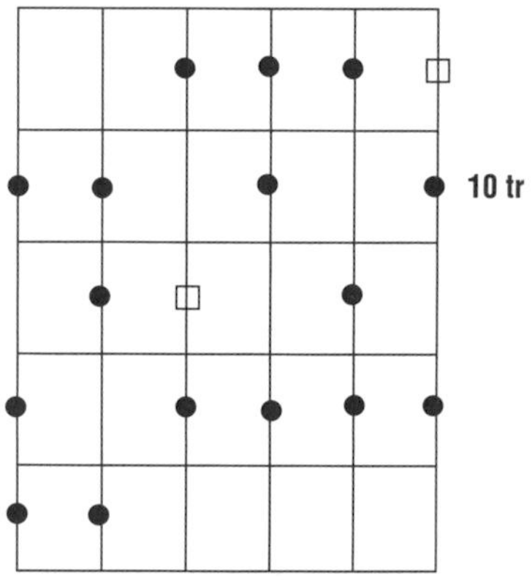

(C♯–D♯–E–F♯–G–G𝄪–A♯–B♯)

PATRÓN CUATRO

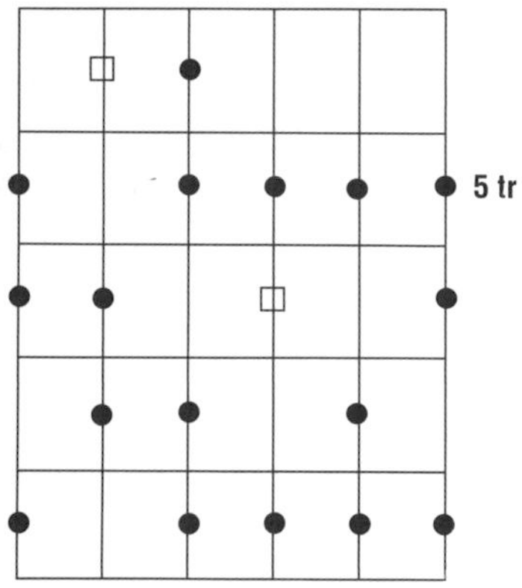

PATRÓN CINCO

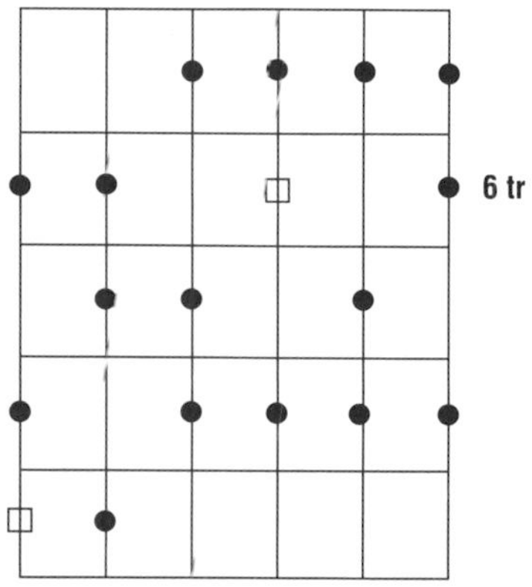

PATRÓN SEIS

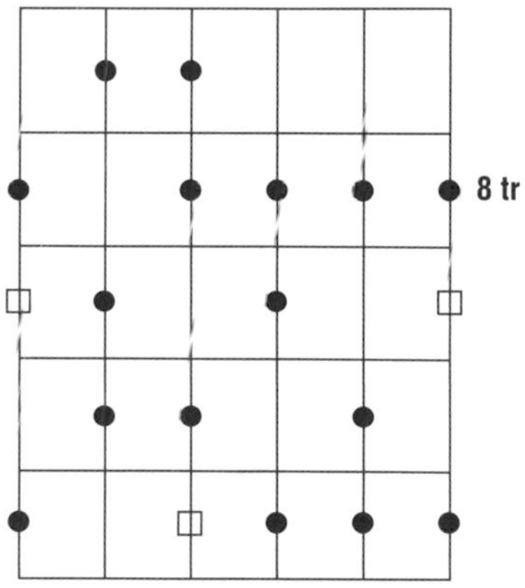

PATRÓN SIETE

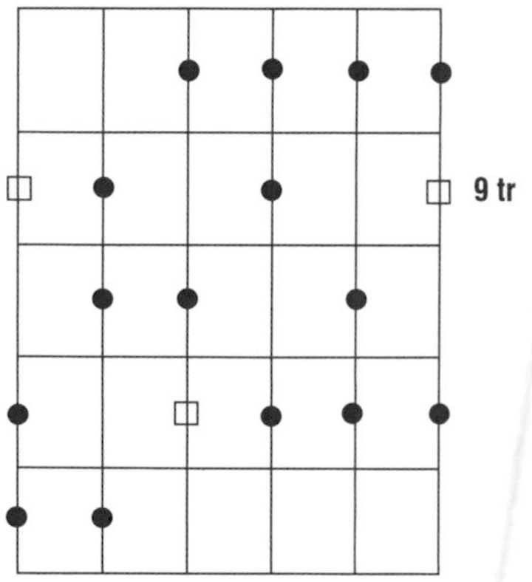

D♭ TONO

(D♭–E♭–F–G–A–B)

MÁSTIL COMPLETO

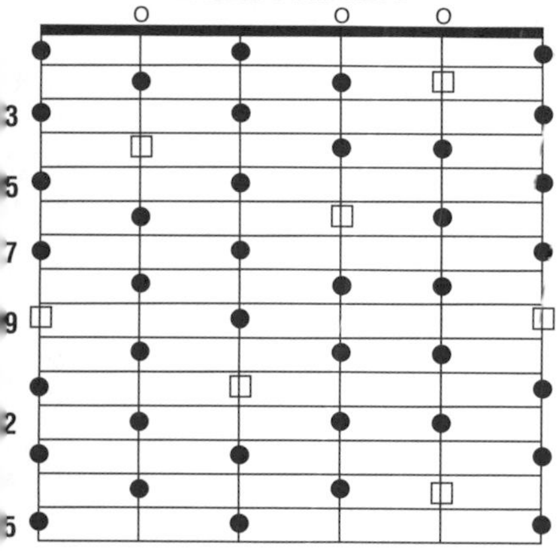

PATRÓN UNO

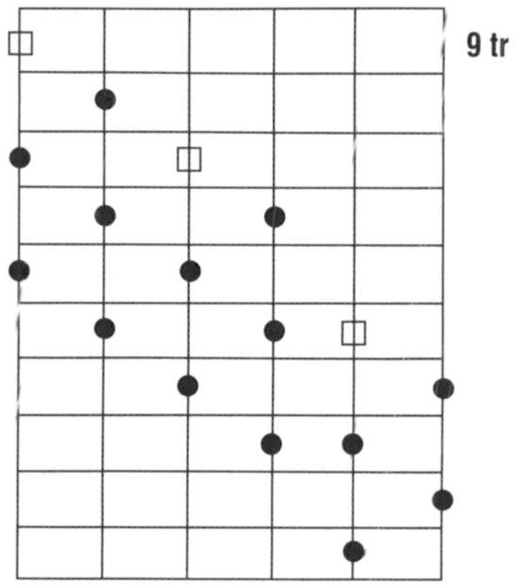

PATRÓN DOS

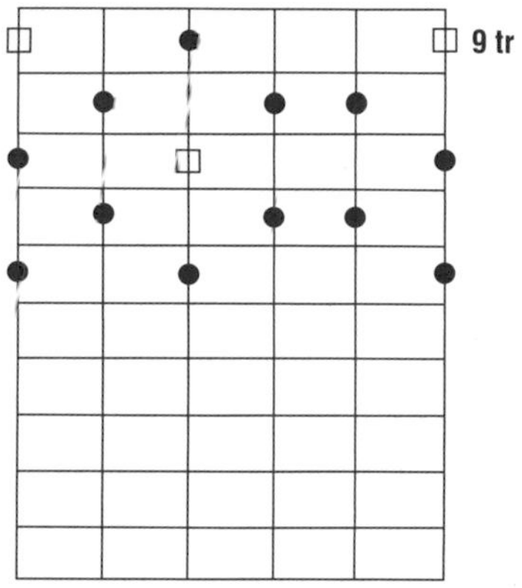

PATRÓN TRES

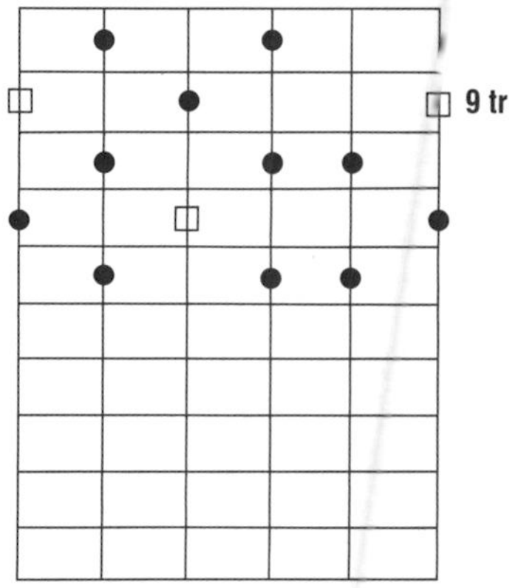

D MAYOR (JÓNICO)

MÁSTIL COMPLETO | PATRÓN UNO | PATRÓN DOS | PATRÓN TRES

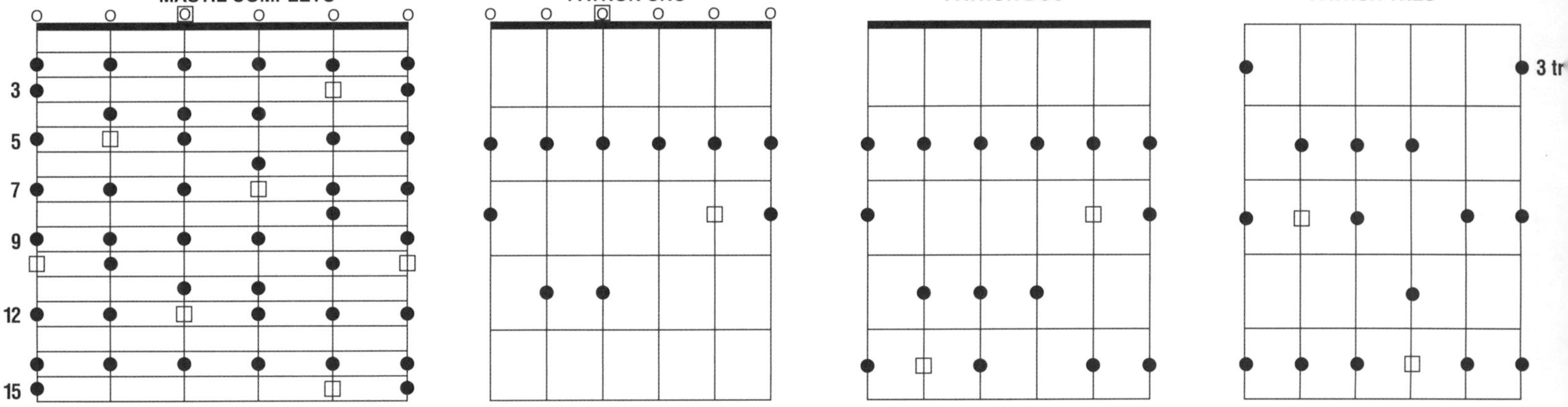

D PENTATÓNICA MAYOR

MÁSTIL COMPLETO | PATRÓN UNO | PATRÓN DOS | PATRÓN TRES

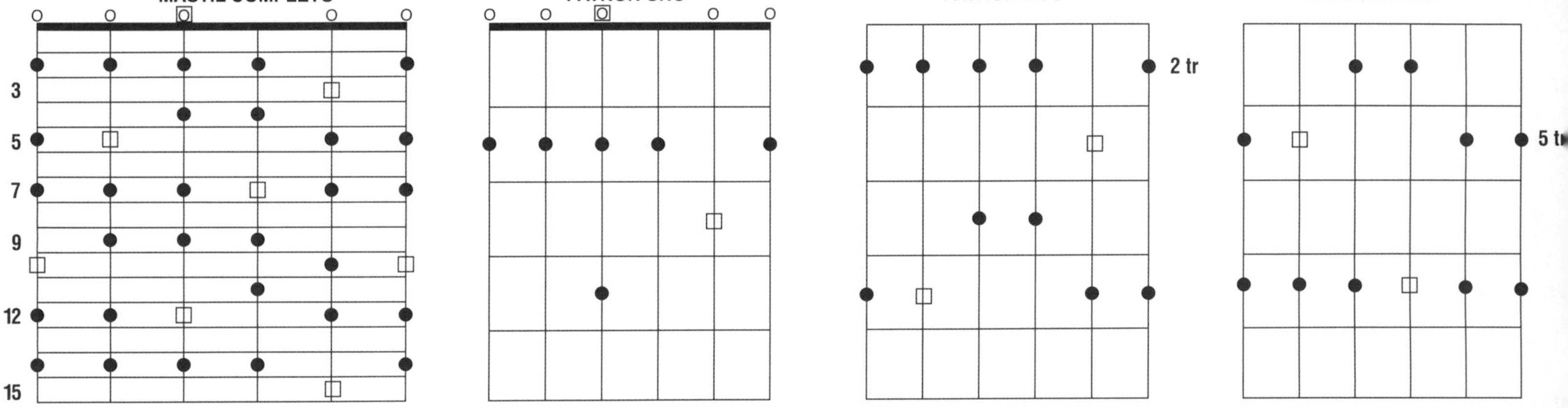

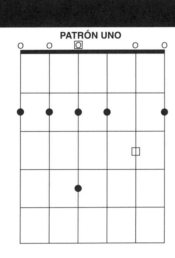

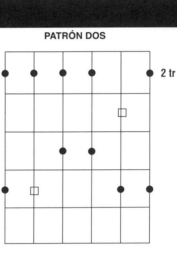

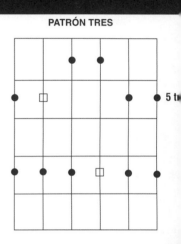

D MENOR NATURAL (EÓLICO)

MÁSTIL COMPLETO | PATRÓN UNO | PATRÓN DOS | PATRÓN TRES

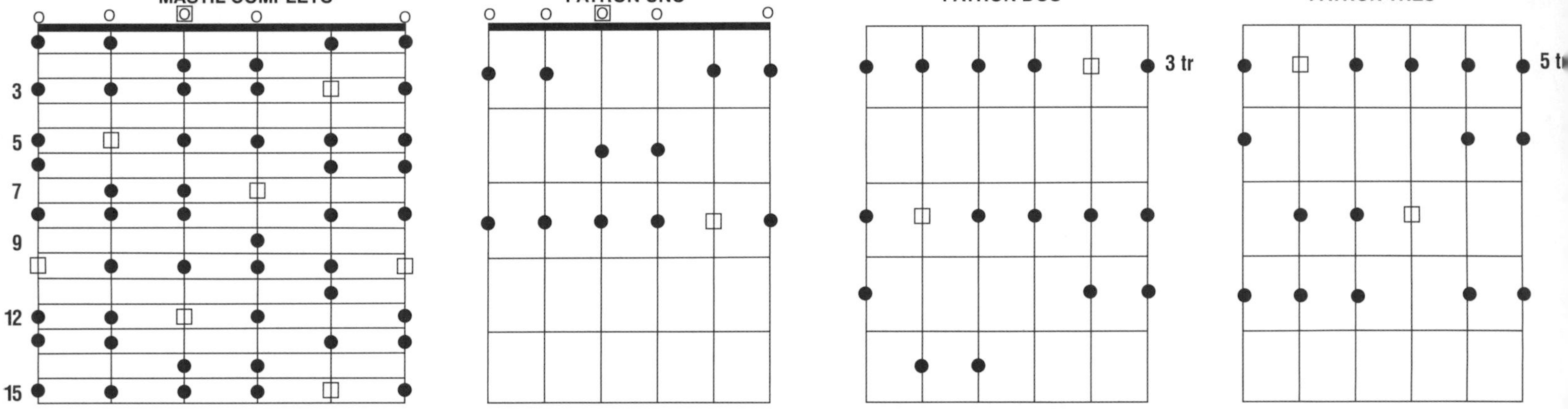

D PENTATÓNICA MENOR

MÁSTIL COMPLETO | PATRÓN UNO | PATRÓN DOS | PATRÓN TRES

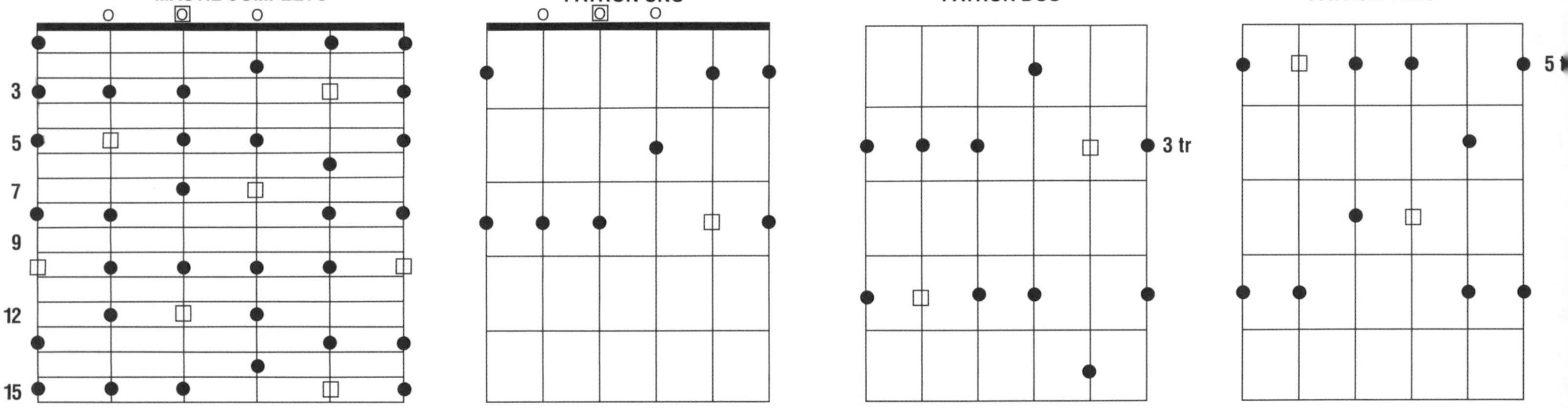

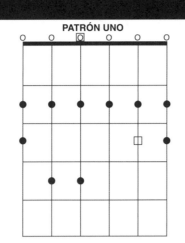

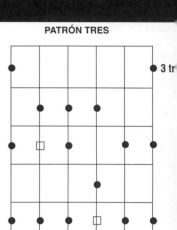

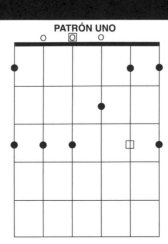

(D–E–F♯–G–A–B–C♯)

PATRÓN CUATRO

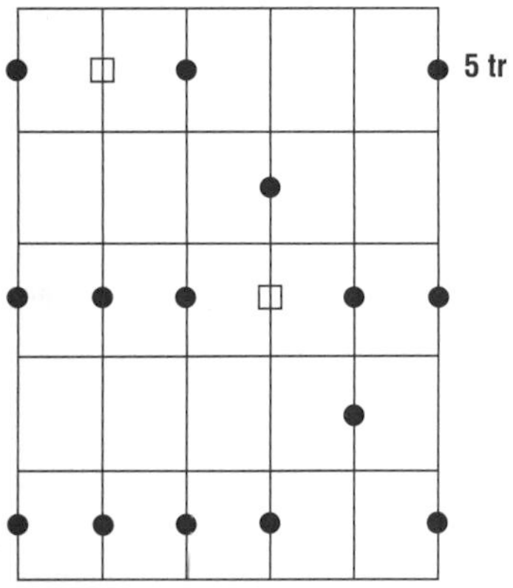

PATRÓN CINCO

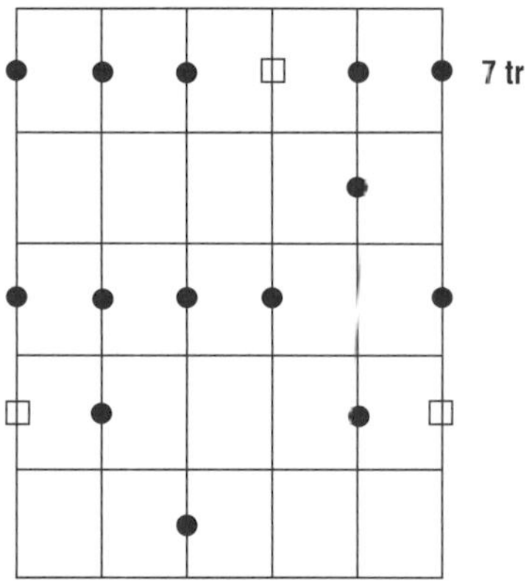

PATRÓN SEIS

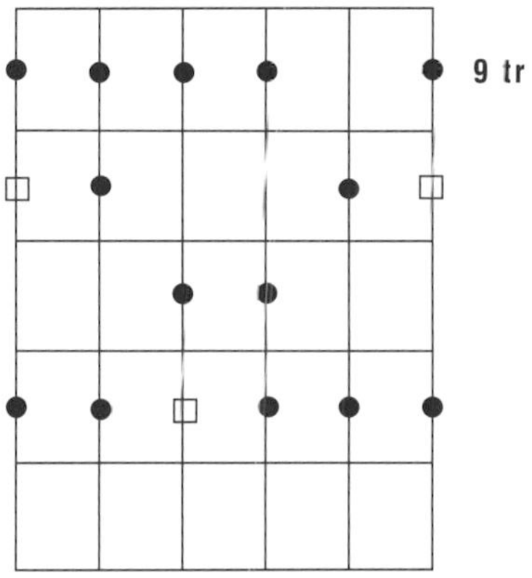

PATRÓN SIETE

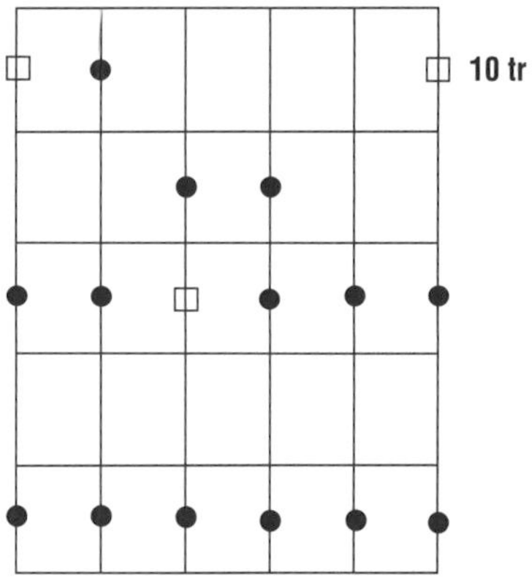

(D–E–F♯–A–B)

PATRÓN CUATRO

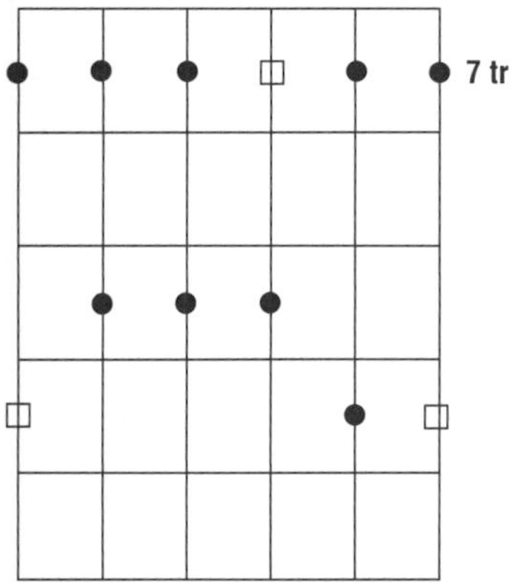

PATRÓN CINCO

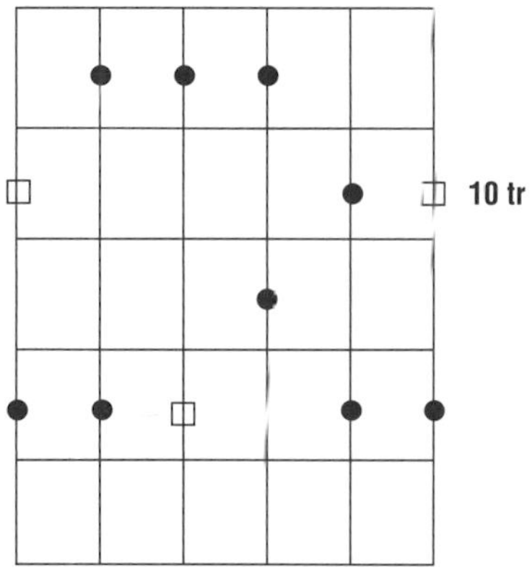

PATRÓN UNO (+1 OCTAVA)

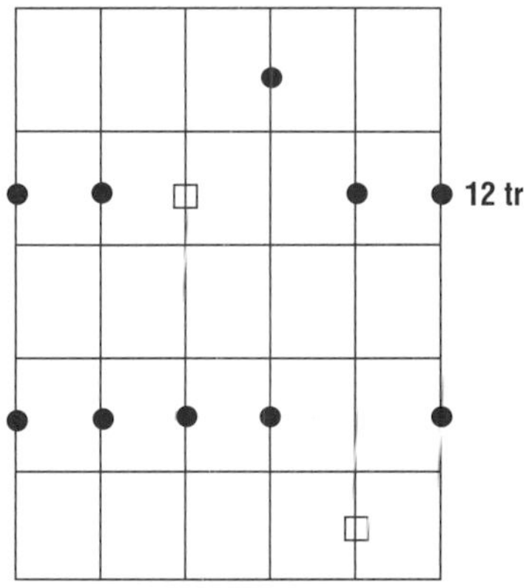

PATRÓN DOS (+1 OCTAVA)

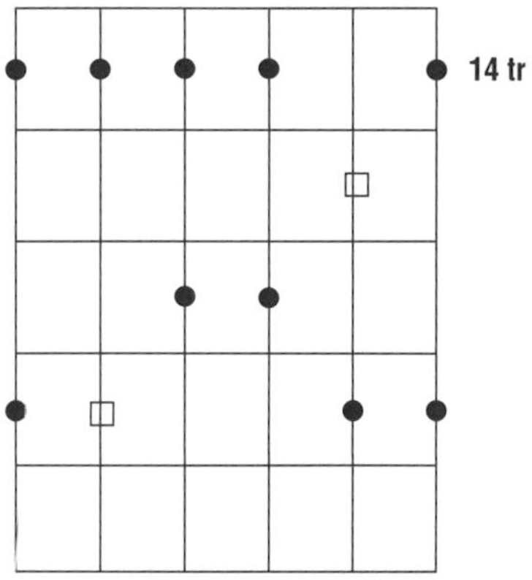

(D–E–F–G–A–B♭–C)

PATRÓN CUATRO

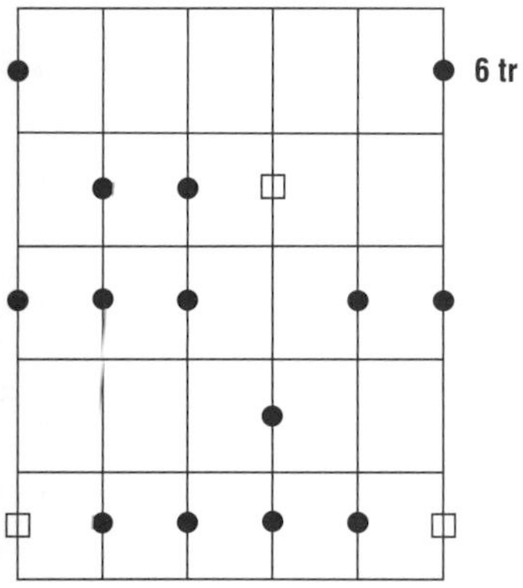

PATRÓN CINCO

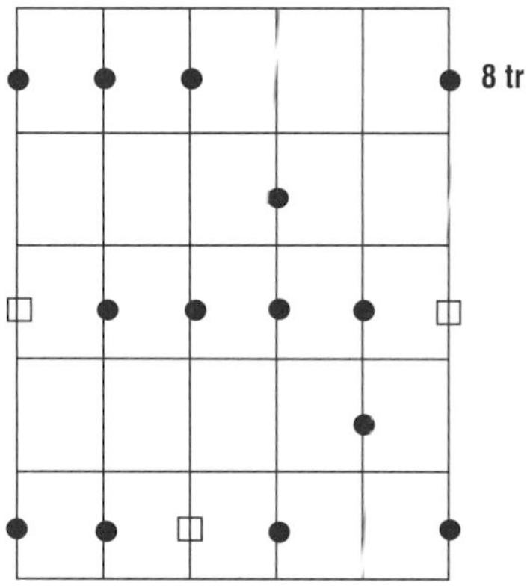

PATRÓN SEIS

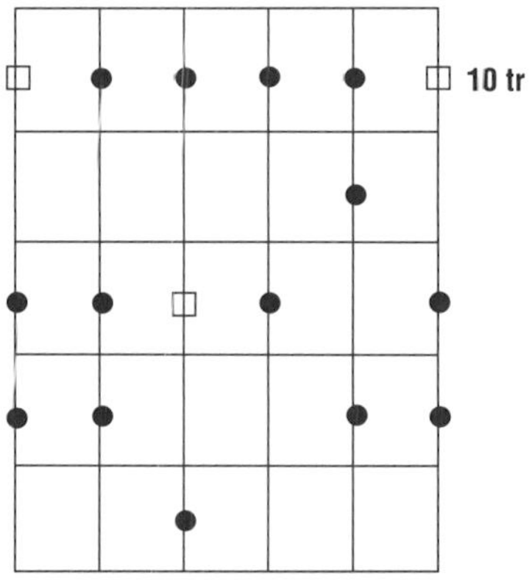

PATRÓN SIETE

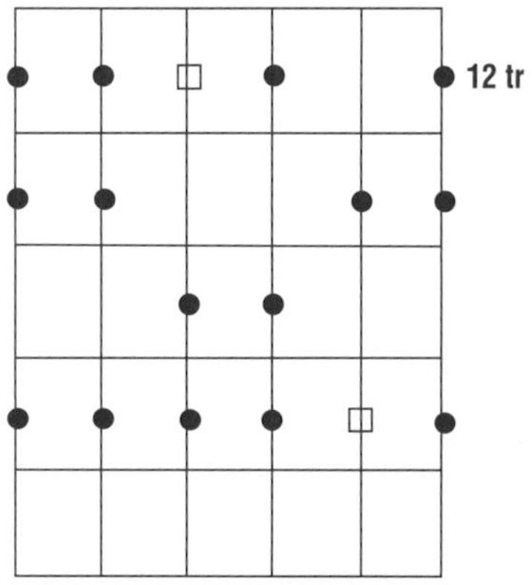

(D–F–G–A–C)

PATRÓN CUATRO

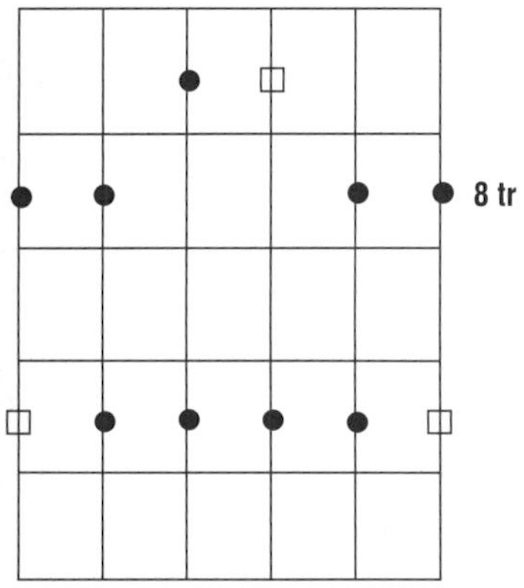

PATRÓN CINCO

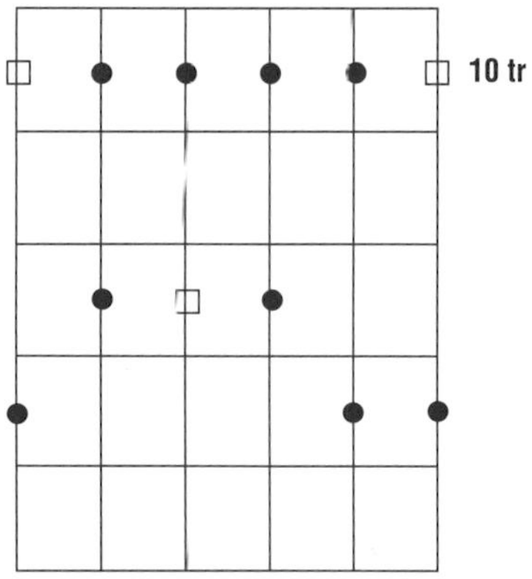

PATRÓN UNO (+1 OCTAVA)

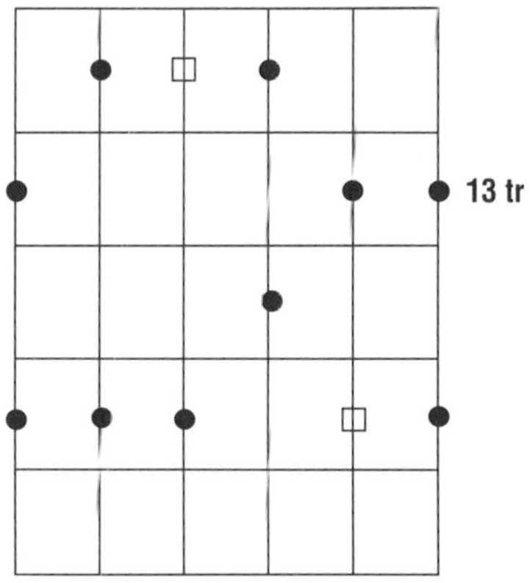

PATRÓN DOS (+1 OCTAVA)

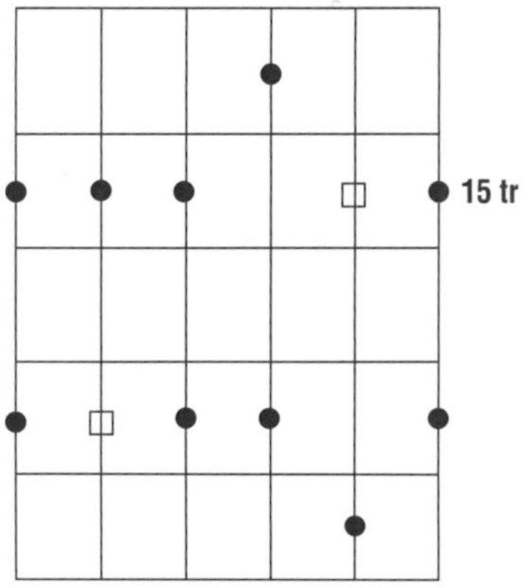

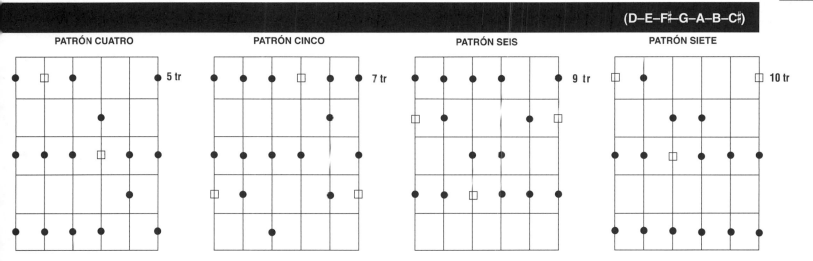

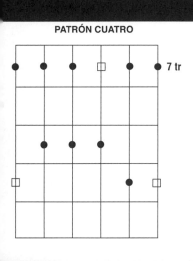

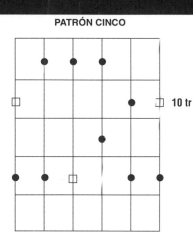

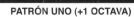

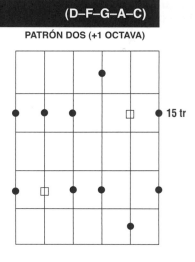

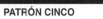

D♯ BLUES

MÁSTIL COMPLETO

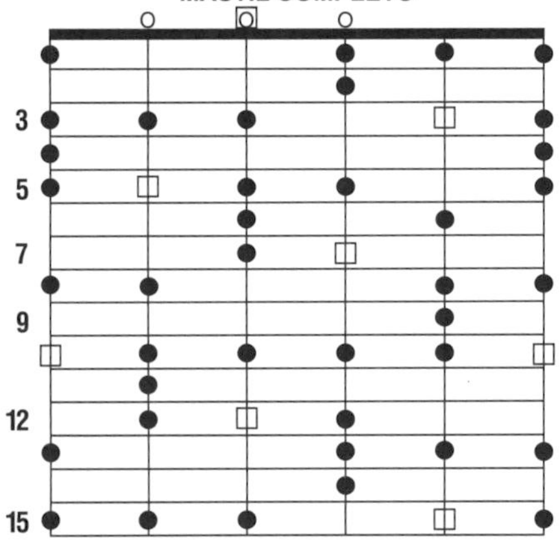

PATRÓN UNO

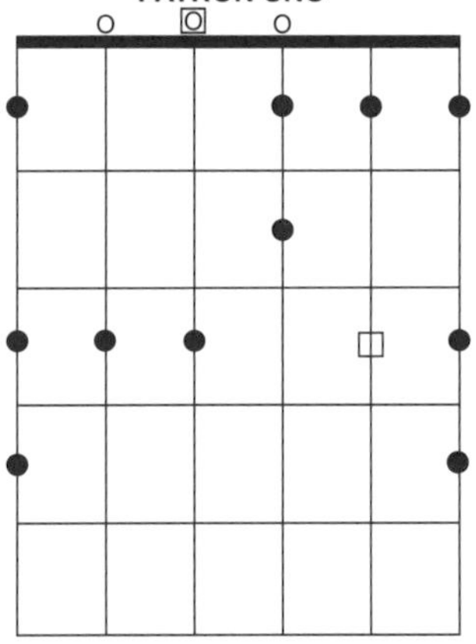

PATRÓN DOS

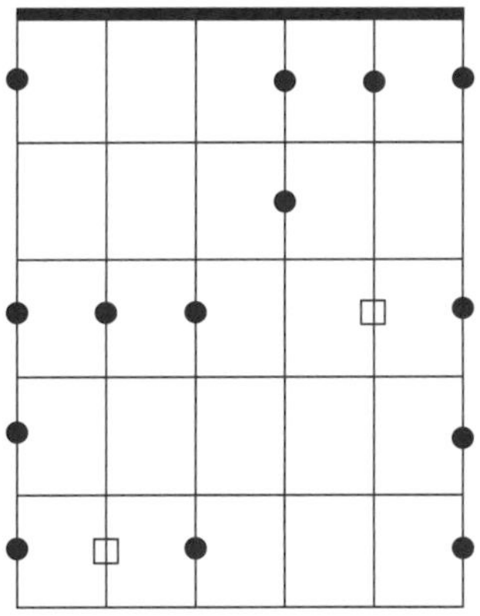

PATRÓN TRES

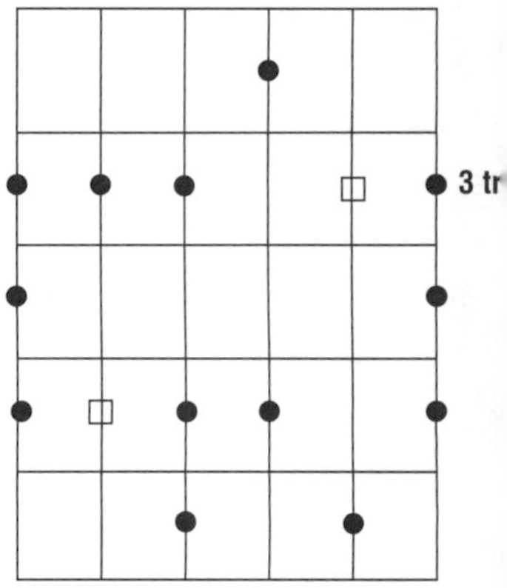

D♯ MIXO BLUES

MÁSTIL COMPLETO

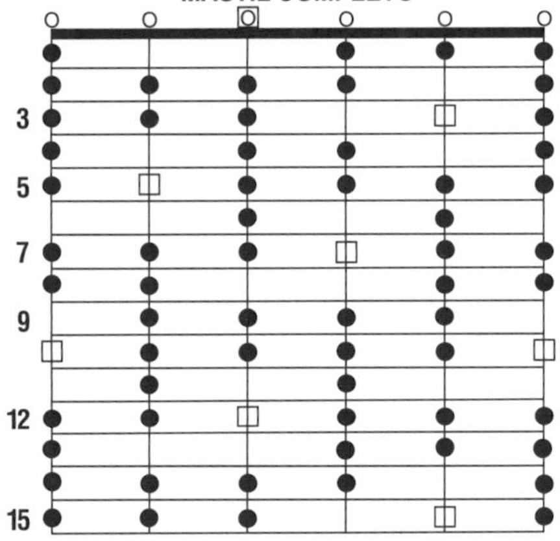

PATRÓN UNO

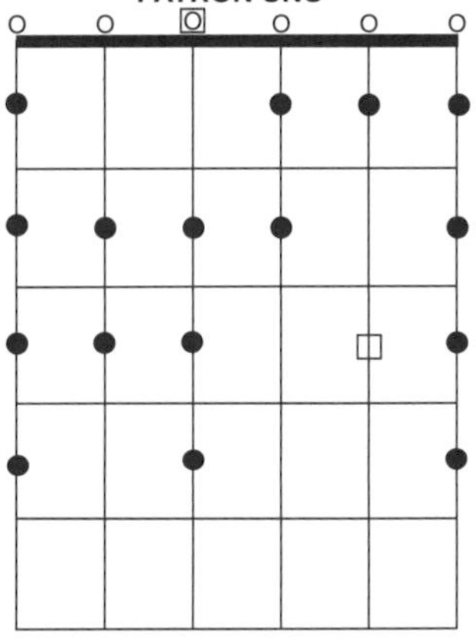

PATRÓN DOS

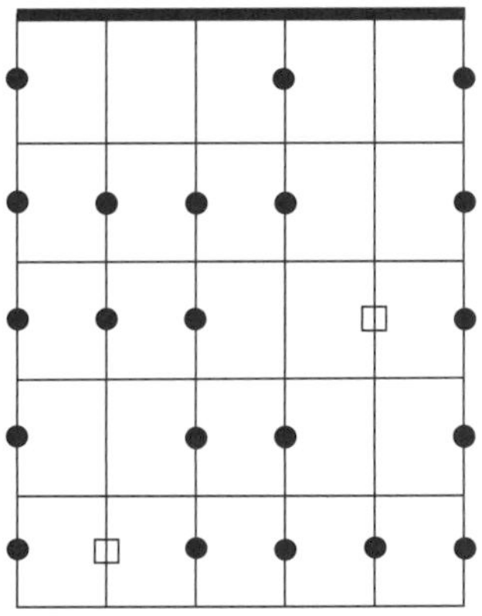

PATRÓN TRES

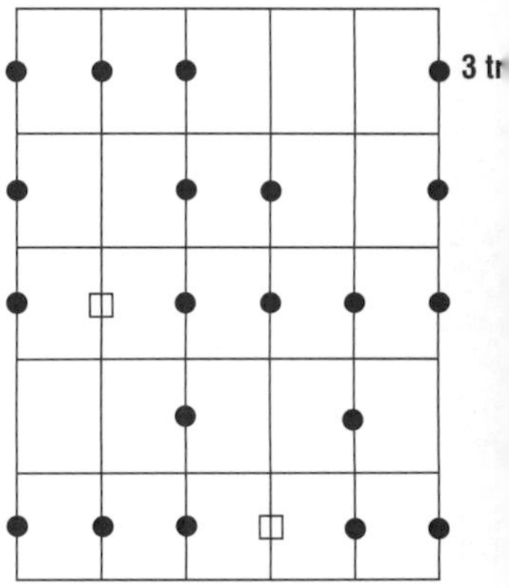

D♯ MIXOLIDIO

MÁSTIL COMPLETO

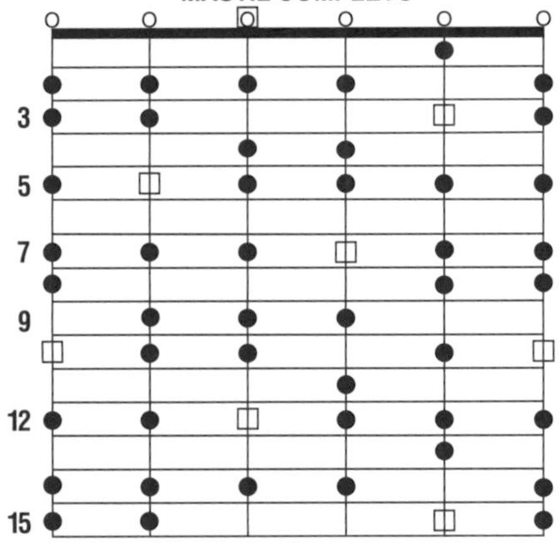

PATRÓN UNO

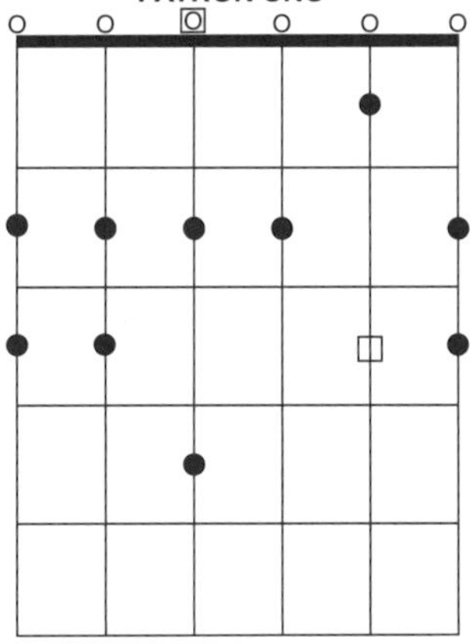

PATRÓN DOS

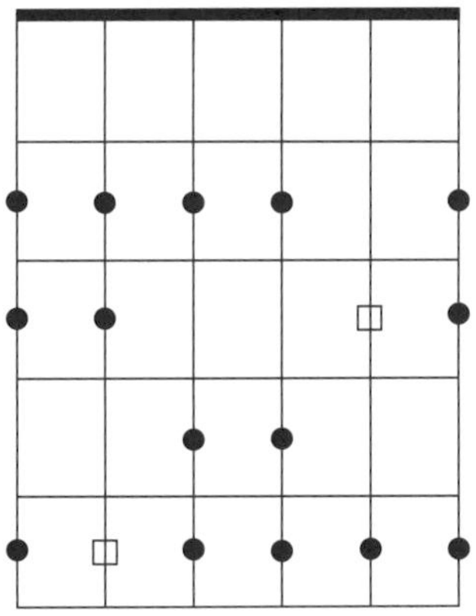

PATRÓN TRES

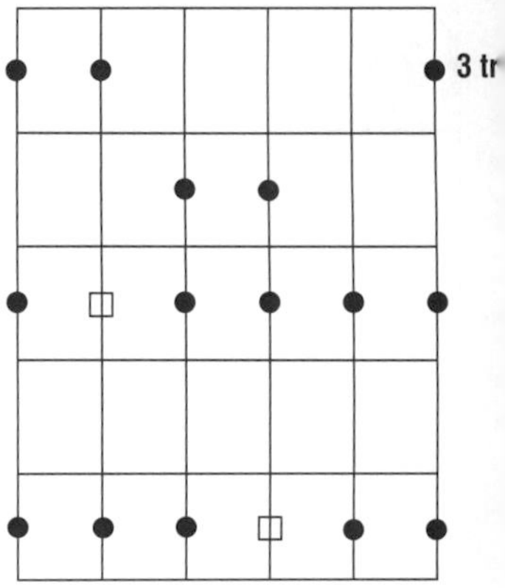

D♯ DÓRICO

MÁSTIL COMPLETO

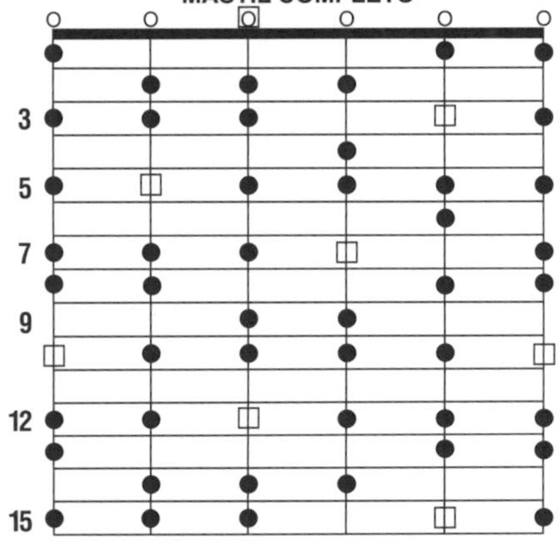

PATRÓN UNO

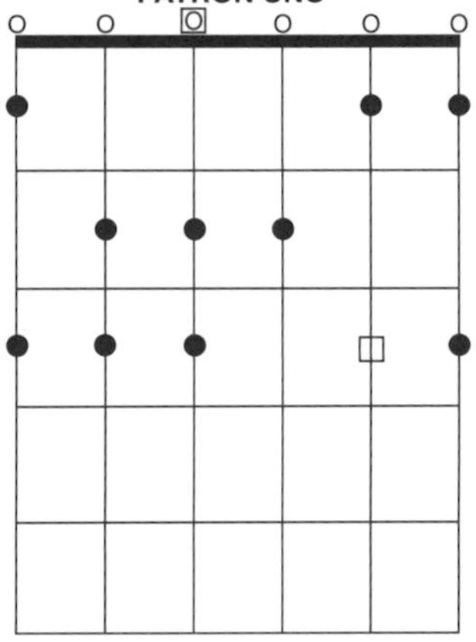

PATRÓN DOS

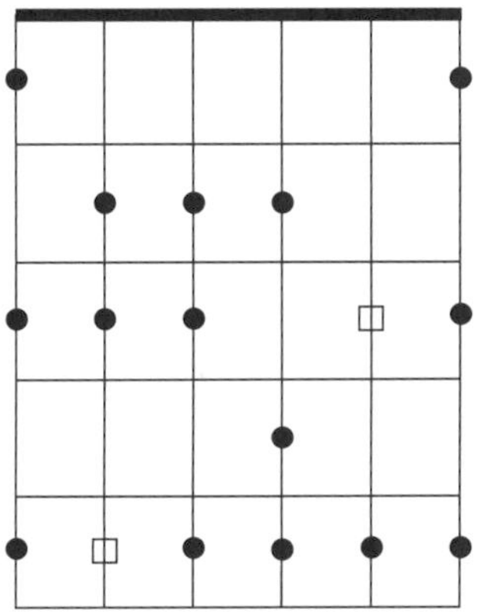

PATRÓN TRES

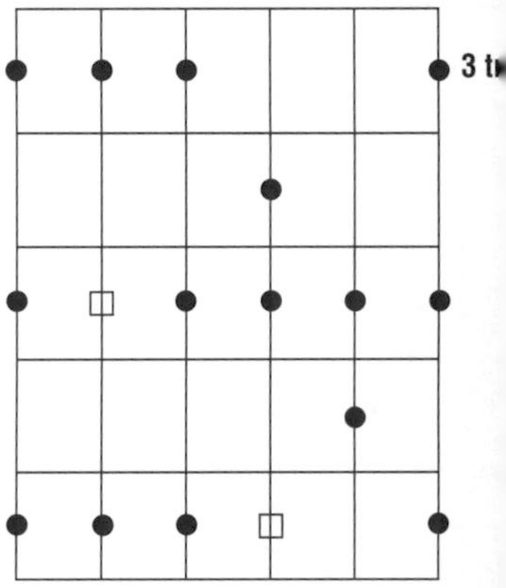

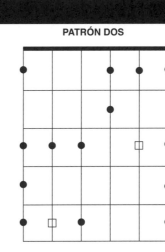

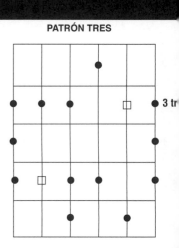

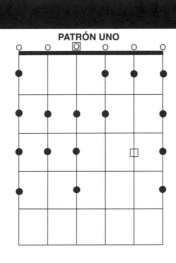

(D–F–G–A♭–A–C)

PATRÓN CUATRO

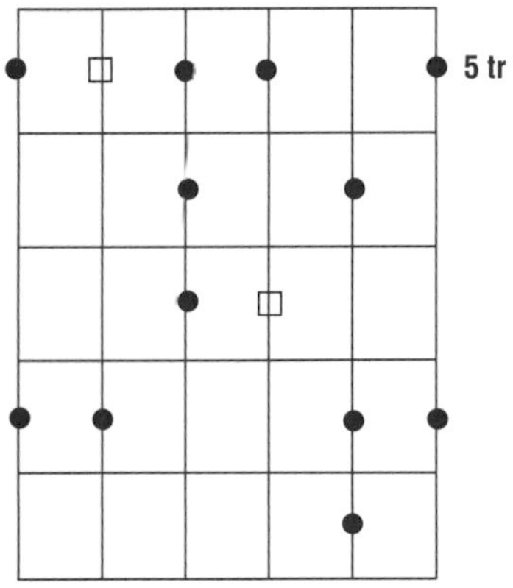

PATRÓN CINCO

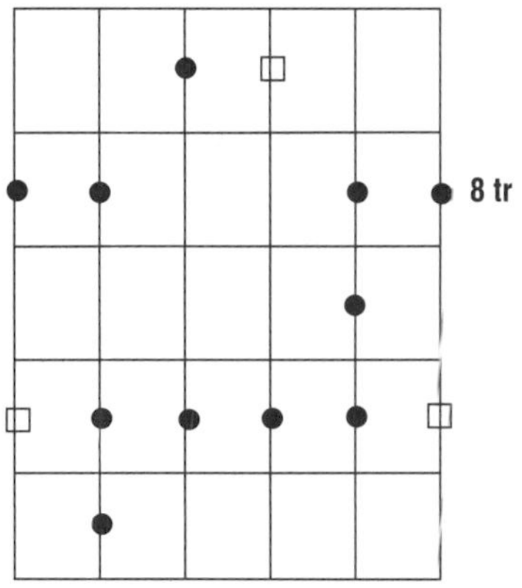

PATRÓN SEIS

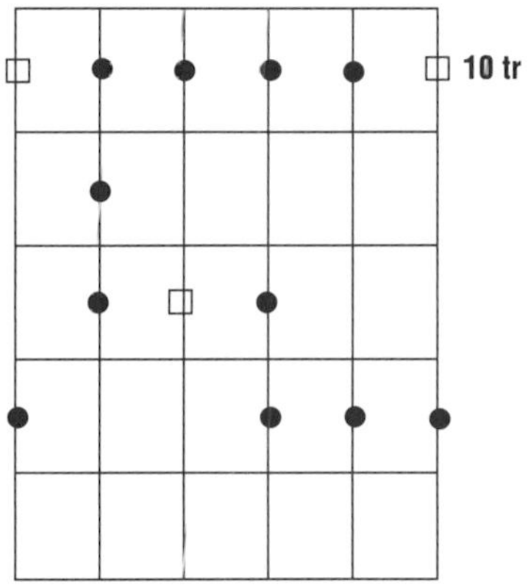

PATRÓN UNO (+1 OCTAVA)

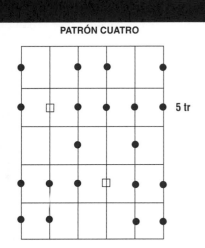

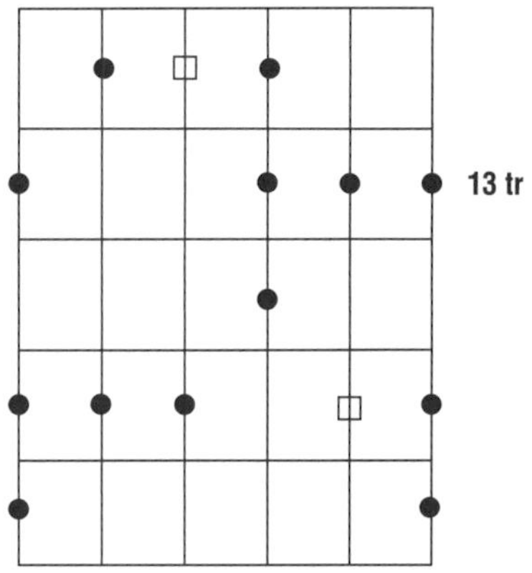

(D–E–F–F♯–G–A♭–A–B–C)

PATRÓN CUATRO

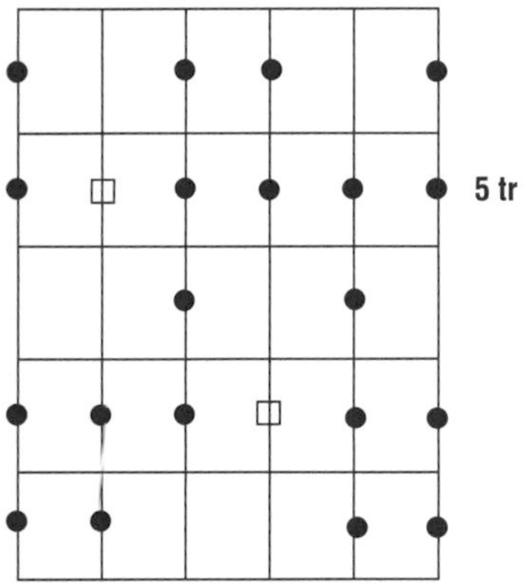

PATRÓN CINCO

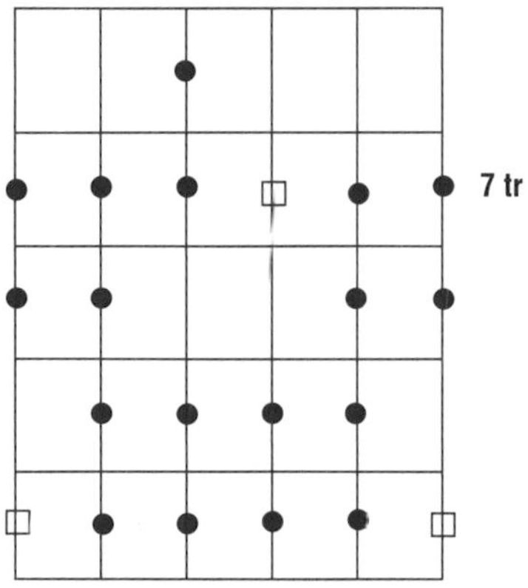

PATRÓN SEIS

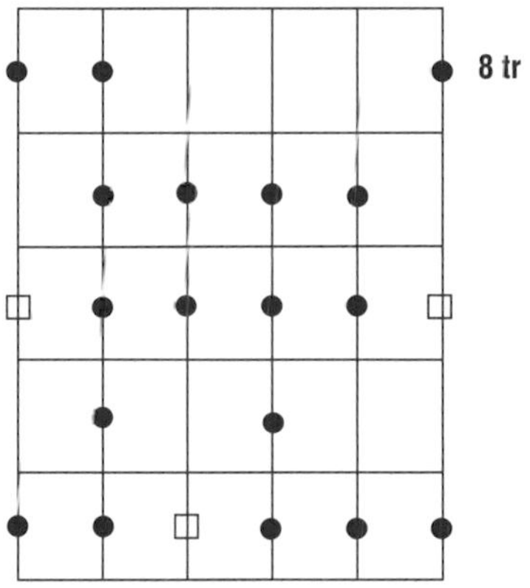

PATRÓN SIETE

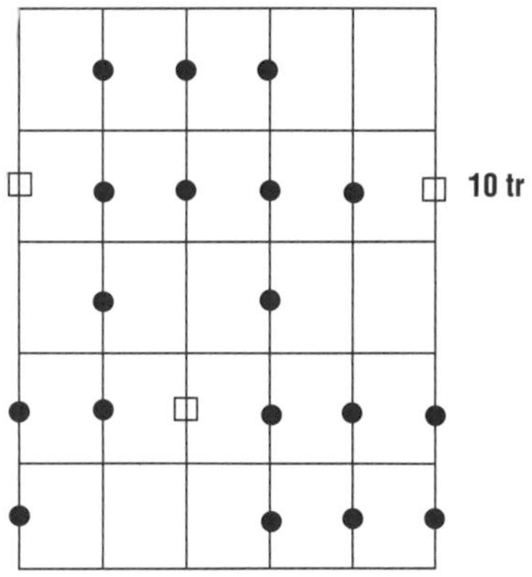

(D–E–F♯–G–A–B–C)

PATRÓN CUATRO

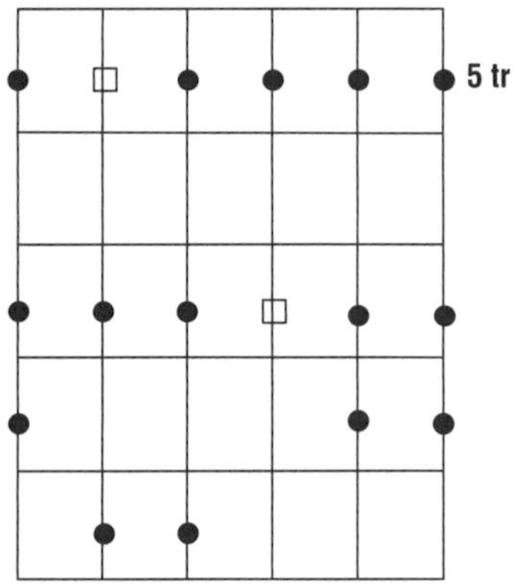

PATRÓN CINCO

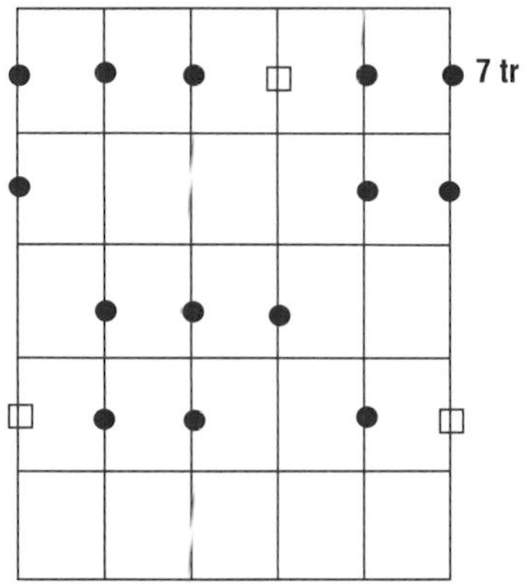

PATRÓN SEIS

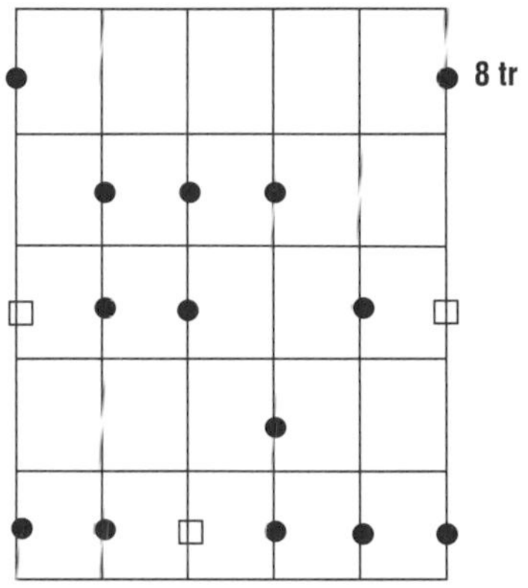

PATRÓN SIETE

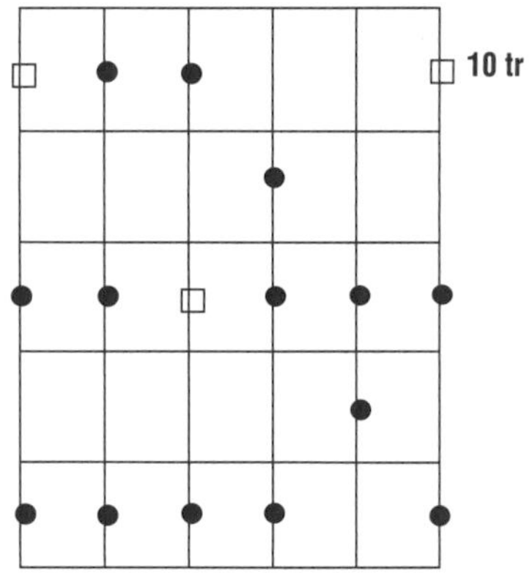

(D–E–F–G–A–B–C)

PATRÓN CUATRO

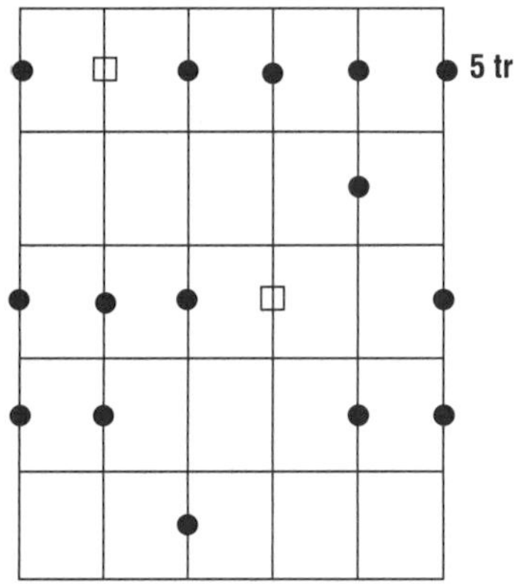

PATRÓN CINCO

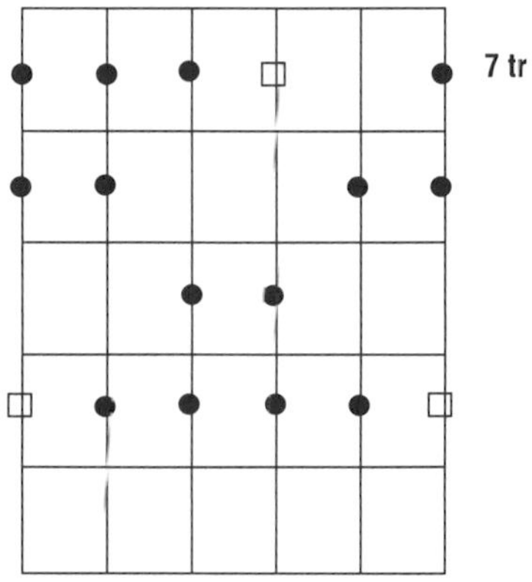

PATRÓN SEIS

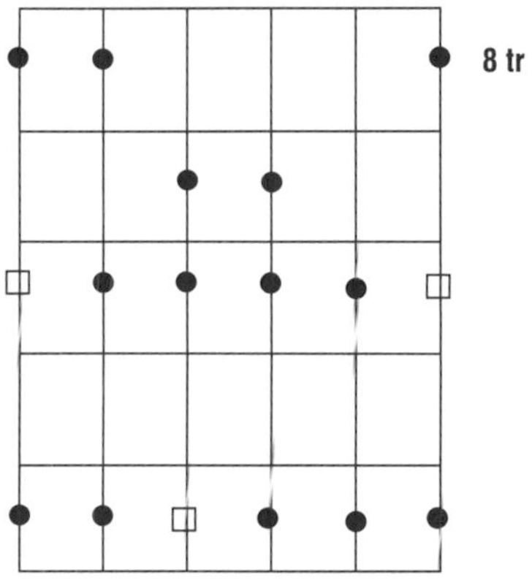

PATRÓN SIETE

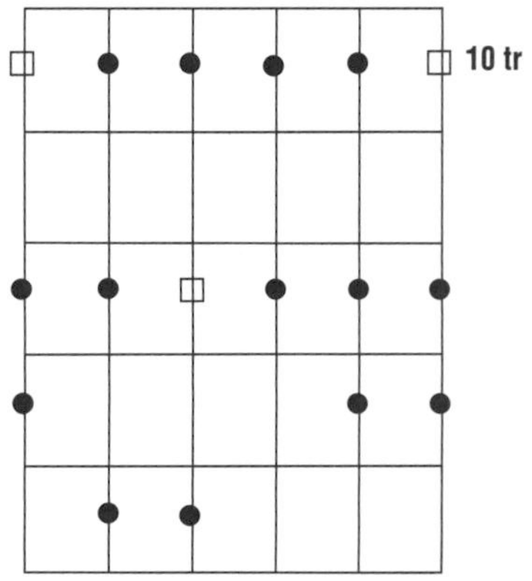

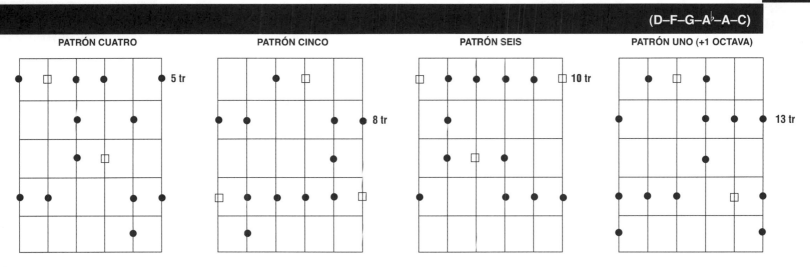

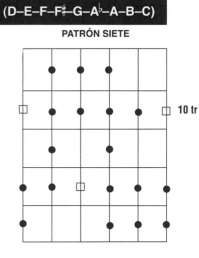

D MENOR MELÓDICA

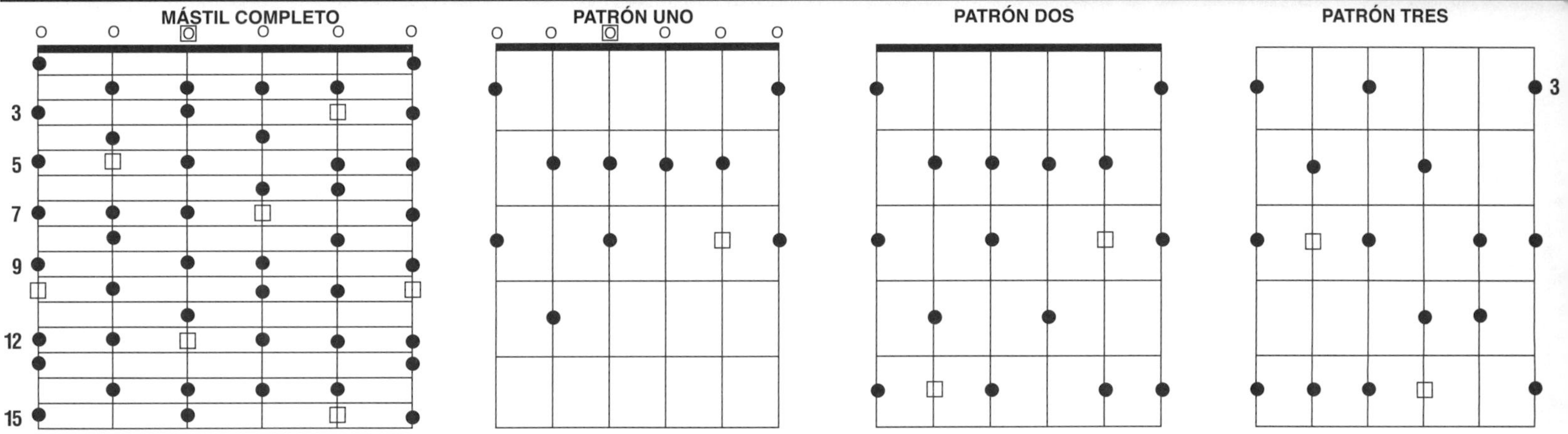

D MENOR ARMÓNICA

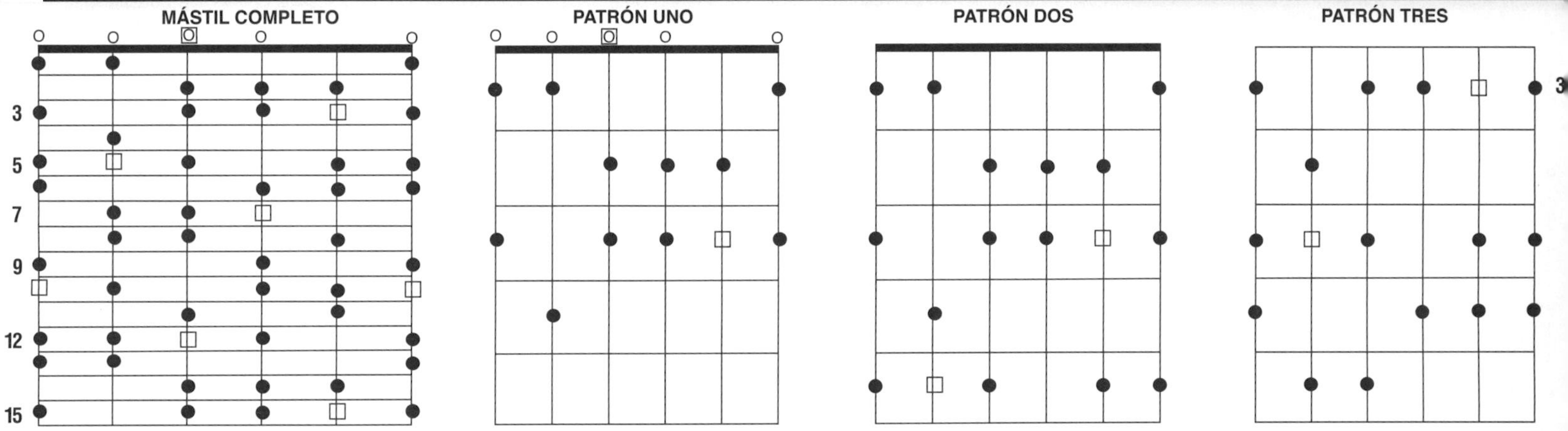

D TRIGIA

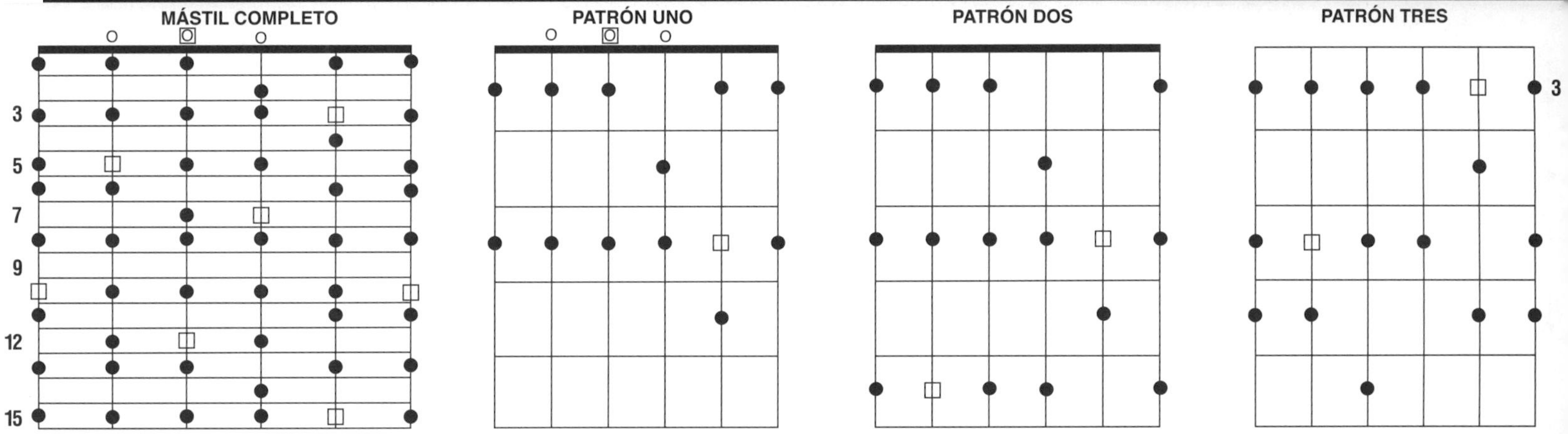

D LOCRIO

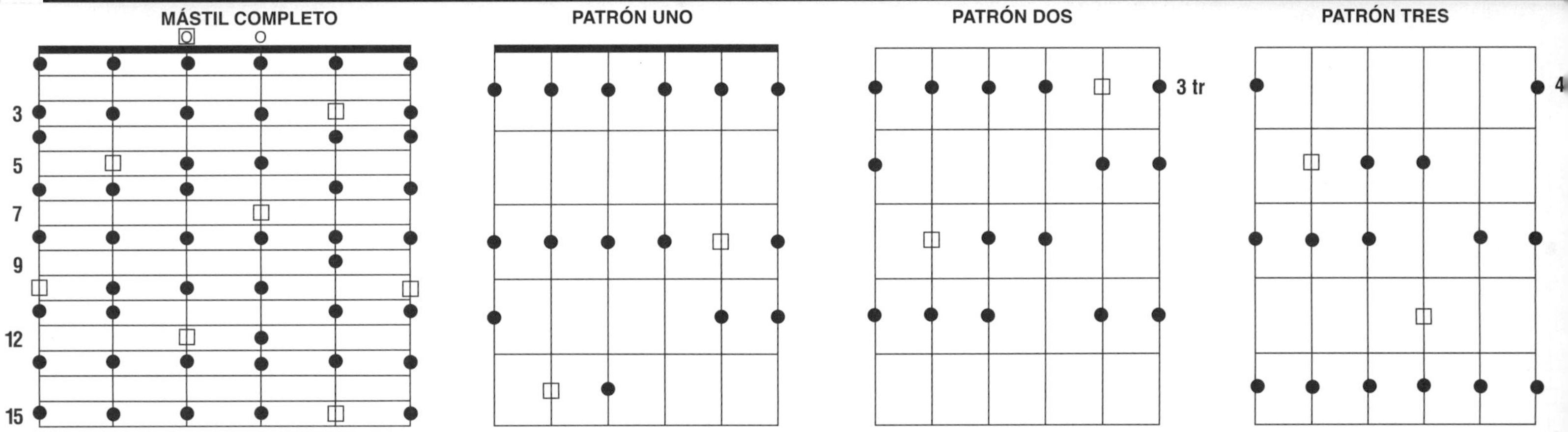

(D–E–F–G–A–B–C♯)

PATRÓN CUATRO

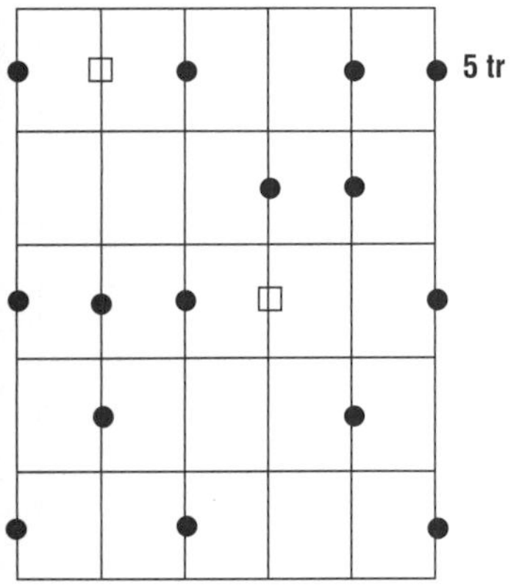

PATRÓN CINCO

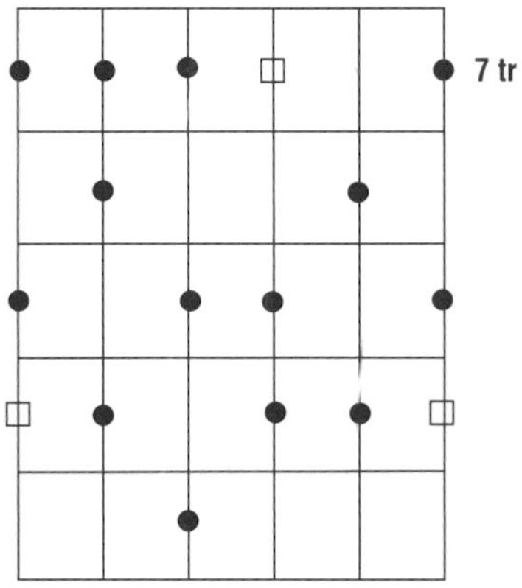

PATRÓN SEIS

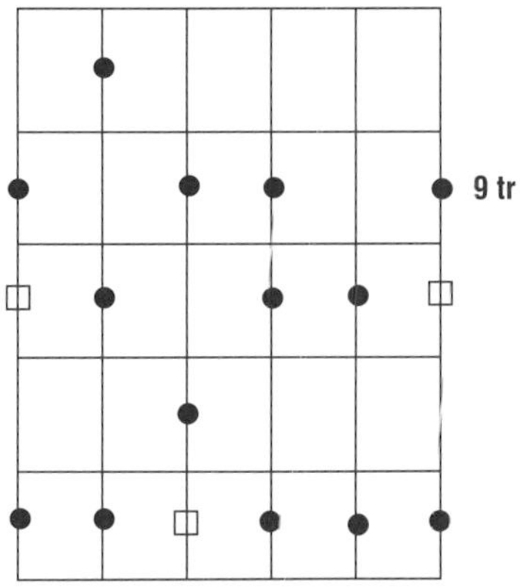

PATRÓN SIETE

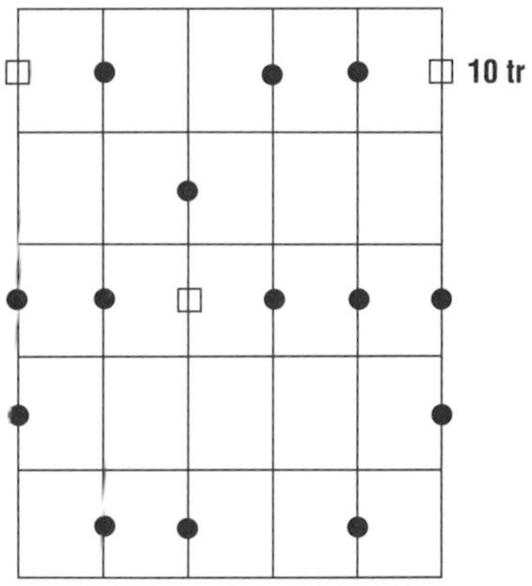

(D–E–F–G–A–B♭–C♯)

PATRÓN CUATRO

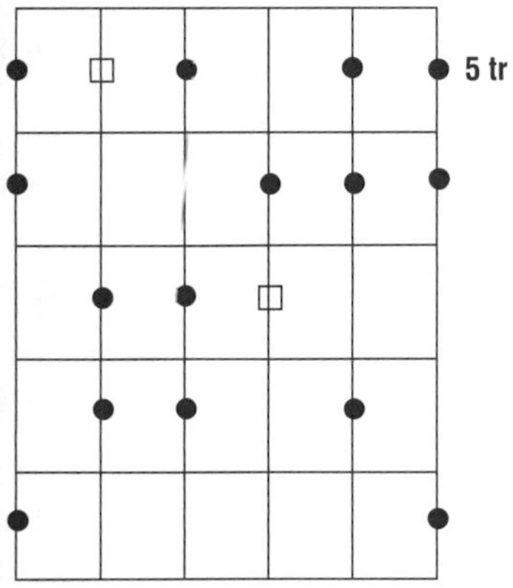

PATRÓN CINCO

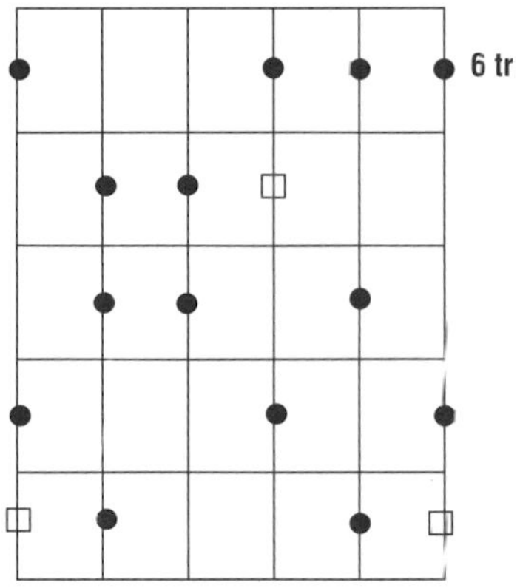

PATRÓN SEIS

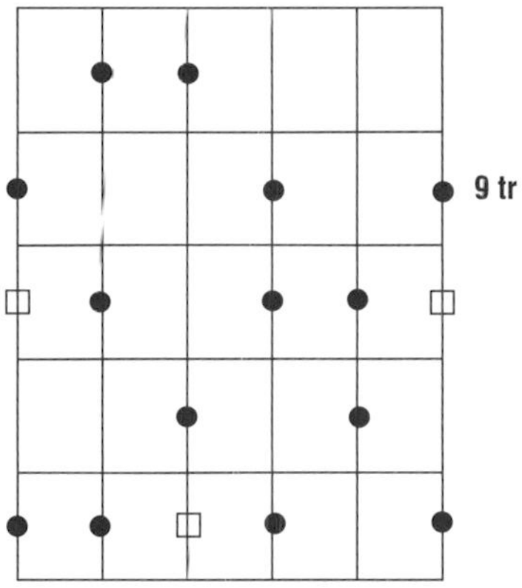

PATRÓN SIETE

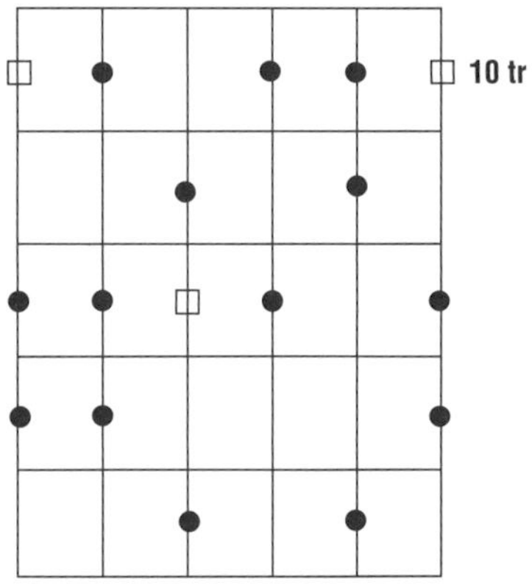

(D–E♭–F–G–A–B♭–C)

PATRÓN CUATRO

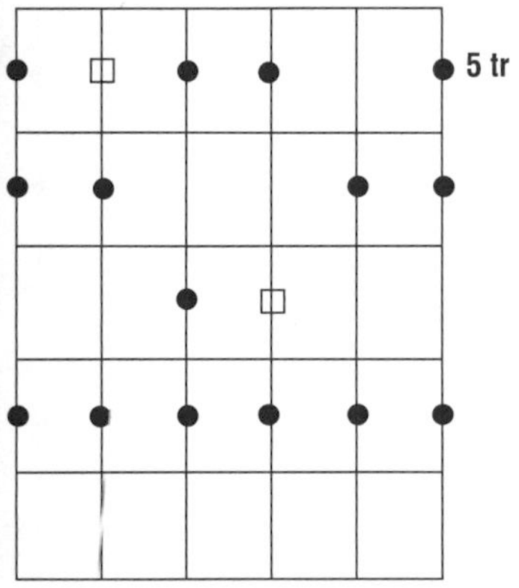

PATRÓN CINCO

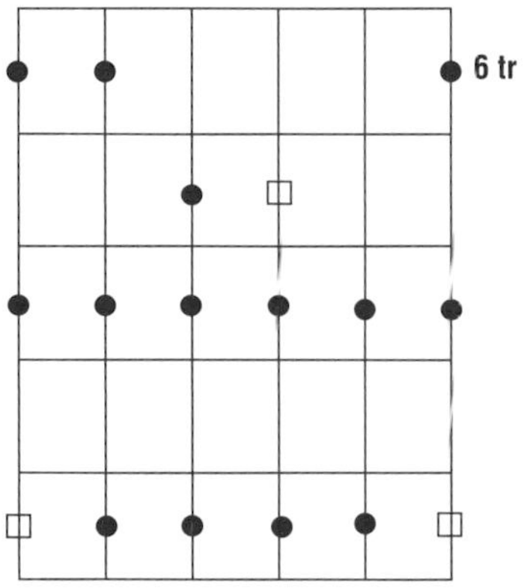

PATRÓN SEIS

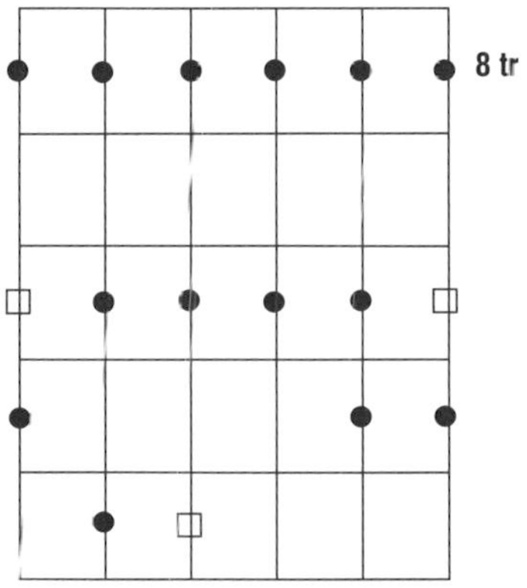

PATRÓN SIETE

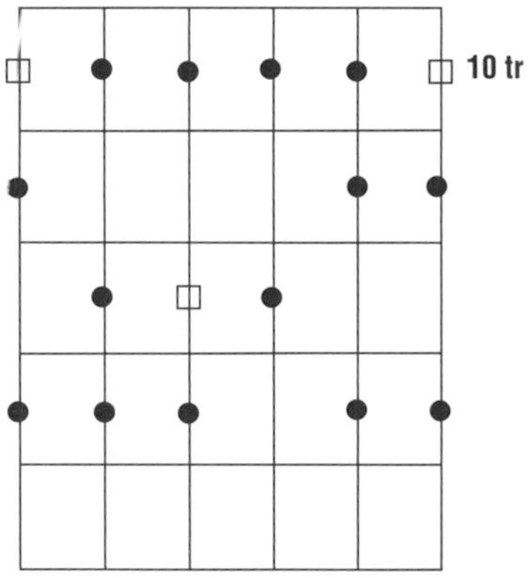

(D–E♭–F–G–A♭–B♭–C)

PATRÓN CUATRO

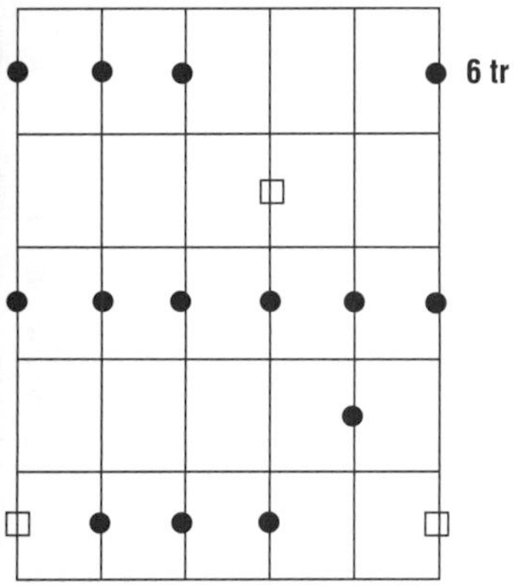

PATRÓN CINCO

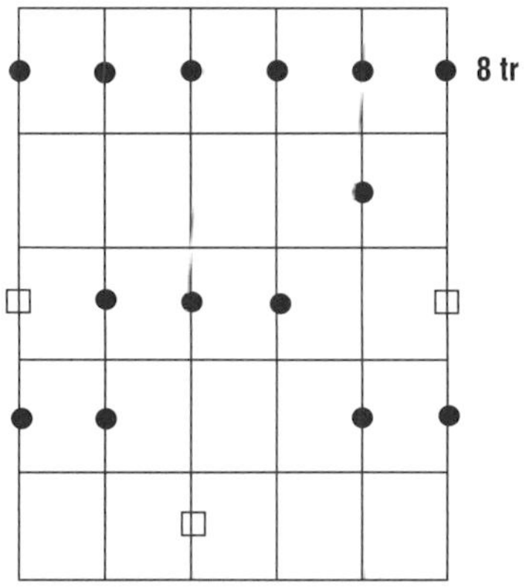

PATRÓN SEIS

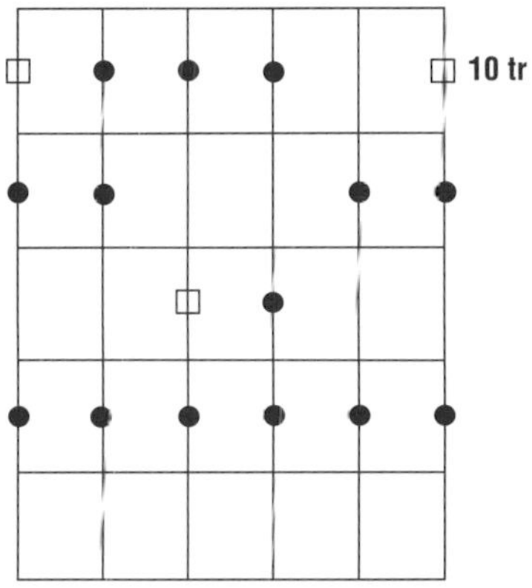

PATRÓN SIETE

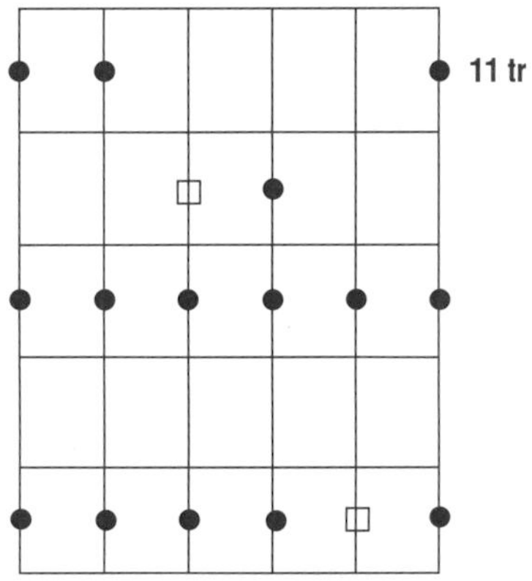

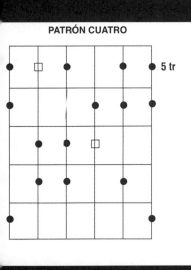

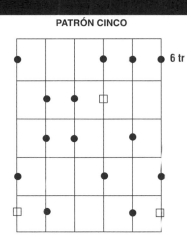

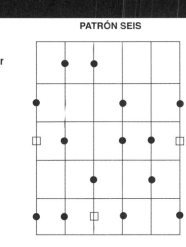

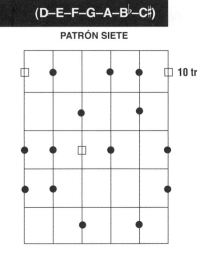

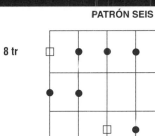

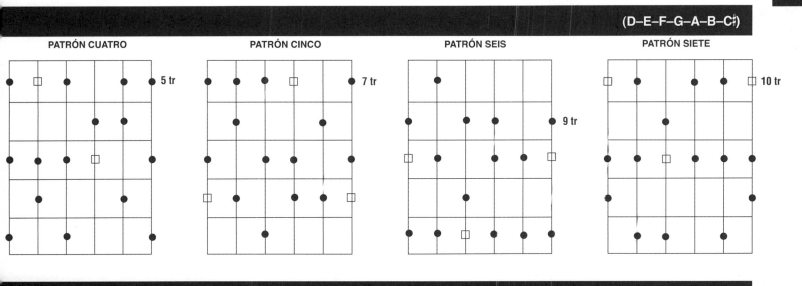

D LIDIO

MÁSTIL COMPLETO

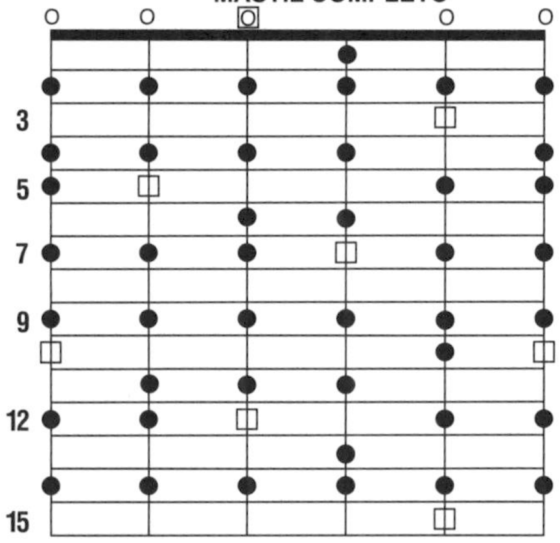

PATRÓN UNO

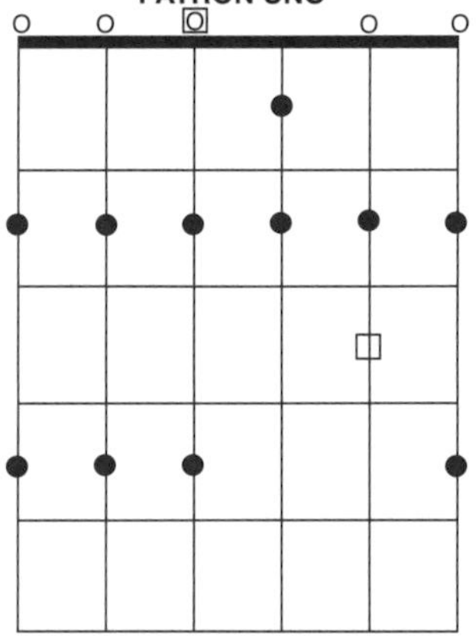

PATRÓN DOS

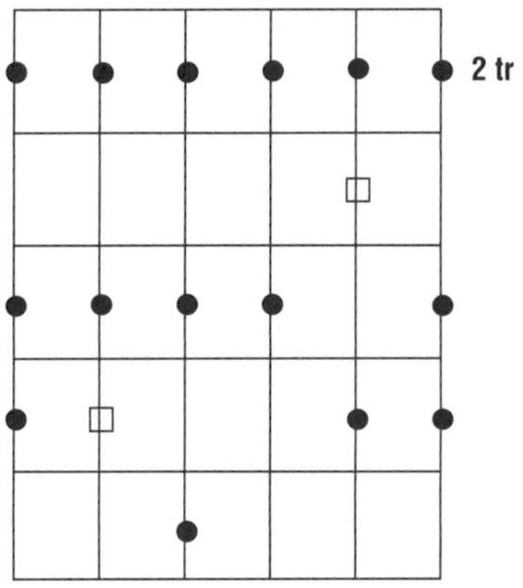

PATRÓN TRES

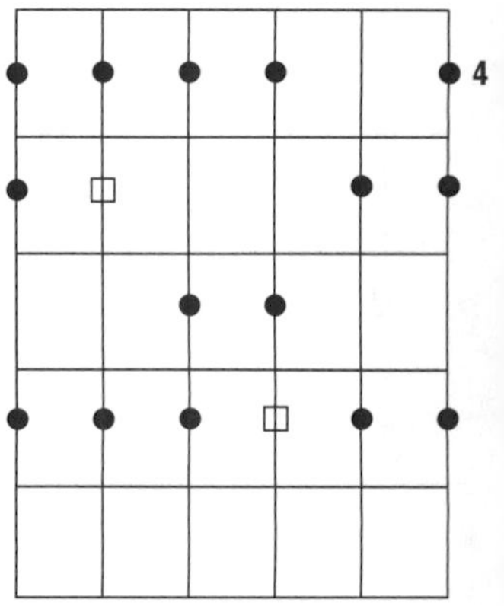

D DISMINUIDA (SEMITONO-TONO)

MÁSTIL COMPLETO

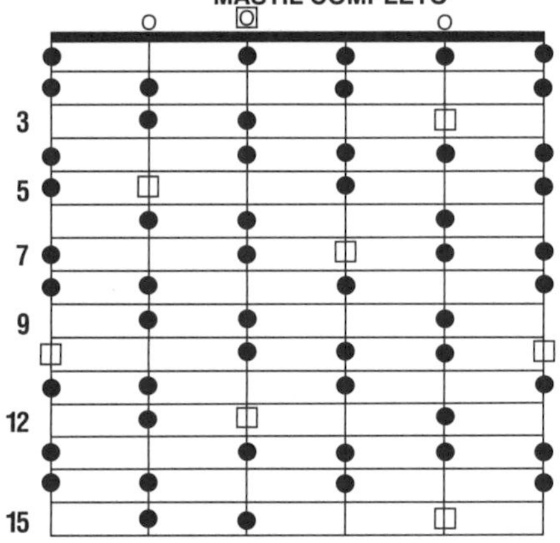

PATRÓN UNO

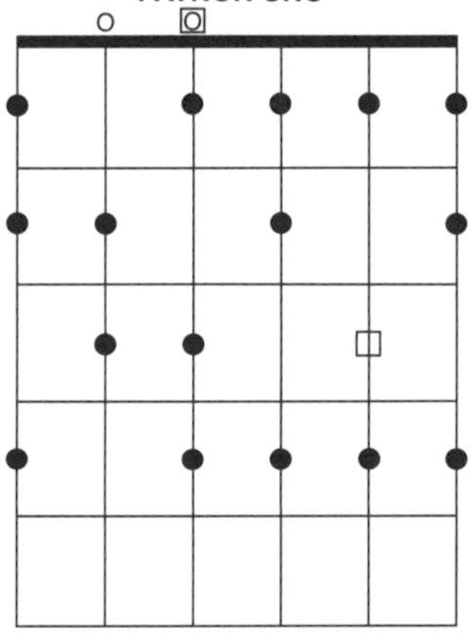

PATRÓN DOS

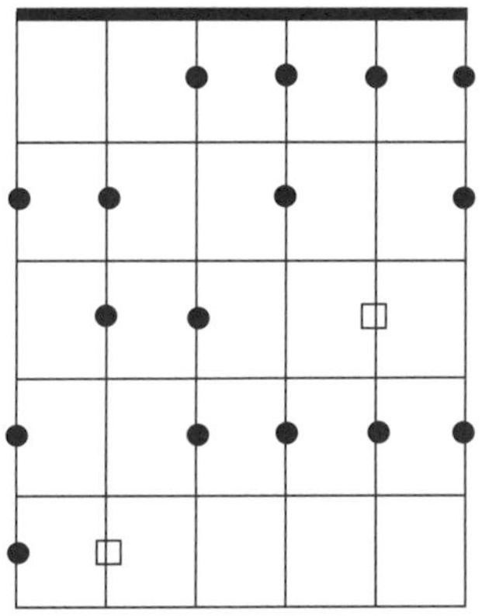

PATRÓN TRES

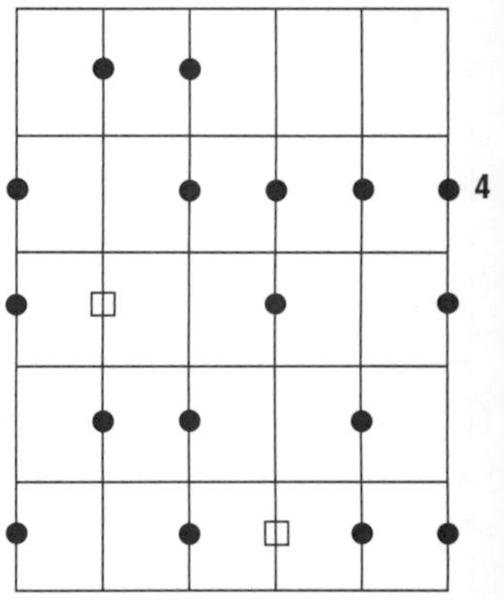

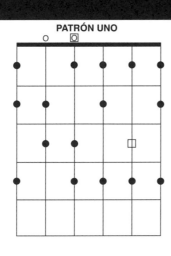

D DISMINUIDA (TONO-SEMITONO)

MÁSTIL COMPLETO

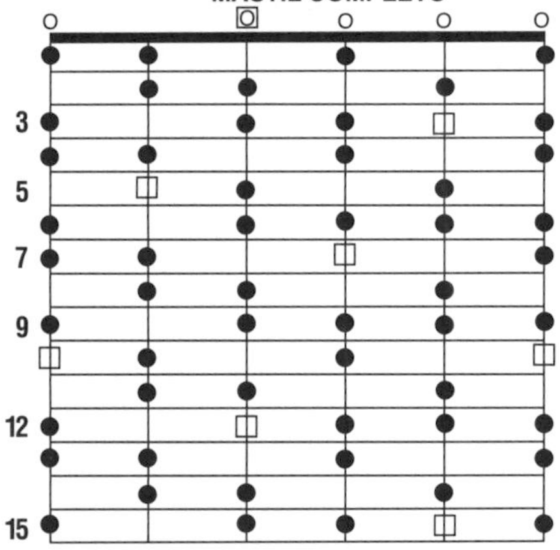

PATRÓN UNO

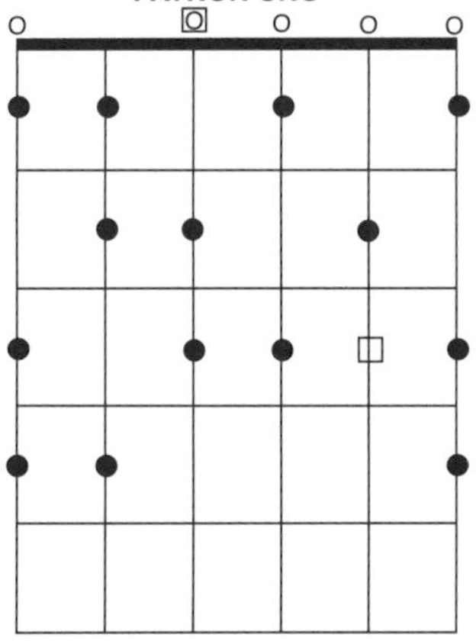

PATRÓN DOS

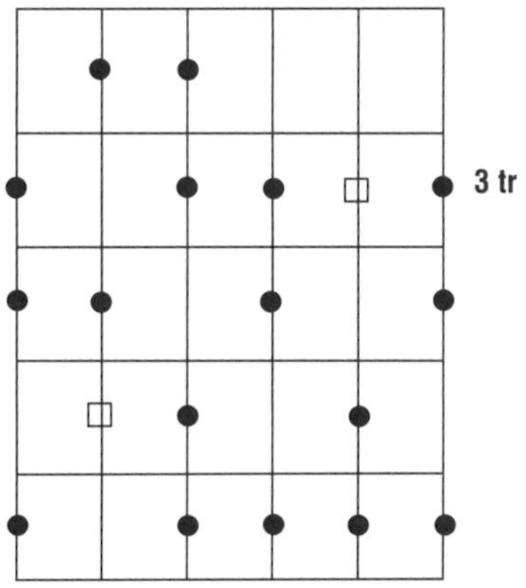

PATRÓN TRES

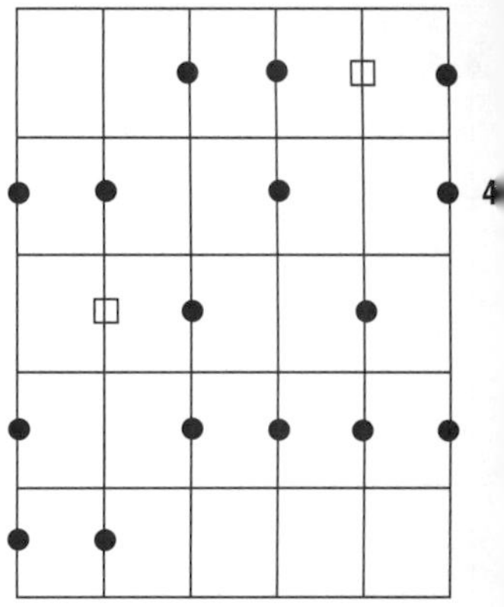

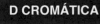

D CROMÁTICA (D–E♭–E–F–F♯–G–A♭–A–B♭–B–C–C♯)

MÁSTIL COMPLETO

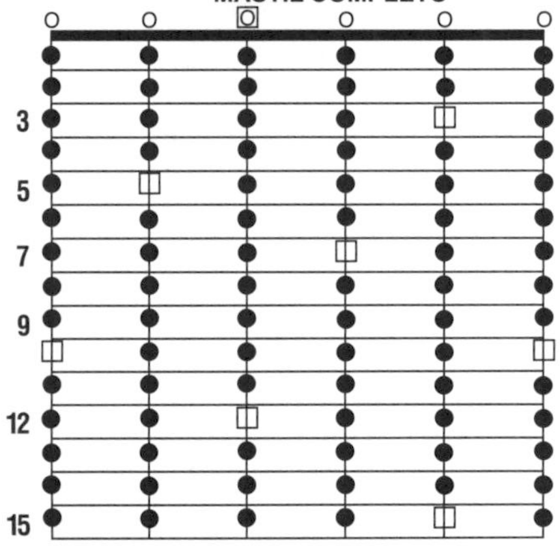

PATRÓN UNO ASCENDENTE

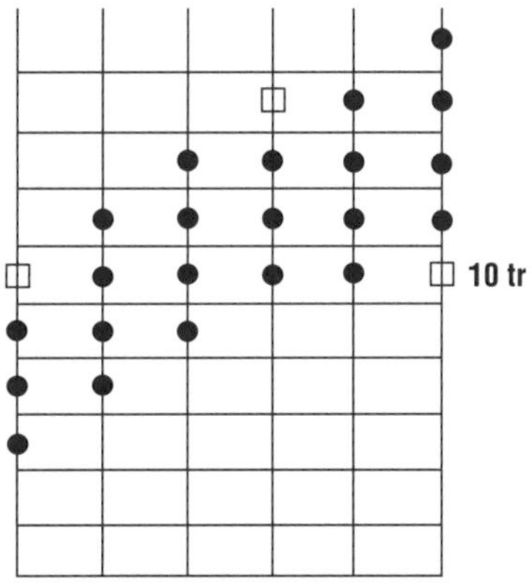

PATRÓN UNO DESCENDIENTE

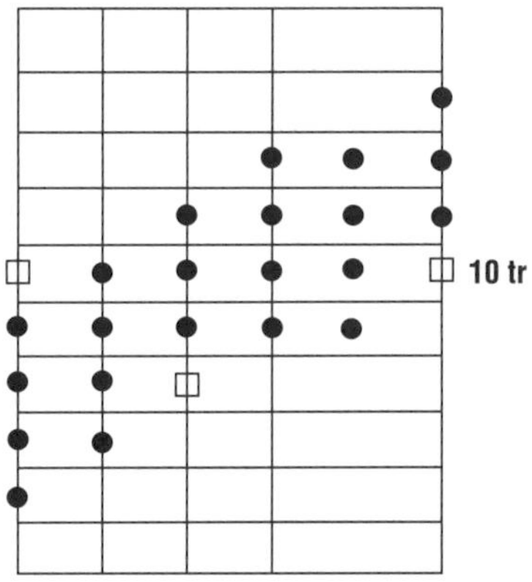

PATRÓN DOS

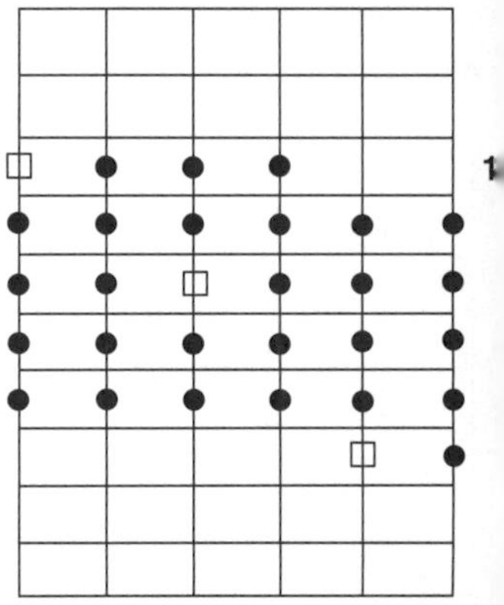

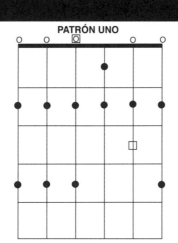

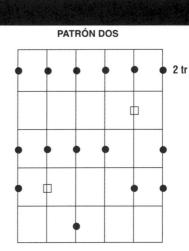

(D–E–F♯–G♯–A–B–C♯)

PATRÓN CUATRO

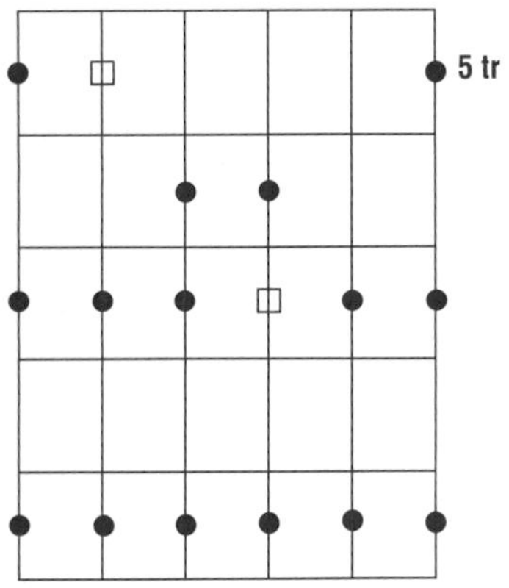

PATRÓN CINCO

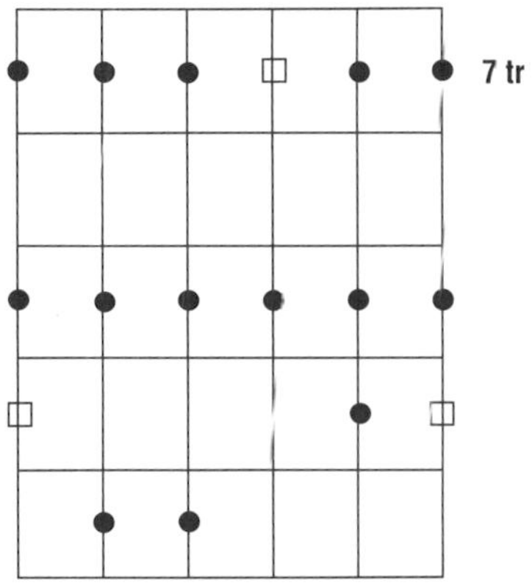

PATRÓN SEIS

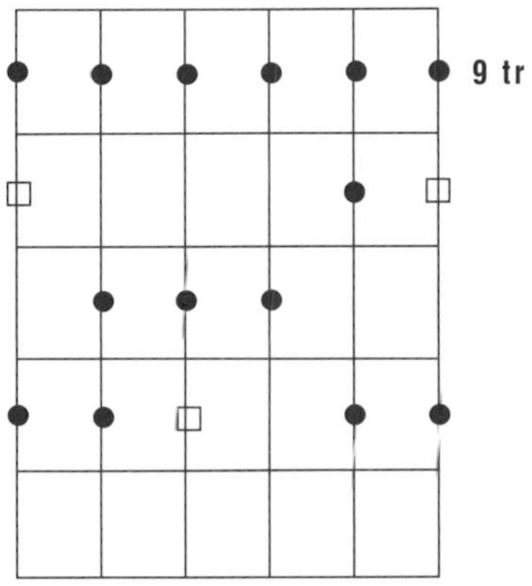

PATRÓN SIETE

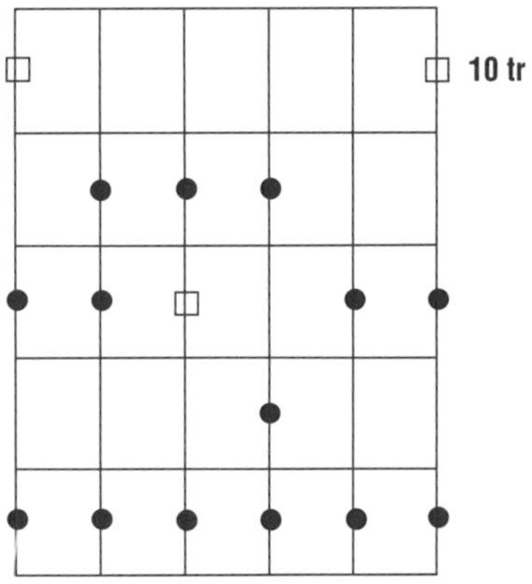

(D–E♭–F–G♭–A♭–A–B–C)

PATRÓN CUATRO

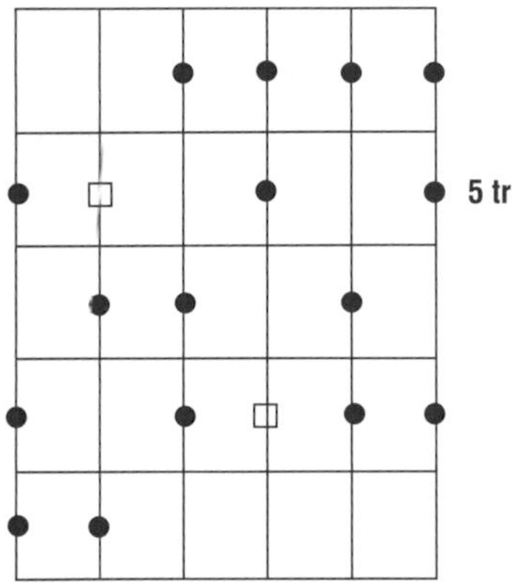

PATRÓN CINCO

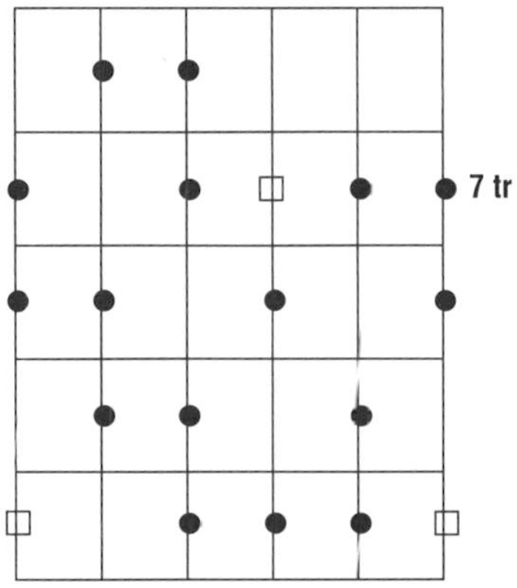

PATRÓN SEIS

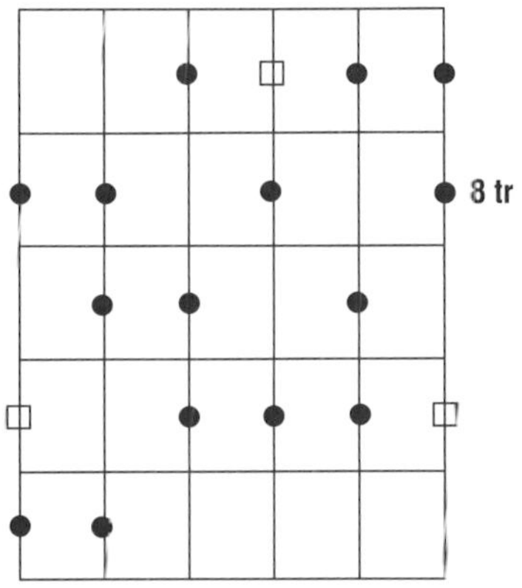

PATRÓN SIETE

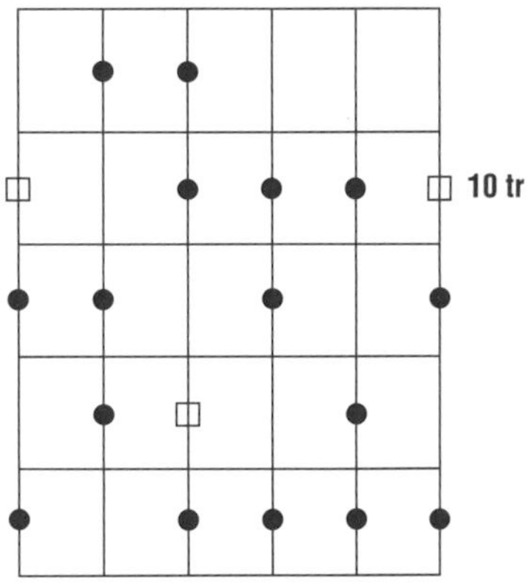

(D–E–F–G–A♭–A♯–B–C♯)

PATRÓN CUATRO

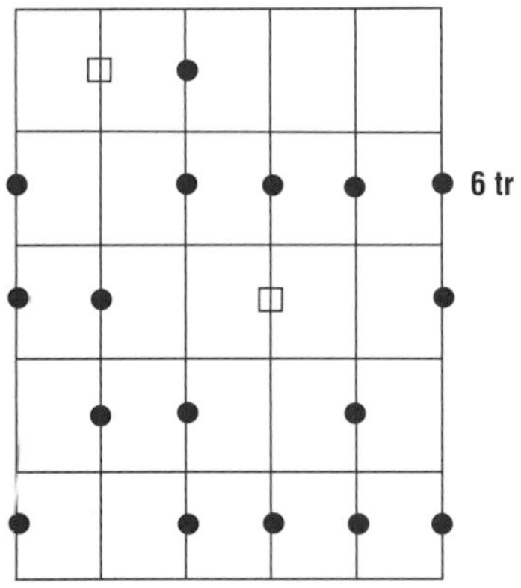

PATRÓN CINCO

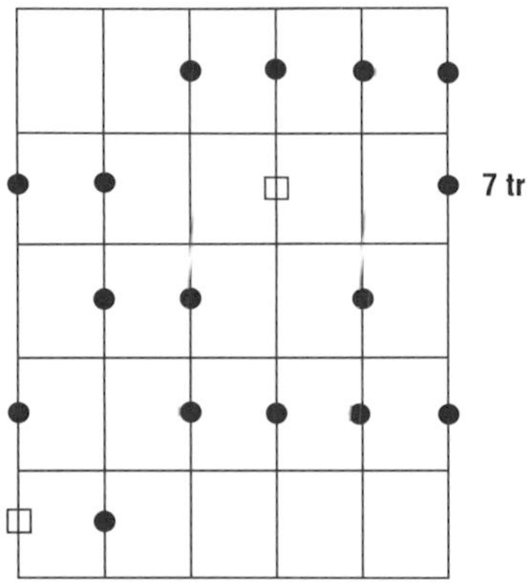

PATRÓN SEIS

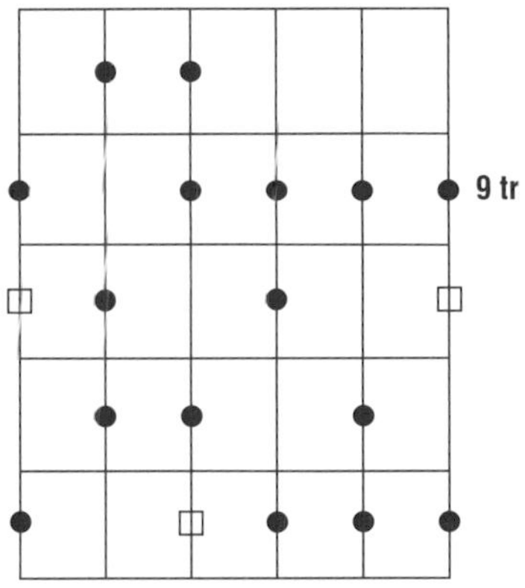

PATRÓN SIETE

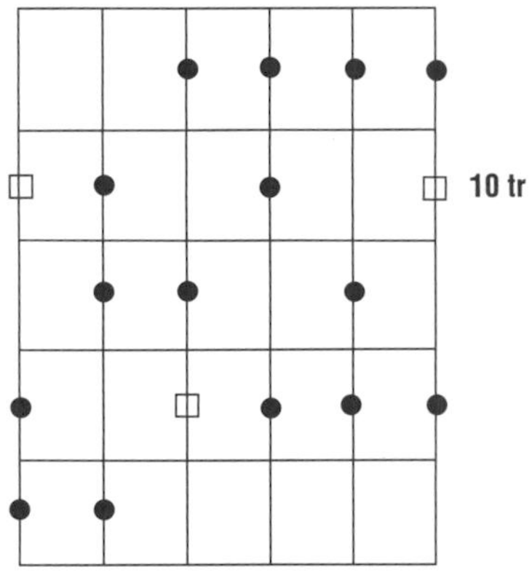

D TONO (D–E–F♯–G♯–A♯–B♯)

MÁSTIL COMPLETO

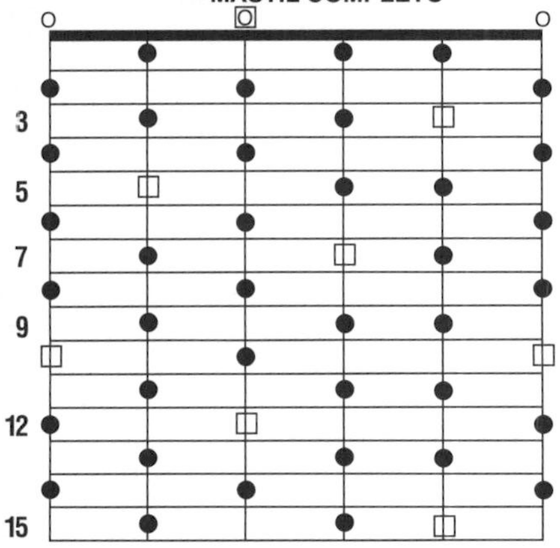

PATRÓN UNO

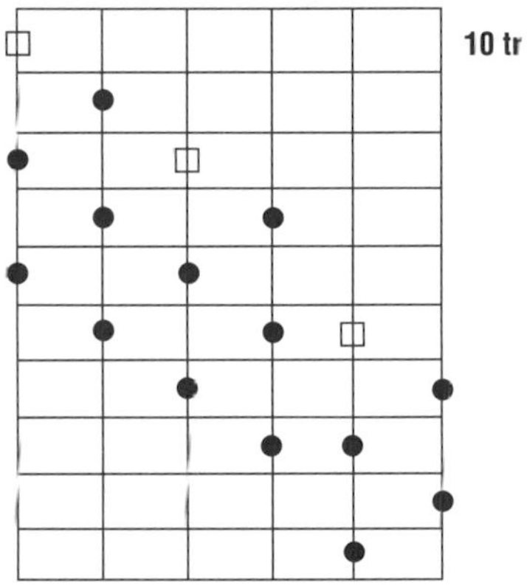

PATRÓN DOS

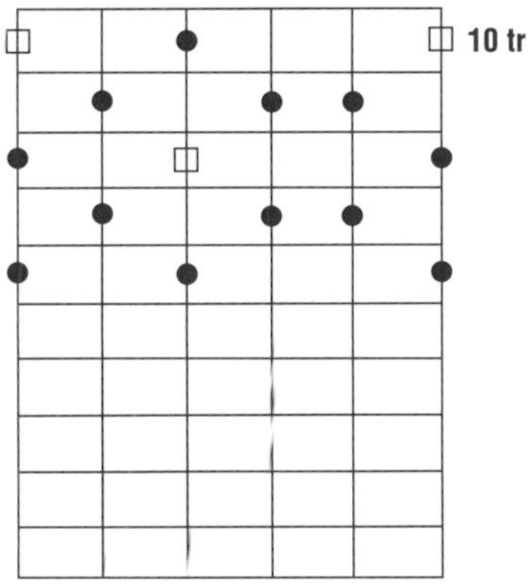

PATRÓN TRES

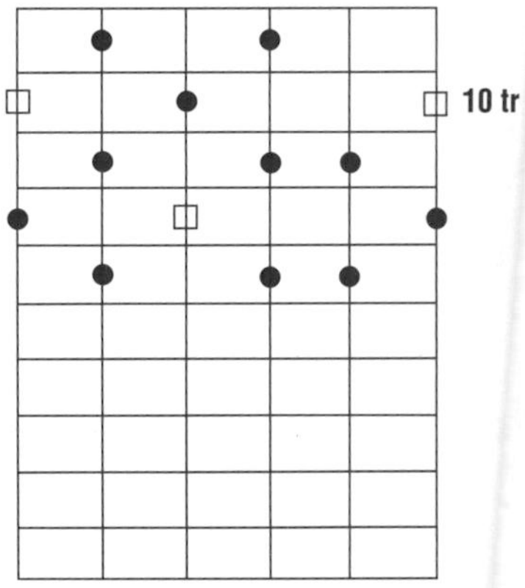

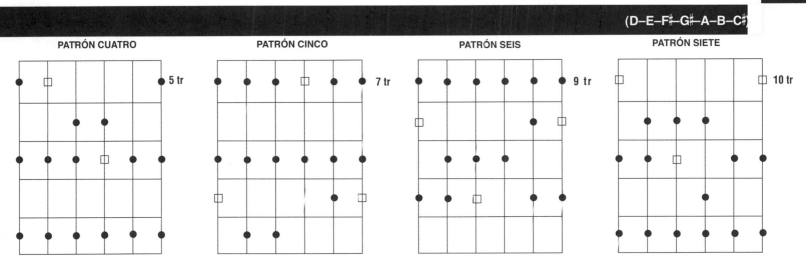

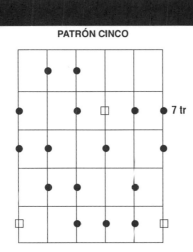

E♭ MAYOR (JÓNICO)

MÁSTIL COMPLETO

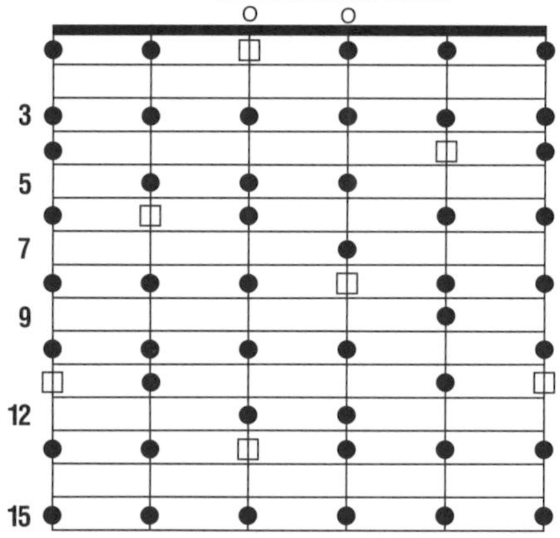

PATRÓN UNO

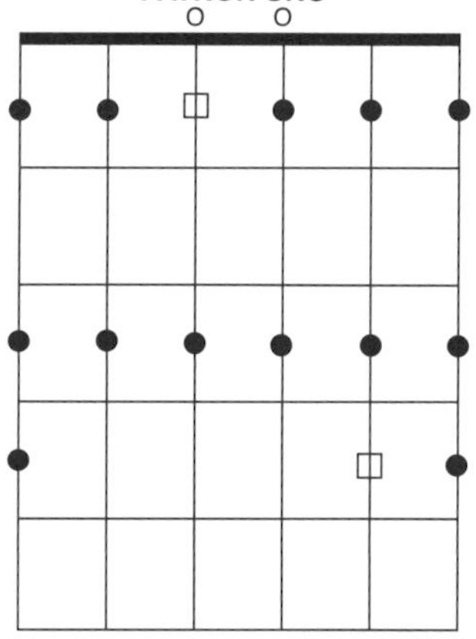

PATRÓN DOS

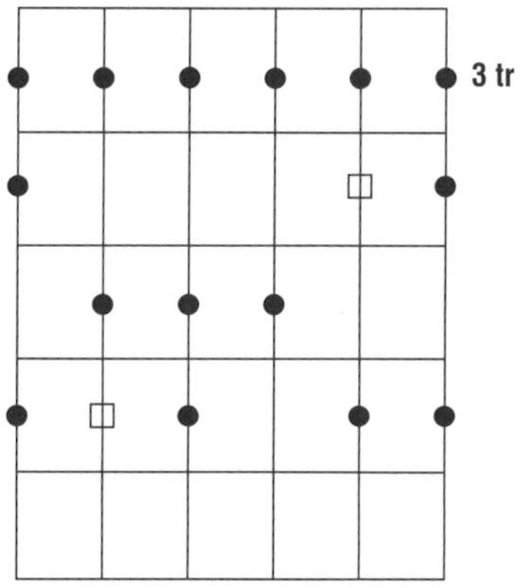

PATRÓN TRES

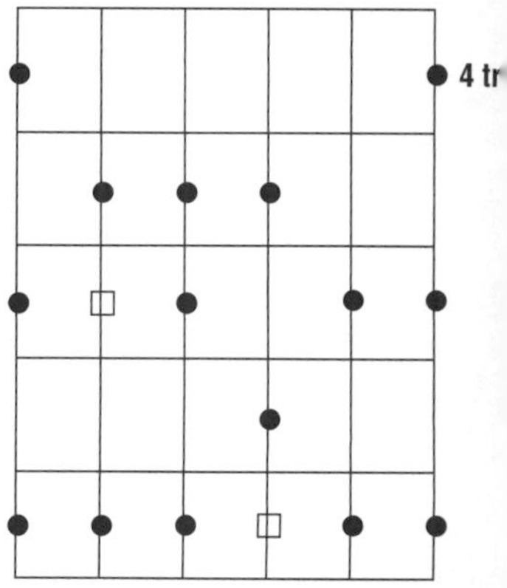

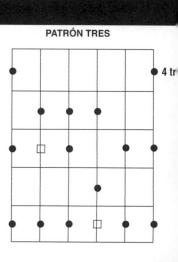

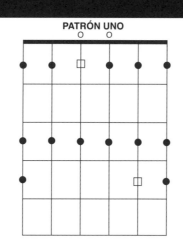

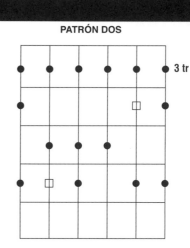

E♭ PENTATÓNICA MAYOR

MÁSTIL COMPLETO

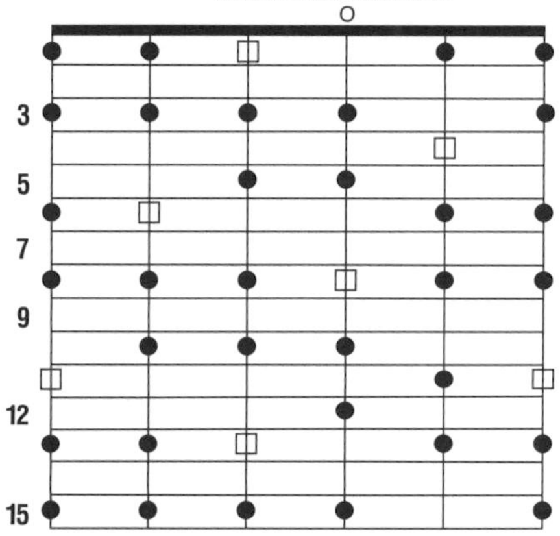

PATRÓN UNO

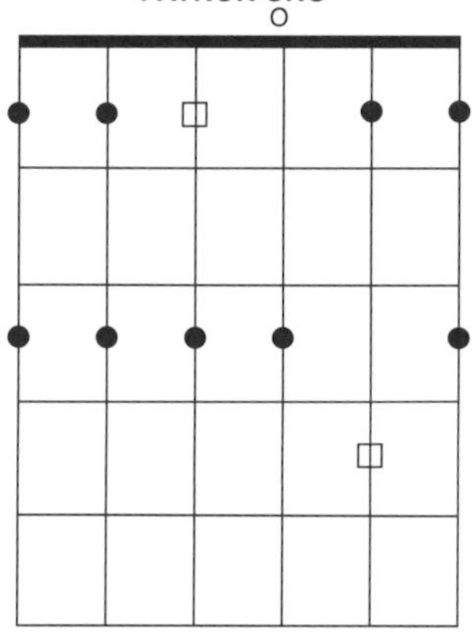

PATRÓN DOS

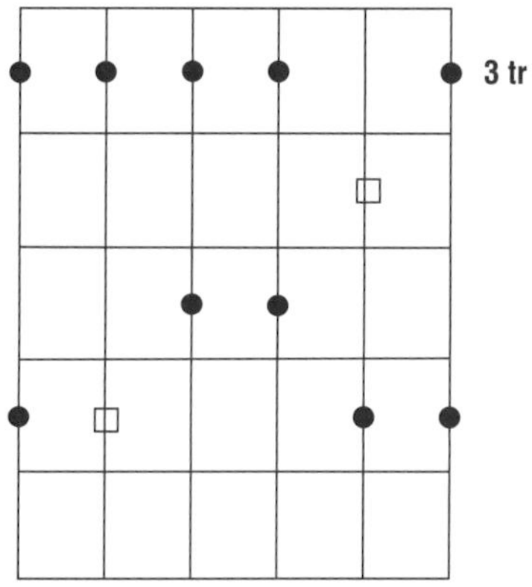

PATRÓN TRES

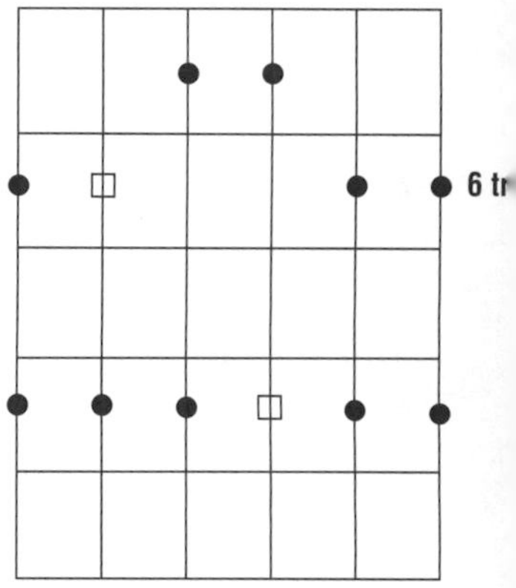

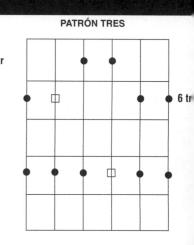

E♭ MENOR NATURAL (EÓLICO)

MÁSTIL COMPLETO

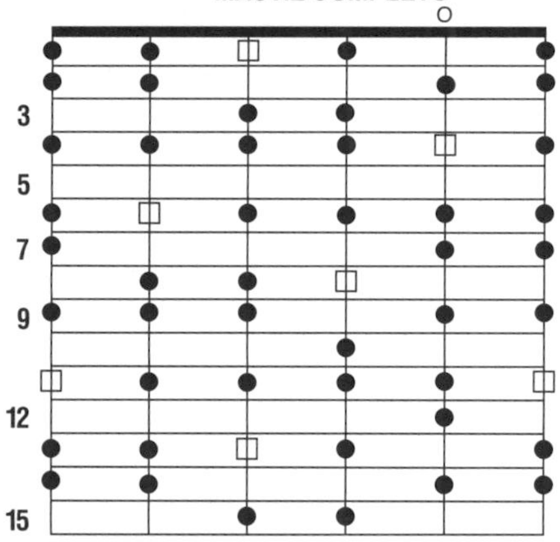

PATRÓN UNO

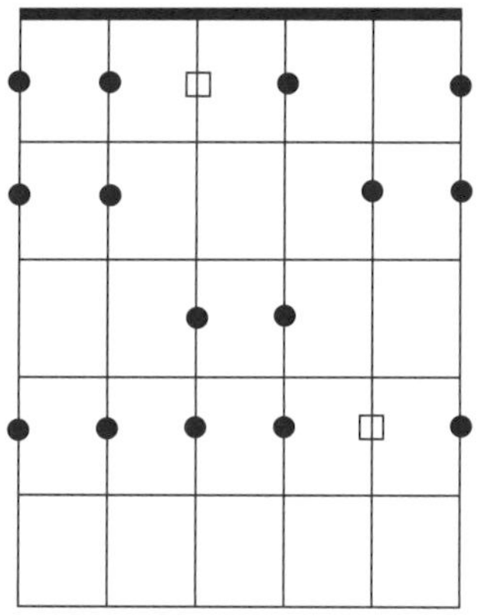

PATRÓN DOS

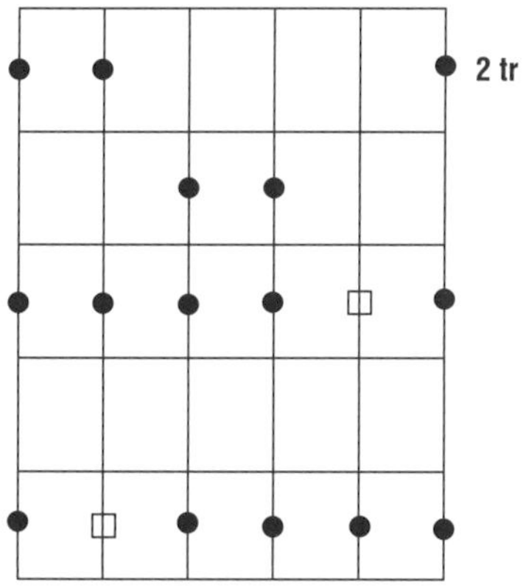

PATRÓN TRES

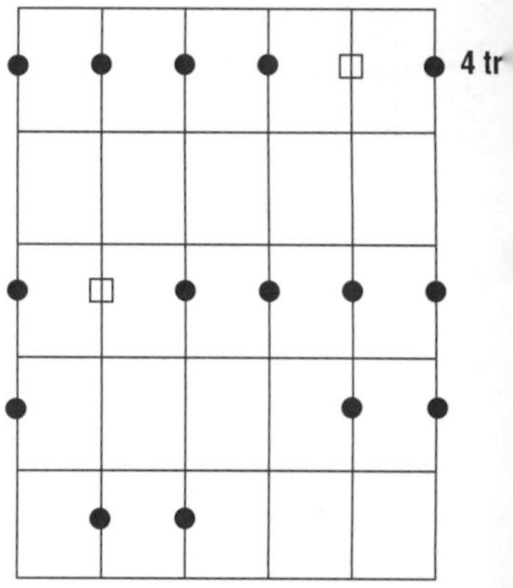

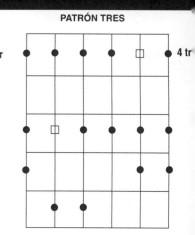

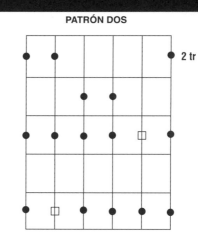

E♭ PENTATÓNICA MENOR

MÁSTIL COMPLETO

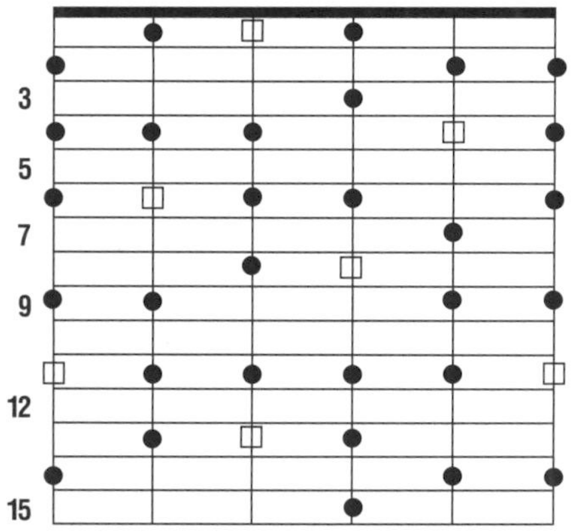

PATRÓN UNO

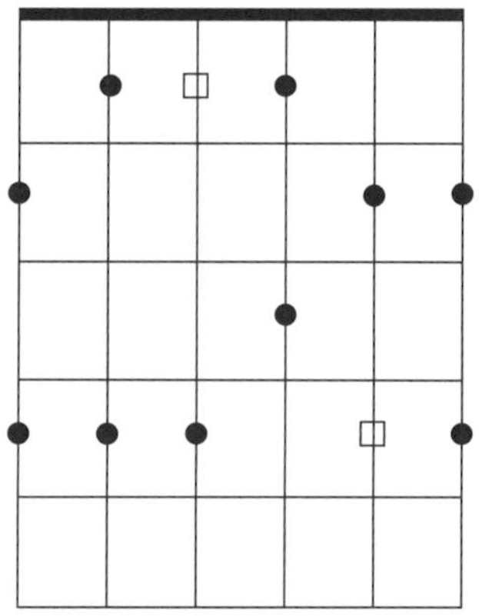

PATRÓN DOS

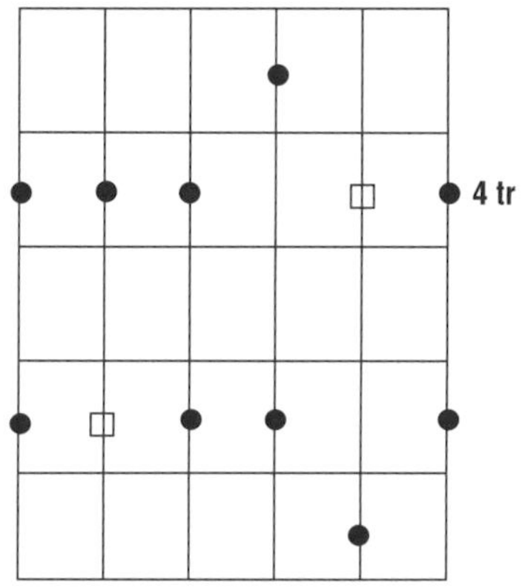

PATRÓN TRES

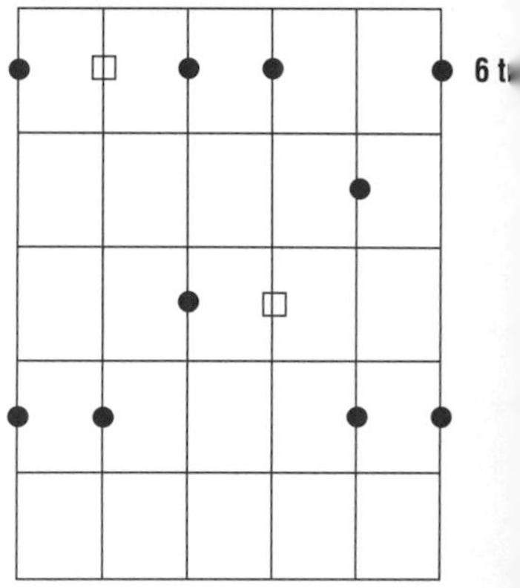

(E♭–F–G–A♭–B♭–C–D)

PATRÓN CUATRO

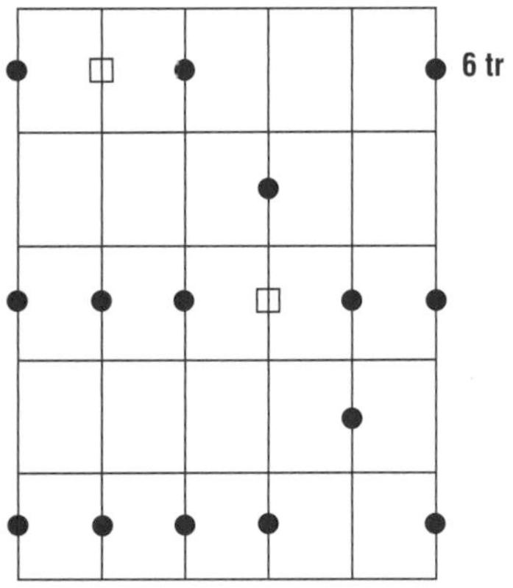

PATRÓN CINCO

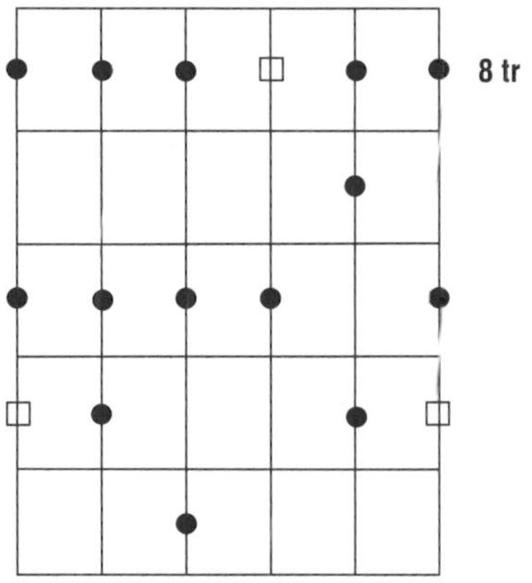

PATRÓN SEIS

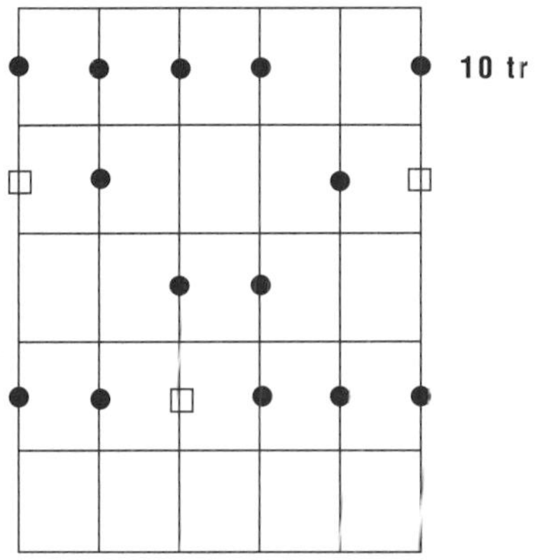

PATRÓN SIETE

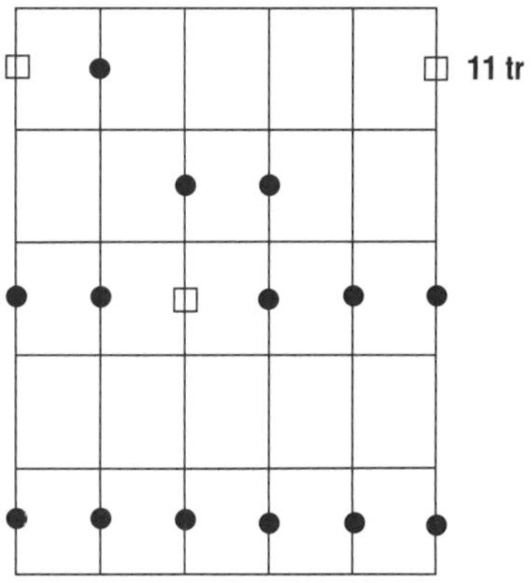

(E♭–F–G–B♭–C)

PATRÓN CUATRO

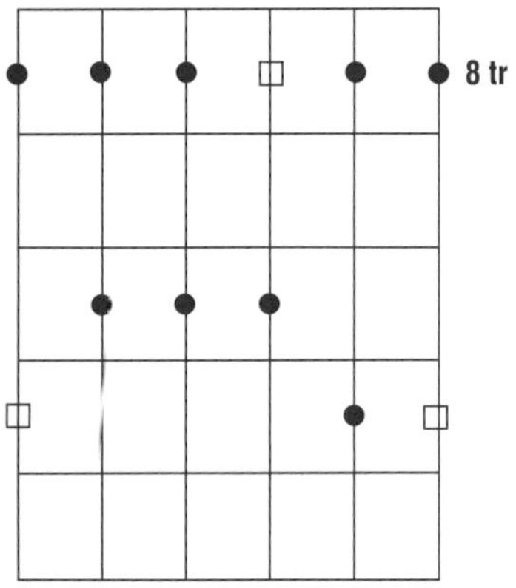

PATRÓN CINCO

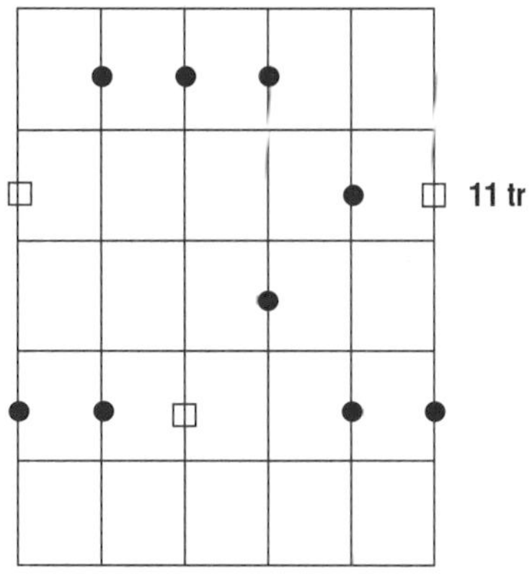

PATRÓN UNO (+1 OCTAVA)

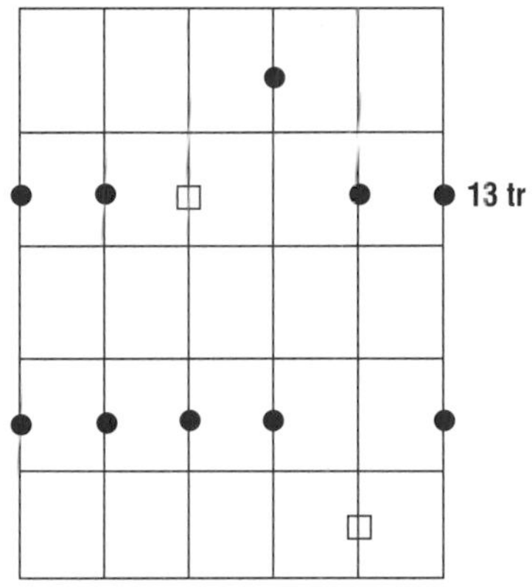

PATRÓN DOS (+1 OCTAVA)

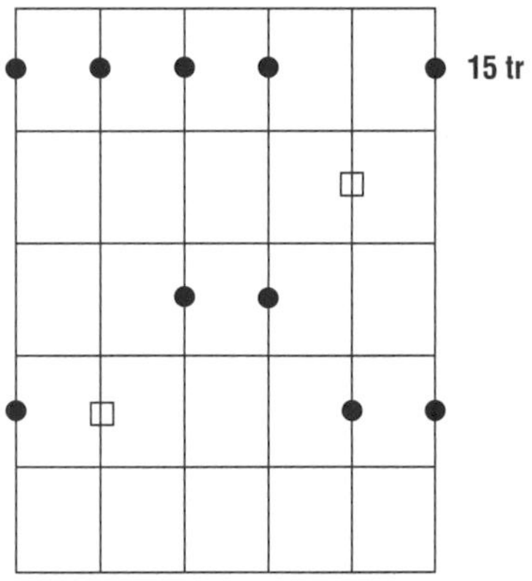

(E♭–F–G♭–A♭–B♭–C♭–D♭)

PATRÓN CUATRO

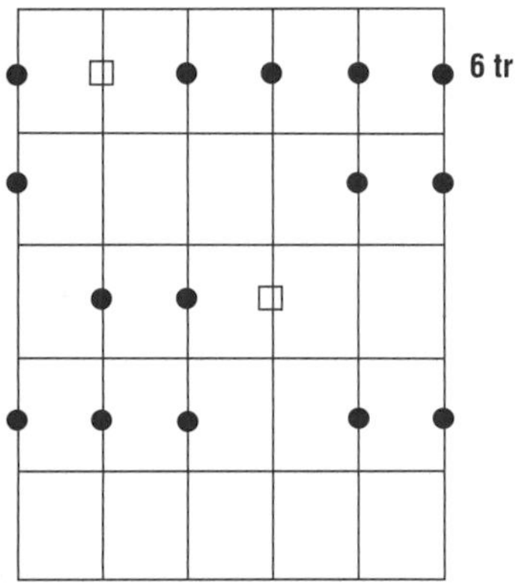

PATRÓN CINCO

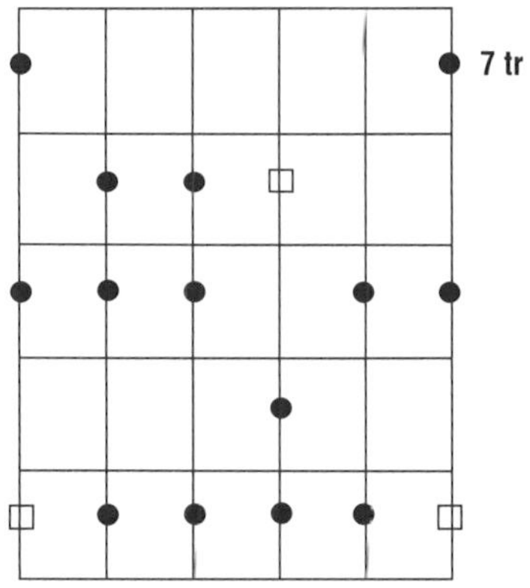

PATRÓN SEIS

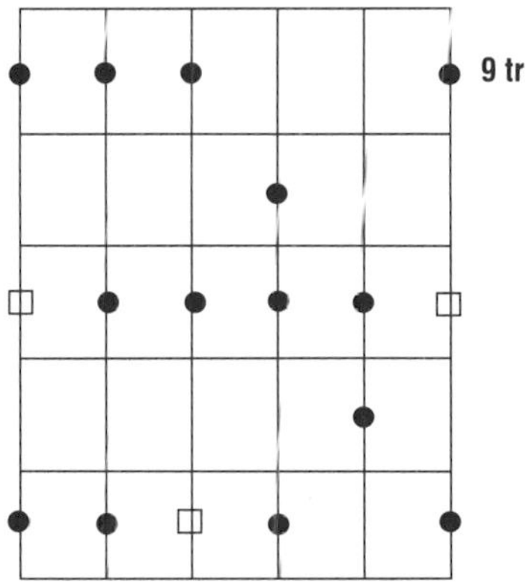

PATRÓN SIETE

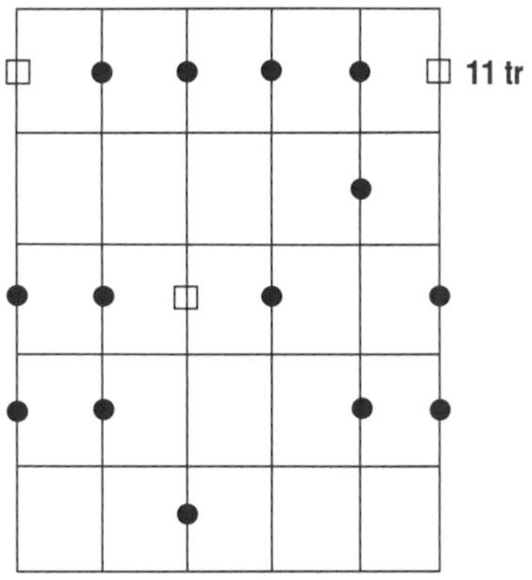

(E♭–G♭–A♭–B♭–D♭)

PATRÓN CUATRO

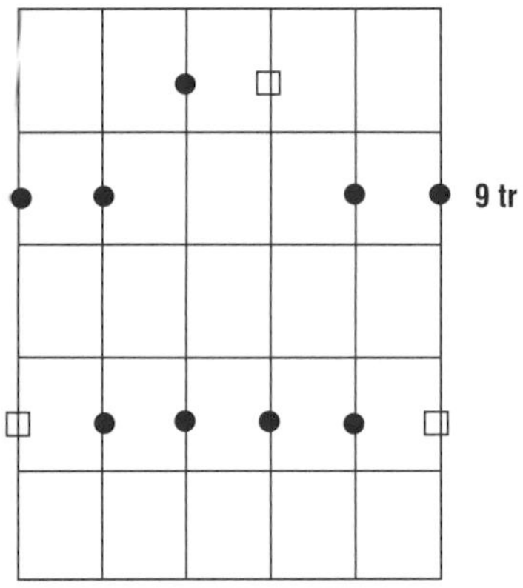

PATRÓN CINCO

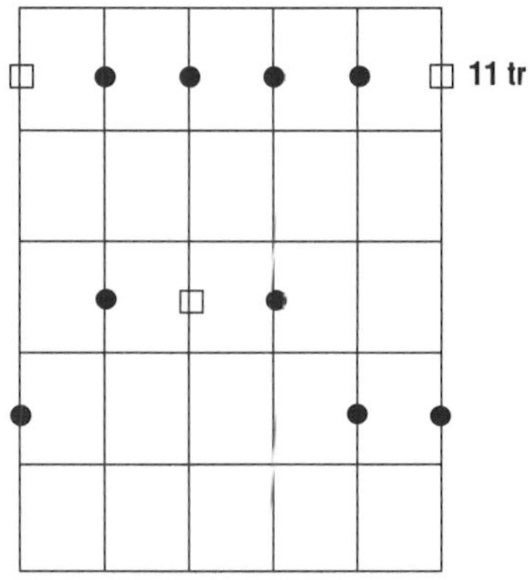

PATRÓN UNO (+1 OCTAVA)

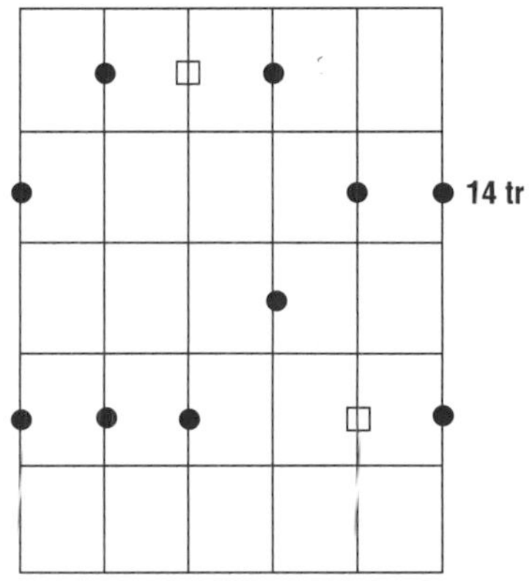

PATRÓN DOS (+1 OCTAVA)

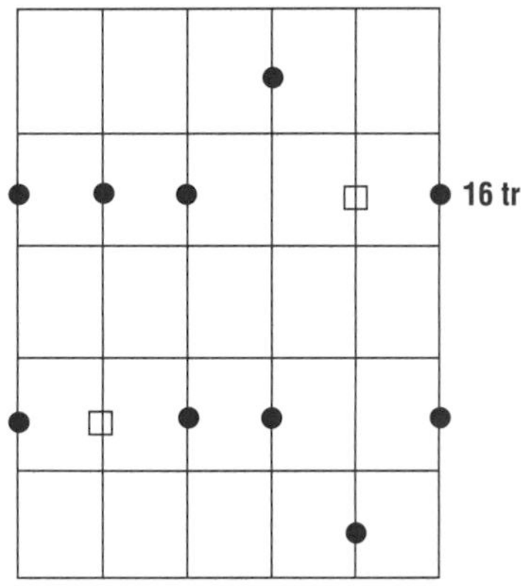

E♭ BLUES

MÁSTIL COMPLETO | PATRÓN UNO | PATRÓN DOS | PATRÓN TRES

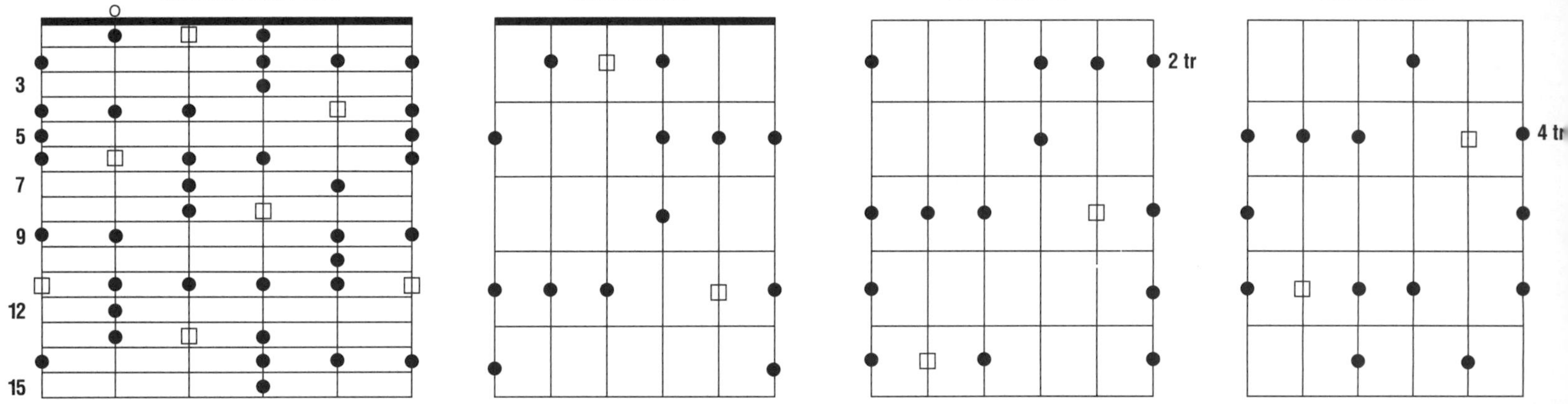

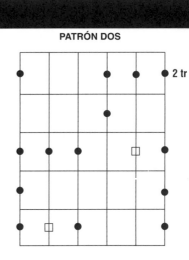

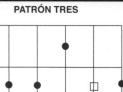

E♭ MIXO BLUES

MÁSTIL COMPLETO | PATRÓN UNO | PATRÓN DOS | PATRÓN TRES

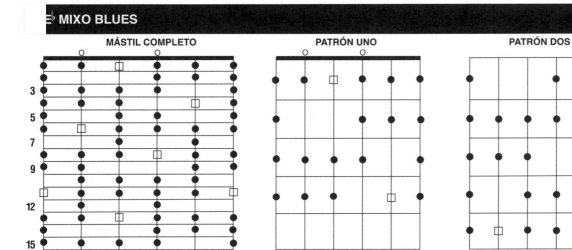

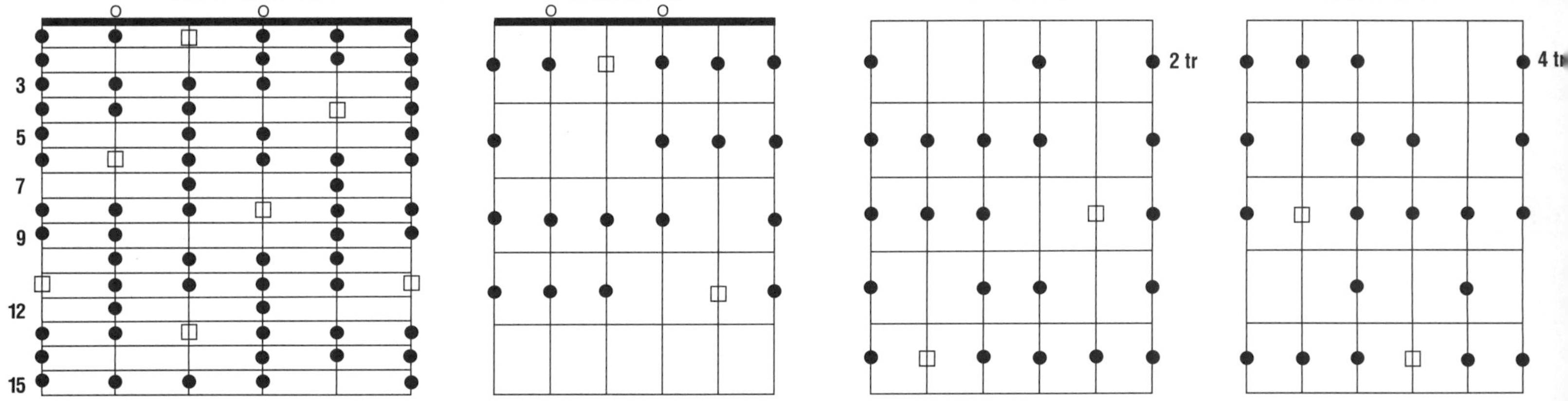

E♭ MIXOLIDIO

MÁSTIL COMPLETO | PATRÓN UNO | PATRÓN DOS | PATRÓN TRES

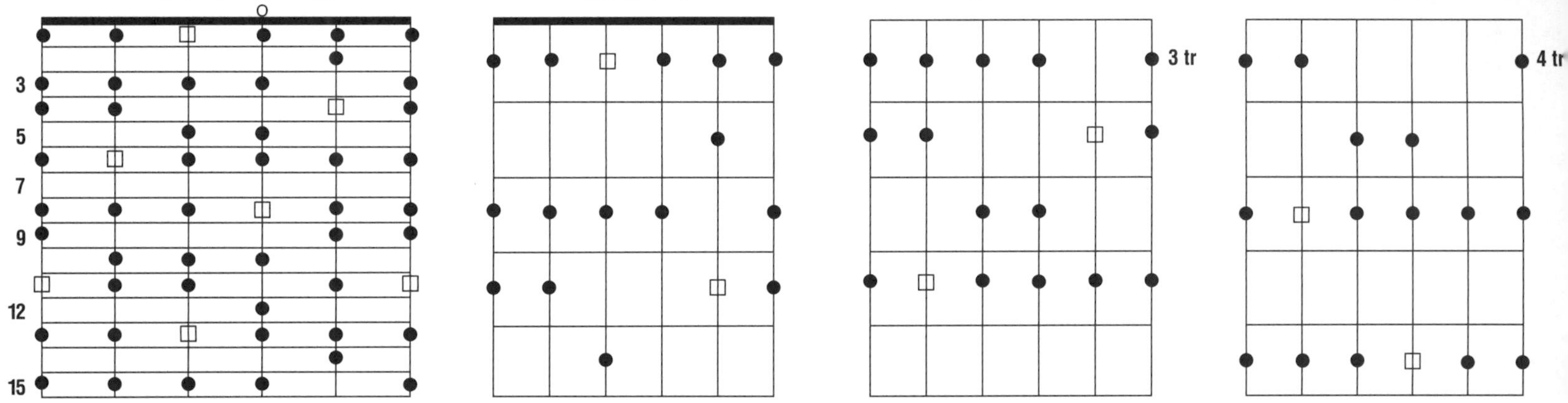

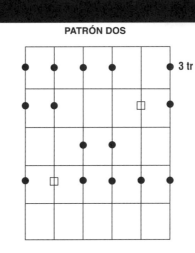

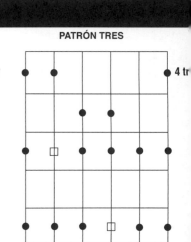

E♭ DÓRICO

MÁSTIL COMPLETO | PATRÓN UNO | PATRÓN DOS | PATRÓN TRES

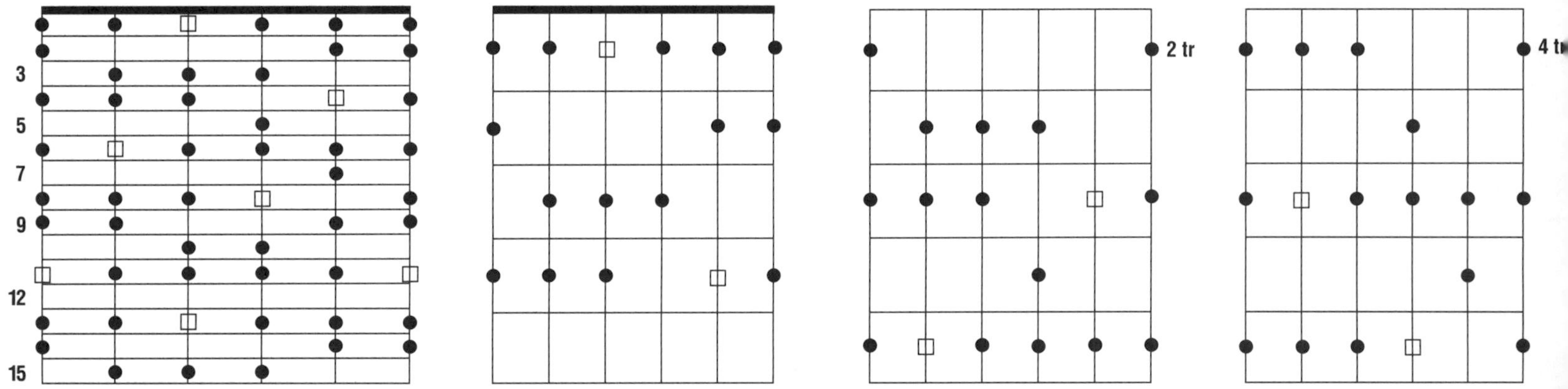

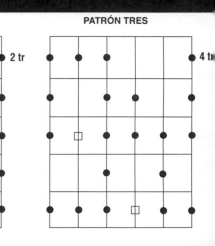

(E♭–G♭–A♭–B♭♭–B♭–D♭)

PATRÓN CUATRO

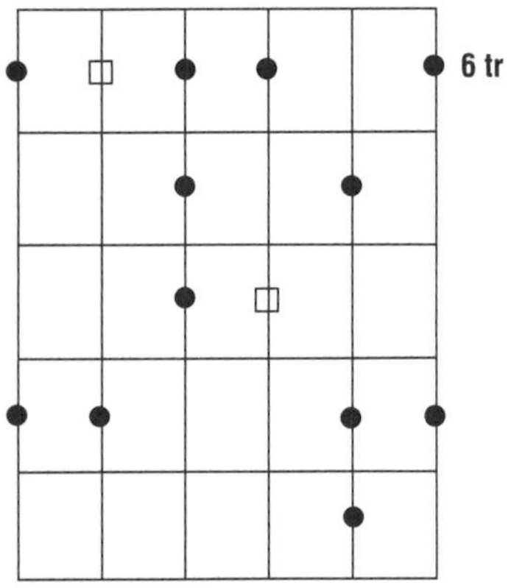

PATRÓN CINCO

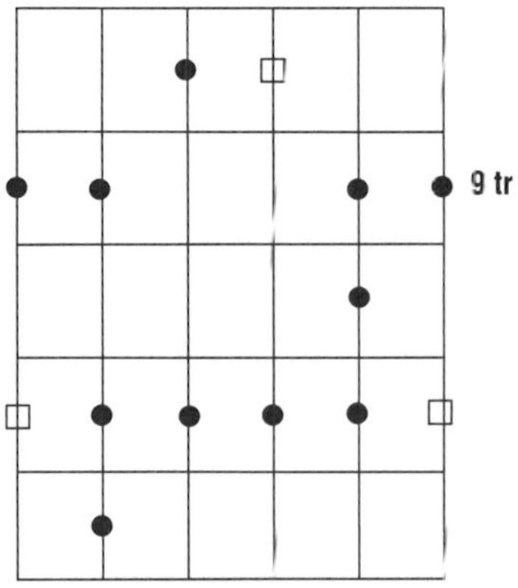

PATRÓN SEIS

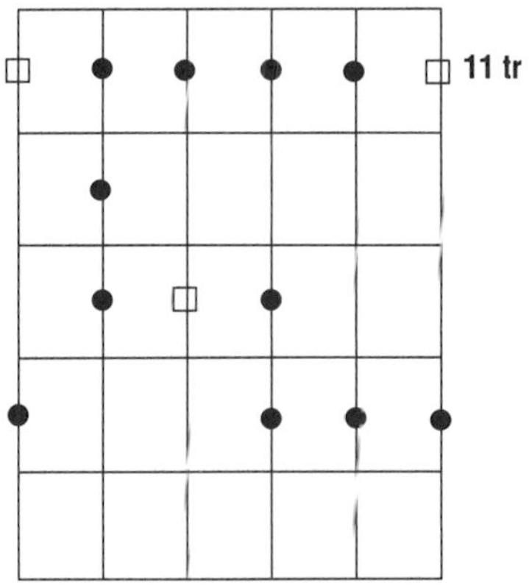

PATRÓN UNO (+1 OCTAVA)

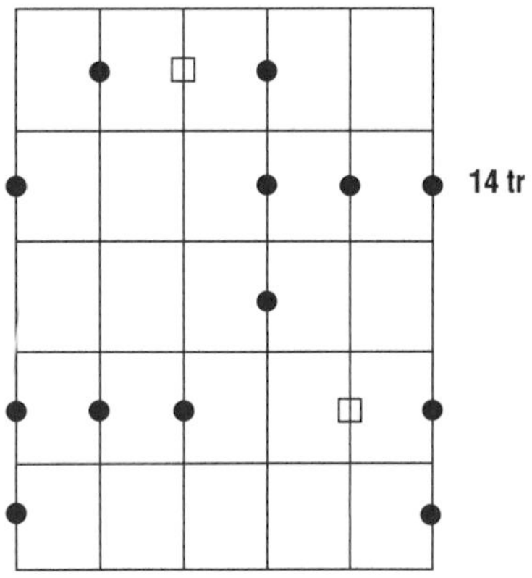

(E♭–F–G♭–G–A♭–B♭♭–B♭–C–D♭)

PATRÓN CUATRO

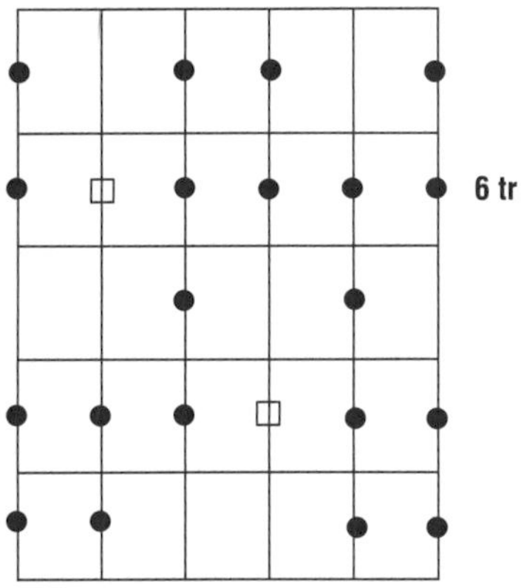

PATRÓN CINCO

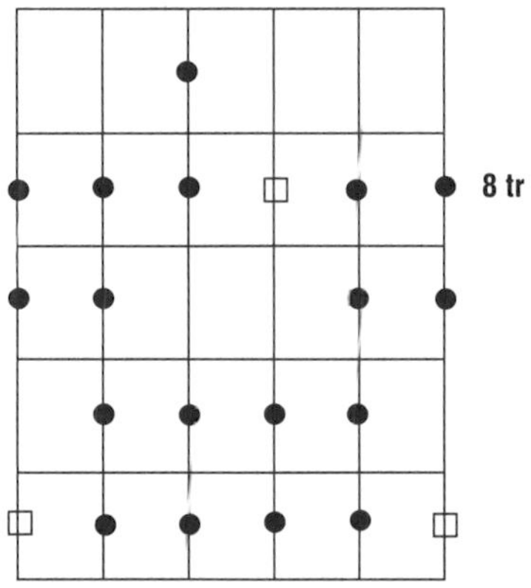

PATRÓN SEIS

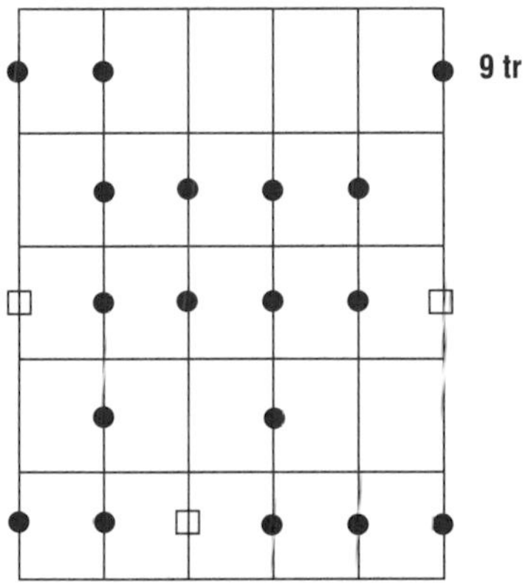

PATRÓN SIETE

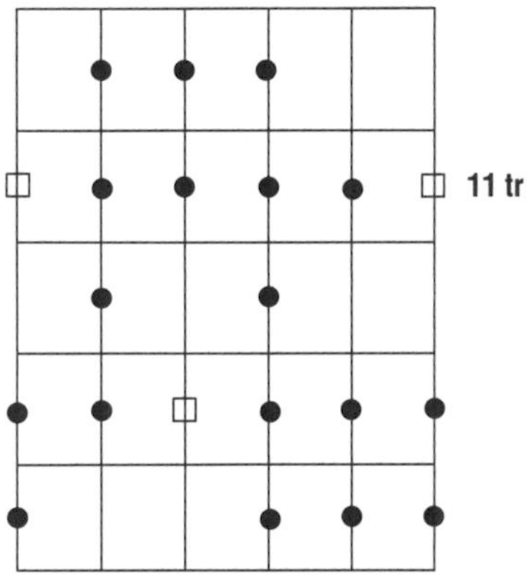

(E♭–F–G–A♭–B♭–C–D♭)

PATRÓN CUATRO

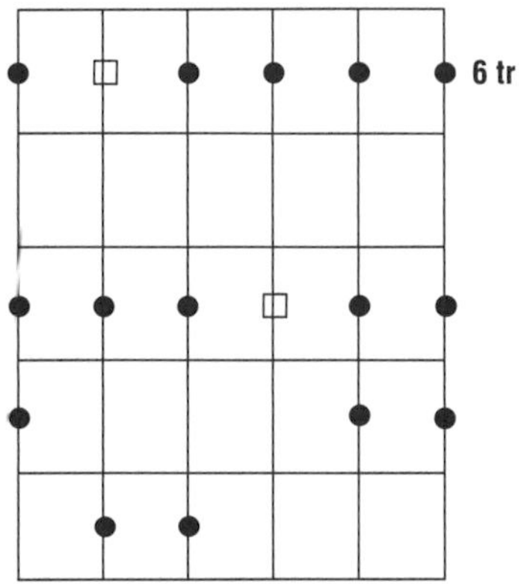

PATRÓN CINCO

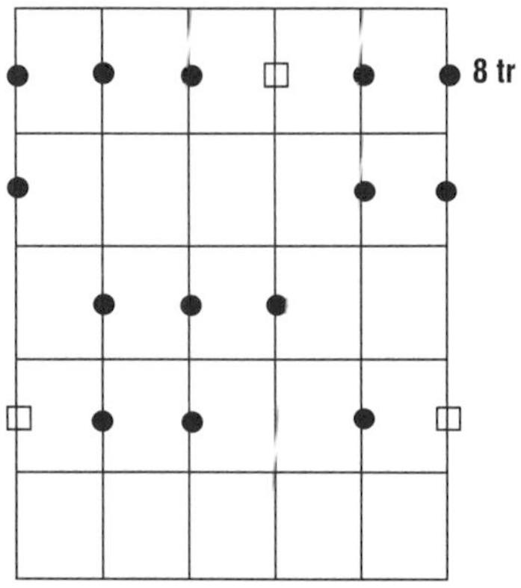

PATRÓN SEIS

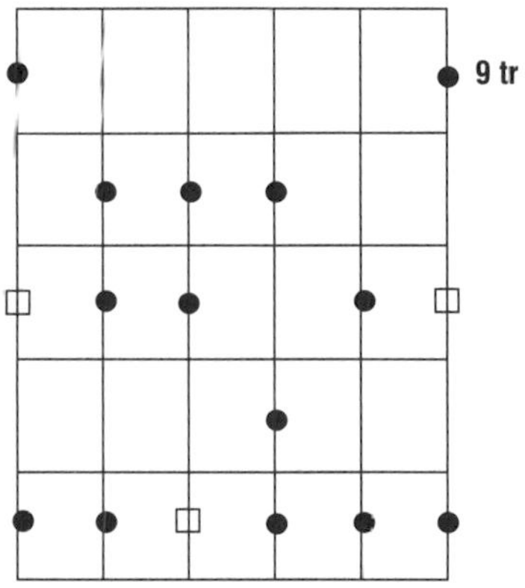

PATRÓN SIETE

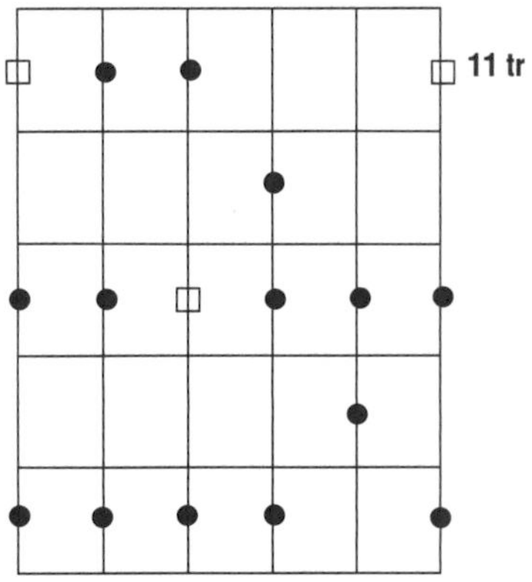

(E♭–F–G♭–A♭–B♭–C–D♭)

PATRÓN CUATRO

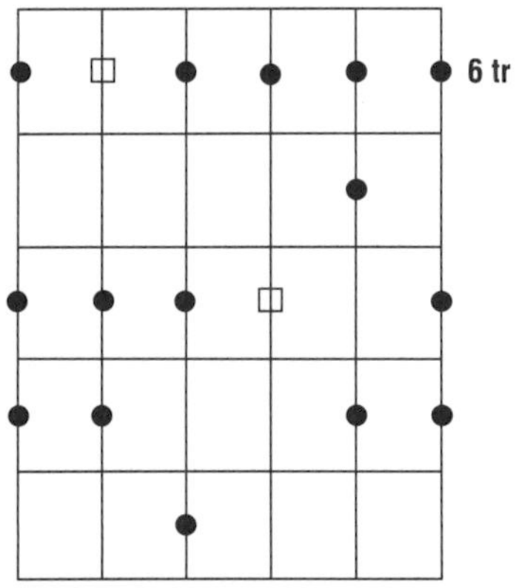

PATRÓN CINCO

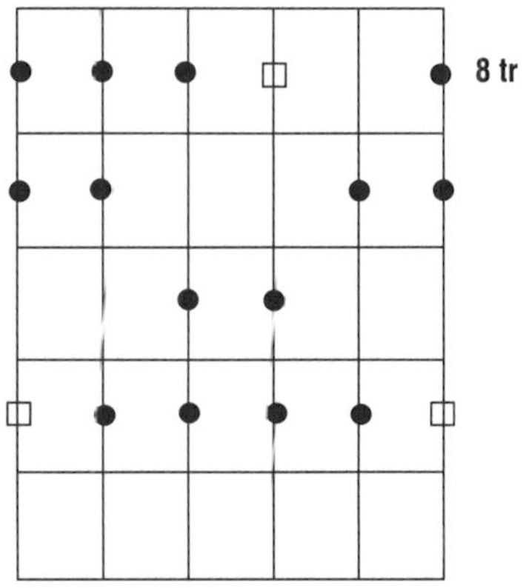

PATRÓN SEIS

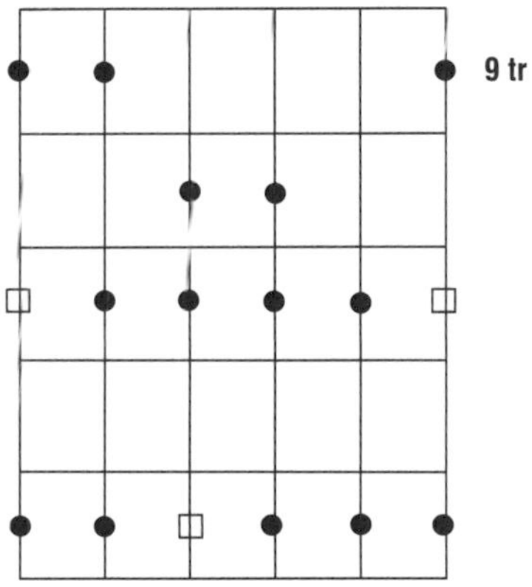

PATRÓN SIETE

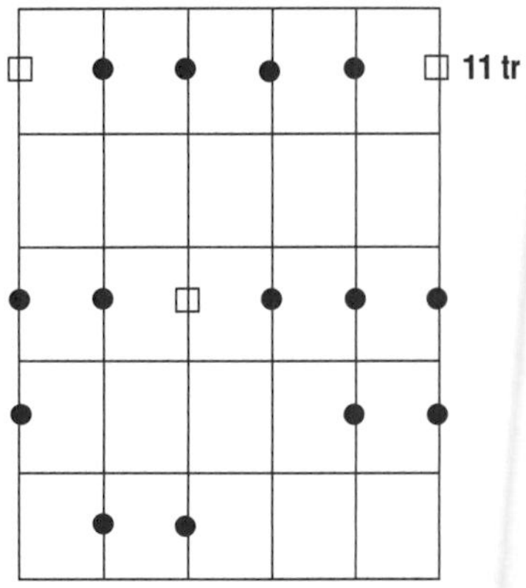

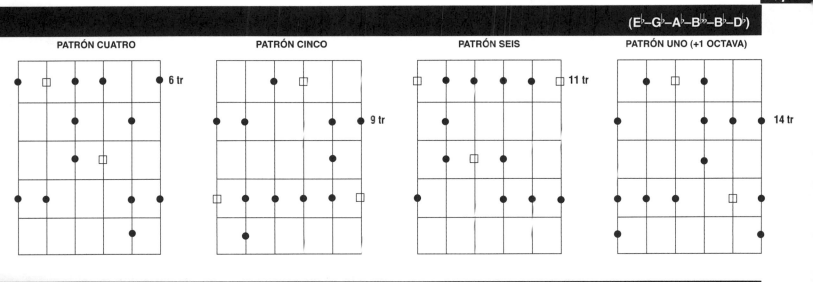

E♭ MENOR MELÓDICA

MÁSTIL COMPLETO | PATRÓN UNO | PATRÓN DOS | PATRÓN TRES

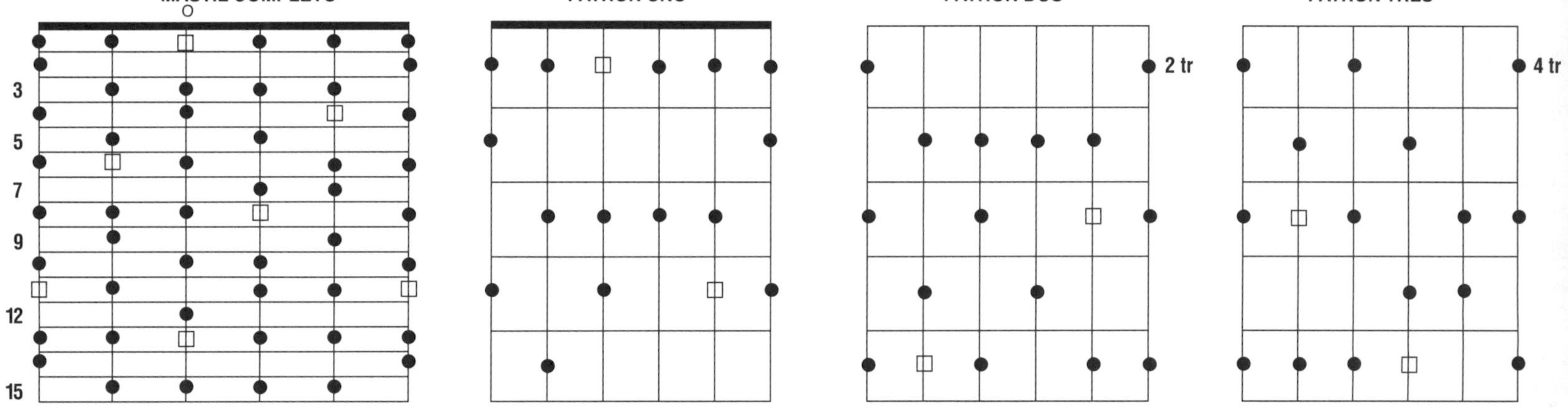

E♭ MENOR ARMÓNICA

MÁSTIL COMPLETO | PATRÓN UNO | PATRÓN DOS | PATRÓN TRES

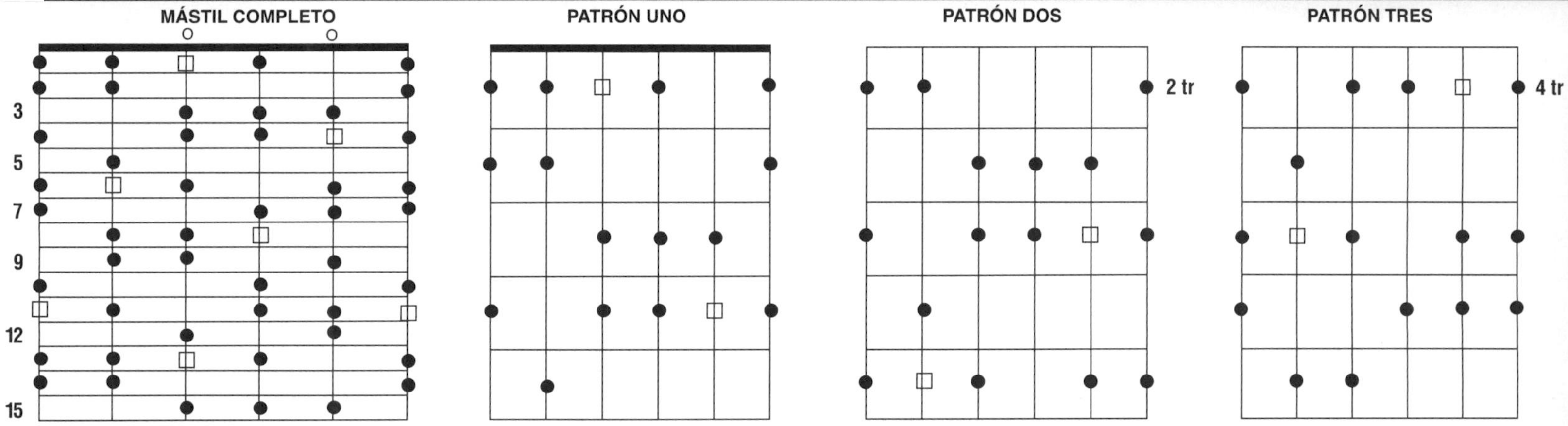

D♯ TRIGIA

MÁSTIL COMPLETO | PATRÓN UNO | PATRÓN DOS | PATRÓN TRES

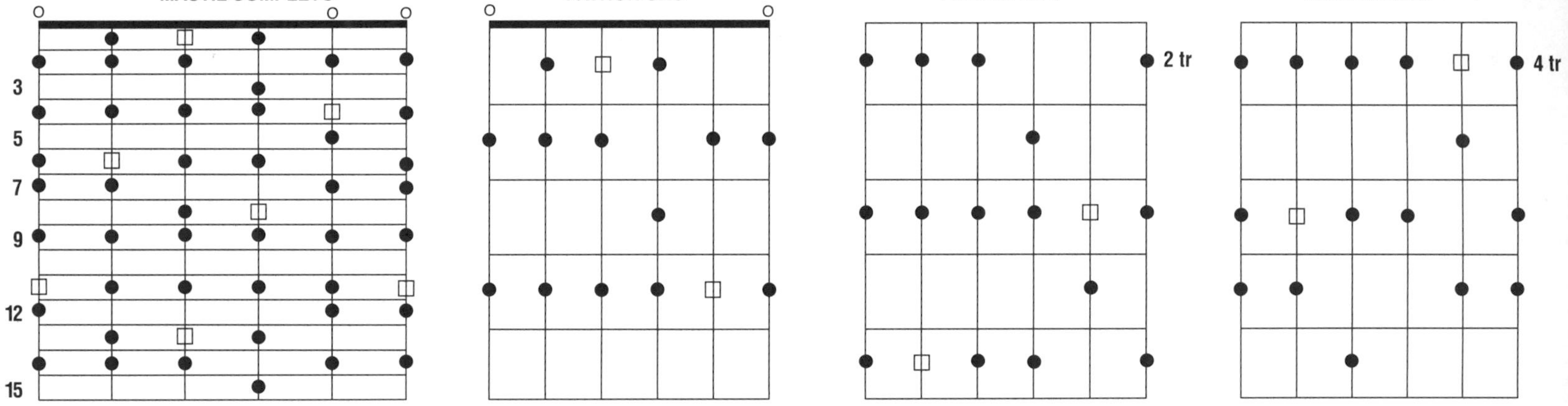

D♯ LOCRIO

MÁSTIL COMPLETO | PATRÓN UNO | PATRÓN DOS | PATRÓN TRES

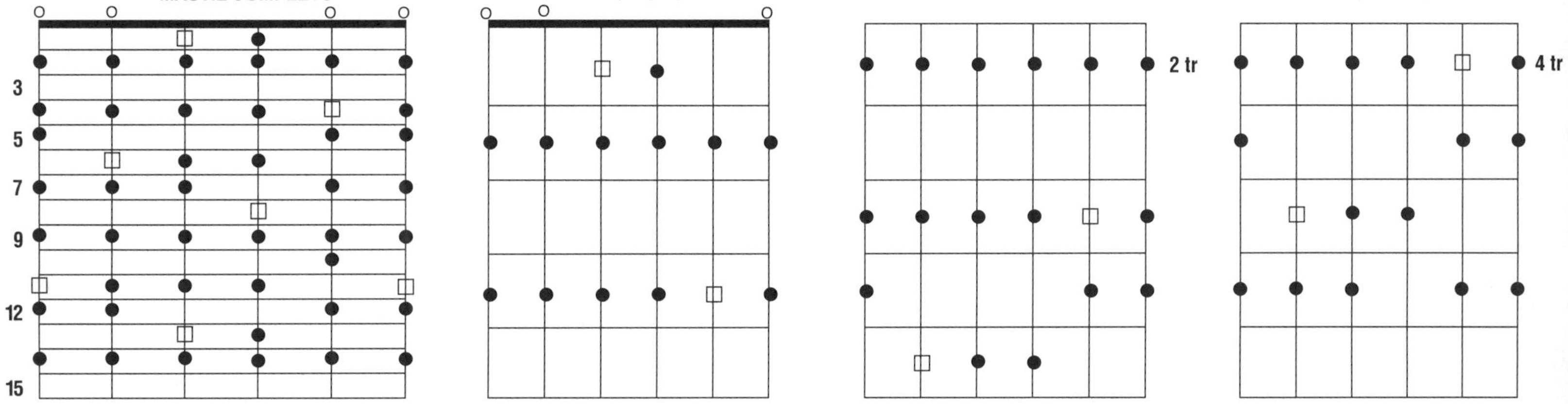

(E♭–F–G♭–A♭–B♭–C–D)

PATRÓN CUATRO

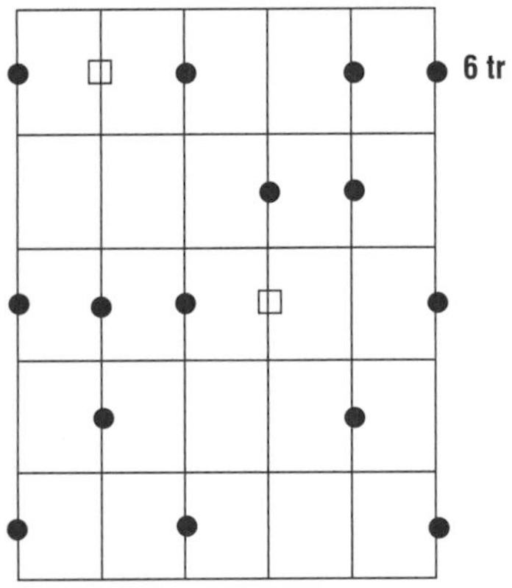

PATRÓN CINCO

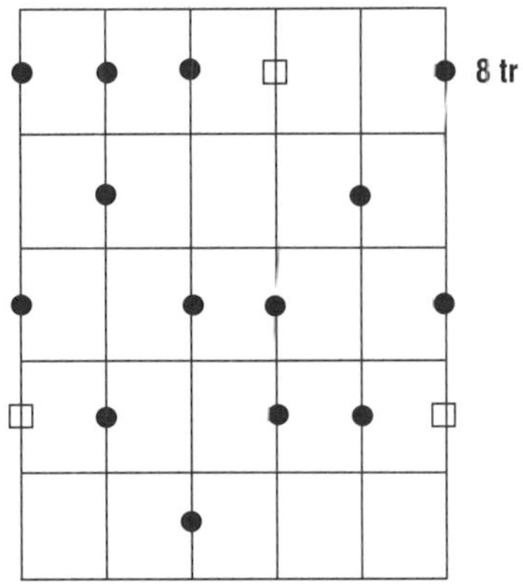

PATRÓN SEIS

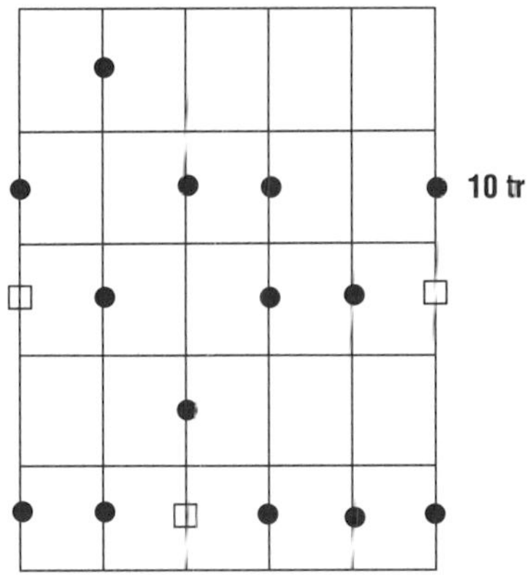

PATRÓN SIETE

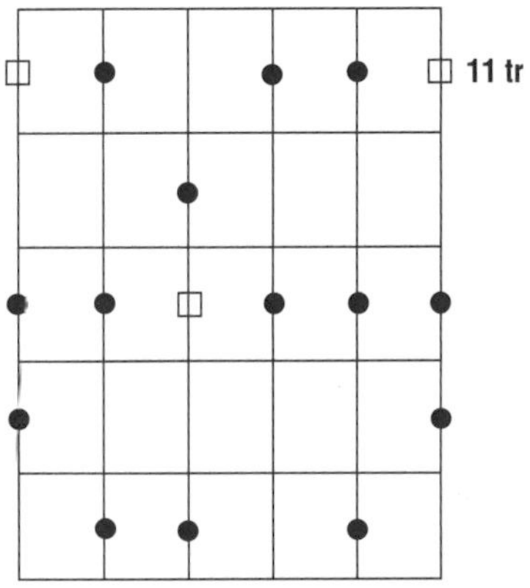

(E♭–F–G♭–A♭–B♭–C♭–D)

PATRÓN CUATRO

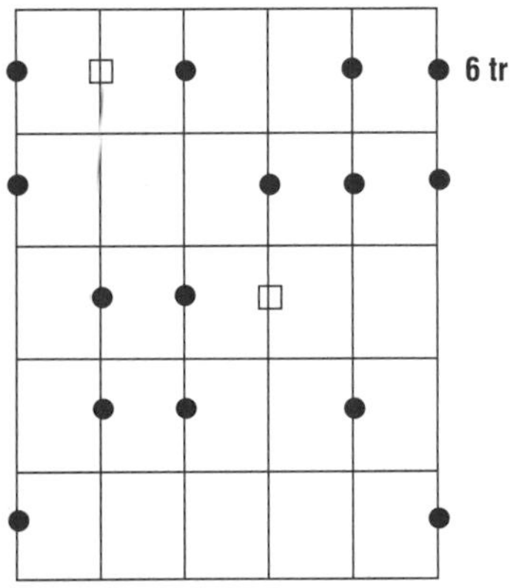

PATRÓN CINCO

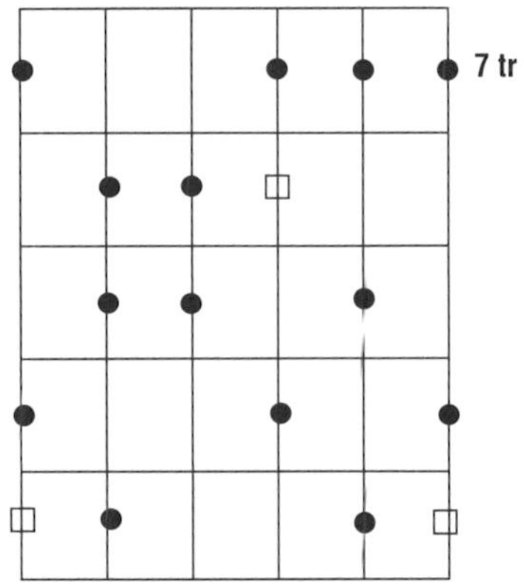

PATRÓN SEIS

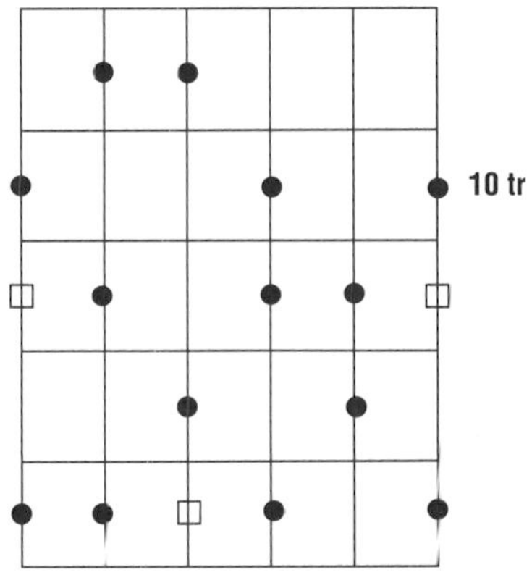

PATRÓN SIETE

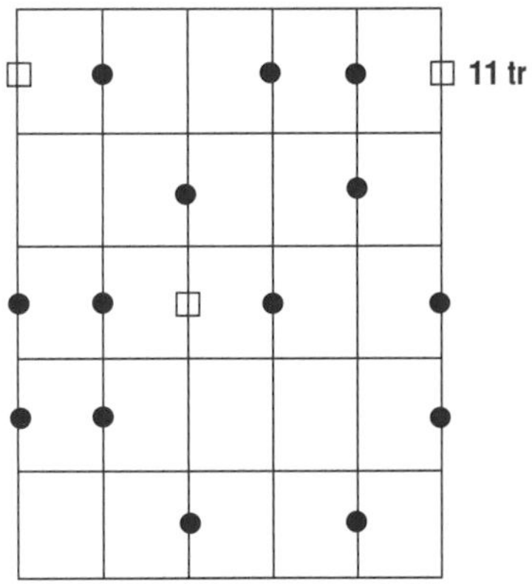

(D♯–E–F♯–G♯–A♯–B–C♯)

PATRÓN CUATRO

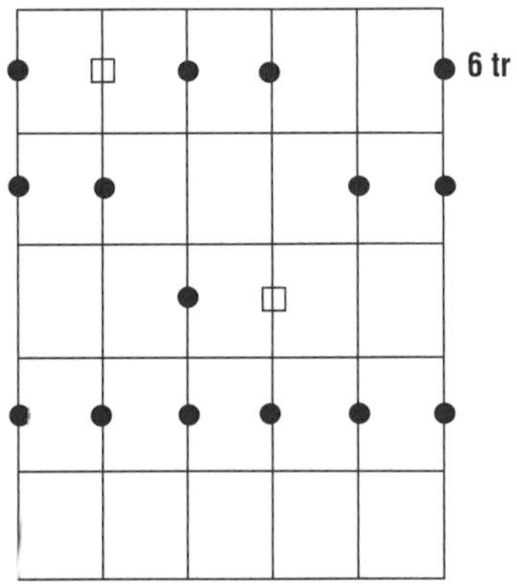

PATRÓN CINCO

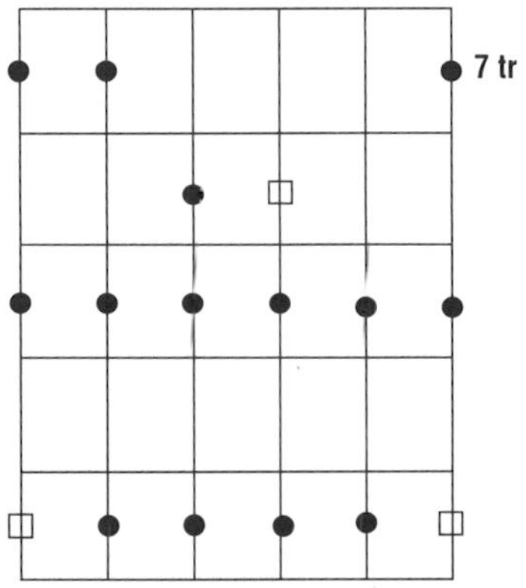

PATRÓN SEIS

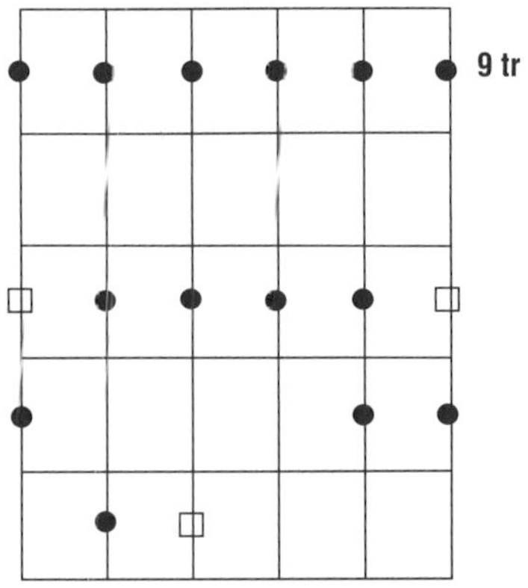

PATRÓN SIETE

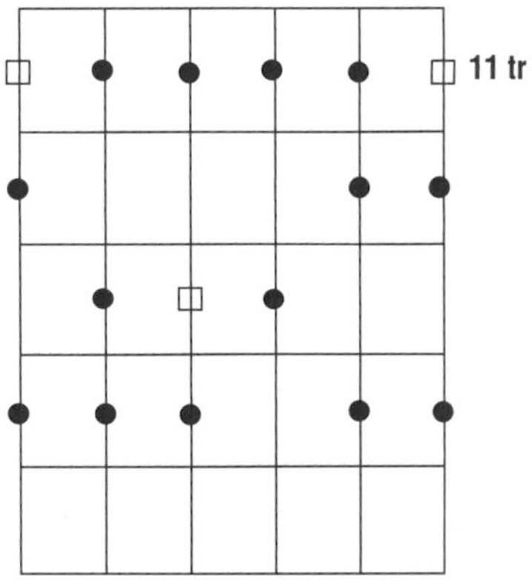

(D♯–E–F♯–G♯–A–B–C♯)

PATRÓN CUATRO

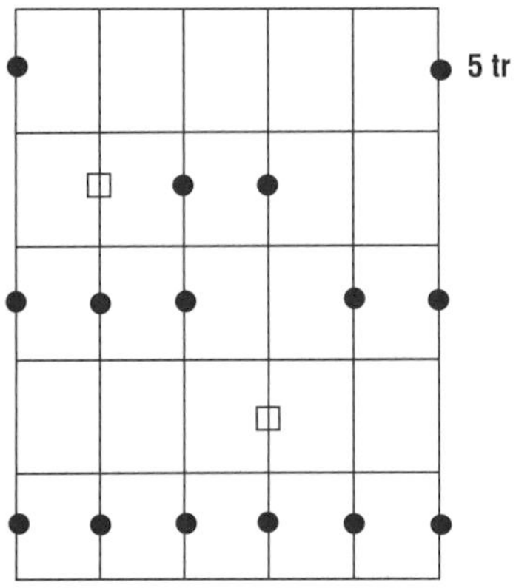

PATRÓN CINCO

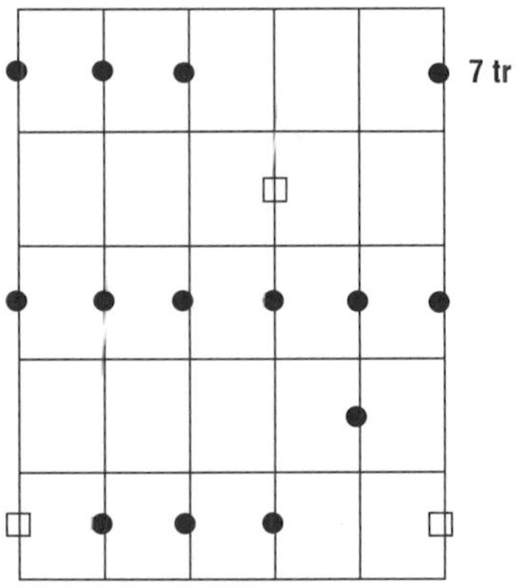

PATRÓN SEIS

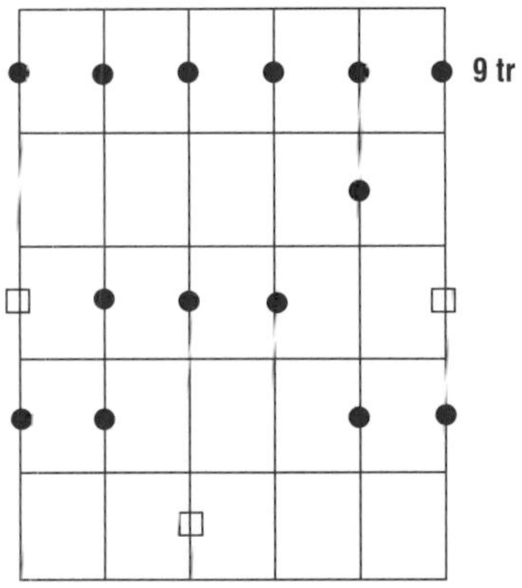

PATRÓN SIETE

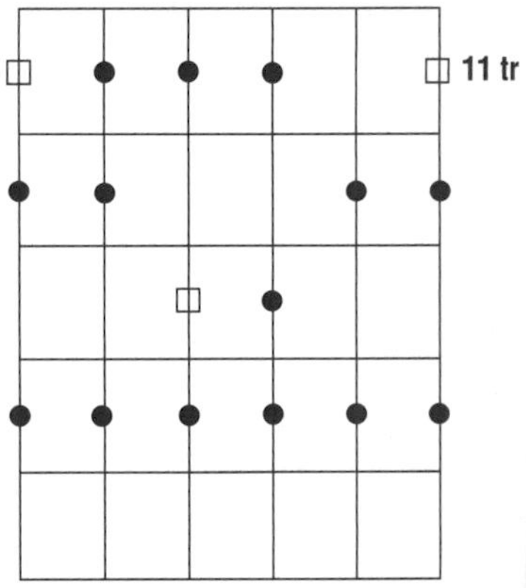

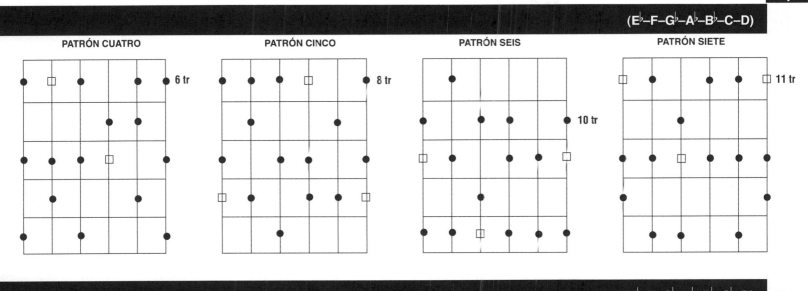

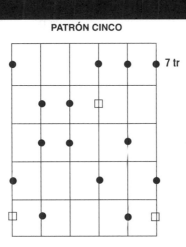

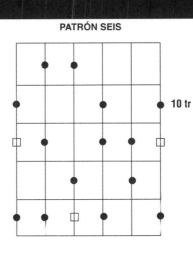

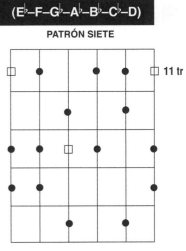

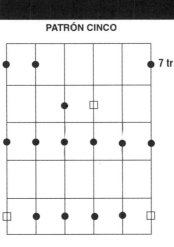

E♭ LIDIO

MÁSTIL COMPLETO

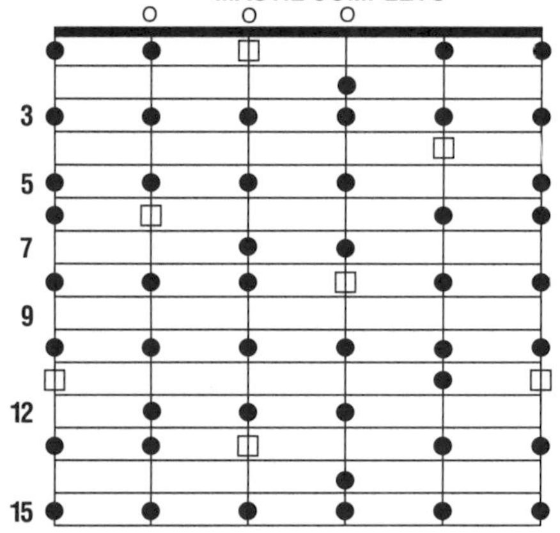

PATRÓN UNO

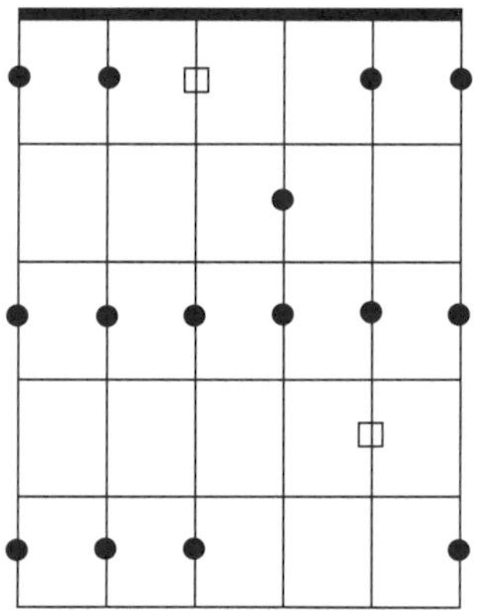

PATRÓN DOS

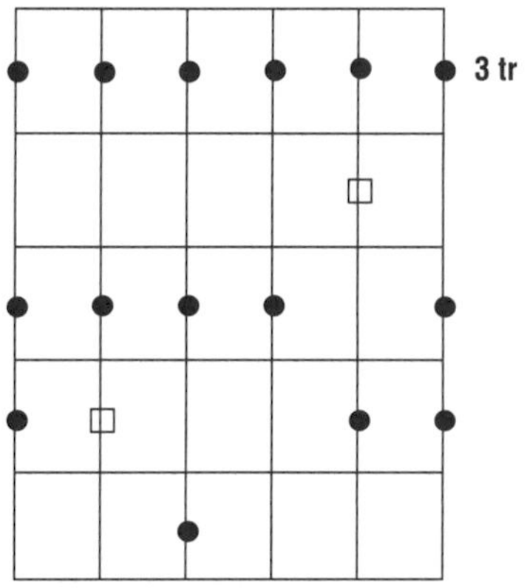

PATRÓN TRES

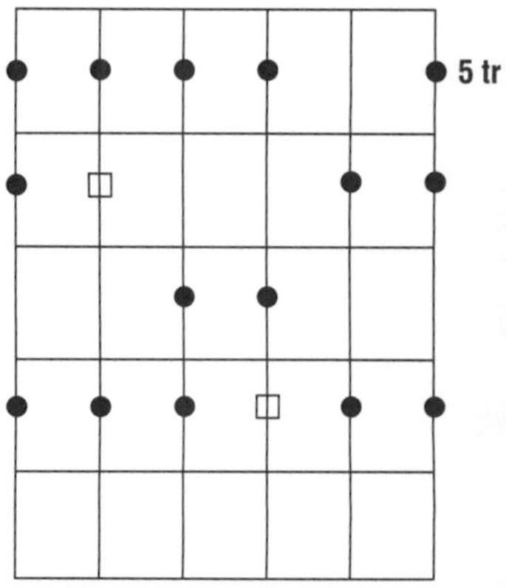

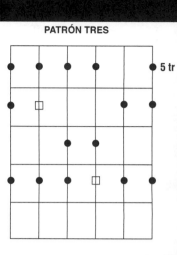

E♭ DISMINUIDA (SEMITONO-TONO)

MÁSTIL COMPLETO

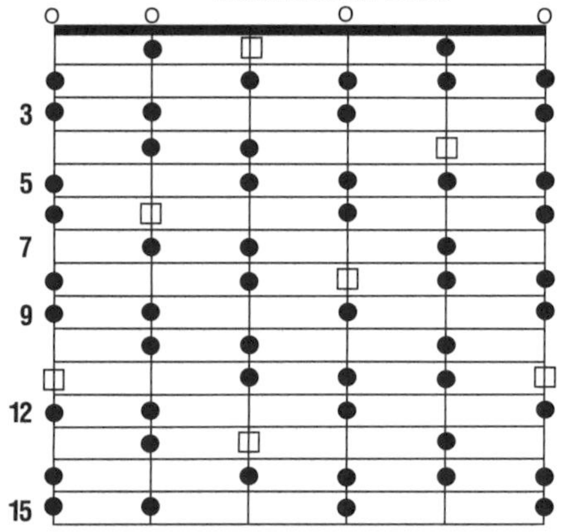

PATRÓN UNO

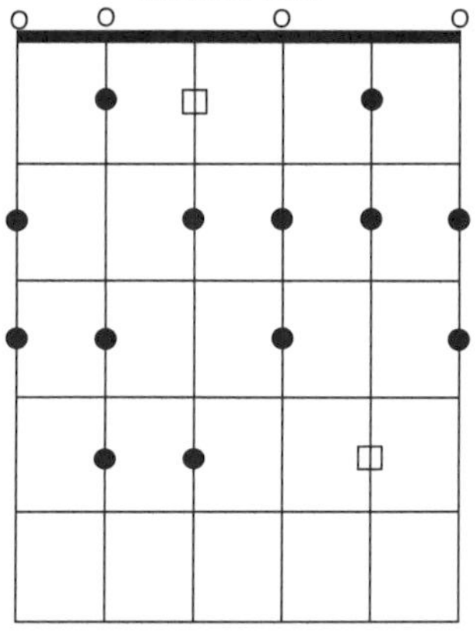

PATRÓN DOS

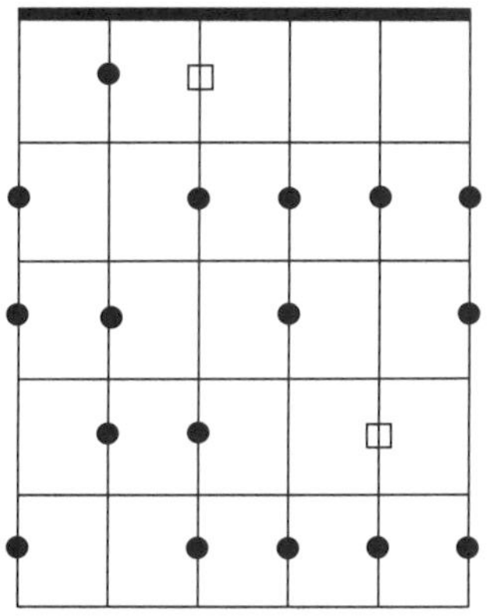

PATRÓN TRES

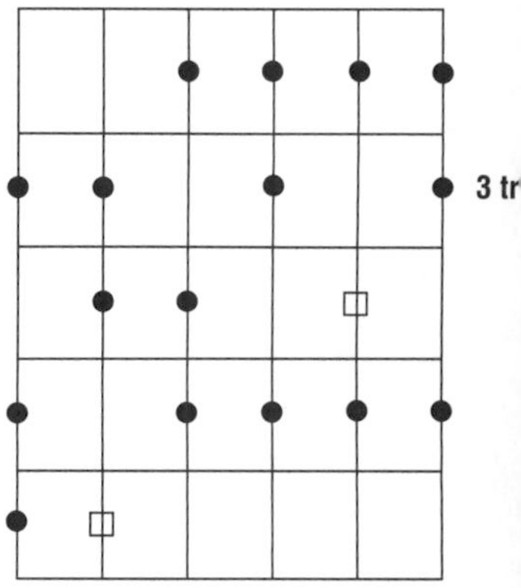

E♭ DISMINUIDA (TONO-SEMITONO)

MÁSTIL COMPLETO

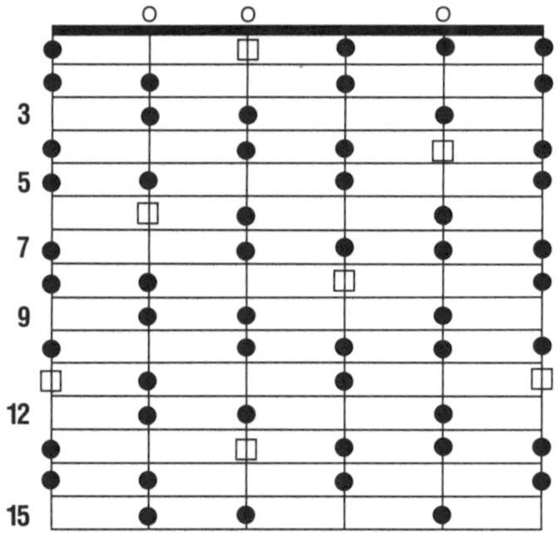

PATRÓN UNO

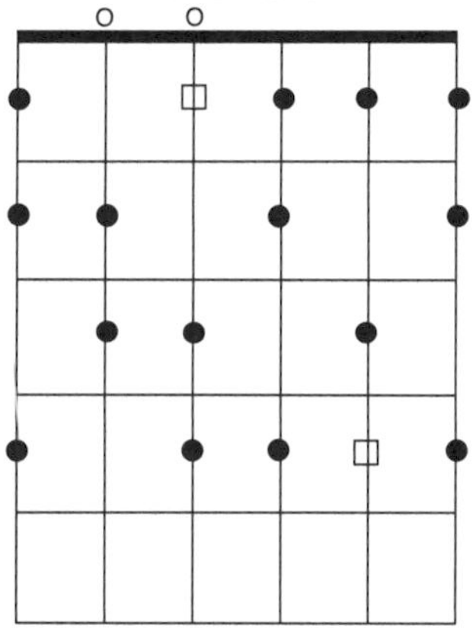

PATRÓN DOS

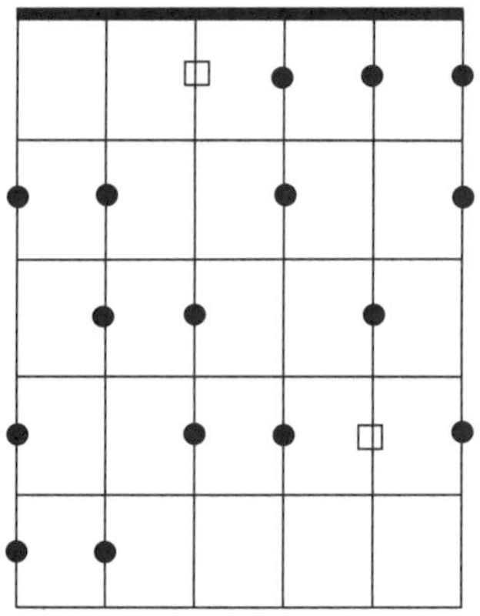

PATRÓN TRES

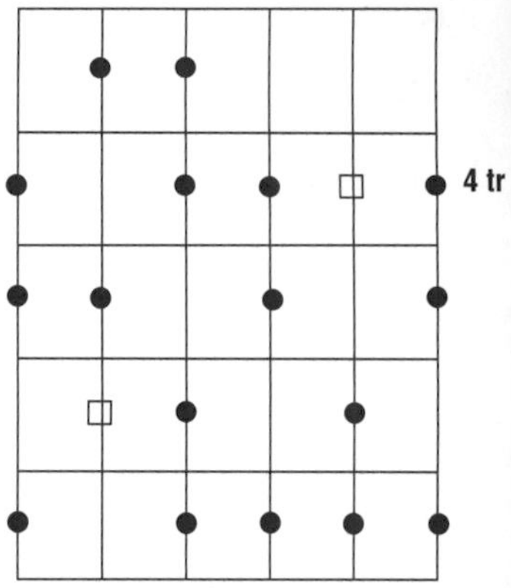

E♭ CROMÁTICA

(E♭–F♭–F–G♭–G–A♭–B♭♭–B♭–C♭–C♮–D♭–D♮)

MÁSTIL COMPLETO

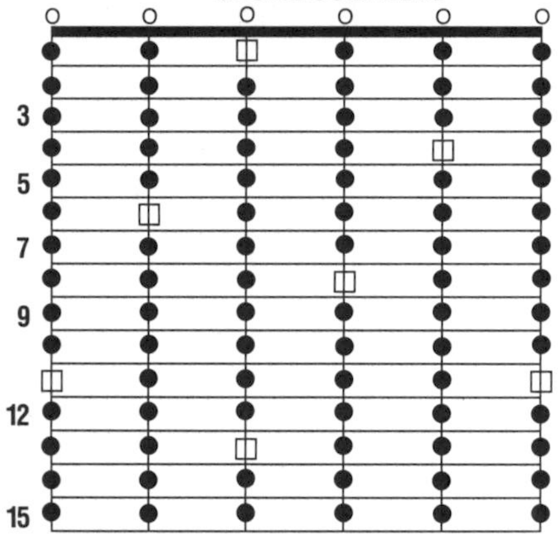

PATRÓN UNO ASCENDENTE

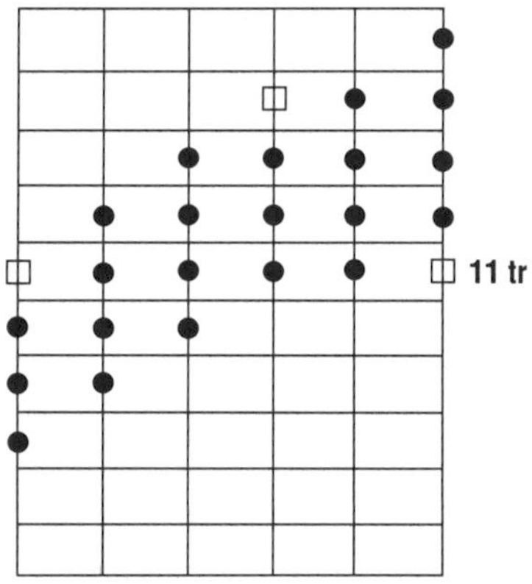

PATRÓN UNO DESCENDIENTE

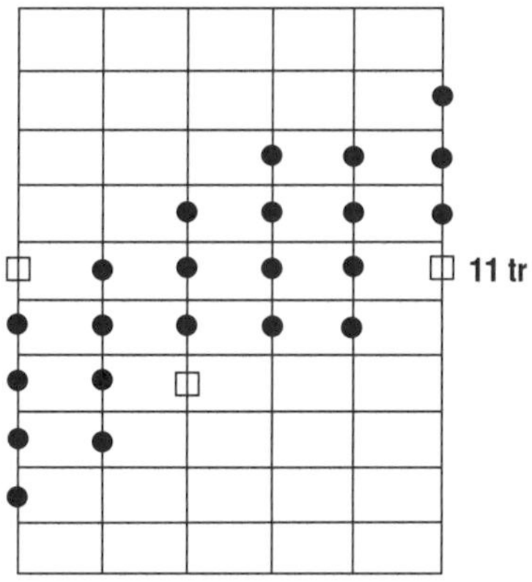

PATRÓN DOS

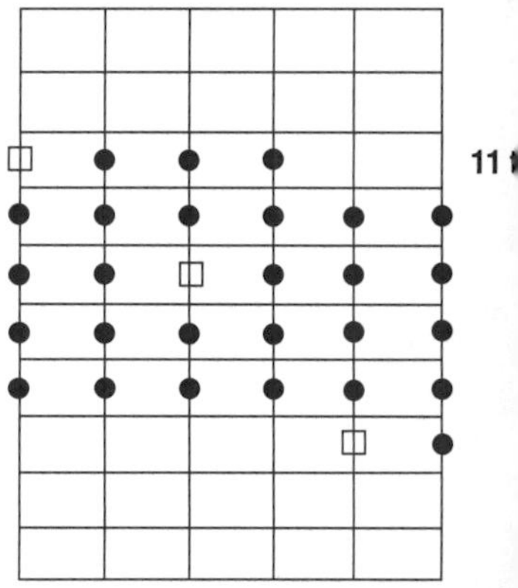

(E♭–F–G–A–B♭–C–D)

PATRÓN CUATRO

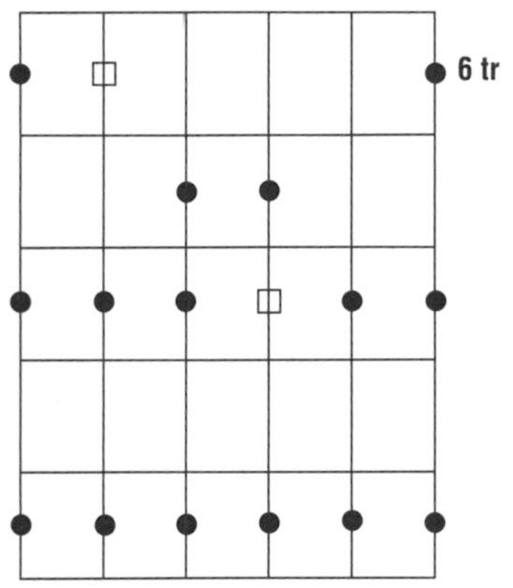

PATRÓN CINCO

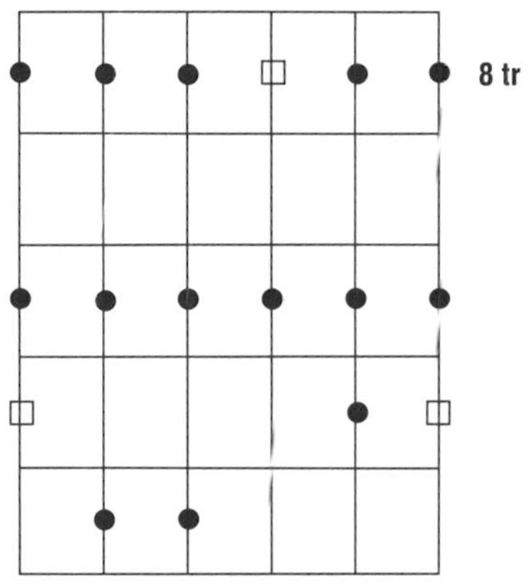

PATRÓN SEIS

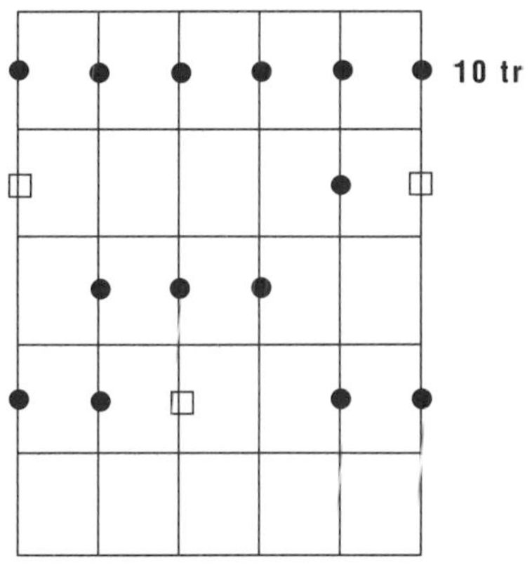

PATRÓN SIETE

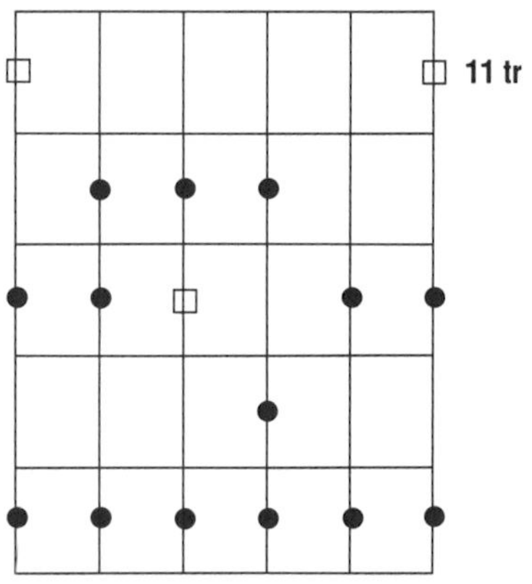

(E♭–F♭–G♭–A♭♭–B♭♭–B♭–C–D♭)

PATRÓN CUATRO

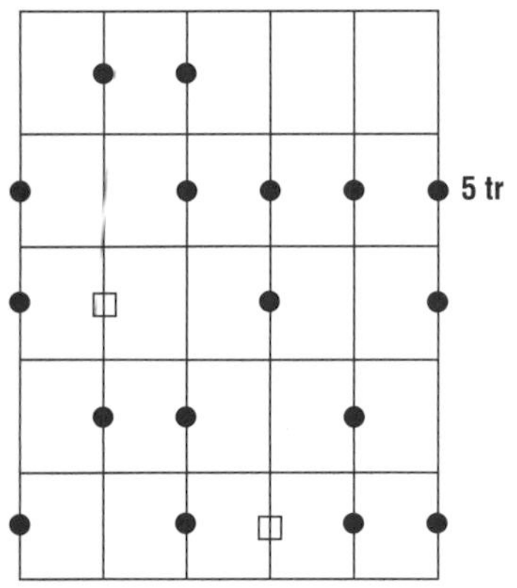

PATRÓN CINCO

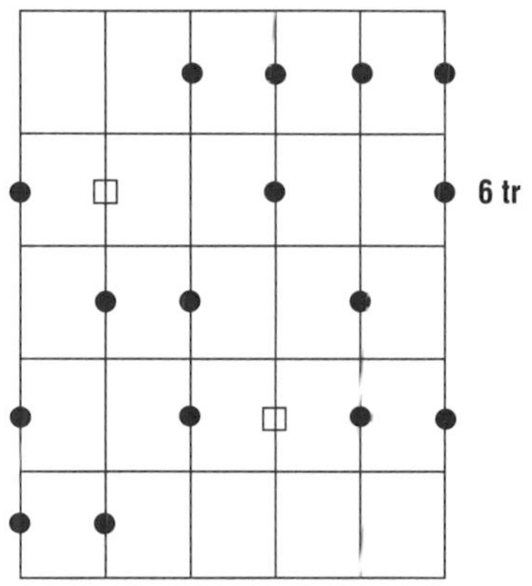

PATRÓN SEIS

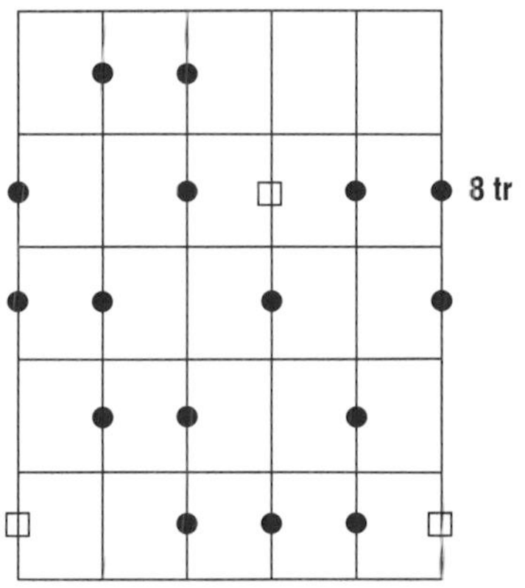

PATRÓN SIETE

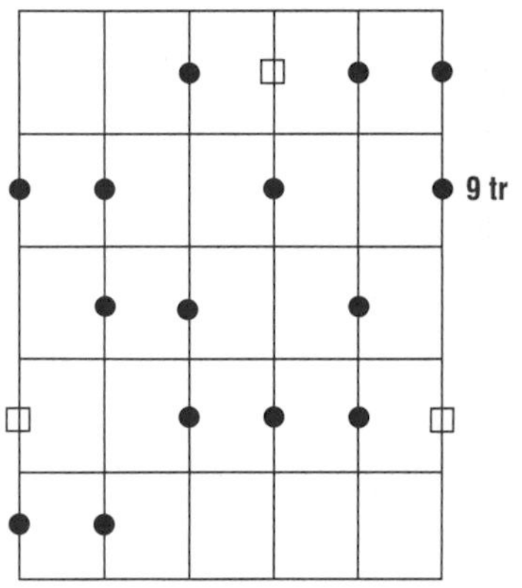

(E♭–F–G♭–A♭–B♭♭–B–C–D)

PATRÓN CUATRO

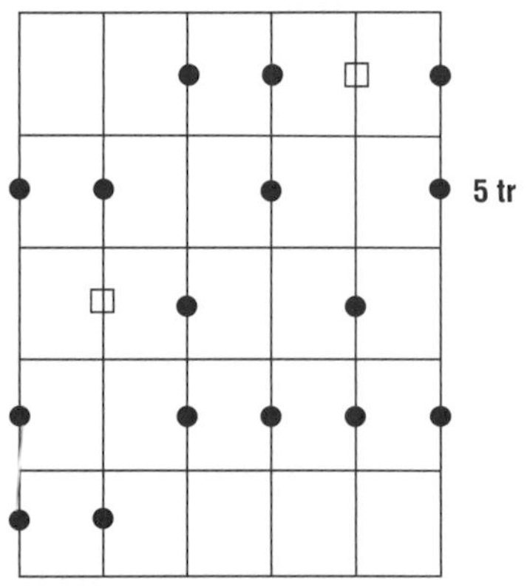

PATRÓN CINCO

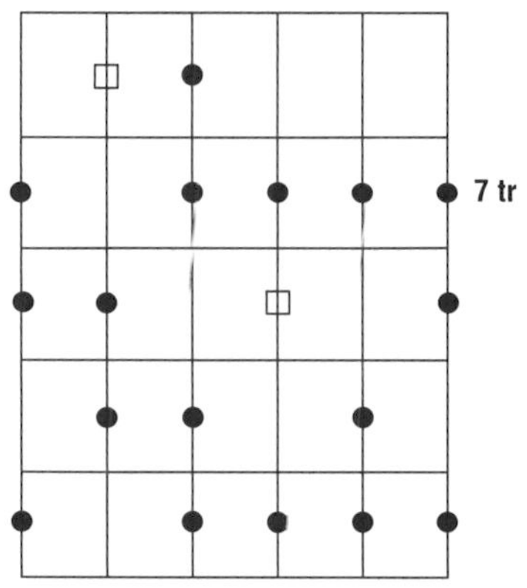

PATRÓN SEIS

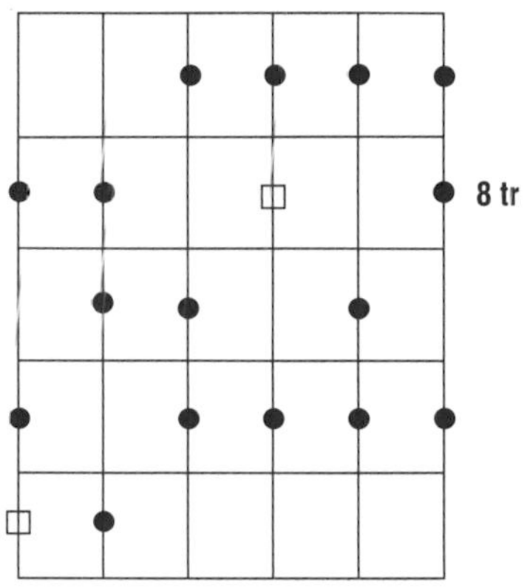

PATRÓN SIETE

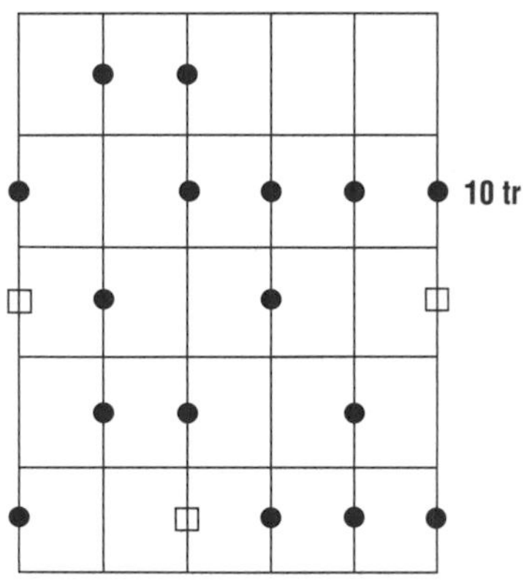

E♭ TONO (E♭–F–G–A–B–C♯)

MÁSTIL COMPLETO

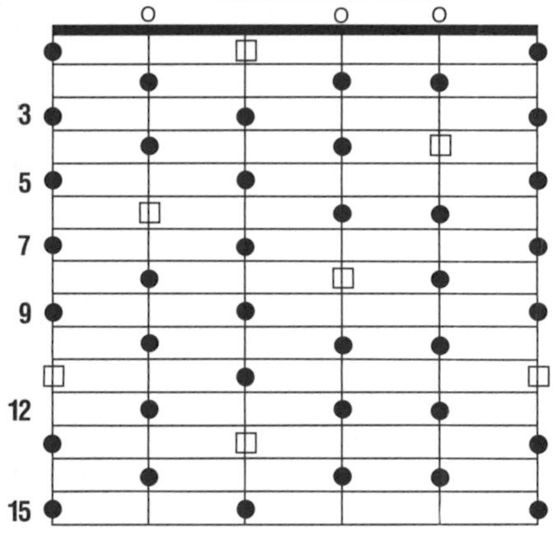

PATRÓN UNO

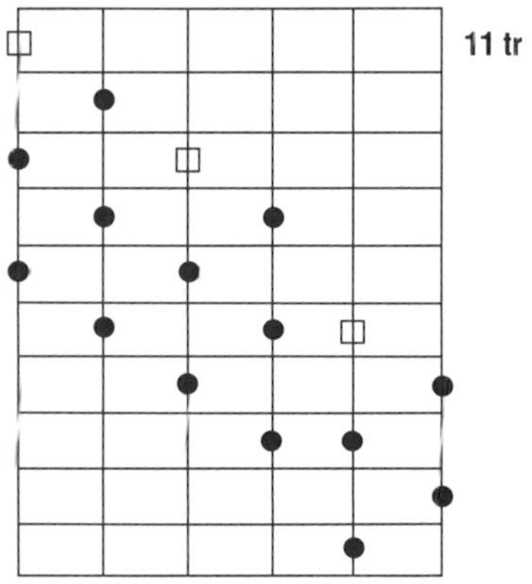

PATRÓN DOS

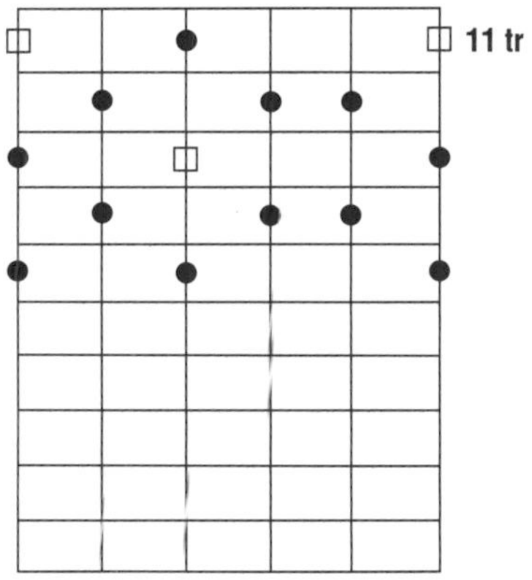

PATRÓN TRES

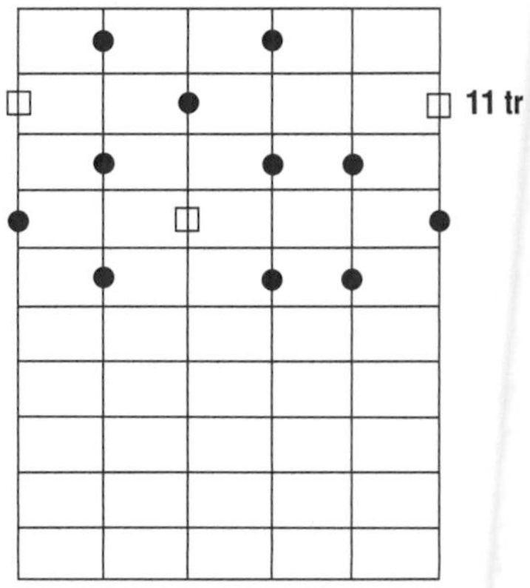

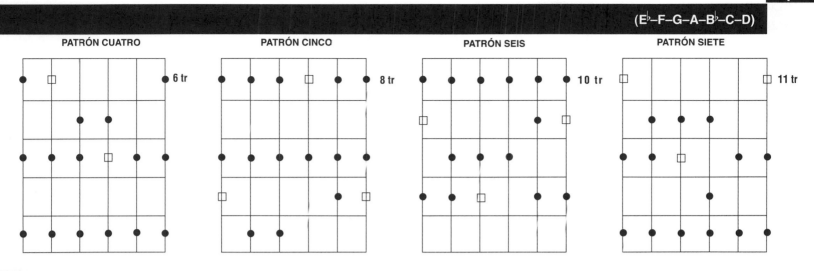

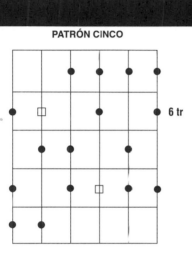

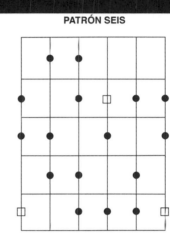

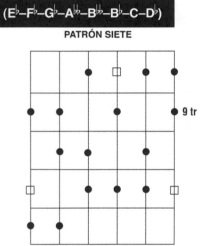

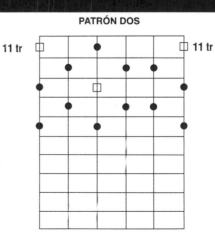

E MAYOR (JÓNICO)

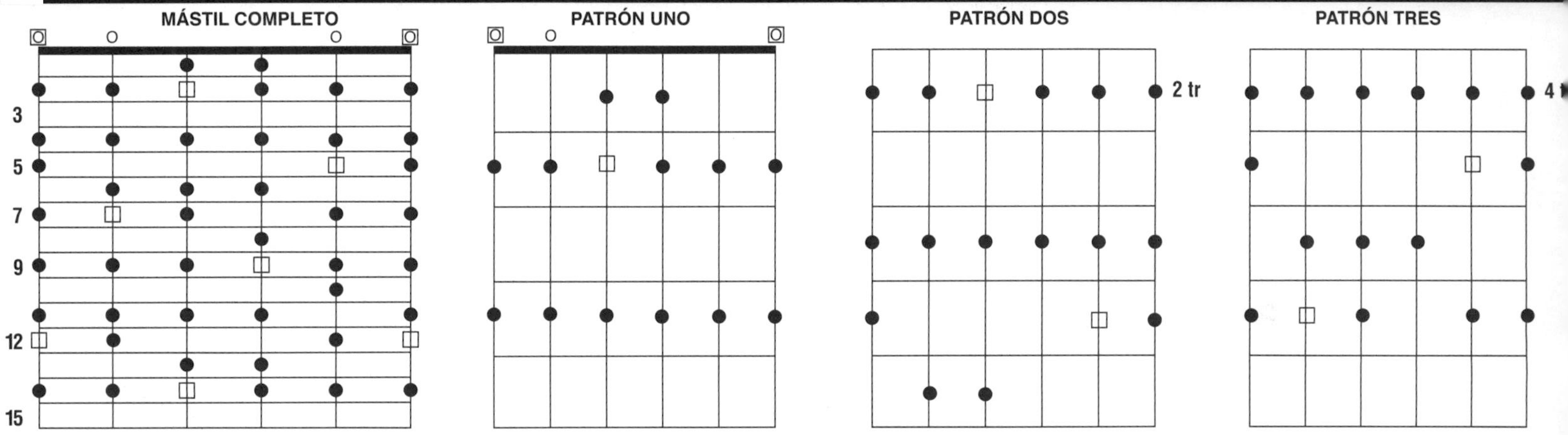

E PENTATÓNICA MAYOR

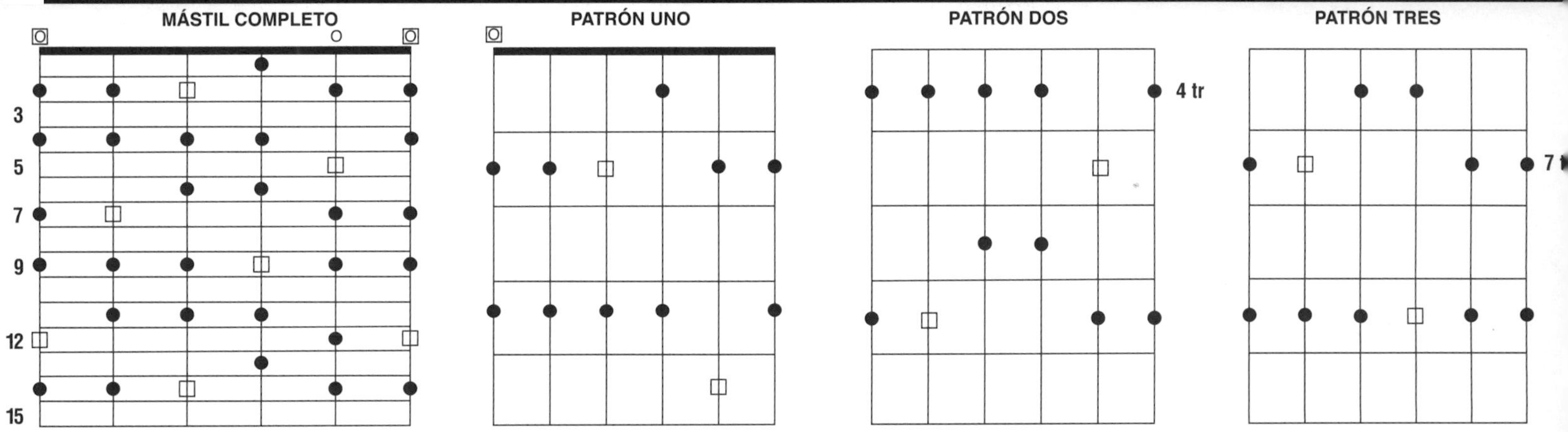

E MENOR NATURAL (EÓLICO)

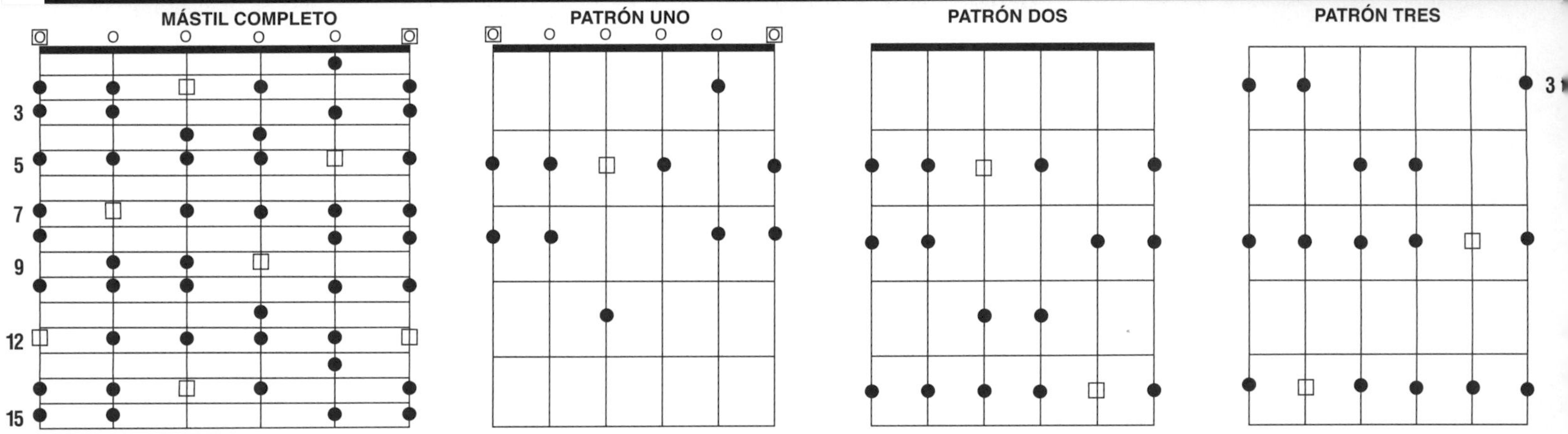

E PENTATÓNICA MENOR

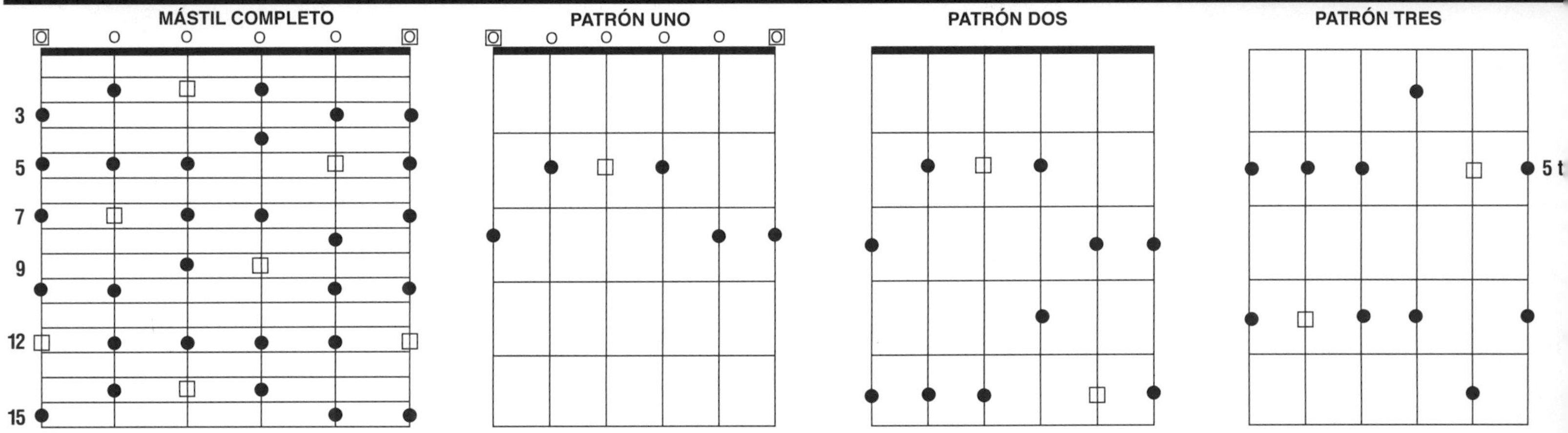

(E–F♯–G♯–A–B–C♯–D♯)

PATRÓN CUATRO

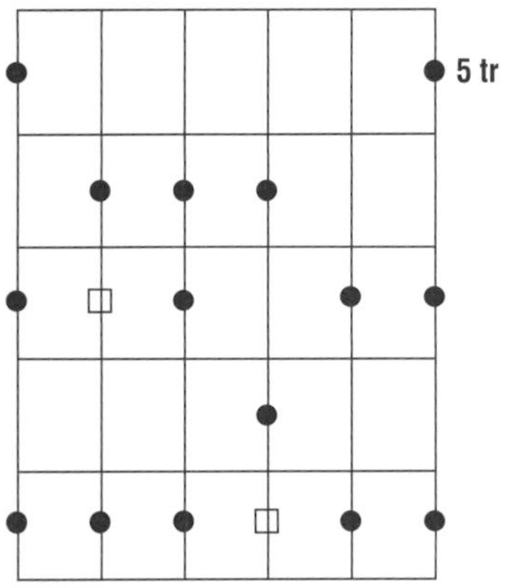

PATRÓN CINCO

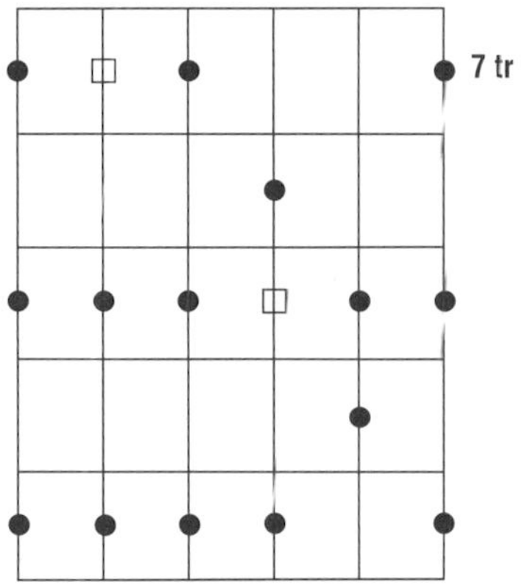

PATRÓN SEIS

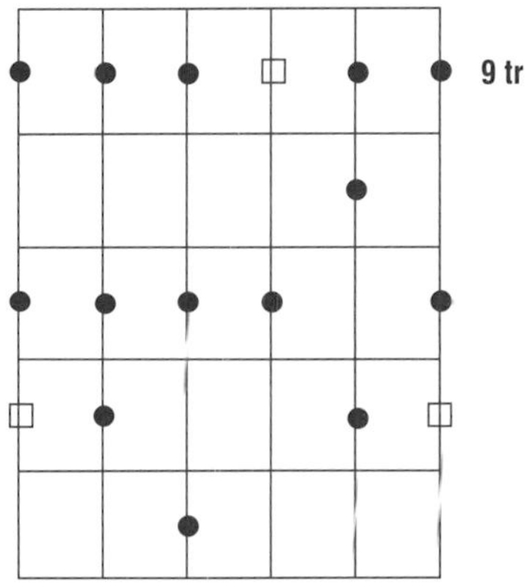

PATRÓN SIETE

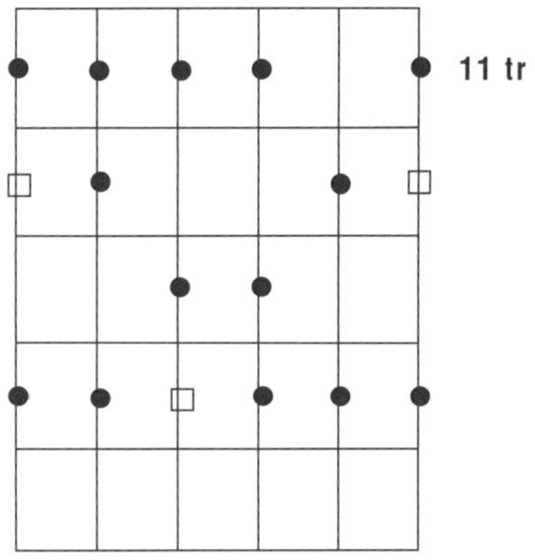

(E–F♯–G♯–B–C♯)

PATRÓN CUATRO

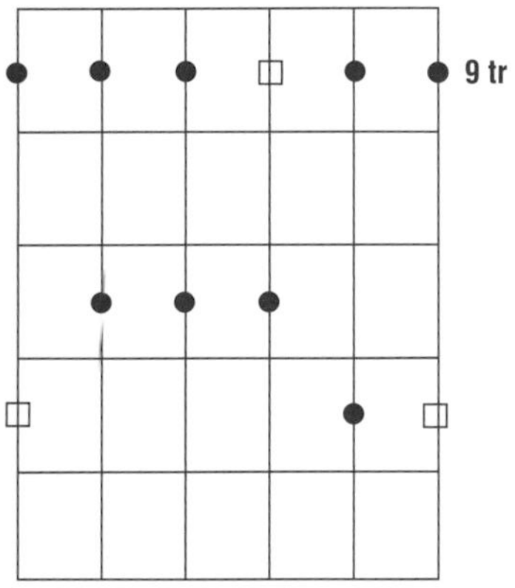

PATRÓN CINCO

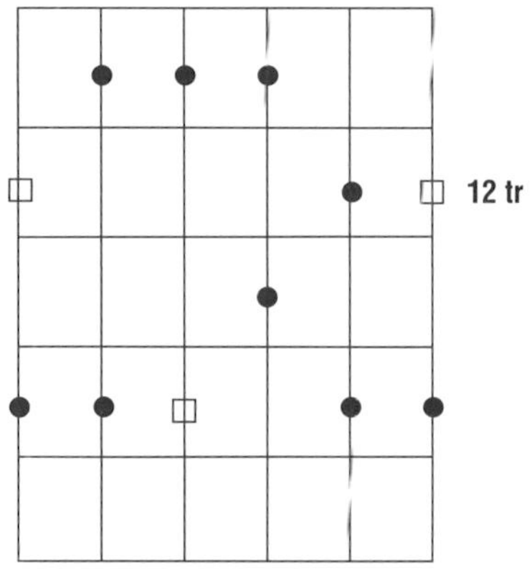

PATRÓN UNO (+1 OCTAVA)

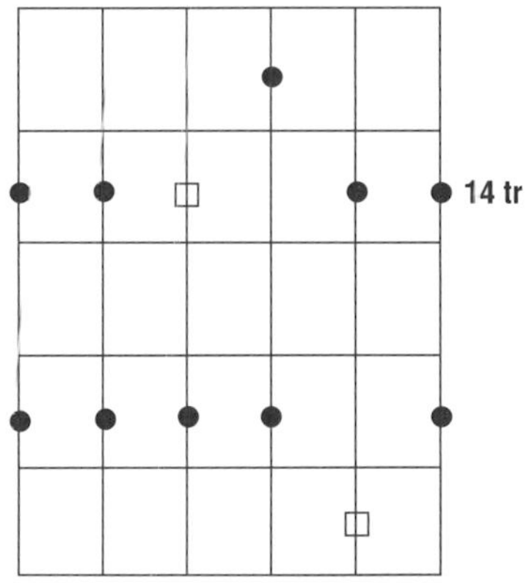

PATRÓN DOS (+1 OCTAVA)

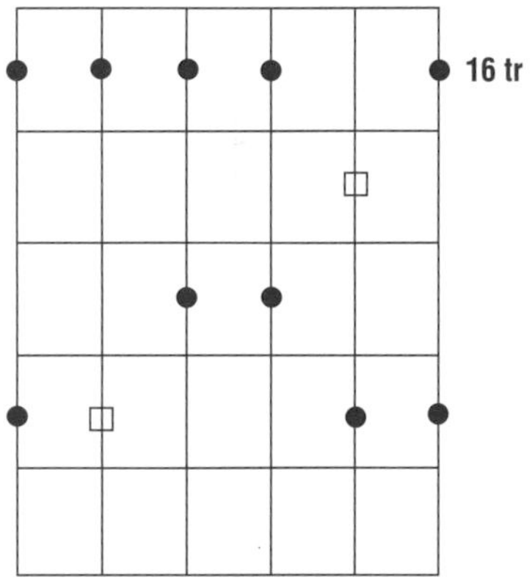

(E–F♯–G–A–B–C–D)

PATRÓN CUATRO

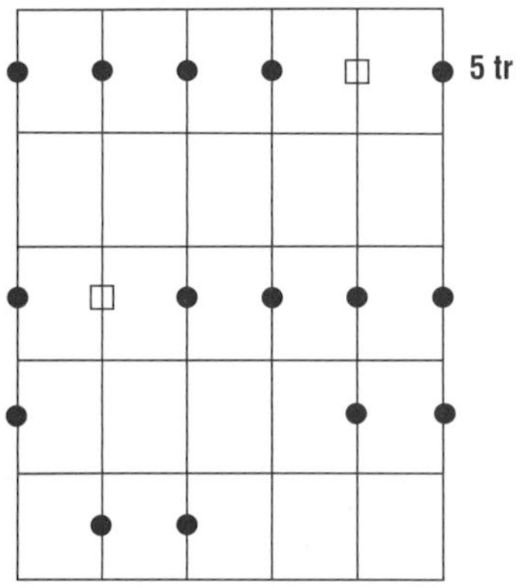

PATRÓN CINCO

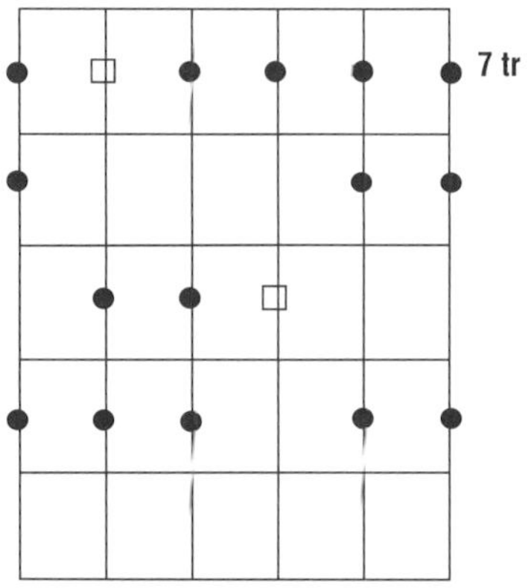

PATRÓN SEIS

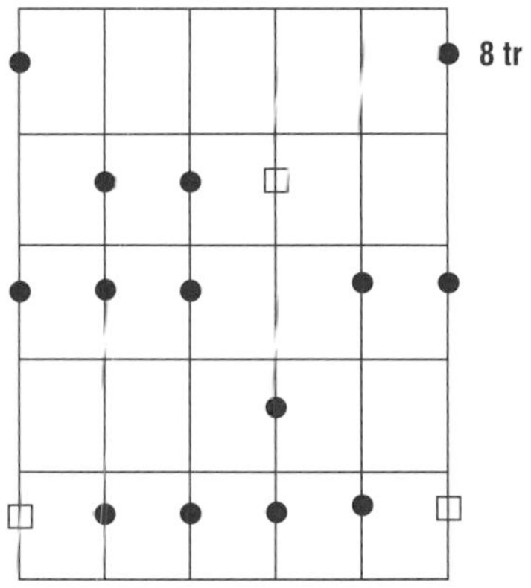

PATRÓN SIETE

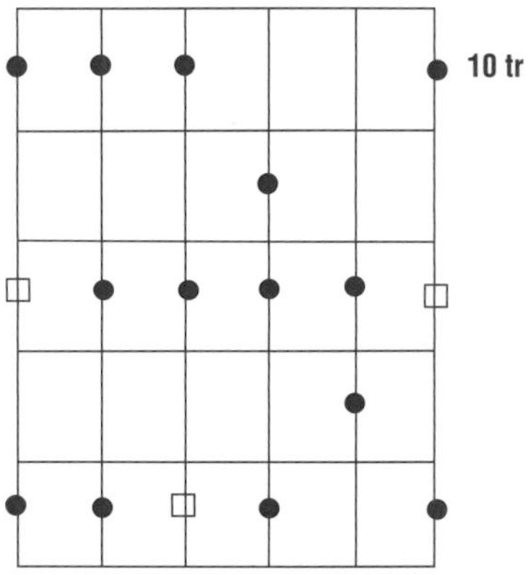

(E–G–A–B–D)

PATRÓN CUATRO

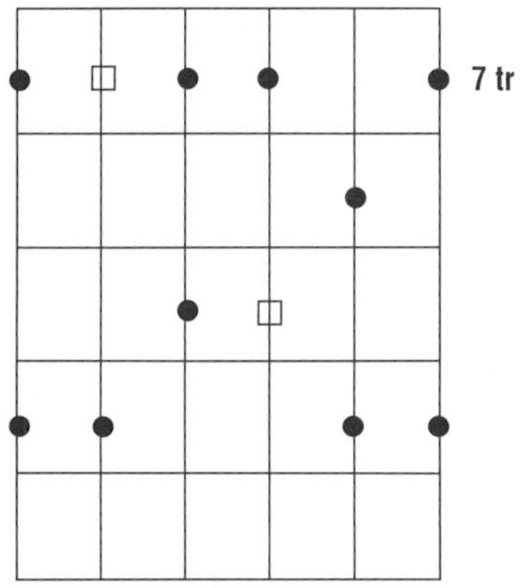

PATRÓN CINCO

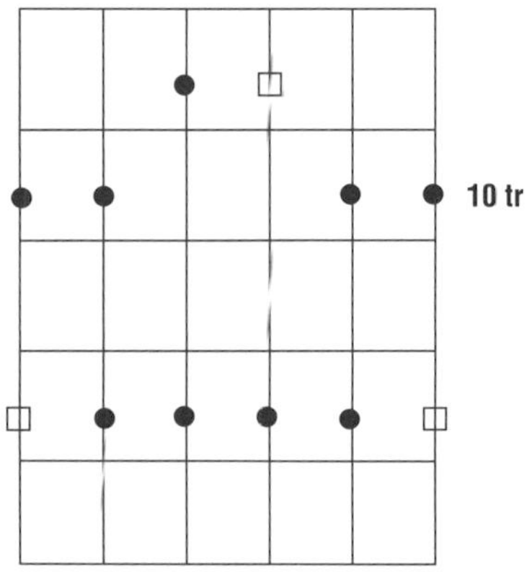

PATRÓN UNO (+1 OCTAVA)

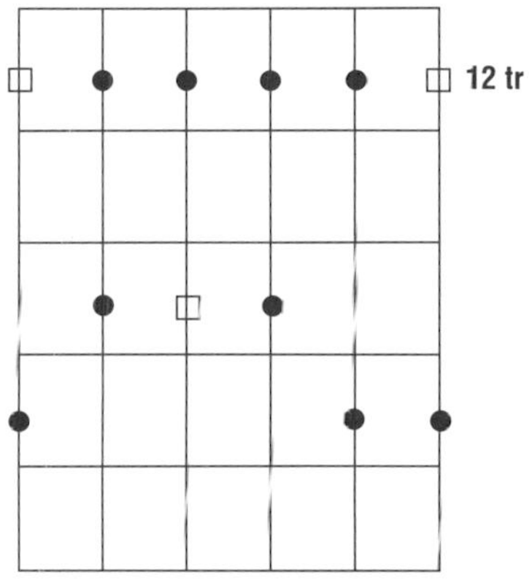

PATRÓN DOS (+1 OCTAVA)

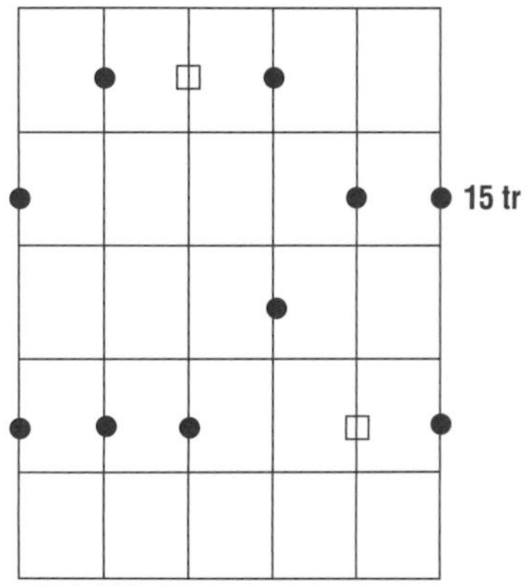

E BLUES

MÁSTIL COMPLETO | PATRÓN UNO | PATRÓN DOS | PATRÓN TRES

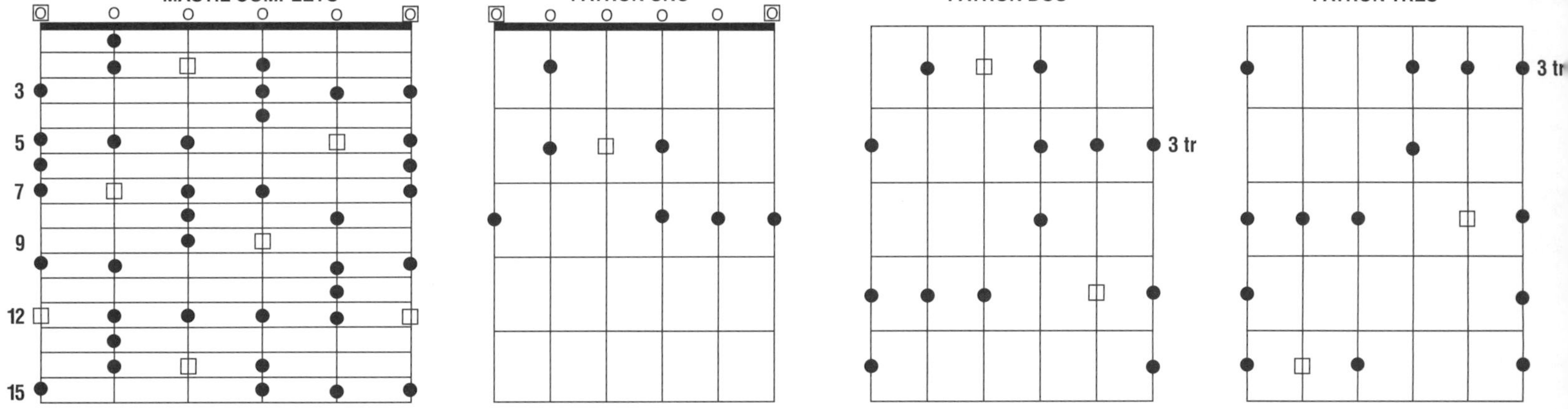

E MIXO BLUES

MÁSTIL COMPLETO | PATRÓN UNO | PATRÓN DOS | PATRÓN TRES

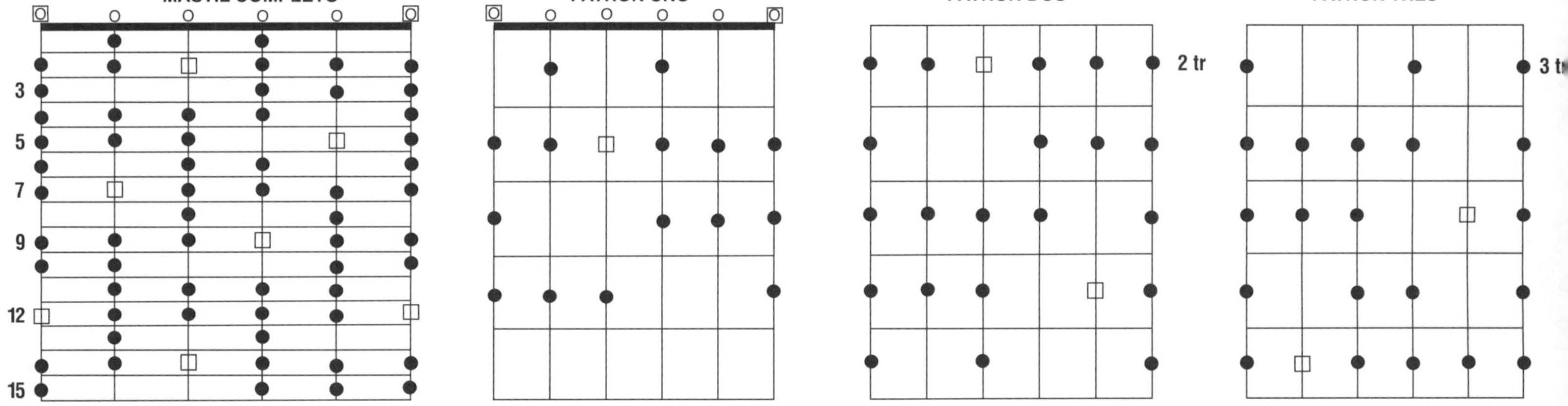

E MIXOLIDIO

MÁSTIL COMPLETO | PATRÓN UNO | PATRÓN DOS | PATRÓN TRES

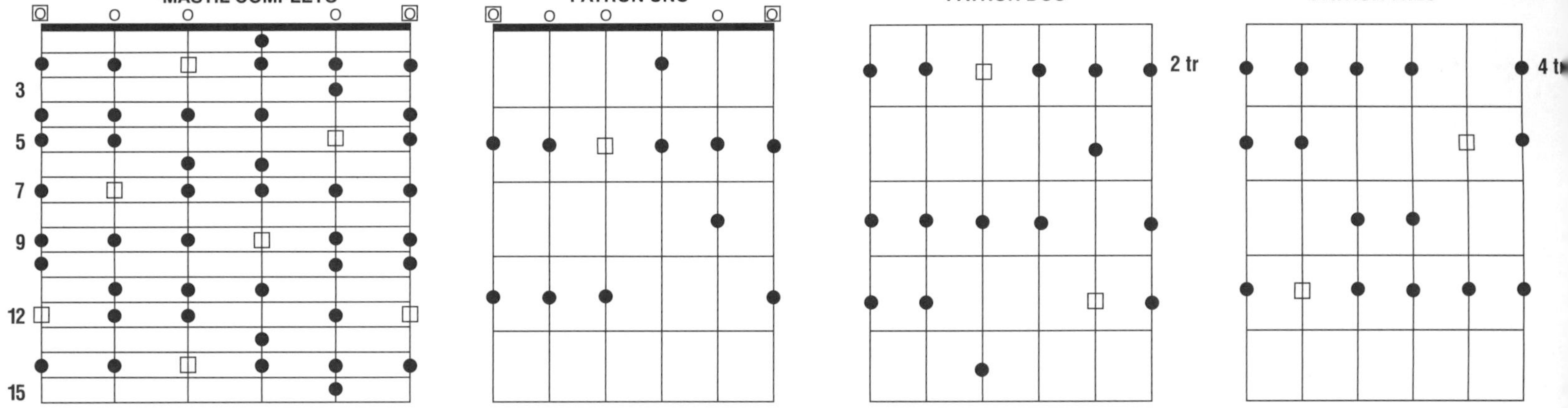

E DÓRICO

MÁSTIL COMPLETO | PATRÓN UNO | PATRÓN DOS | PATRÓN TRES

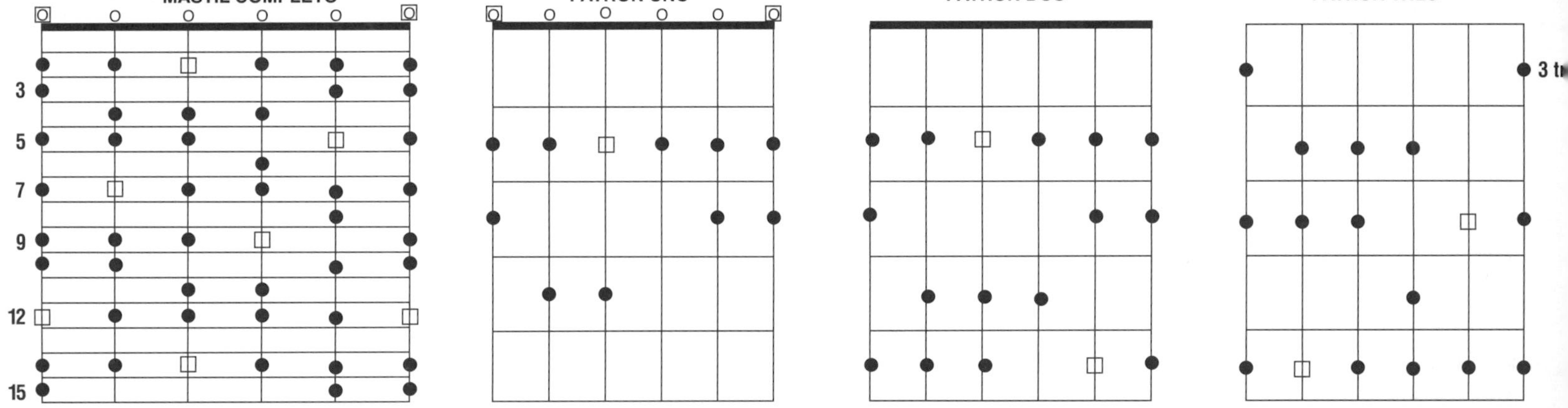

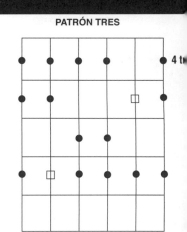

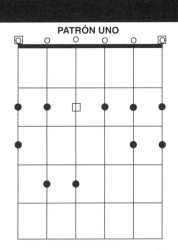

(E–G–A–B♭–B–D)

PATRÓN CUATRO

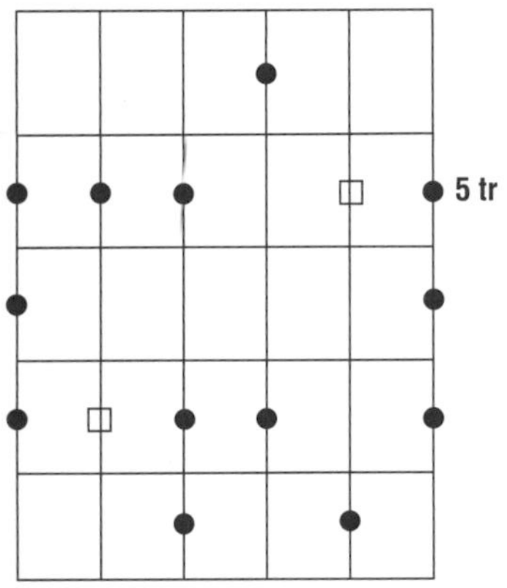

PATRÓN CINCO

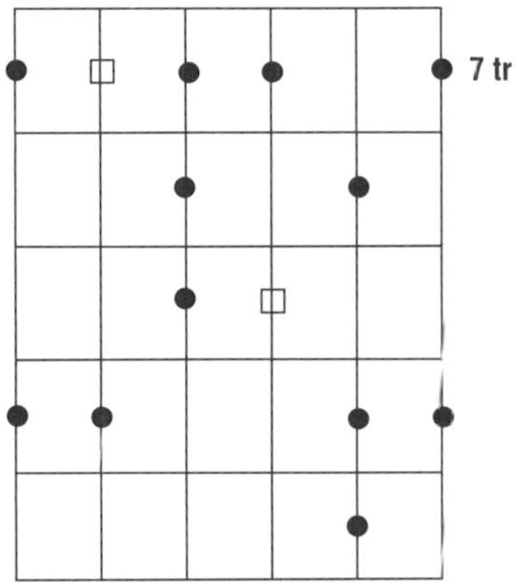

PATRÓN SEIS

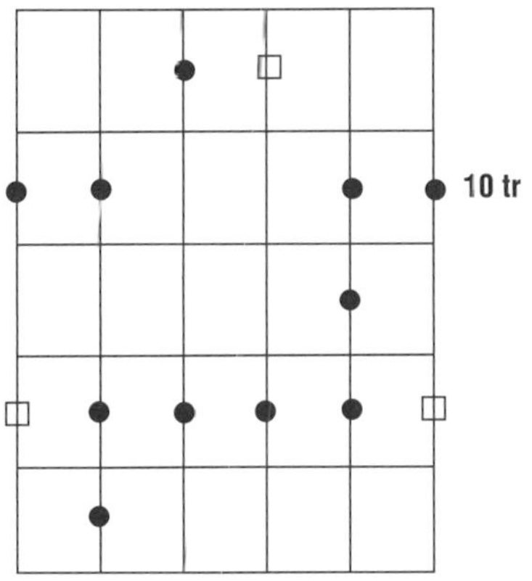

PATRÓN UNO (+1 OCTAVA)

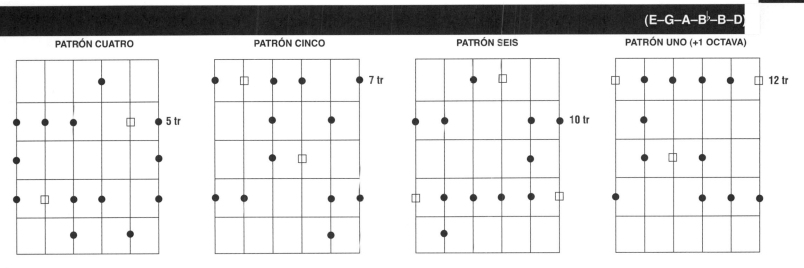

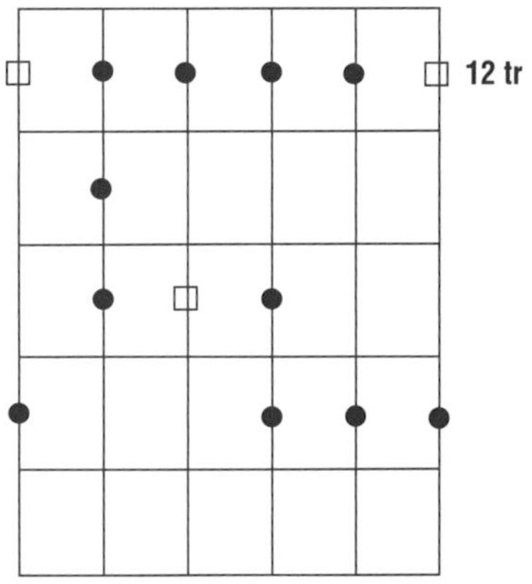

(E–F♯–G–G♯–A–B♭–B–C♯–D)

PATRÓN CUATRO

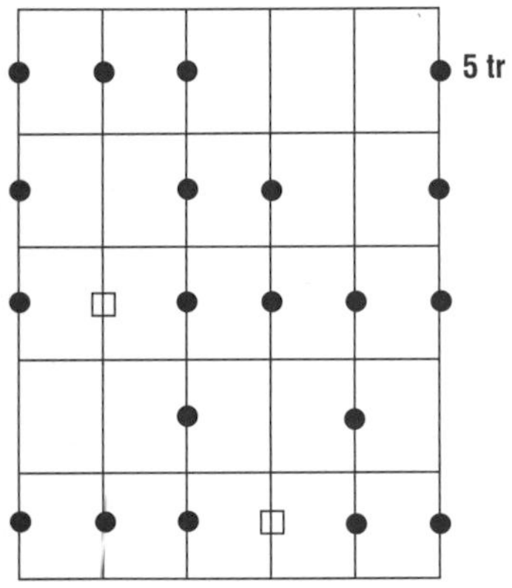

PATRÓN CINCO

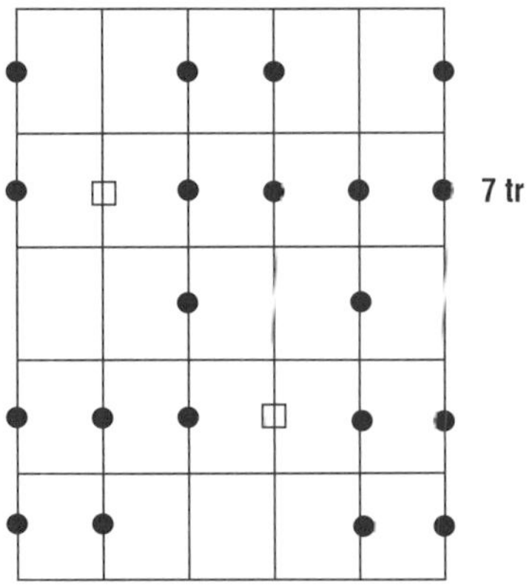

PATRÓN SEIS

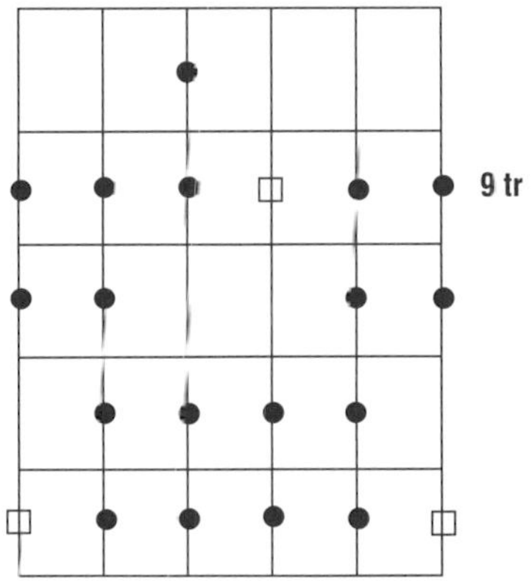

PATRÓN SIETE

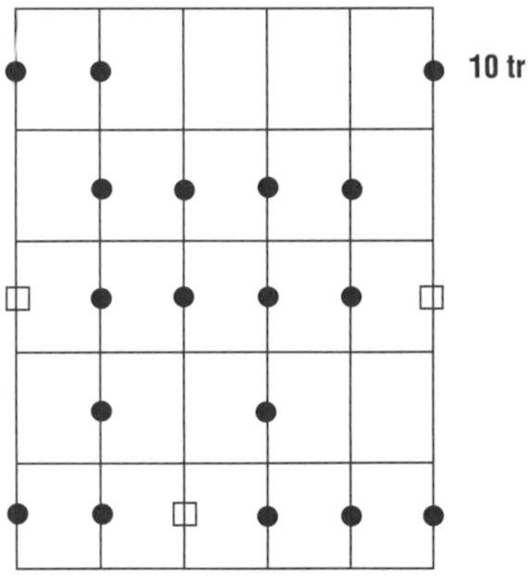

(E–F♯–G♯–A–B–C♯–D)

PATRÓN CUATRO

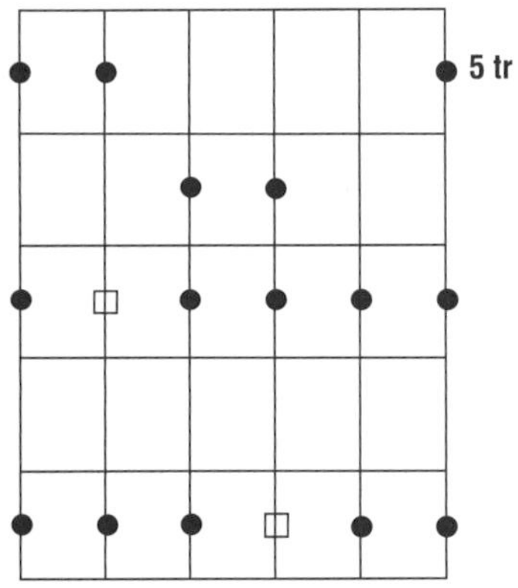

PATRÓN CINCO

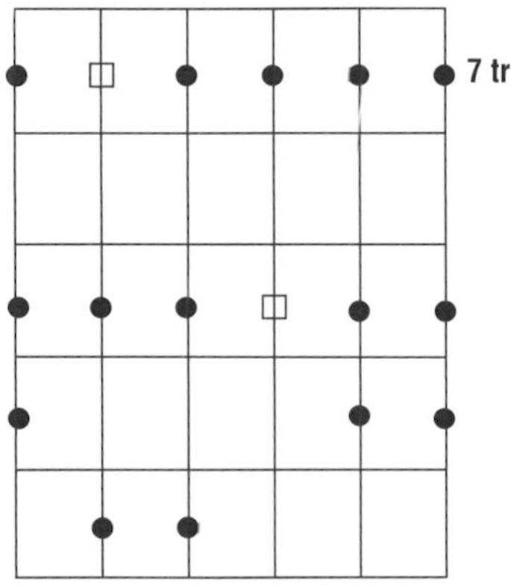

PATRÓN SEIS

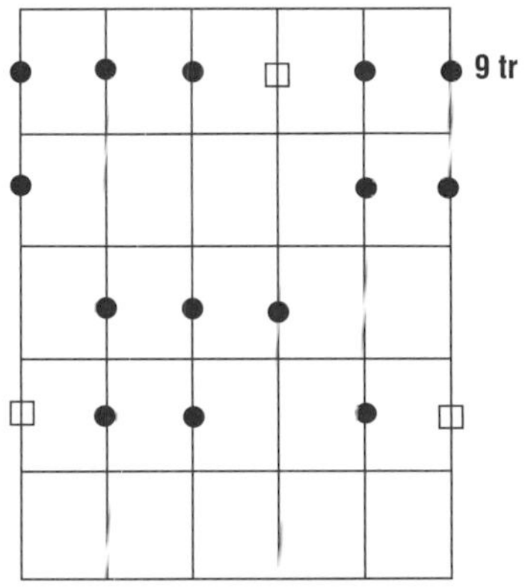

PATRÓN SIETE

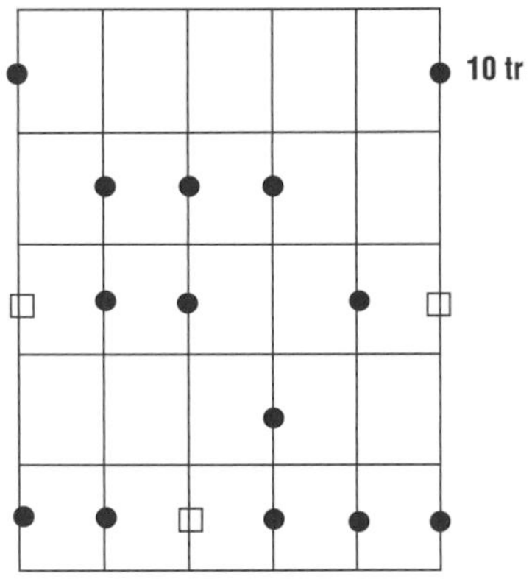

(E–F♯–G–A–B–C♯–D)

PATRÓN CUATRO

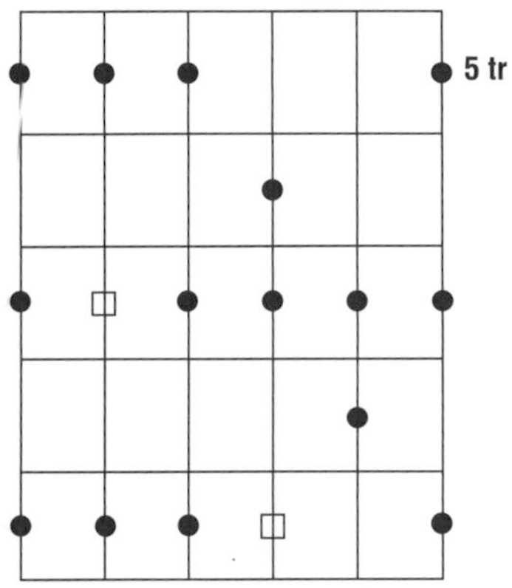

PATRÓN CINCO

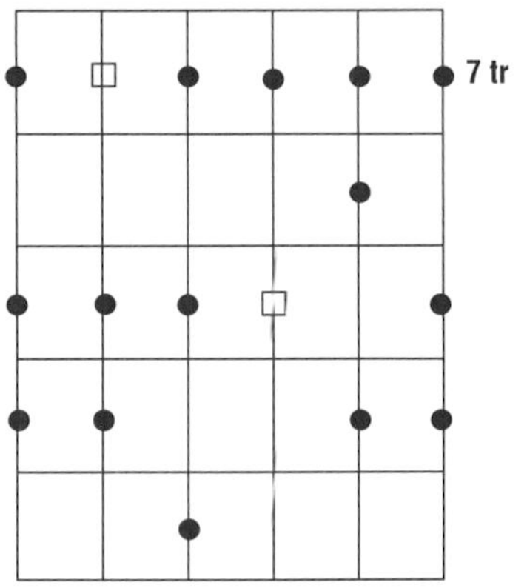

PATRÓN SEIS

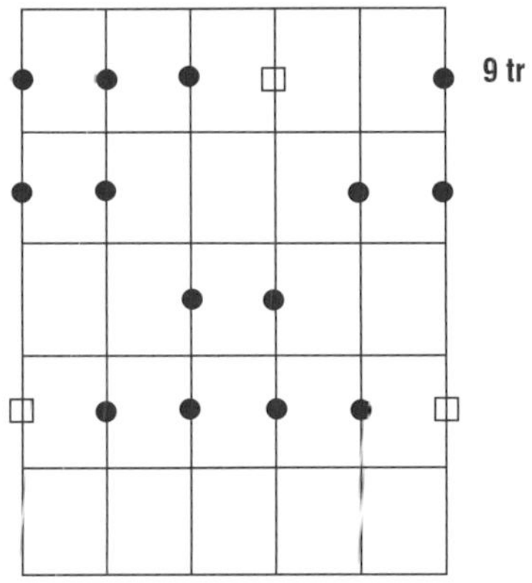

PATRÓN SIETE

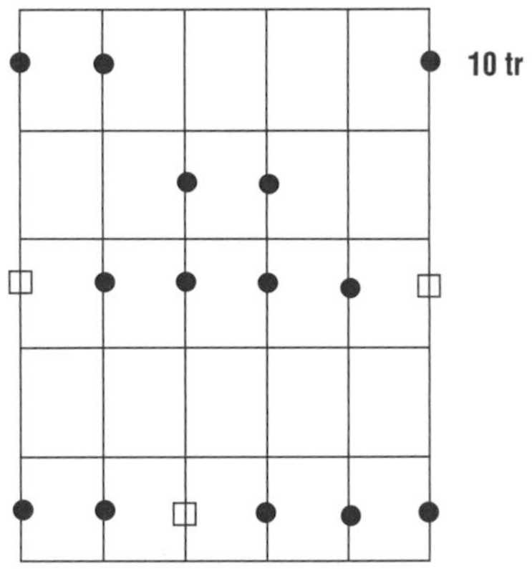

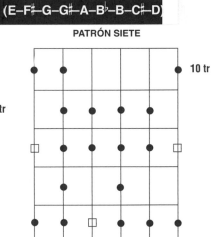

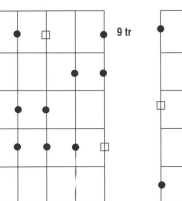

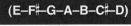

E MENOR MELÓDICA

MÁSTIL COMPLETO

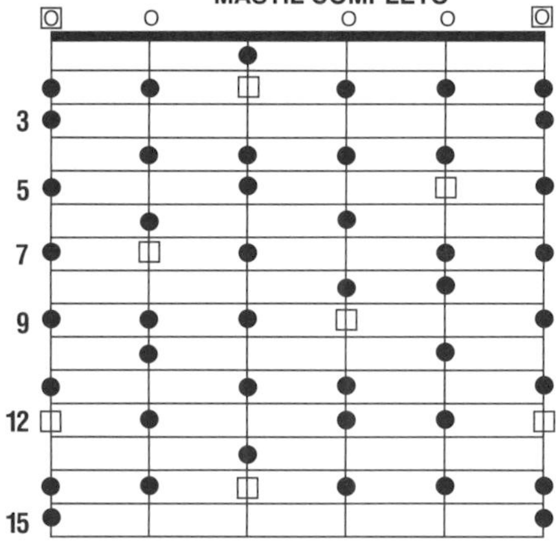

PATRÓN UNO

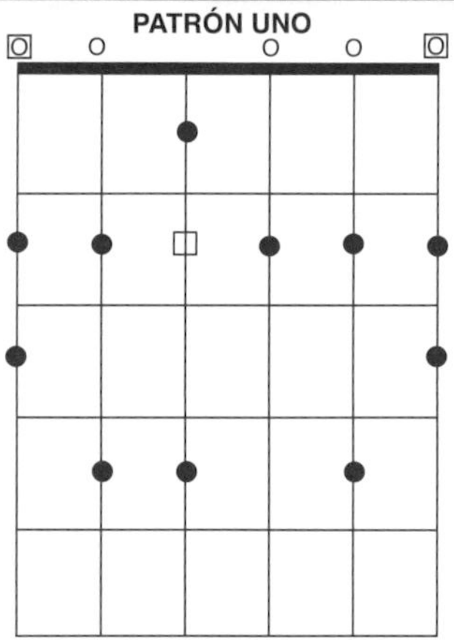

PATRÓN DOS

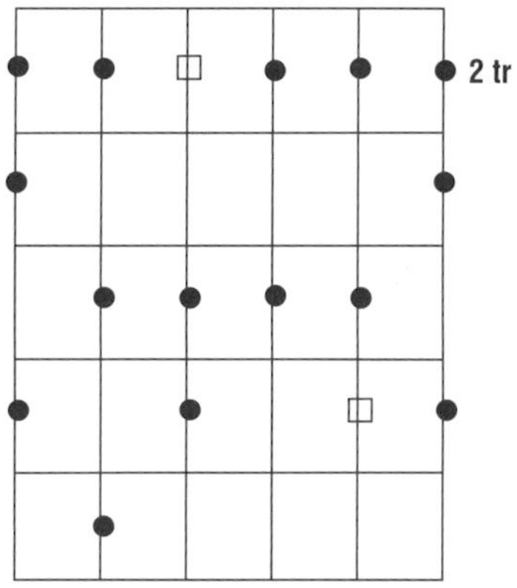

PATRÓN TRES

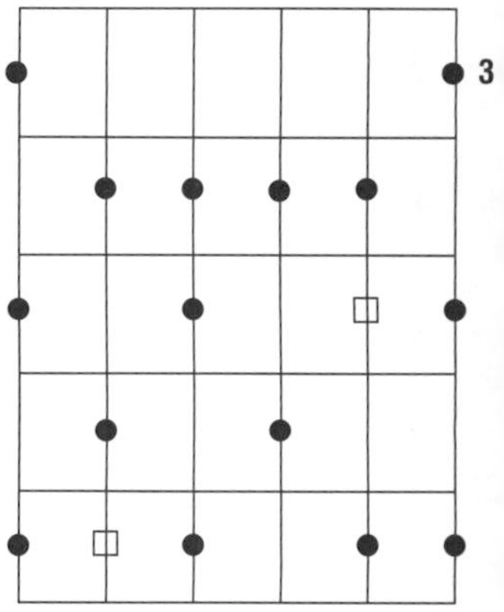

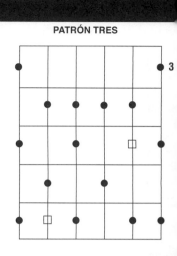

E MENOR ARMÓNICA

MÁSTIL COMPLETO

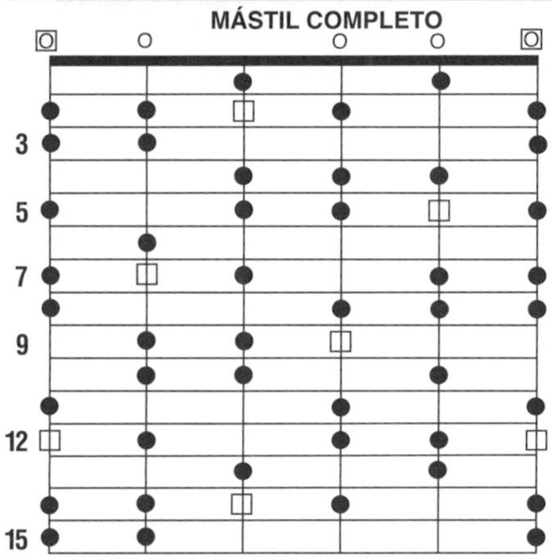

PATRÓN UNO

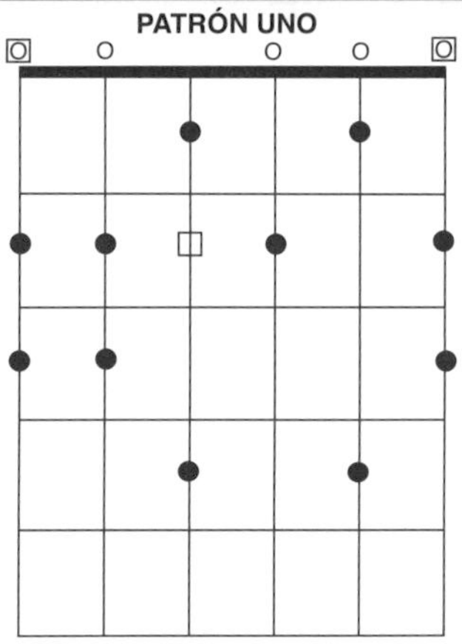

PATRÓN DOS

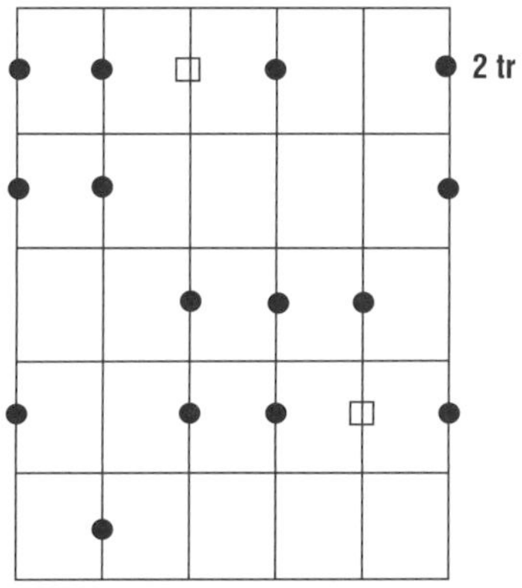

PATRÓN TRES

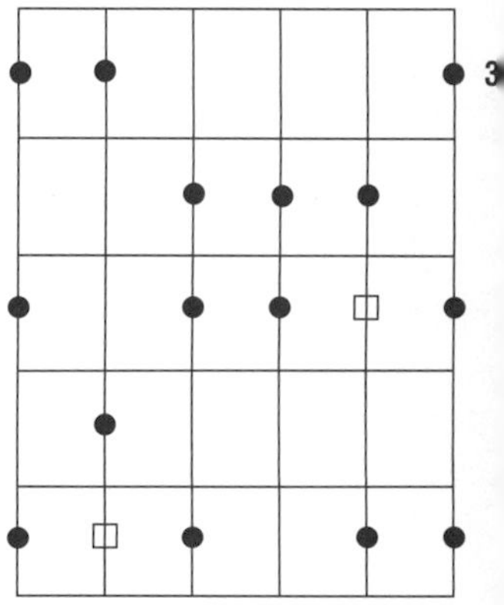

E TRIGIA

MÁSTIL COMPLETO

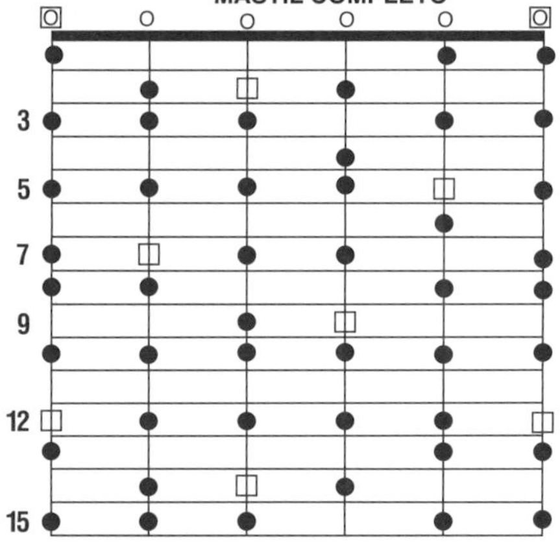

PATRÓN UNO

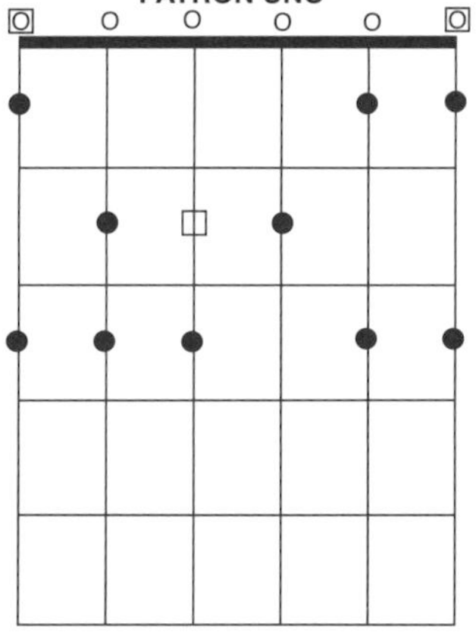

PATRÓN DOS

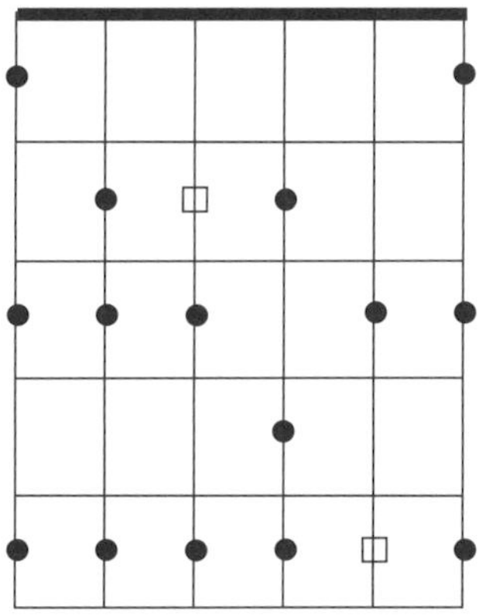

PATRÓN TRES

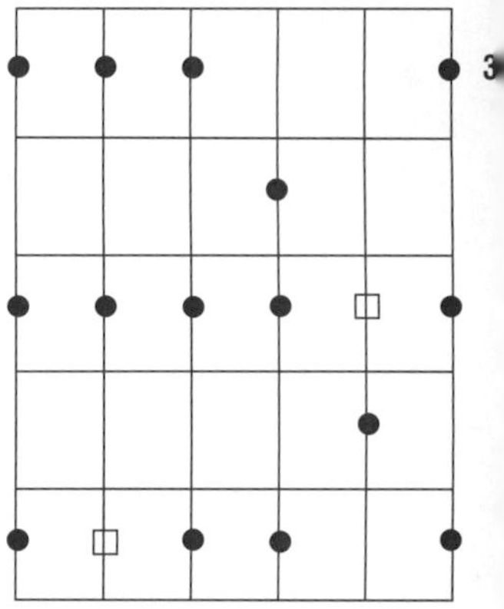

E LOCRIO

MÁSTIL COMPLETO

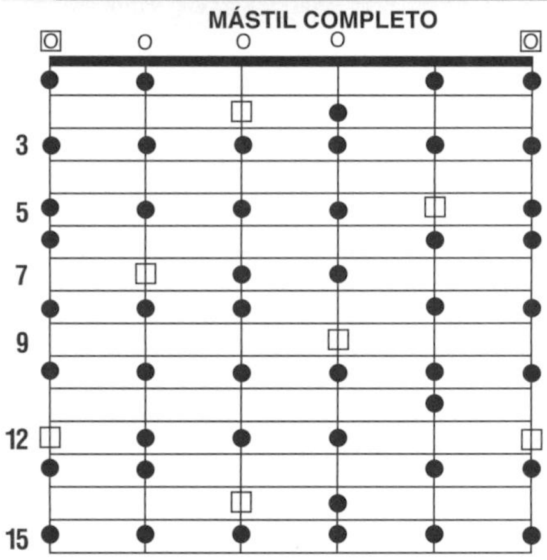

PATRÓN UNO

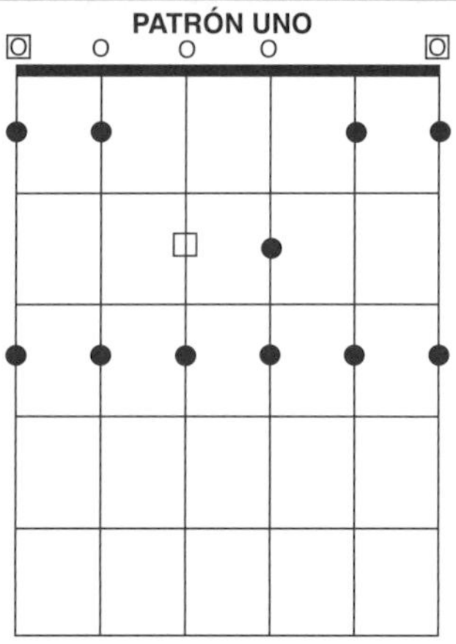

PATRÓN DOS

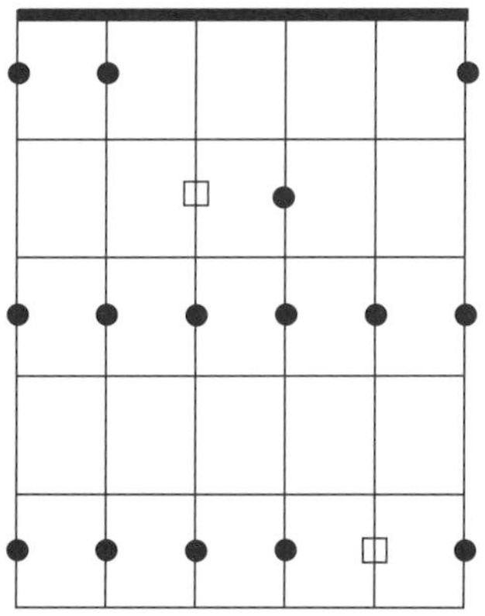

PATRÓN TRES

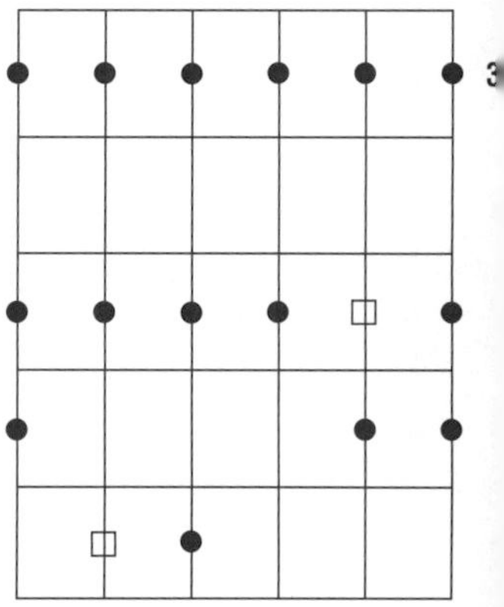

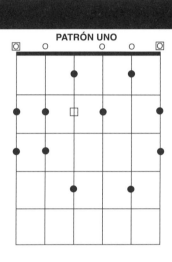

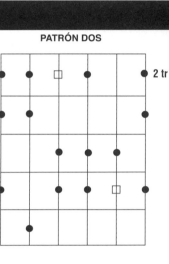

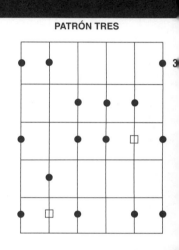

(E–F♯–G–A–B–C♯–D♯)

PATRÓN CUATRO

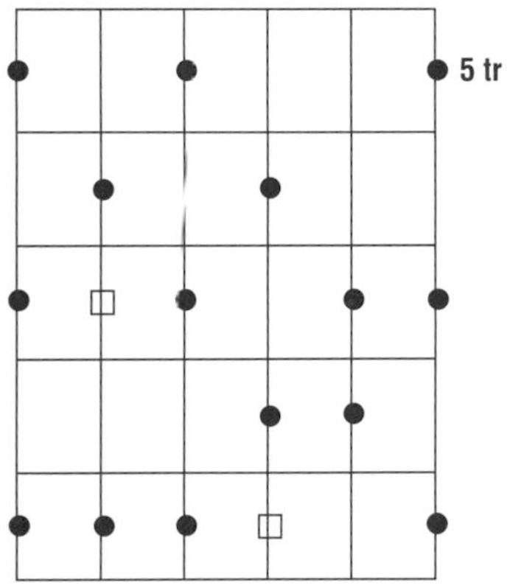

PATRÓN CINCO

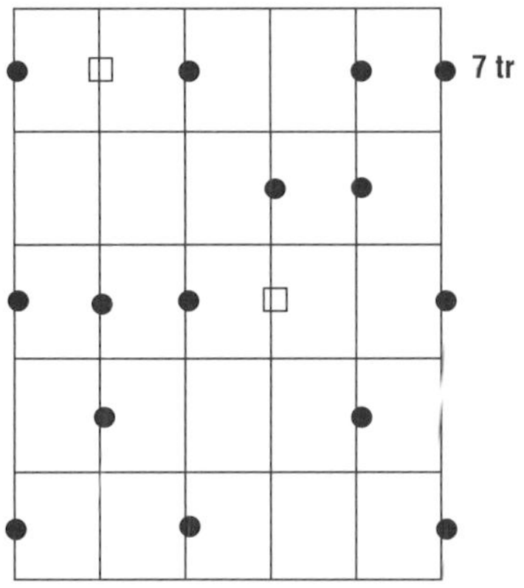

PATRÓN SEIS

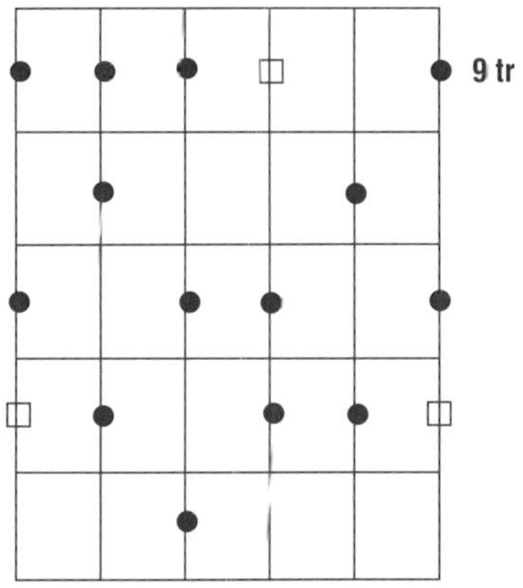

PATRÓN SIETE

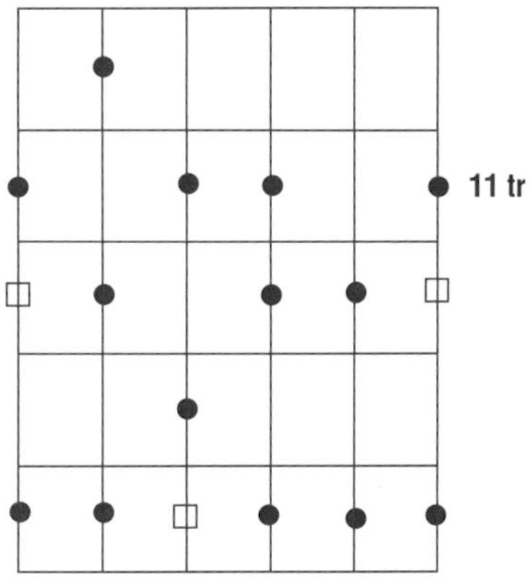

(E–F♯–G–A–B–C–D♯)

PATRÓN CUATRO

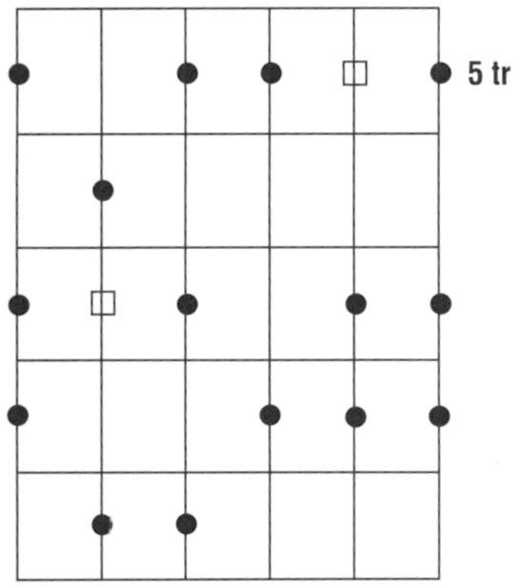

PATRÓN CINCO

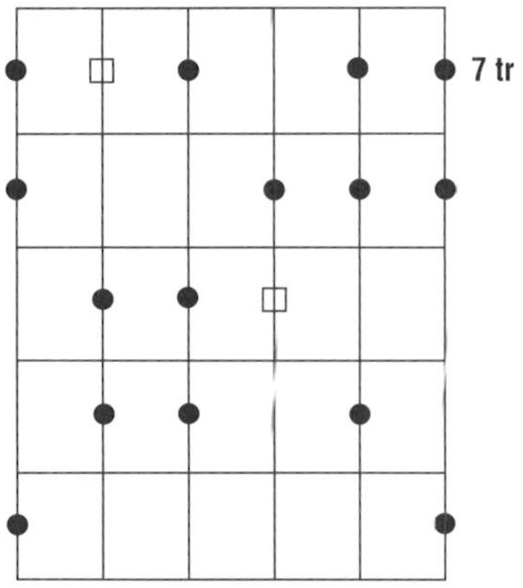

PATRÓN SEIS

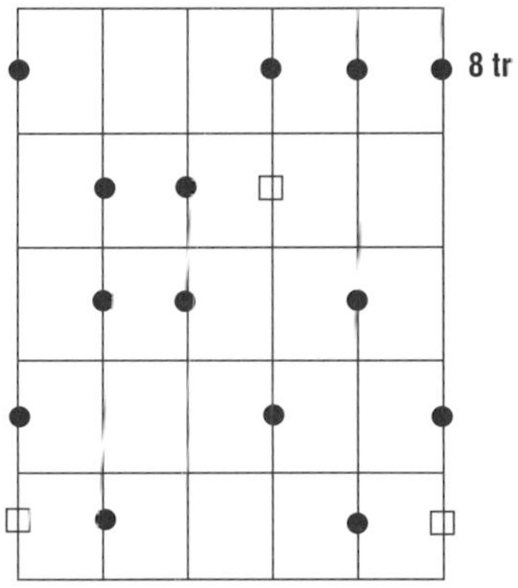

PATRÓN SIETE

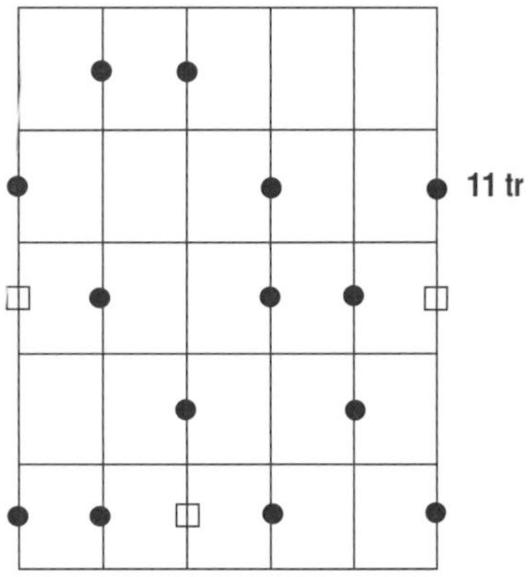

(E–F–G–A–B–C–D)

PATRÓN CUATRO

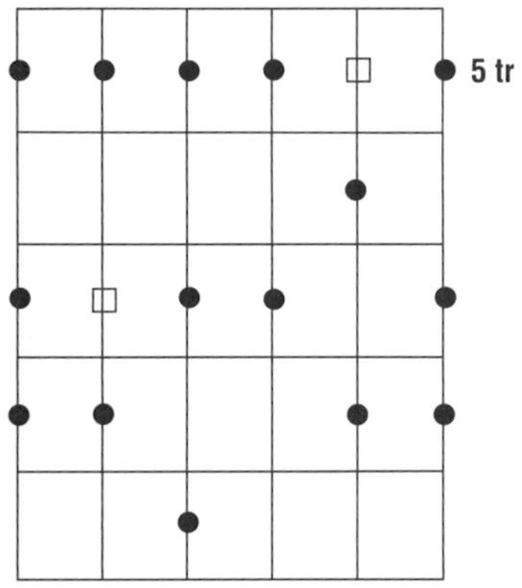

PATRÓN CINCO

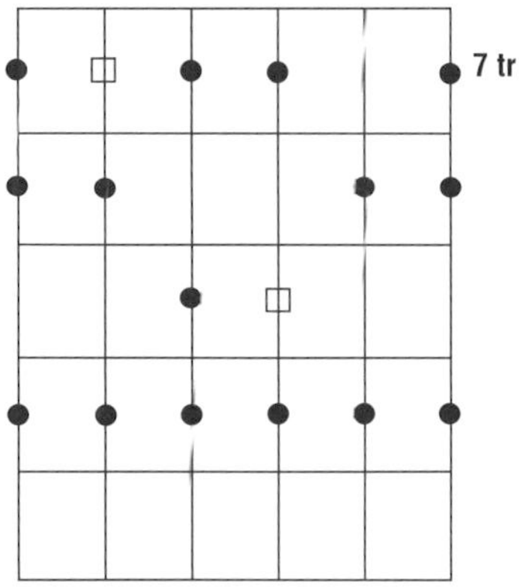

PATRÓN SEIS

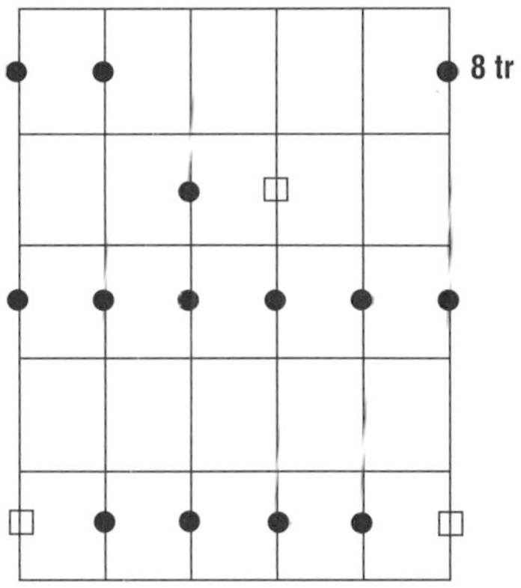

PATRÓN SIETE

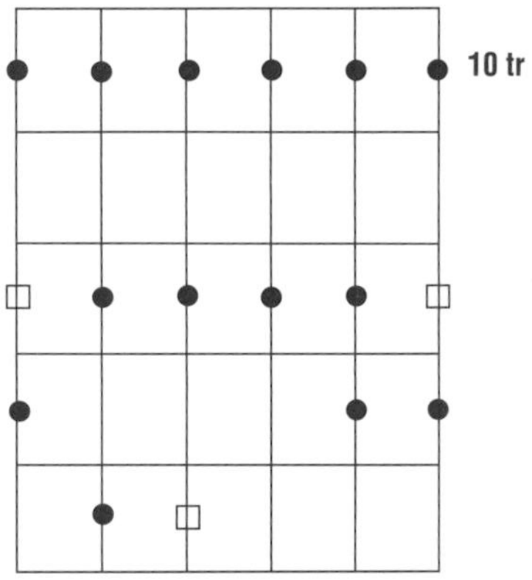

(E–F–G–A–B♭–C–D)

PATRÓN CUATRO

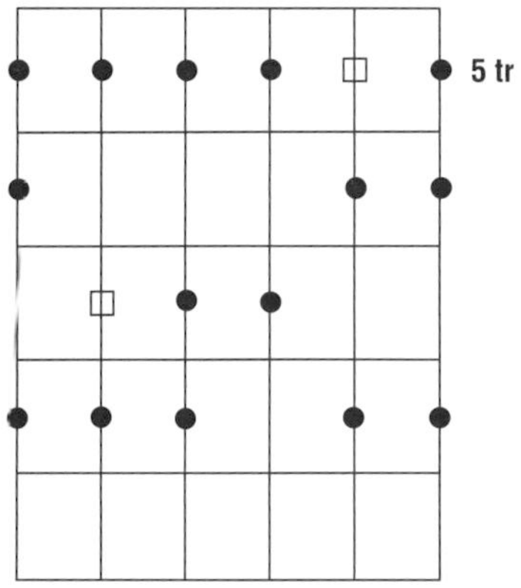

PATRÓN CINCO

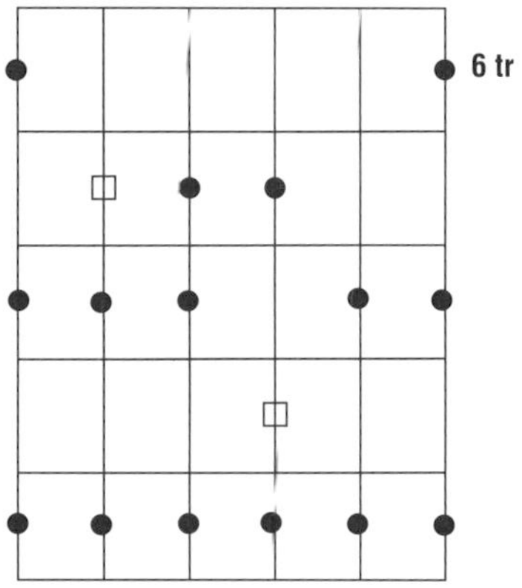

PATRÓN SEIS

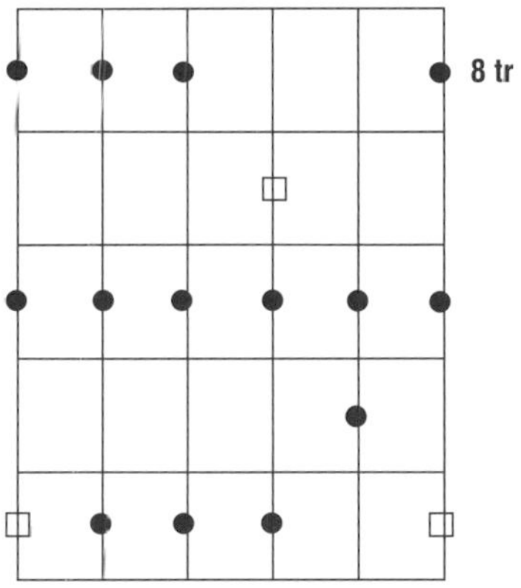

PATRÓN SIETE

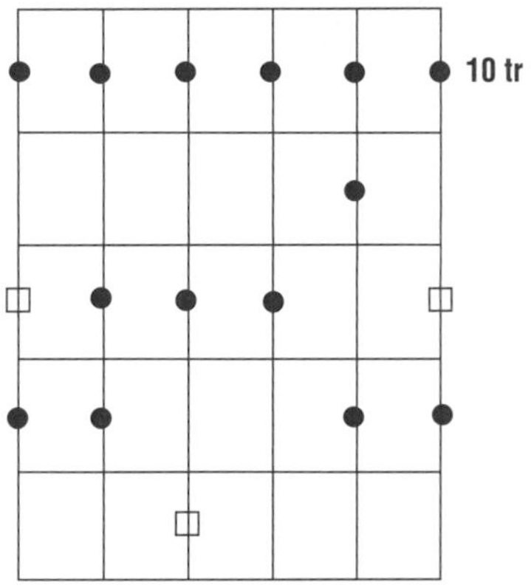

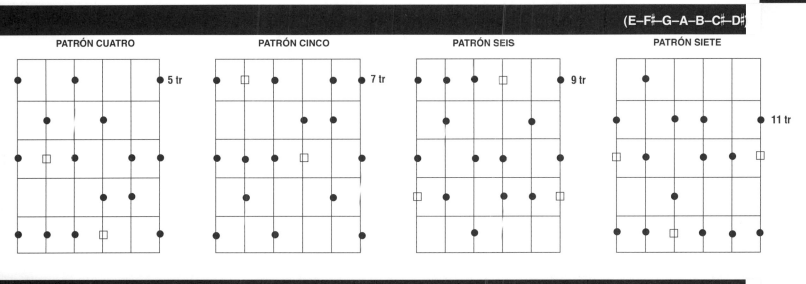

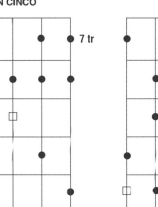

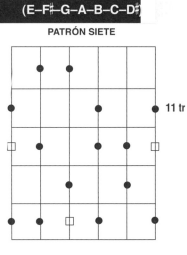

E LIDIO

MÁSTIL COMPLETO

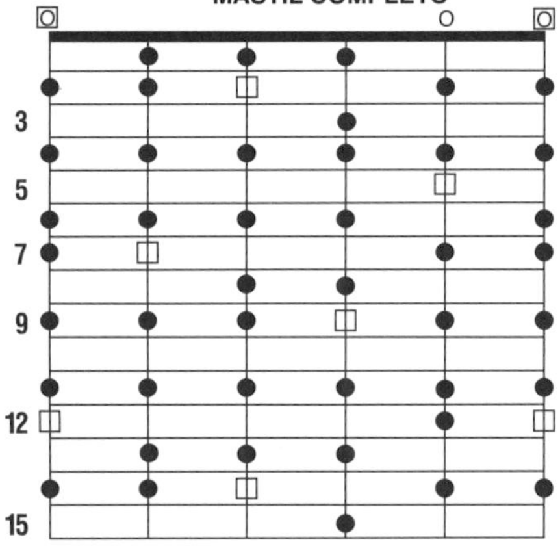

PATRÓN UNO

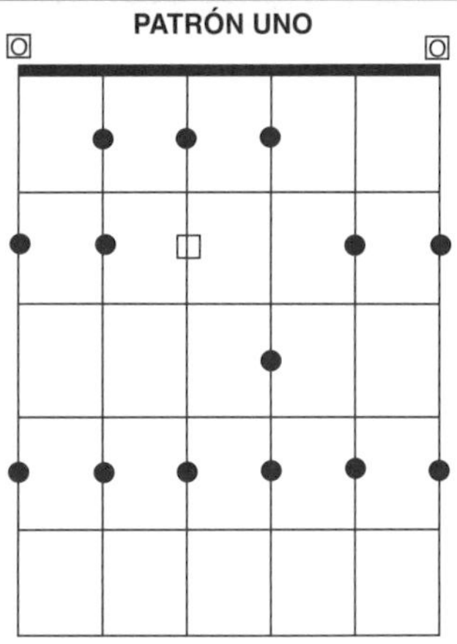

PATRÓN DOS

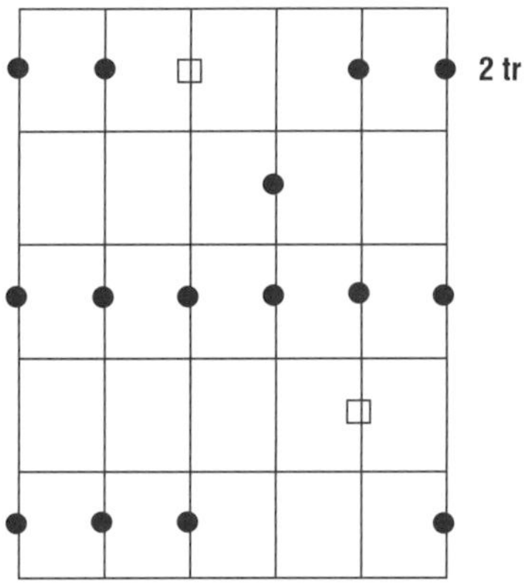

PATRÓN TRES

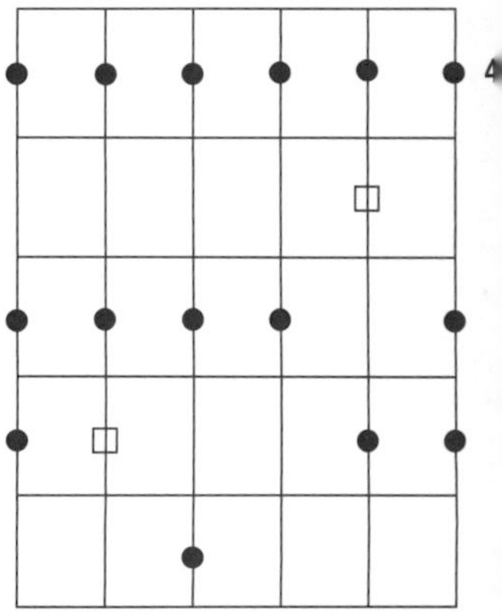

E DISMINUIDA (SEMITONO-TONO)

MÁSTIL COMPLETO

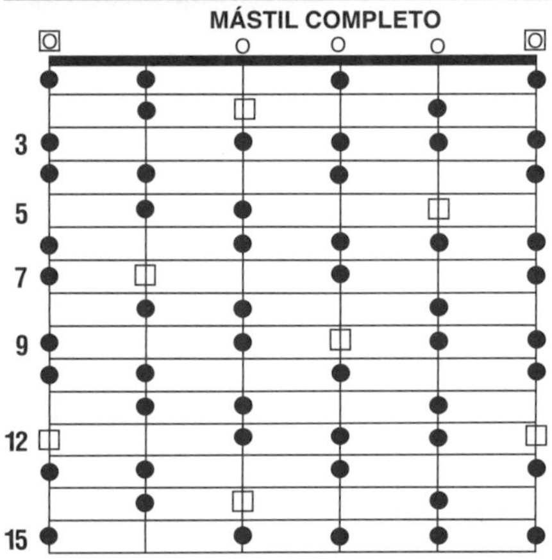

PATRÓN UNO

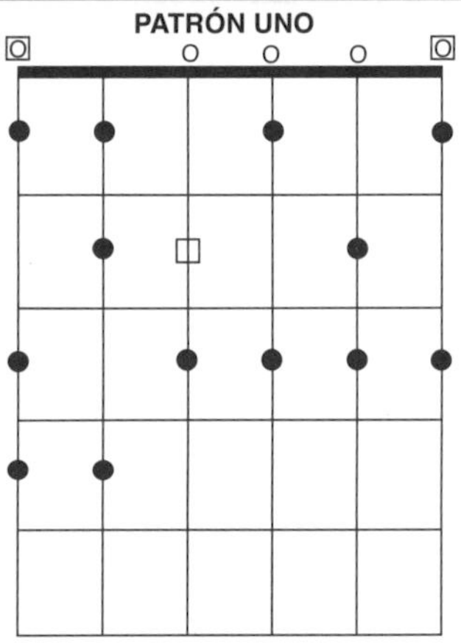

PATRÓN DOS

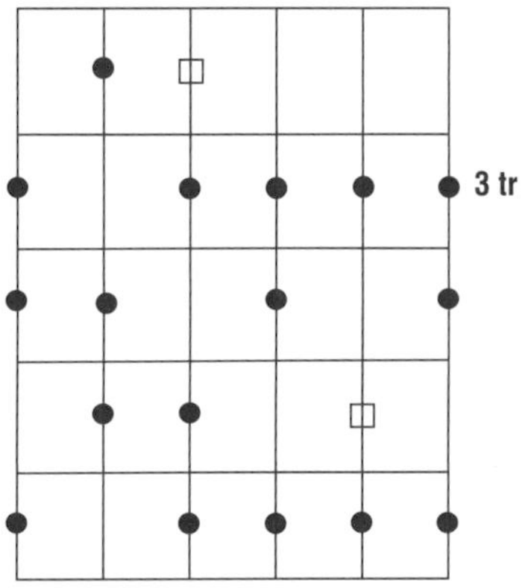

PATRÓN TRES

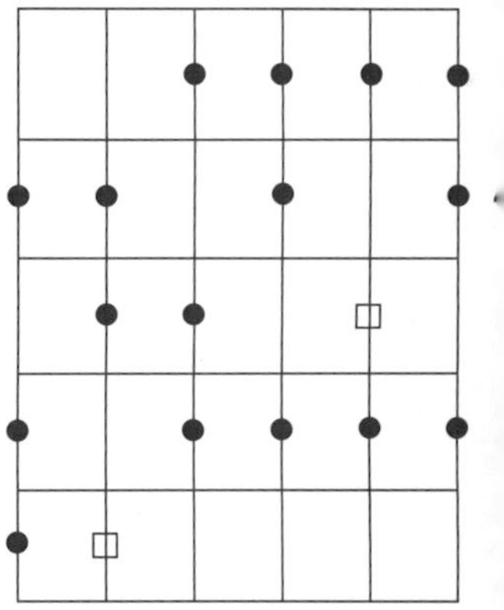

E DISMINUIDA (TONO-SEMITONO)

MÁSTIL COMPLETO

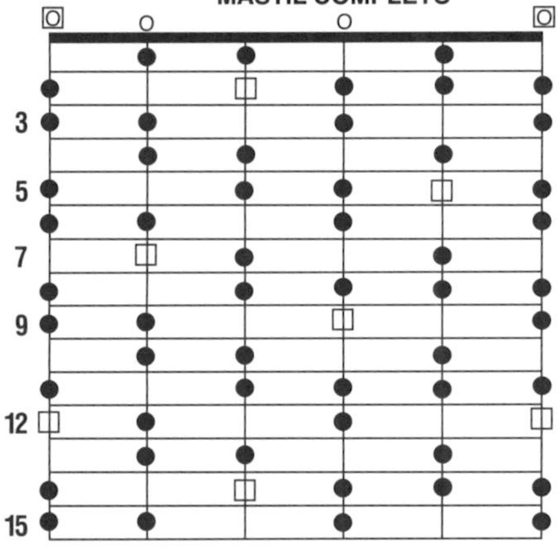

PATRÓN UNO

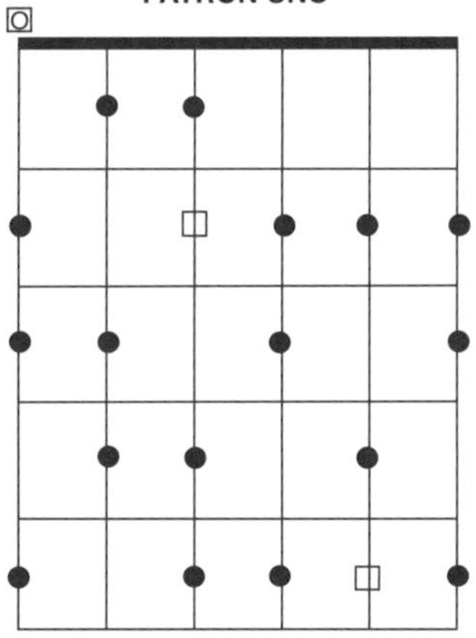

PATRÓN DOS

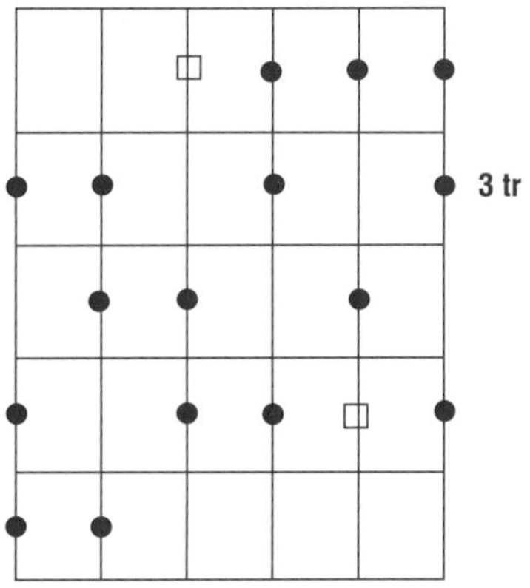

PATRÓN TRES

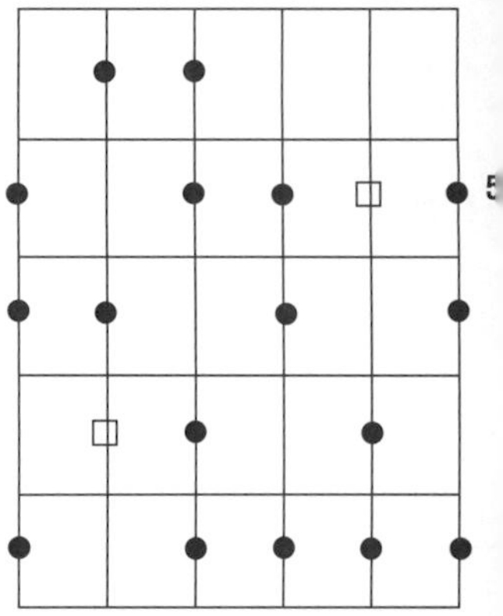

E CROMÁTICA (E–F–F♯–G–G♯–A–B♭–B–C–C♯–D–D♯)

MÁSTIL COMPLETO

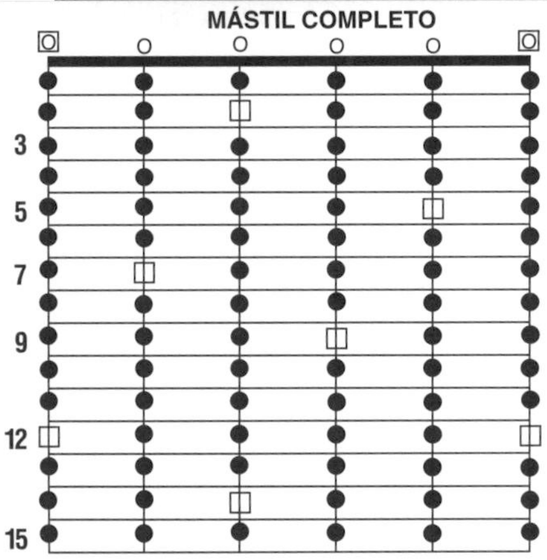

PATRÓN UNO ASCENDENTE

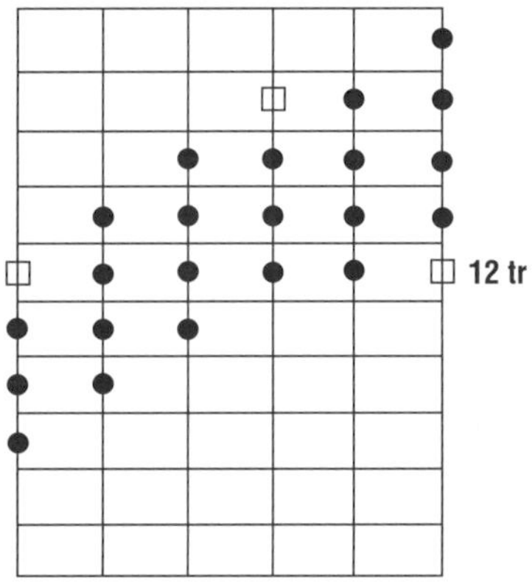

PATRÓN UNO DESCENDIENTE

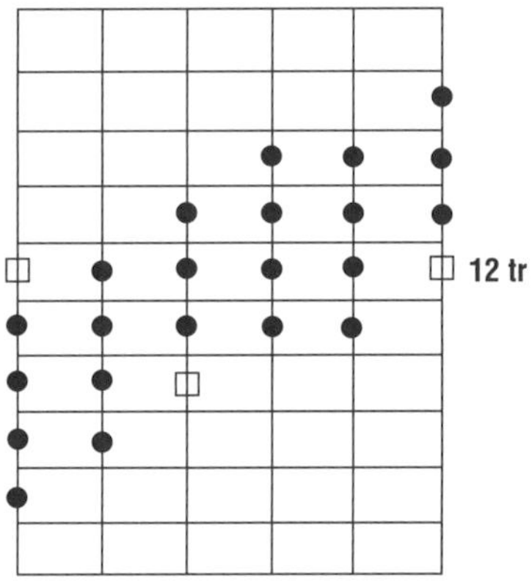

PATRÓN DOS

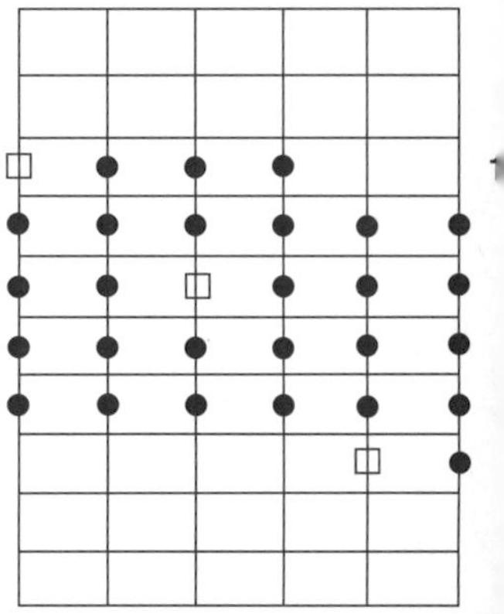

(E–F♯–G♯–A♯–B–C♯–D♯)

PATRÓN CUATRO
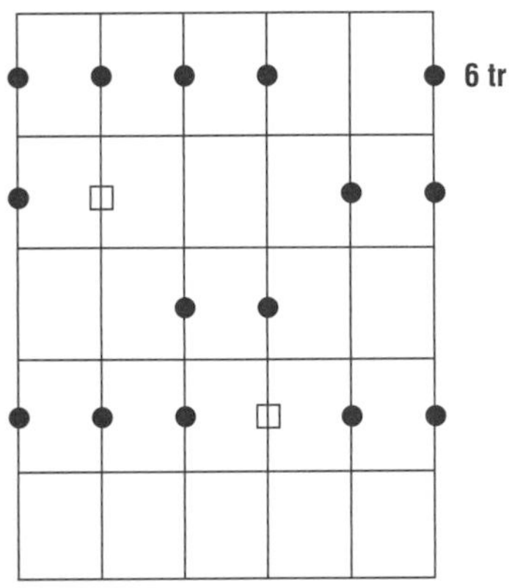

PATRÓN CINCO
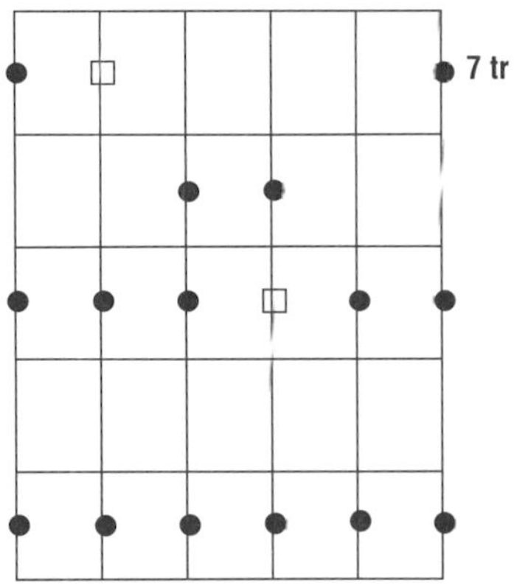

PATRÓN SEIS
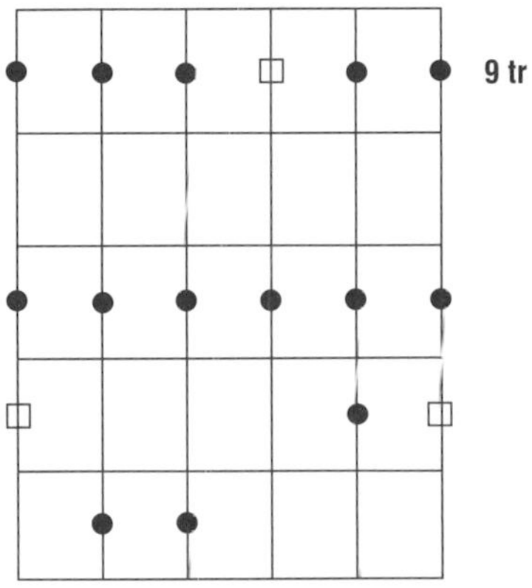

PATRÓN SIETE
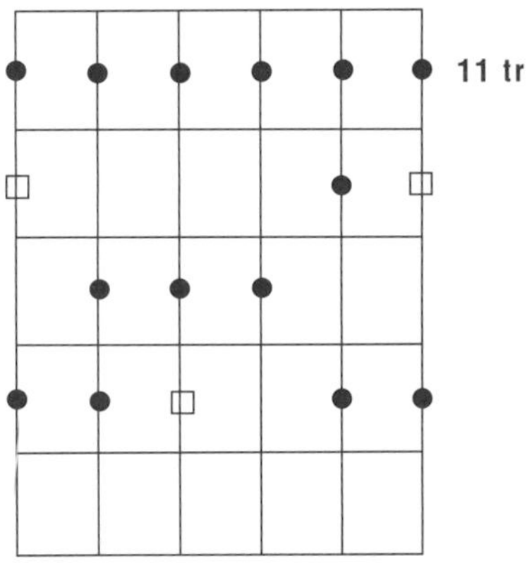

(E–F–G–A♭–B♭–B–C♯–D)

PATRÓN CUATRO
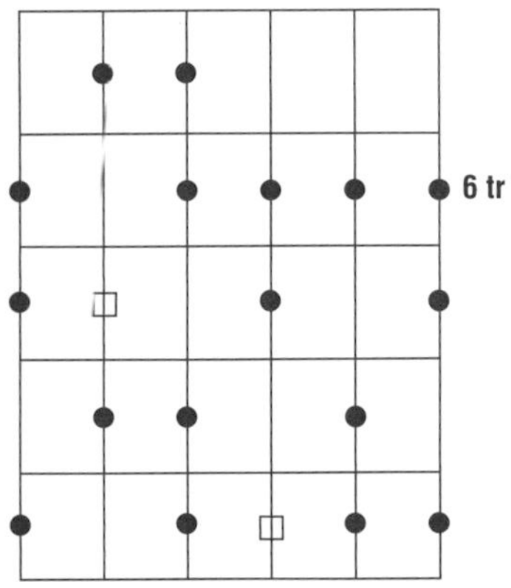

PATRÓN CINCO
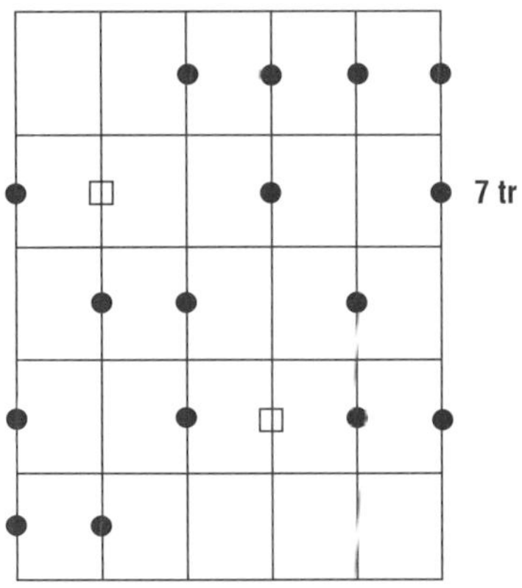

PATRÓN SEIS
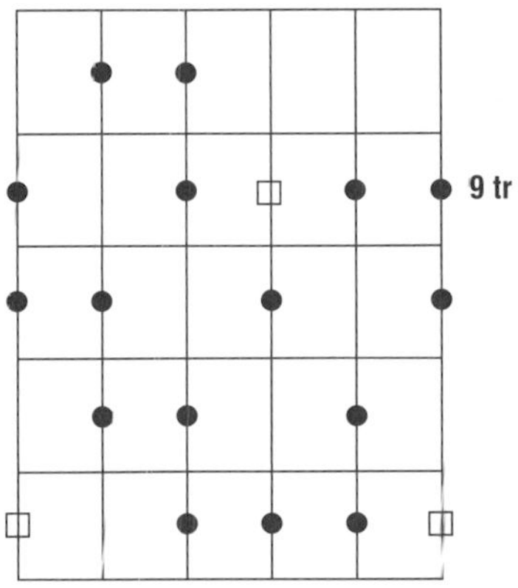

PATRÓN SIETE
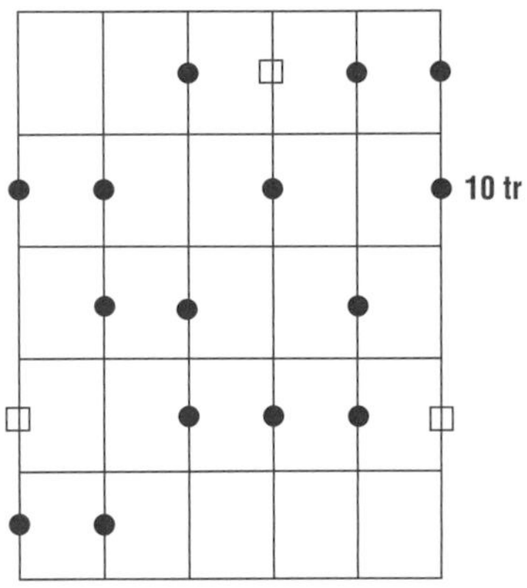

(E–F♯–G–A–B♭–B♯–C♯–D♯)

PATRÓN CUATRO
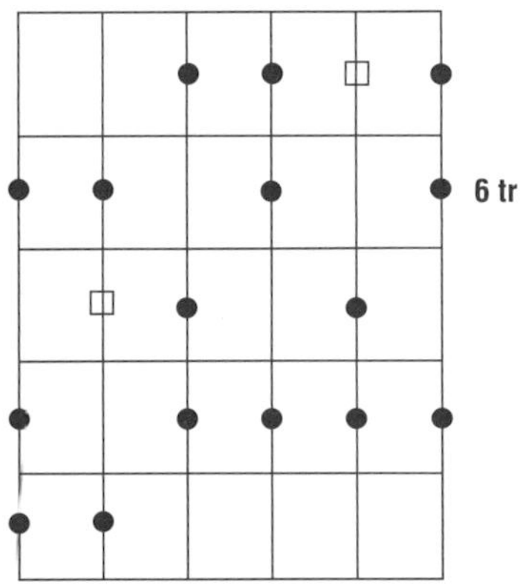

PATRÓN CINCO
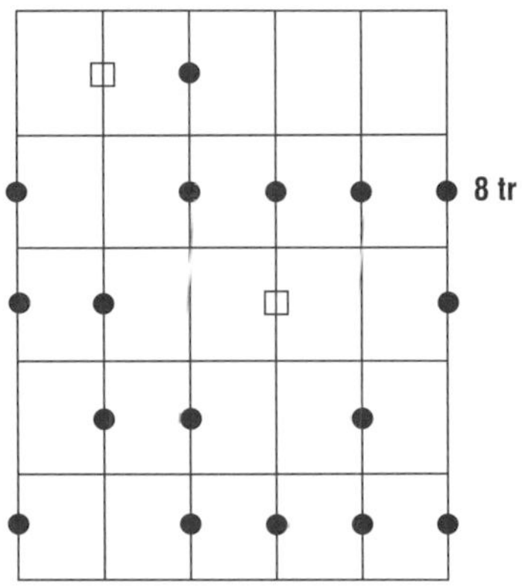

PATRÓN SEIS
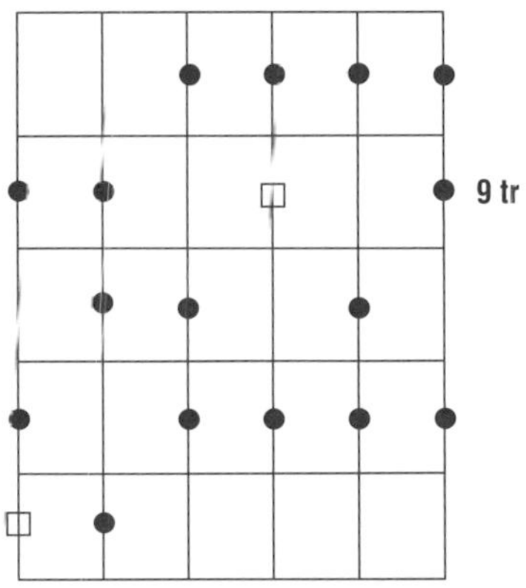

PATRÓN SIETE
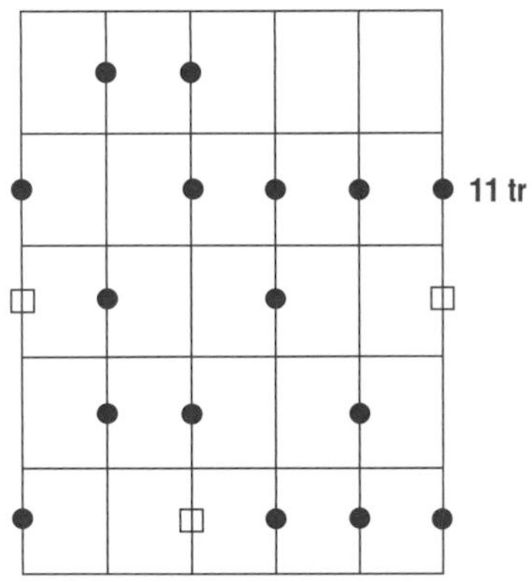

E TONO (E–F♯–G♯–A♯–B♯–C♯)

MÁSTIL COMPLETO
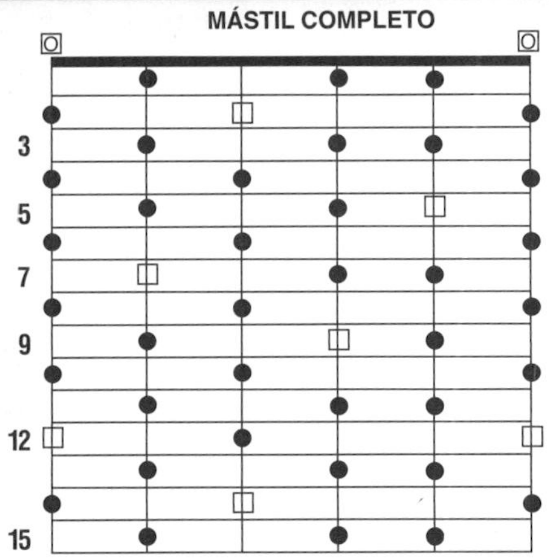

PATRÓN UNO
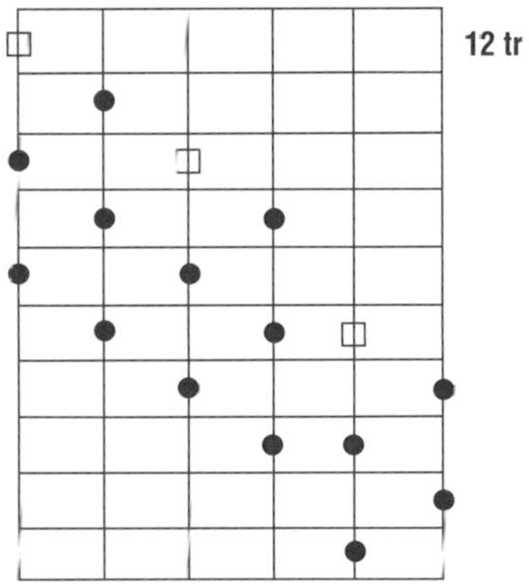

PATRÓN DOS
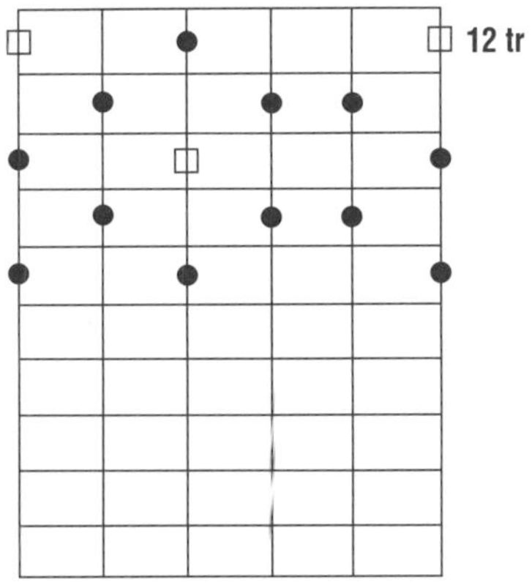

PATRÓN TRES
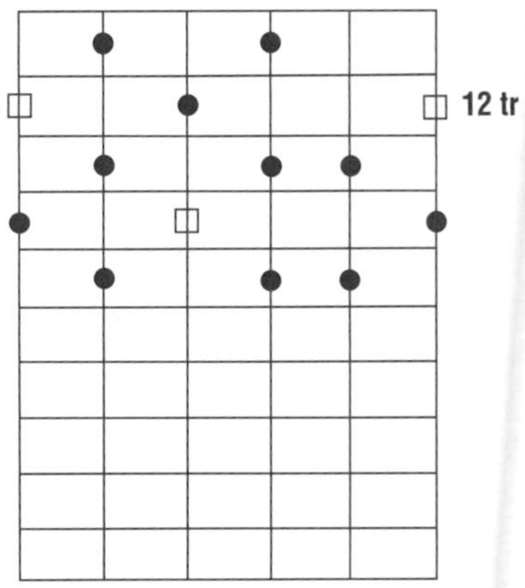

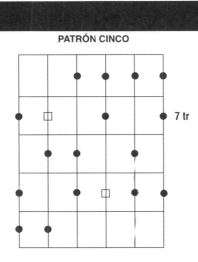

F MAYOR (JÓNICO)

MÁSTIL COMPLETO

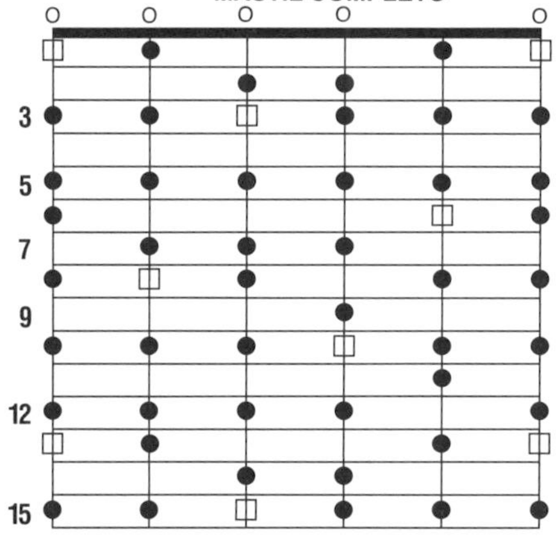

PATRÓN UNO

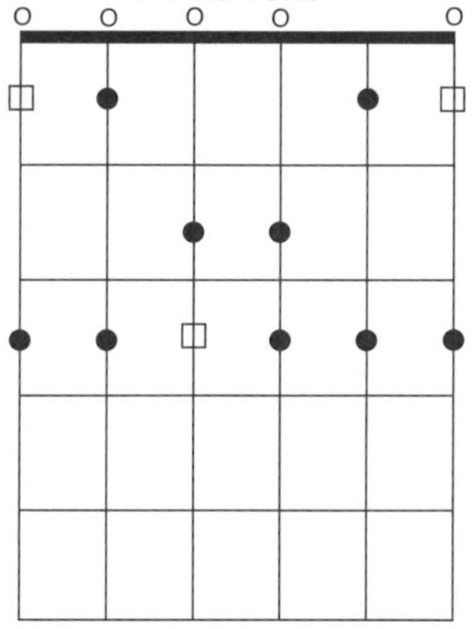

PATRÓN DOS

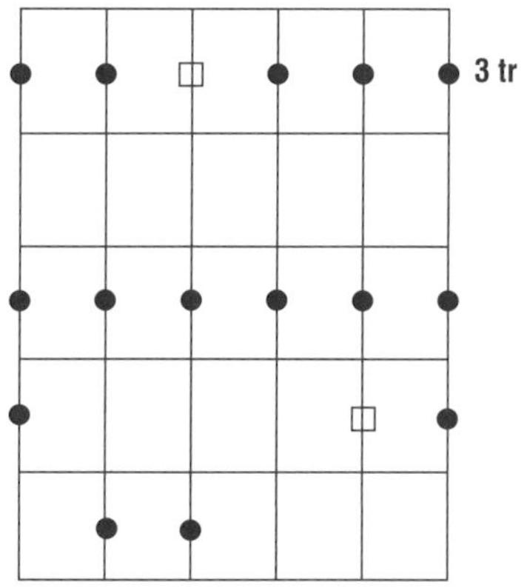

PATRÓN TRES

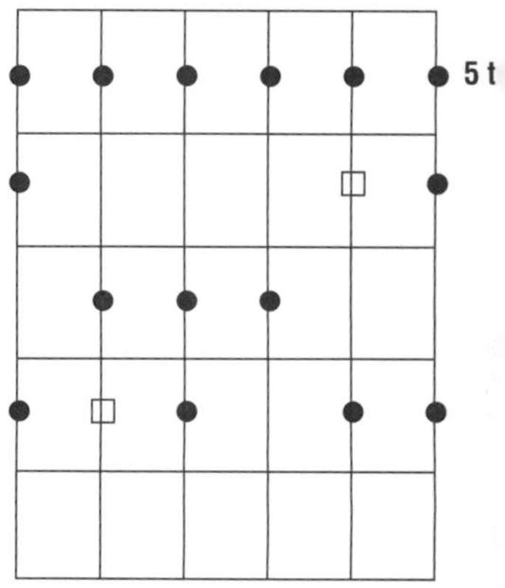

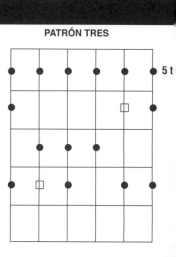

F PENTATÓNICA MAYOR

MÁSTIL COMPLETO

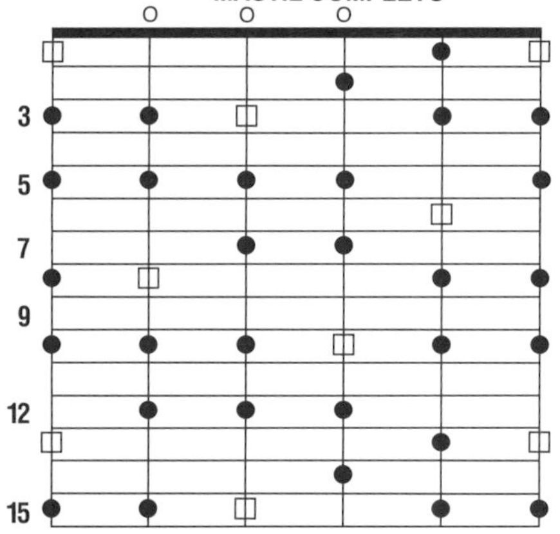

PATRÓN UNO

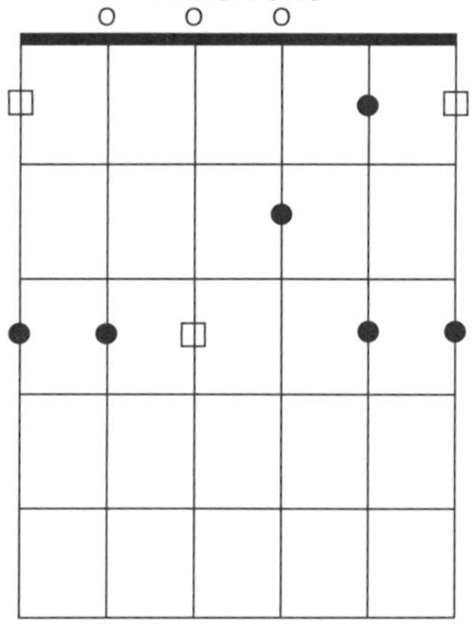

PATRÓN DOS

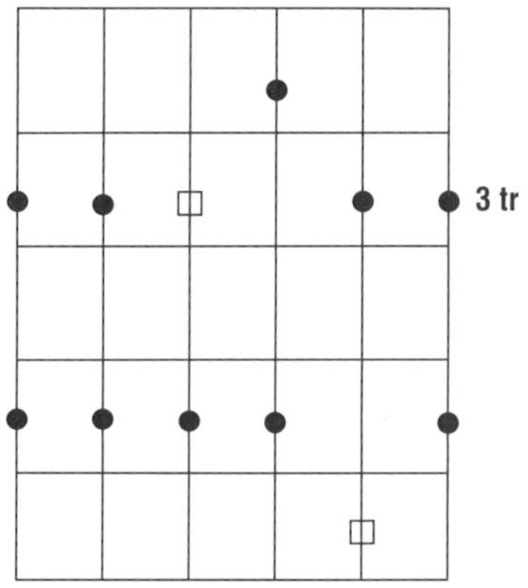

PATRÓN TRES

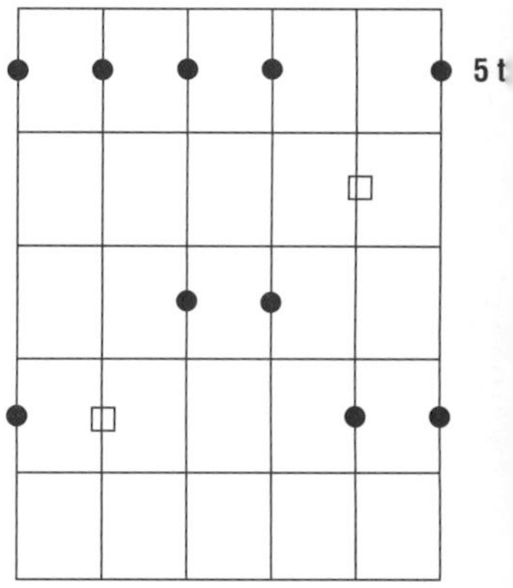

F MENOR NATURAL (EÓLICO)

MÁSTIL COMPLETO

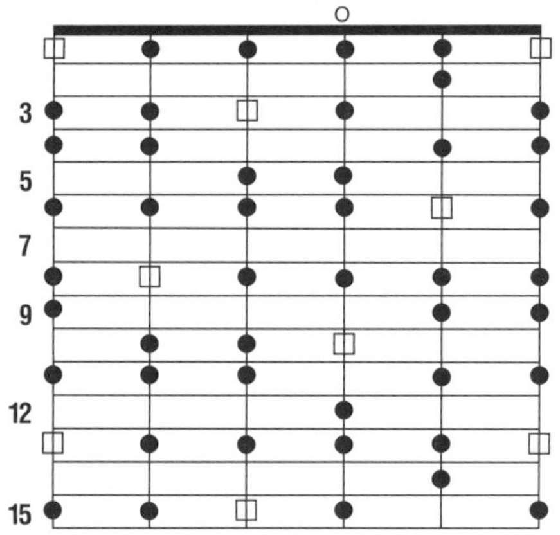

PATRÓN UNO

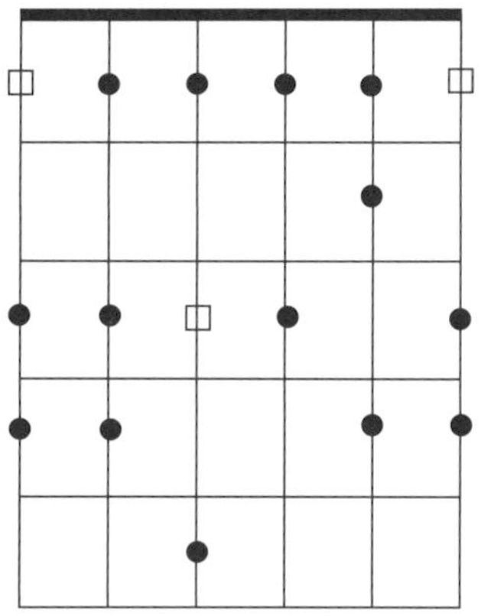

PATRÓN DOS

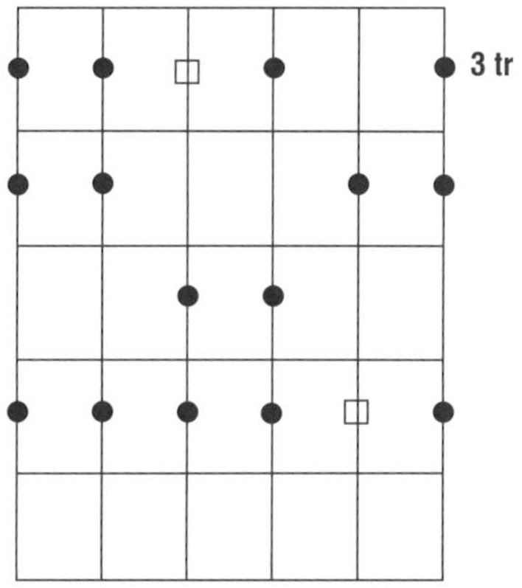

PATRÓN TRES

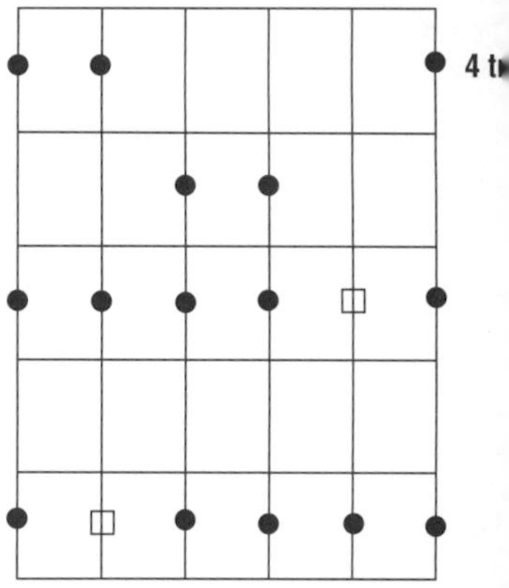

F PENTATÓNICA MENOR

MÁSTIL COMPLETO

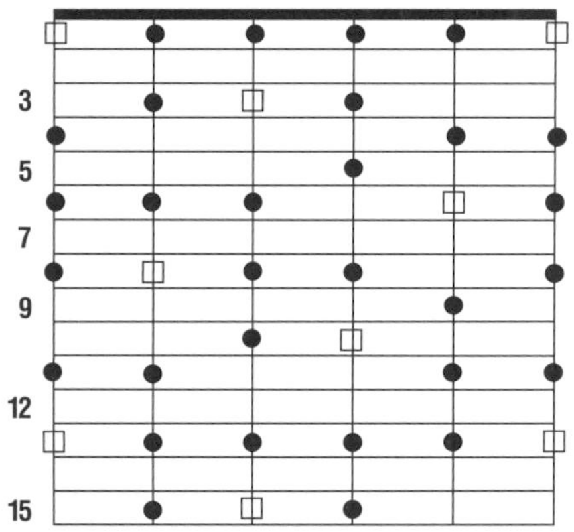

PATRÓN UNO

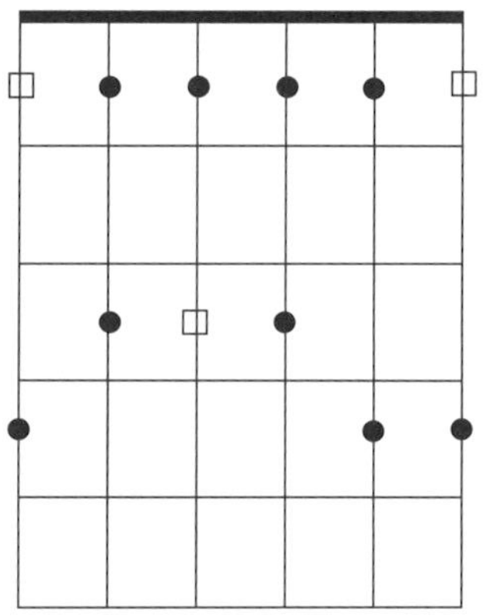

PATRÓN DOS

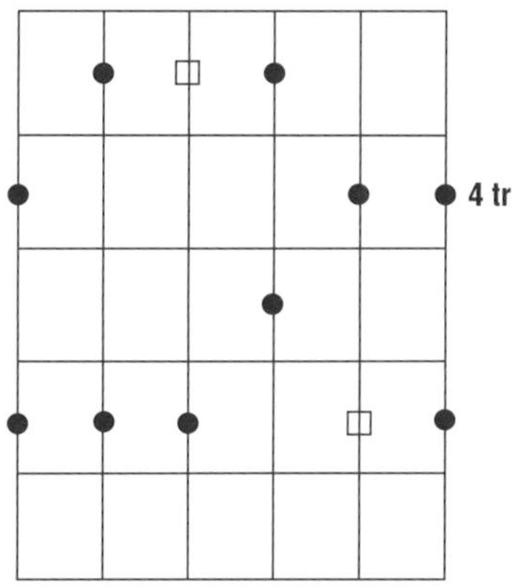

PATRÓN TRES

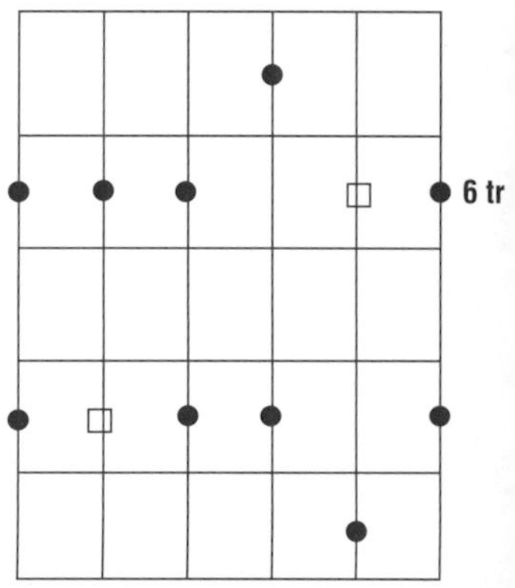

(F–G–A–B♭–C–D–E)

PATRÓN CUATRO

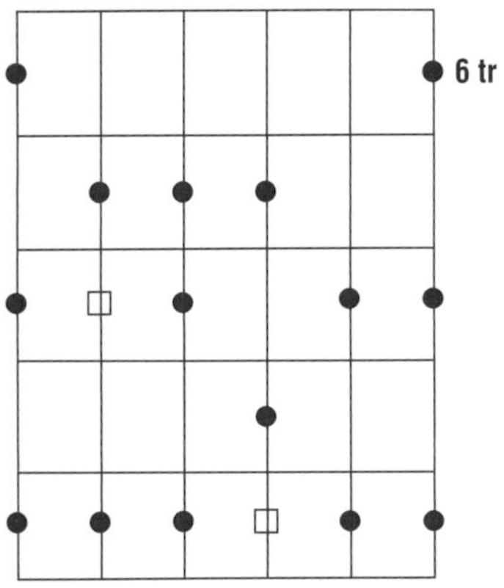

PATRÓN CINCO

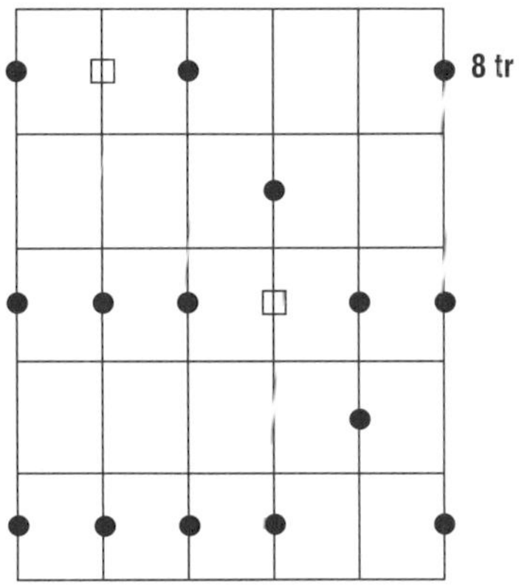

PATRÓN SEIS

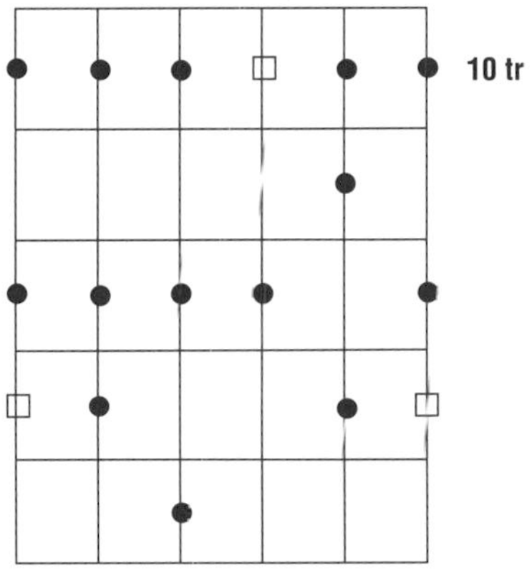

PATRÓN SIETE

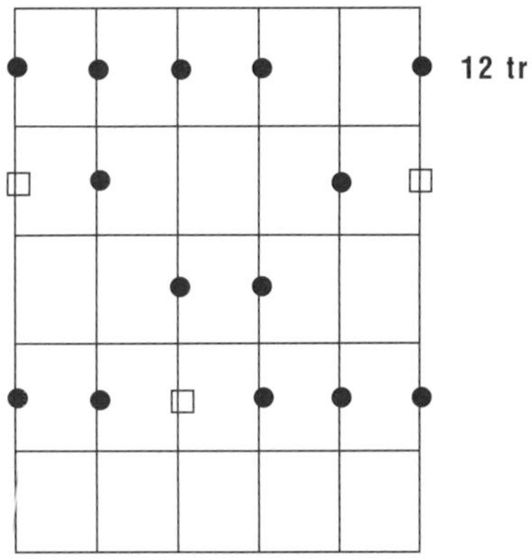

(F–G–A–C–D)

PATRÓN CUATRO

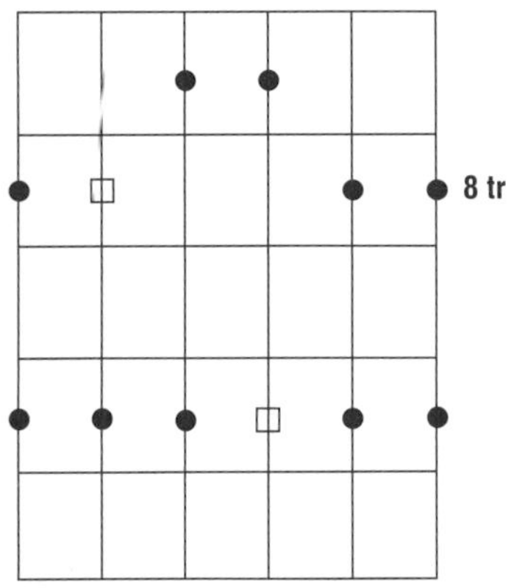

PATRÓN CINCO

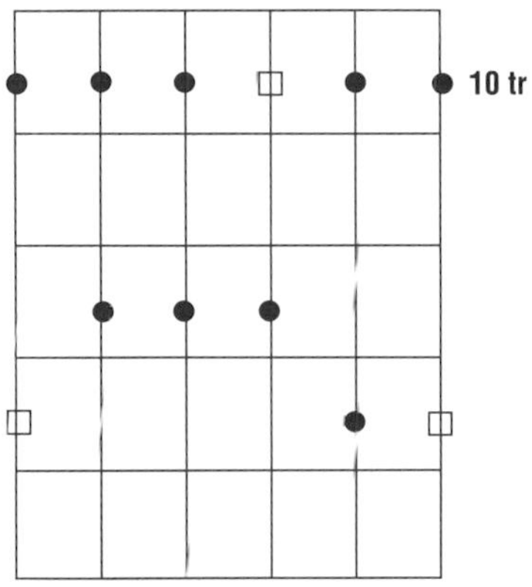

PATRÓN UNO (+1 OCTAVA)

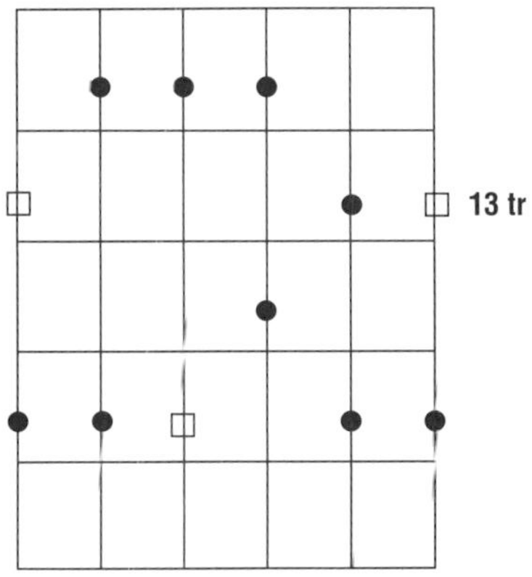

PATRÓN DOS (+1 OCTAVA)

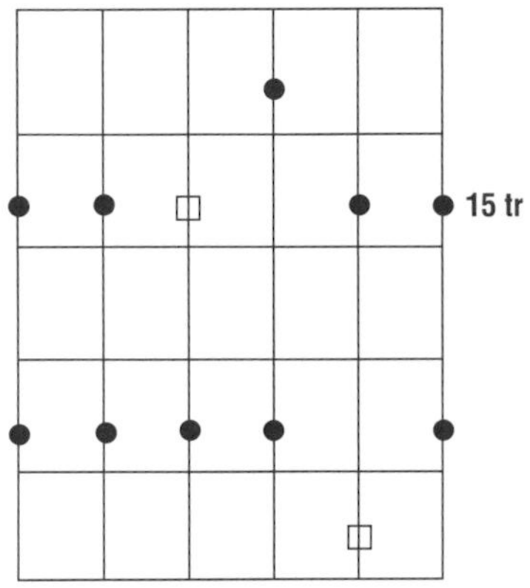

(F–G–A♭–B♭–C–D♭–E♭)

PATRÓN CUATRO

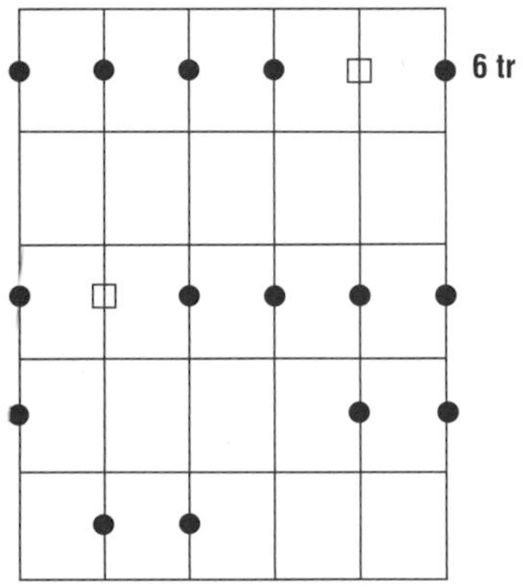

PATRÓN CINCO

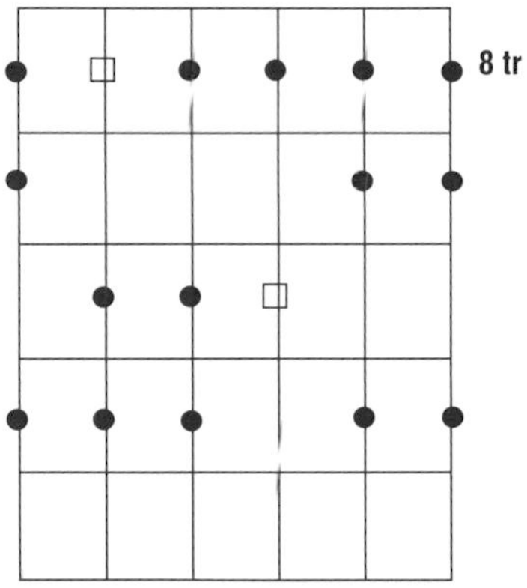

PATRÓN SEIS

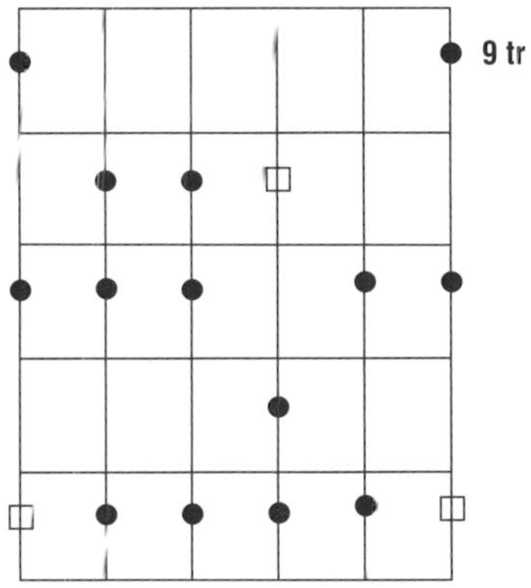

PATRÓN SIETE

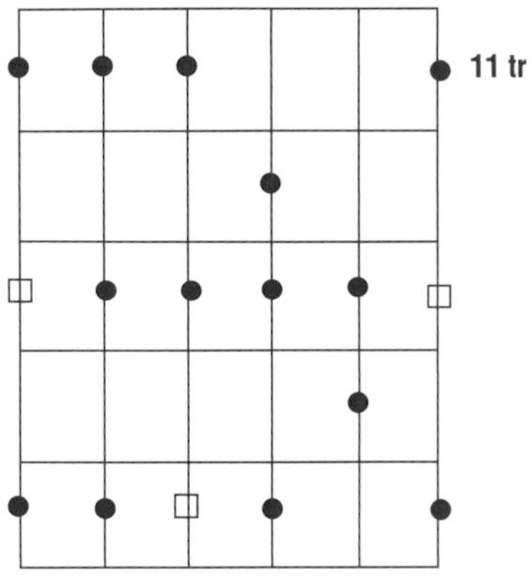

(F–A♭–B♭–C–E♭)

PATRÓN CUATRO

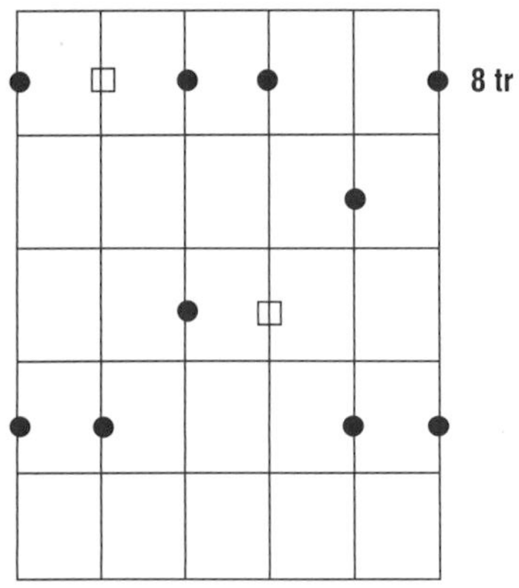

PATRÓN CINCO

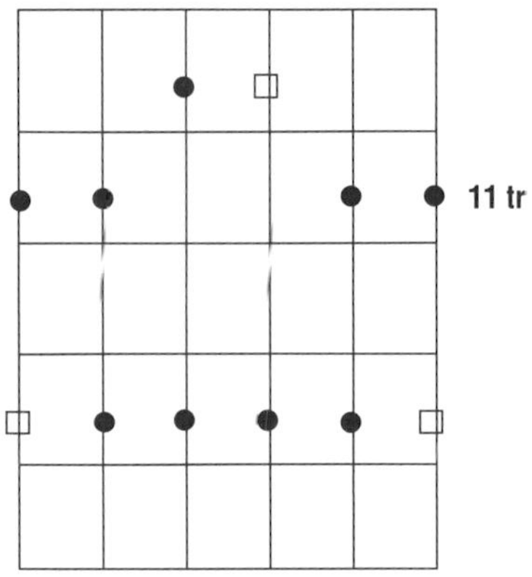

PATRÓN UNO (+1 OCTAVA)

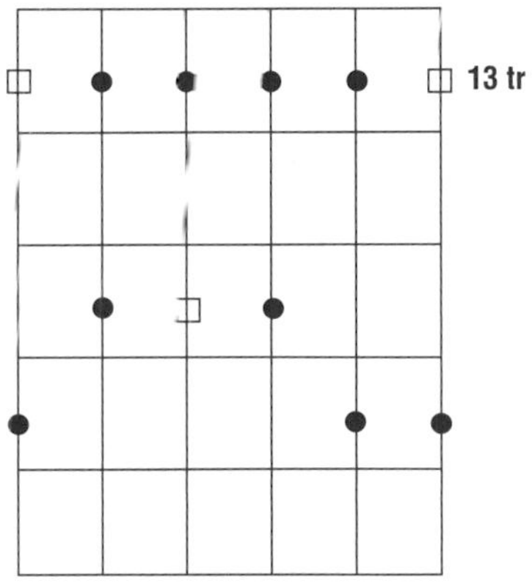

PATRÓN DOS (+1 OCTAVA)

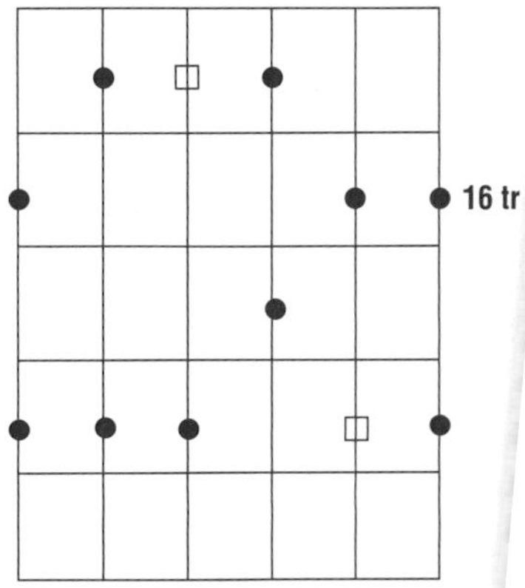

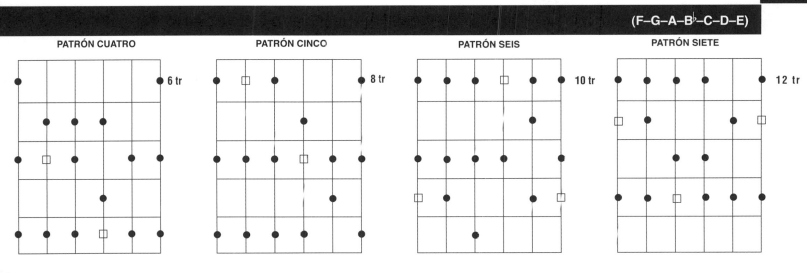

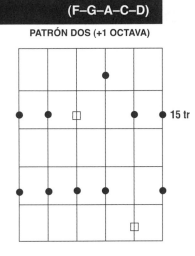

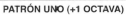

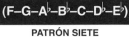

F BLUES

MÁSTIL COMPLETO

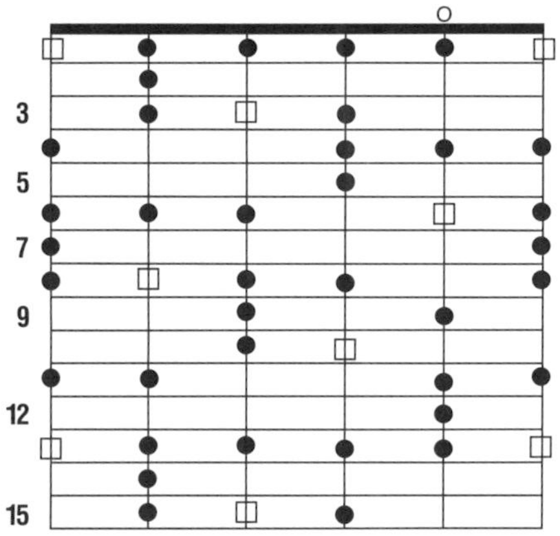

PATRÓN UNO

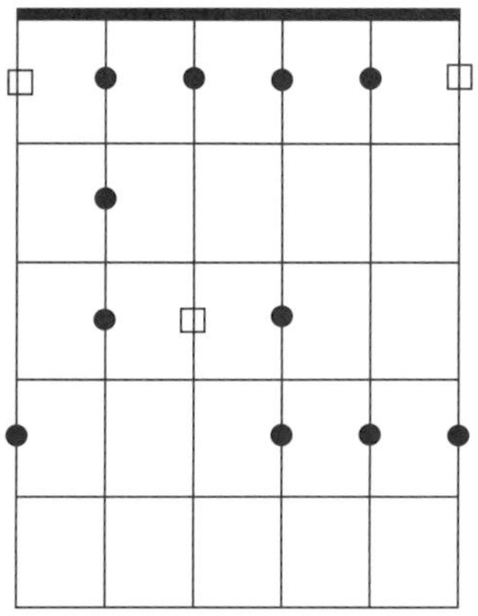

PATRÓN DOS

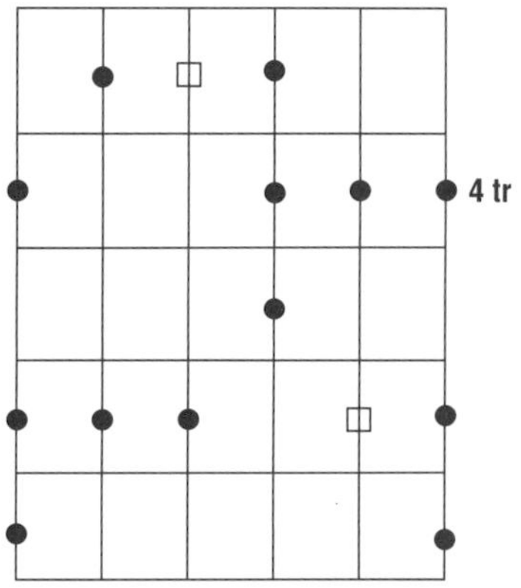

PATRÓN TRES

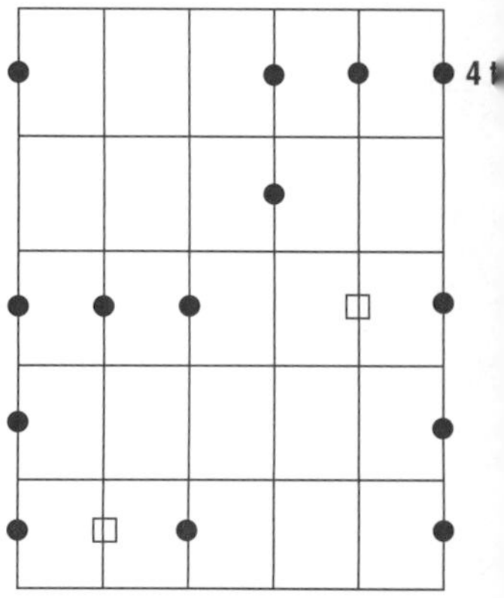

F MIXO BLUES

MÁSTIL COMPLETO

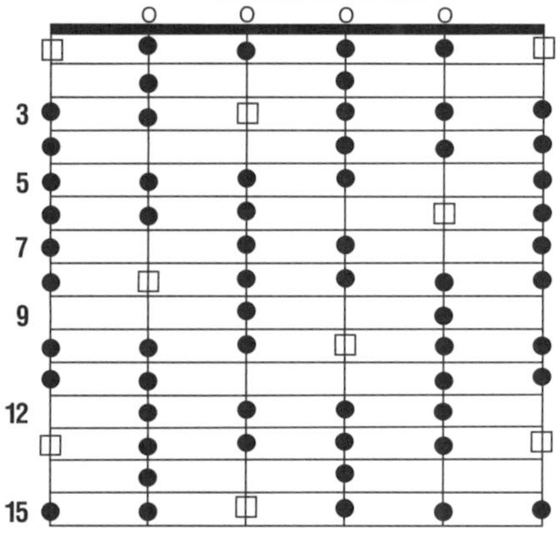

PATRÓN UNO

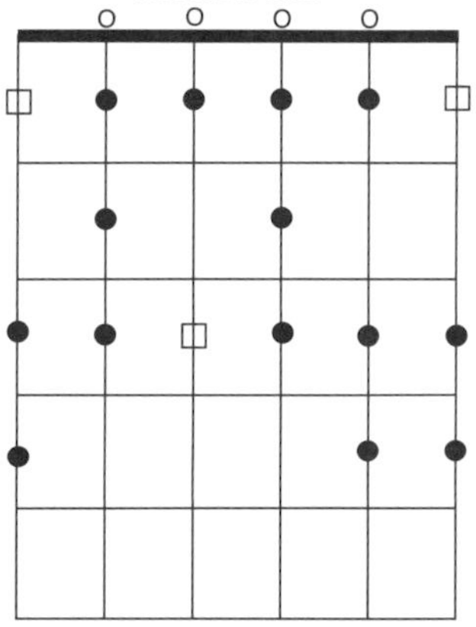

PATRÓN DOS

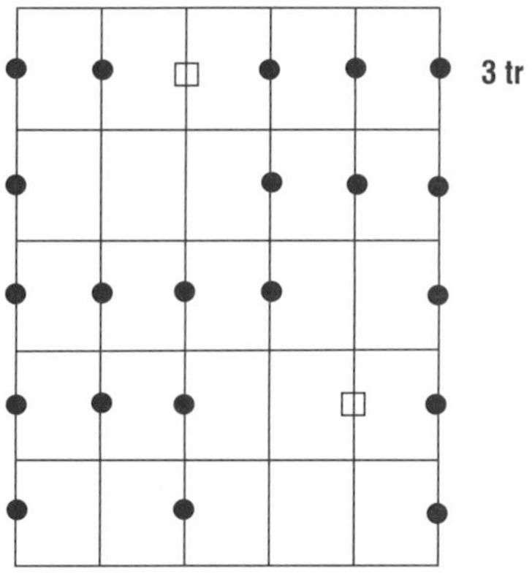

PATRÓN TRES

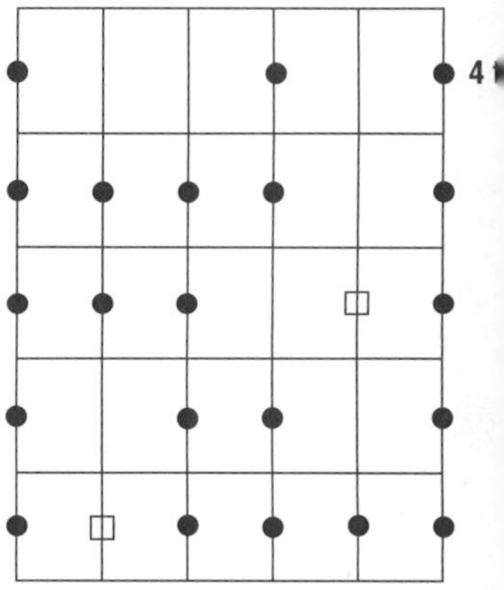

F MIXOLIDIO

MÁSTIL COMPLETO

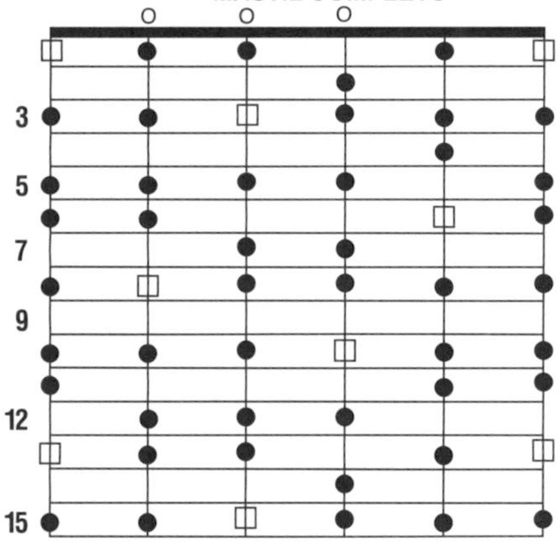

PATRÓN UNO

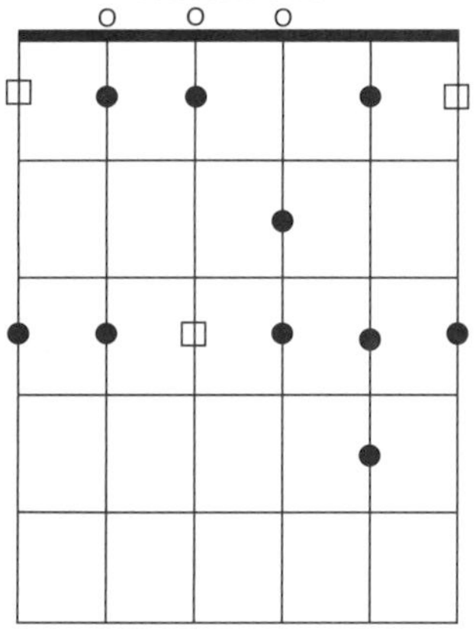

PATRÓN DOS

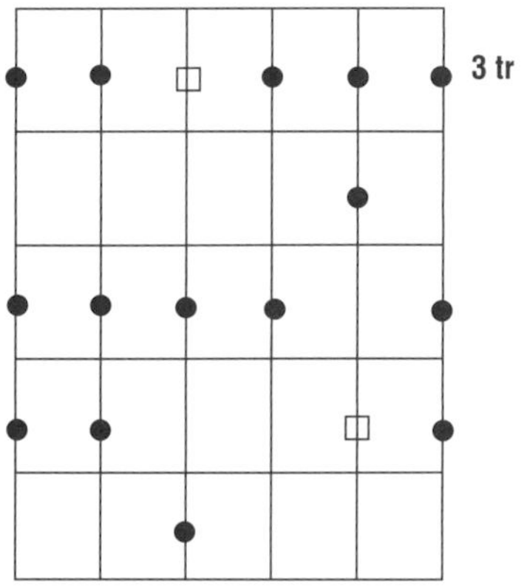

PATRÓN TRES

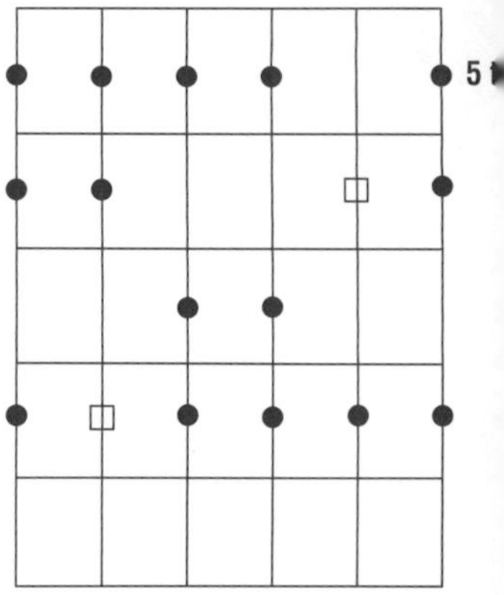

F DÓRICO

MÁSTIL COMPLETO

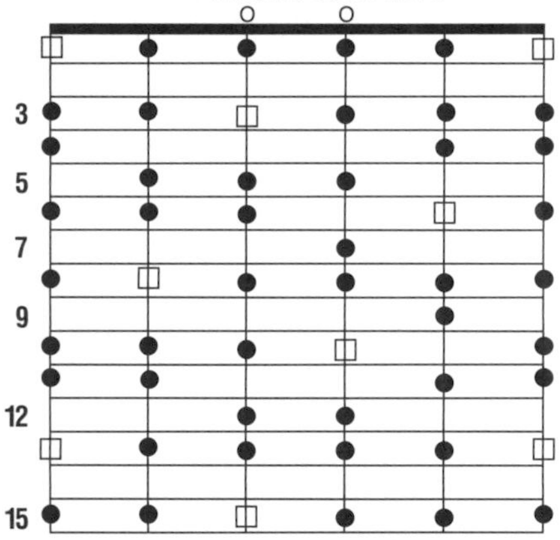

PATRÓN UNO

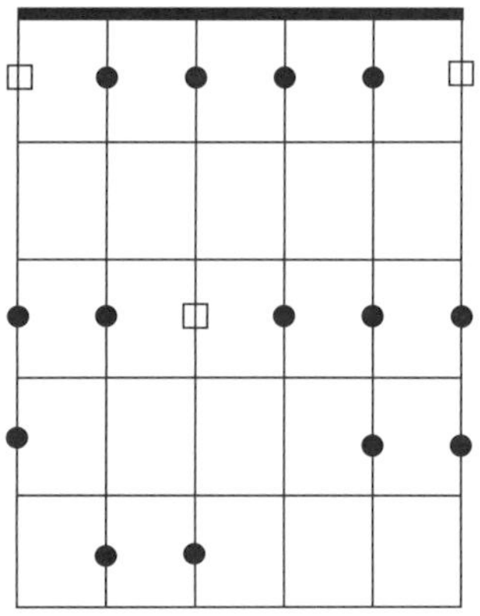

PATRÓN DOS

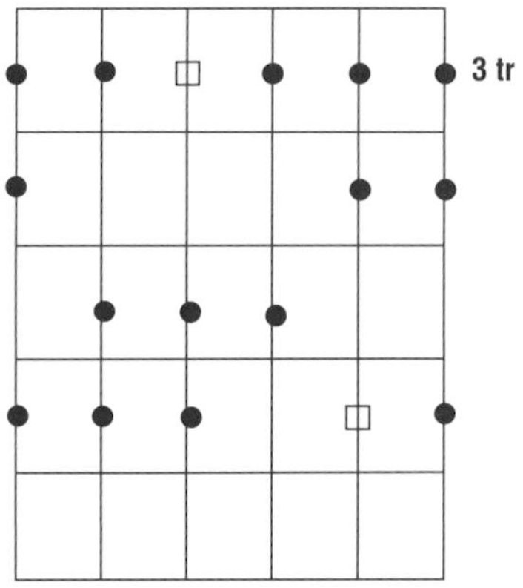

PATRÓN TRES

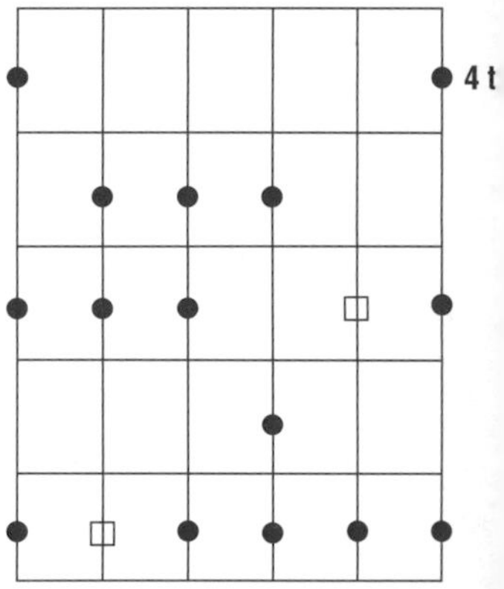

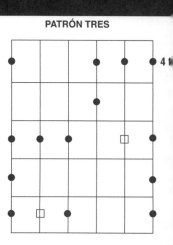

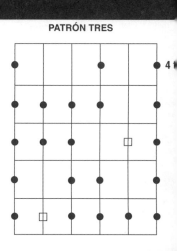

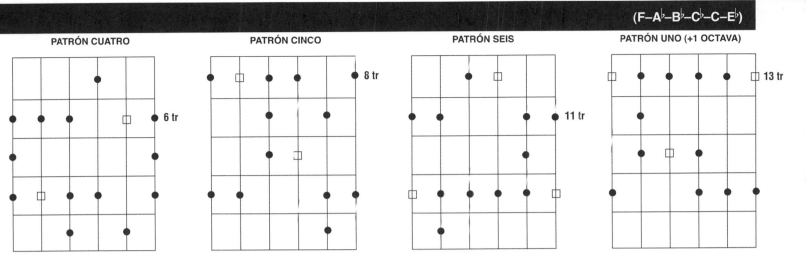

(F–A♭–B♭–C♭–C–E♭)

PATRÓN CUATRO

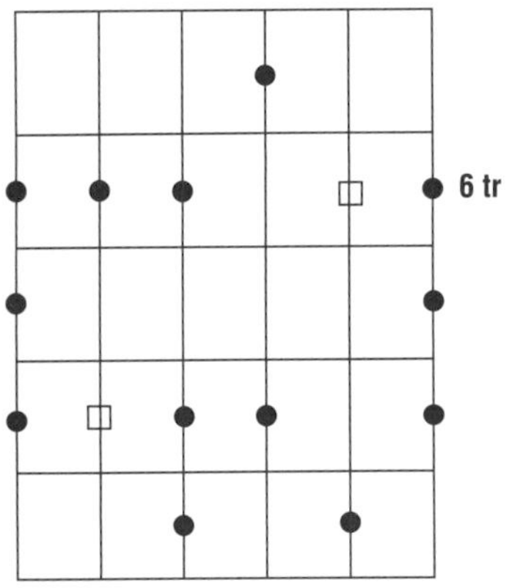

PATRÓN CINCO

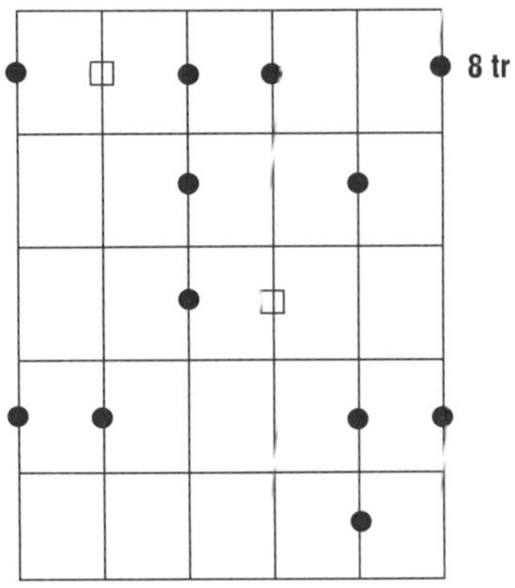

PATRÓN SEIS

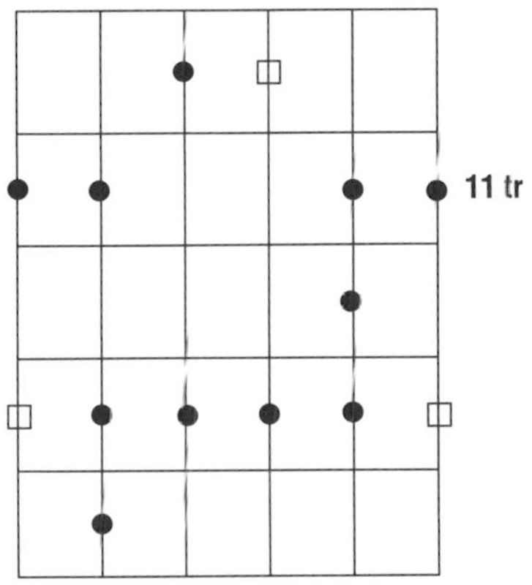

PATRÓN UNO (+1 OCTAVA)

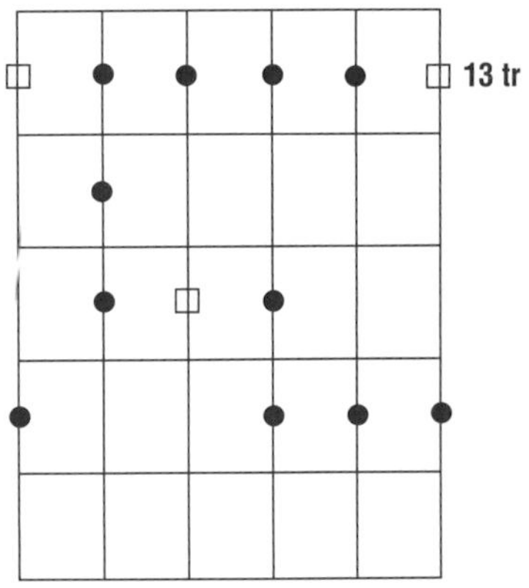

(F–G–A♭–A–B♭–C♭–C–D–E♭)

PATRÓN CUATRO

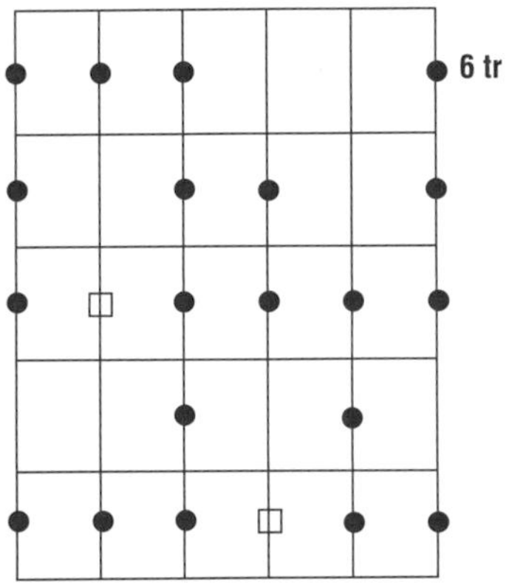

PATRÓN CINCO

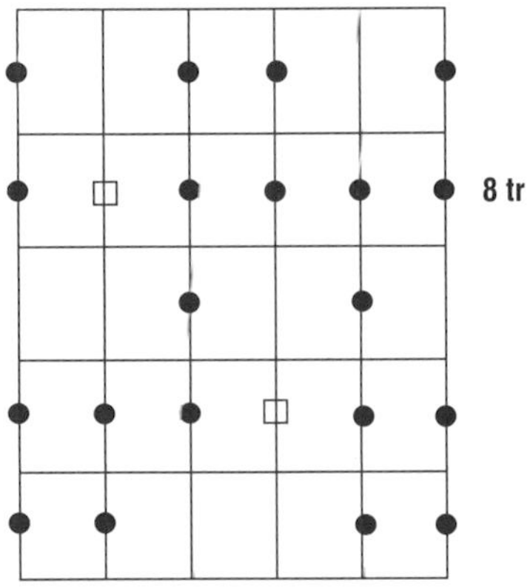

PATRÓN SEIS

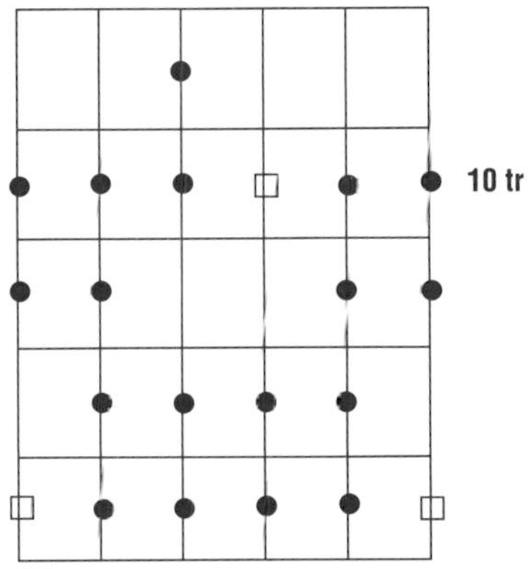

PATRÓN SIETE

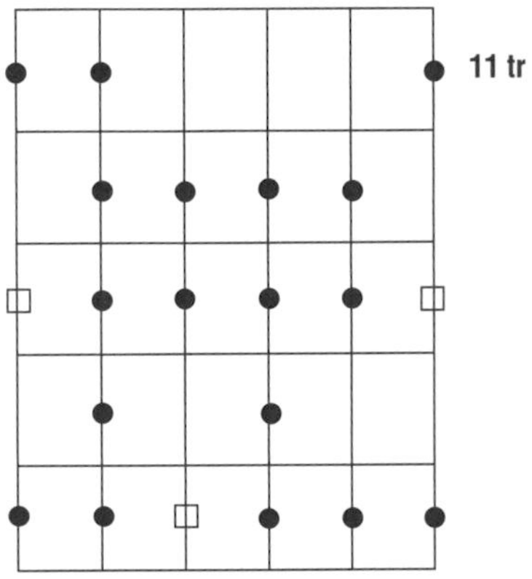

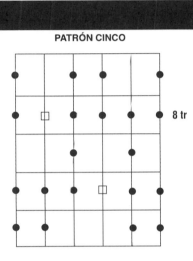

(F–G–A–B♭–C–D–E♭)

PATRÓN CUATRO

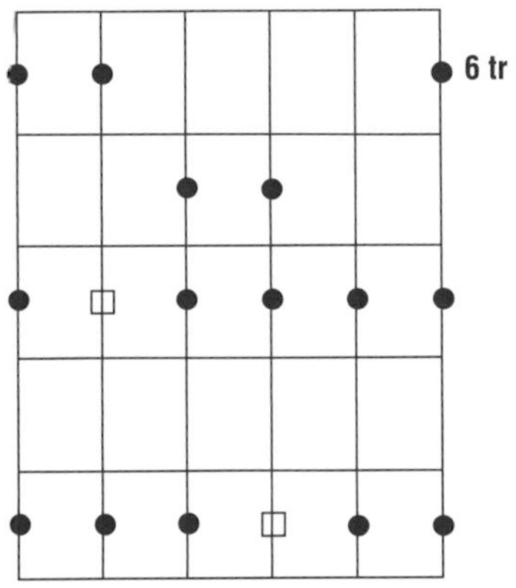

PATRÓN CINCO

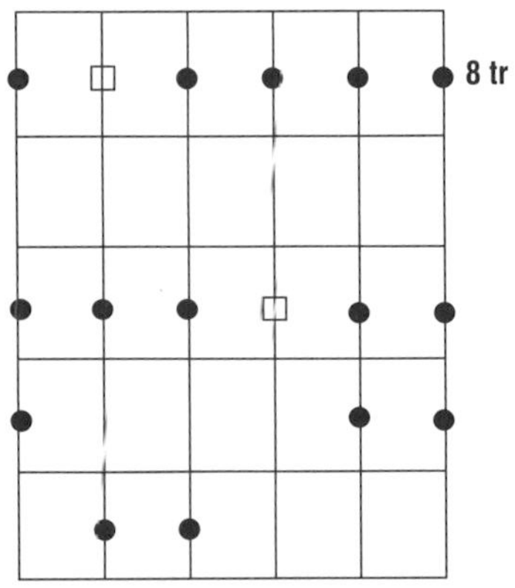

PATRÓN SEIS

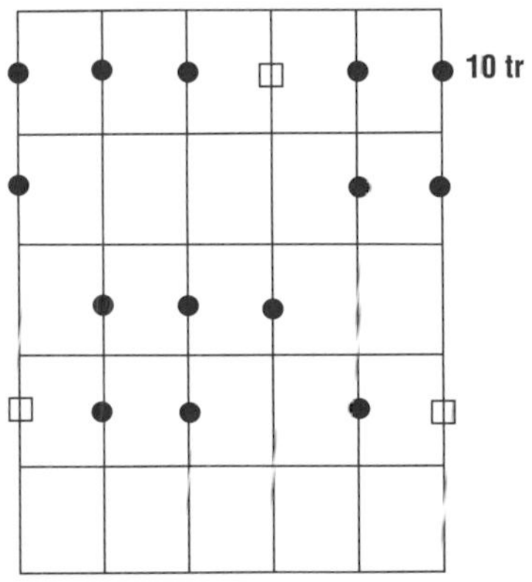

PATRÓN SIETE

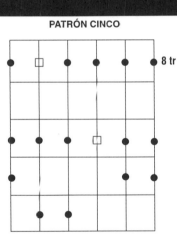

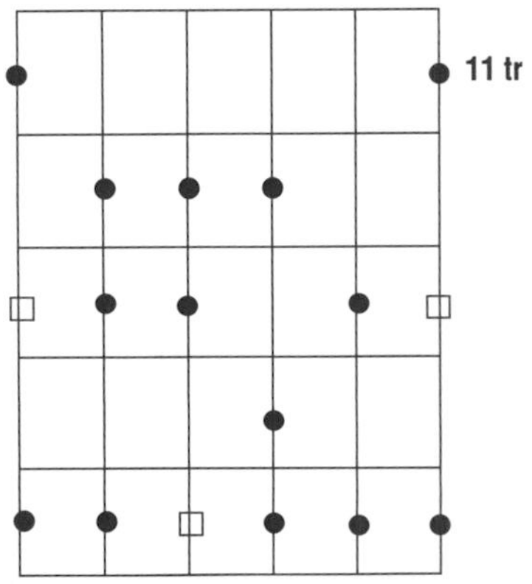

(F–G–A♭–B♭–C–D–E♭)

PATRÓN CUATRO

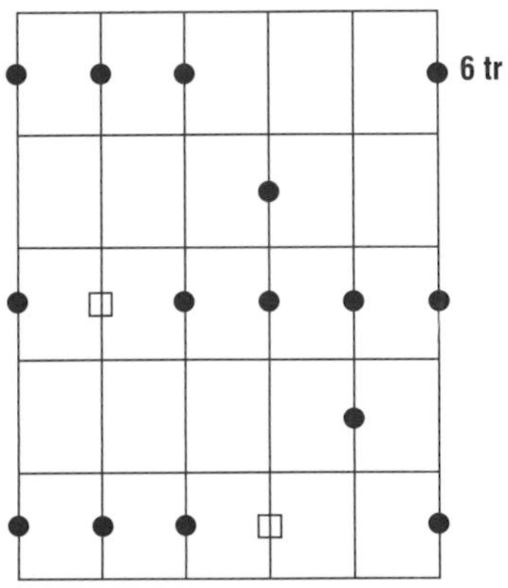

PATRÓN CINCO

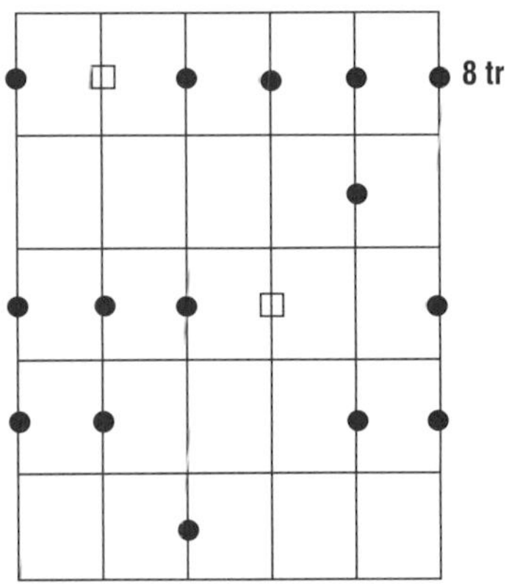

PATRÓN SEIS

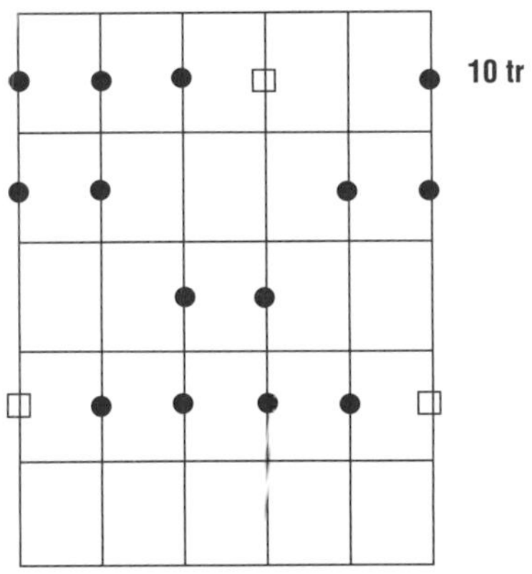

PATRÓN SIETE

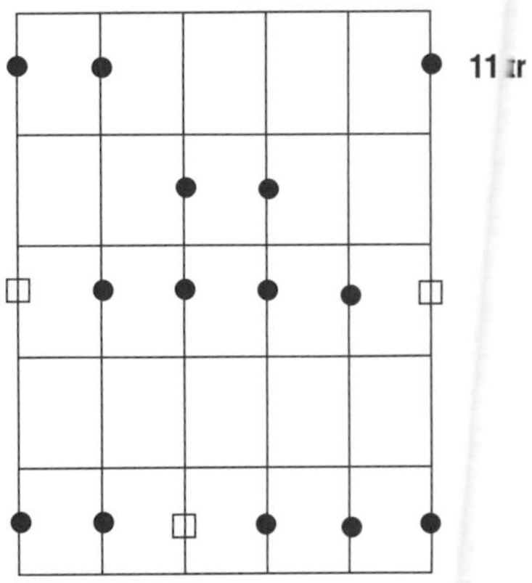

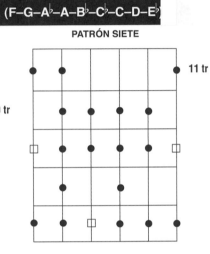

F MENOR MELÓDICA

MÁSTIL COMPLETO

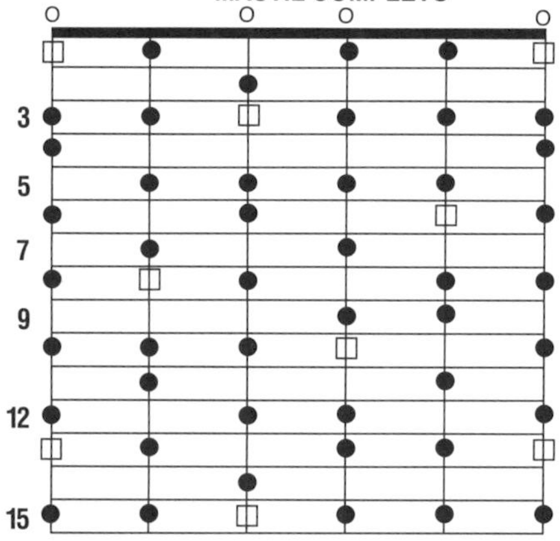

PATRÓN UNO

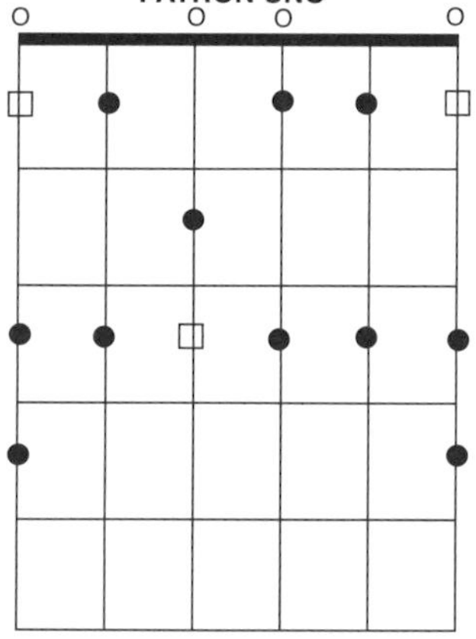

PATRÓN DOS

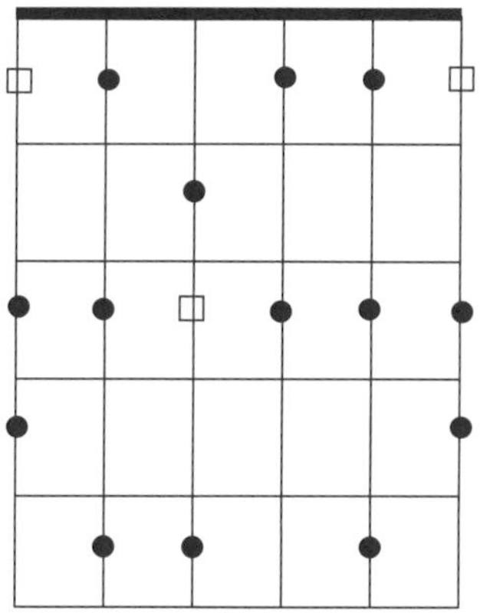

PATRÓN TRES

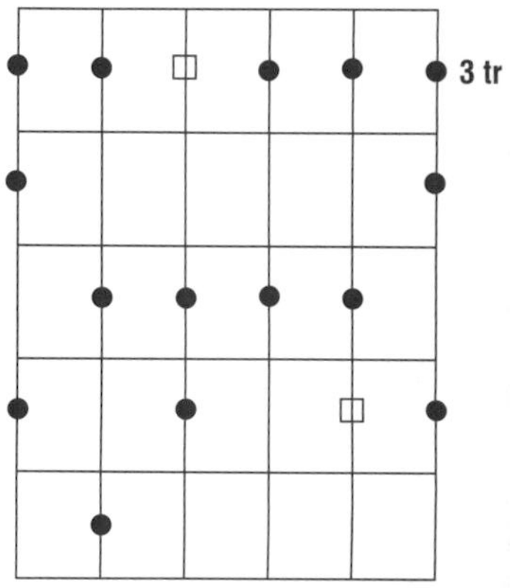

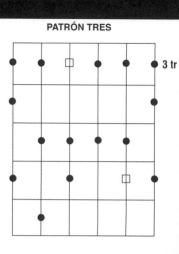

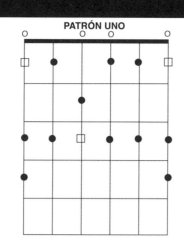

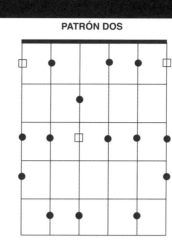

F MENOR ARMÓNICA

MÁSTIL COMPLETO

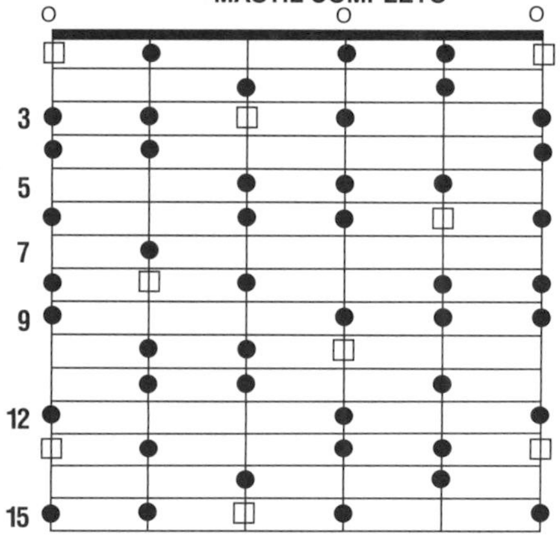

PATRÓN UNO

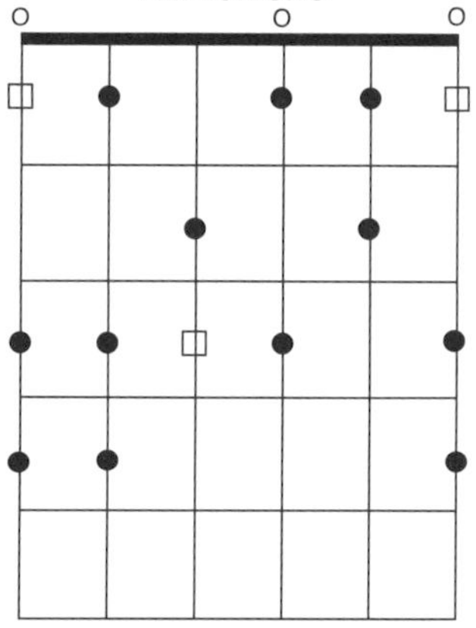

PATRÓN DOS

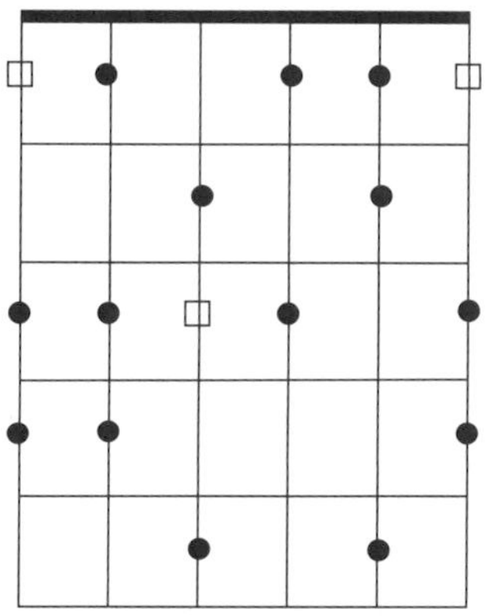

PATRÓN TRES

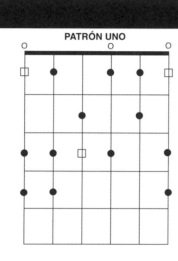

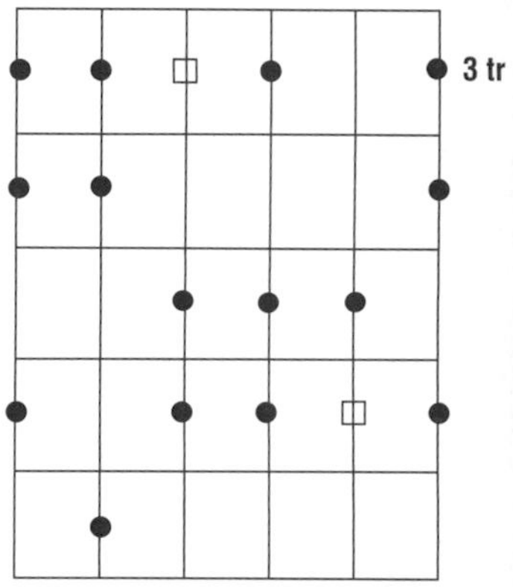

F TRIGIA

MÁSTIL COMPLETO

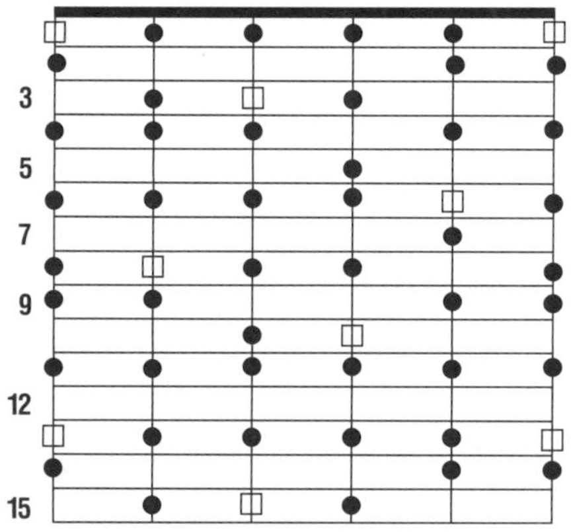

PATRÓN UNO

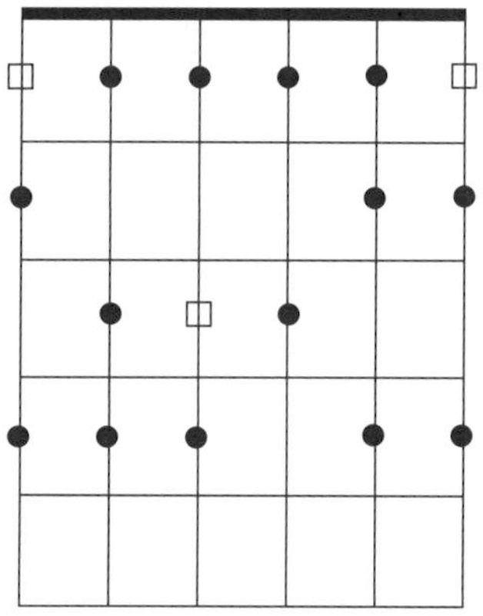

PATRÓN DOS

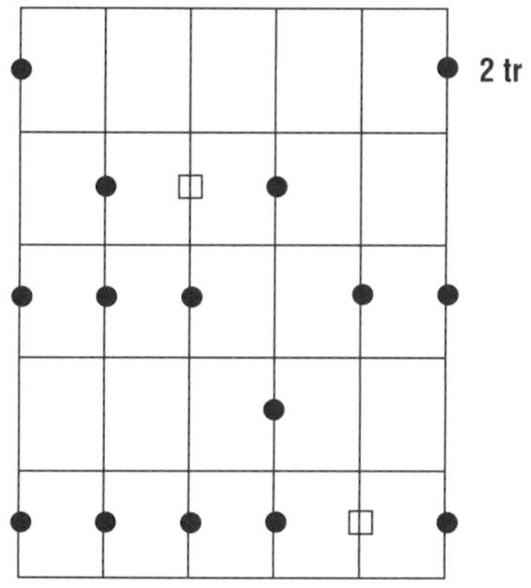

PATRÓN TRES

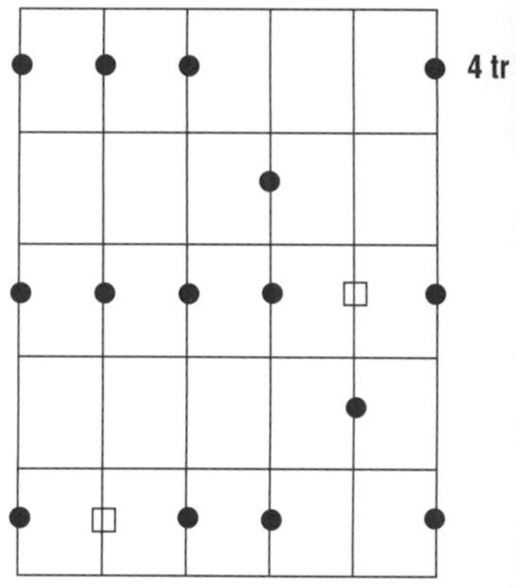

F LOCRIO

MÁSTIL COMPLETO

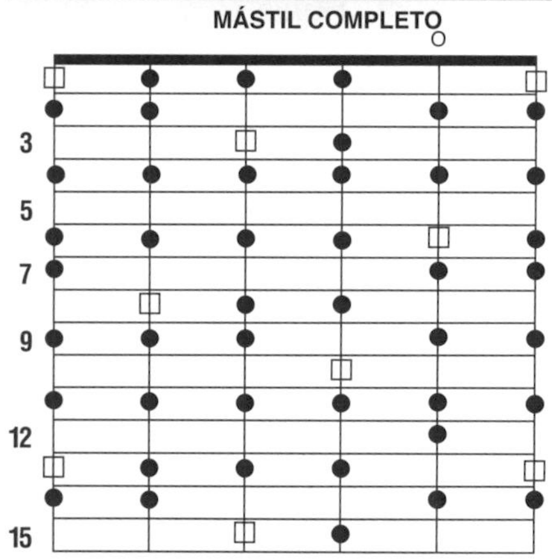

PATRÓN UNO

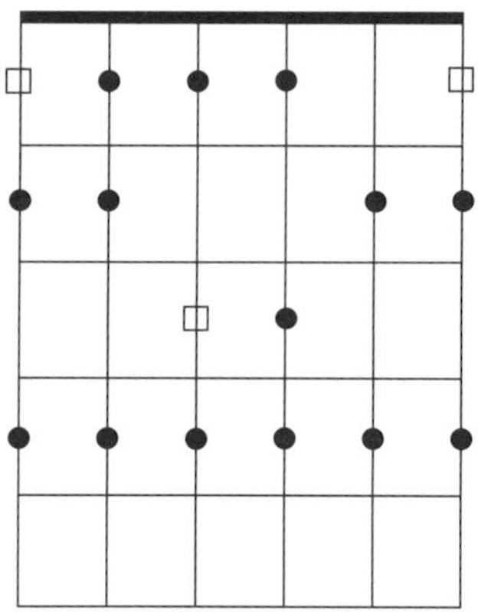

PATRÓN DOS

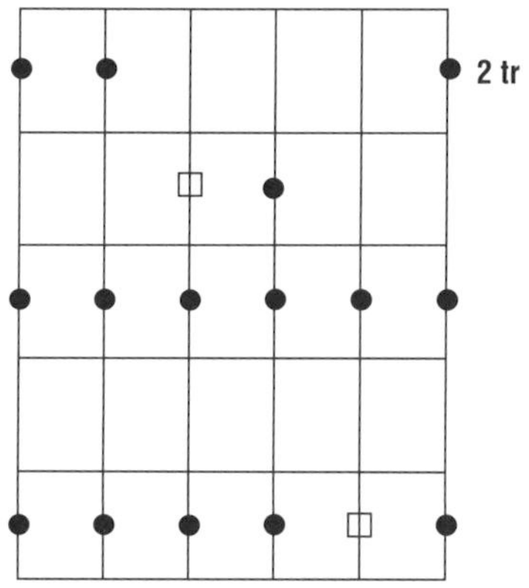

PATRÓN TRES

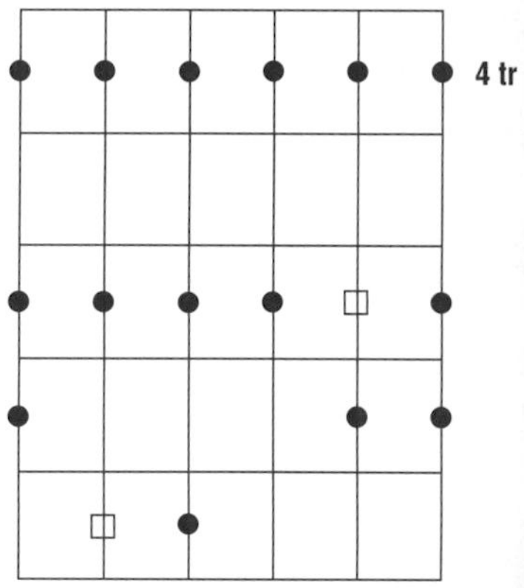

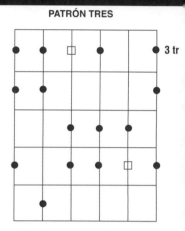

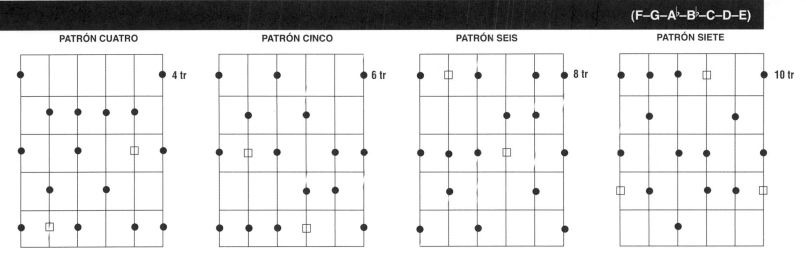

(F–G–A$\flat$–B$\flat$–C–D–E)

PATRÓN CUATRO

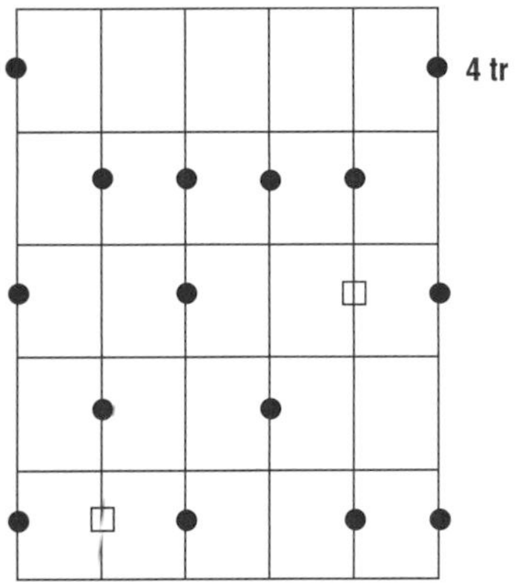

PATRÓN CINCO

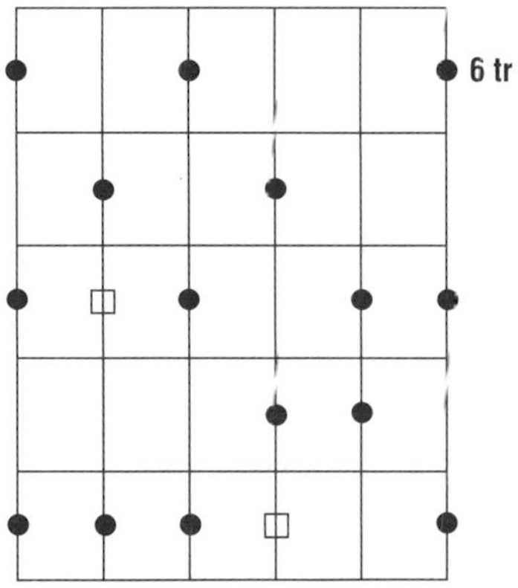

PATRÓN SEIS

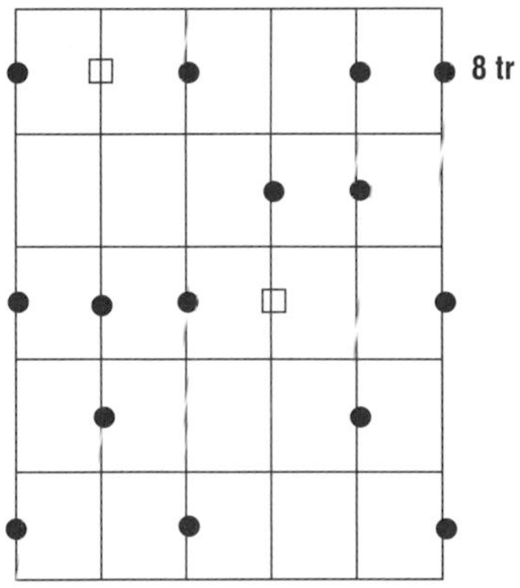

PATRÓN SIETE

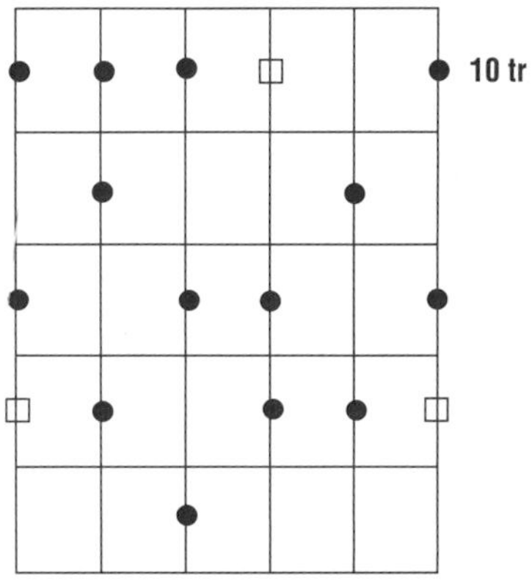

(F–G–A$\flat$–B$\flat$–C–D$\flat$–E)

PATRÓN CUATRO

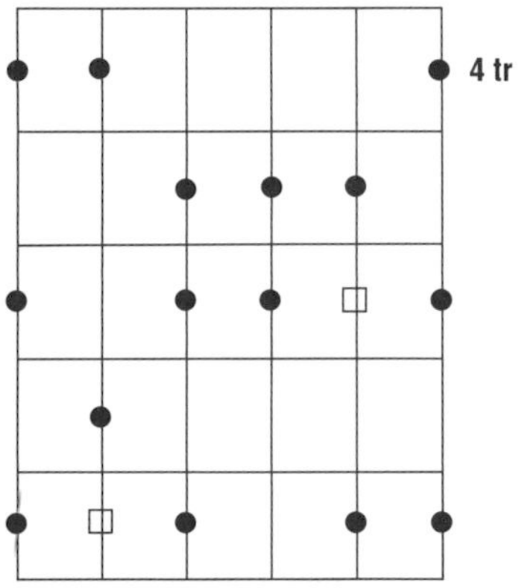

PATRÓN CINCO

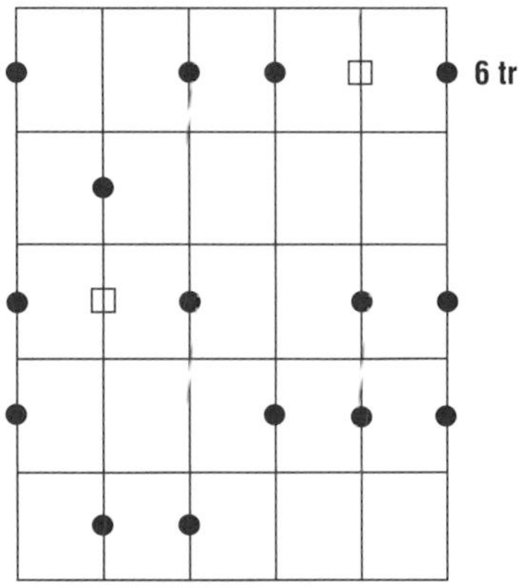

PATRÓN SEIS

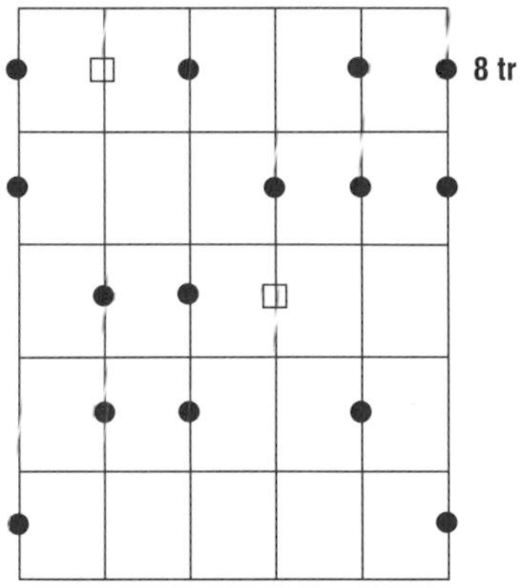

PATRÓN SIETE

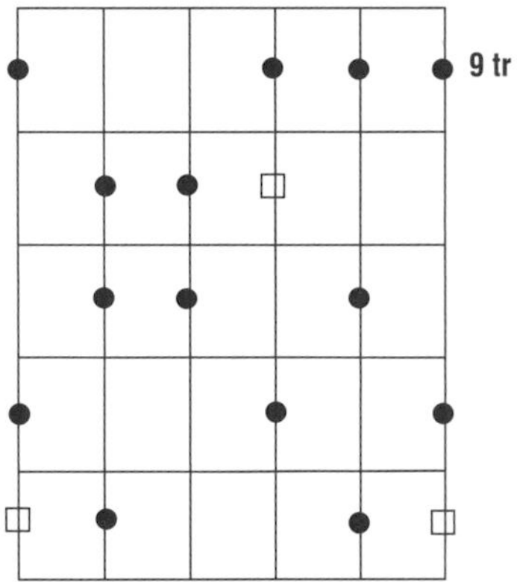

(F–G$\flat$–A$\flat$–B$\flat$–C–D$\flat$–E$\flat$)

PATRÓN CUATRO

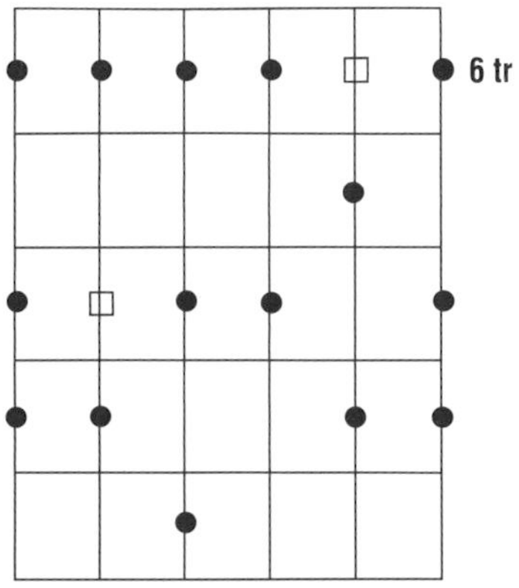

PATRÓN CINCO

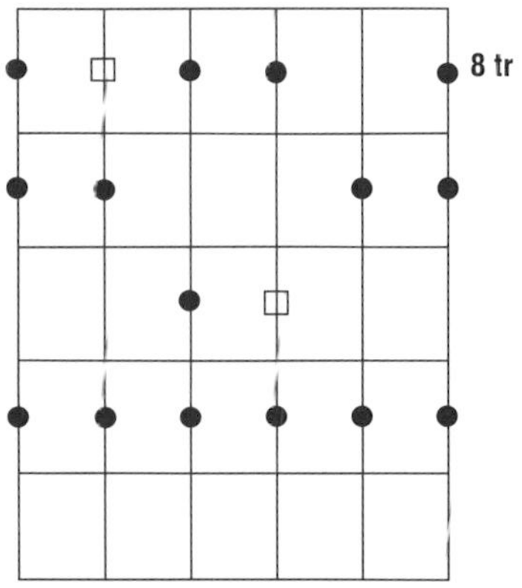

PATRÓN SEIS

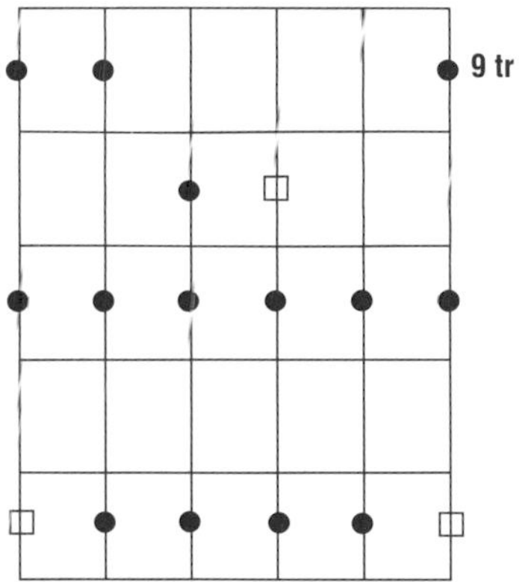

PATRÓN SIETE

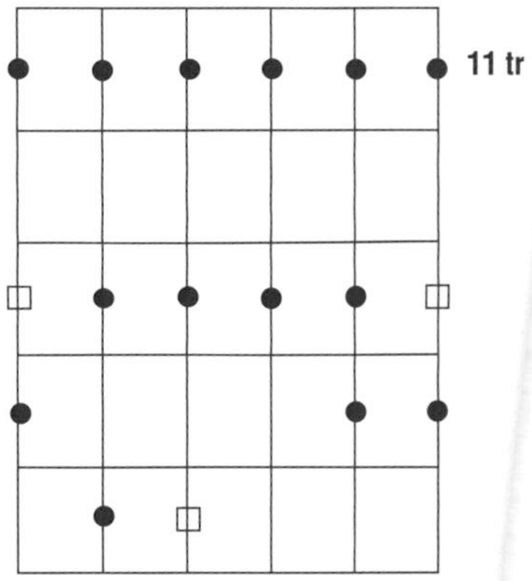

(F–G$\flat$–A$\flat$–B$\flat$–C$\flat$–D$\flat$–E$\flat$)

PATRÓN CUATRO

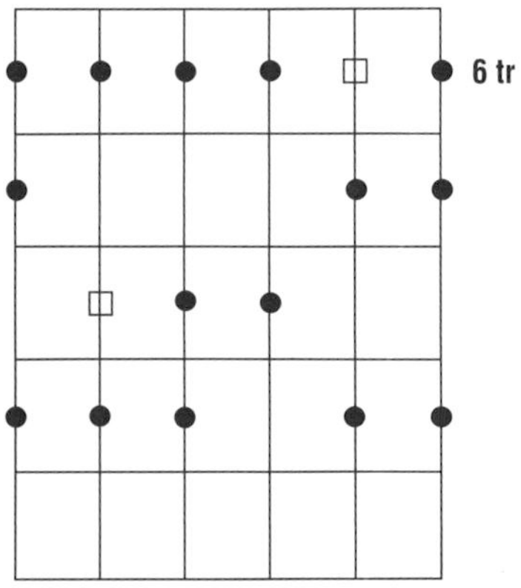

PATRÓN CINCO

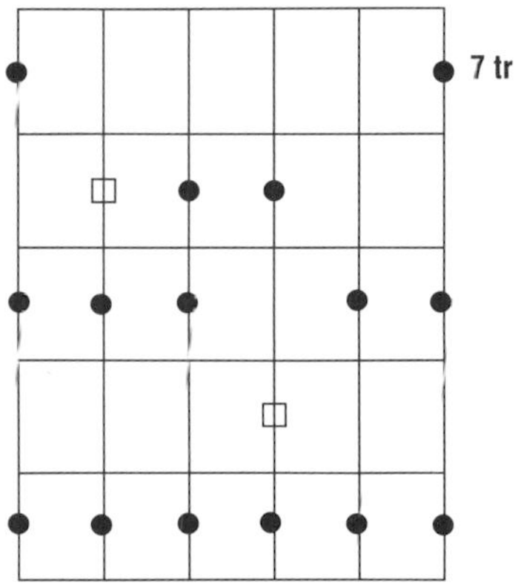

PATRÓN SEIS

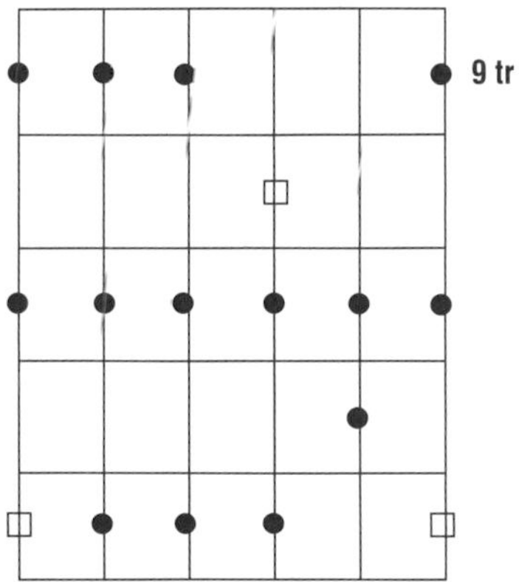

PATRÓN SIETE

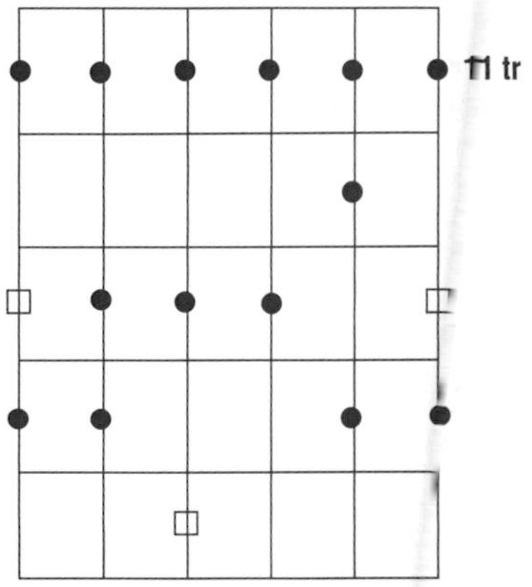

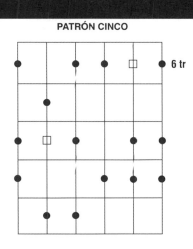

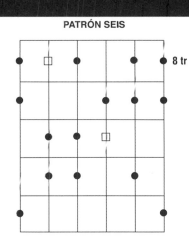

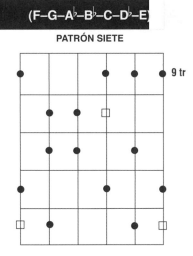

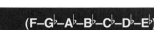

F LIDIO

MÁSTIL COMPLETO

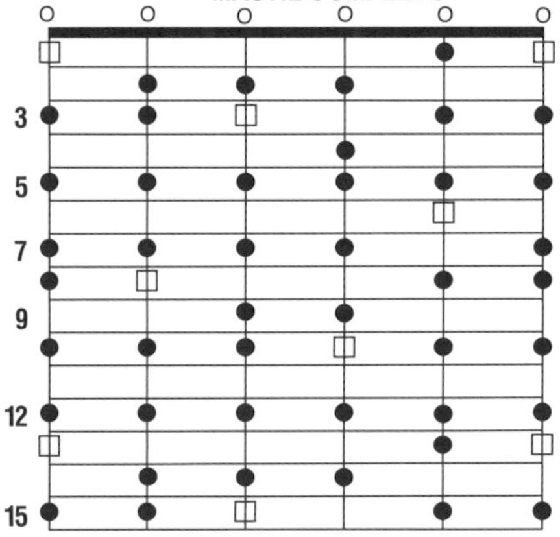

PATRÓN UNO

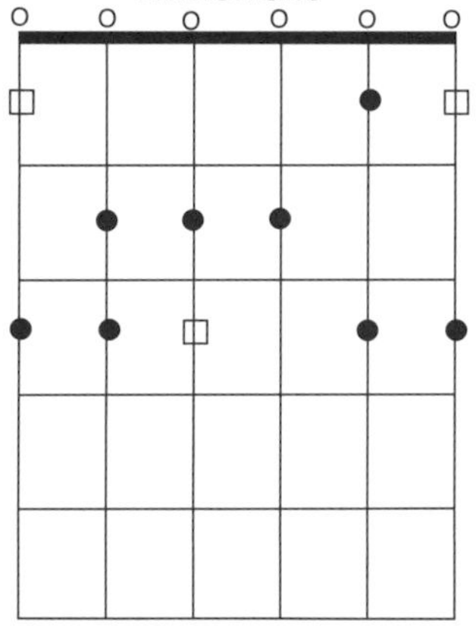

PATRÓN DOS

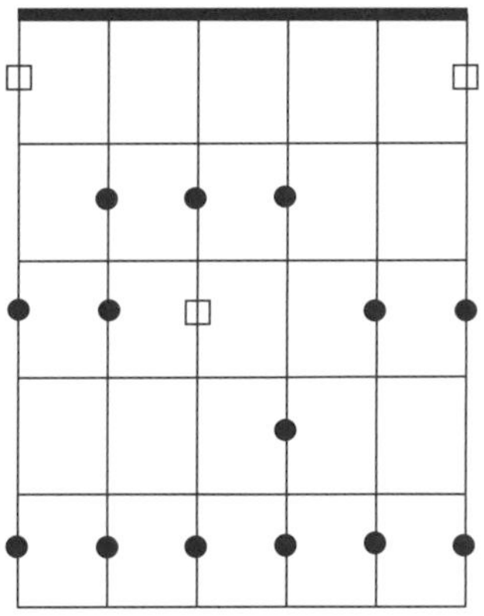

PATRÓN TRES

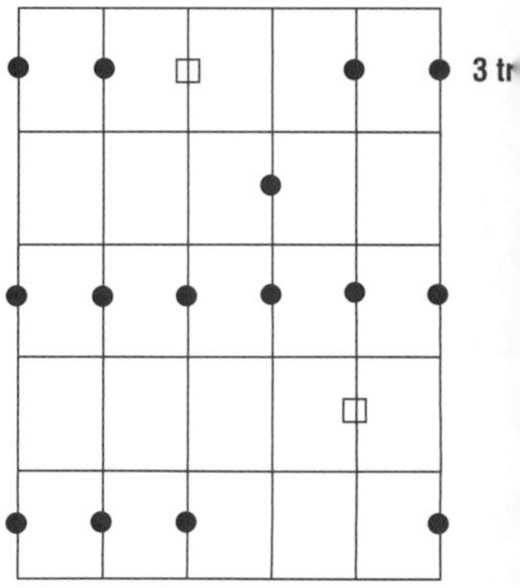

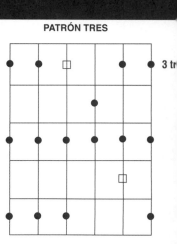

F DISMINUIDA (SEMITONO-TONO)

MÁSTIL COMPLETO

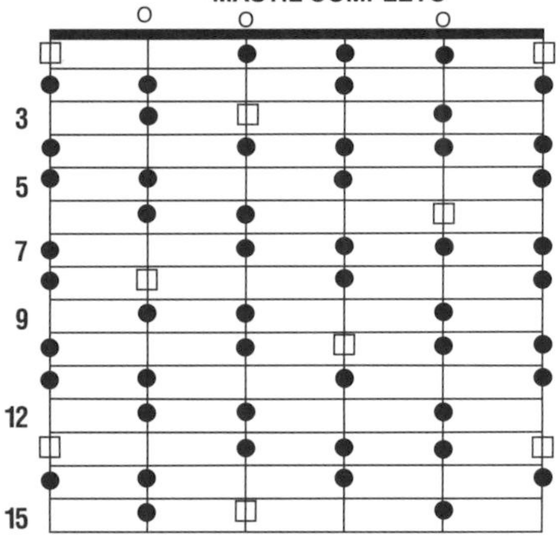

PATRÓN UNO

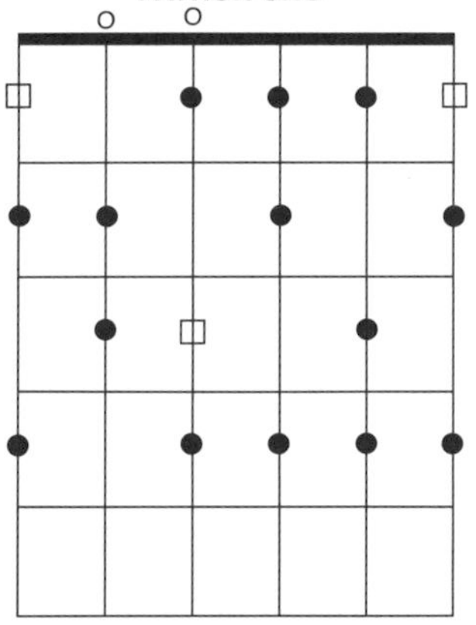

PATRÓN DOS

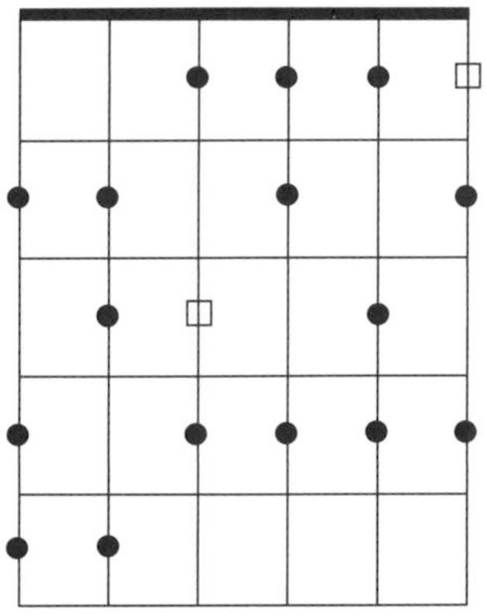

PATRÓN TRES

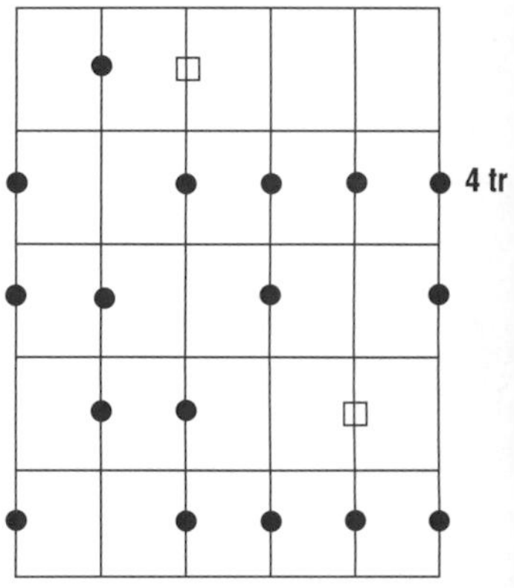

F DISMINUIDA (TONO-SEMITONO)

MÁSTIL COMPLETO

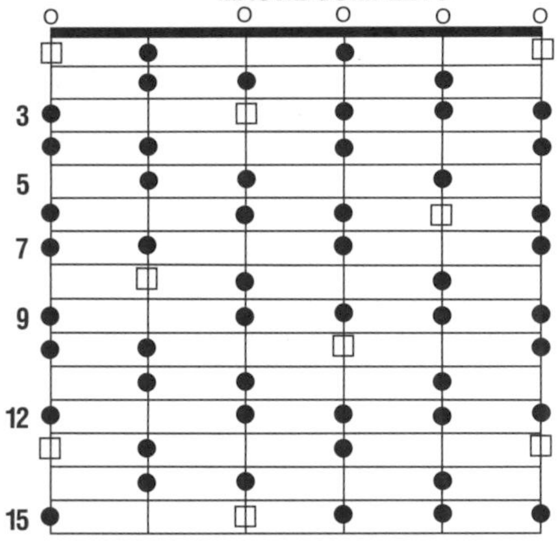

PATRÓN UNO

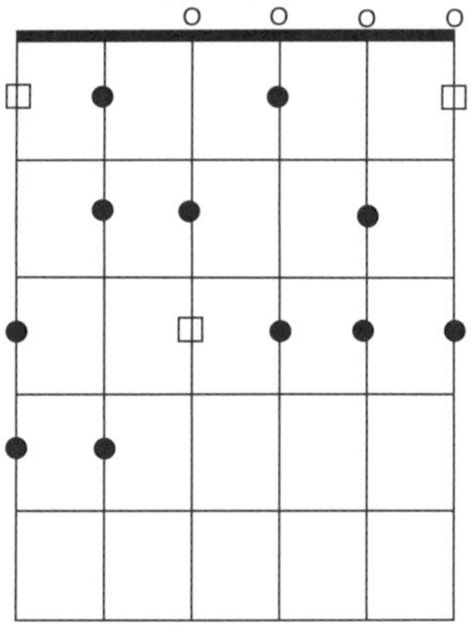

PATRÓN DOS

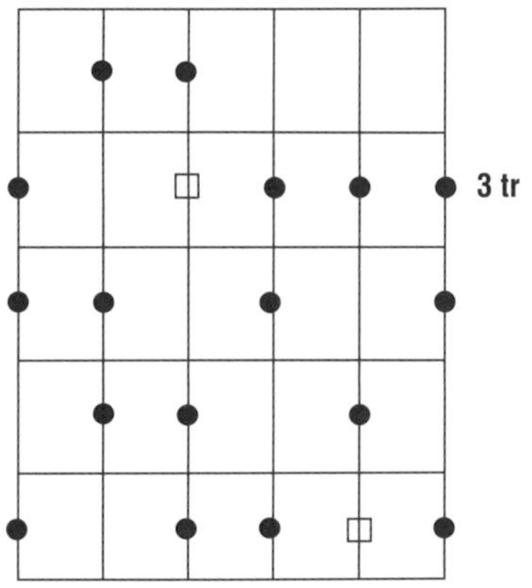

PATRÓN TRES

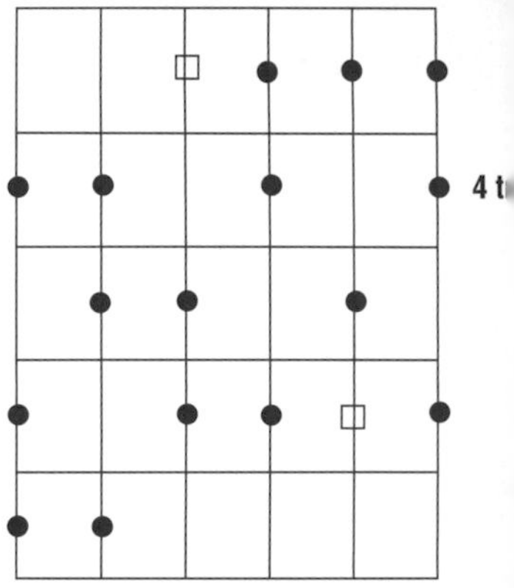

F CROMÁTICA (F–G♭–G–A♭–A–B♭–C♭–C–D♭–D–E♭–E)

MÁSTIL COMPLETO

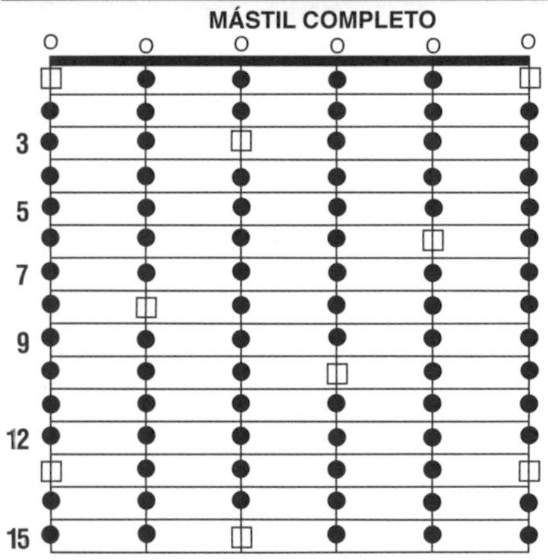

PATRÓN UNO ASCENDENTE

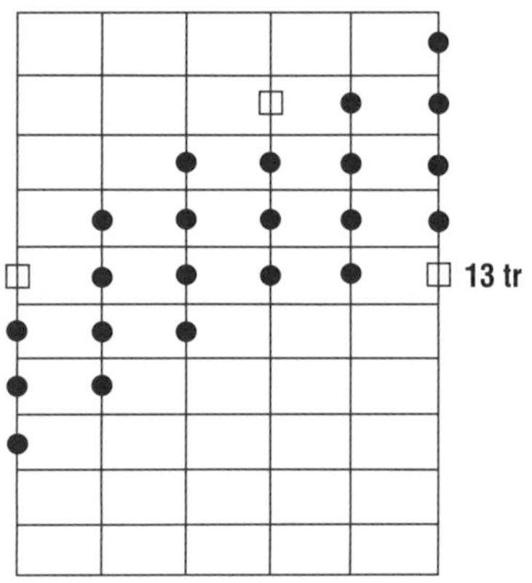

PATRÓN UNO DESCENDIENTE

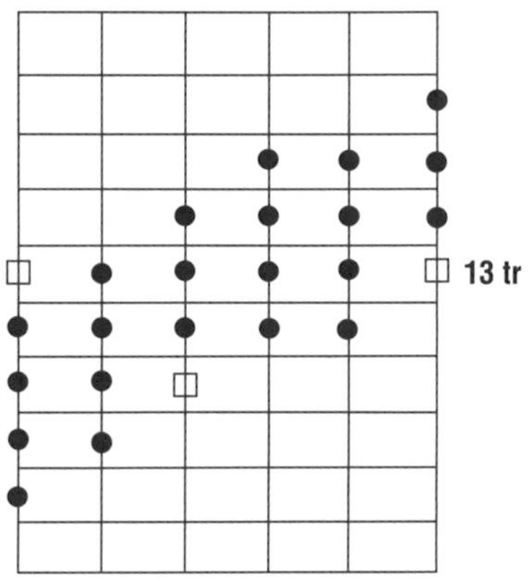

PATRÓN DOS

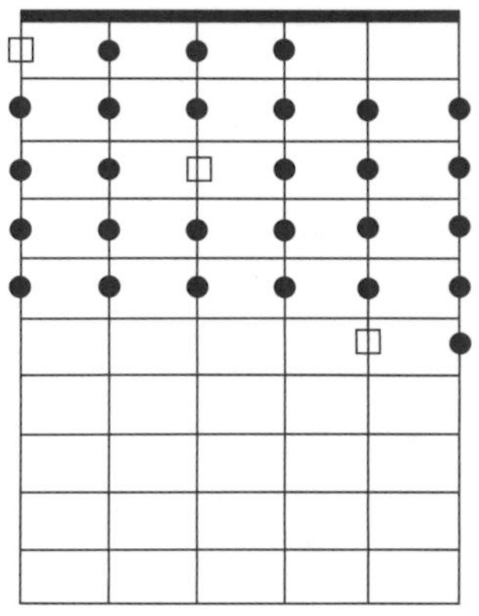

(F–G–A–B–C–D–E)

PATRÓN CUATRO

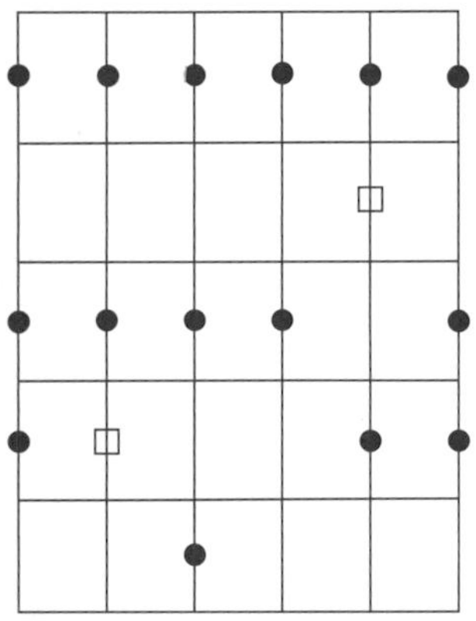

5 tr

PATRÓN CINCO

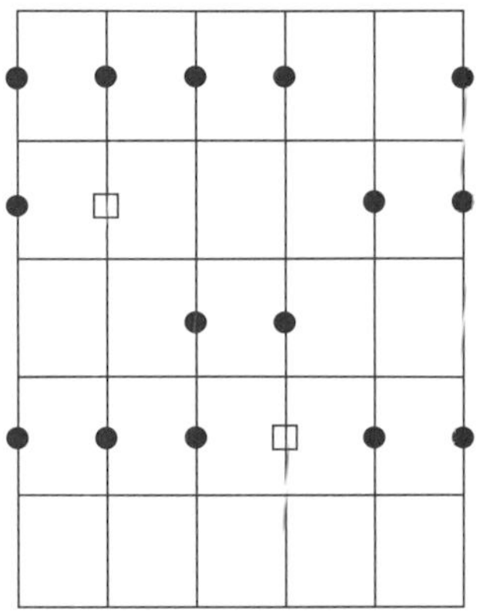

7 tr

PATRÓN SEIS

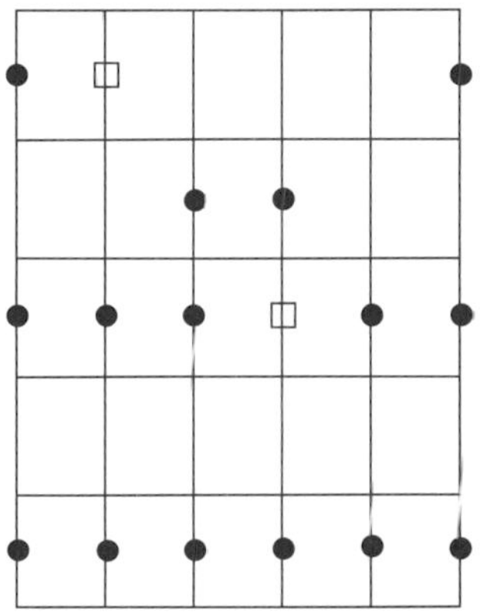

8 tr

PATRÓN SIETE

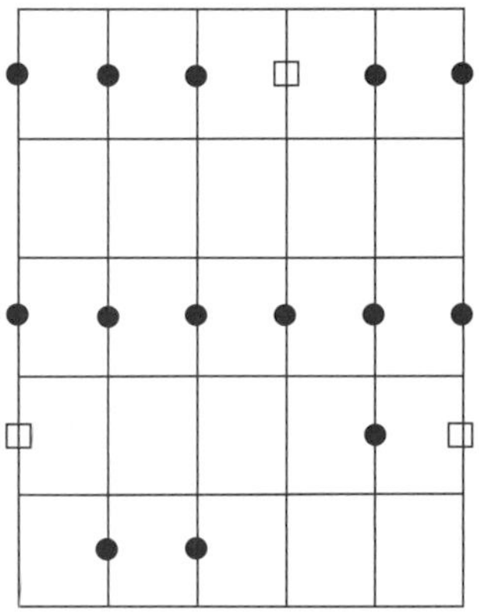

10 tr

(F–G♭–A♭–B𝄫–C♭–C–D–E♭)

PATRÓN CUATRO

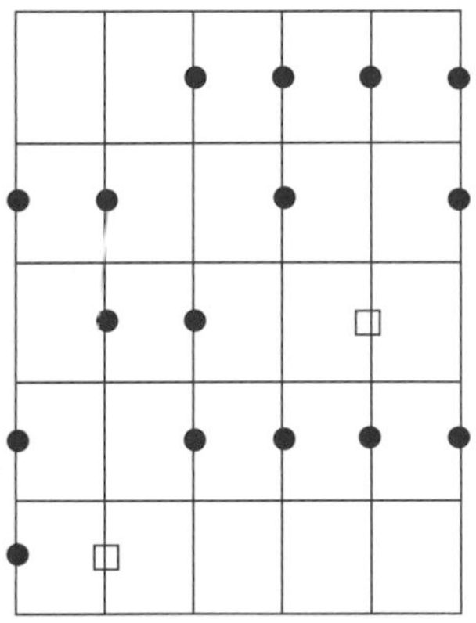

5 tr

PATRÓN CINCO

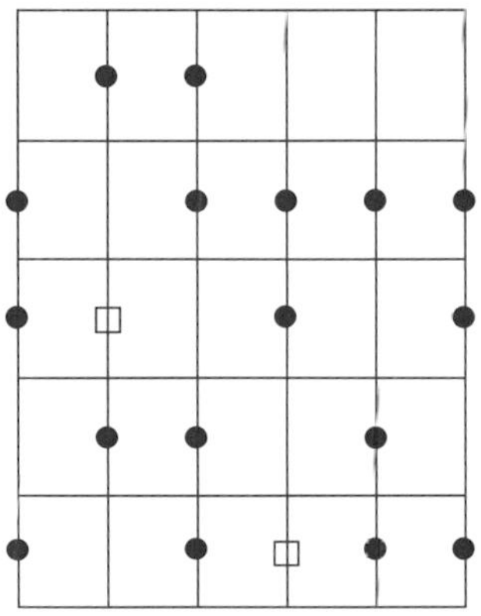

7 tr

PATRÓN SEIS

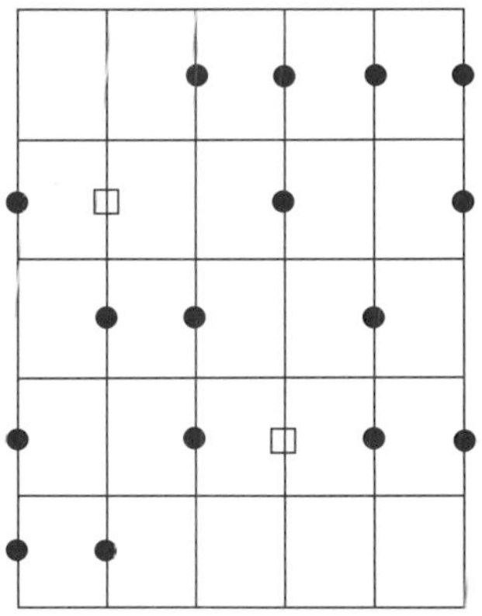

8 tr

PATRÓN SIETE

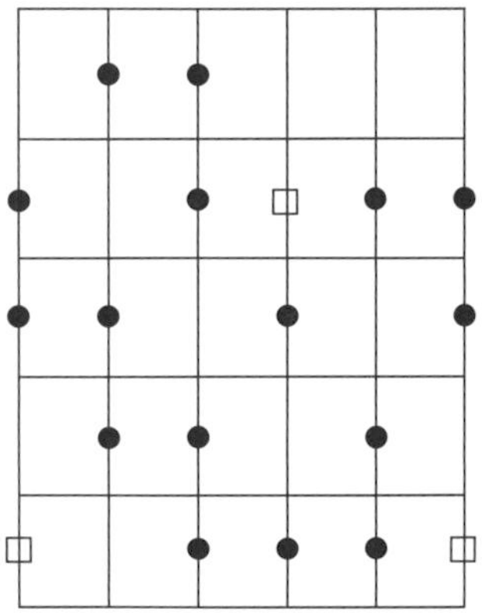

10 tr

(F–G–A♭–B♭–C♭–C♯–D–E)

PATRÓN CUATRO

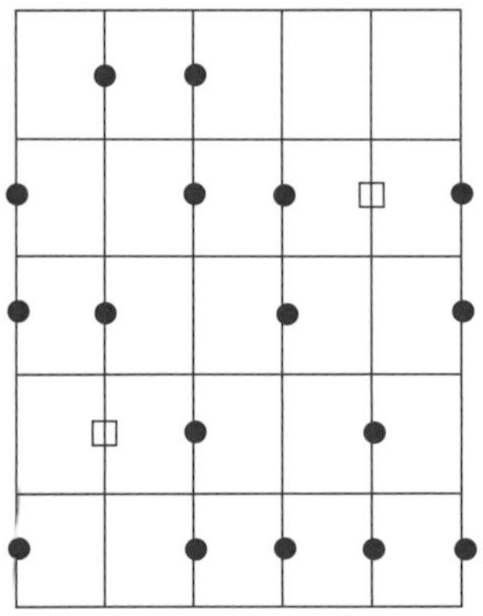

6 tr

PATRÓN CINCO

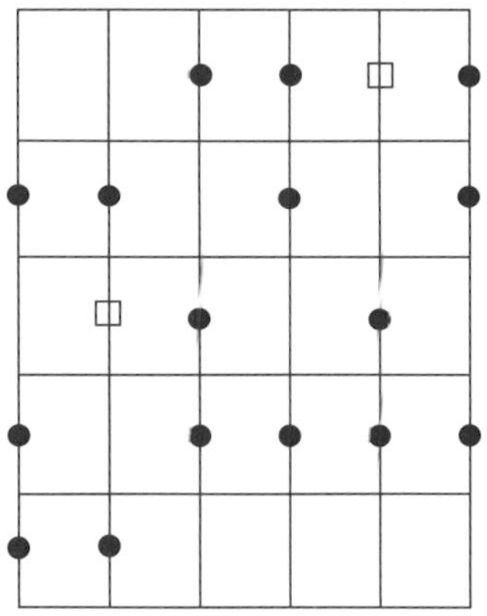

7 tr

PATRÓN SEIS

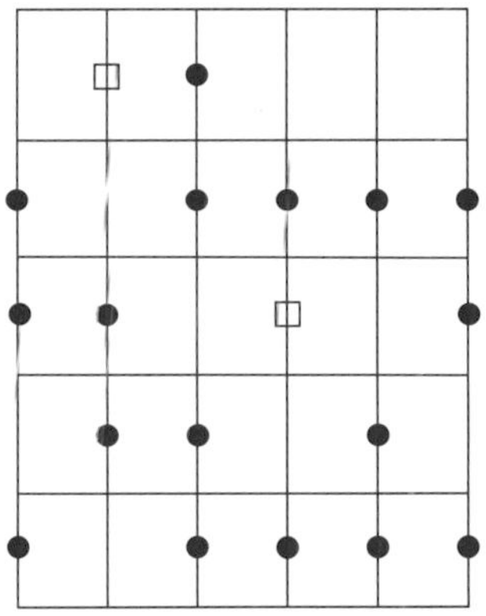

9 tr

PATRÓN SIETE

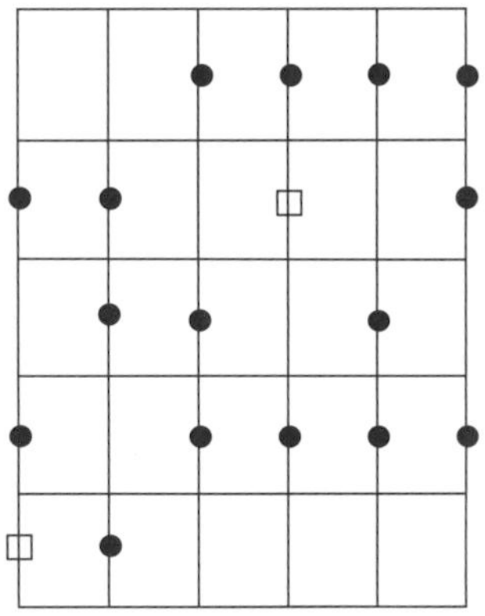

10 tr

F TONO (F–G–A–B–C♯–D♯)

MÁSTIL COMPLETO

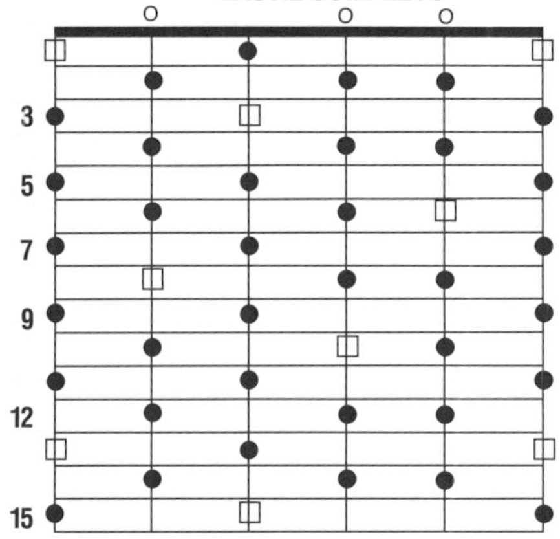

PATRÓN UNO

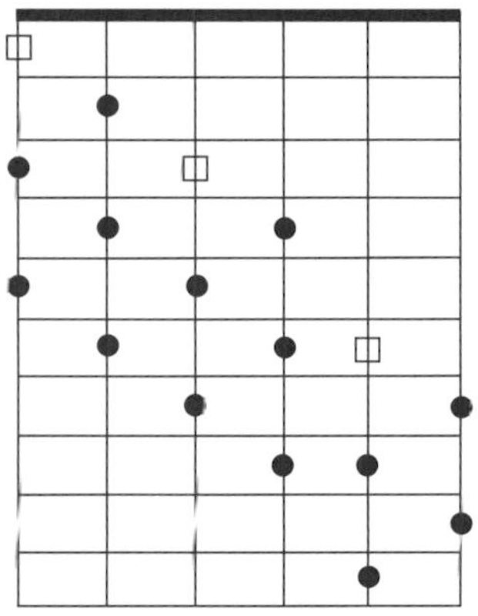

PATRÓN DOS

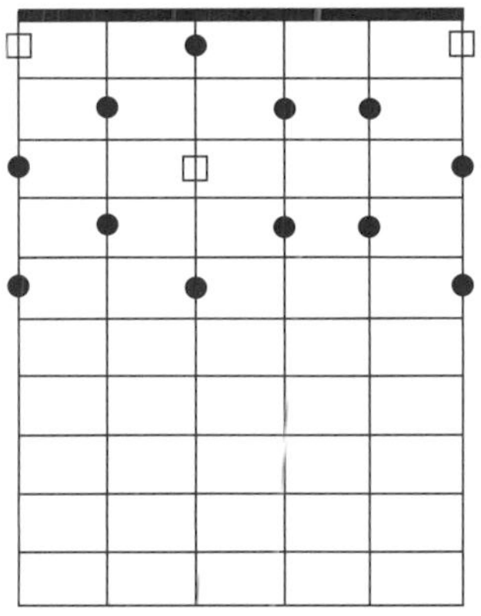

PATRÓN TRES

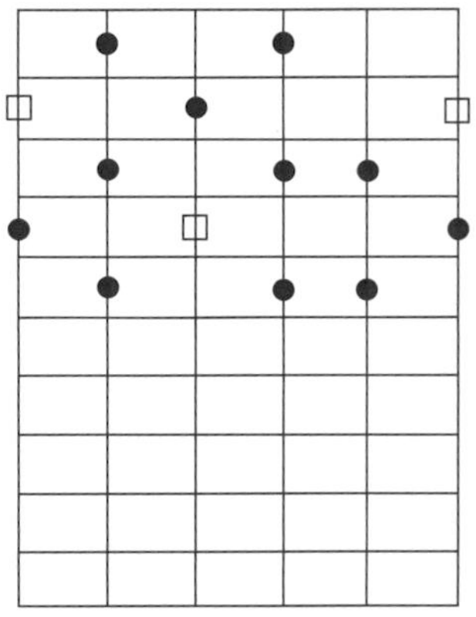

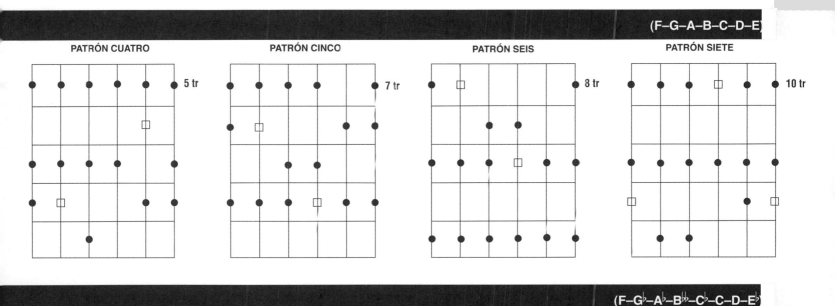

13 tr

F♯ MAYOR (JÓNICO)

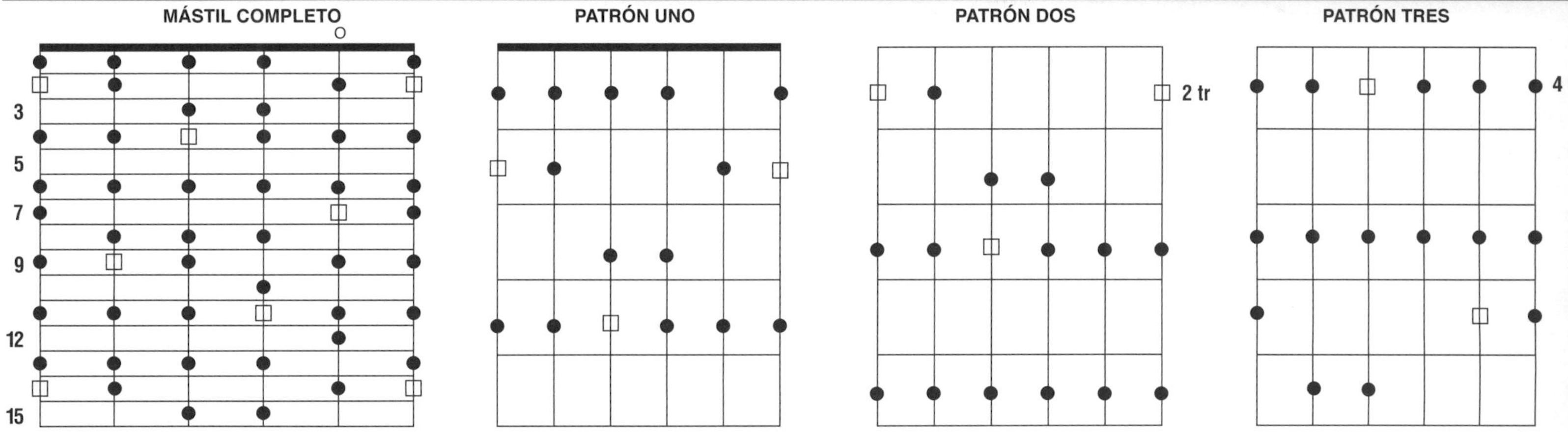

F♯ PENTATÓNICA MAYOR

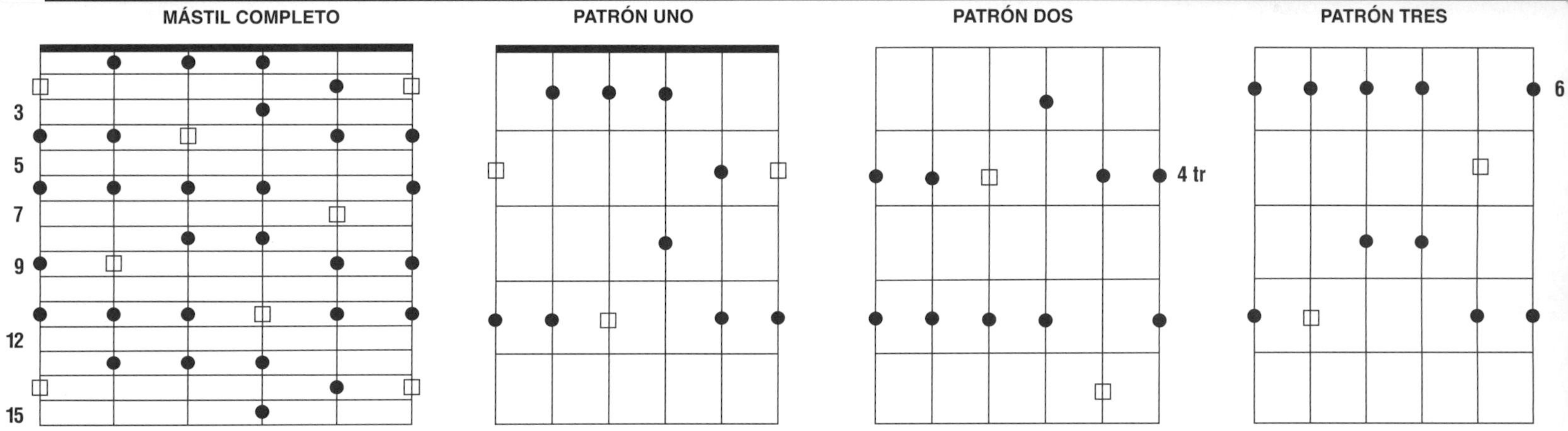

F♯ MENOR NATURAL (EÓLICO)

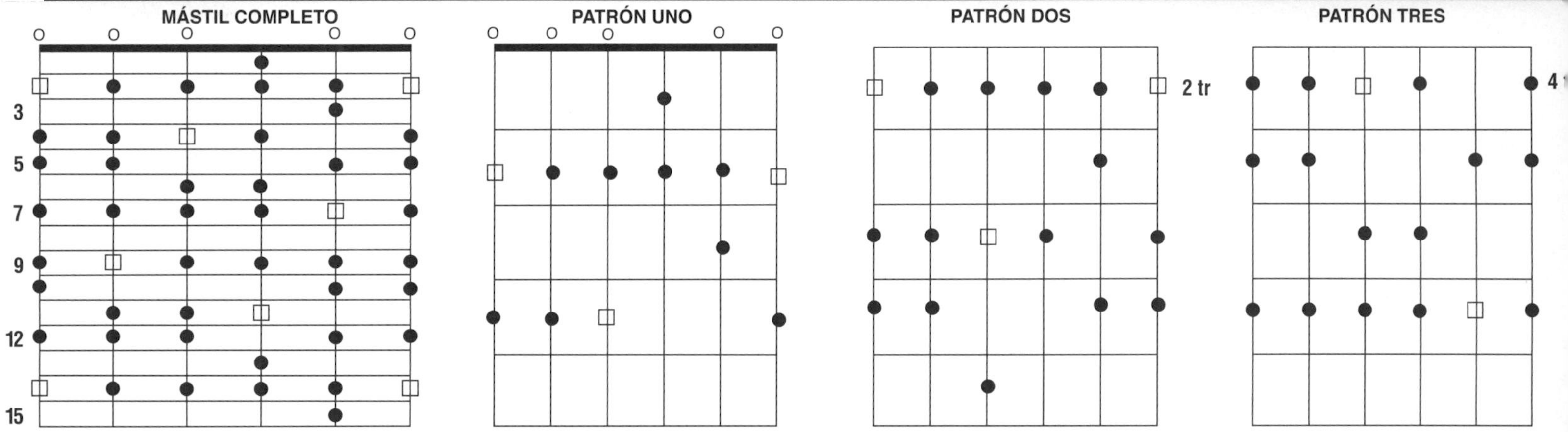

F♯ PENTATÓNICA MENOR

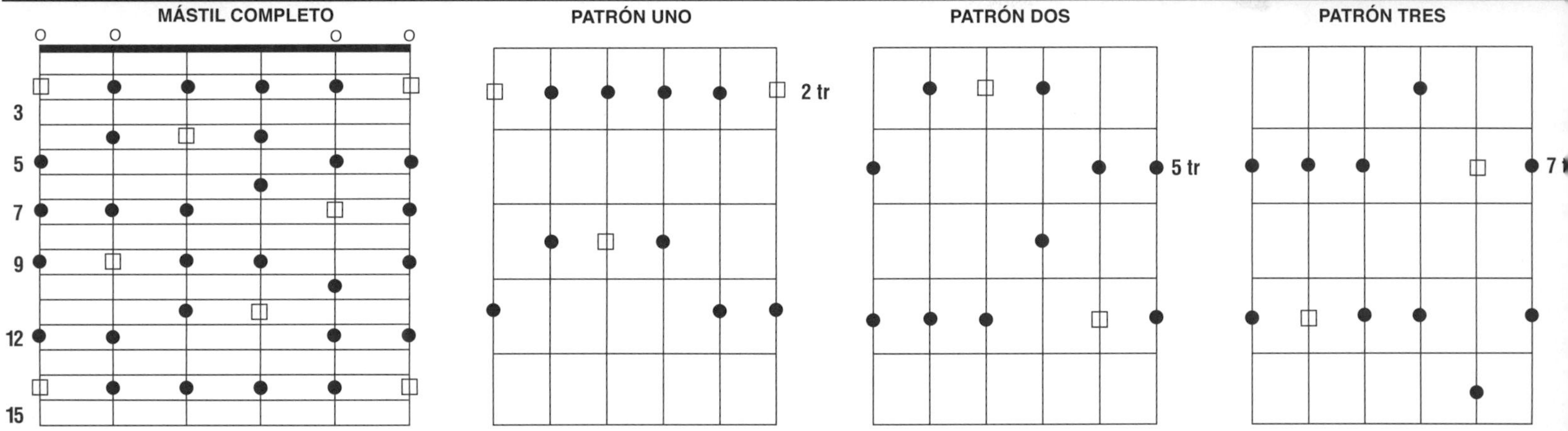

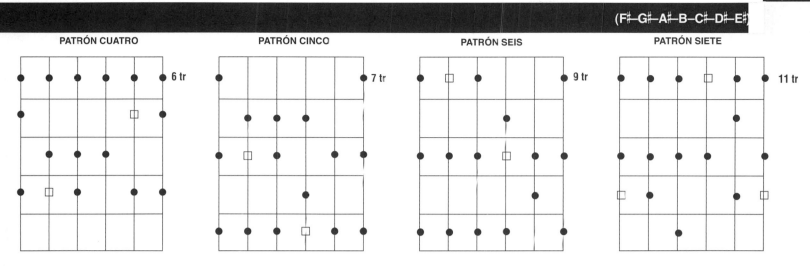

(F♯–G♯–A♯–B–C♯–D♯–E♯)

PATRÓN CUATRO

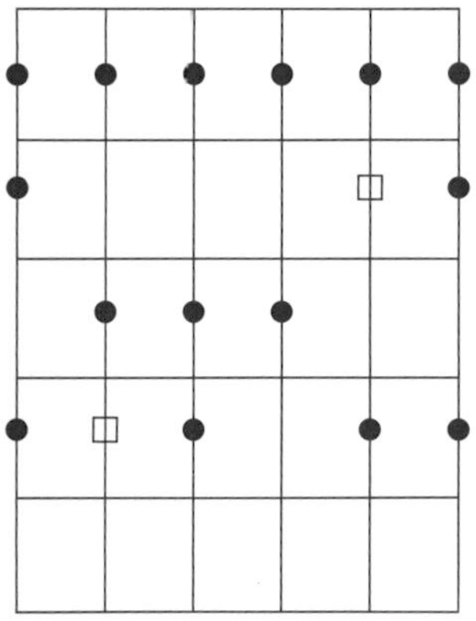

PATRÓN CINCO

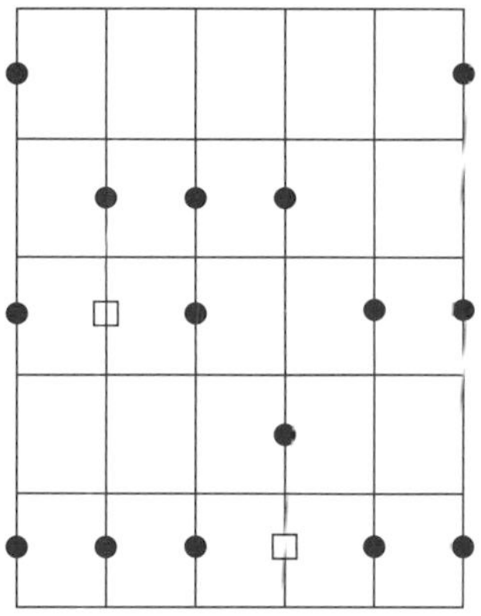

PATRÓN SEIS

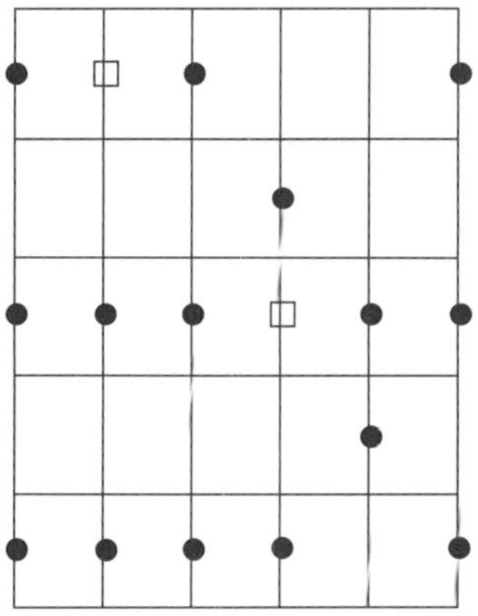

PATRÓN SIETE

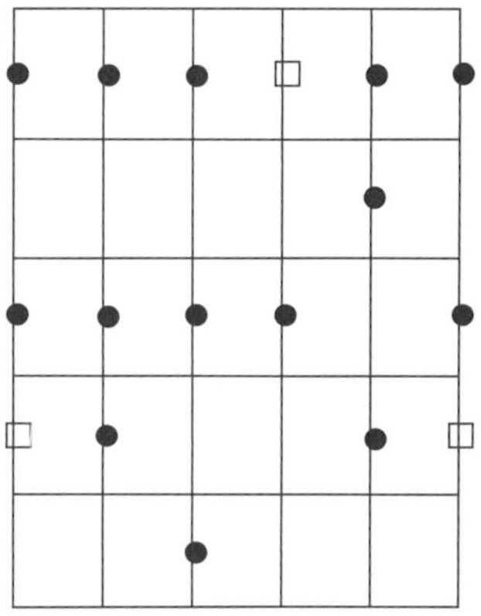

(F♯–G♯–A♯–C♯–D♯)

PATRÓN CUATRO

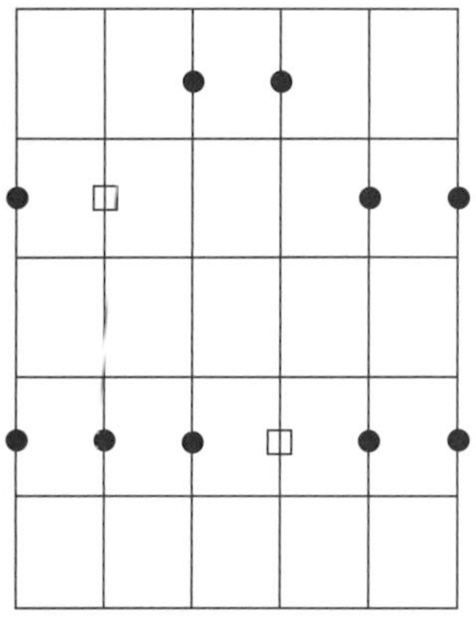

PATRÓN CINCO

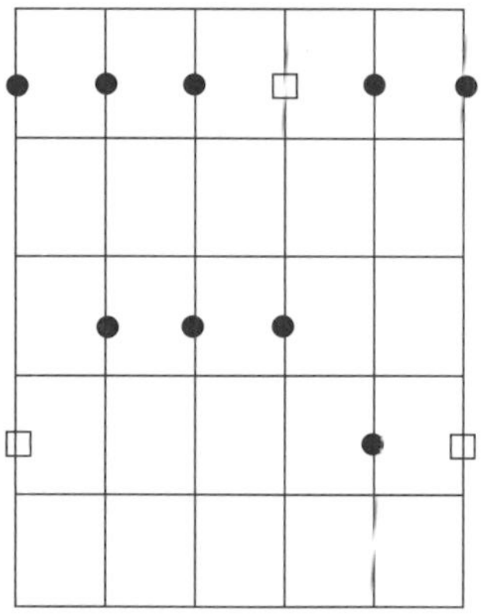

PATRÓN UNO (+1 OCTAVA)

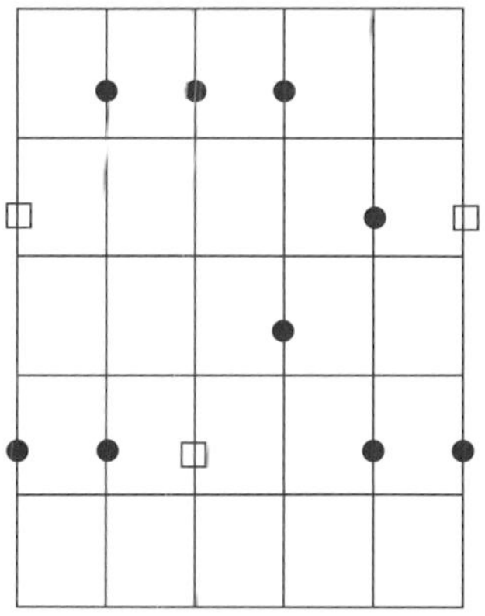

PATRÓN DOS (+1 OCTAVA)

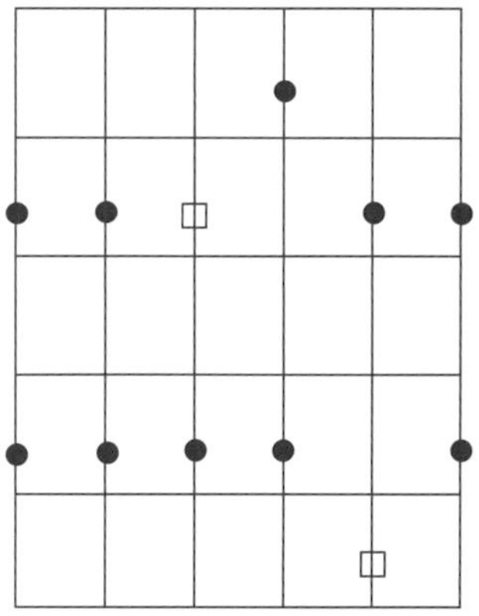

(F♯–G♯–A–B–C♯–D–E)

PATRÓN CUATRO

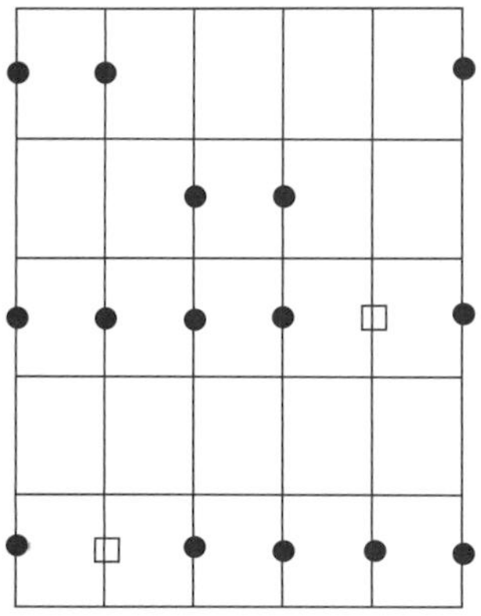

PATRÓN CINCO

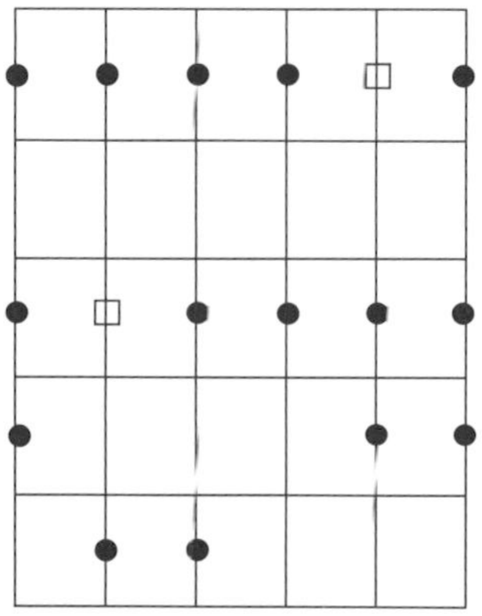

PATRÓN SEIS

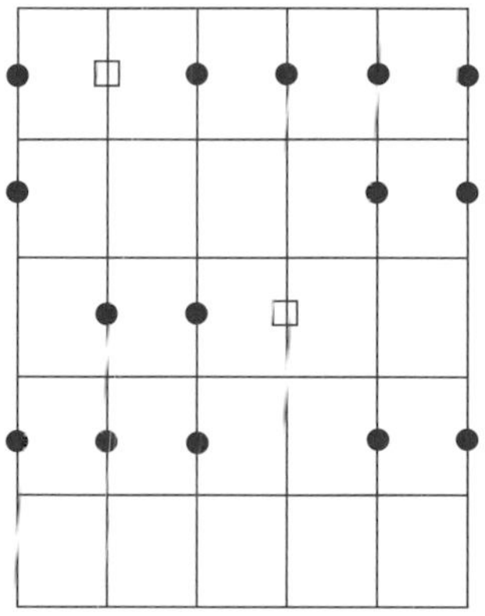

PATRÓN SIETE

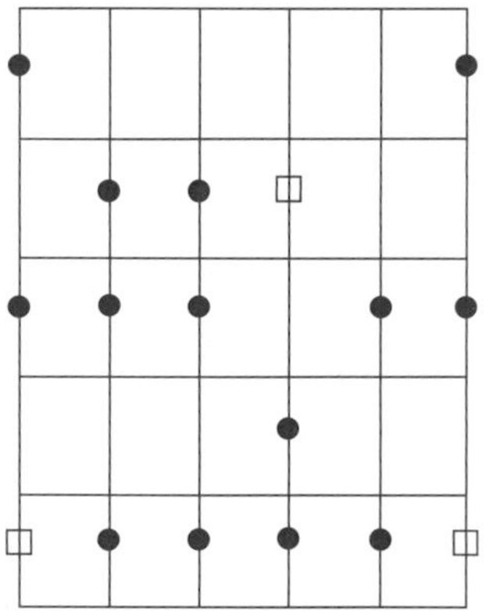

(F♯–A–B–C♯–E)

PATRÓN CUATRO

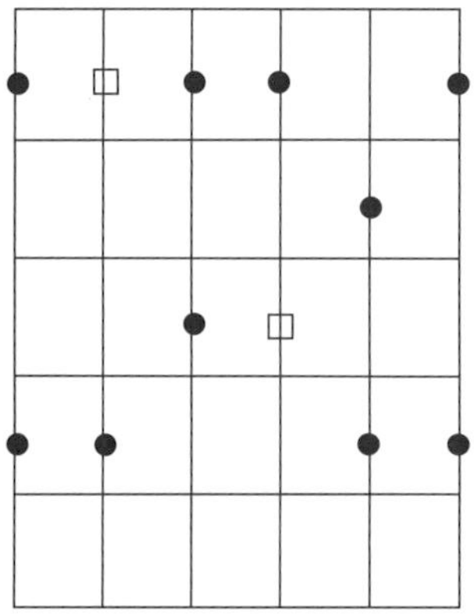

PATRÓN CINCO

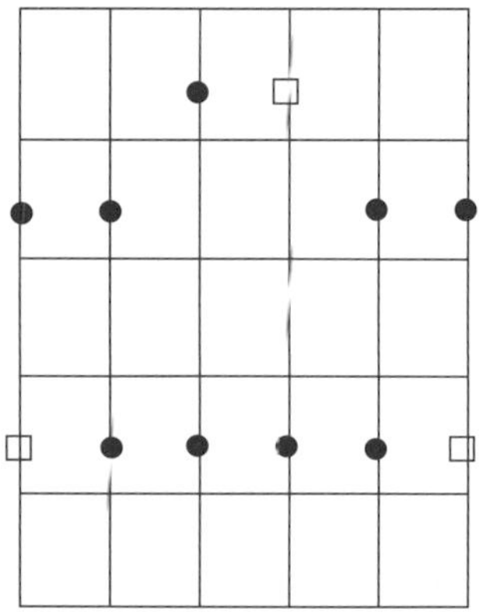

PATRÓN UNO (+1 OCTAVA)

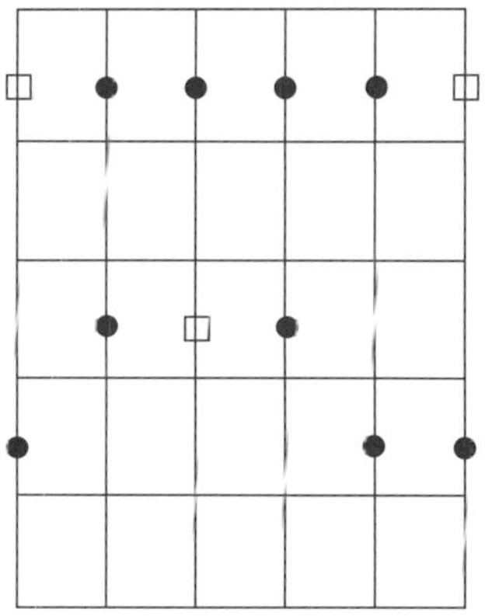

PATRÓN DOS (+1 OCTAVA)

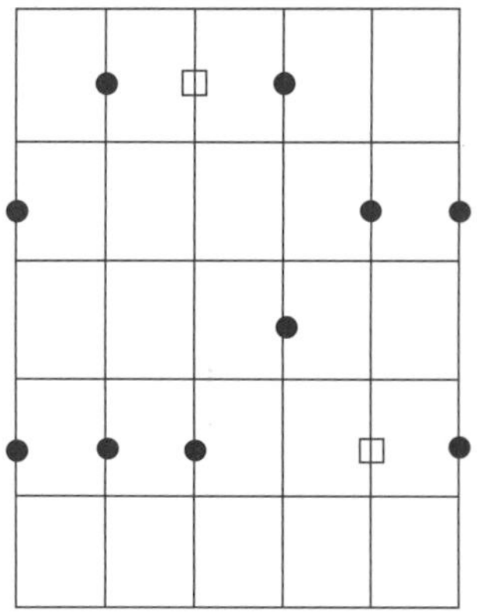

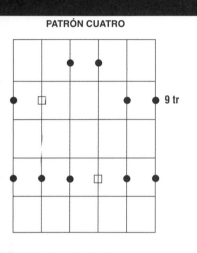

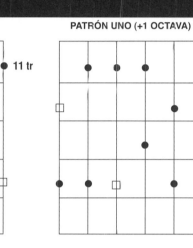

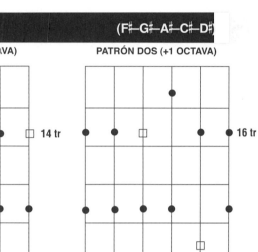

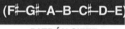

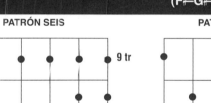

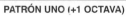

F♯ BLUES

MÁSTIL COMPLETO

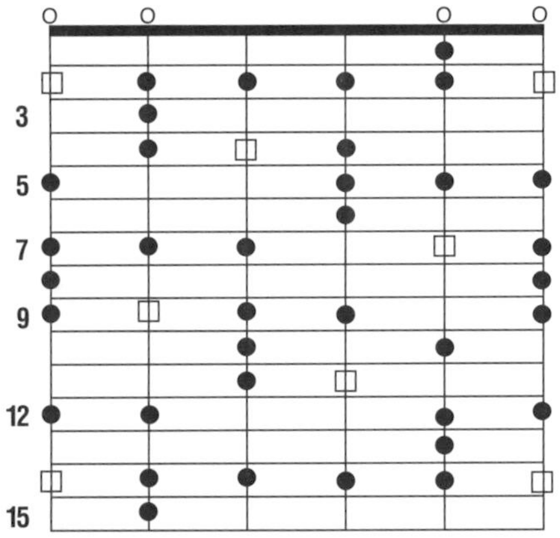

PATRÓN UNO

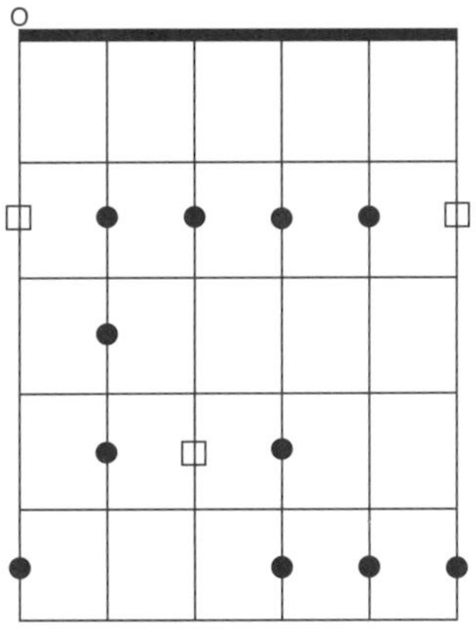

PATRÓN DOS

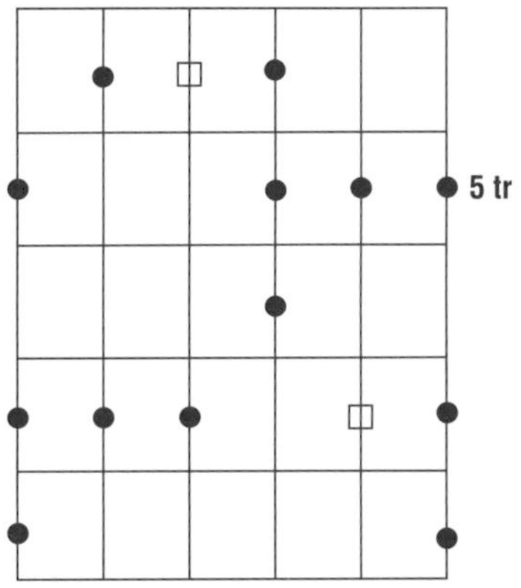

PATRÓN TRES

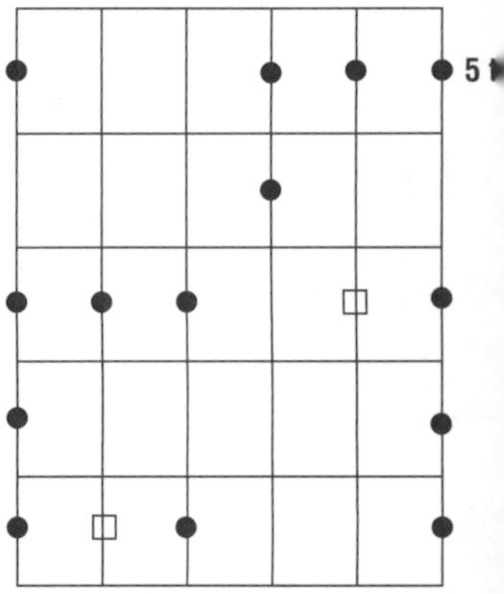

F♯ MIXO BLUES

MÁSTIL COMPLETO

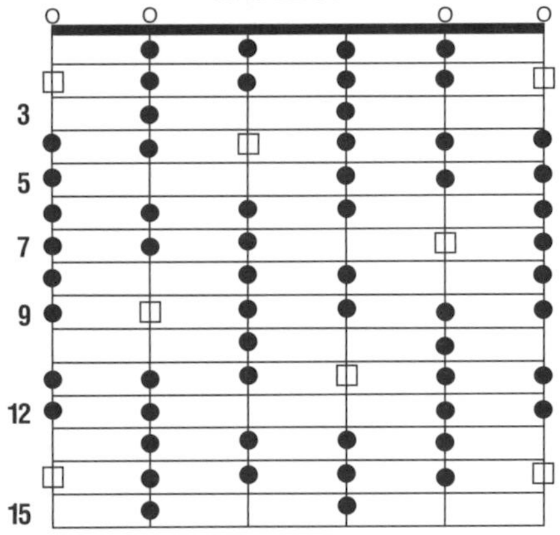

PATRÓN UNO

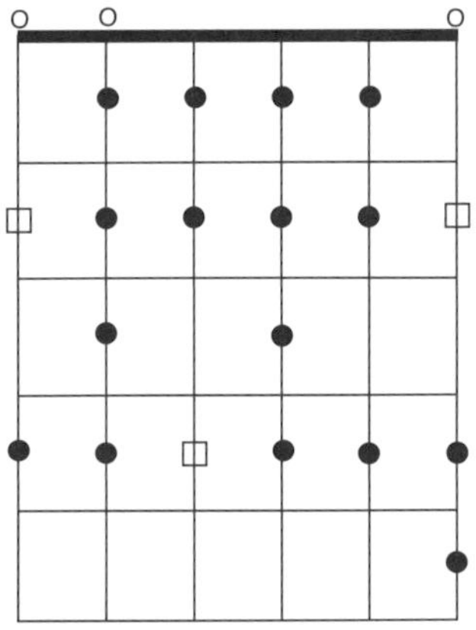

PATRÓN DOS

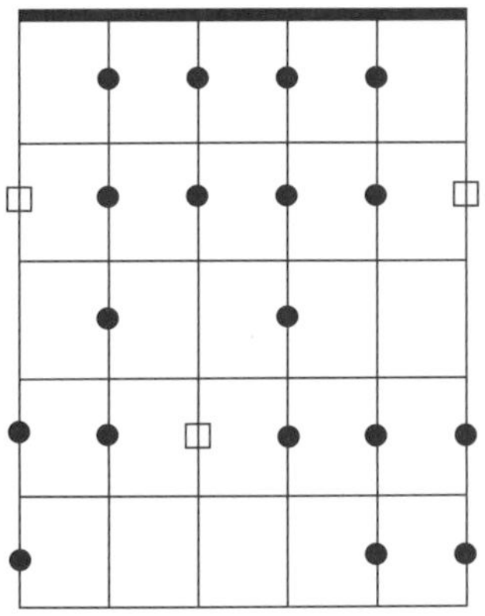

PATRÓN TRES

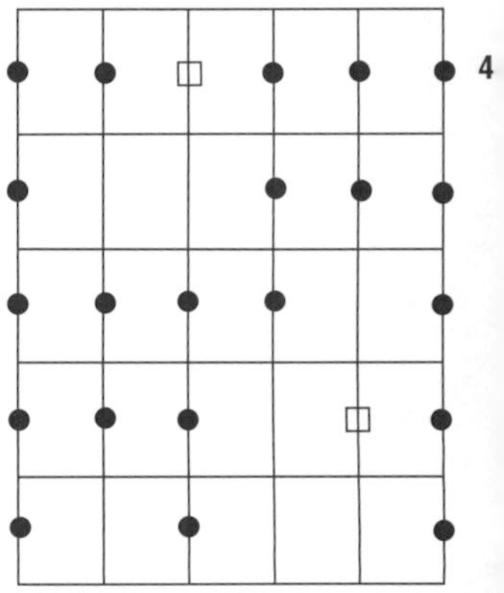

F♯ MIXOLIDIO

MÁSTIL COMPLETO

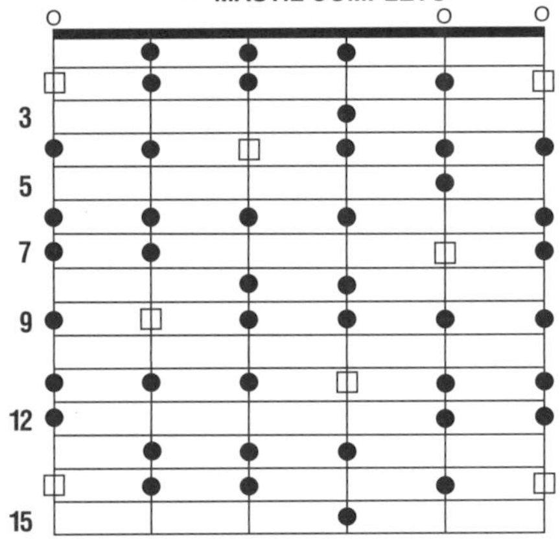

PATRÓN UNO

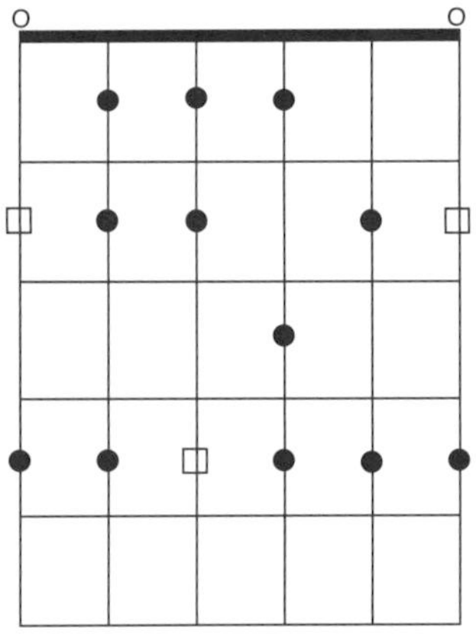

PATRÓN DOS

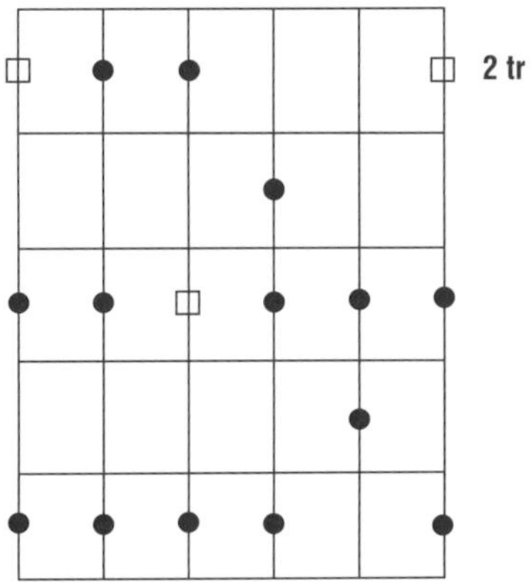

PATRÓN TRES

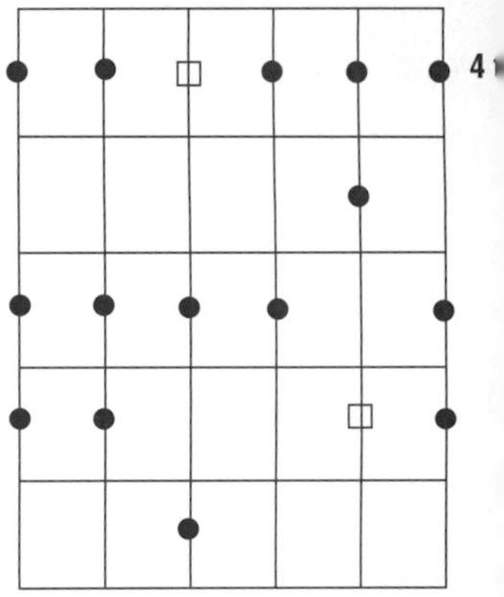

F♯ DÓRICO

MÁSTIL COMPLETO

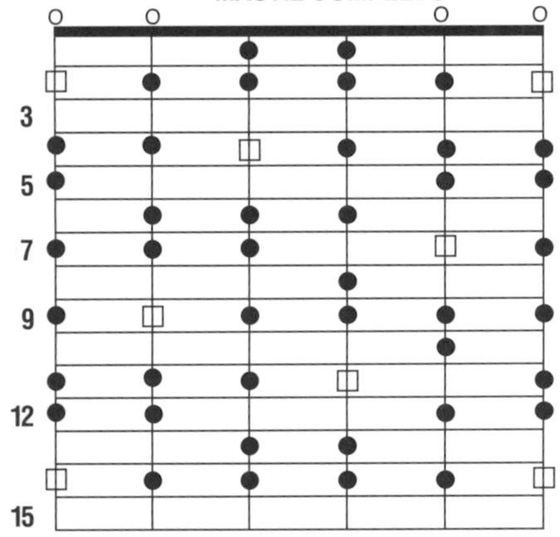

PATRÓN UNO

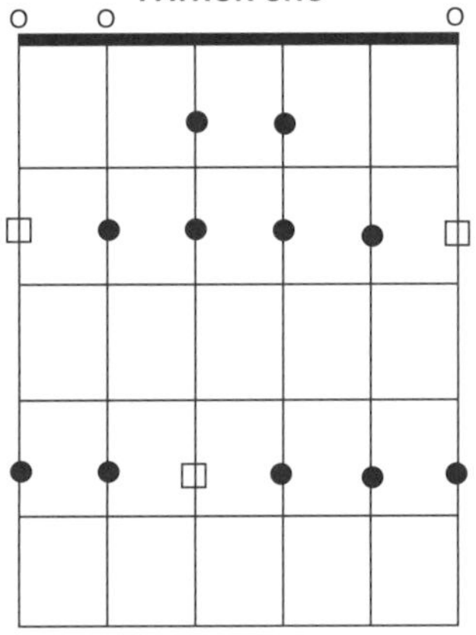

PATRÓN DOS

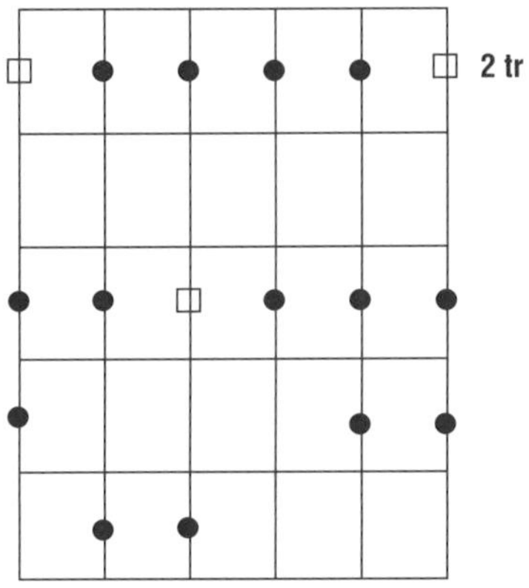

PATRÓN TRES

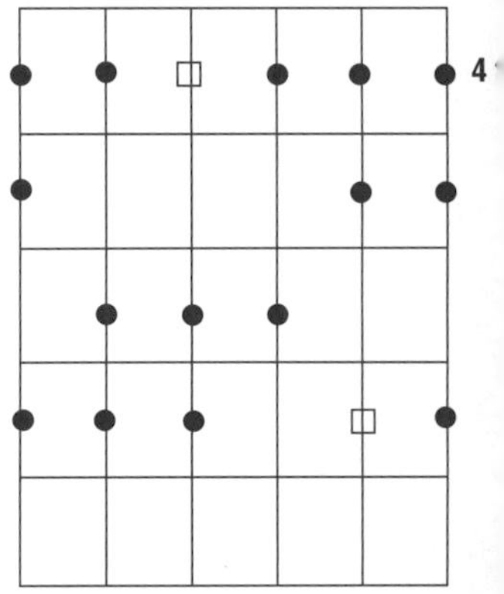

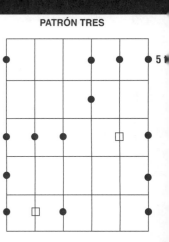

(F♯–A–B–C–C♯–E)

PATRÓN CUATRO

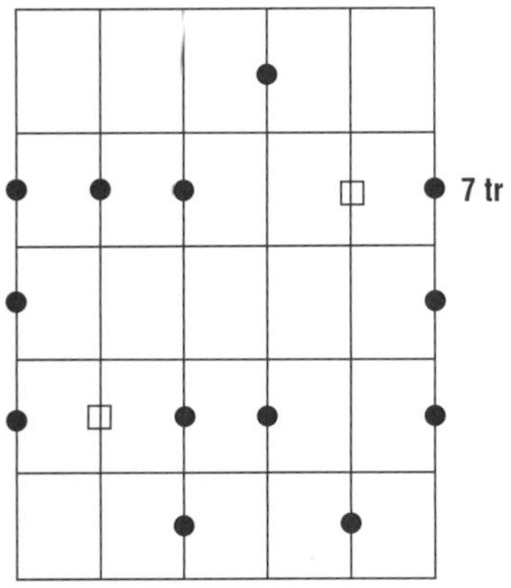

PATRÓN CINCO

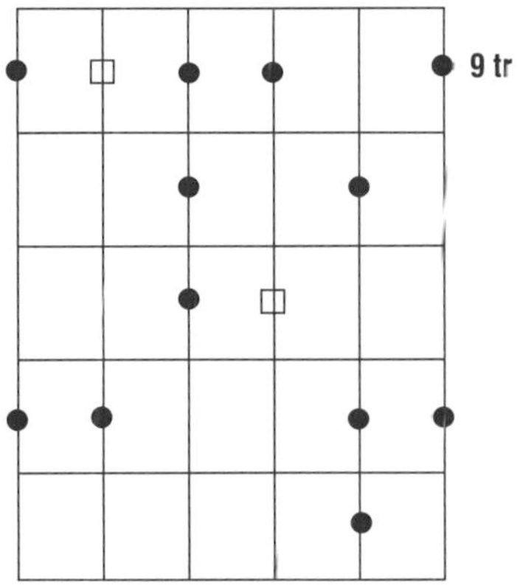

PATRÓN SEIS

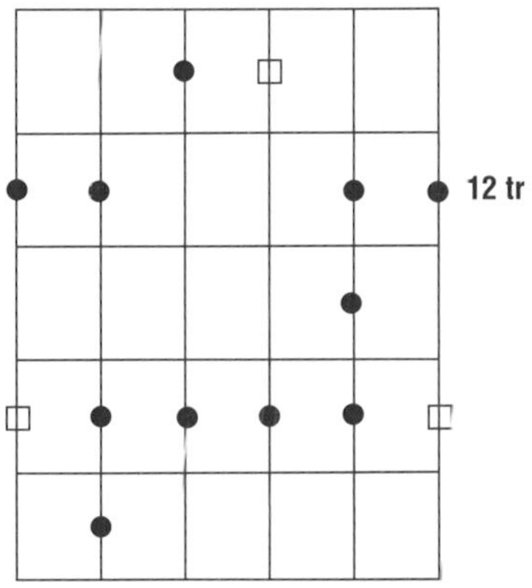

PATRÓN UNO (+1 OCTAVA)

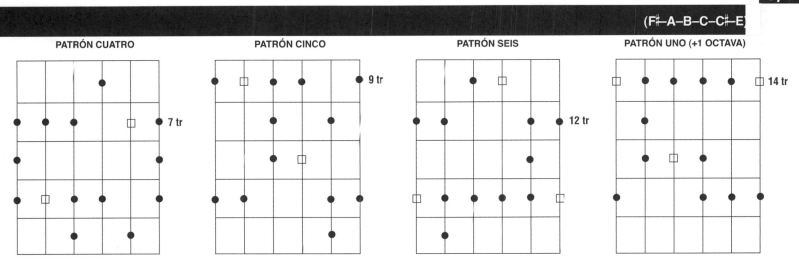

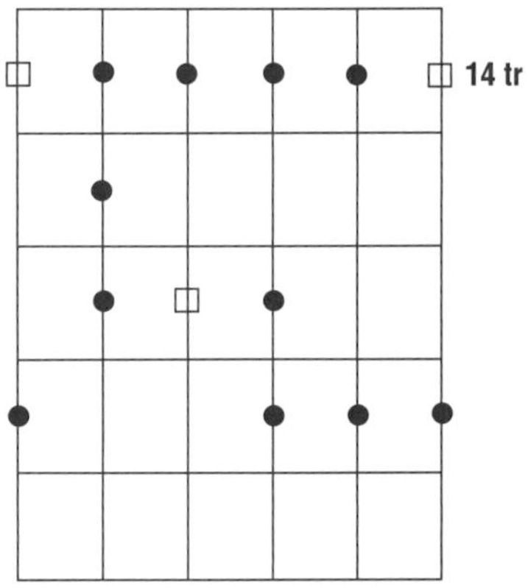

(F♯–G♯–A–A♯–B–C–C♯–D♯–E)

PATRÓN CUATRO

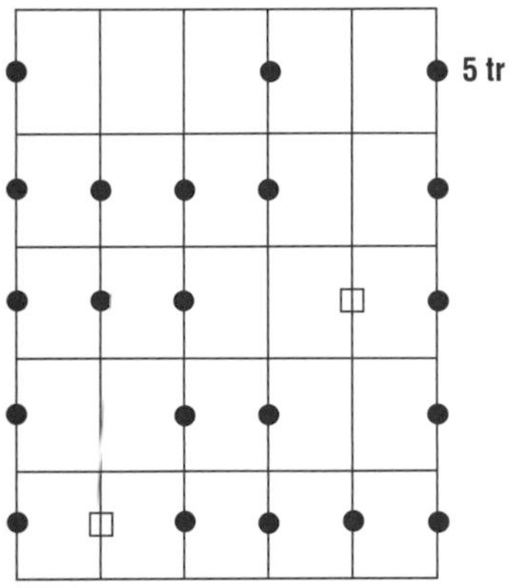

PATRÓN CINCO

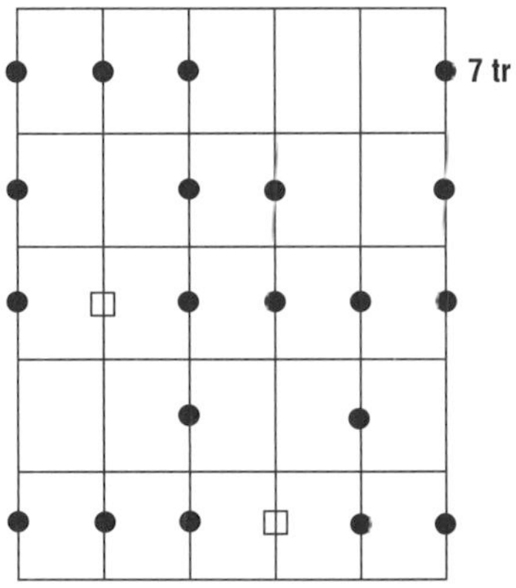

PATRÓN SEIS

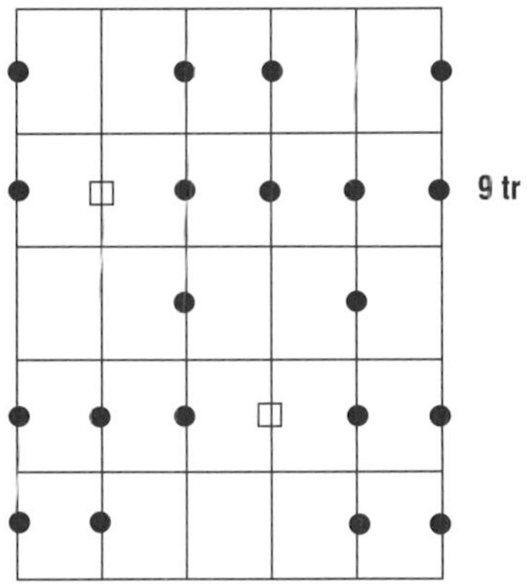

PATRÓN SIETE

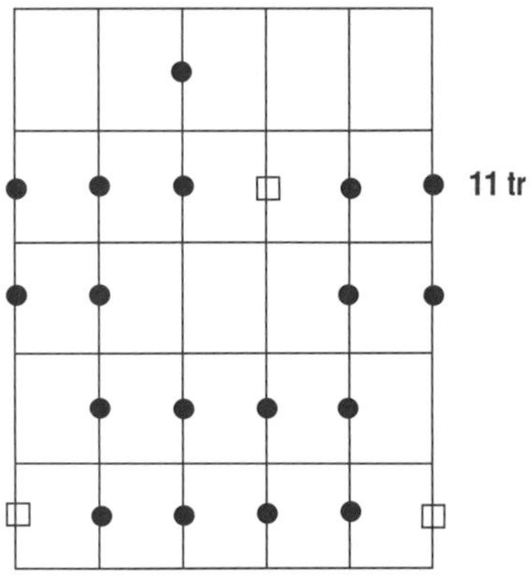

(F♯–G♯–A♯–B–C♯–D♯–E)

PATRÓN CUATRO

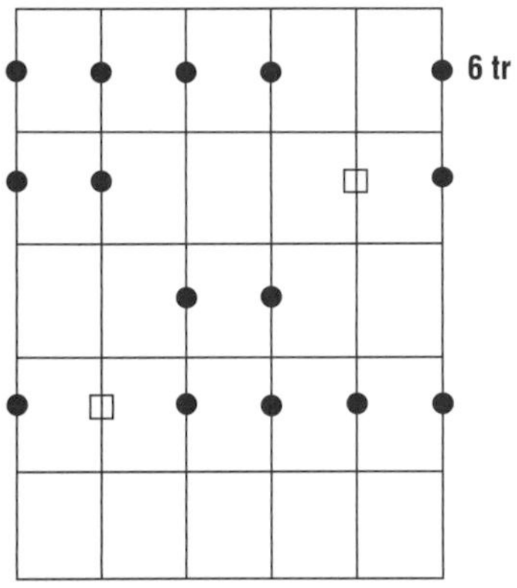

PATRÓN CINCO

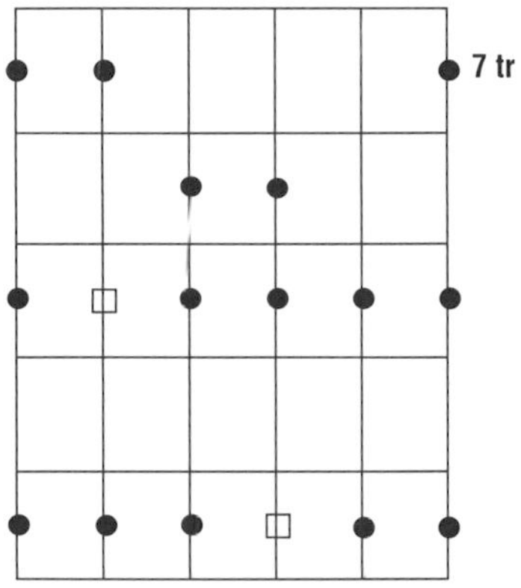

PATRÓN SEIS

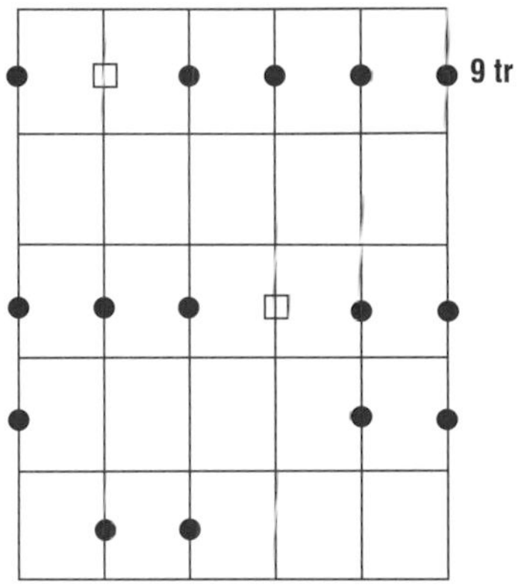

PATRÓN SIETE

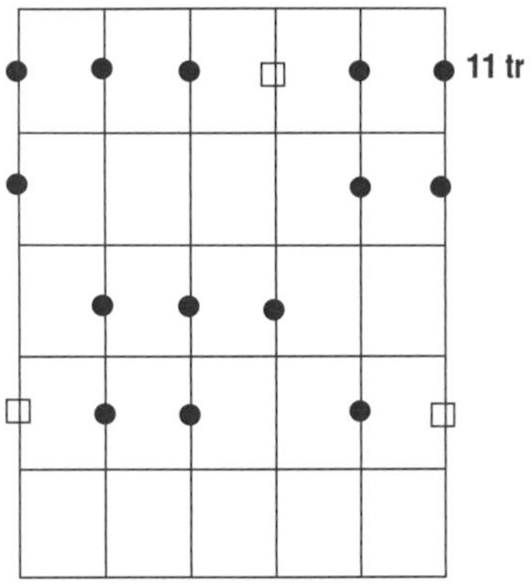

(F♯–G♯–A–B–C♯–D♯–E)

PATRÓN CUATRO

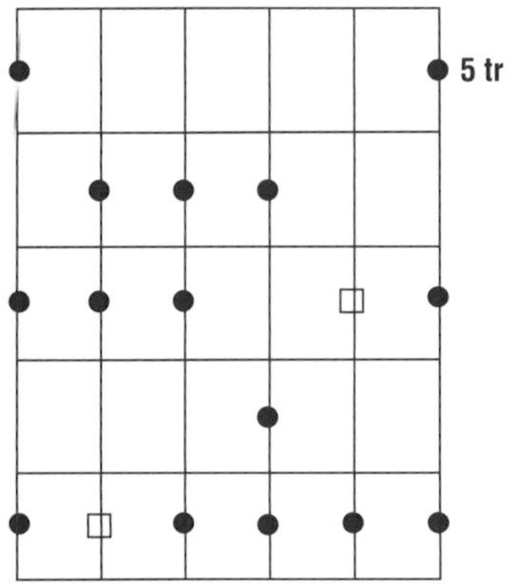

PATRÓN CINCO

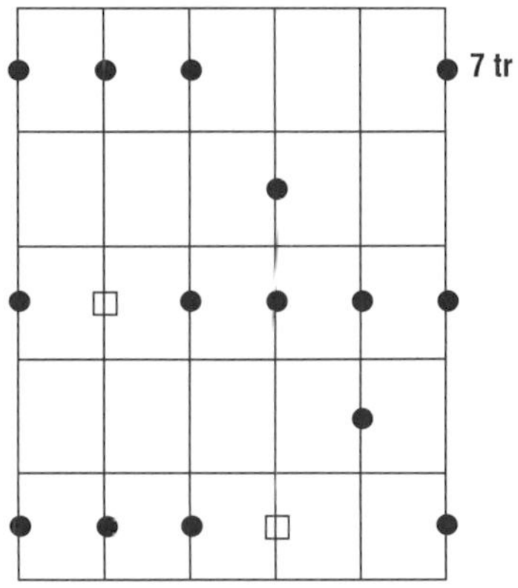

PATRÓN SEIS

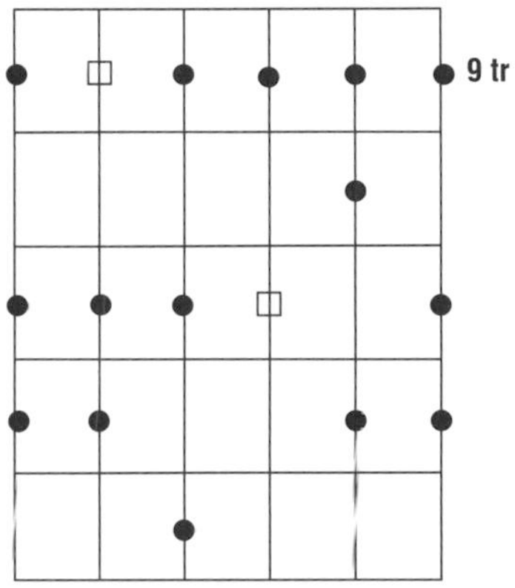

PATRÓN SIETE

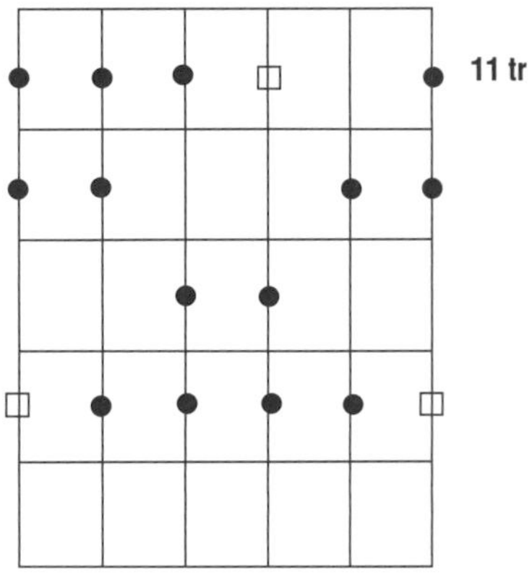

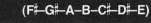

F♯ MENOR MELÓDICA

MÁSTIL COMPLETO

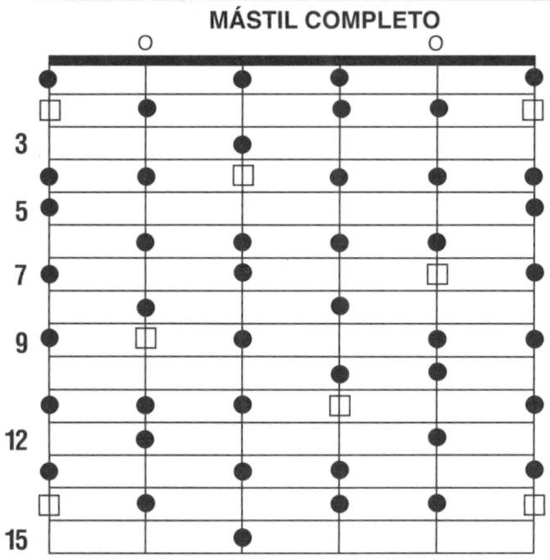

PATRÓN UNO

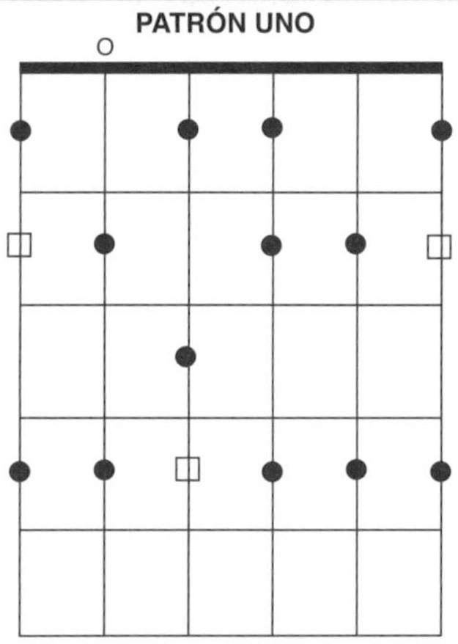

PATRÓN DOS

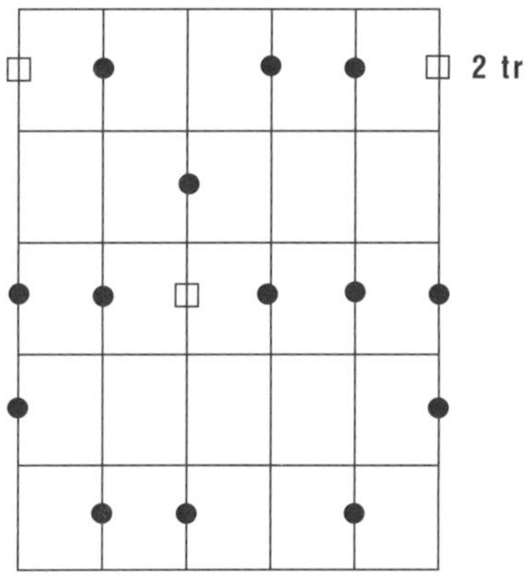

PATRÓN TRES

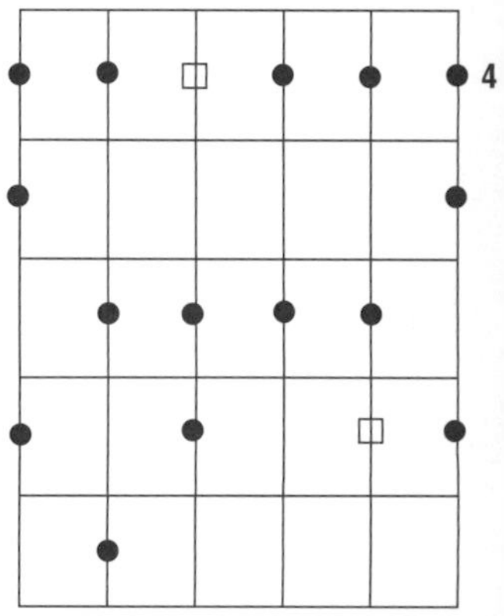

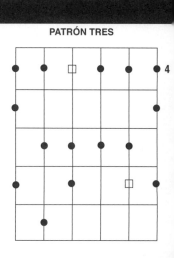

F♯ MENOR ARMÓNICA

MÁSTIL COMPLETO

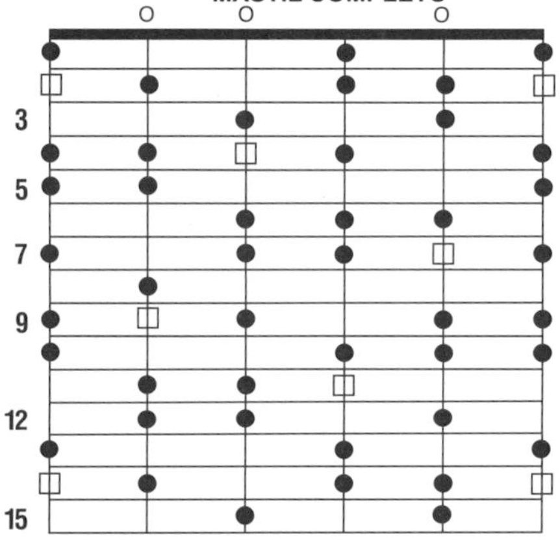

PATRÓN UNO

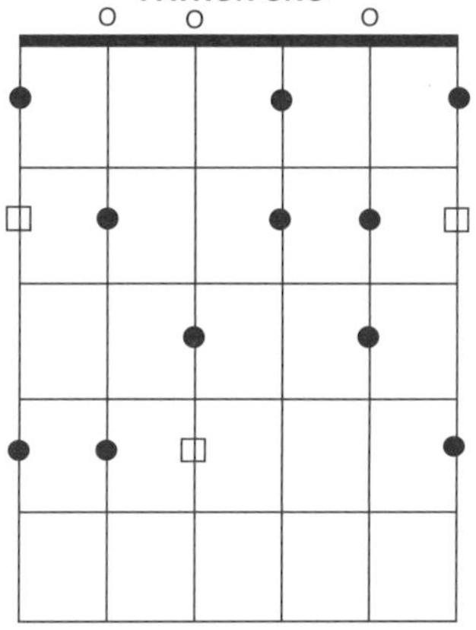

PATRÓN DOS

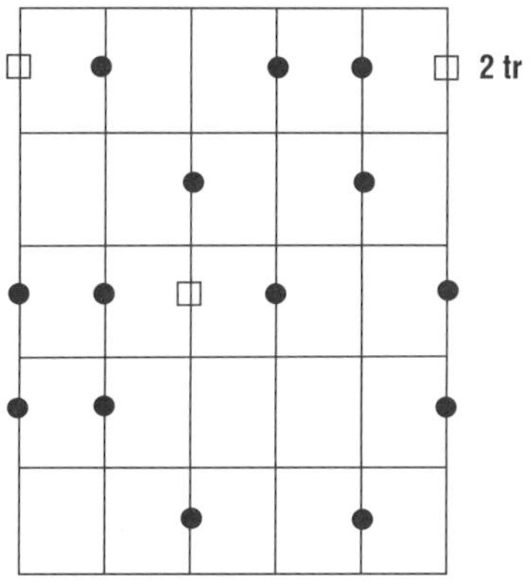

PATRÓN TRES

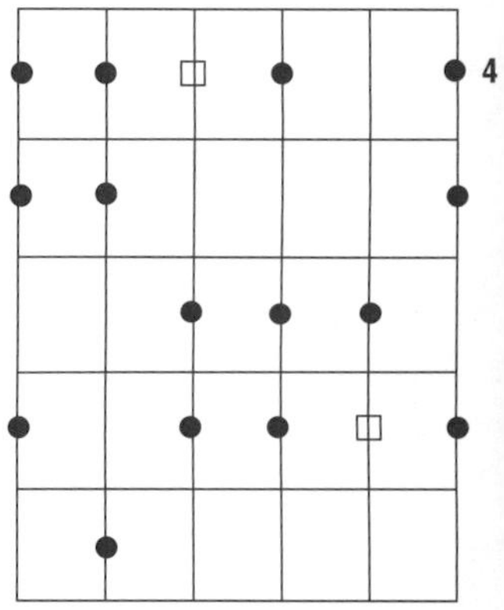

F♯ TRIGIA

MÁSTIL COMPLETO

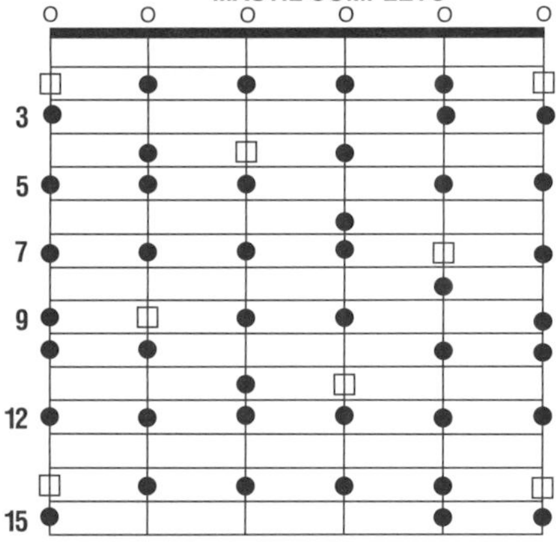

PATRÓN UNO

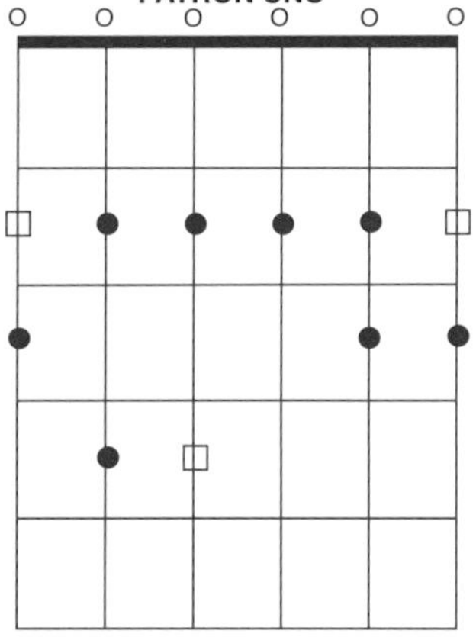

PATRÓN DOS

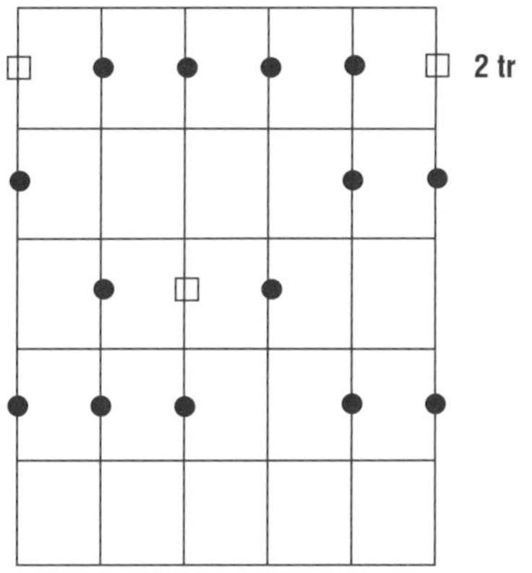

PATRÓN TRES

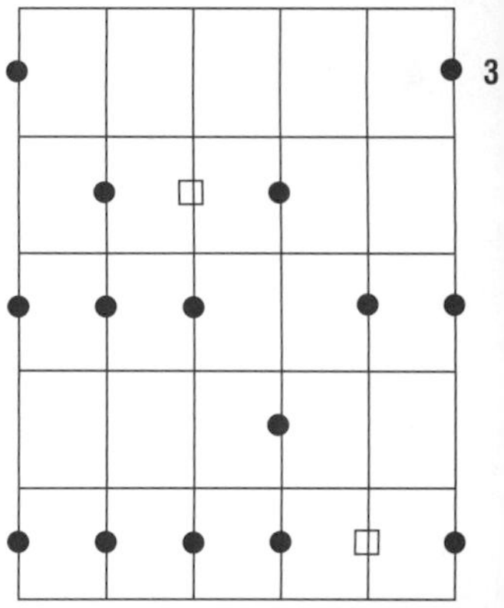

F♯ LOCRIO

MÁSTIL COMPLETO

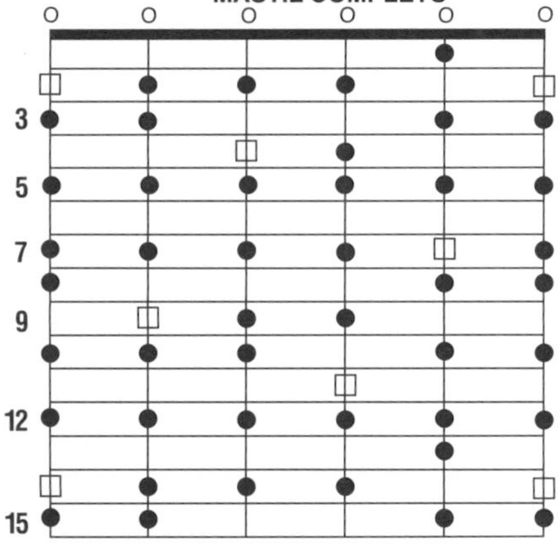

PATRÓN UNO

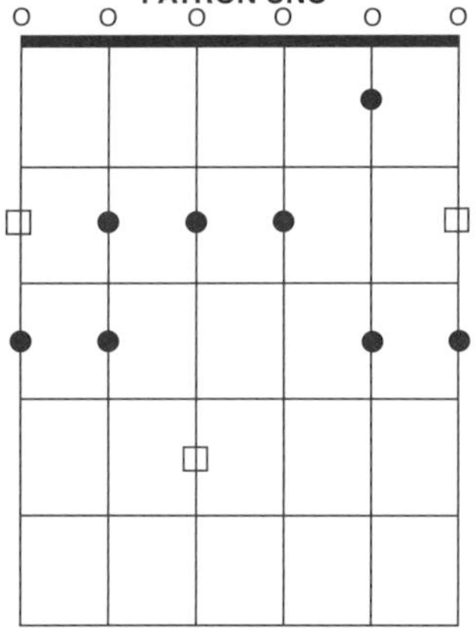

PATRÓN DOS

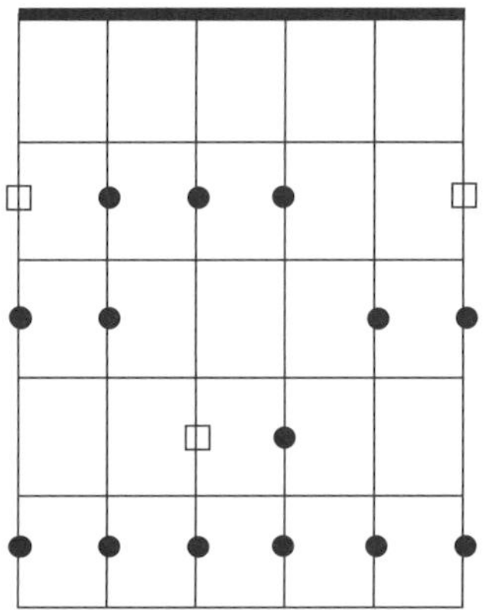

PATRÓN TRES

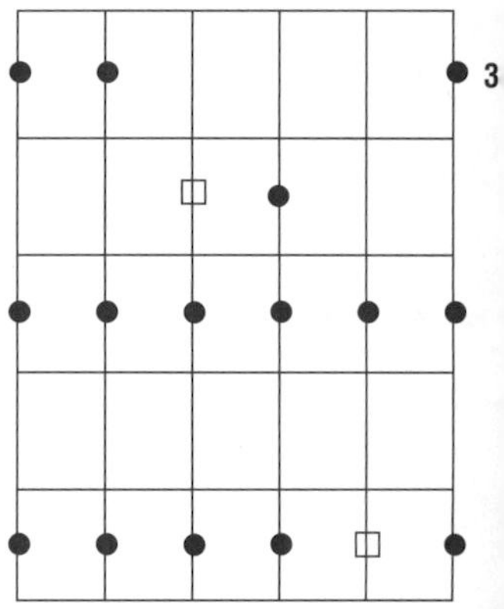

(F♯–G♯–A–B–C♯–D♯–E♯)

PATRÓN CUATRO

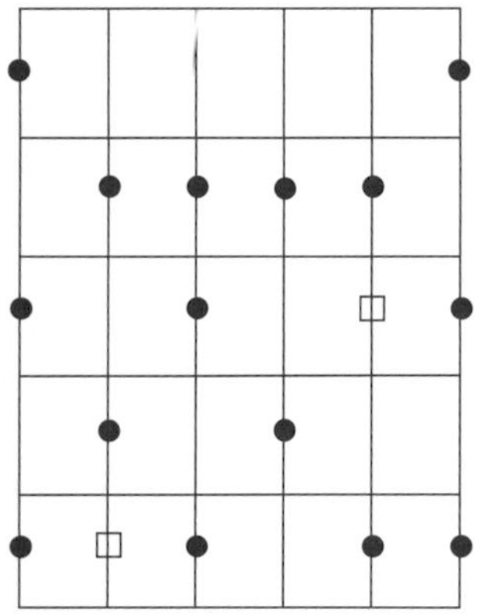

5 tr

PATRÓN CINCO

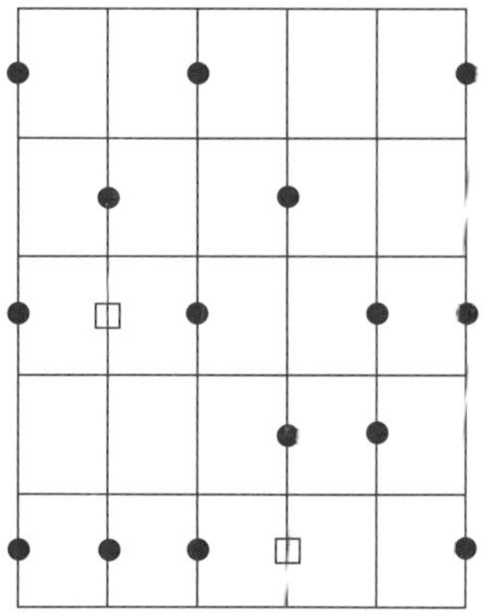

7 tr

PATRÓN SEIS

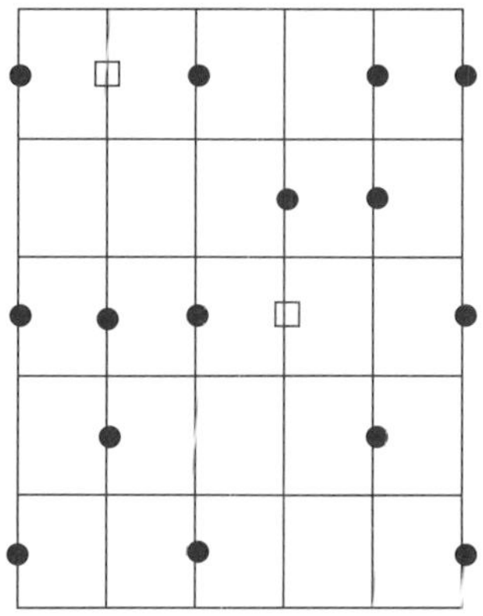

9 tr

PATRÓN SIETE

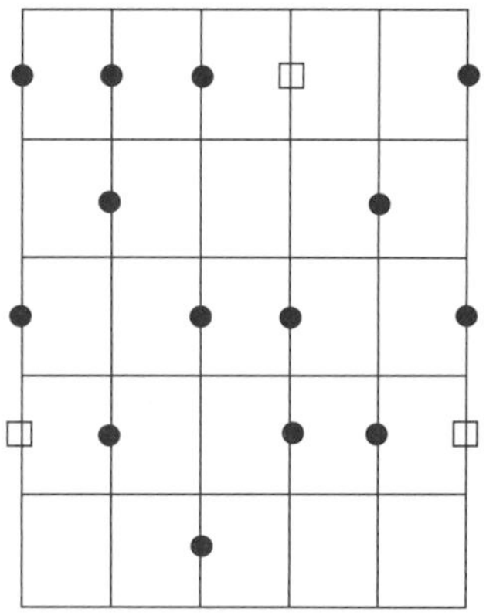

11 tr

(F♯–G♯–A–B–C♯–D–E♯)

PATRÓN CUATRO

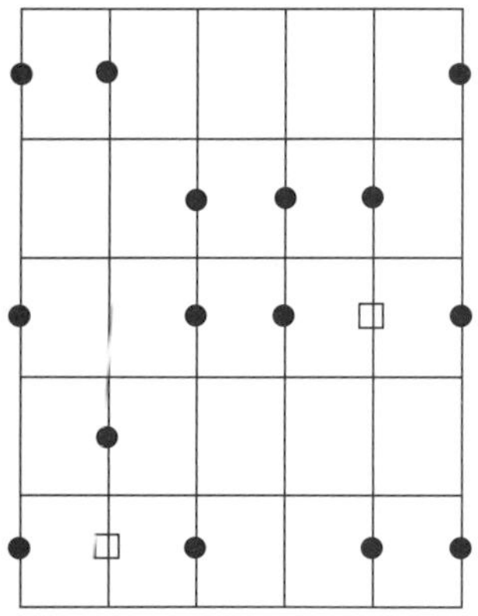

5 tr

PATRÓN CINCO

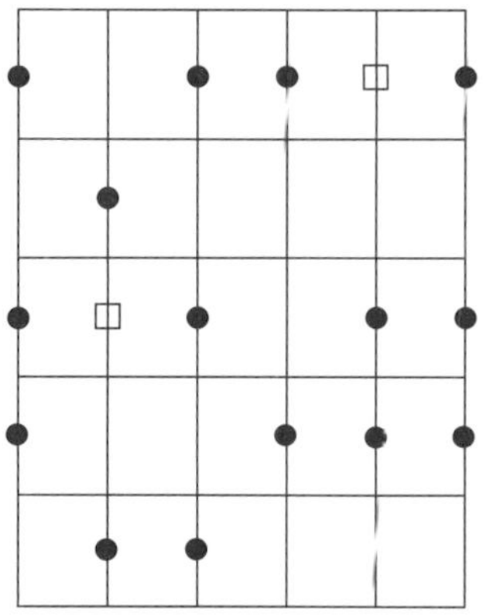

7 tr

PATRÓN SEIS

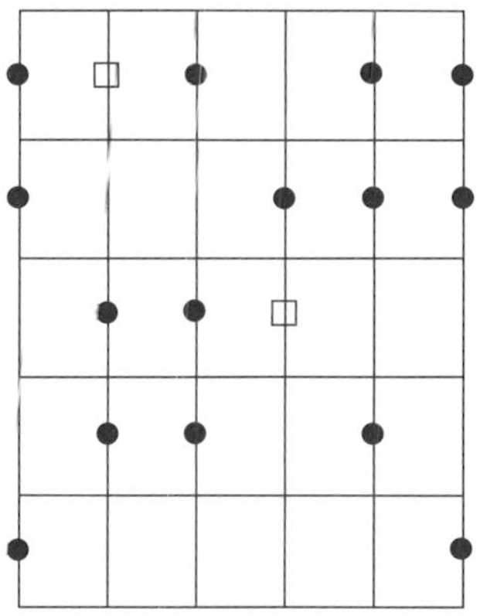

9 tr

PATRÓN SIETE

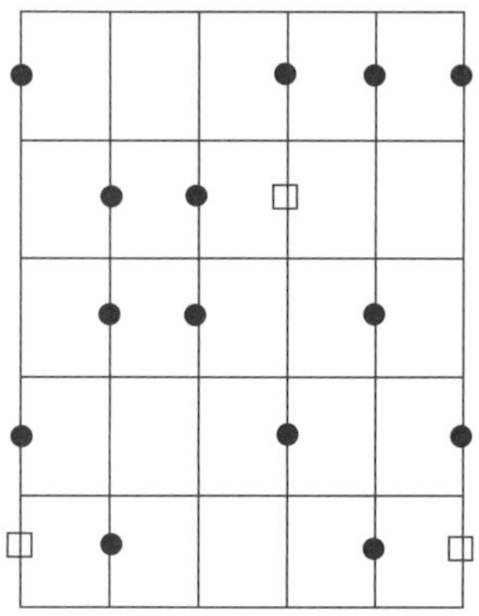

10 tr

(F♯–G–A–B–C♯–D–E)

PATRÓN CUATRO

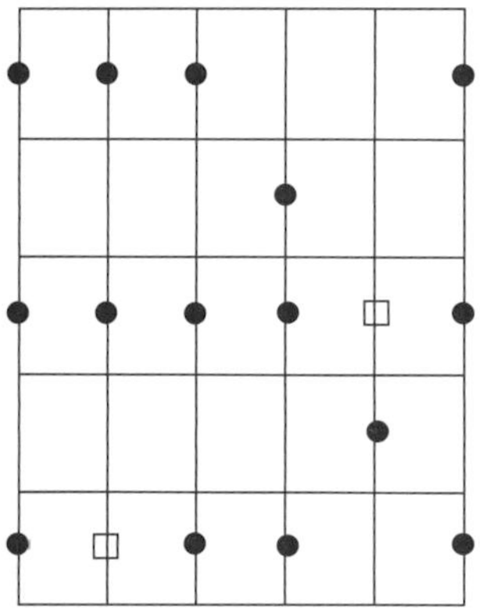

5 tr

PATRÓN CINCO

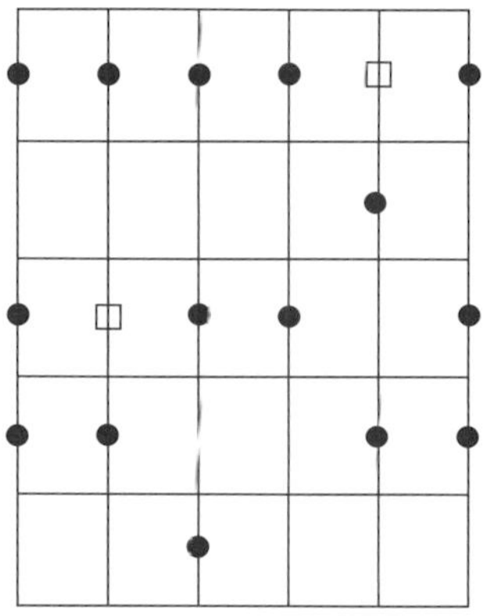

7 tr

PATRÓN SEIS

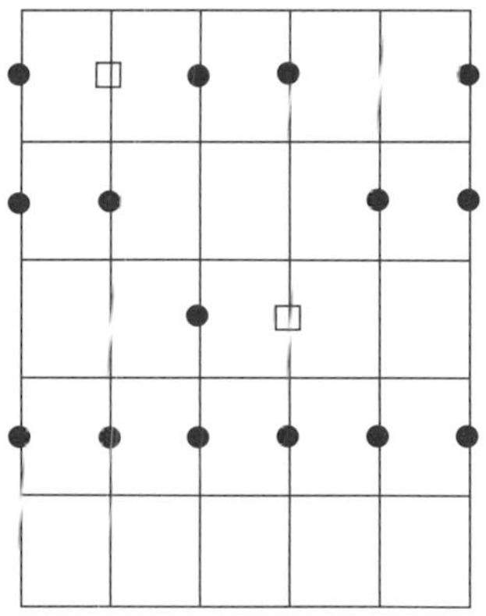

9 tr

PATRÓN SIETE

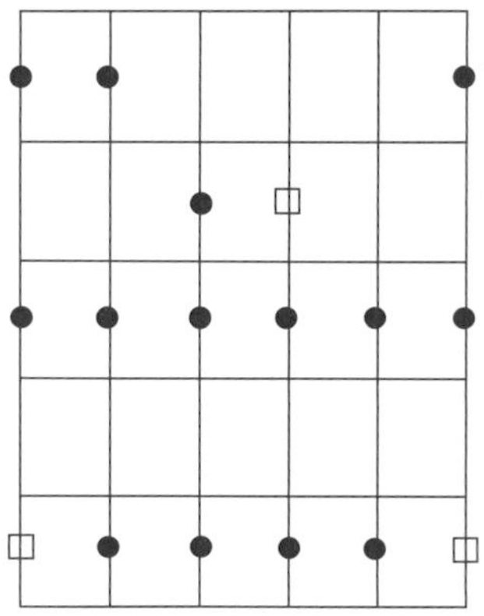

10 tr

(F♯–G–A–B–C–D–E)

PATRÓN CUATRO

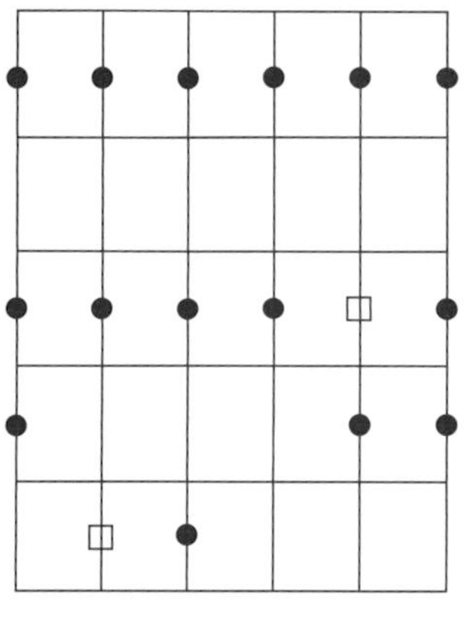

5 tr

PATRÓN CINCO

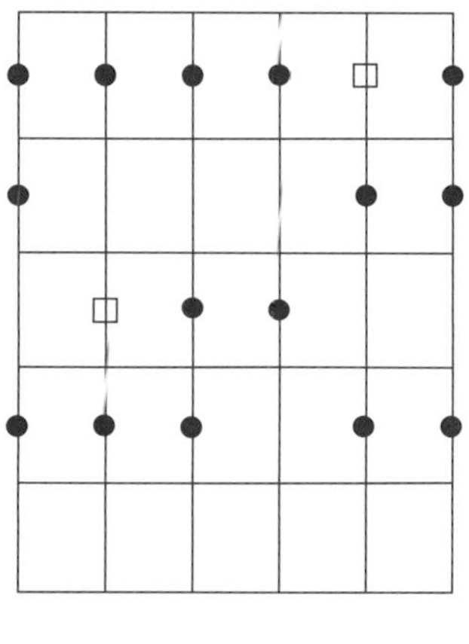

7 tr

PATRÓN SEIS

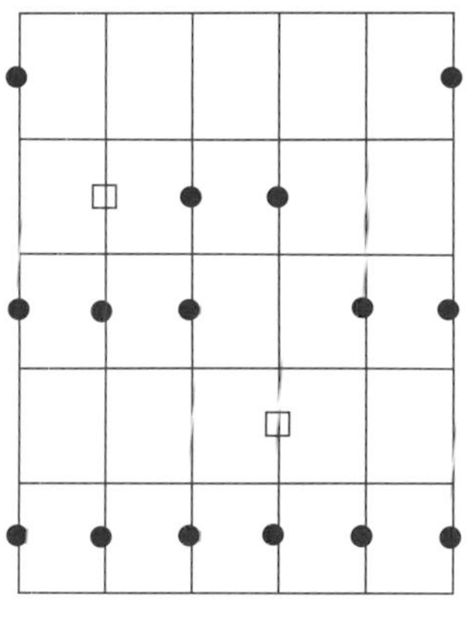

8 tr

PATRÓN SIETE

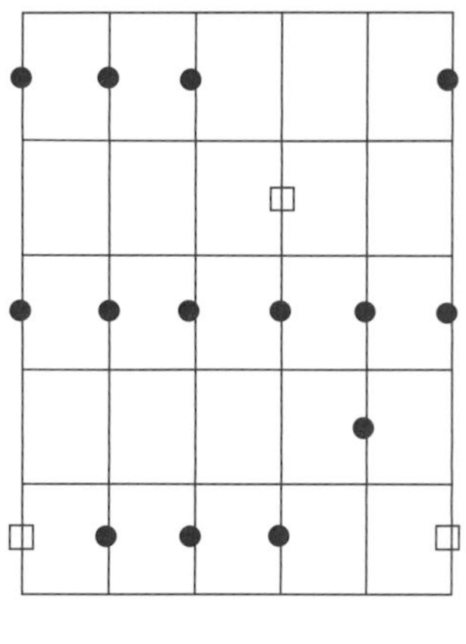

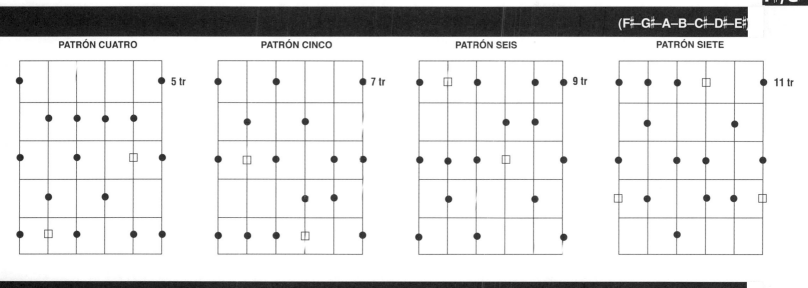

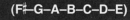

10 tr

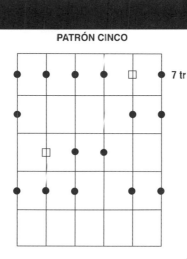

G♭ LIDIO

MÁSTIL COMPLETO | PATRÓN UNO | PATRÓN DOS | PATRÓN TRES

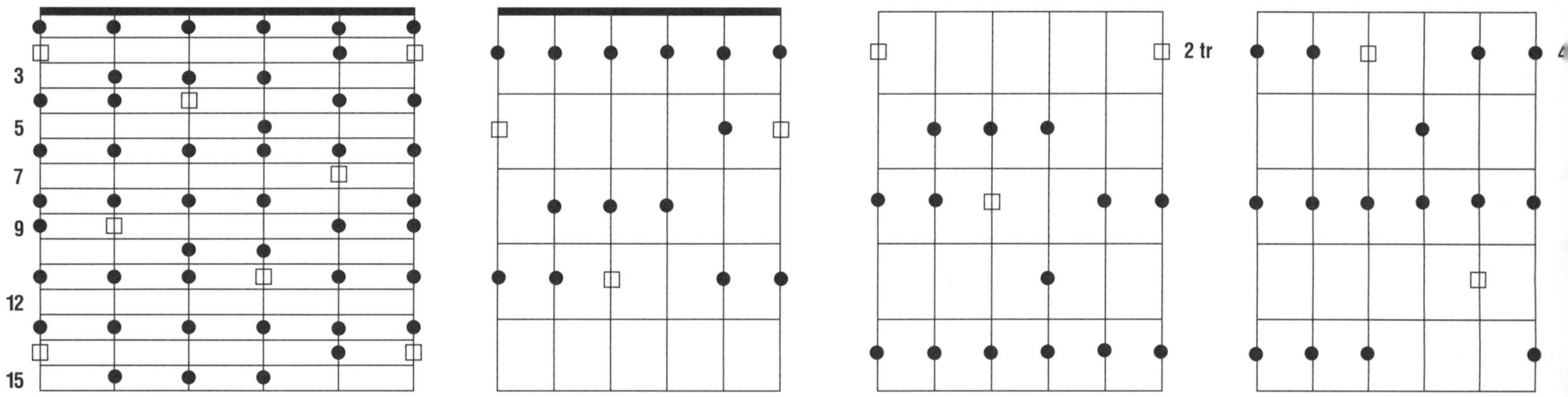

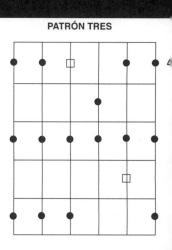

F♯ DISMINUIDA (SEMITONO-TONO)

MÁSTIL COMPLETO | PATRÓN UNO | PATRÓN DOS | PATRÓN TRES

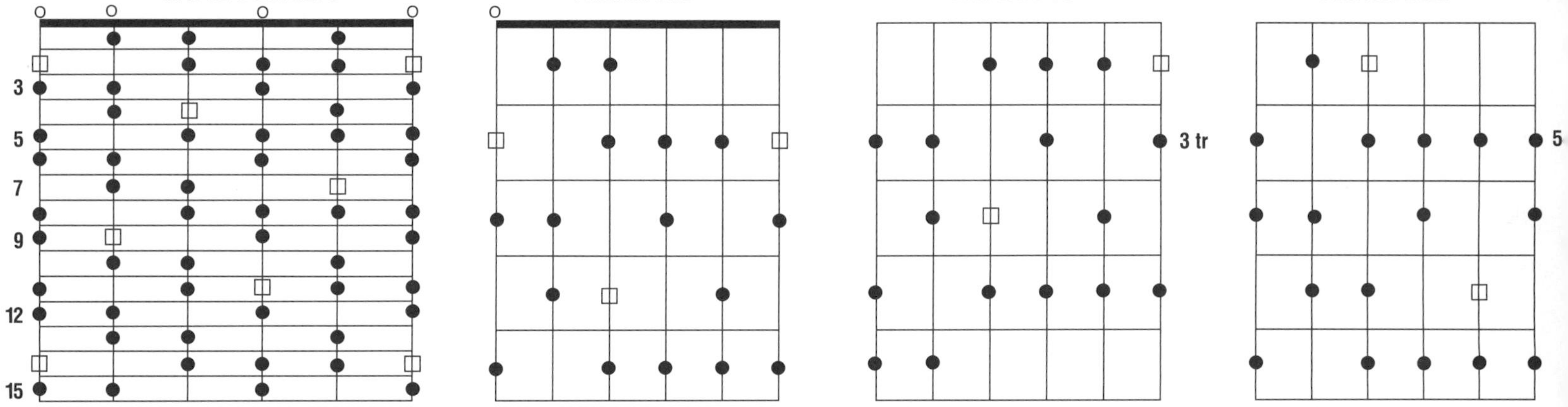

F♯ DISMINUIDA (TONO-SEMITONO)

MÁSTIL COMPLETO | PATRÓN UNO | PATRÓN DOS | PATRÓN TRES

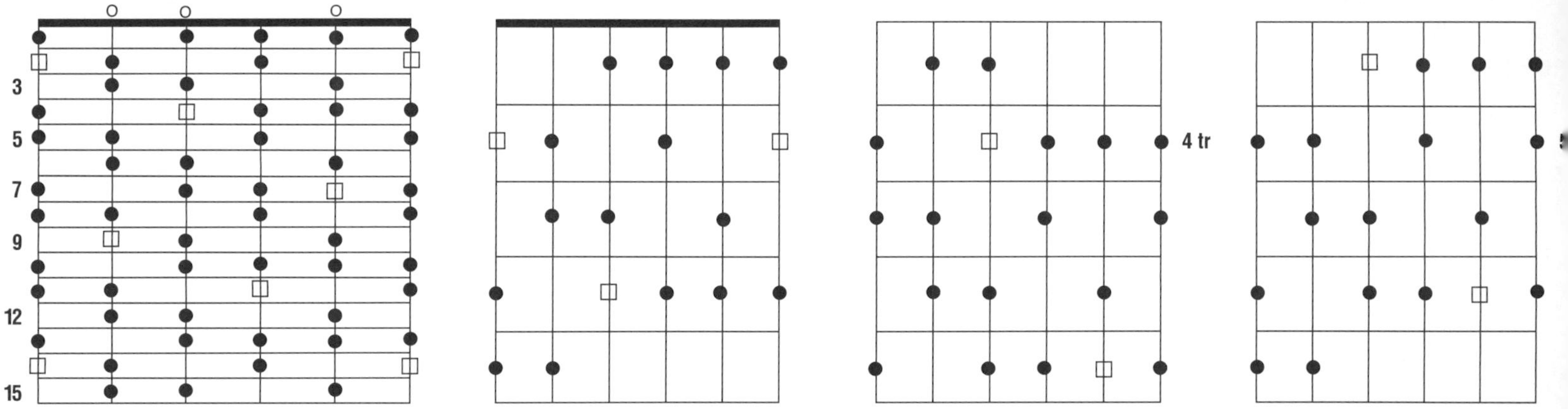

F♯ CROMÁTICA (F♯–G–G♯–A–A♯–B–C–C♯–D–D♯–E–E♯)

MÁSTIL COMPLETO | PATRÓN UNO ASCENDENTE | PATRÓN UNO DESCENDIENTE | PATRÓN DOS

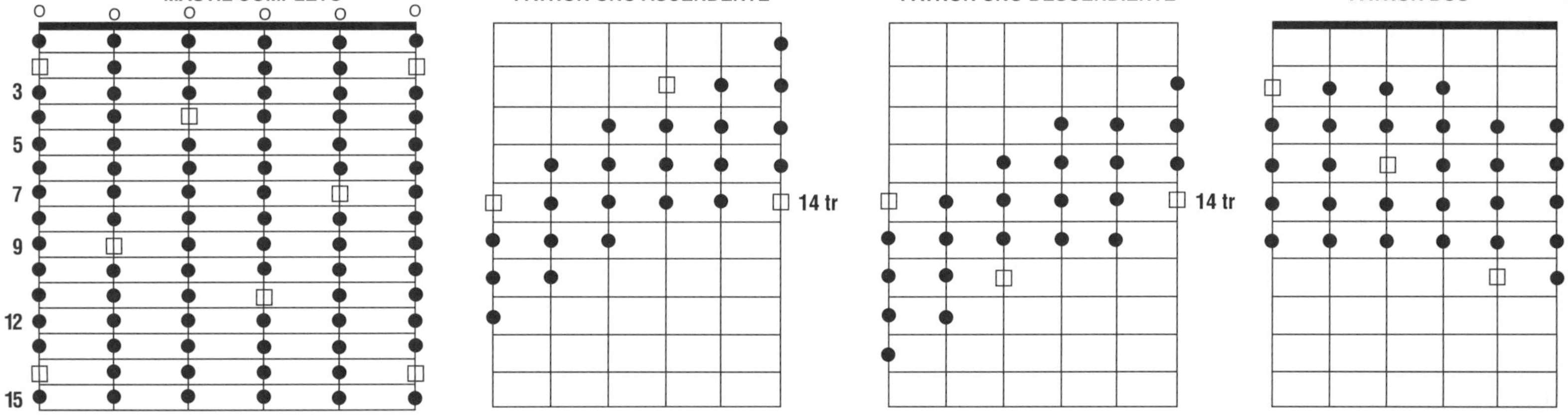

(G♭–A♭–B♭–C–D♭–E♭–F)

PATRÓN CUATRO

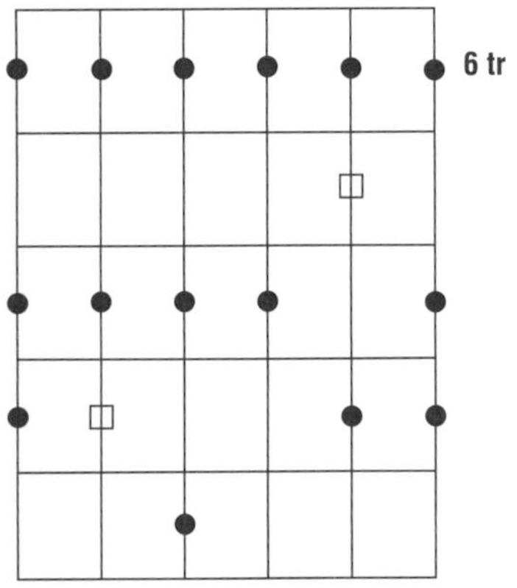

PATRÓN CINCO

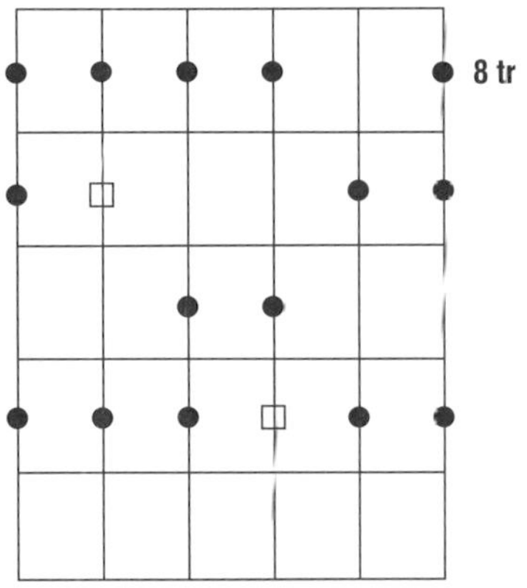

PATRÓN SEIS

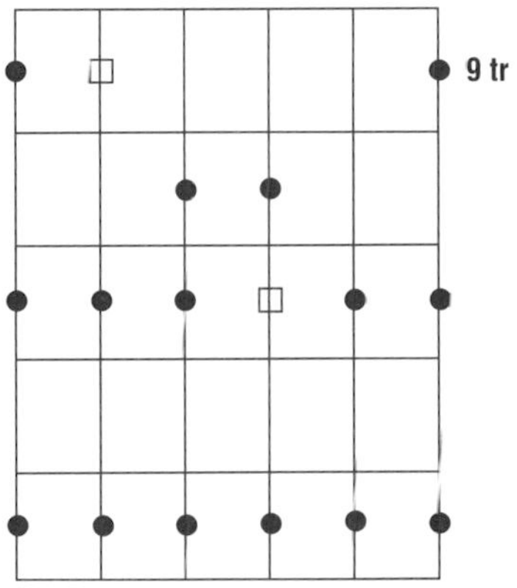

PATRÓN SIETE

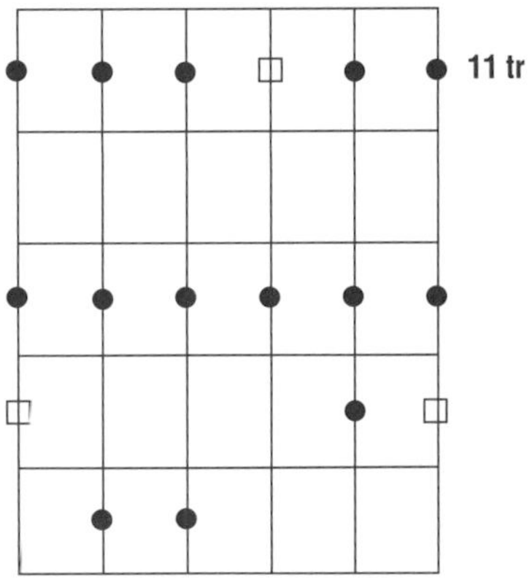

(F♯–G–A–B♭–C–C♯–D♯–E)

PATRÓN CUATRO

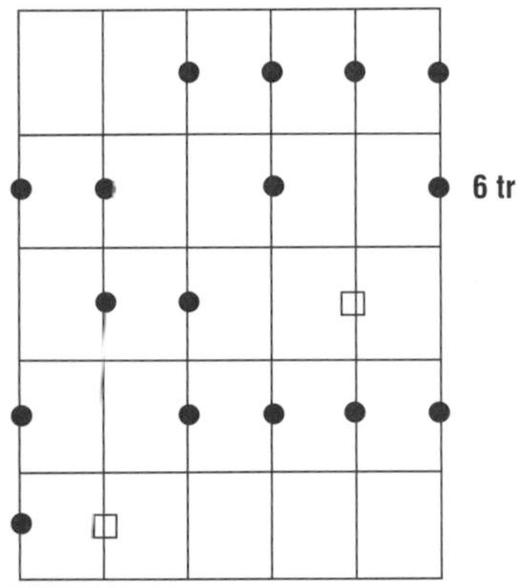

PATRÓN CINCO

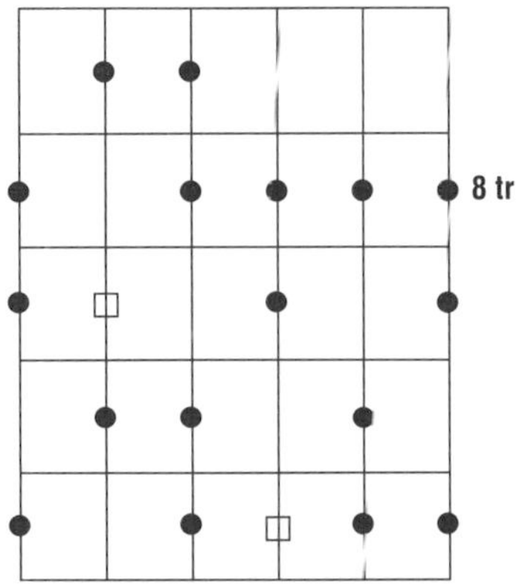

PATRÓN SEIS

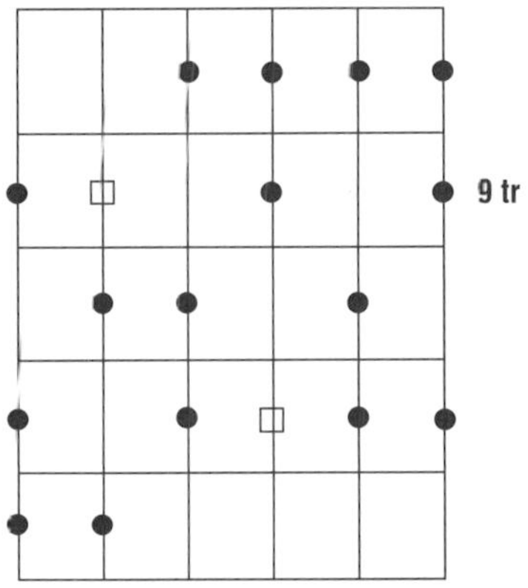

PATRÓN SIETE

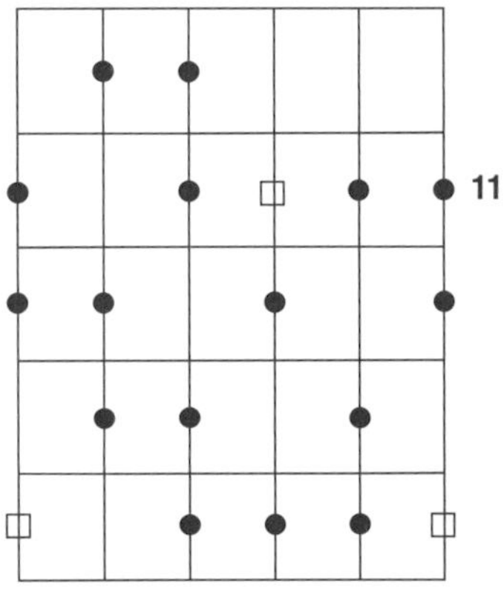

(F♯–G♯–A–B–C–C𝄪–D♯–E♯)

PATRÓN CUATRO

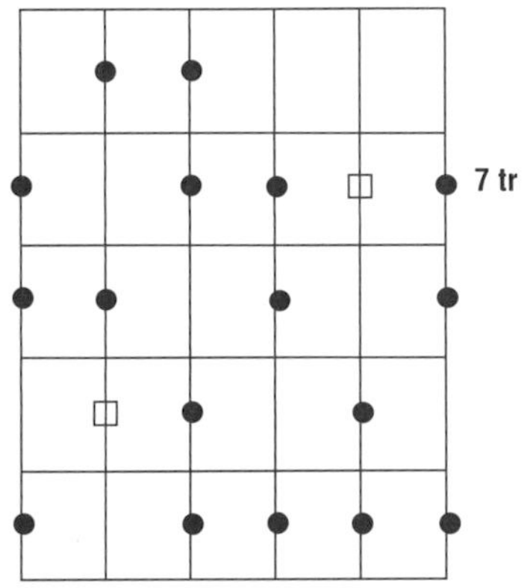

PATRÓN CINCO

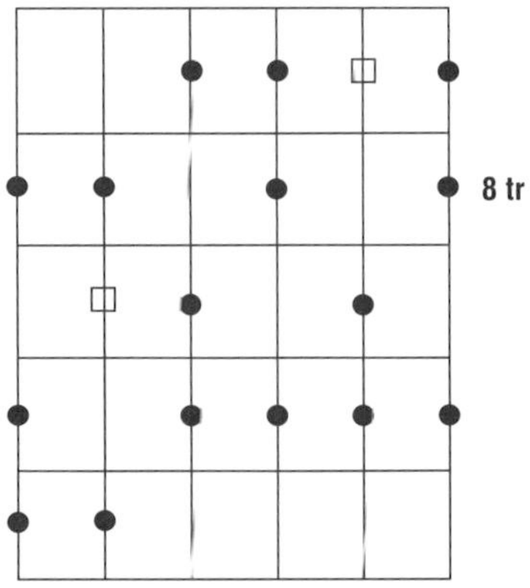

PATRÓN SEIS

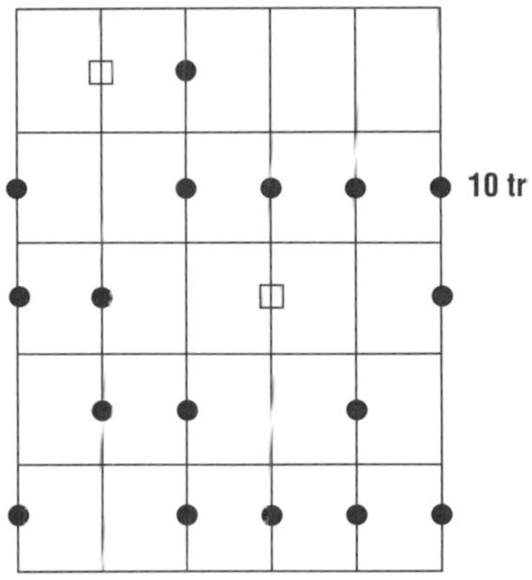

PATRÓN SIETE

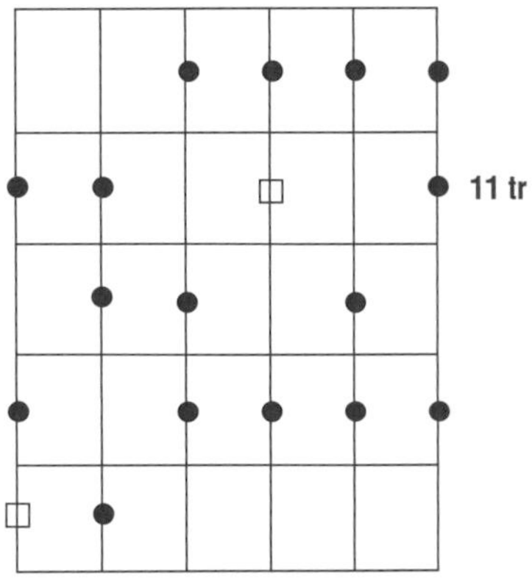

F♯ TONO

(F♯–G♯–A♯–B♯–C𝄪–D𝄪)

MÁSTIL COMPLETO

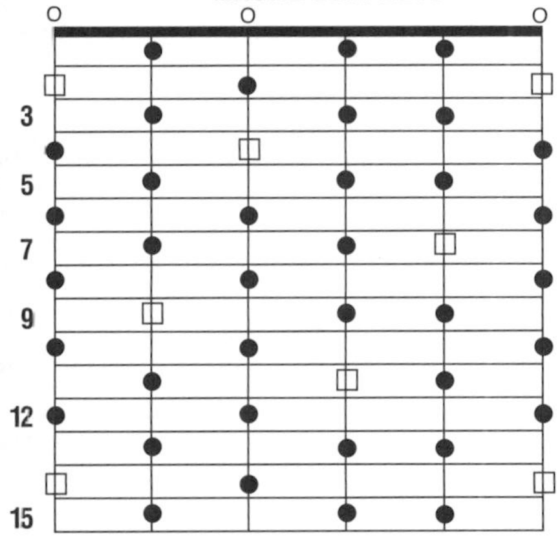

PATRÓN UNO

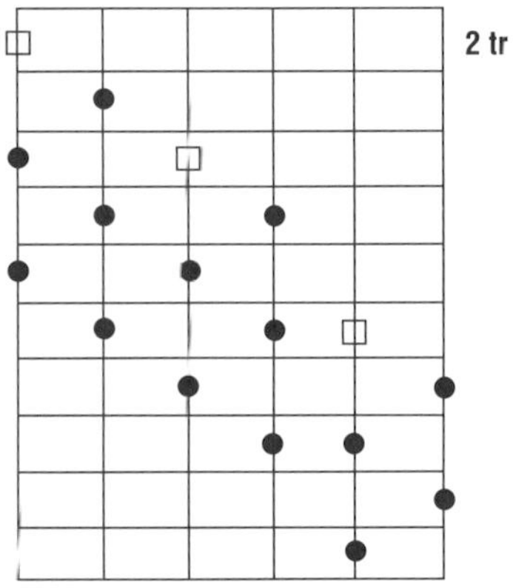

PATRÓN DOS

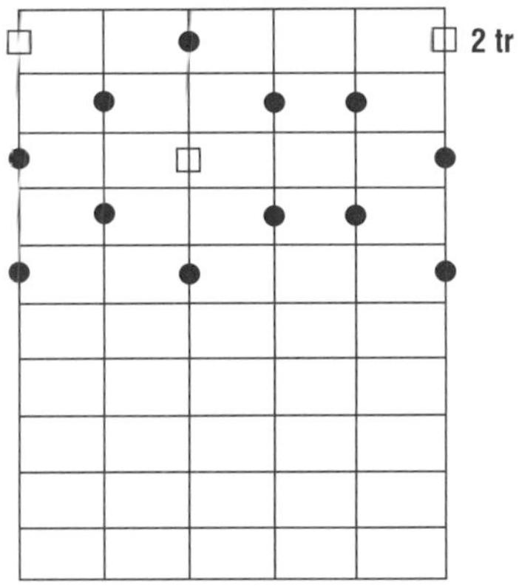

PATRÓN TRES

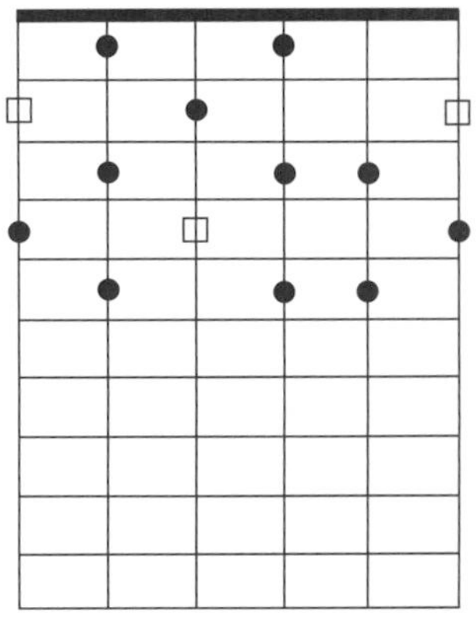

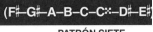

G MAYOR (JÓNICO)

MÁSTIL COMPLETO | PATRÓN UNO | PATRÓN DOS | PATRÓN TRES

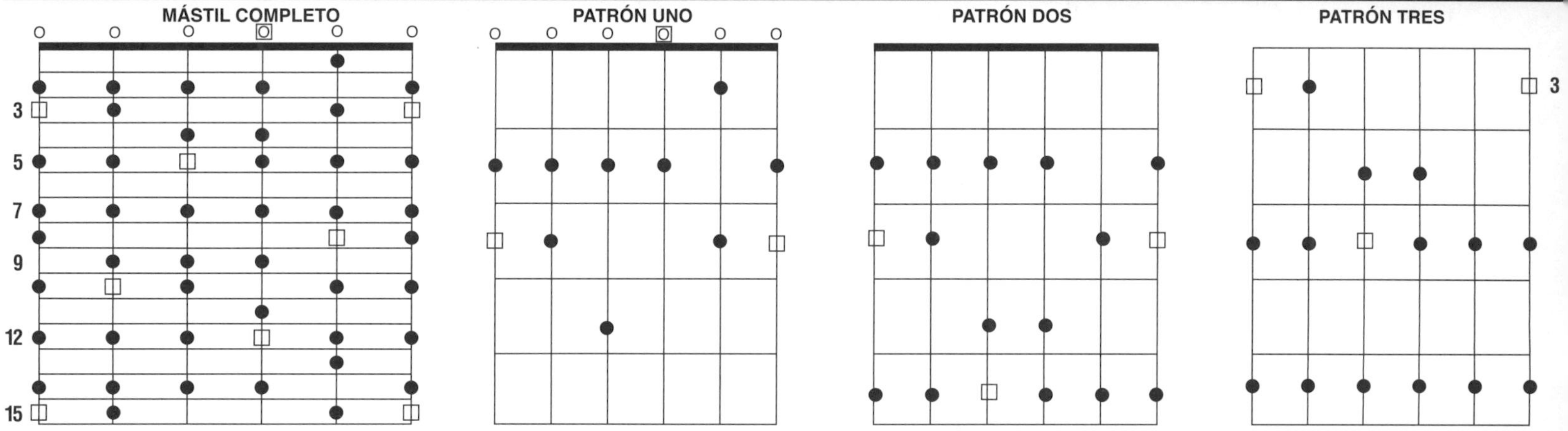

G PENTATÓNICA MAYOR

MÁSTIL COMPLETO | PATRÓN UNO | PATRÓN DOS | PATRÓN TRES

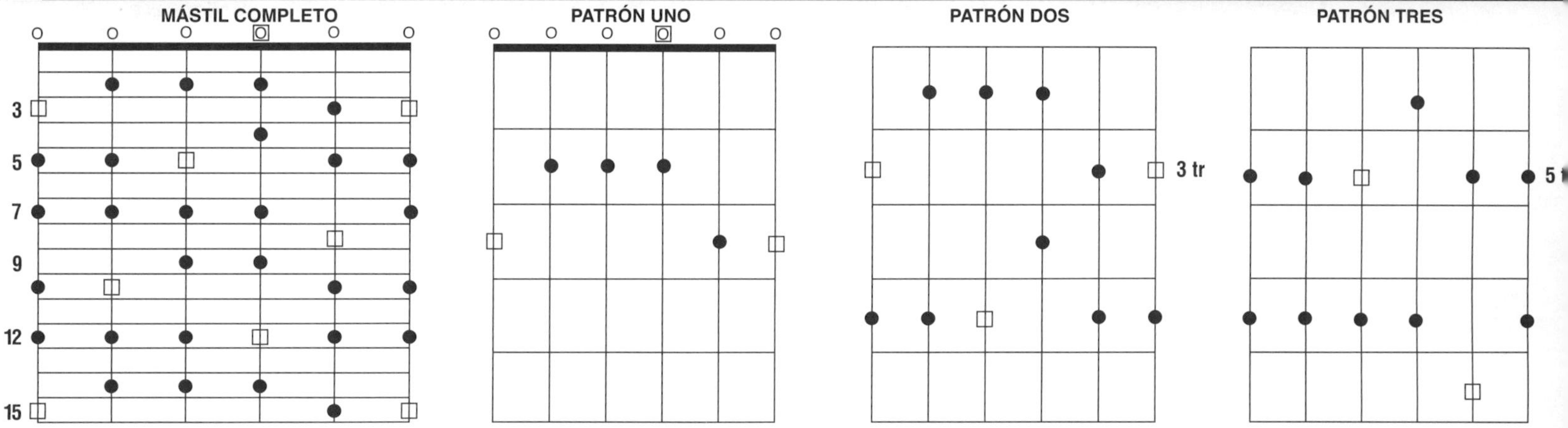

G MENOR NATURAL (EÓLICO)

MÁSTIL COMPLETO | PATRÓN UNO | PATRÓN DOS | PATRÓN TRES

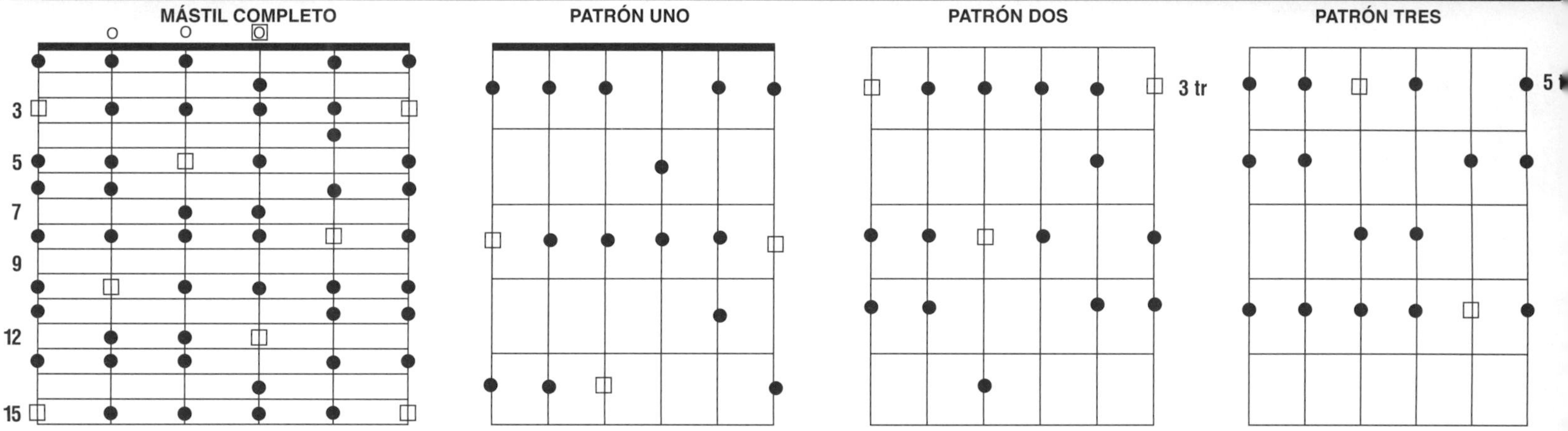

G PENTATÓNICA MENOR

MÁSTIL COMPLETO | PATRÓN UNO | PATRÓN DOS | PATRÓN TRES

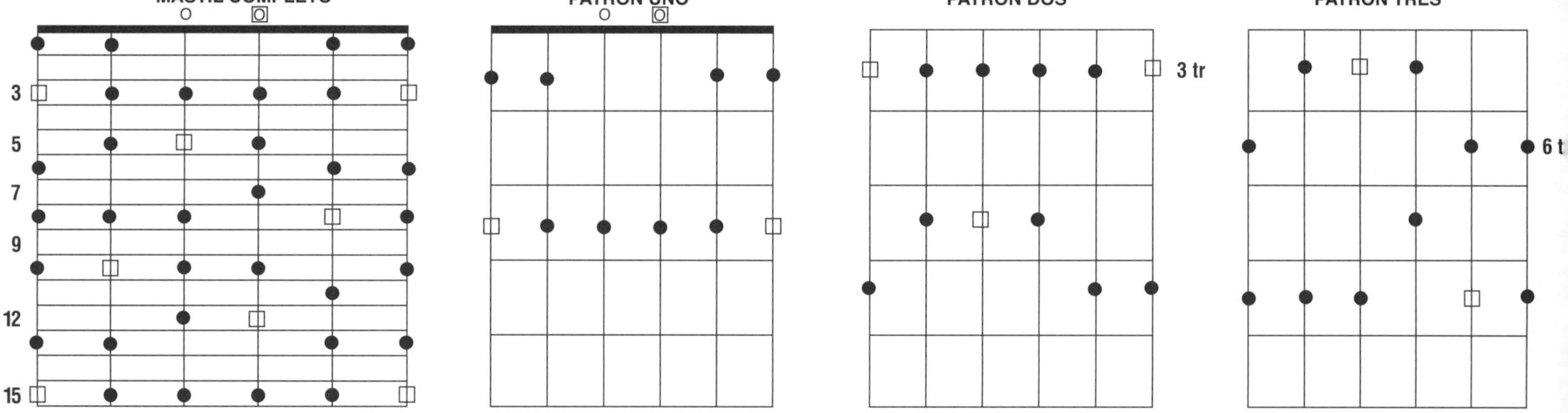

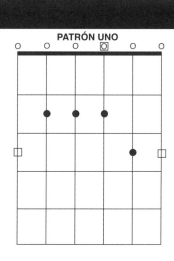

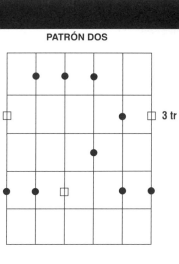

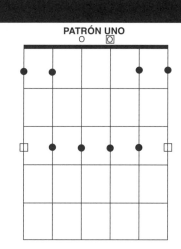

(G–A–B–C–D–E–F♯)

PATRÓN CUATRO

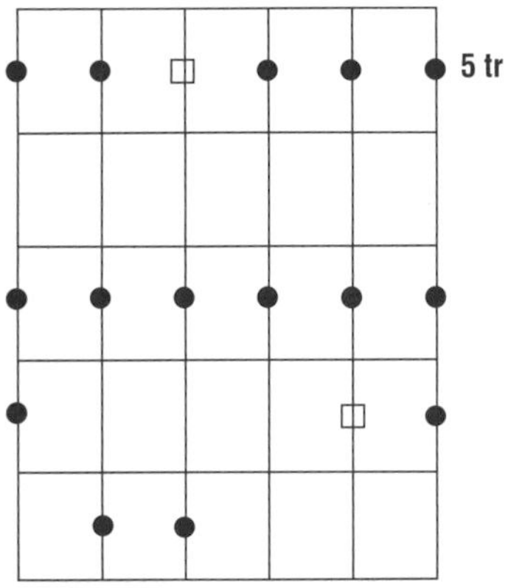

PATRÓN CINCO

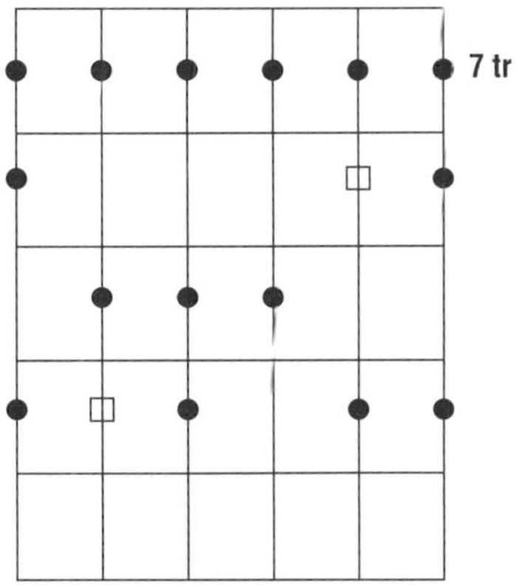

PATRÓN SEIS

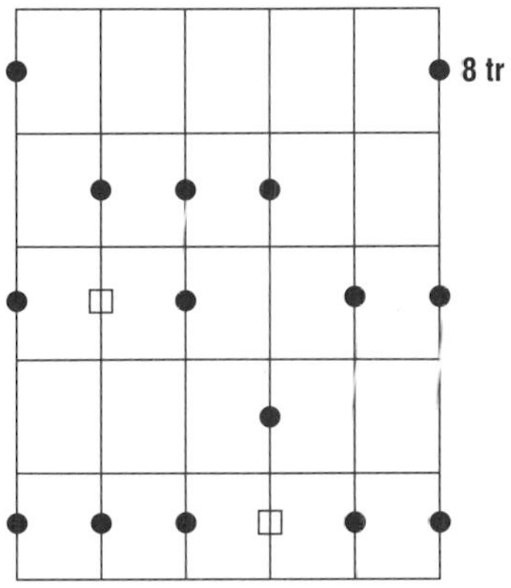

PATRÓN SIETE

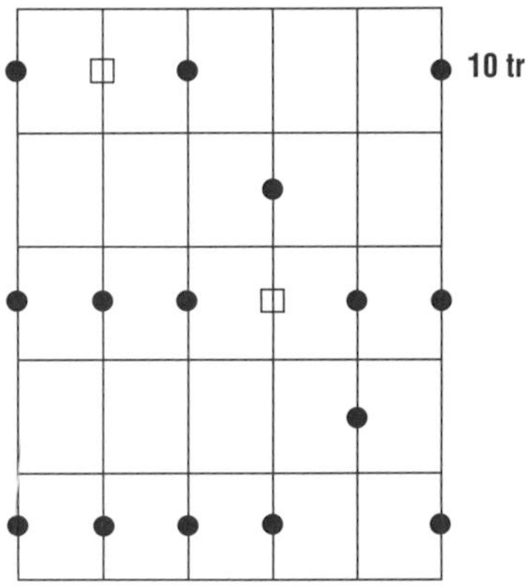

(G–A–B–D–E)

PATRÓN CUATRO

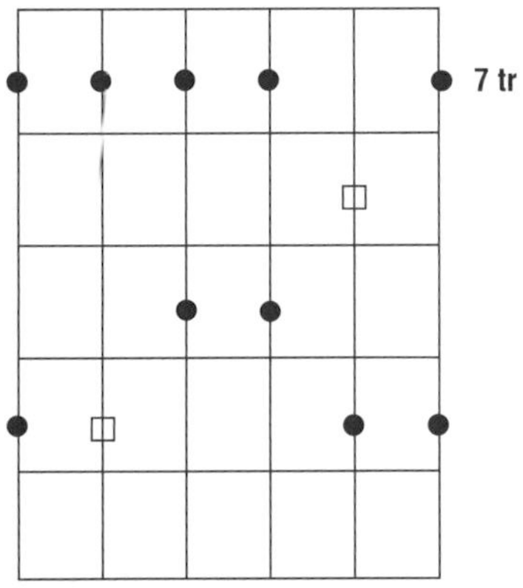

PATRÓN CINCO

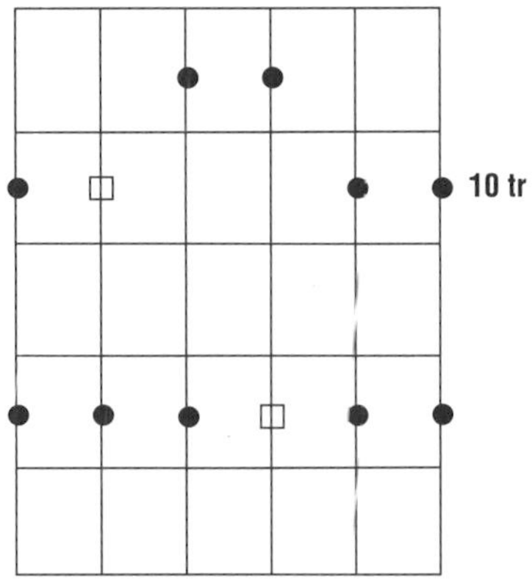

PATRÓN UNO (+1 OCTAVA)

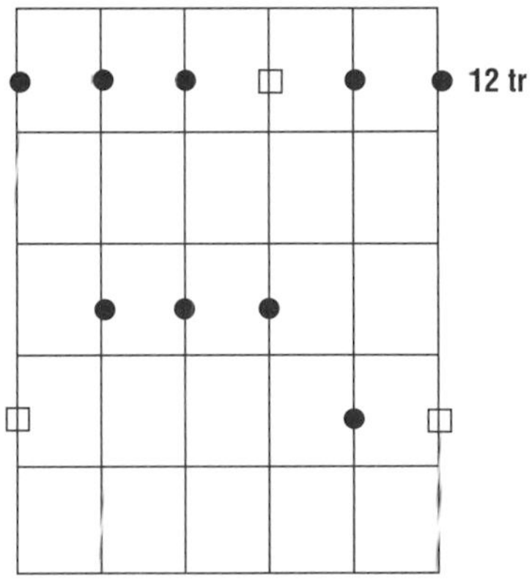

PATRÓN DOS (+1 OCTAVA)

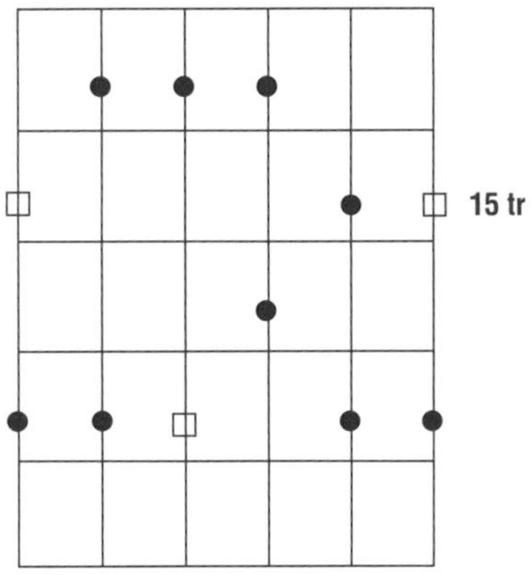

(G–A–B♭–C–D–E♭–F)

PATRÓN CUATRO

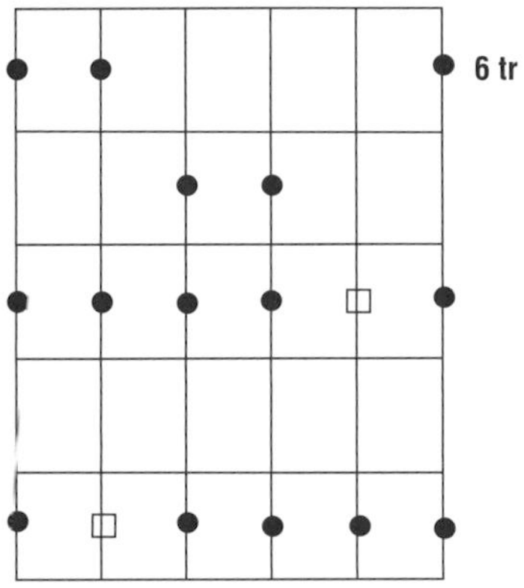

PATRÓN CINCO

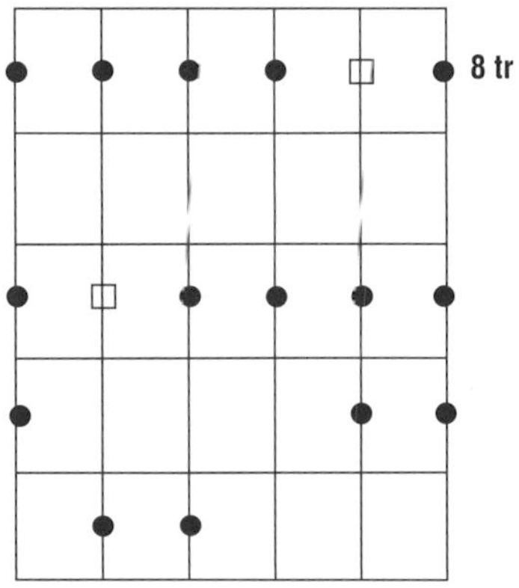

PATRÓN SEIS

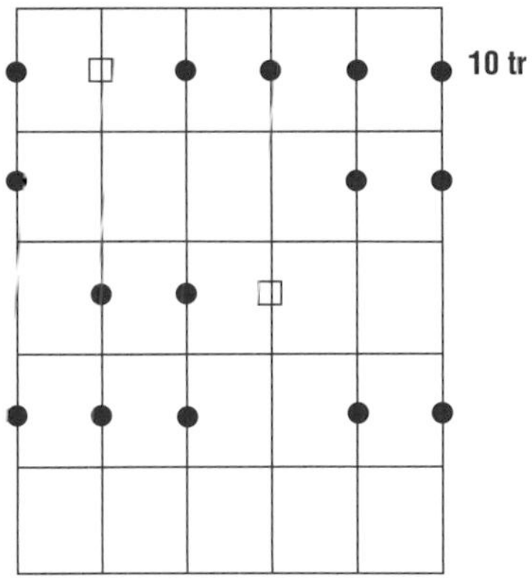

PATRÓN SIETE

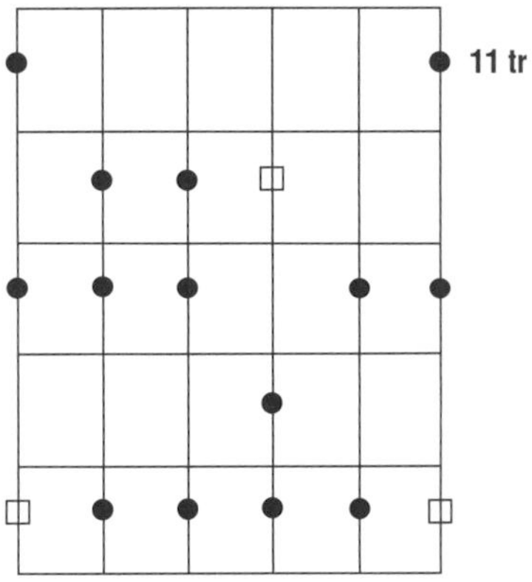

(G–B♭–C–D–F)

PATRÓN CUATRO

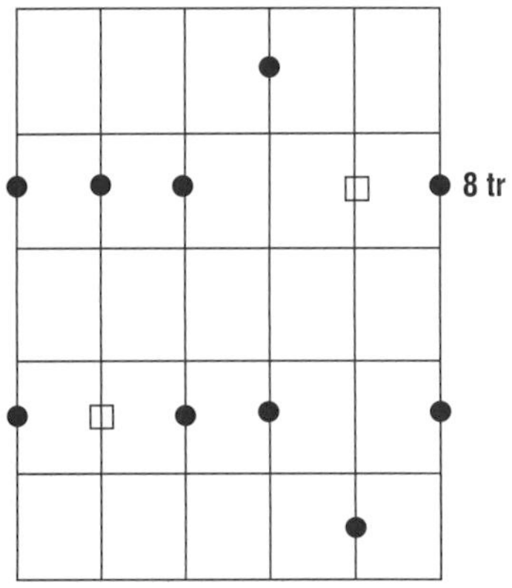

PATRÓN CINCO

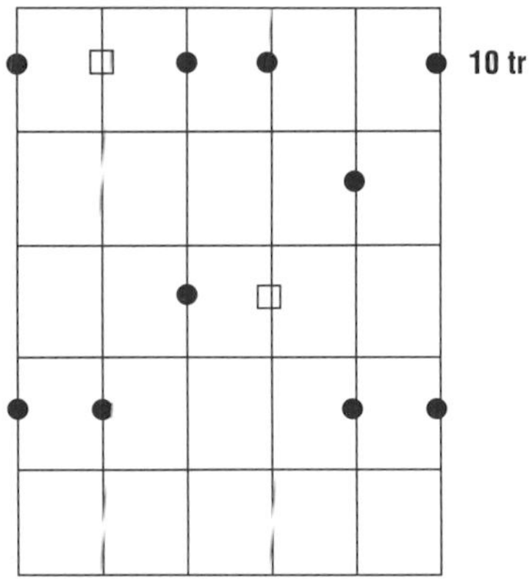

PATRÓN UNO (+1 OCTAVA)

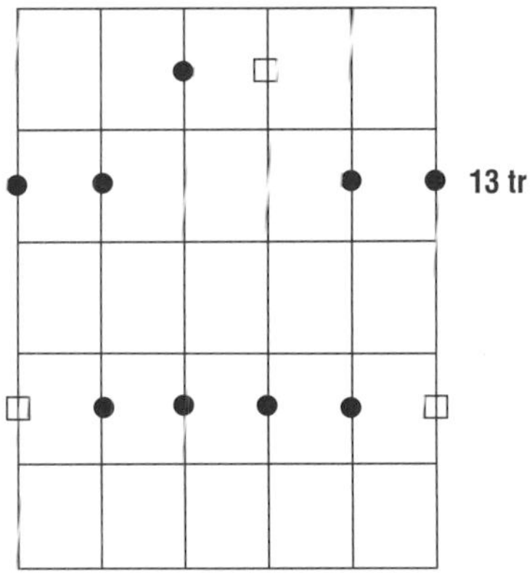

PATRÓN DOS (+1 OCTAVA)

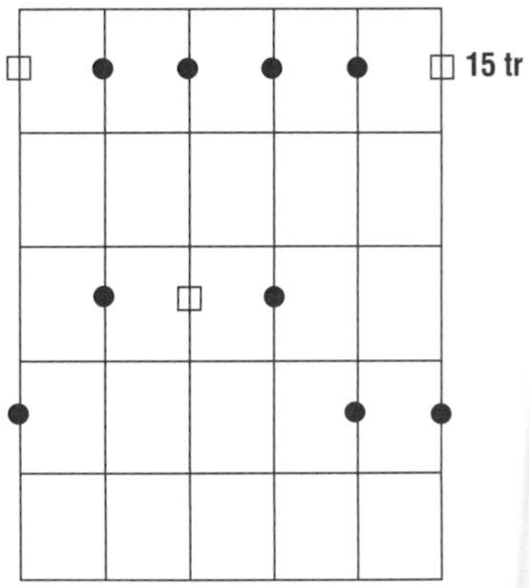

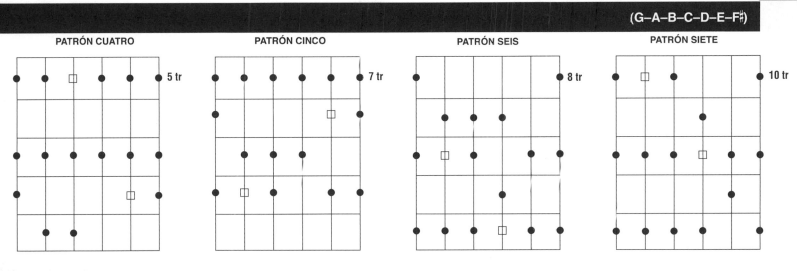

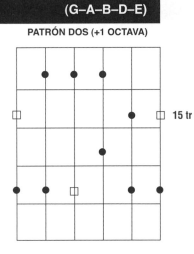

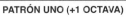

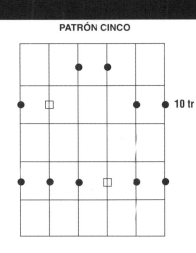

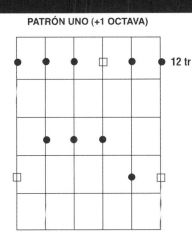

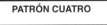

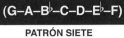

G BLUES

MÁSTIL COMPLETO

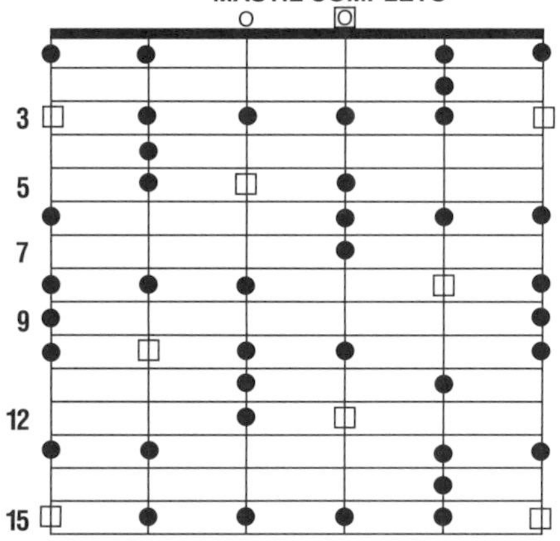

PATRÓN UNO

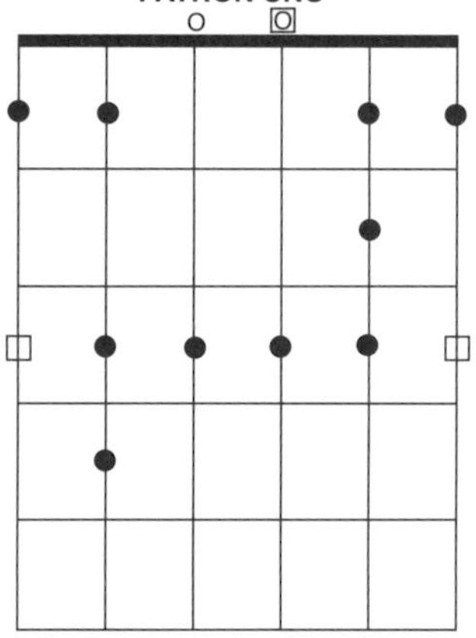

PATRÓN DOS

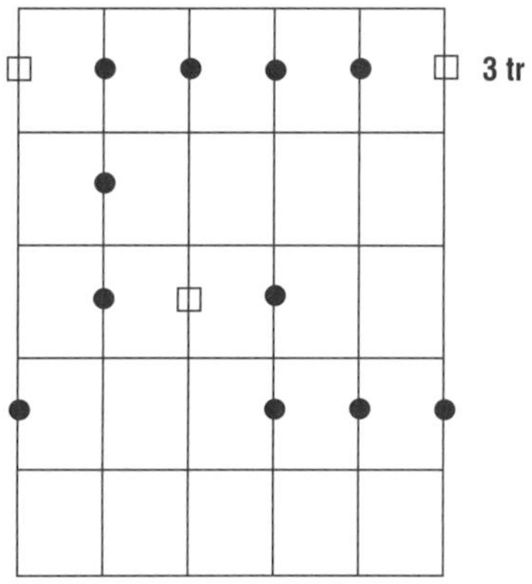

PATRÓN TRES

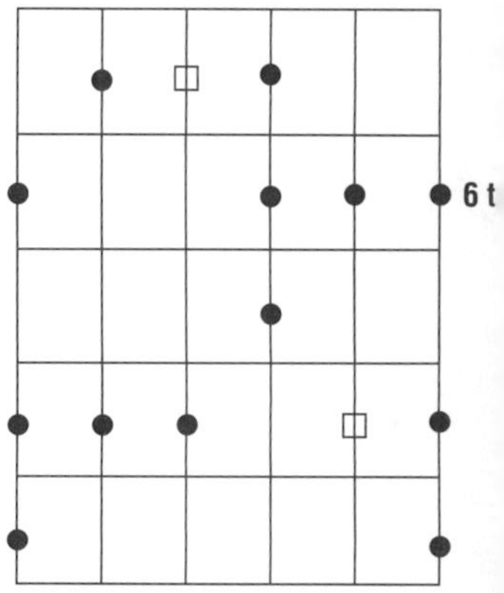

G MIXO BLUES

MÁSTIL COMPLETO

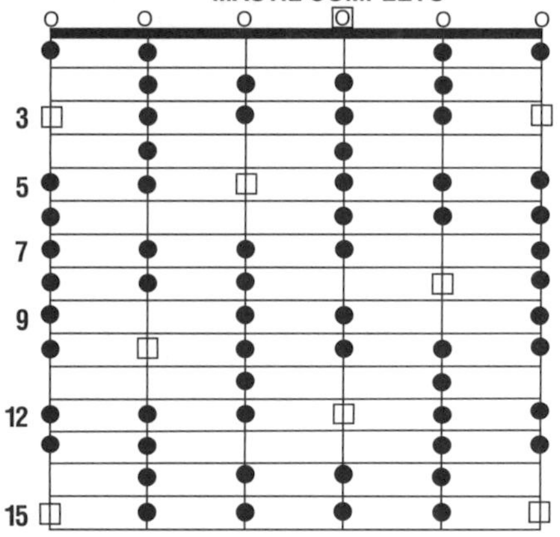

PATRÓN UNO

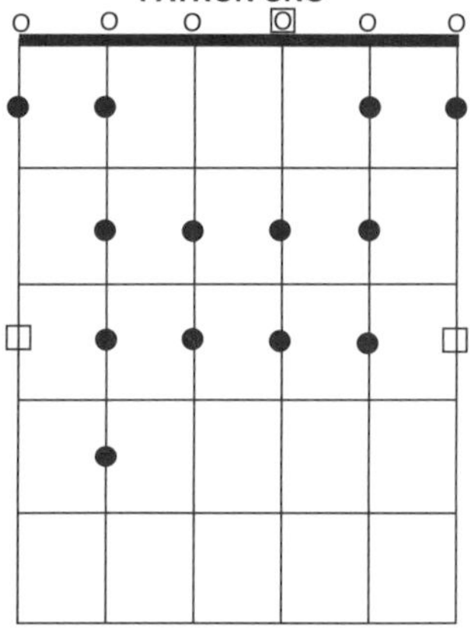

PATRÓN DOS

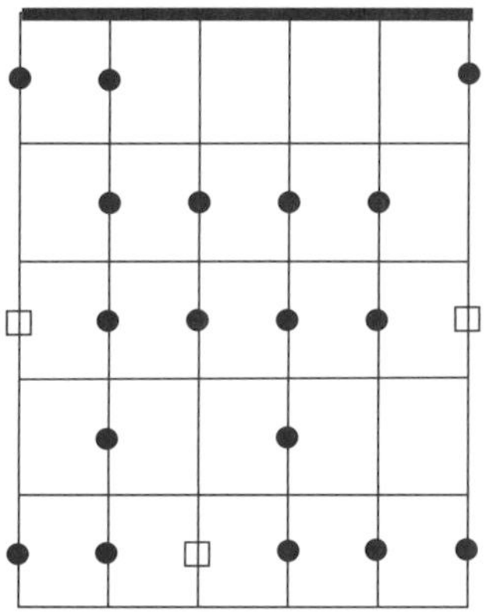

PATRÓN TRES

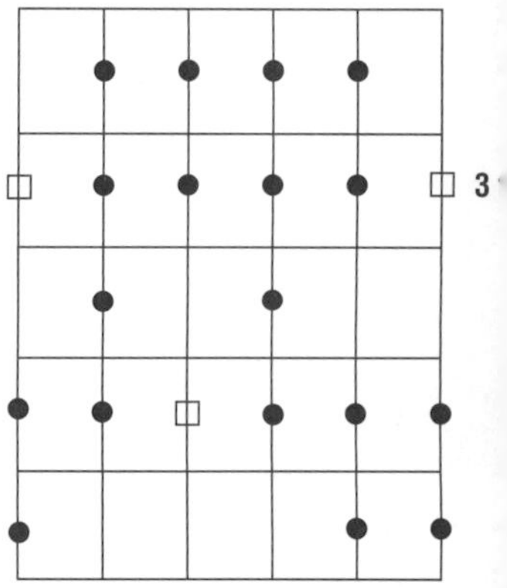

G MIXOLIDIO

MÁSTIL COMPLETO

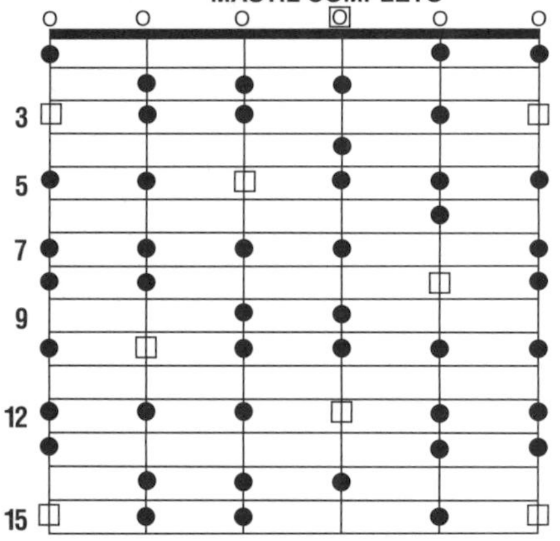

PATRÓN UNO

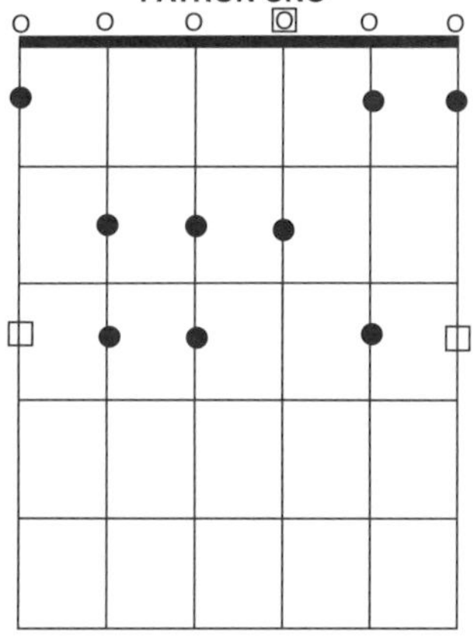

PATRÓN DOS

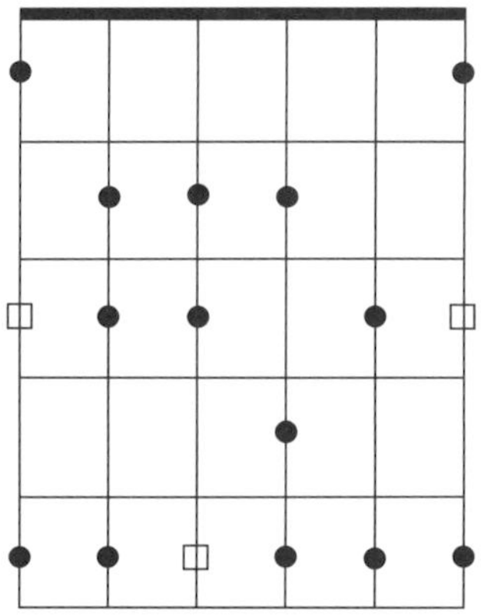

PATRÓN TRES

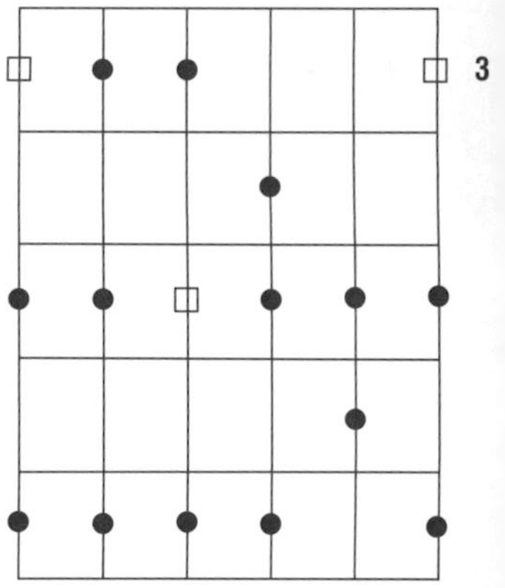

G DÓRICO

MÁSTIL COMPLETO

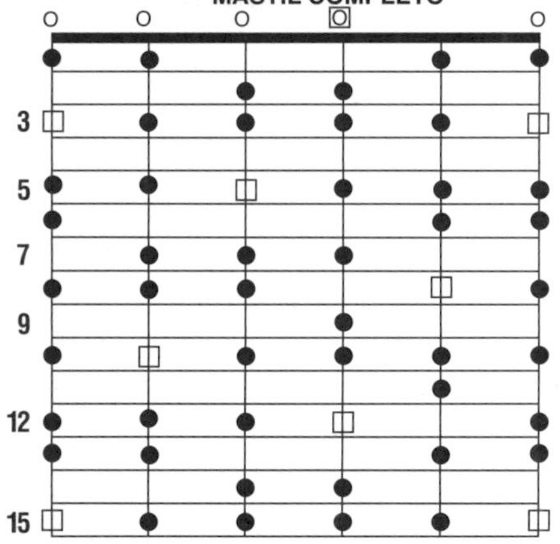

PATRÓN UNO

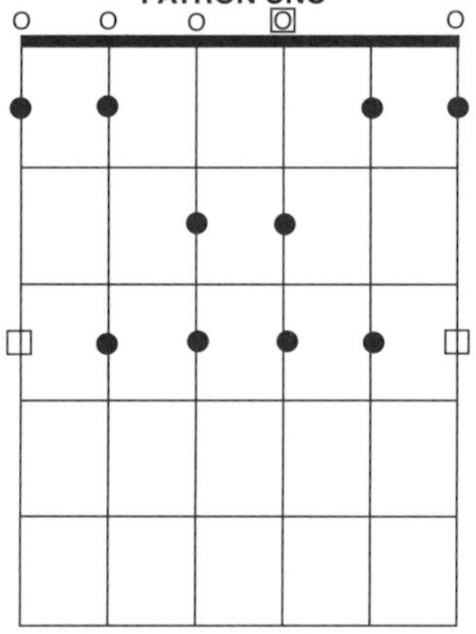

PATRÓN DOS

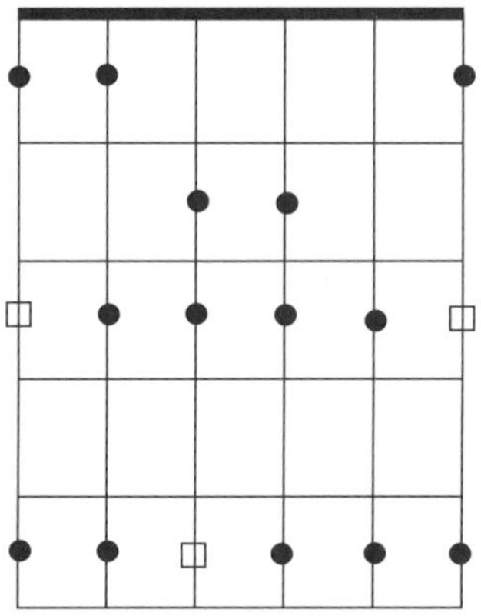

PATRÓN TRES

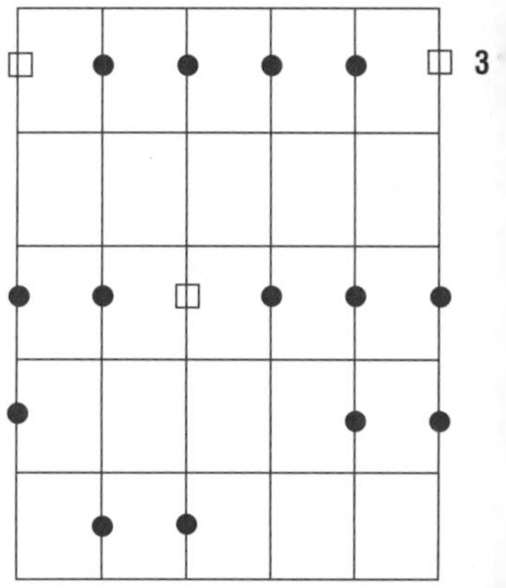

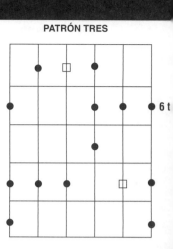

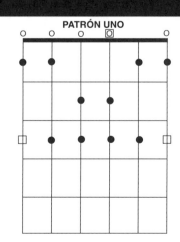

(G–B♭–C–D♭–D–F)

PATRÓN CUATRO

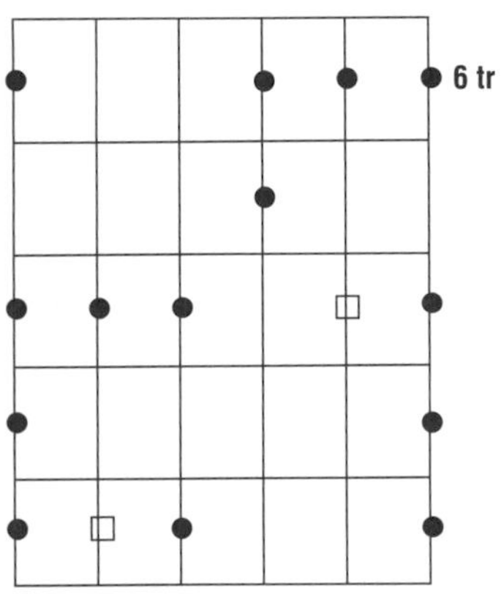

PATRÓN CINCO

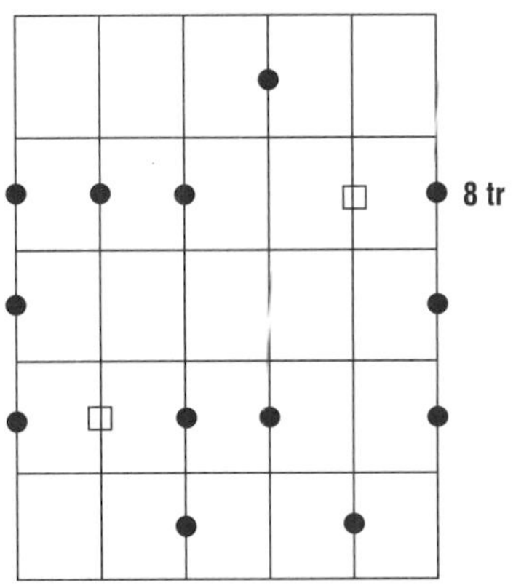

PATRÓN SEIS

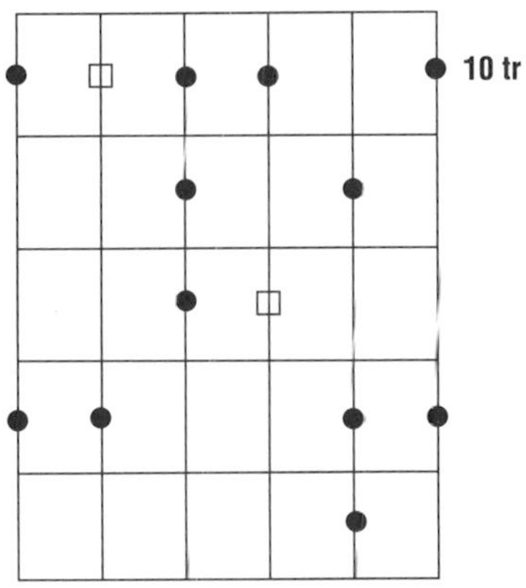

PATRÓN UNO (+1 OCTAVA)

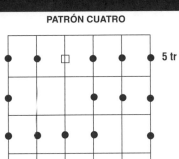

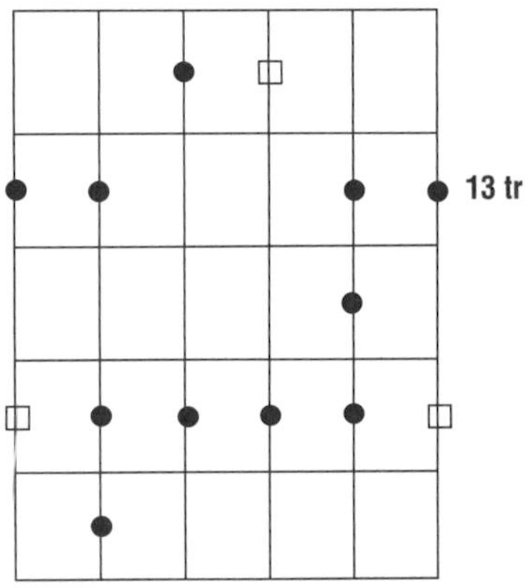

(G–A–B♭–B–C–D♭–D–E–F)

PATRÓN CUATRO

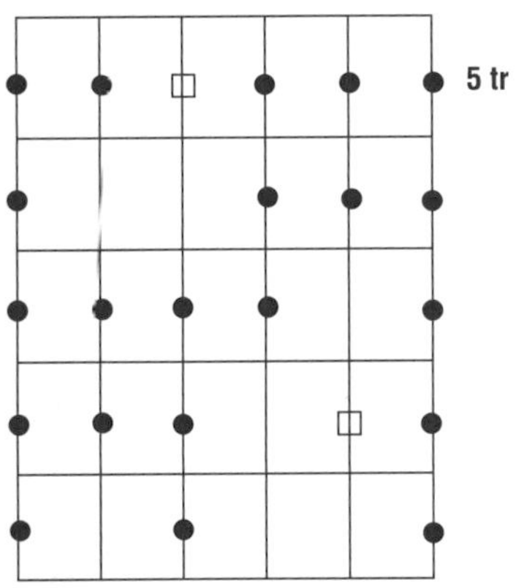

PATRÓN CINCO

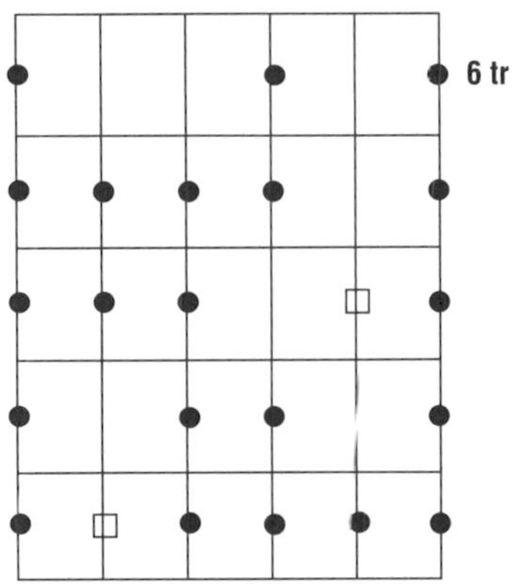

PATRÓN SEIS

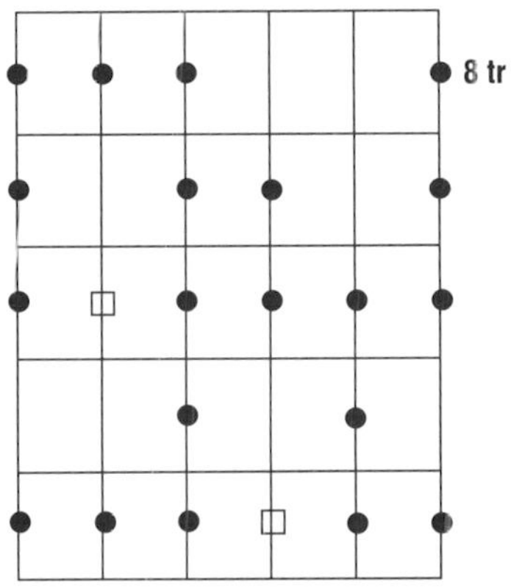

PATRÓN SIETE

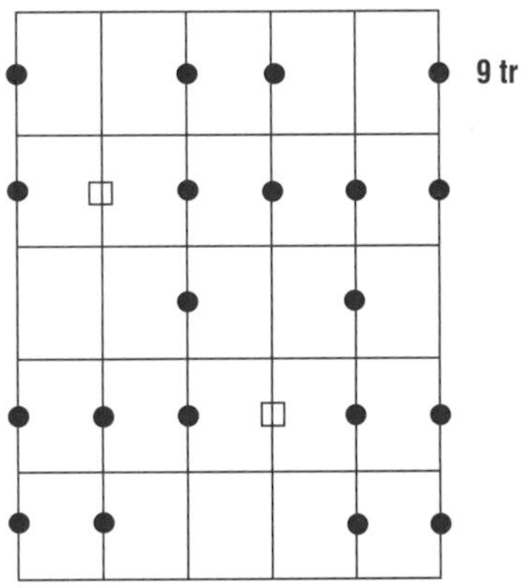

(G–A–B–C–D–E–F)

PATRÓN CUATRO

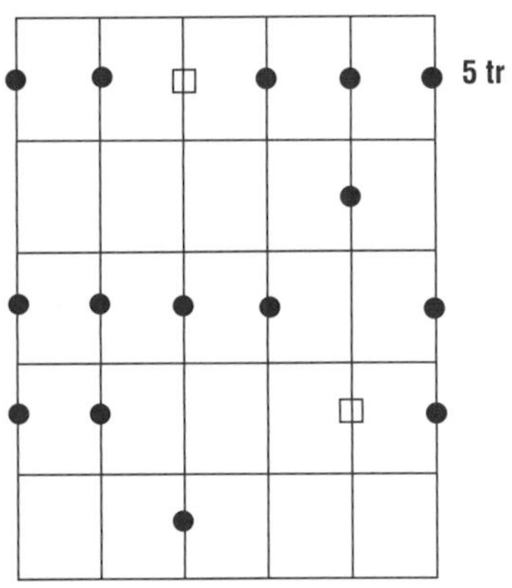

PATRÓN CINCO

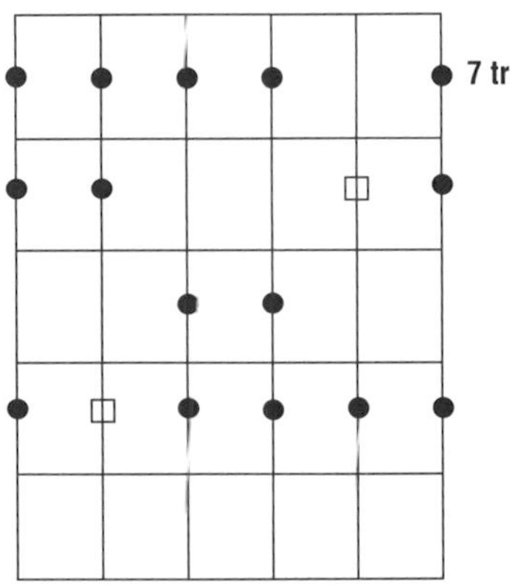

PATRÓN SEIS

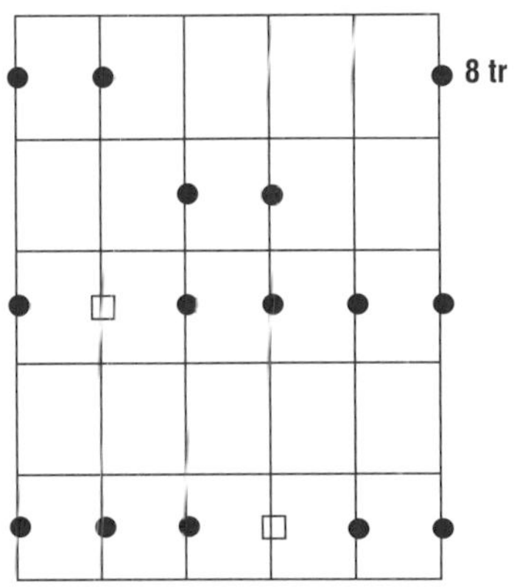

PATRÓN SIETE

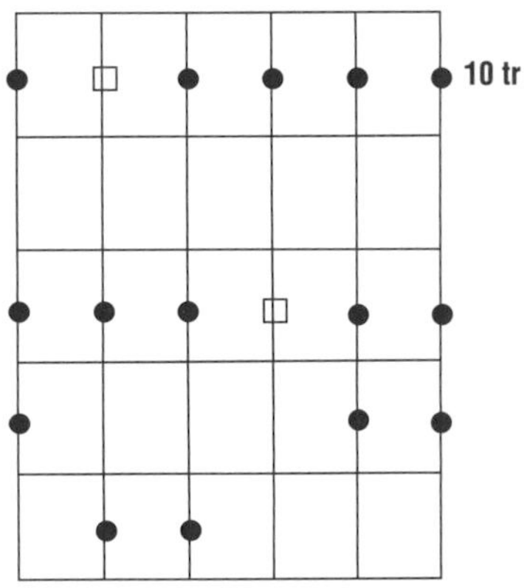

(G–A–B♭–C–D–E–F)

PATRÓN CUATRO

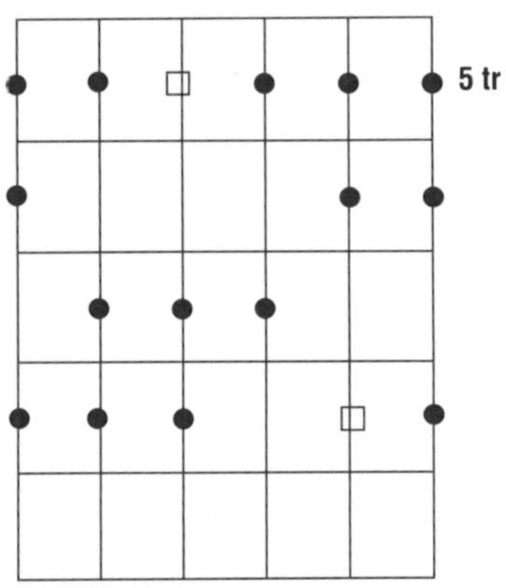

PATRÓN CINCO

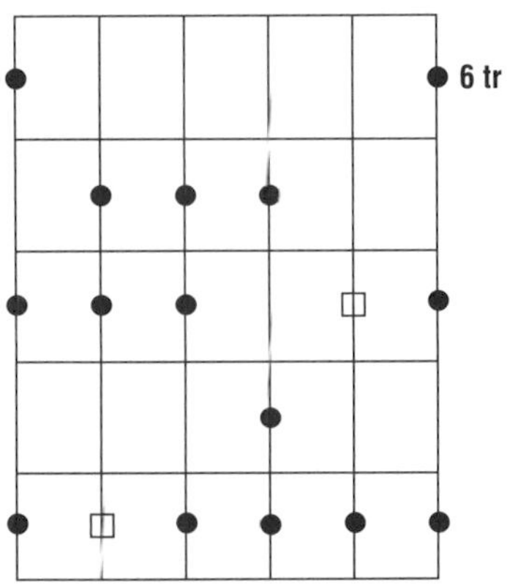

PATRÓN SEIS

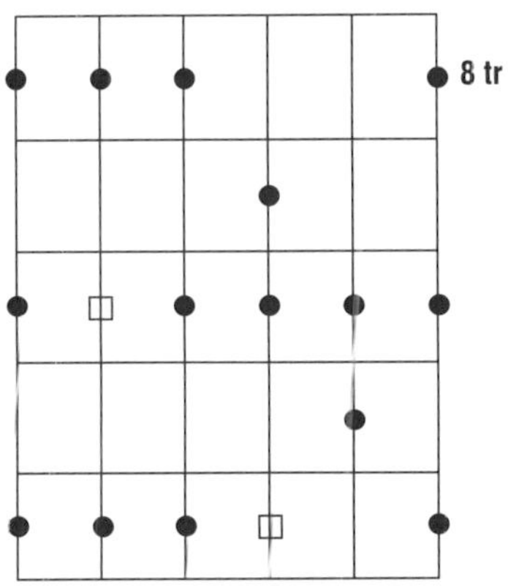

PATRÓN SIETE

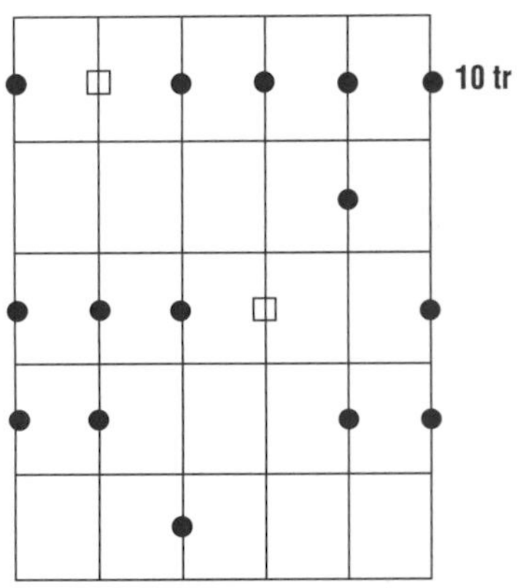

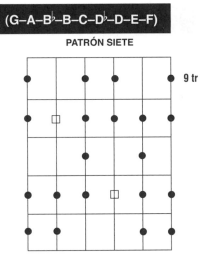

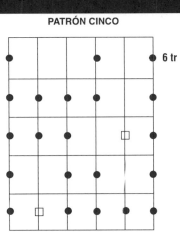

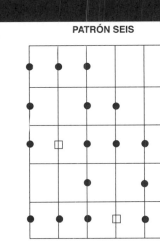

G MENOR MELÓDICA

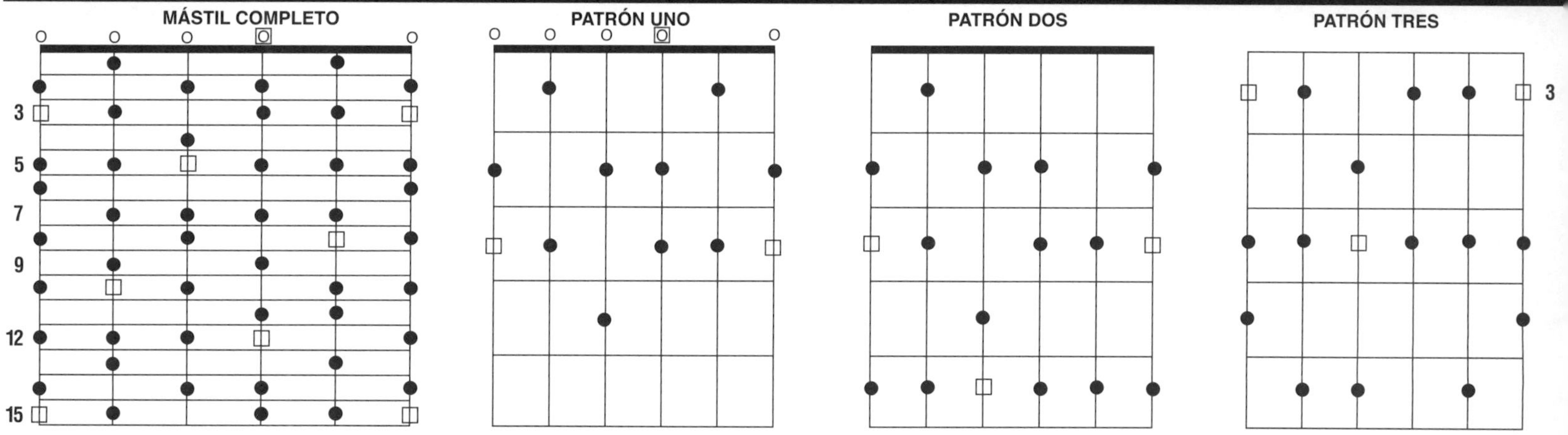

G MENOR ARMÓNICA

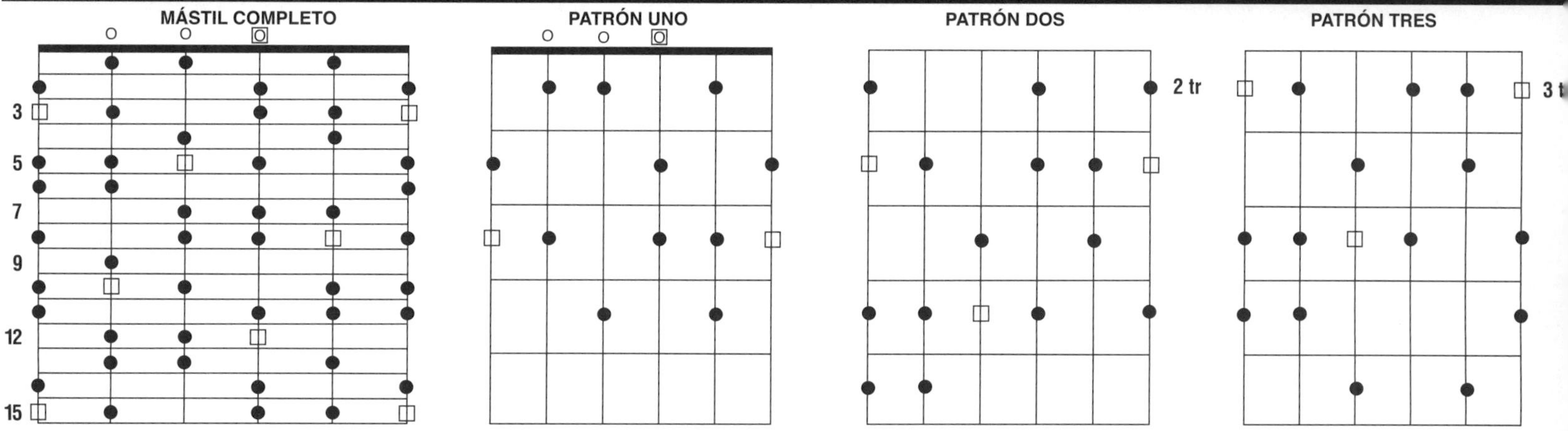

G TRIGIA

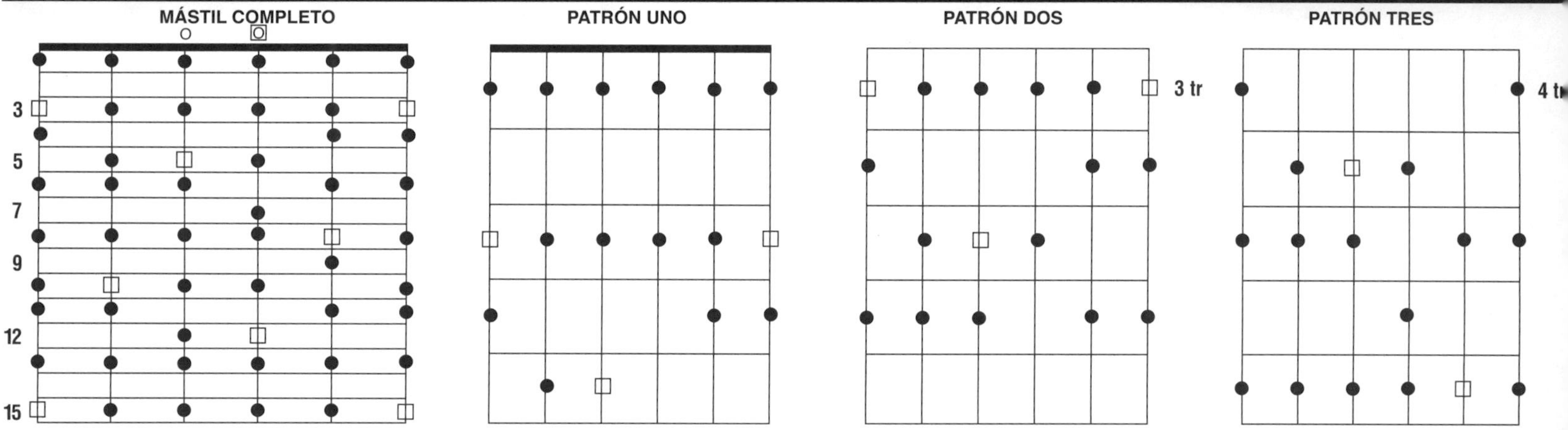

G LOCRIO

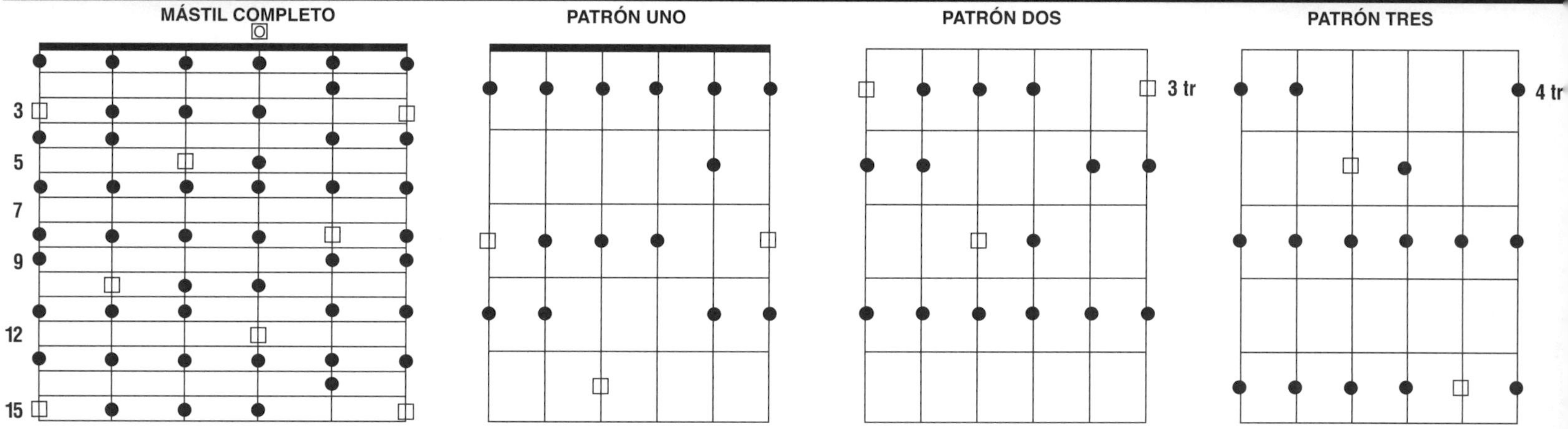

(G–A–B♭–C–D–E–F♯)

PATRÓN CUATRO

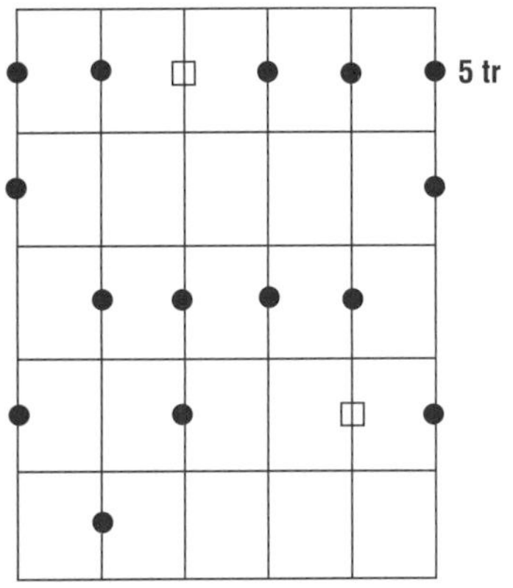

PATRÓN CINCO

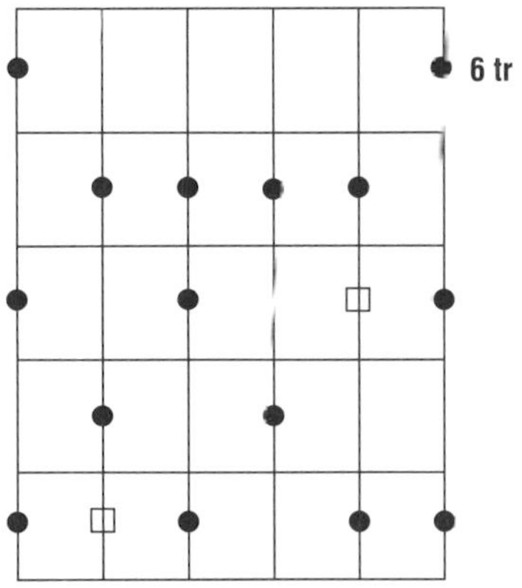

PATRÓN SEIS

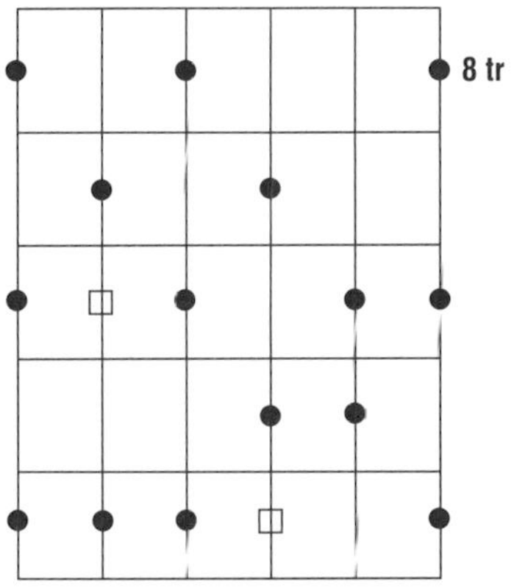

PATRÓN SIETE

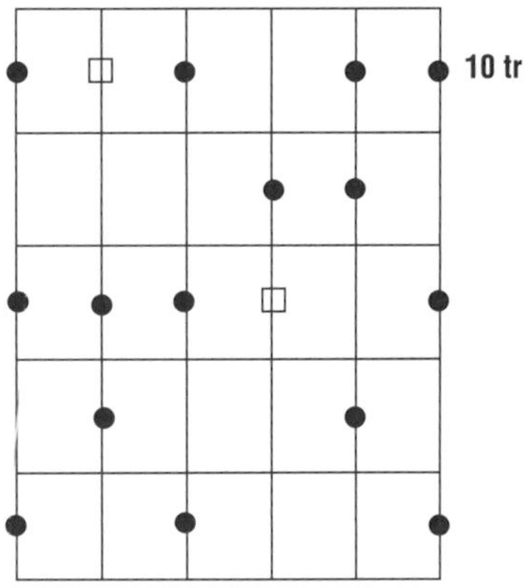

(G–A–B♭–C–D–E♭–F♯)

PATRÓN CUATRO

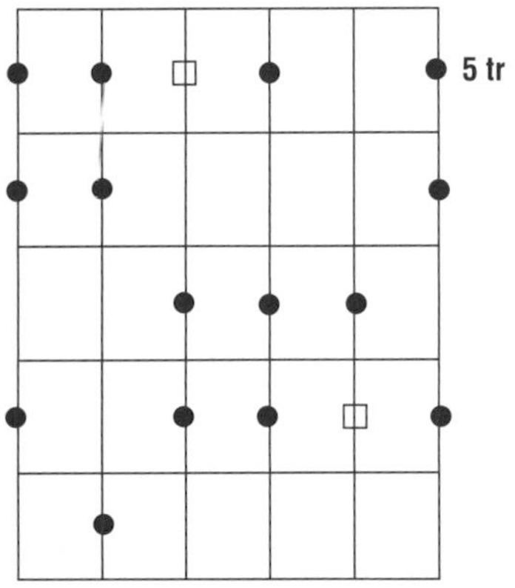

PATRÓN CINCO

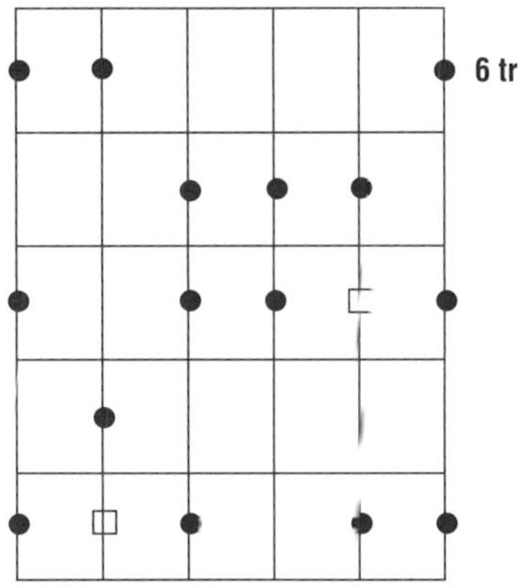

PATRÓN SEIS

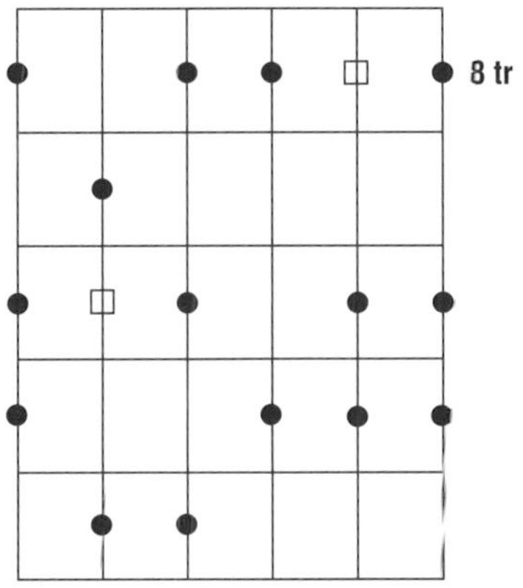

PATRÓN SIETE

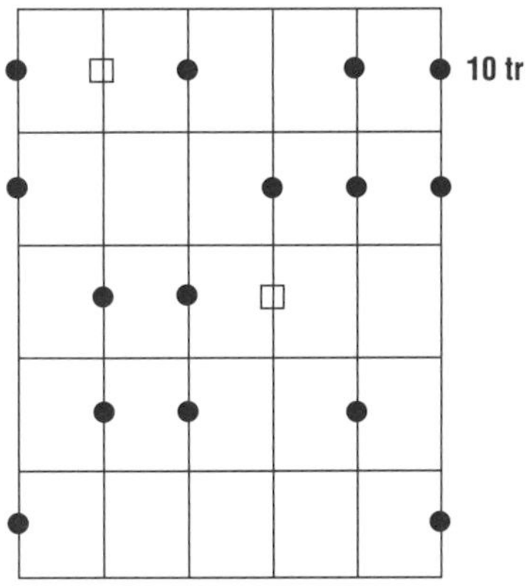

(G–A♭–B♭–C–D–E♭–F)

PATRÓN CUATRO

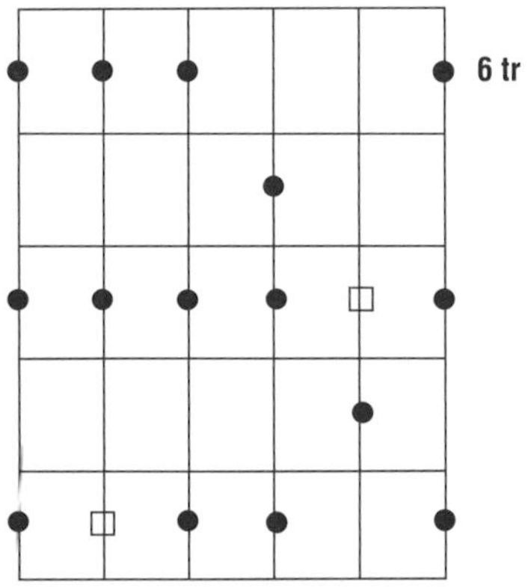

PATRÓN CINCO

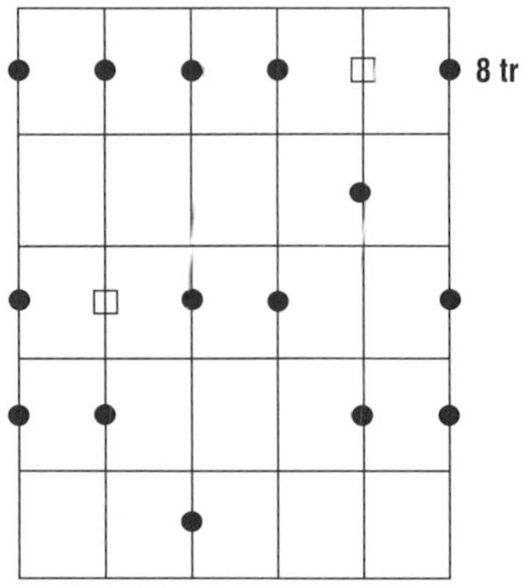

PATRÓN SEIS

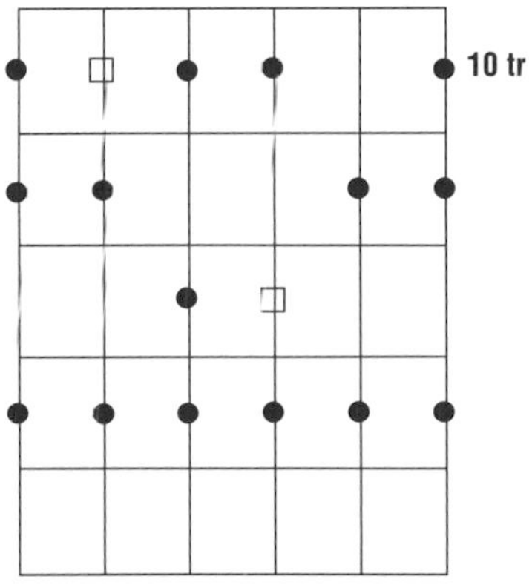

PATRÓN SIETE

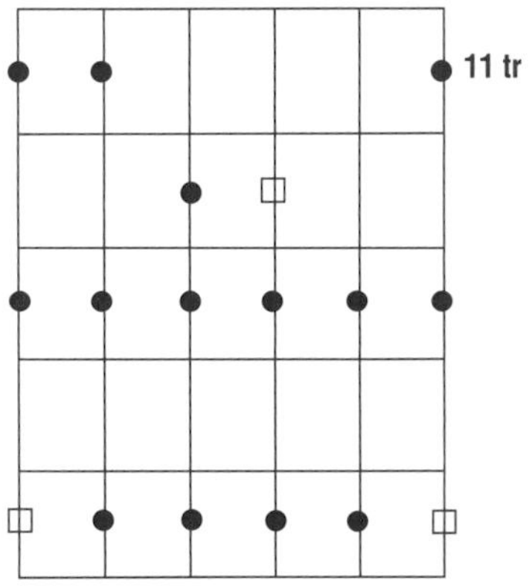

(G–A♭–B♭–C–D♭–E♭–F)

PATRÓN CUATRO

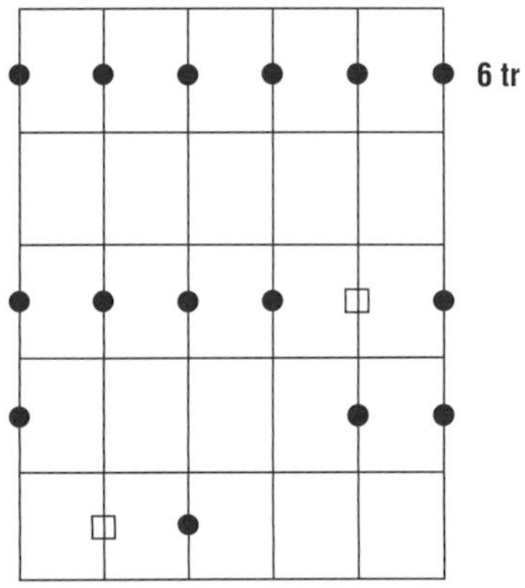

PATRÓN CINCO

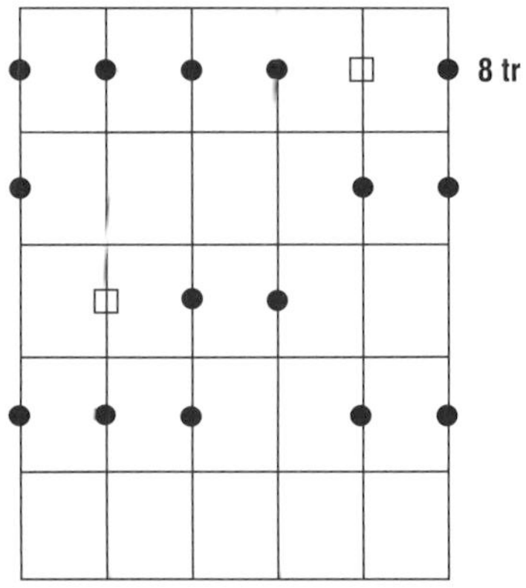

PATRÓN SEIS

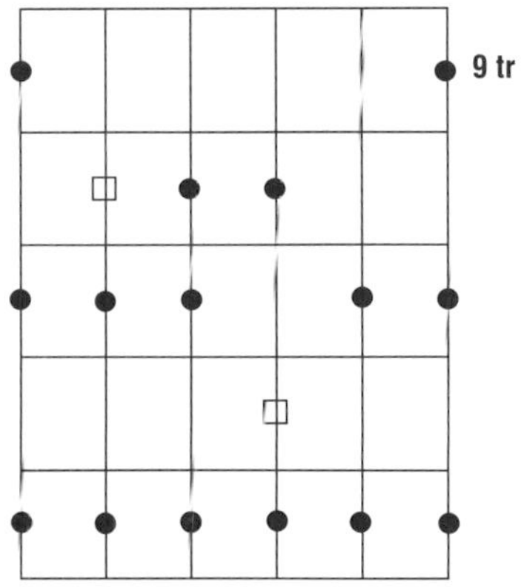

PATRÓN SIETE

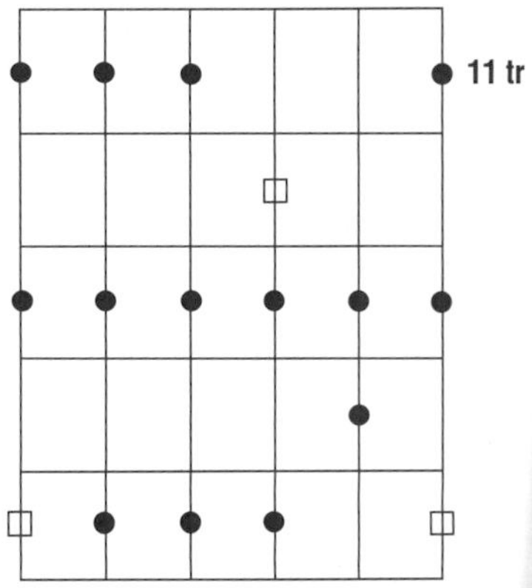

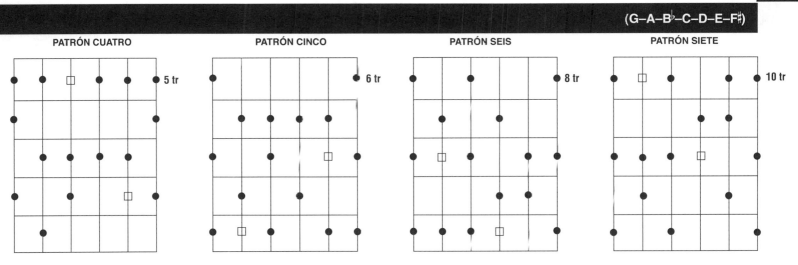

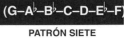

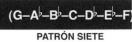

G LIDIO

MÁSTIL COMPLETO | PATRÓN UNO | PATTERN TWO | PATRÓN TRES

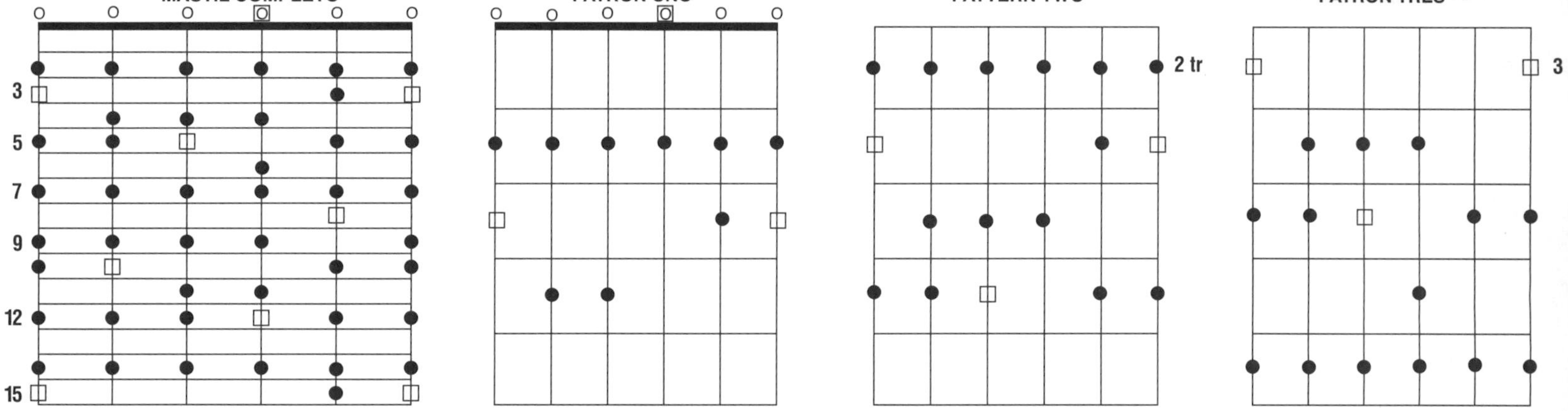

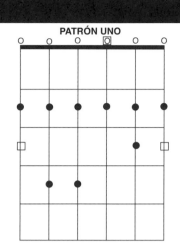

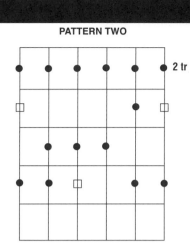

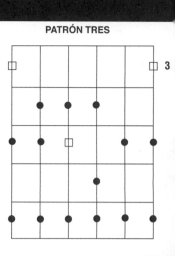

G DISMINUIDA (SEMITONO-TONO)

MÁSTIL COMPLETO | PATRÓN UNO | PATTERN TWO | PATRÓN TRES

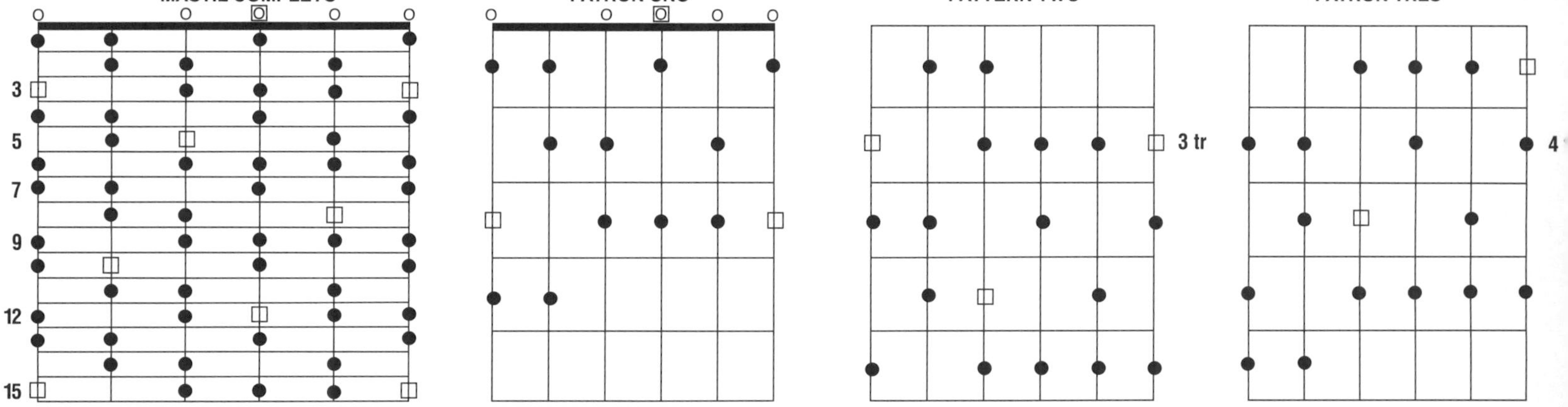

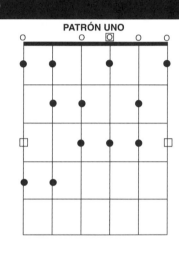

G DISMINUIDA (TONO-SEMITONO)

MÁSTIL COMPLETO | PATRÓN UNO | PATTERN TWO | PATRÓN TRES

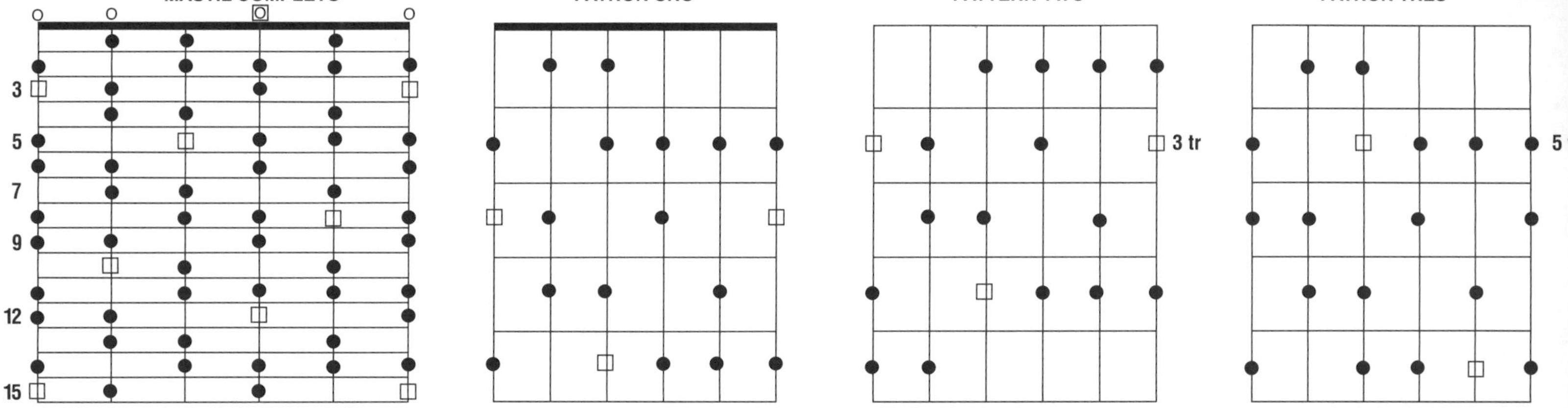

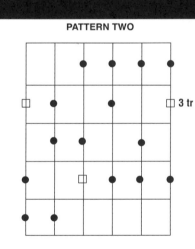

G CROMÁTICA (G–A♭–A–B♭–B–C–D♭–D–E♭–E–F–F♯)

MÁSTIL COMPLETO | PATRÓN UNO ASCENDENTE | PATRÓN UNO DESCENDIENTE | PATTERN TWO

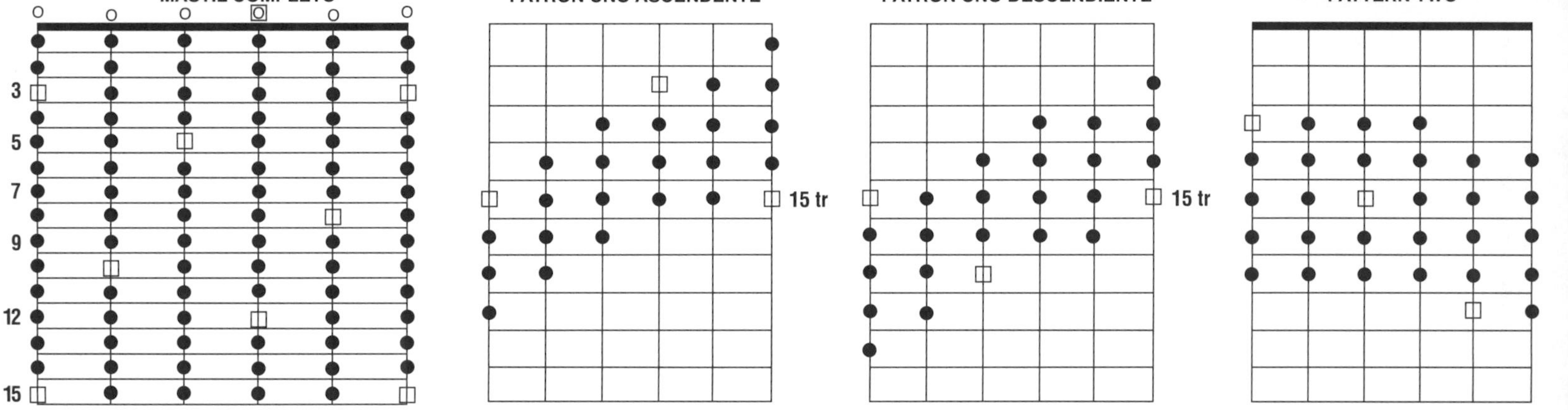

(G–A–B–C♯–D–E–F♯)

PATRÓN CUATRO

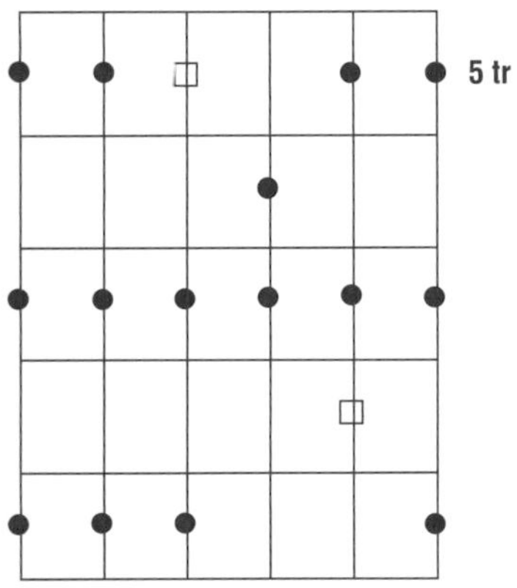

PATRÓN CINCO

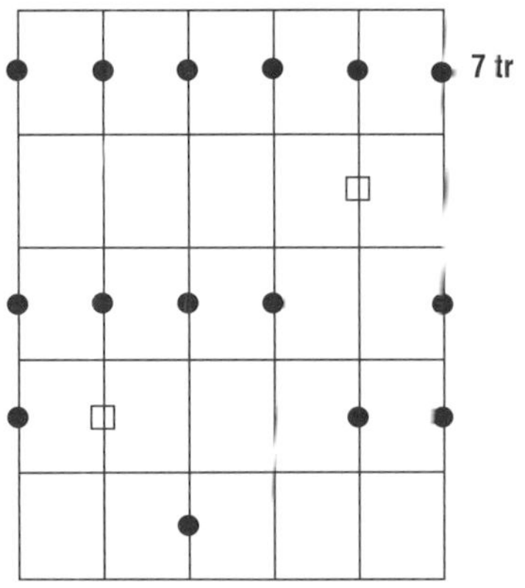

PATRÓN SEIS

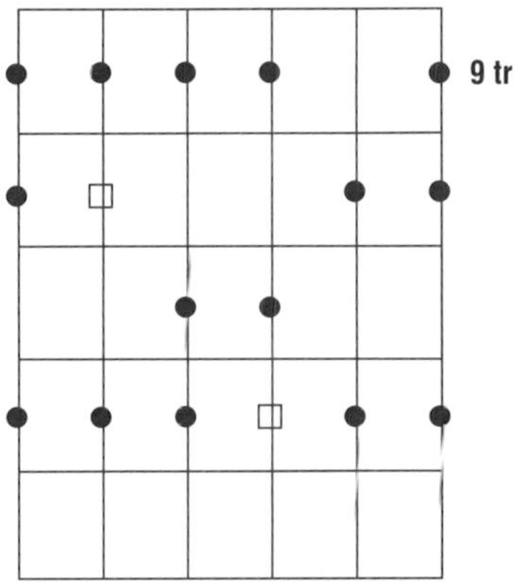

PATRÓN SIETE

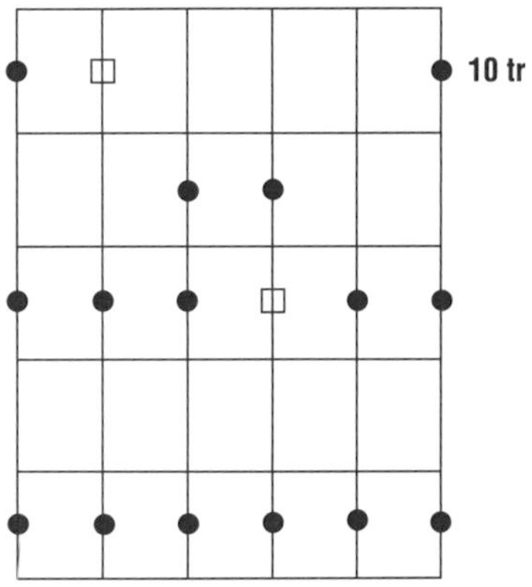

(G–A♭–B♭–C♭–D♭–D–E–F)

PATRÓN CUATRO

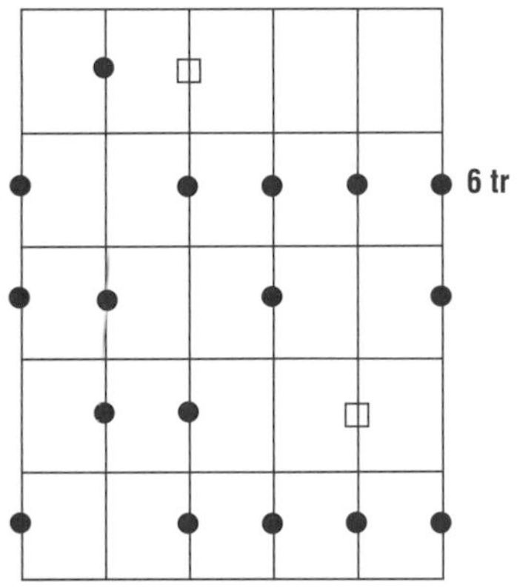

PATRÓN CINCO

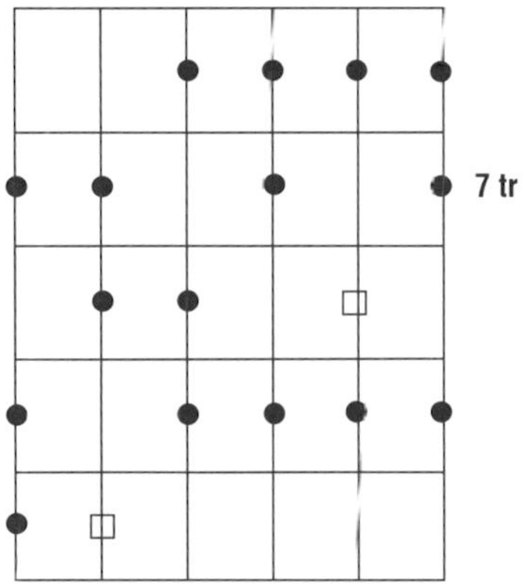

PATRÓN SEIS

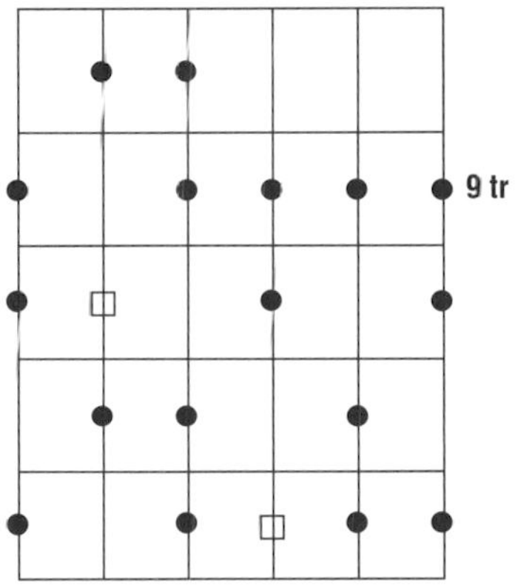

PATRÓN SIETE

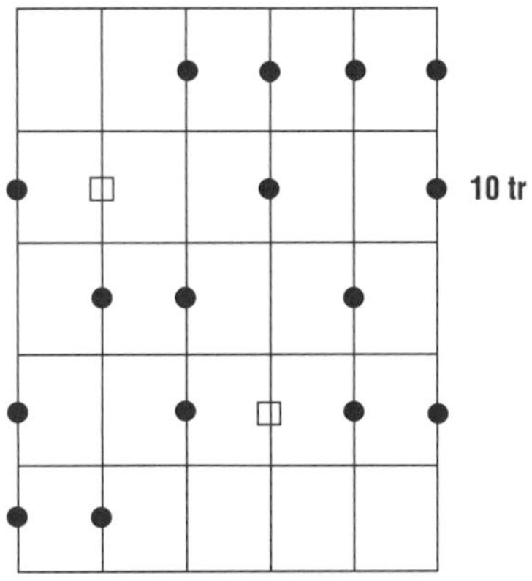

(G–A–B♭–C–D♭–D♯–E–F♯)

PATRÓN CUATRO

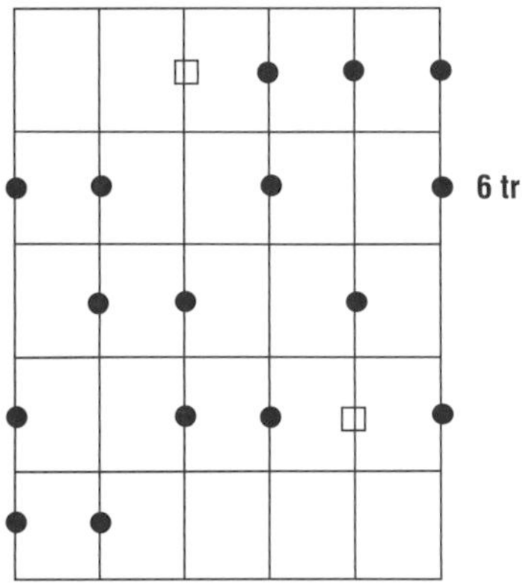

PATRÓN CINCO

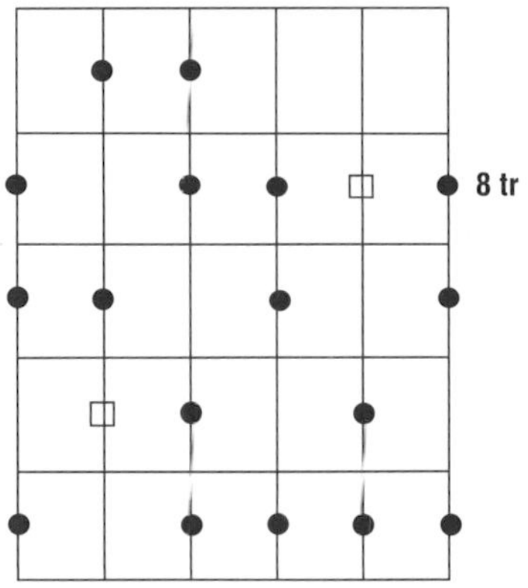

PATRÓN SEIS

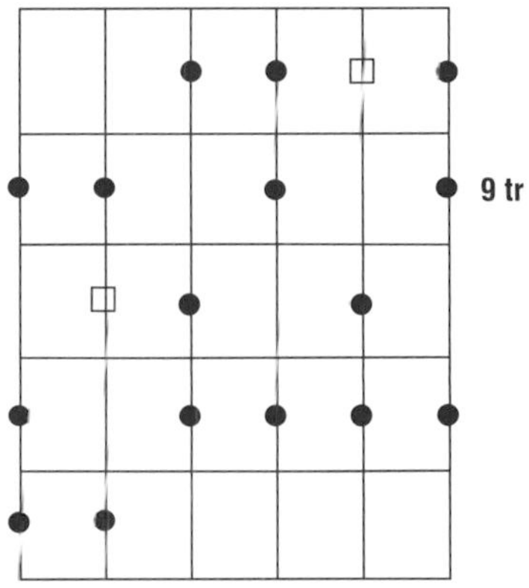

PATRÓN SIETE

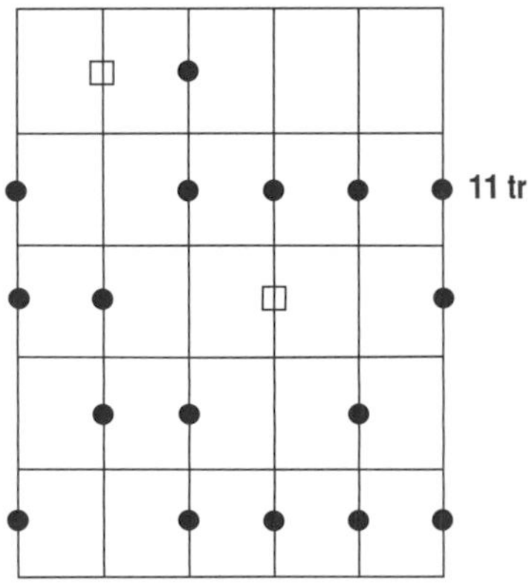

G TONO (G–A–B–C♯–D♯–E♯)

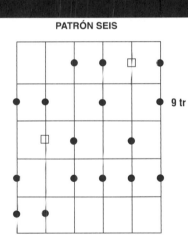

MÁSTIL COMPLETO

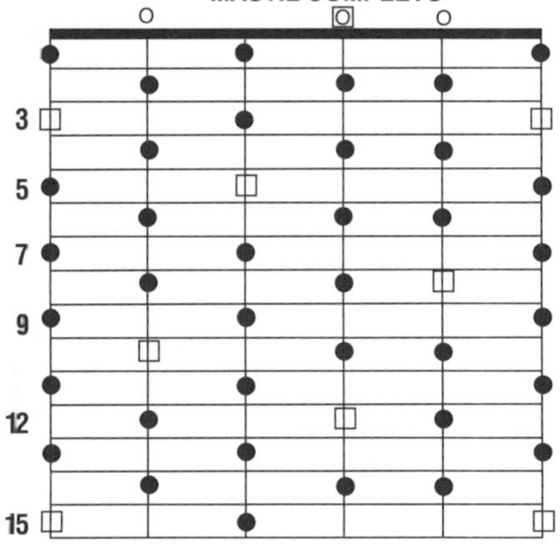

PATRÓN UNO

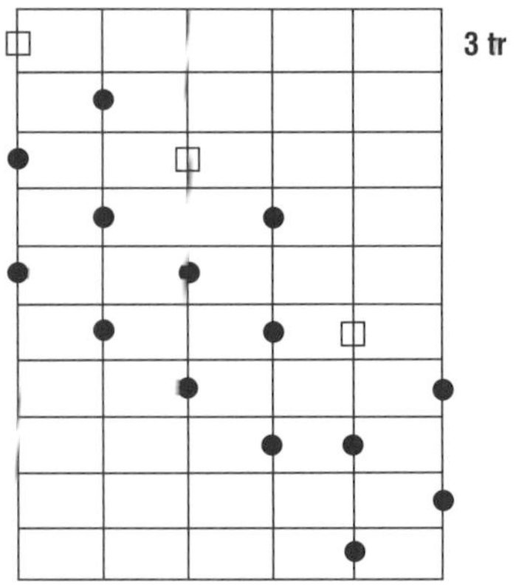

PATRÓN DOS

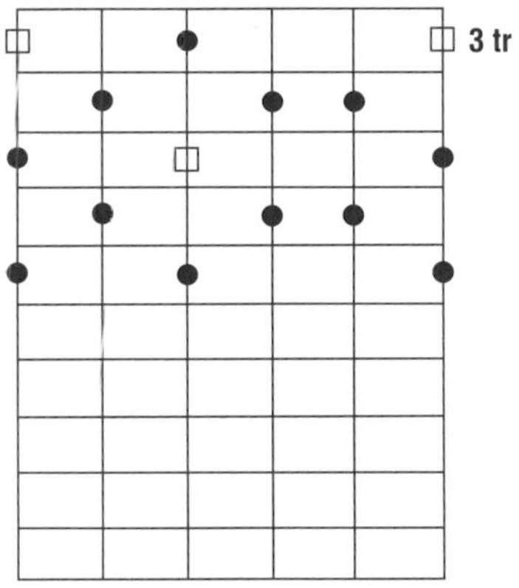

PATRÓN TRES

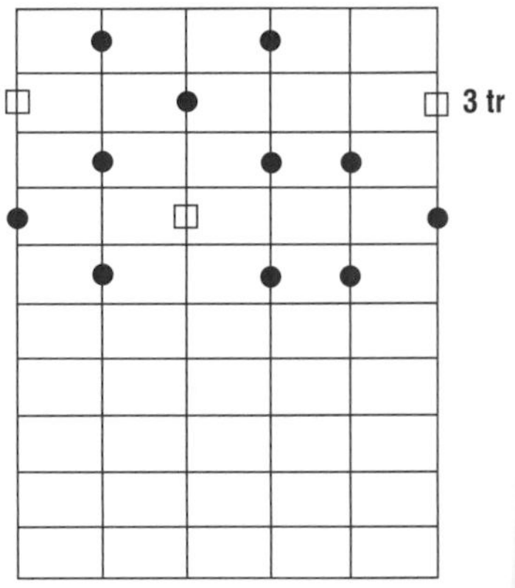

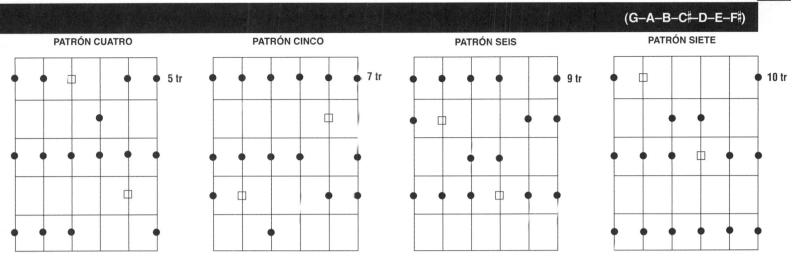

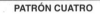

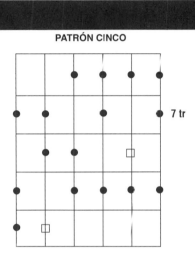

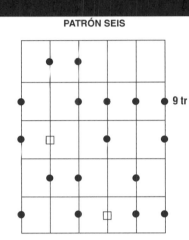

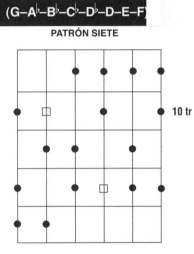

A♭ MAYOR (JÓNICO)

MÁSTIL COMPLETO

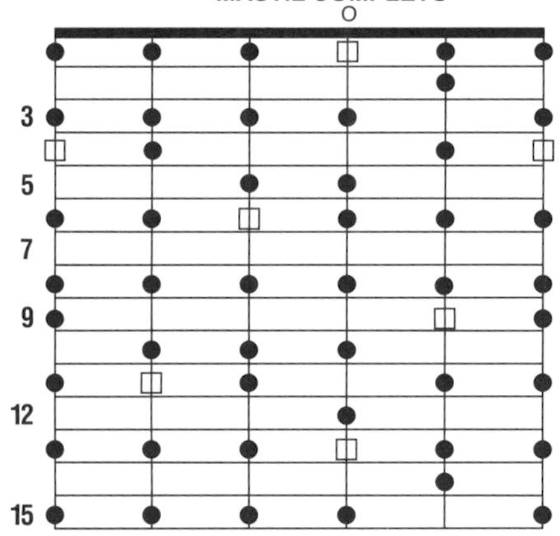

PATRÓN UNO

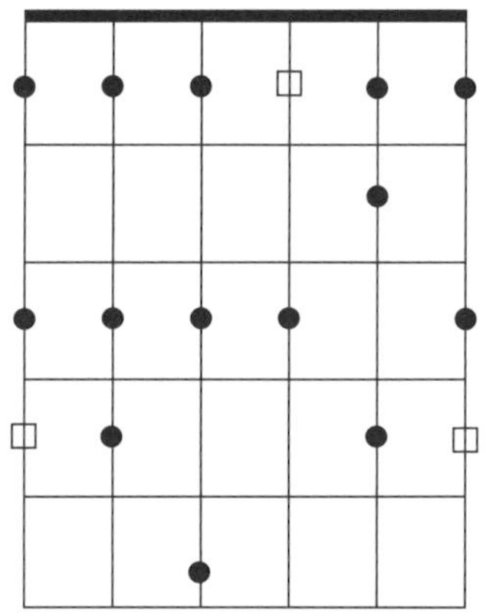

PATRÓN DOS

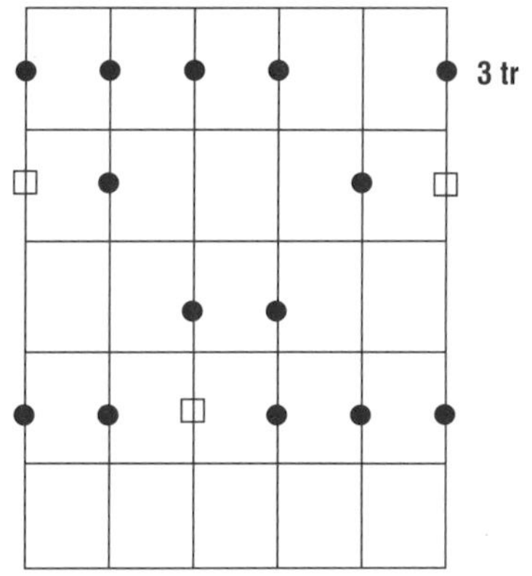

PATRÓN TRES

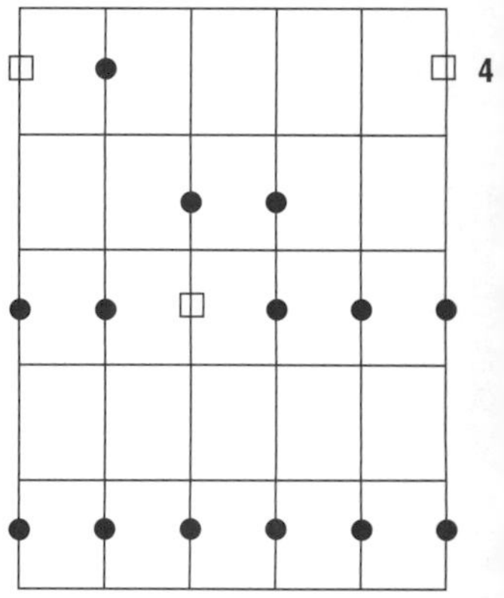

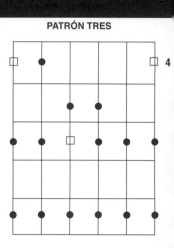

A♭ PENTATÓNICA MAYOR

MÁSTIL COMPLETO

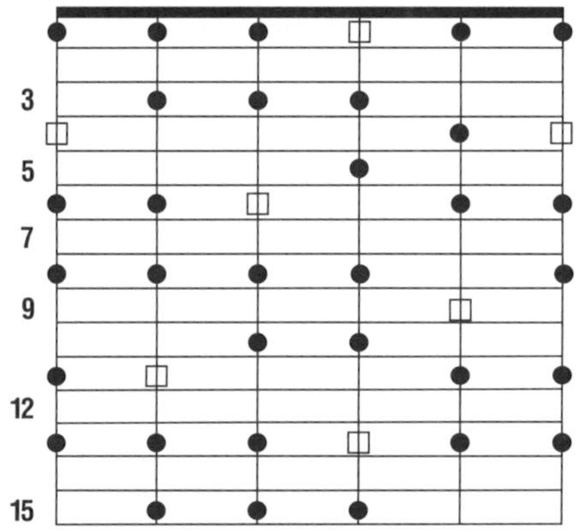

PATRÓN UNO

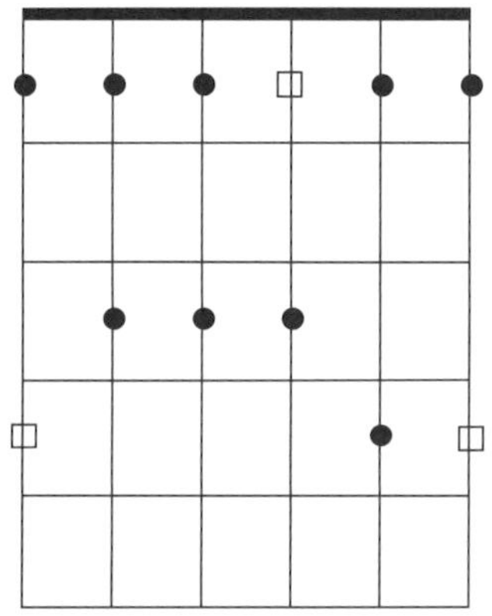

PATRÓN DOS

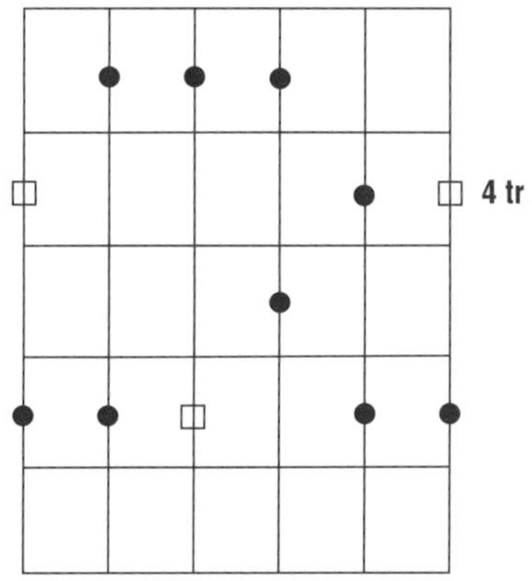

PATRÓN TRES

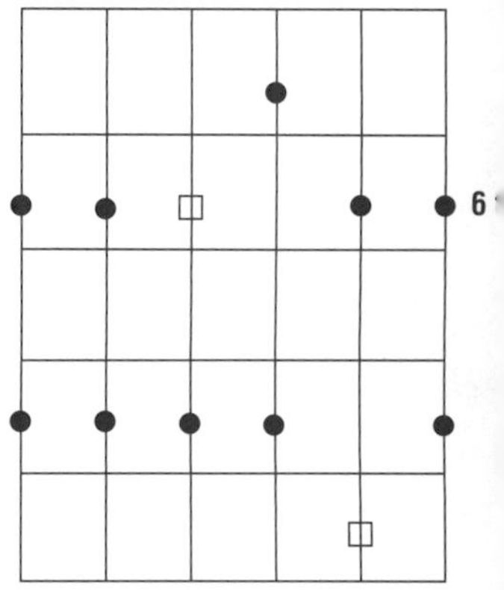

G♯ MENOR NATURAL (EÓLICO)

MÁSTIL COMPLETO

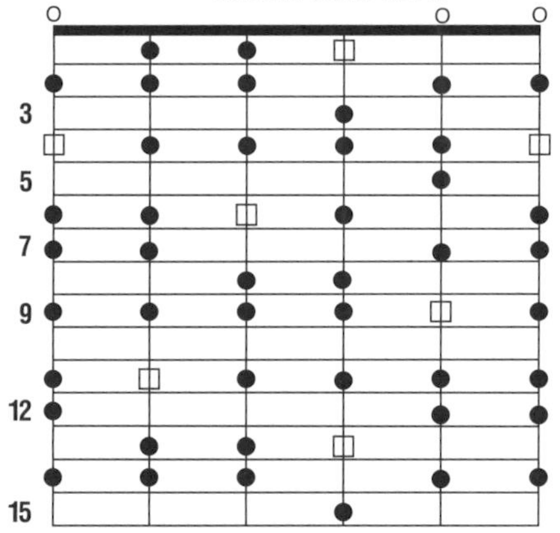

PATRÓN UNO

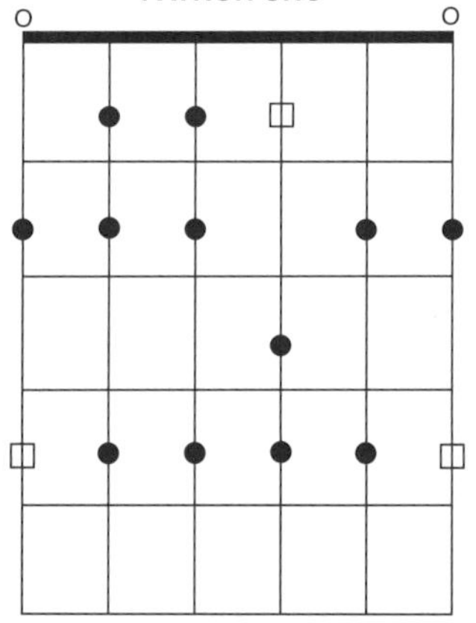

PATRÓN DOS

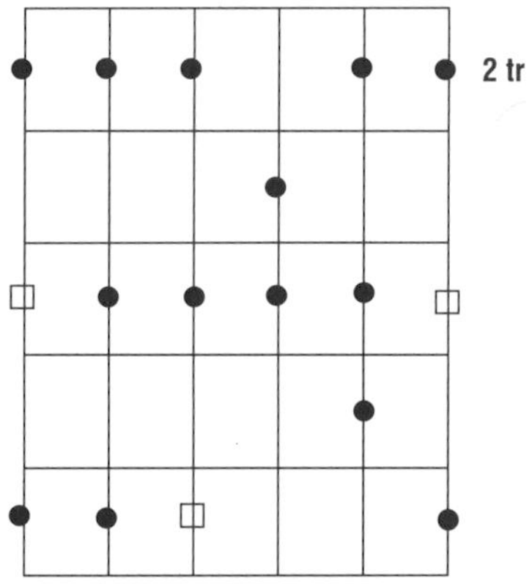

PATRÓN TRES

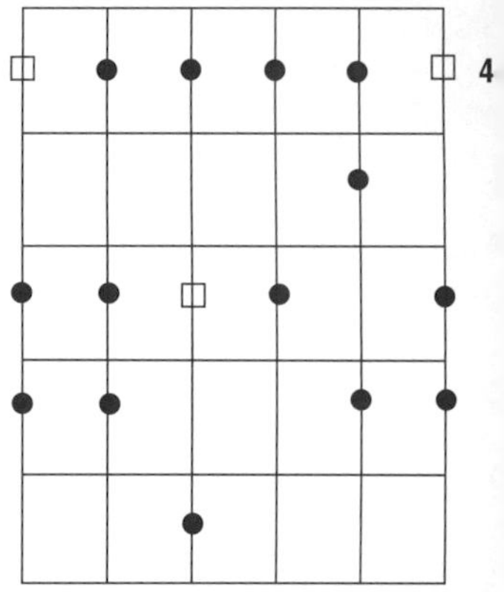

G♯ PENTATÓNICA MENOR

MÁSTIL COMPLETO

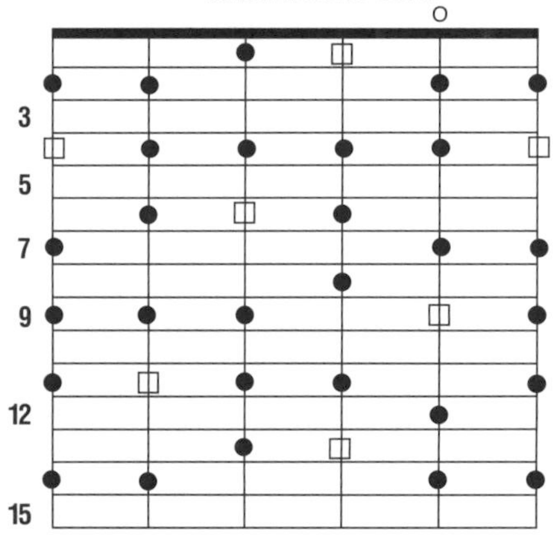

PATRÓN UNO

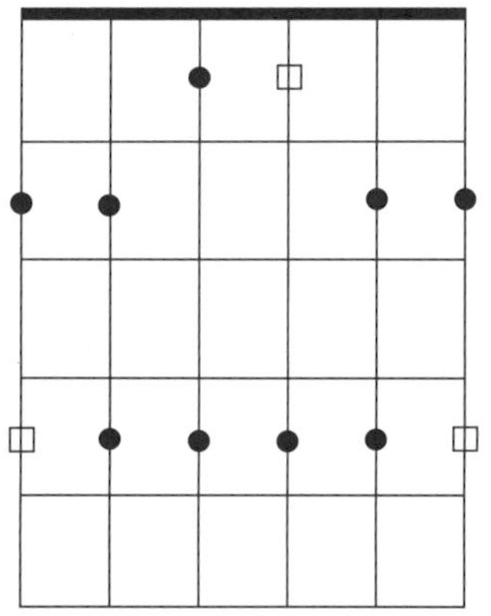

PATRÓN DOS

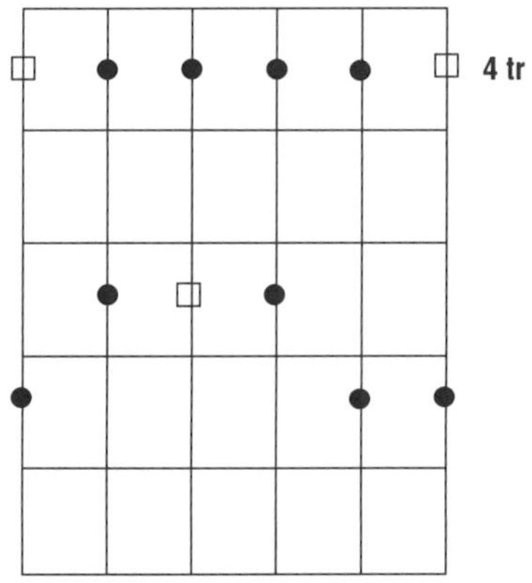

PATRÓN TRES

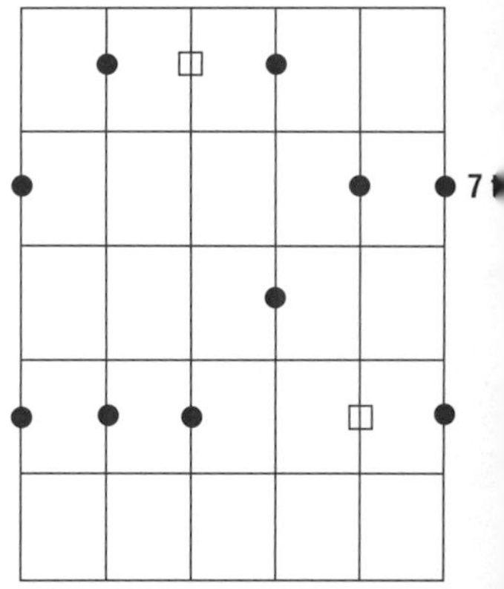

(A♭–B♭–C–D♭–E♭–F–G)

PATRÓN CUATRO

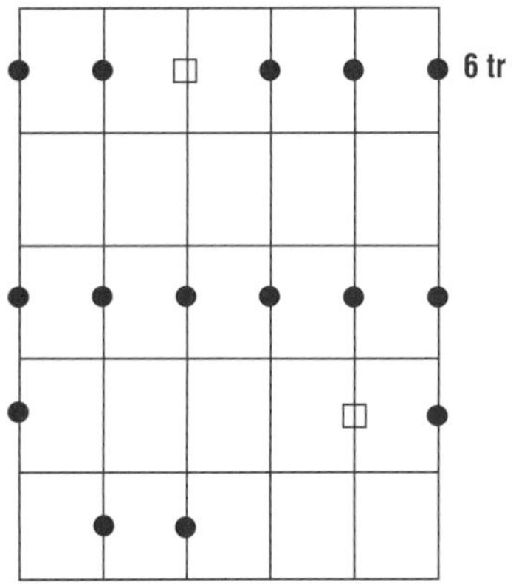

PATRÓN CINCO

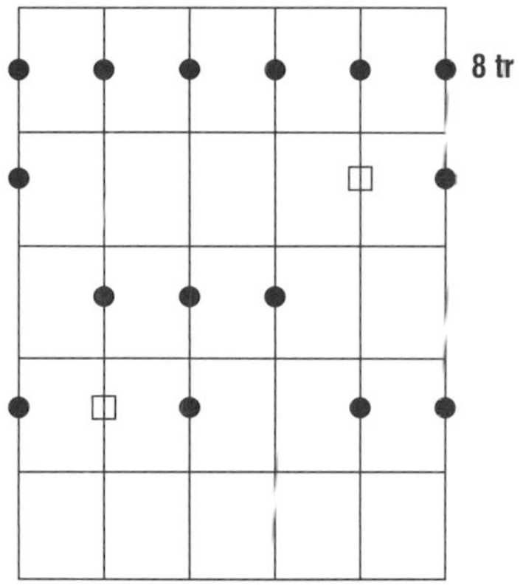

PATRÓN SEIS

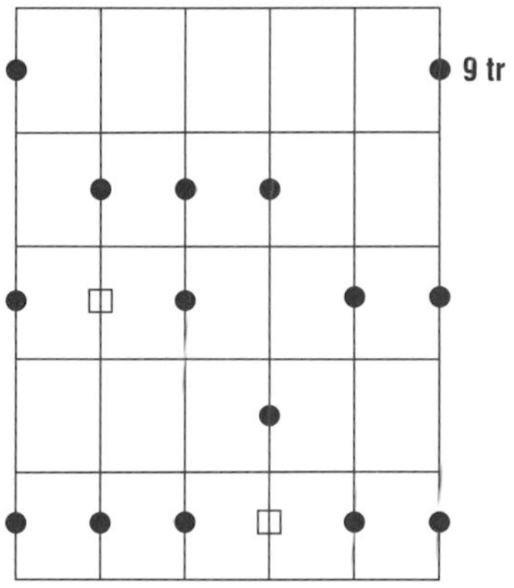

PATRÓN SIETE

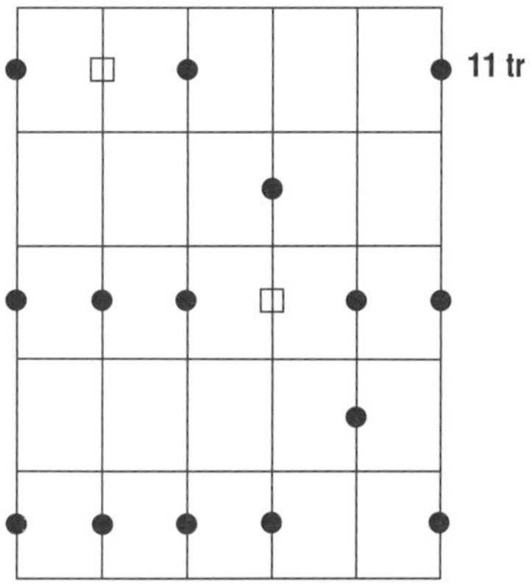

(A♭–B♭–C–E♭–F)

PATRÓN CUATRO

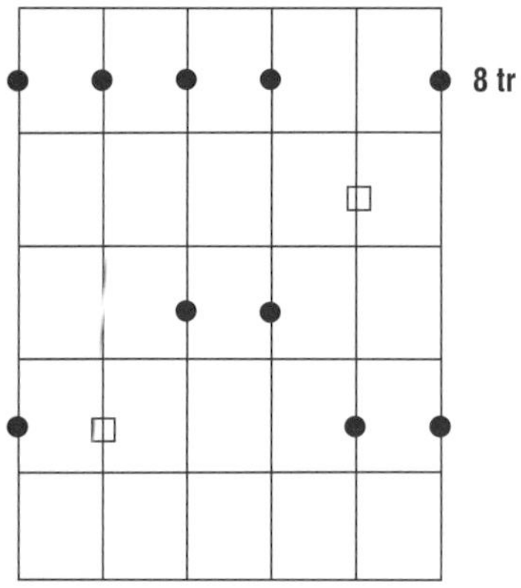

PATRÓN CINCO

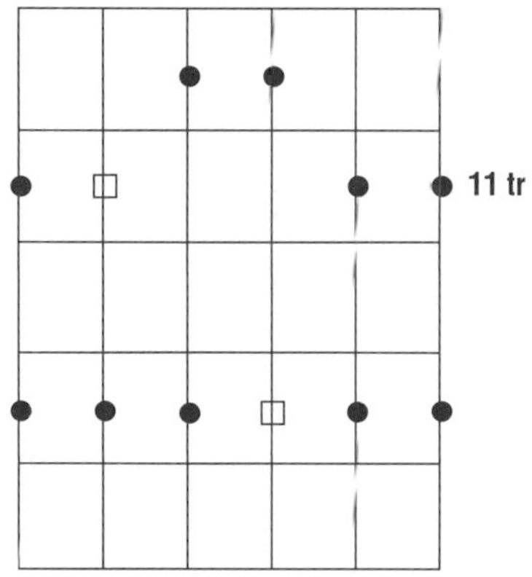

PATRÓN UNO (+1 OCTAVA)

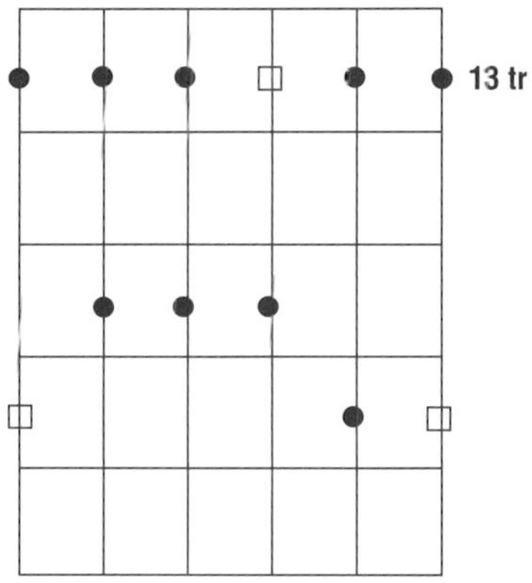

PATRÓN DOS (+1 OCTAVA)

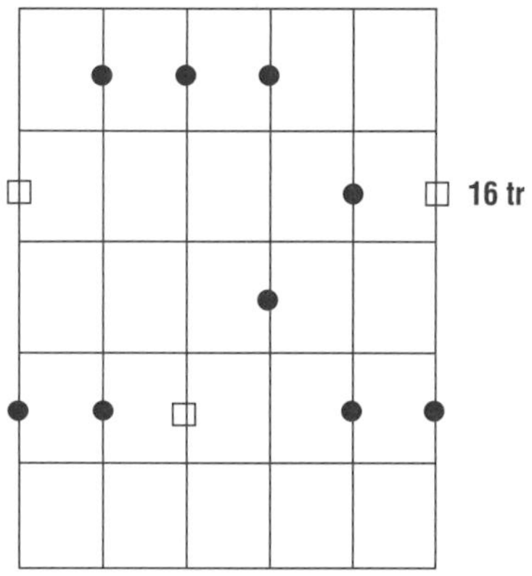

(G♯–A♯–B–C♯–D♯–E–F♯)

PATRÓN CUATRO

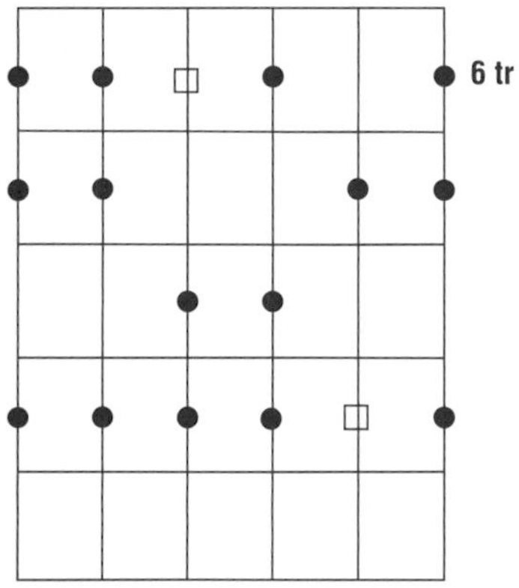

PATRÓN CINCO

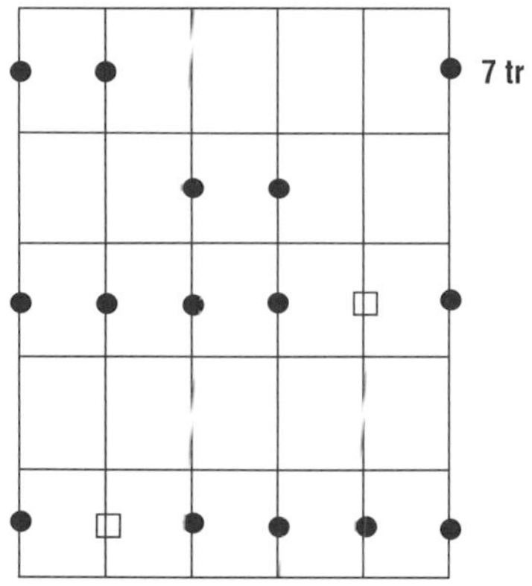

PATRÓN SEIS

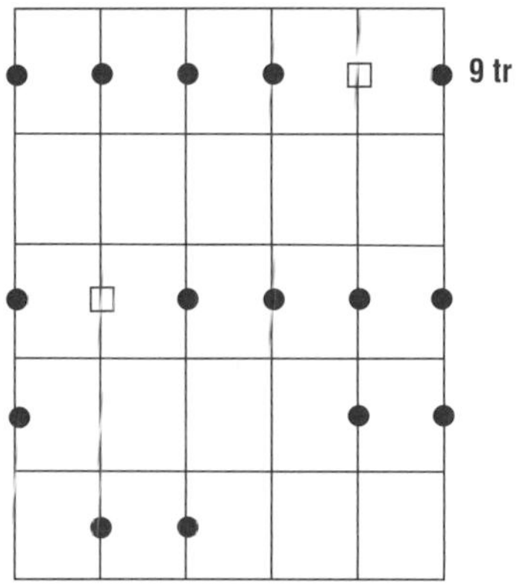

PATRÓN SIETE

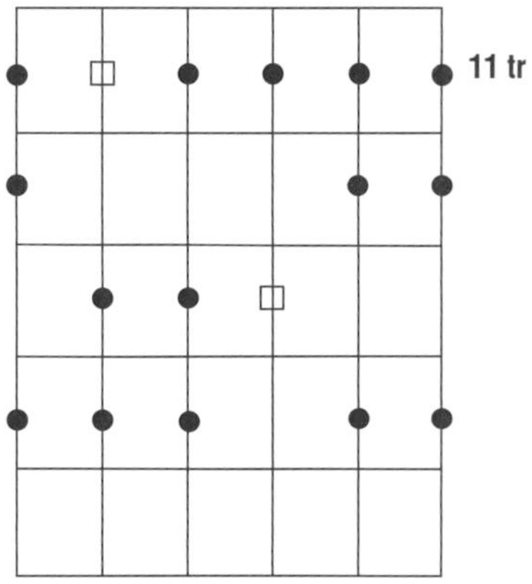

(G♯–B–C♯–D♯–F♯)

PATRÓN CUATRO

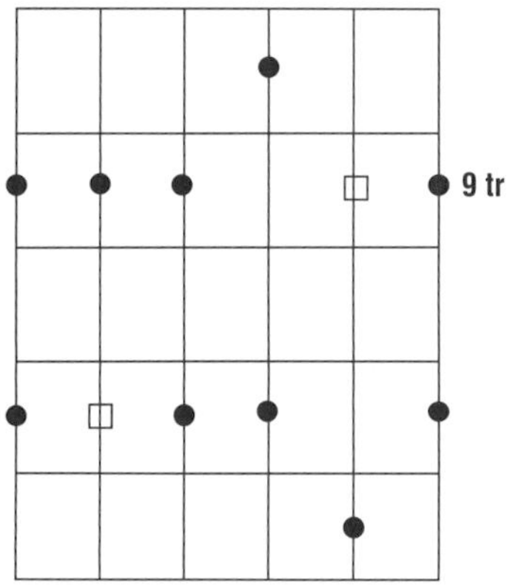

PATRÓN CINCO

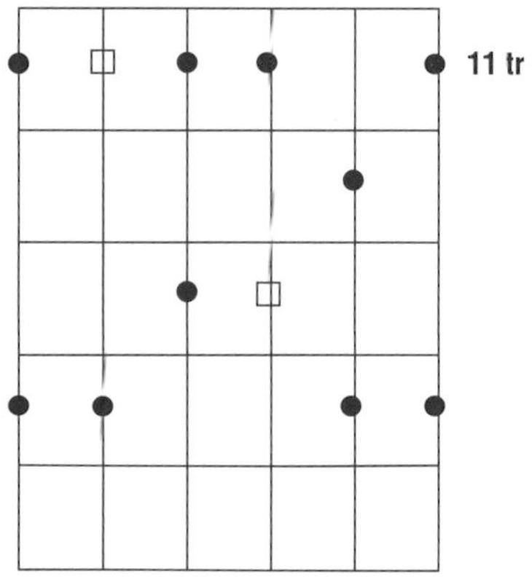

PATRÓN UNO (+1 OCTAVA)

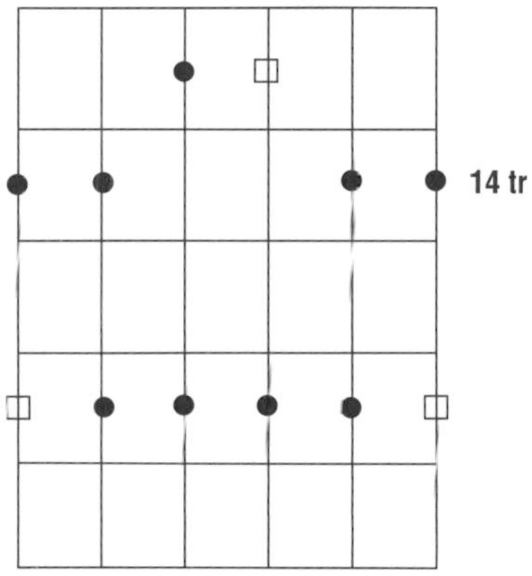

PATRÓN DOS (+1 OCTAVA)

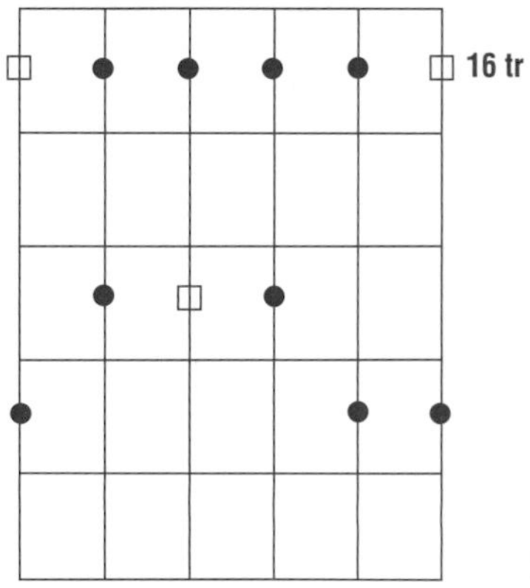

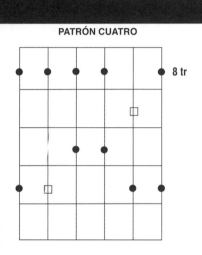

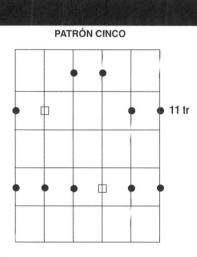

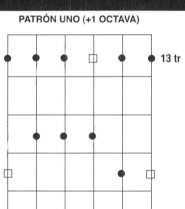

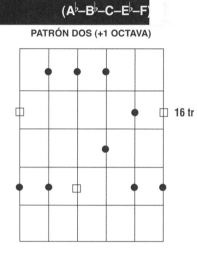

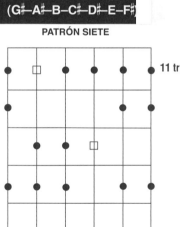

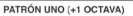

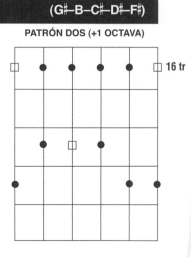

G♯ BLUES

MÁSTIL COMPLETO

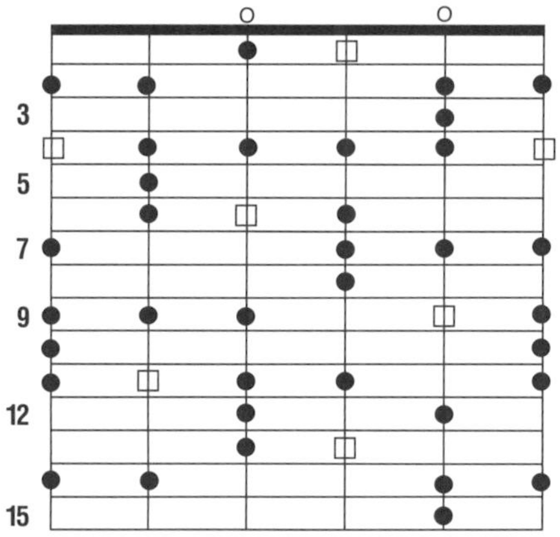

PATRÓN UNO

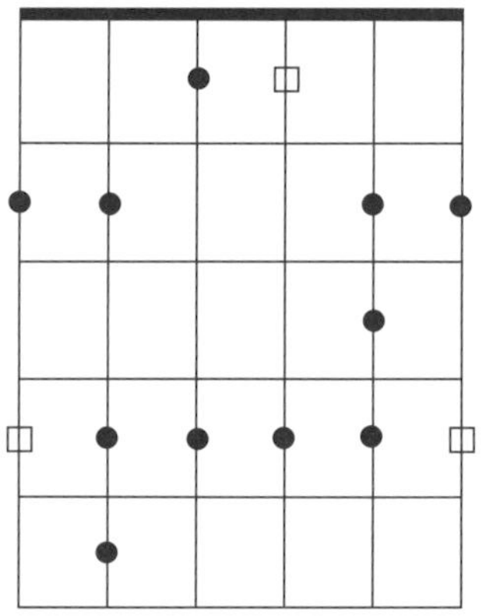

PATRÓN DOS

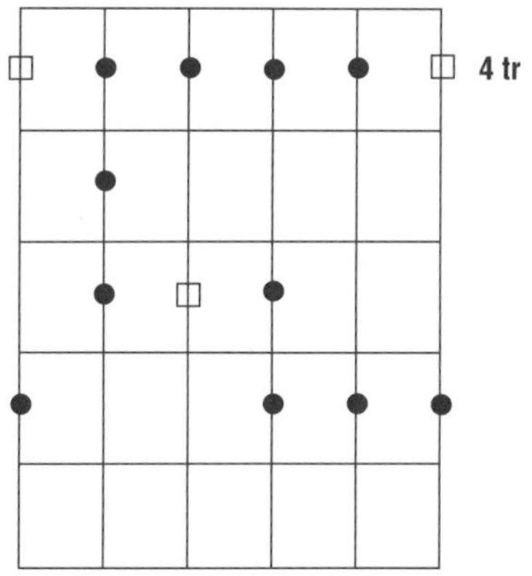

PATRÓN TRES

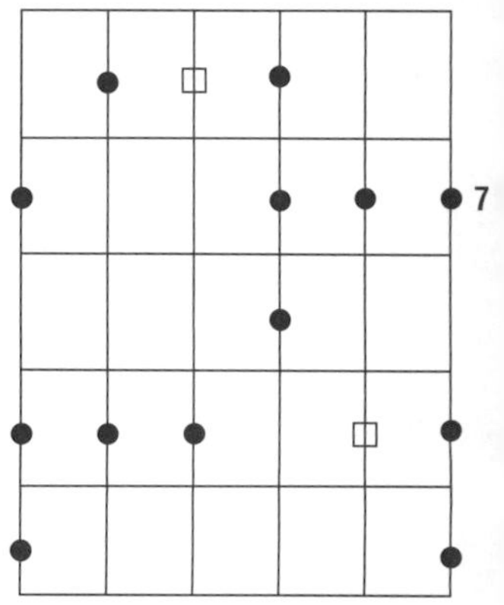

G♯ MIXO BLUES

MÁSTIL COMPLETO

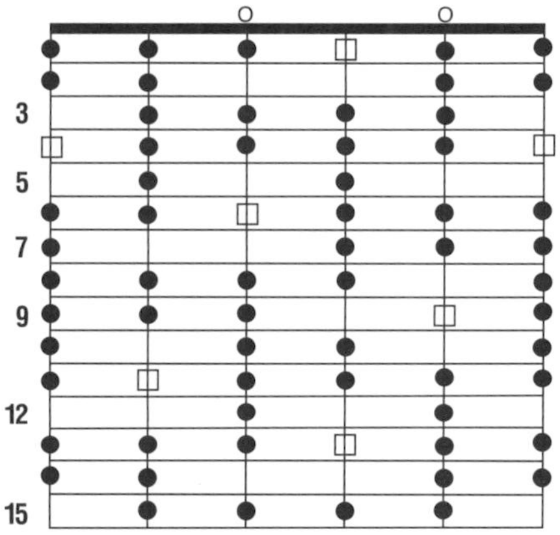

PATRÓN UNO

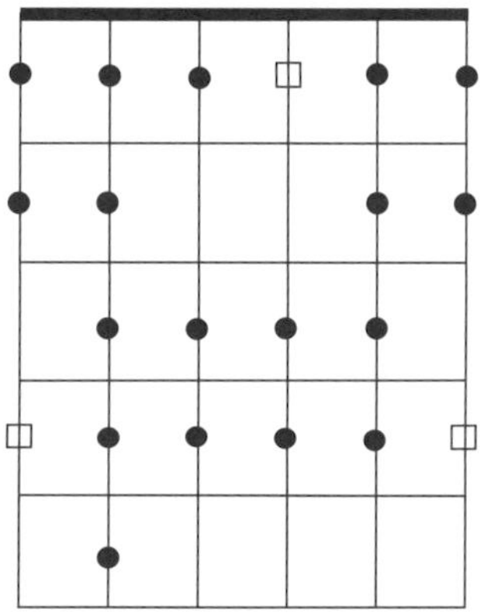

PATRÓN DOS

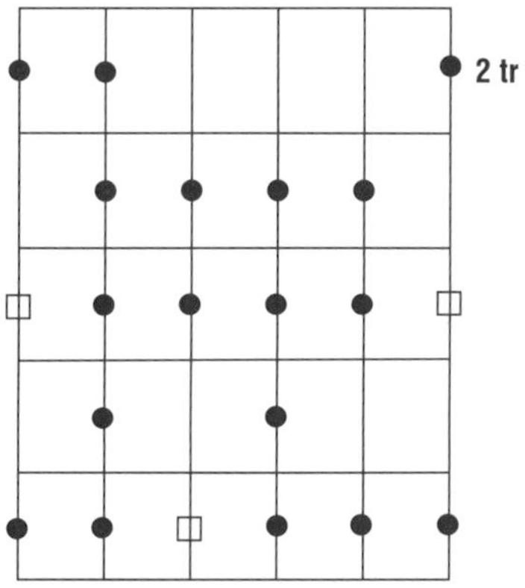

PATRÓN TRES

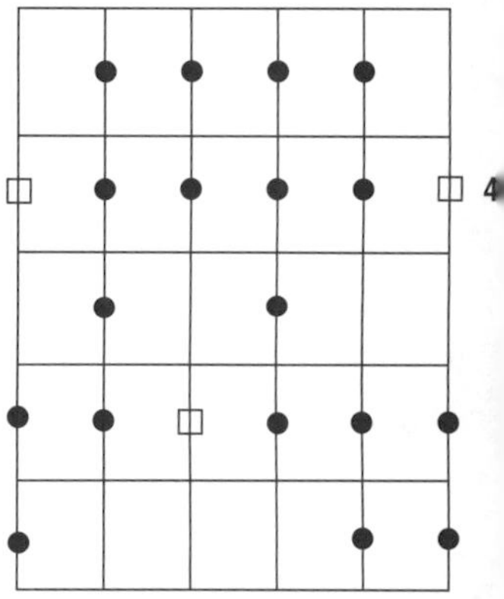

A♭ MIXOLIDIO

MÁSTIL COMPLETO

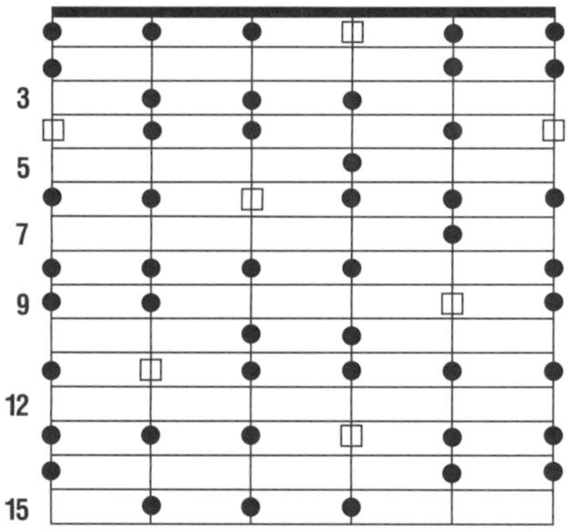

PATRÓN UNO

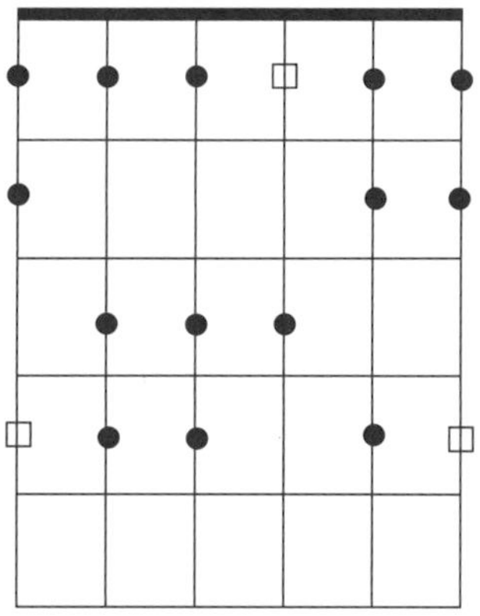

PATRÓN DOS

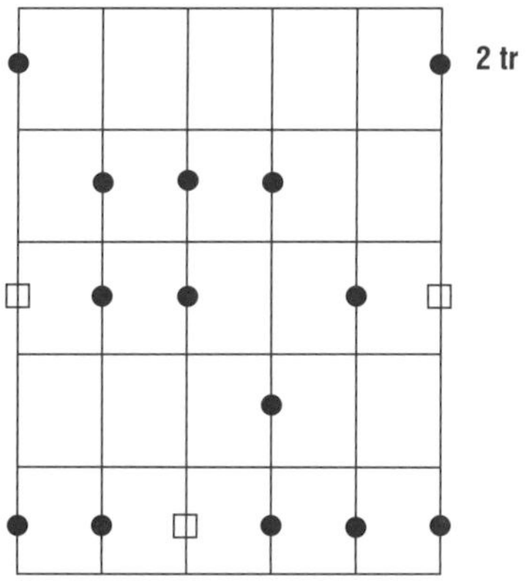

PATRÓN TRES

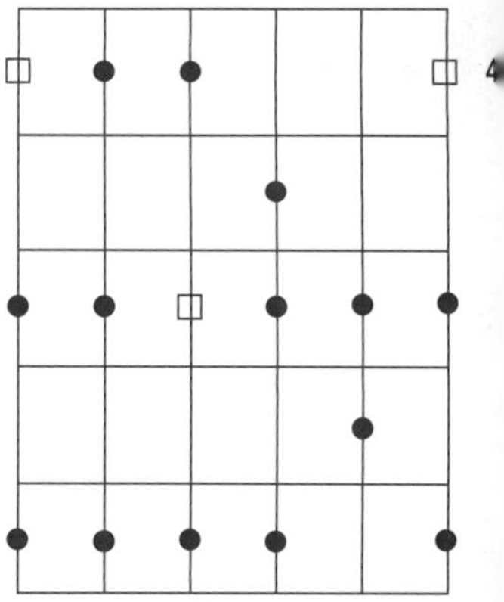

G♯ DÓRICO

MÁSTIL COMPLETO

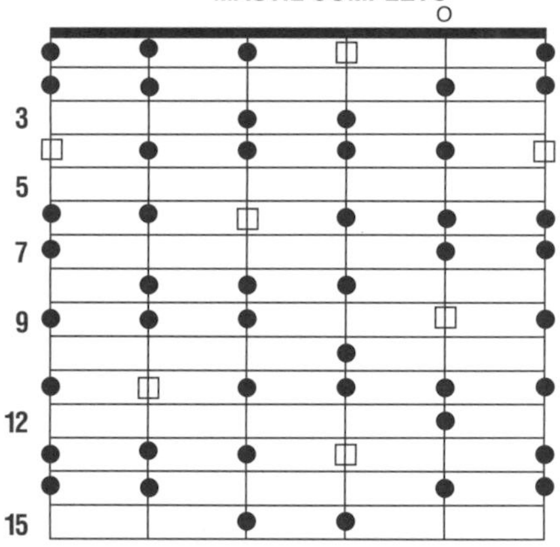

PATRÓN UNO

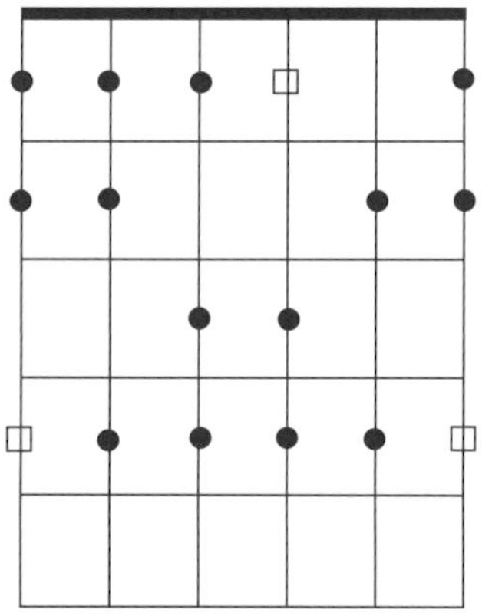

PATRÓN DOS

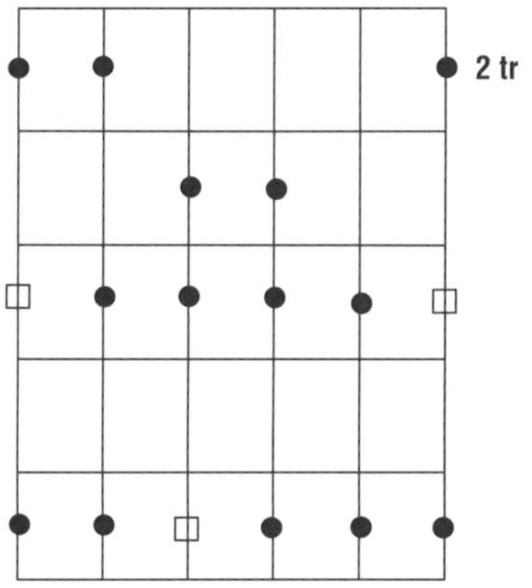

PATRÓN TRES

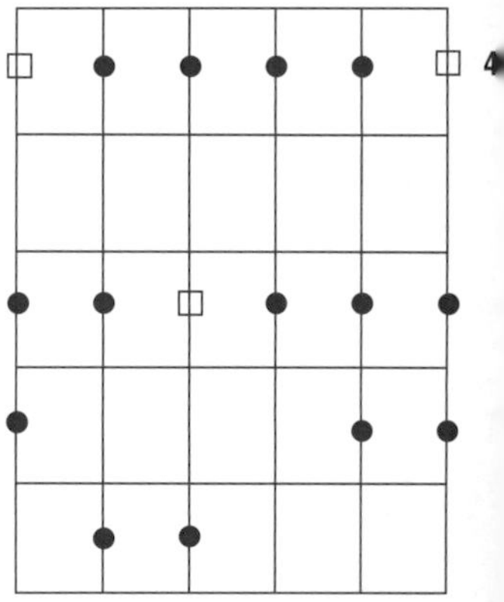

(G♯–B–C♯–D–D♯–F♯)

PATRÓN CUATRO

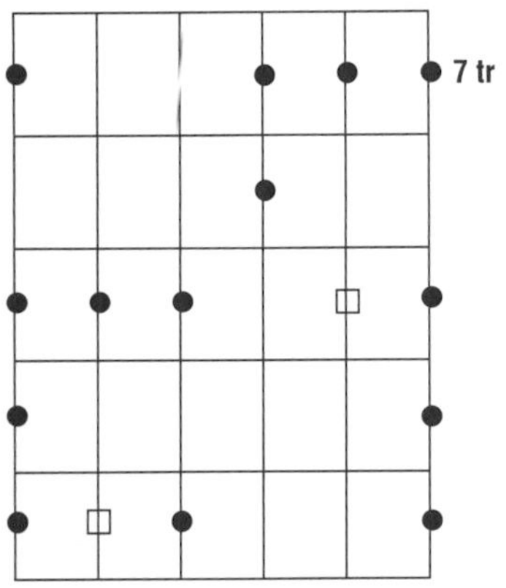

PATRÓN CINCO

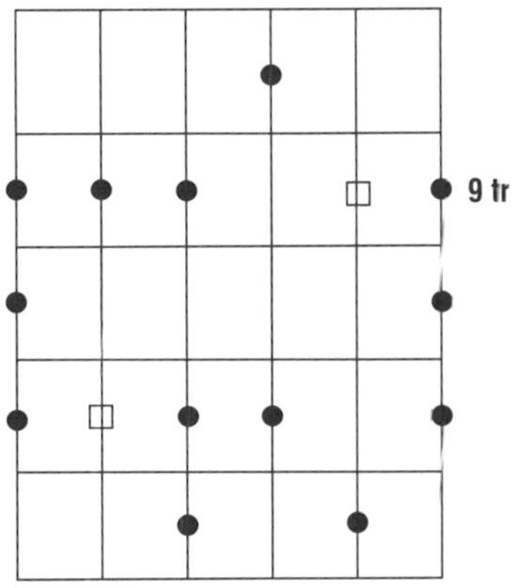

PATRÓN SEIS

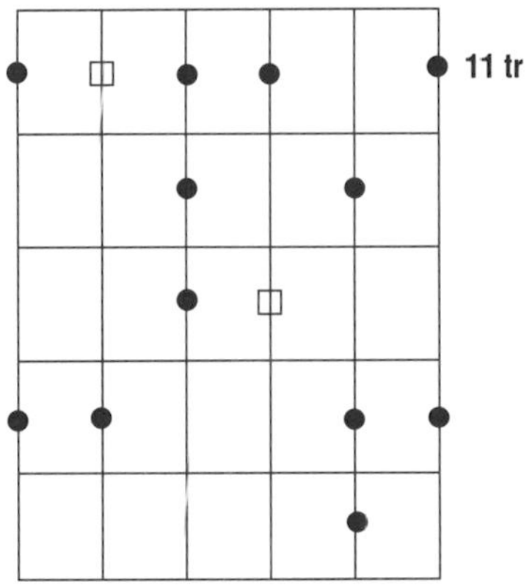

PATRÓN UNO (+1 OCTAVA)

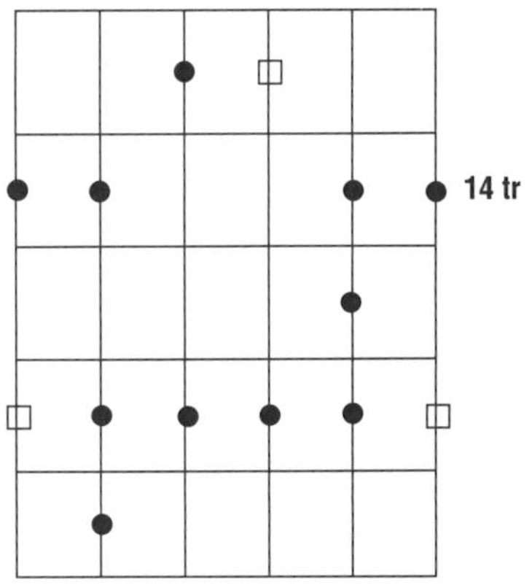

(G♯–A♯–B–B♯–C♯–D–D♯–E♯–F♯)

PATRÓN CUATRO

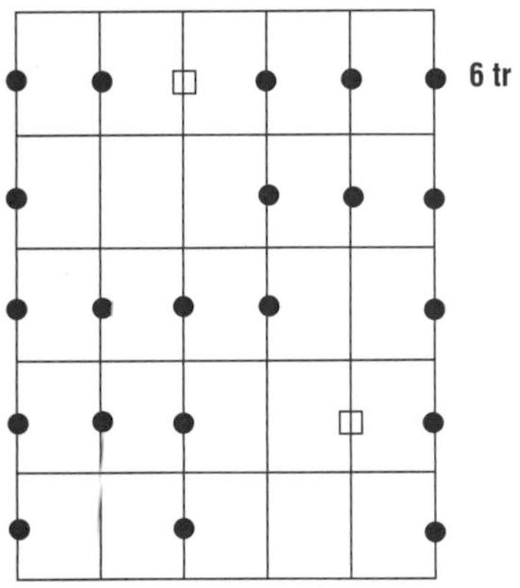

PATRÓN CINCO

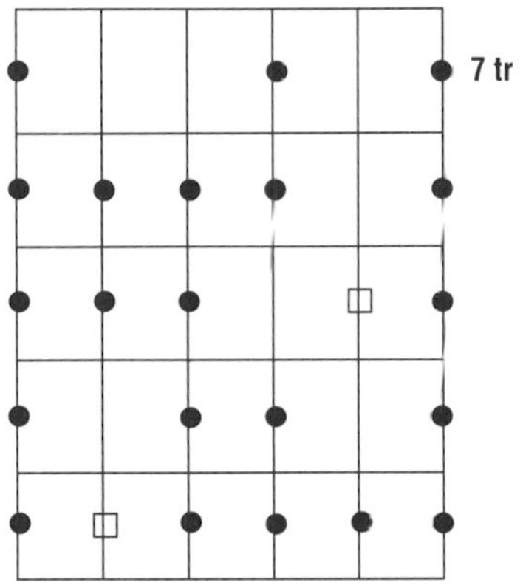

PATRÓN SEIS

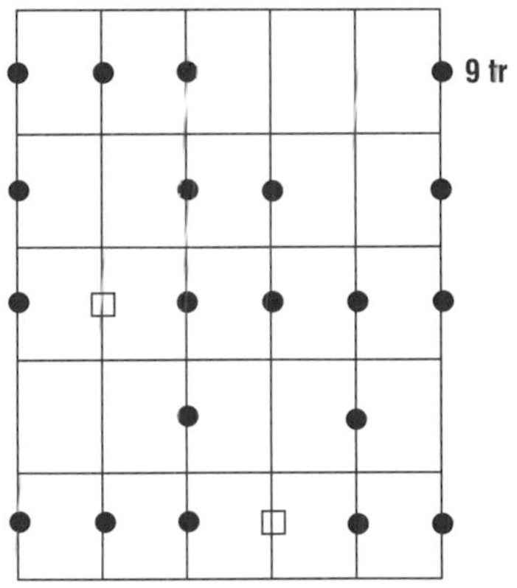

PATRÓN SIETE

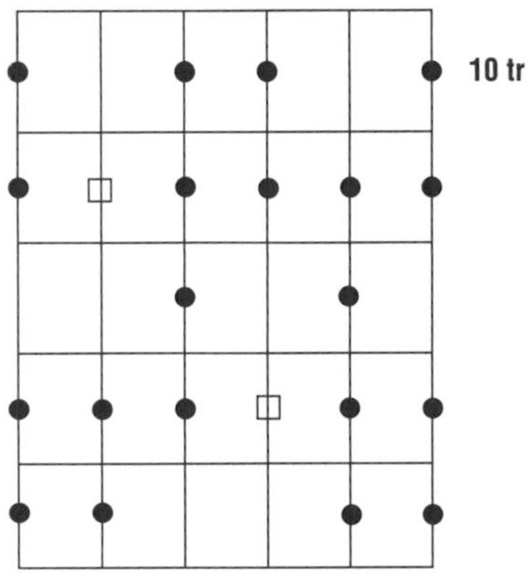

(A♭–B♭–C–D♭–E♭–F–G♭)

PATRÓN CUATRO

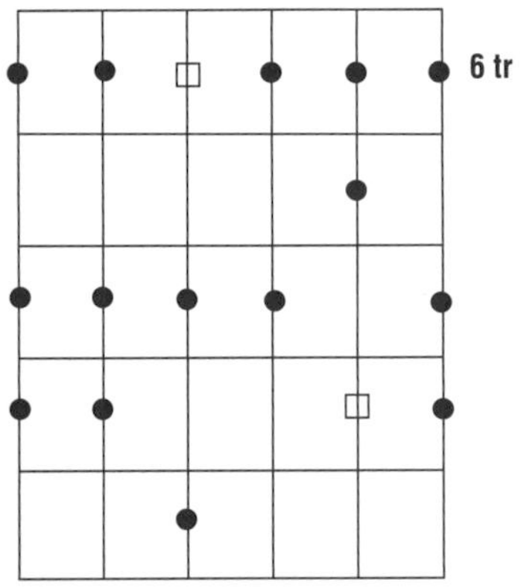

PATRÓN CINCO

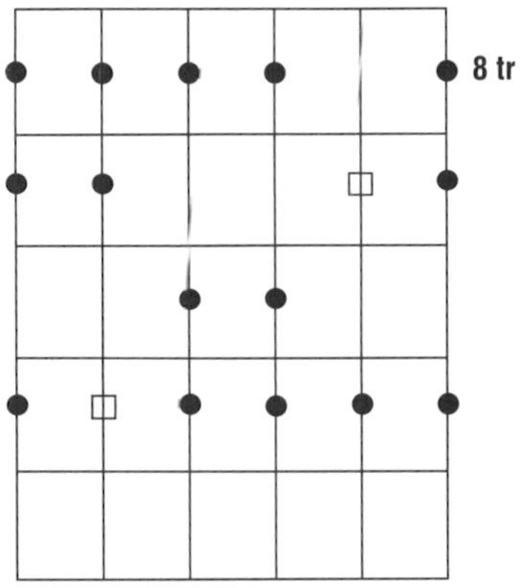

PATRÓN SEIS

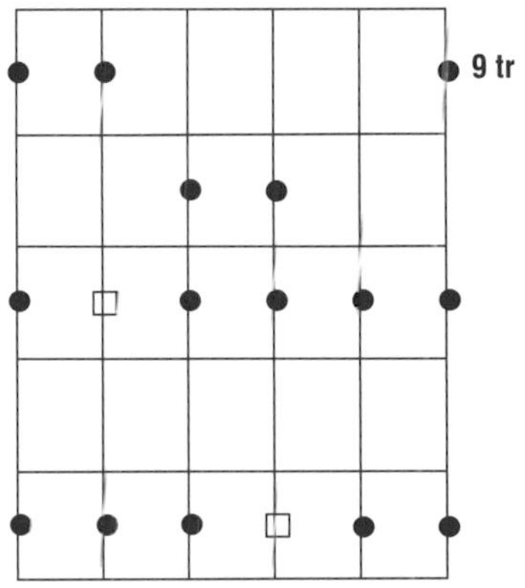

PATRÓN SIETE

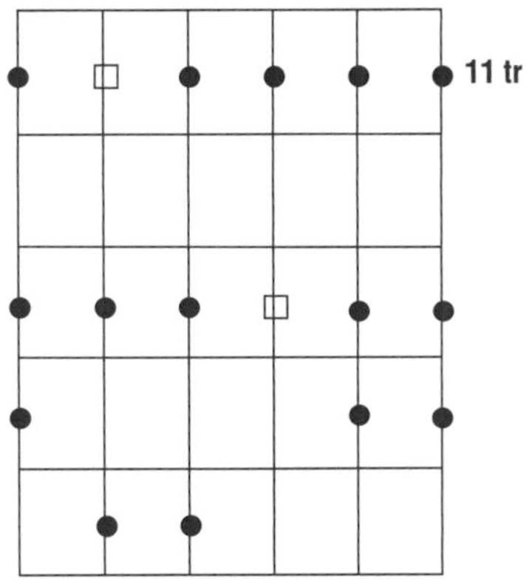

(G♯–A♯–B–C♯–D♯–E♯–F♯)

PATRÓN CUATRO

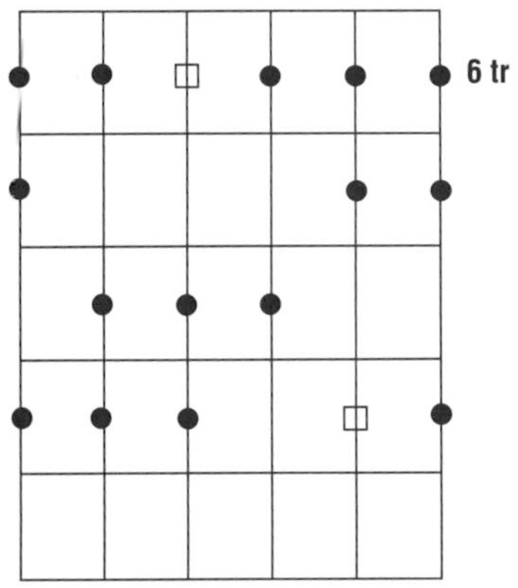

PATRÓN CINCO

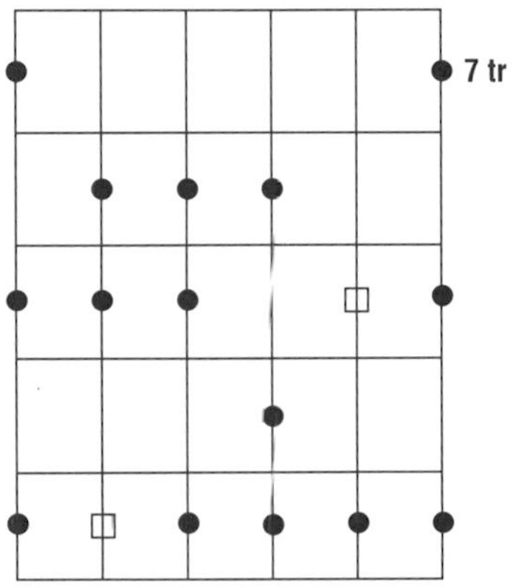

PATRÓN SEIS

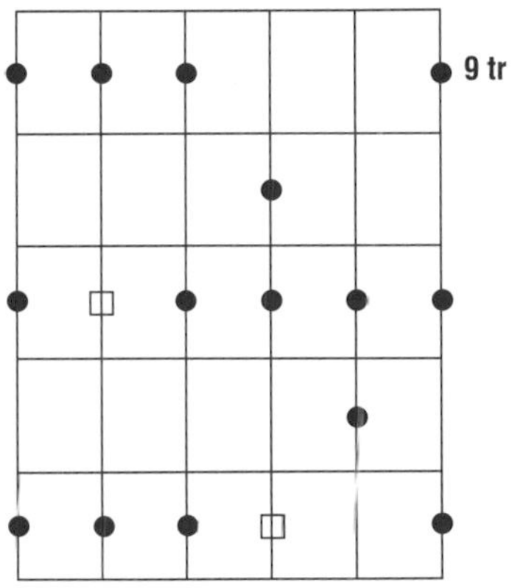

PATRÓN SIETE

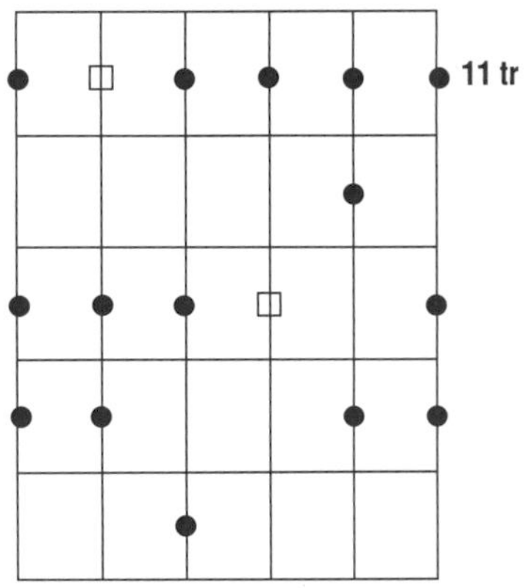

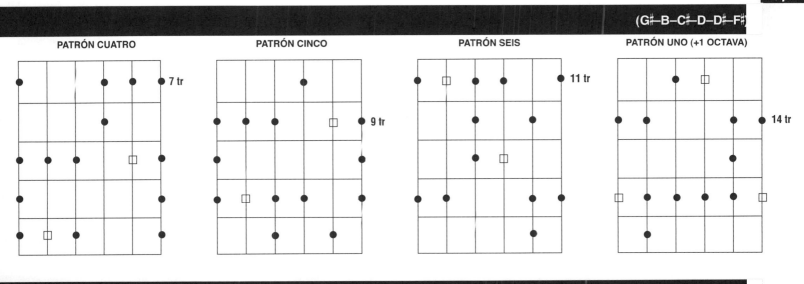

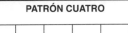

A♭ MENOR MELÓDICA

MÁSTIL COMPLETO

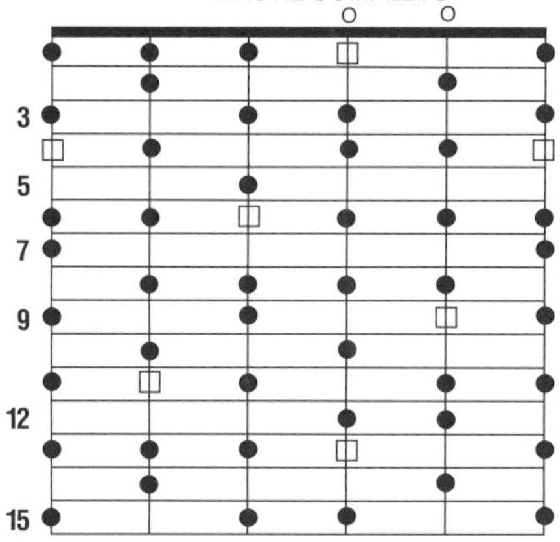

PATRÓN UNO

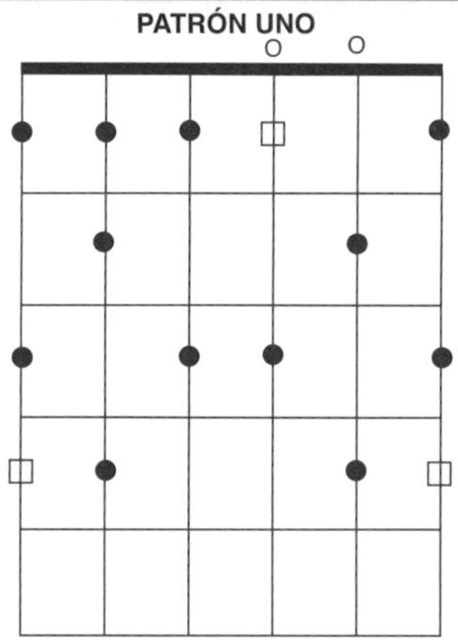

PATRÓN DOS

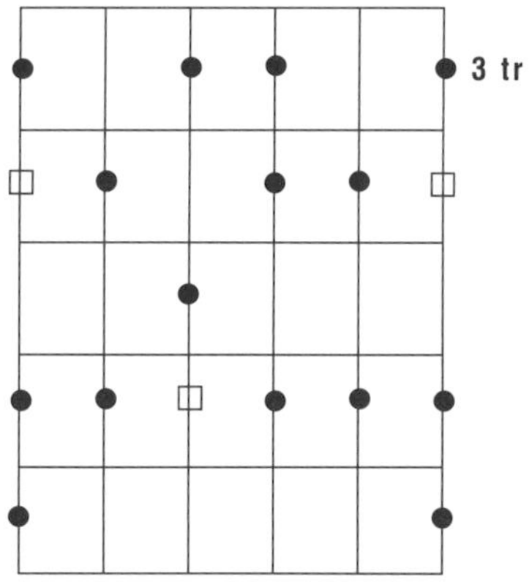

PATRÓN TRES

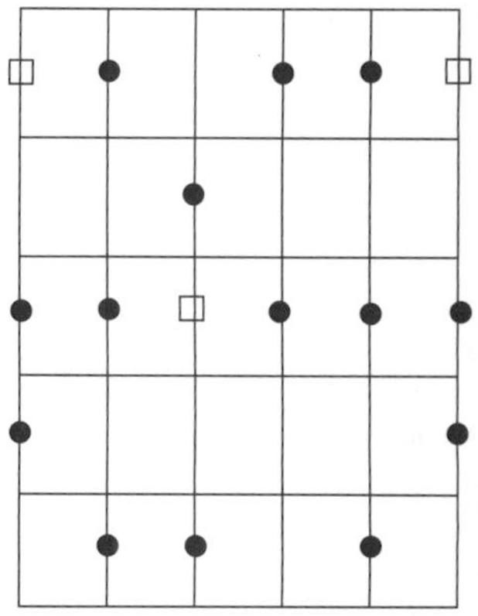

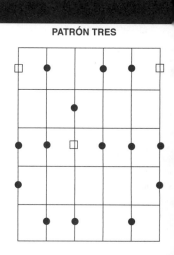

A♭ MENOR ARMÓNICA

MÁSTIL COMPLETO

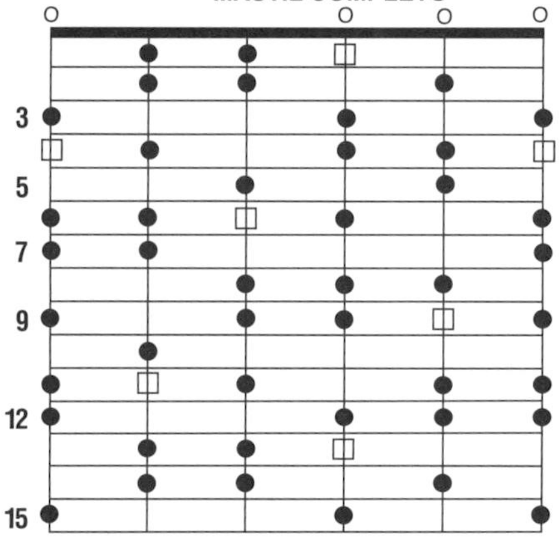

PATRÓN UNO

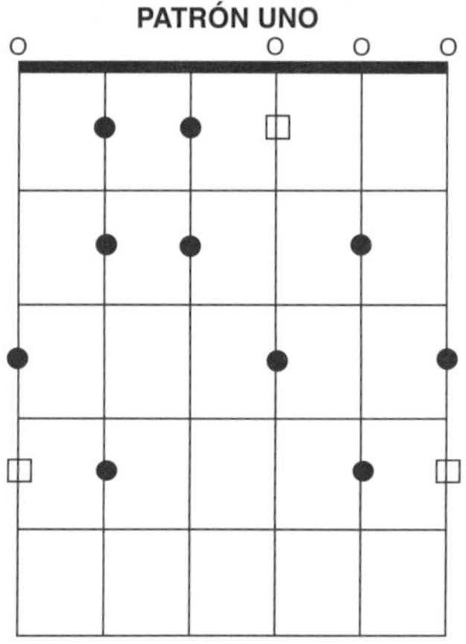

PATRÓN DOS

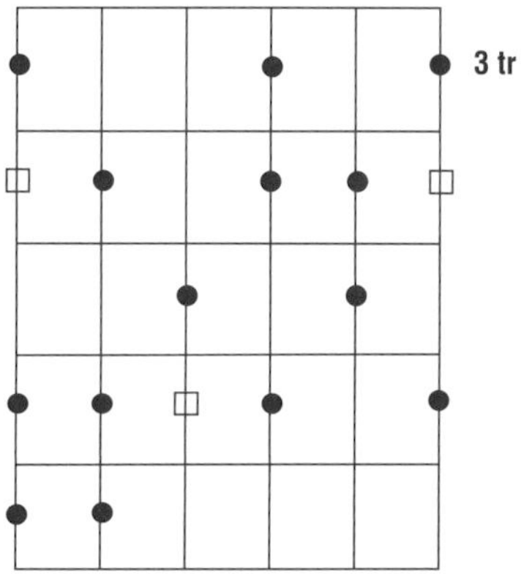

PATRÓN TRES

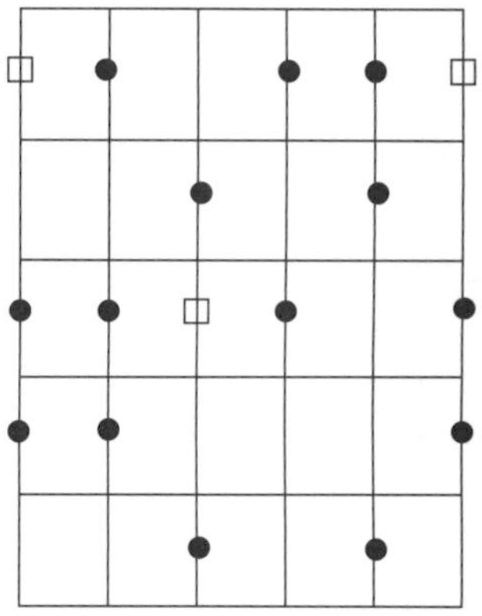

G♯ TRIGIA

MÁSTIL COMPLETO

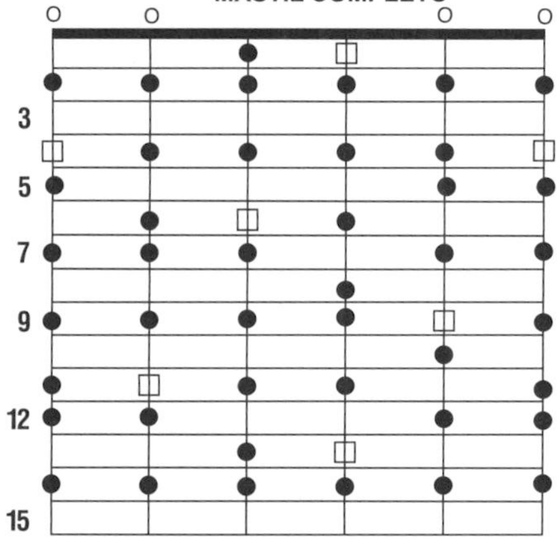

PATRÓN UNO

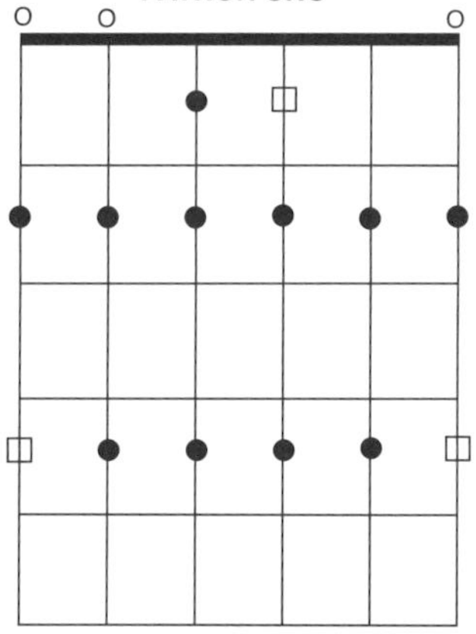

PATRÓN DOS

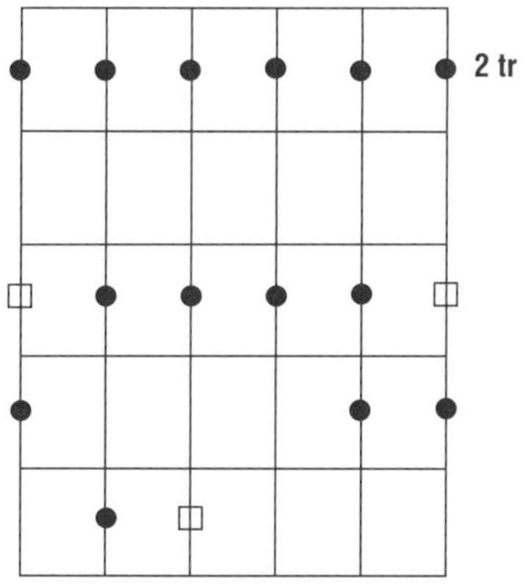

PATRÓN TRES

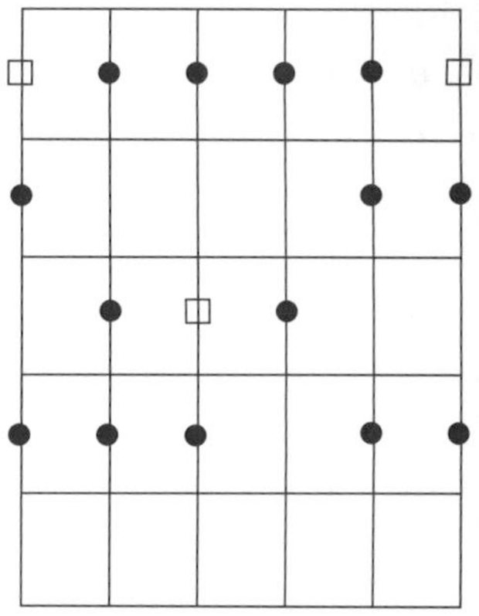

G♯ LOCRIO

MÁSTIL COMPLETO

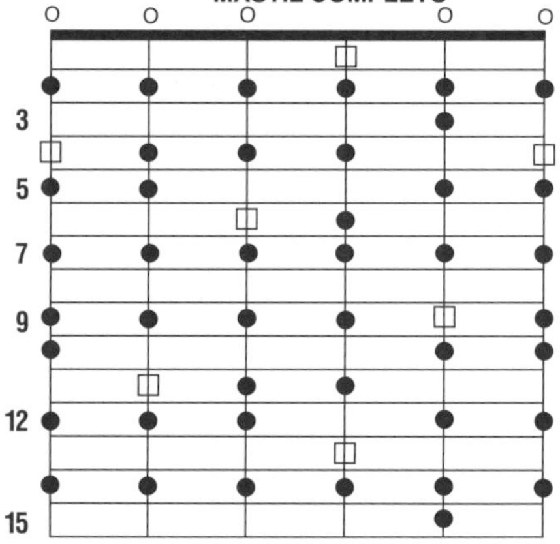

PATRÓN UNO

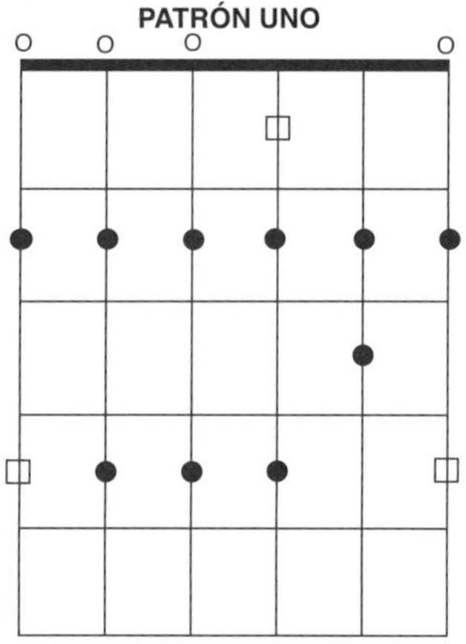

PATRÓN DOS

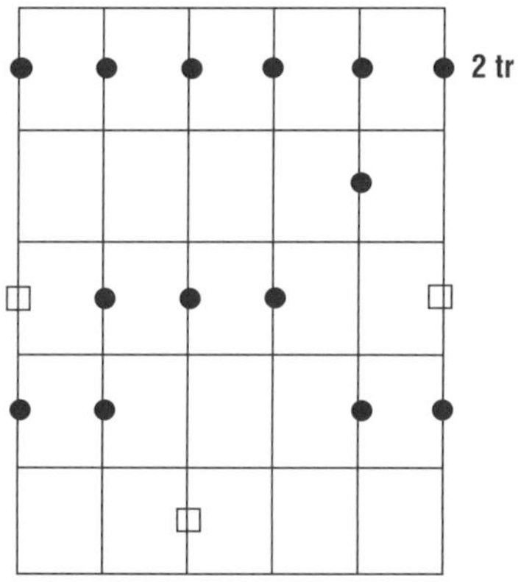

PATRÓN TRES

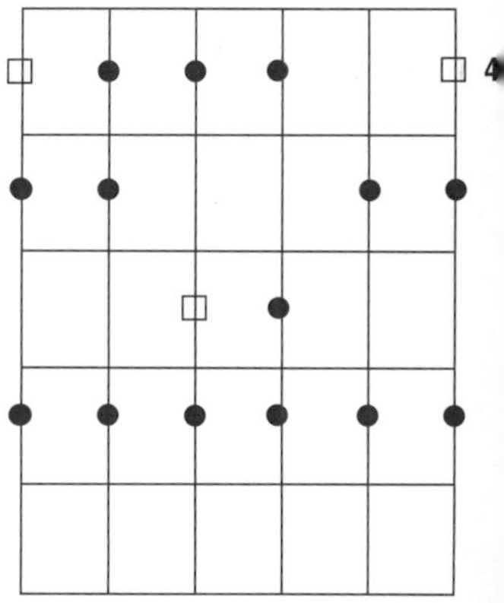

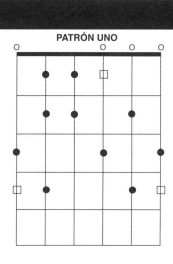

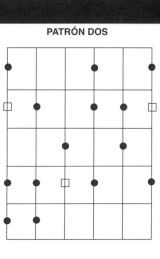

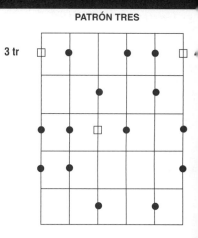

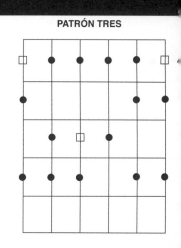

(A♭–B♭–C♭–D♭–E♭–F–G)

PATRÓN CUATRO

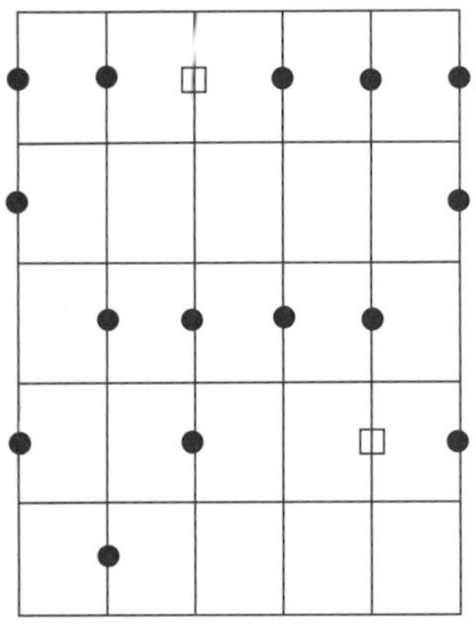

PATRÓN CINCO

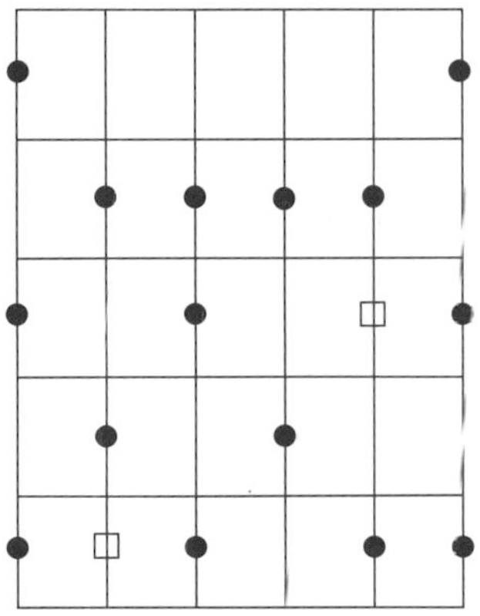

PATRÓN SEIS

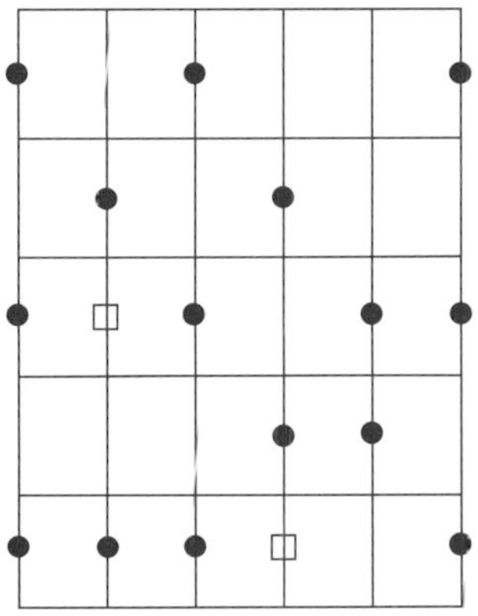

PATRÓN SIETE

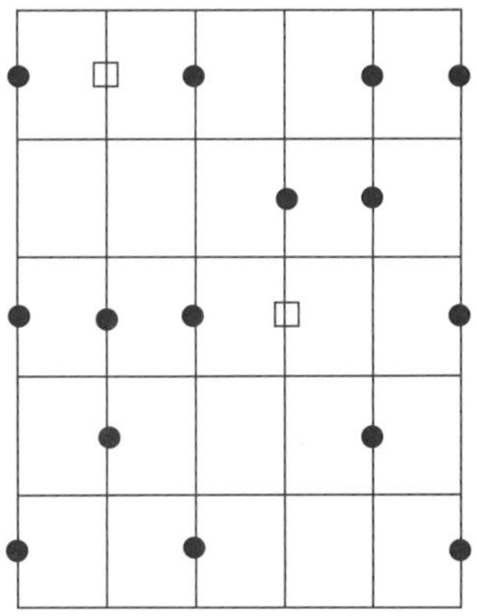

(A♭–B♭–C♭–D♭–E♭–F♭–G)

PATRÓN CUATRO

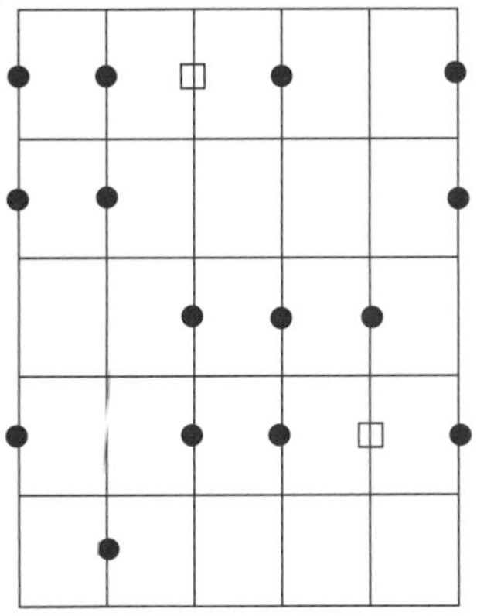

PATRÓN CINCO

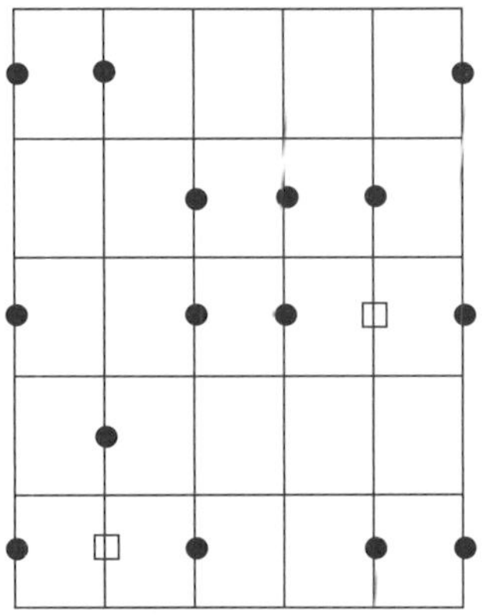

PATRÓN SEIS

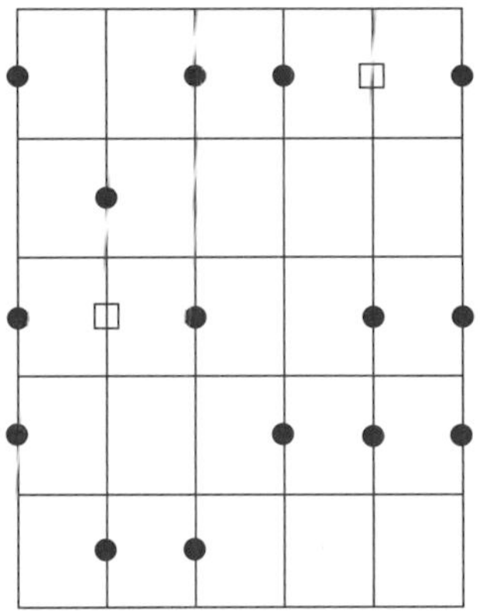

PATRÓN SIETE

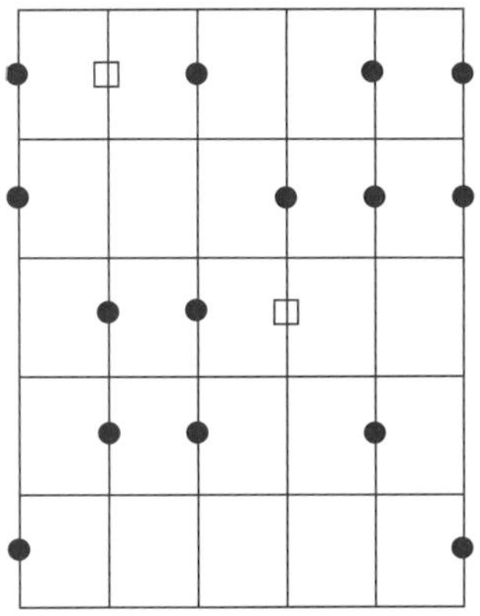

(G♯–A–B–C♯–D♯–E–F♯)

PATRÓN CUATRO

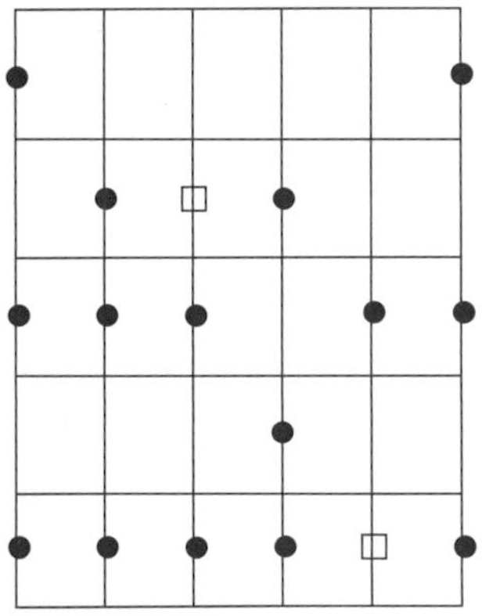

PATRÓN CINCO

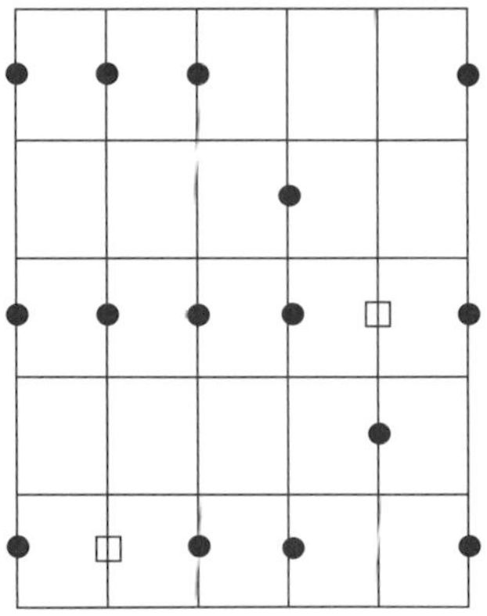

PATRÓN SEIS

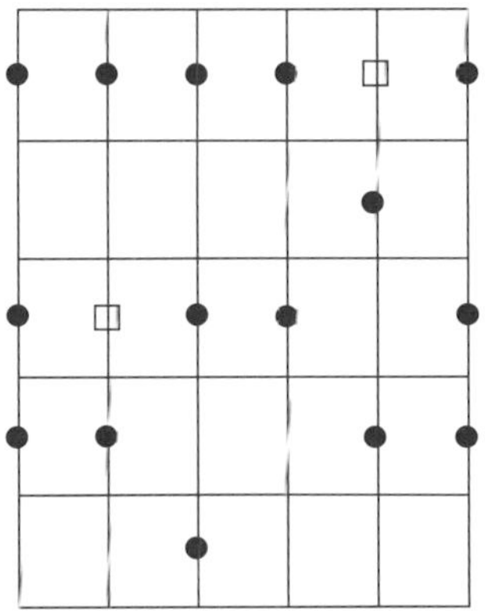

PATRÓN SIETE

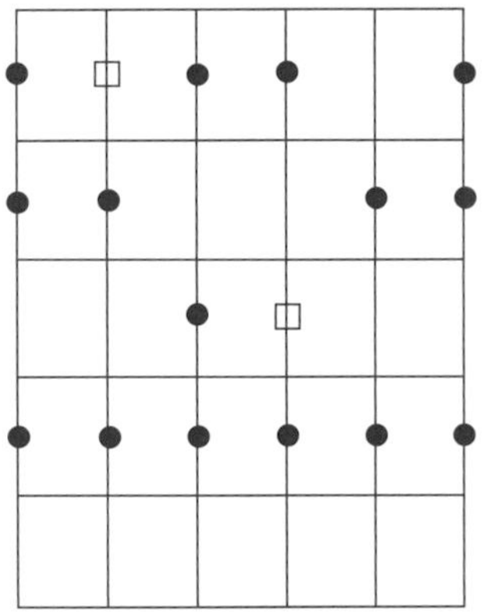

(G♯–A–B–C♯–D–E–F♯)

PATRÓN CUATRO

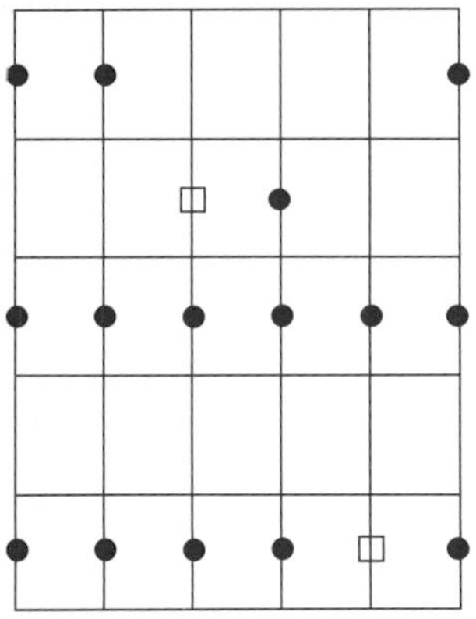

PATRÓN CINCO

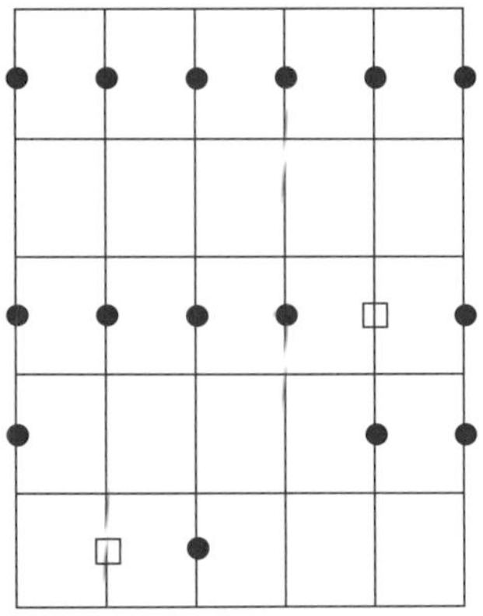

PATRÓN SEIS

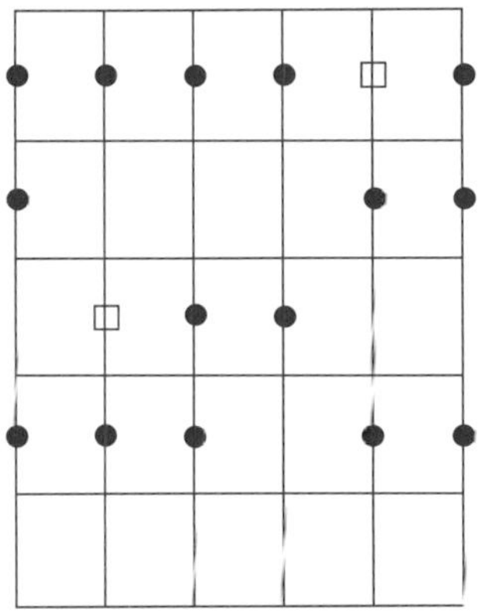

PATRÓN SIETE

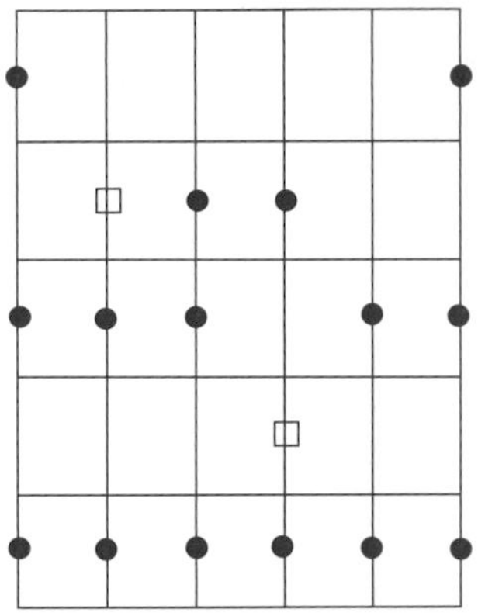

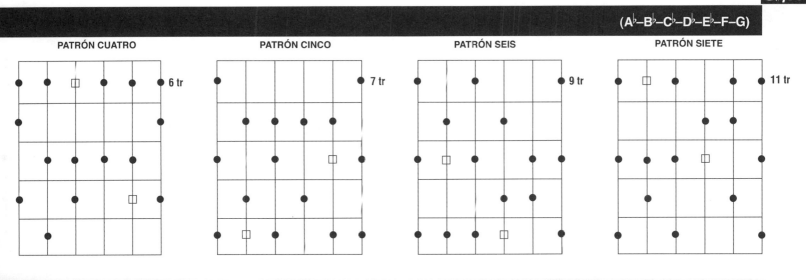

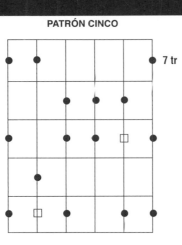

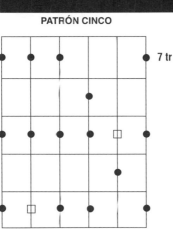

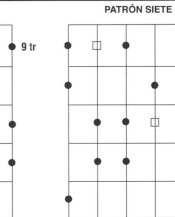

A♭ LIDIO

MÁSTIL COMPLETO

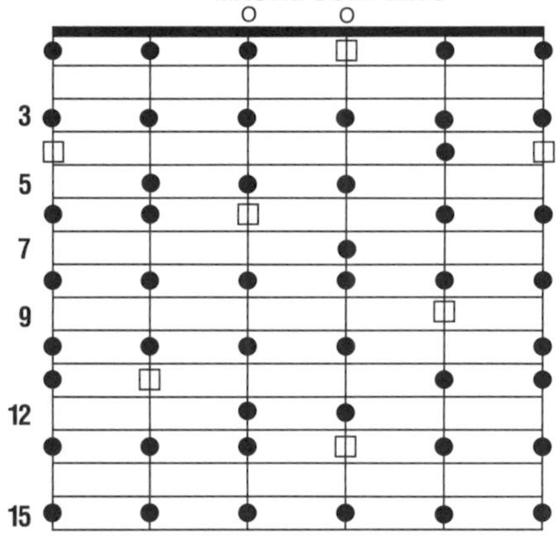

PATRÓN UNO

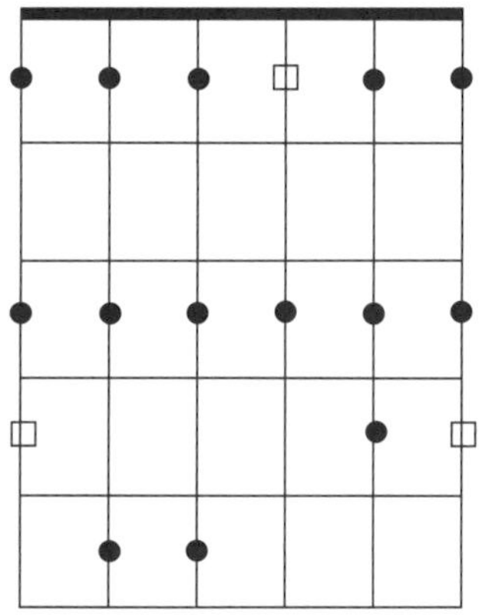

PATRÓN DOS

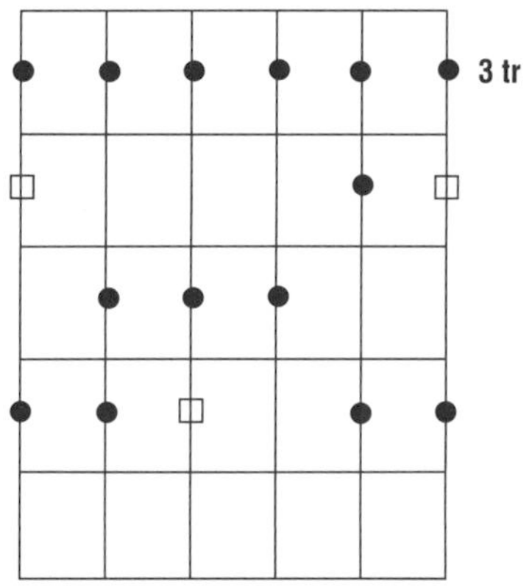

PATRÓN TRES

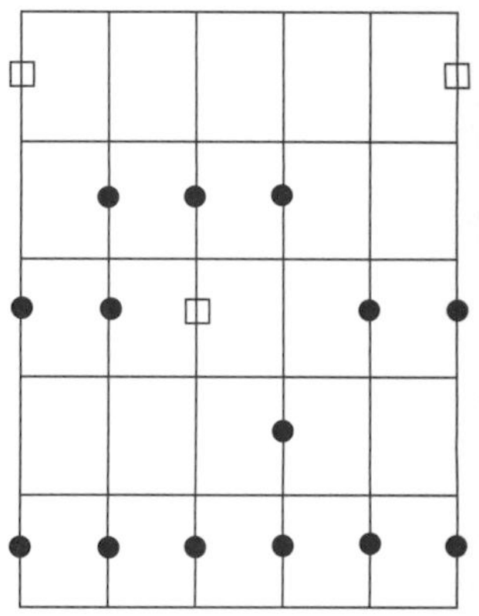

A♭ DISMINUIDA (SEMITONO-TONO)

MÁSTIL COMPLETO

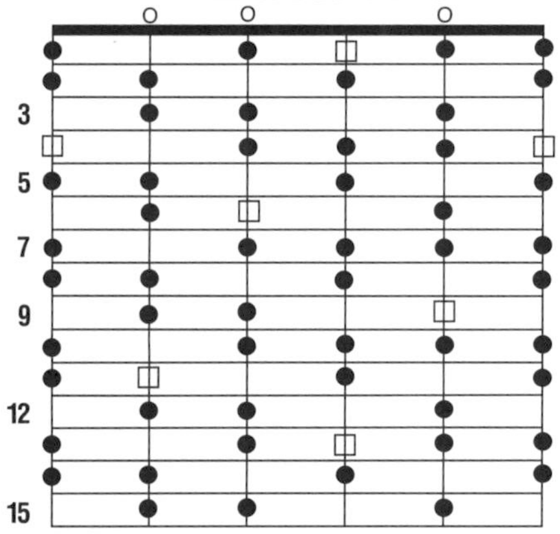

PATRÓN UNO

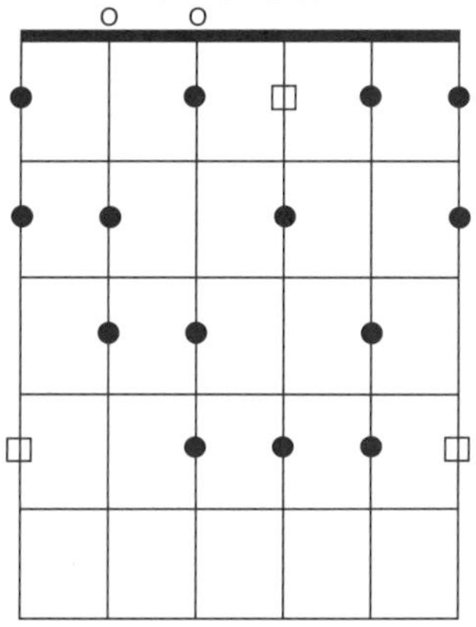

PATRÓN DOS

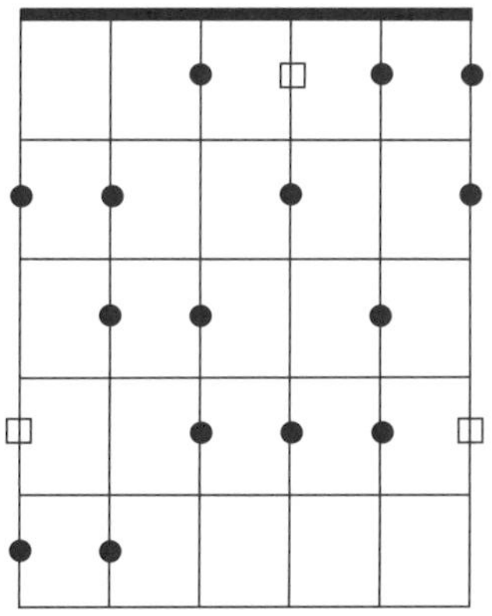

PATRÓN TRES

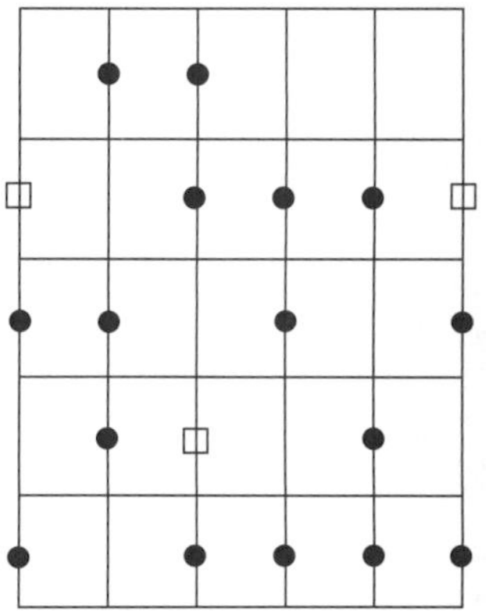

A♭ DISMINUIDA (TONO-SEMITONO)

MÁSTIL COMPLETO

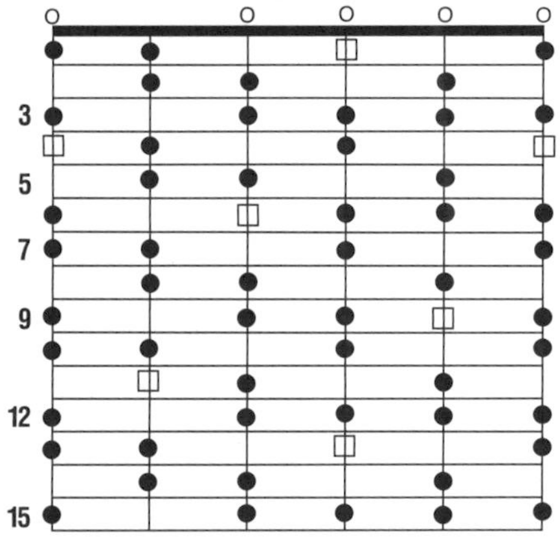

PATRÓN UNO

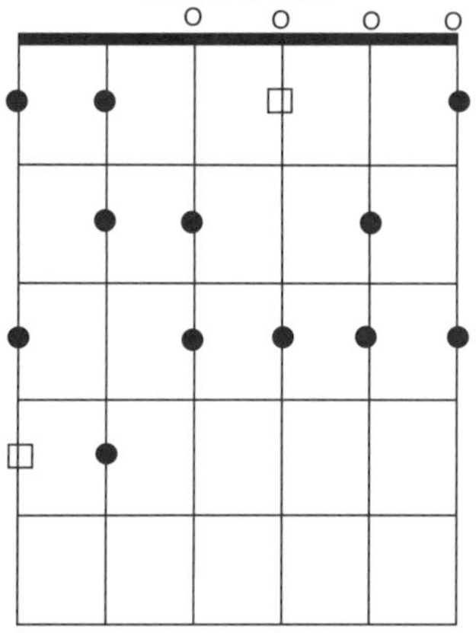

PATRÓN DOS

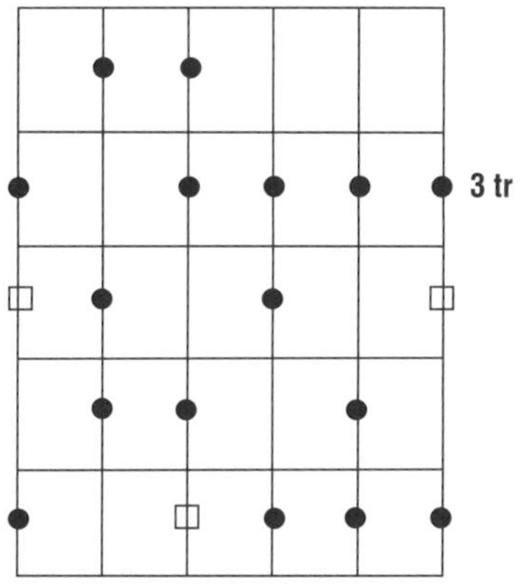

PATRÓN TRES

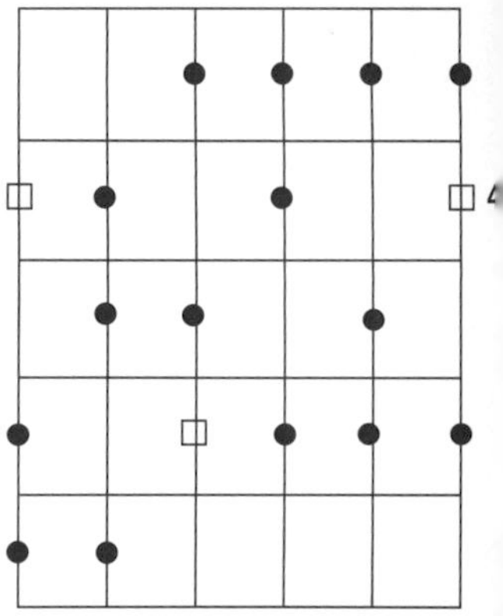

A♭ CROMÁTICA (A♭–B𝄫–B♭–C♭–C–D♭–E𝄫–E♭–F♭–F–G♭–G)

MÁSTIL COMPLETO

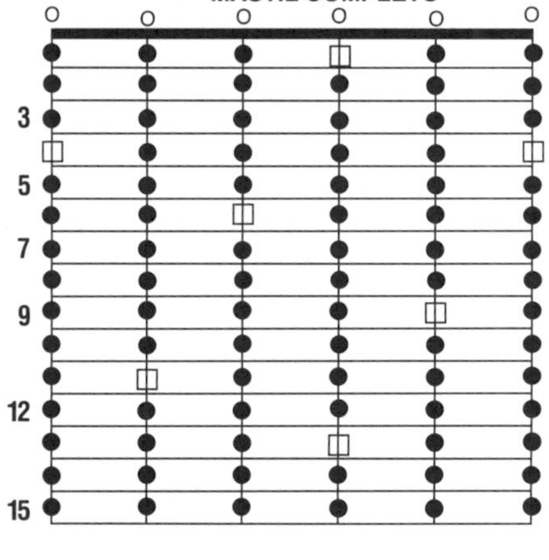

PATRÓN UNO ASCENDENTE

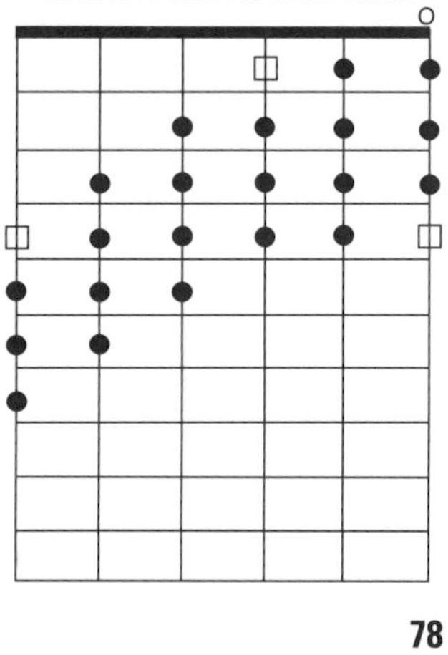

PATRÓN UNO DESCENDIENTE

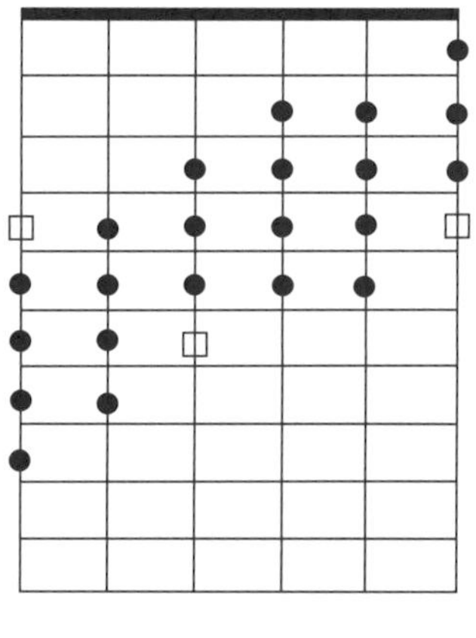

PATRÓN DOS

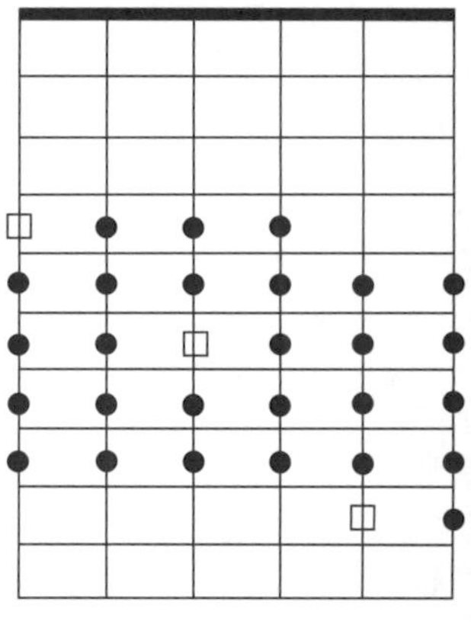

(A♭–B♭–C–D–E♭–F–G)

PATRÓN CUATRO

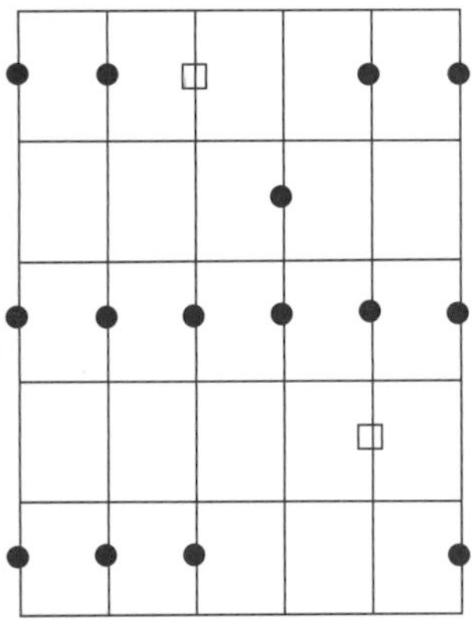

6 tr

PATRÓN CINCO

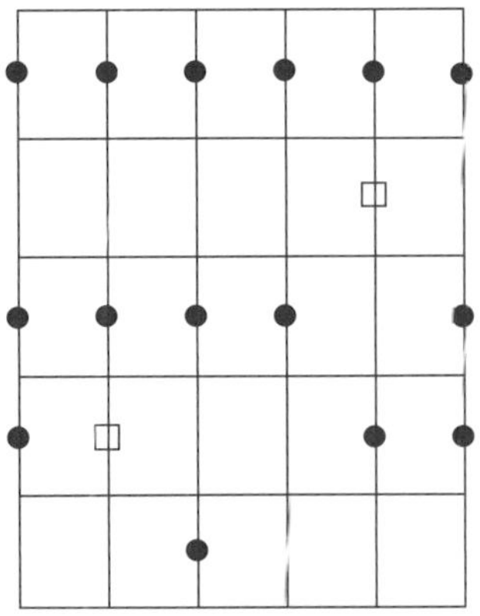

8 tr

PATRÓN SEIS

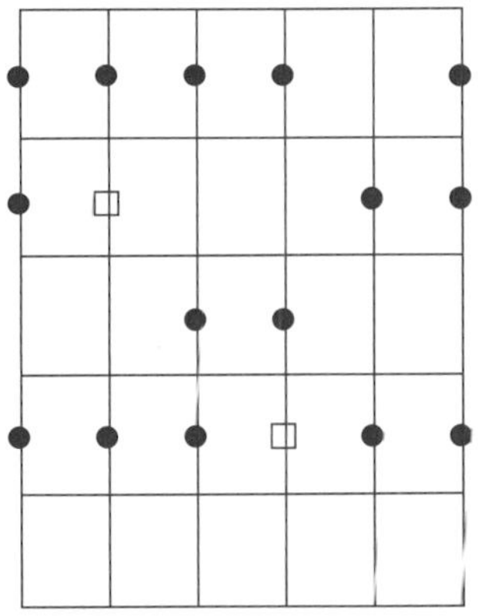

10 tr

PATRÓN SIETE

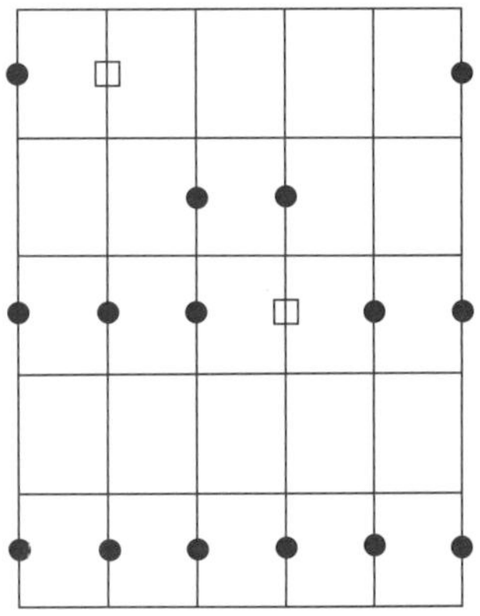

11 tr

(A♭–B𝄫–C♭–D𝄫–E𝄫–E♭–F–G♭)

PATRÓN CUATRO

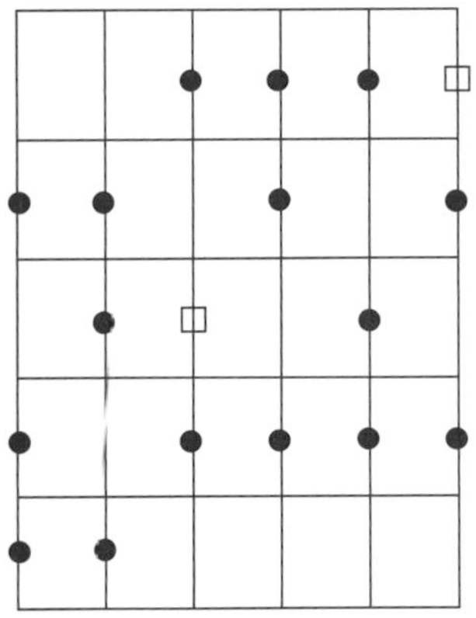

5 tr

PATRÓN CINCO

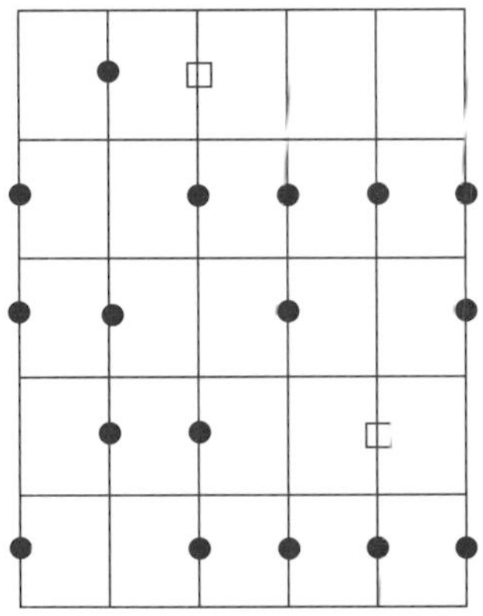

7 tr

PATRÓN SEIS

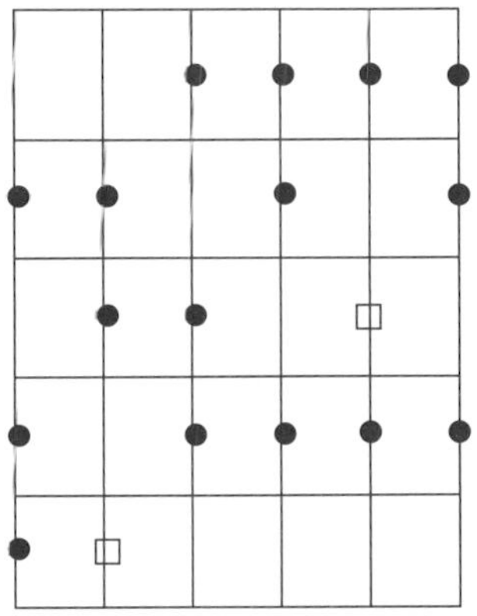

8 tr

PATRÓN SIETE

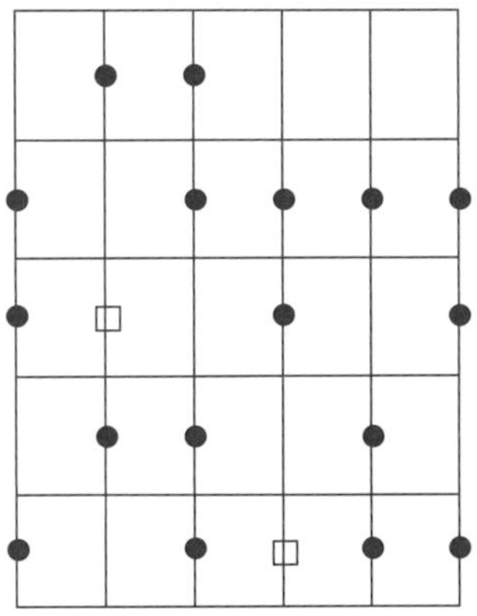

10 tr

(A♭–B♭–C♭–D♭–E𝄫–E–F–G)

PATRÓN CUATRO

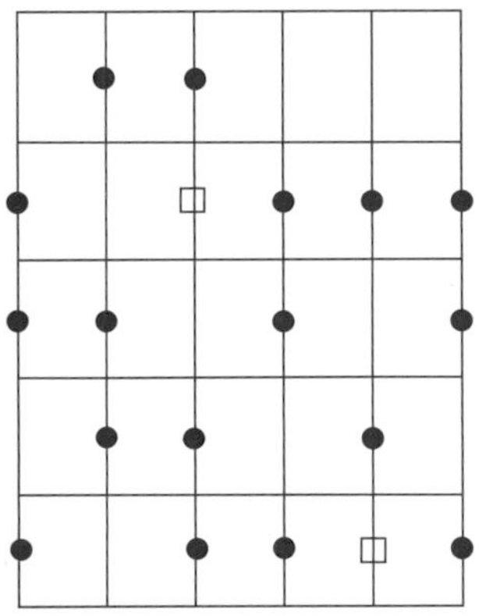

6 tr

PATRÓN CINCO

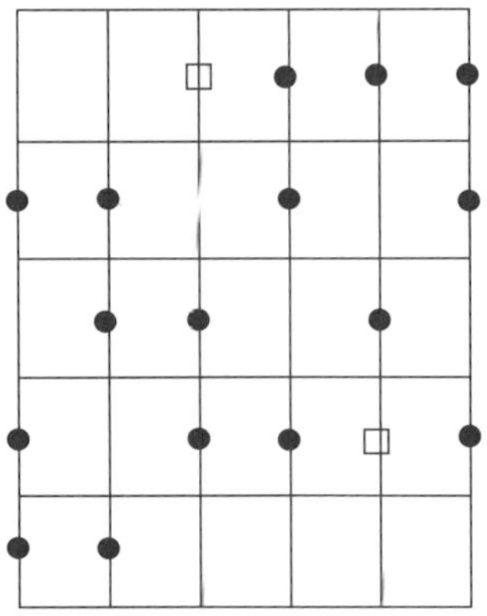

7 tr

PATRÓN SEIS

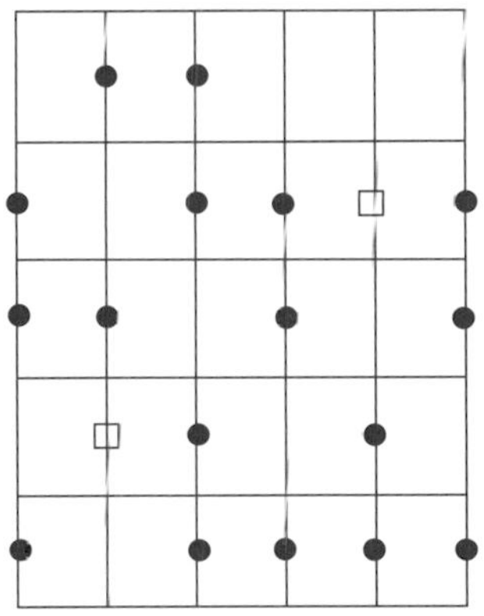

9 tr

PATRÓN SIETE

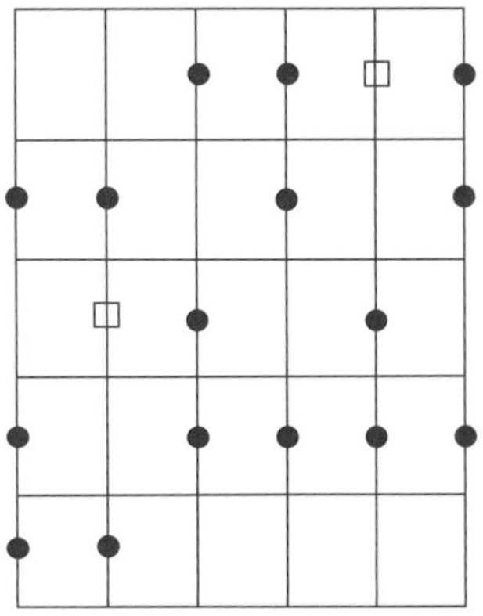

10 tr

A♭ TONO (A♭–B♭–C–D–E–F♯)

MÁSTIL COMPLETO

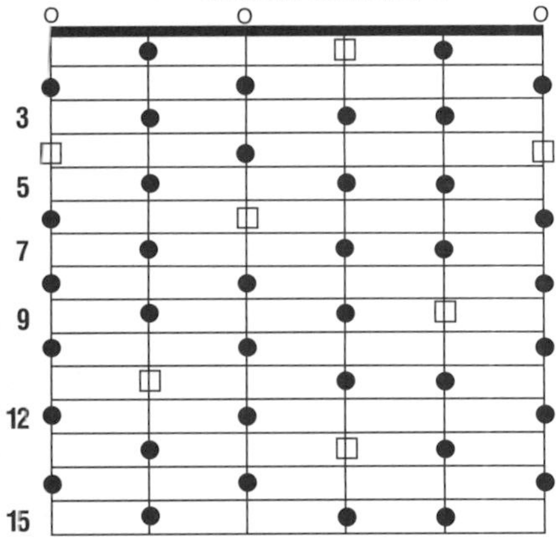

PATRÓN UNO

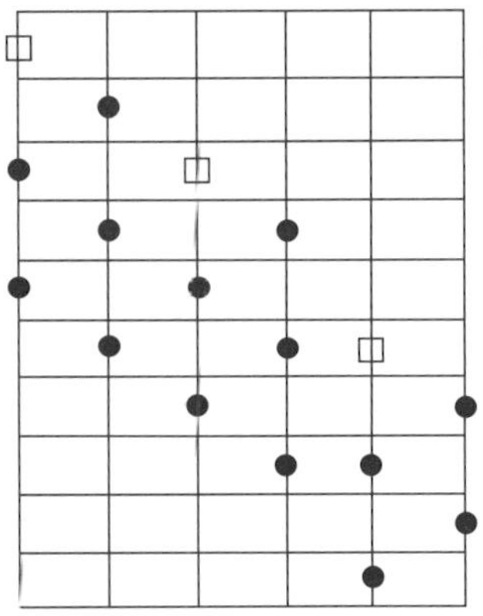

4 tr

PATRÓN DOS

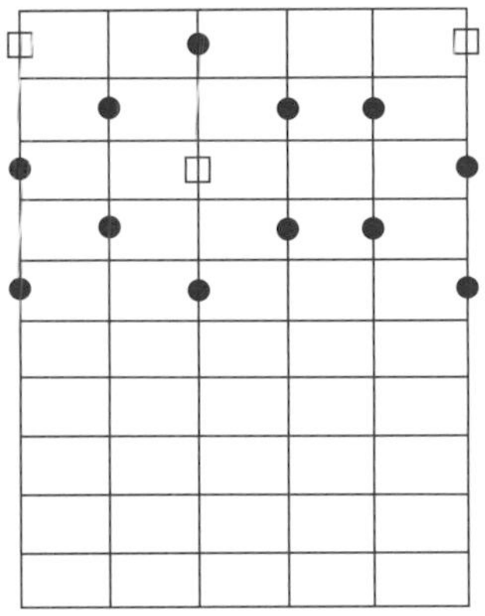

4 tr

PATRÓN TRES

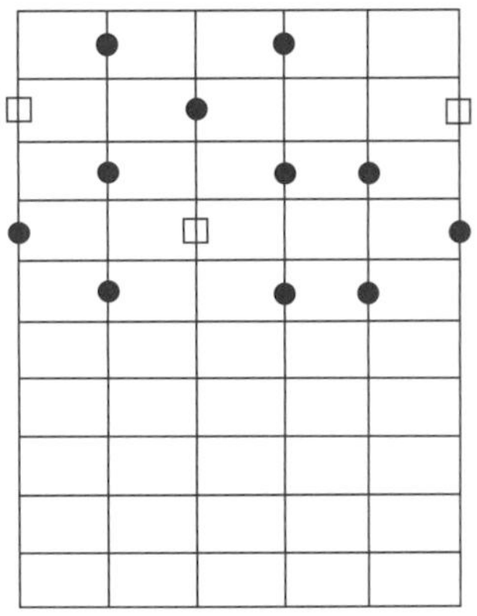

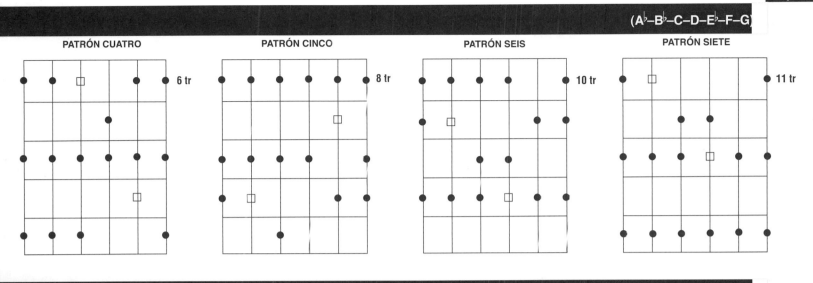

4 tr

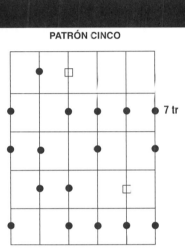

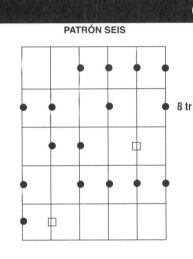

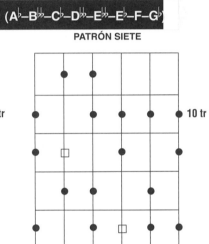

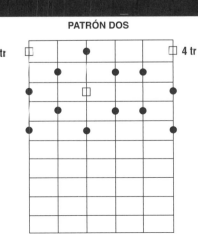

A MAYOR (JÓNICO)

MÁSTIL COMPLETO

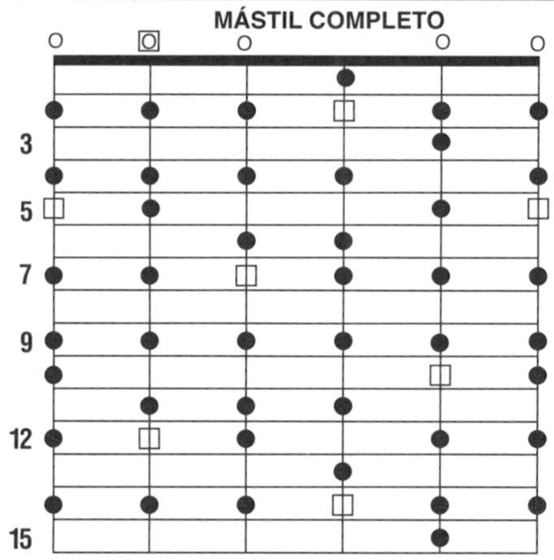

PATRÓN UNO

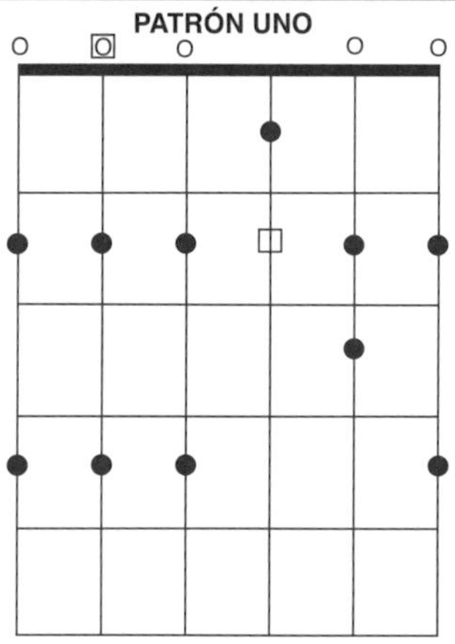

PATRÓN DOS

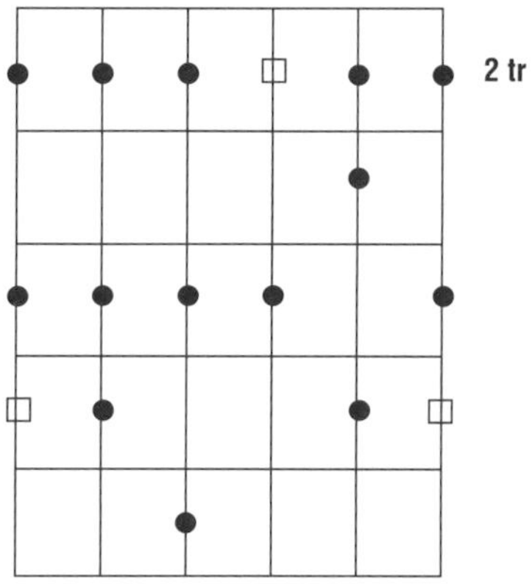

PATRÓN TRES

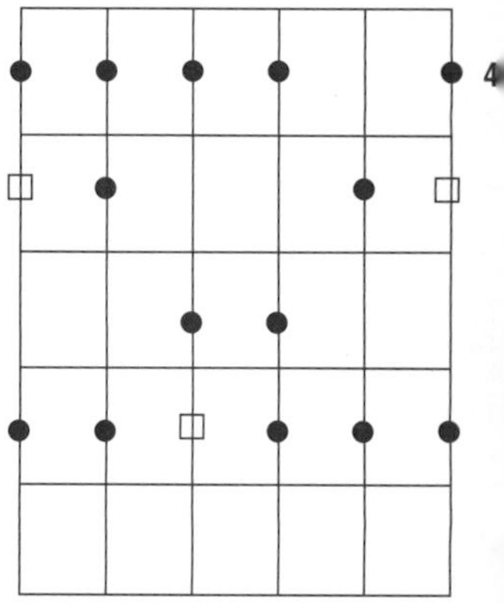

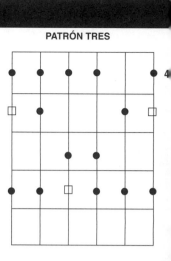

A PENTATÓNICA MAYOR

MÁSTIL COMPLETO

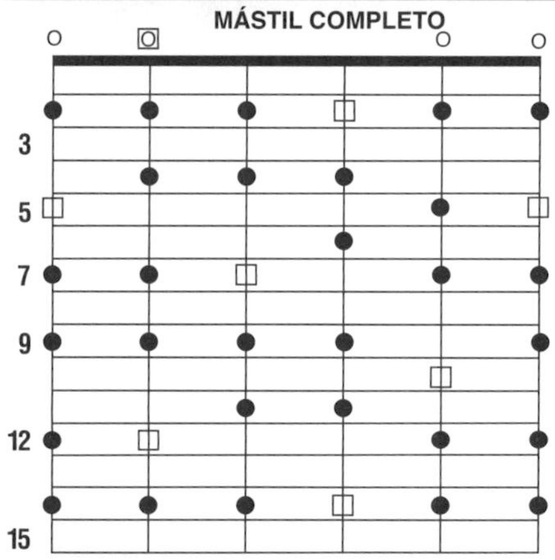

PATRÓN UNO

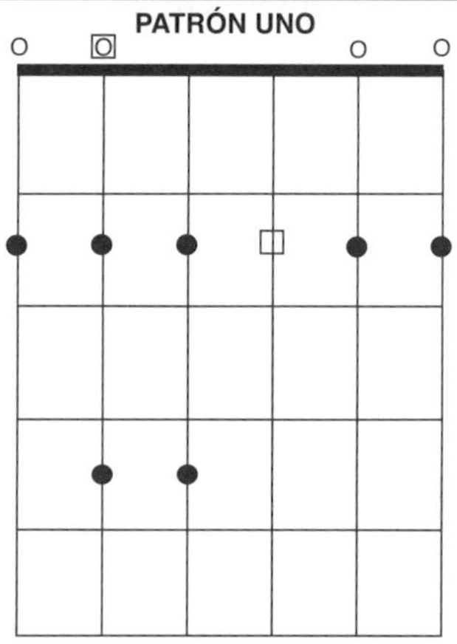

PATRÓN DOS

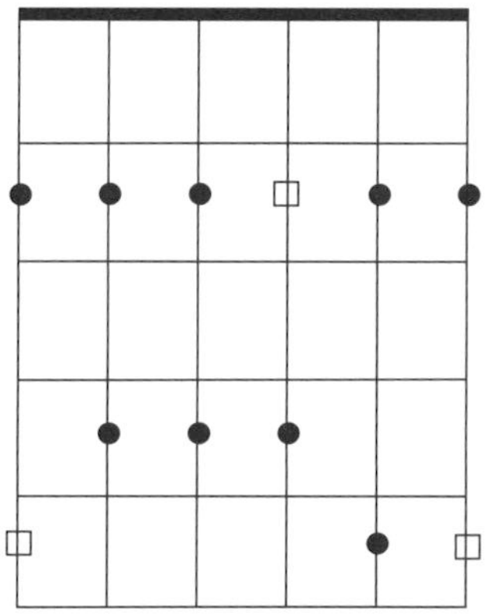

PATRÓN TRES

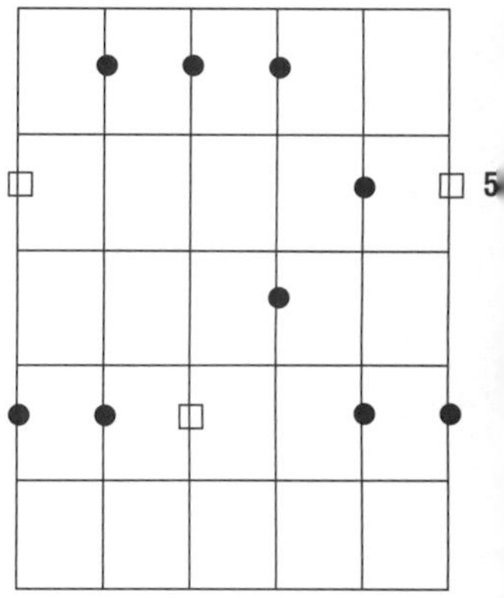

A MENOR NATURAL (EÓLICO)

MÁSTIL COMPLETO

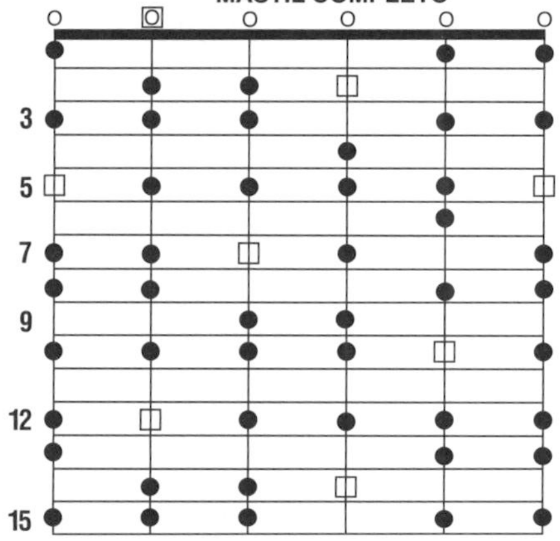

PATRÓN UNO

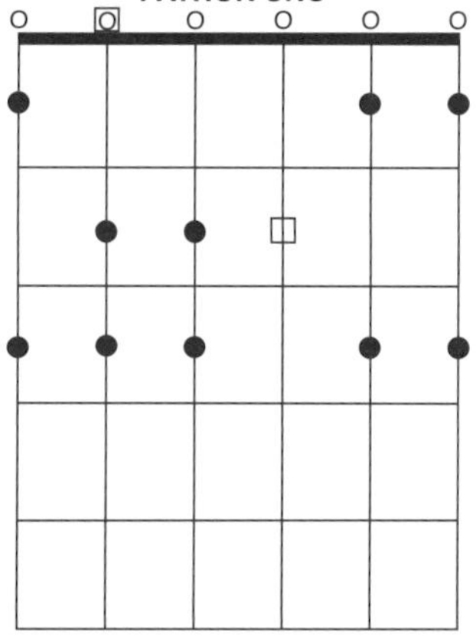

PATRÓN DOS

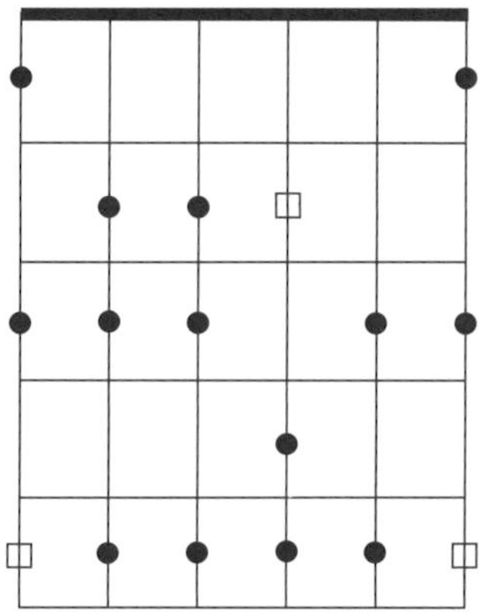

PATRÓN TRES

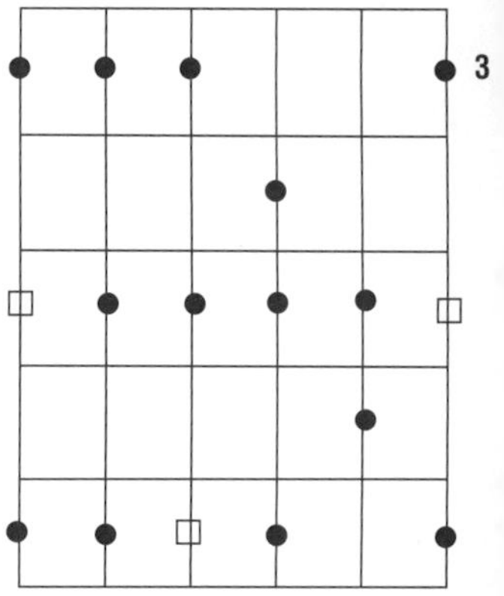

A PENTATÓNICA MENOR

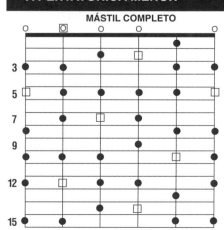

MÁSTIL COMPLETO

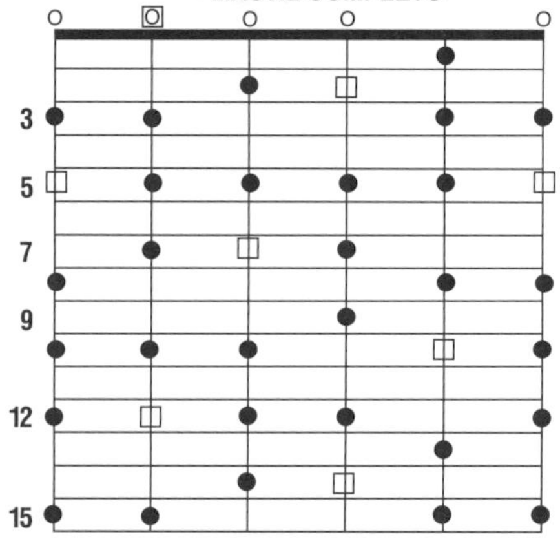

PATRÓN UNO

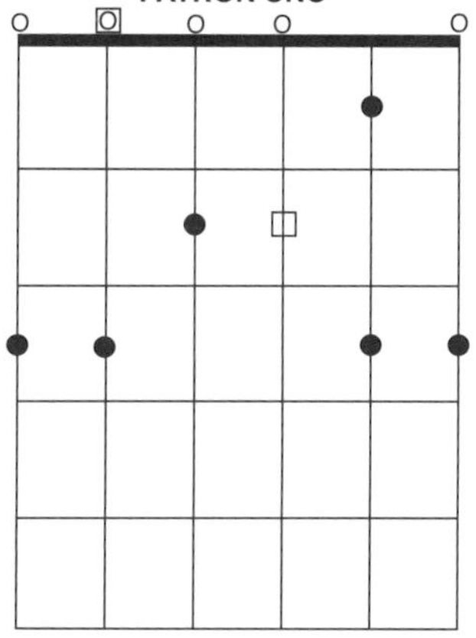

PATRÓN DOS

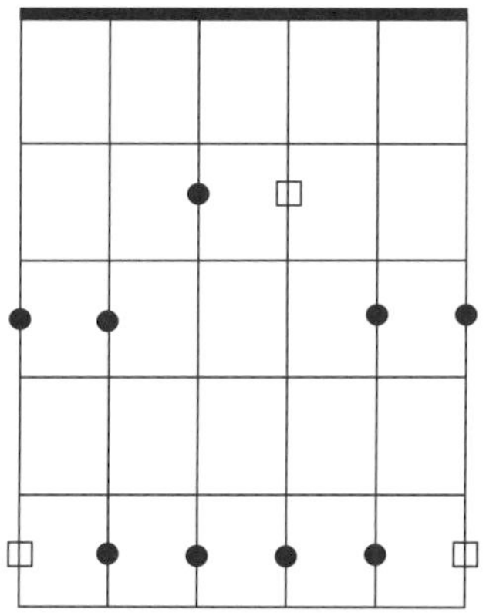

PATRÓN TRES

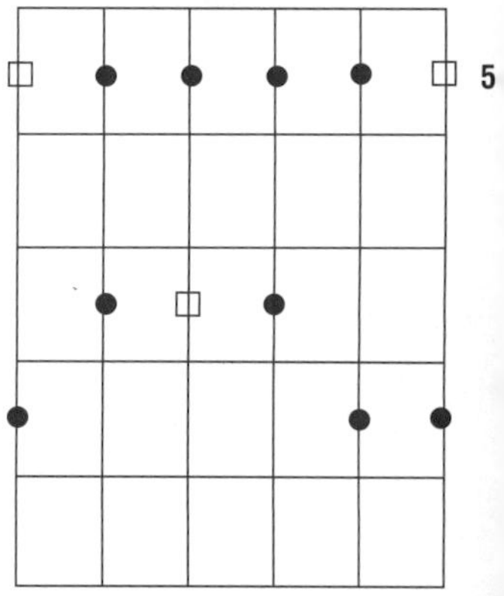

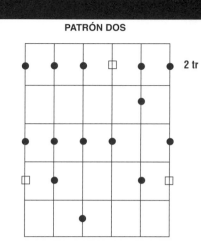

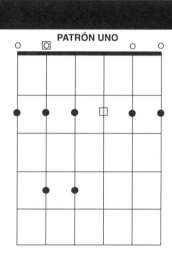

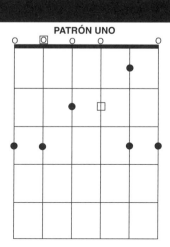

(A–B–C♯–D–E–F♯–G♯)

PATRÓN CUATRO

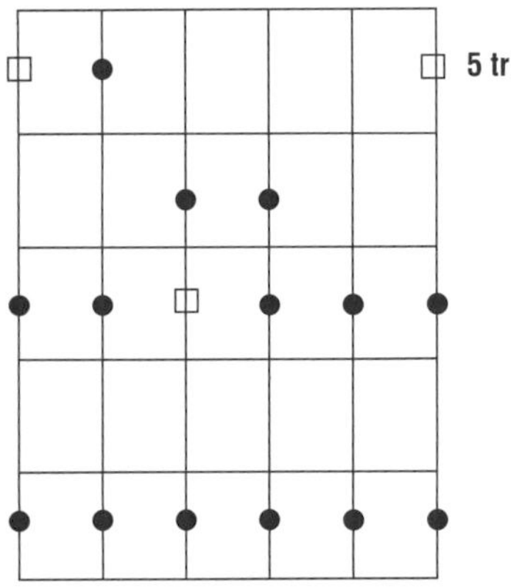

PATRÓN CINCO

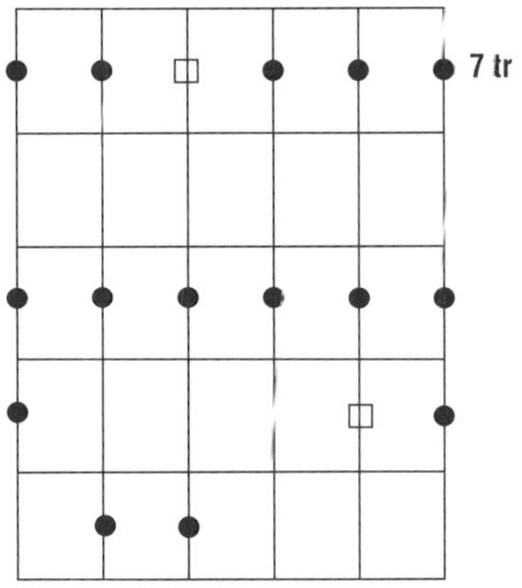

PATRÓN SEIS

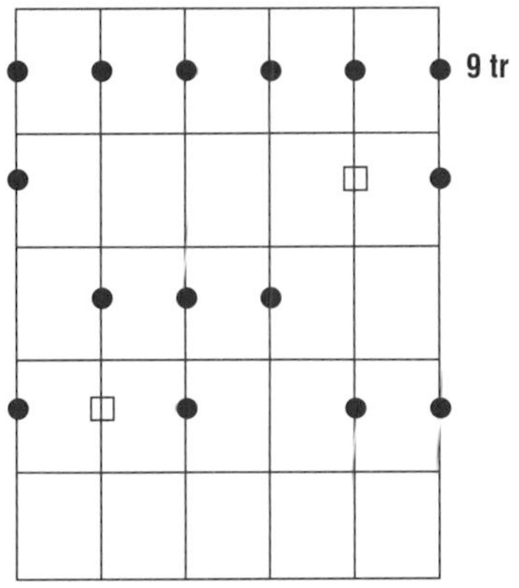

PATRÓN SIETE

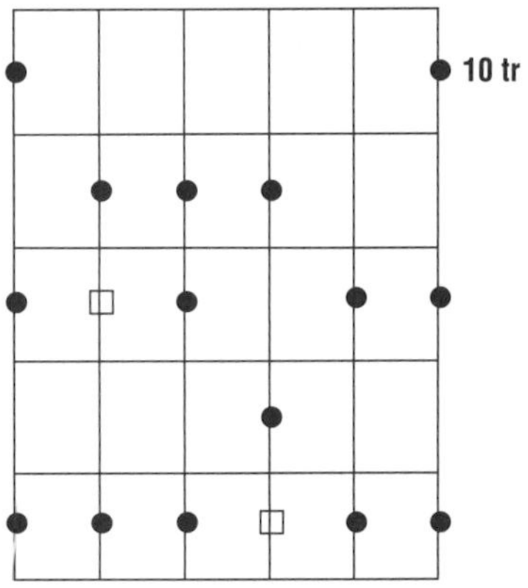

(A–B–C♯–E–F♯)

PATRÓN CUATRO

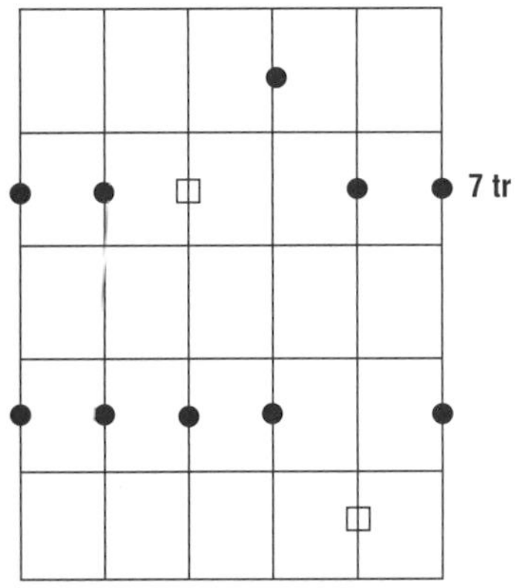

PATRÓN CINCO

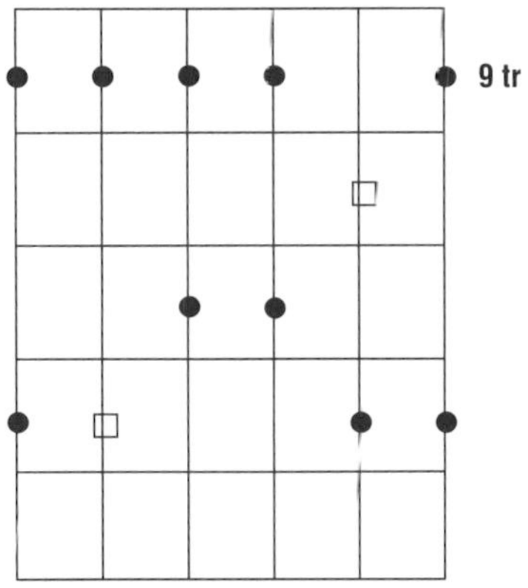

PATRÓN UNO (+1 OCTAVA)

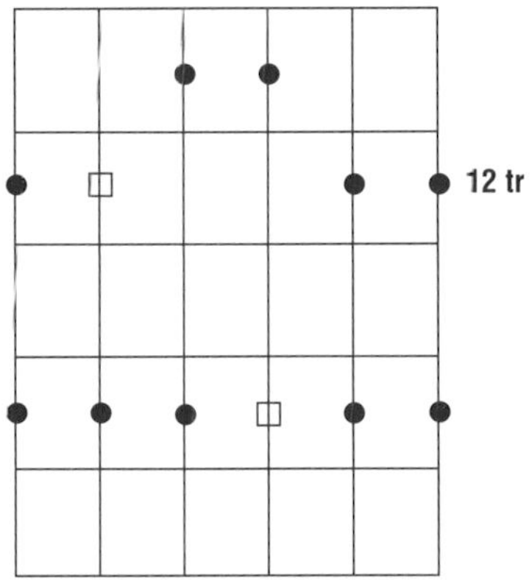

PATRÓN DOS (+1 OCTAVA)

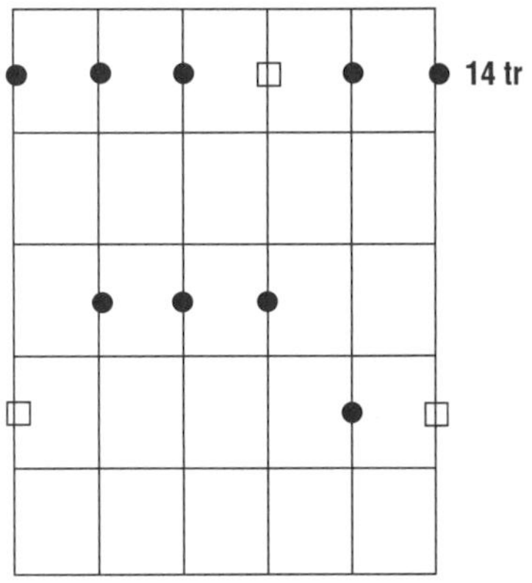

(A–B–C–D–E–F–G)

PATRÓN CUATRO

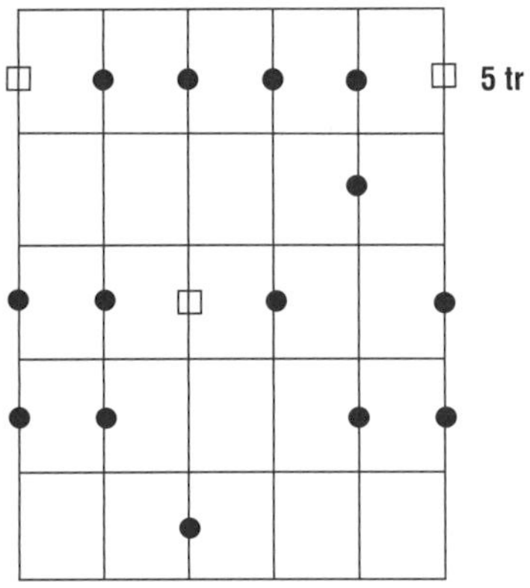

PATRÓN CINCO

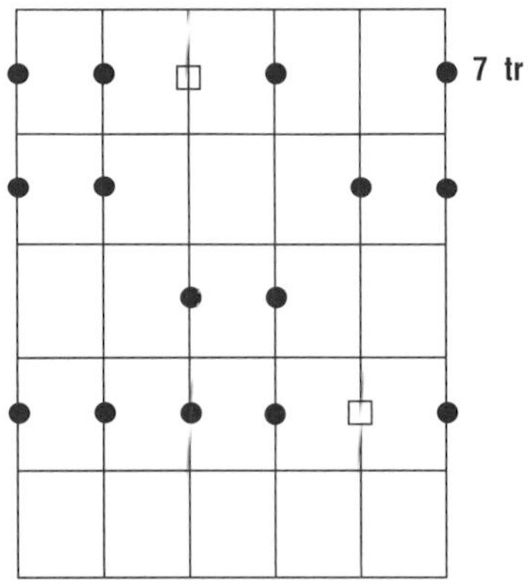

PATRÓN SEIS

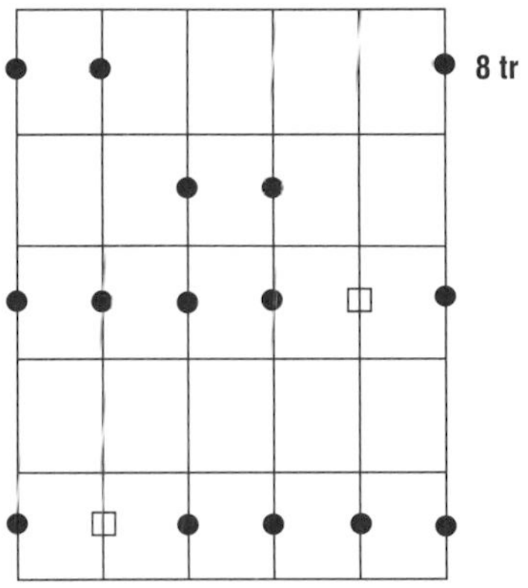

PATRÓN SIETE

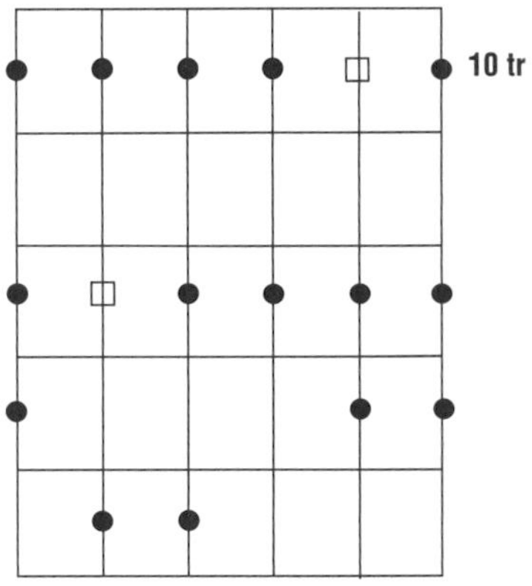

(A–C–D–E–G)

PATRÓN CUATRO

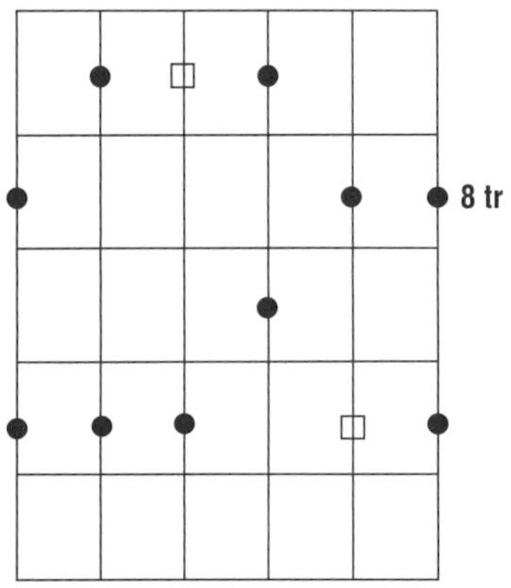

PATRÓN CINCO

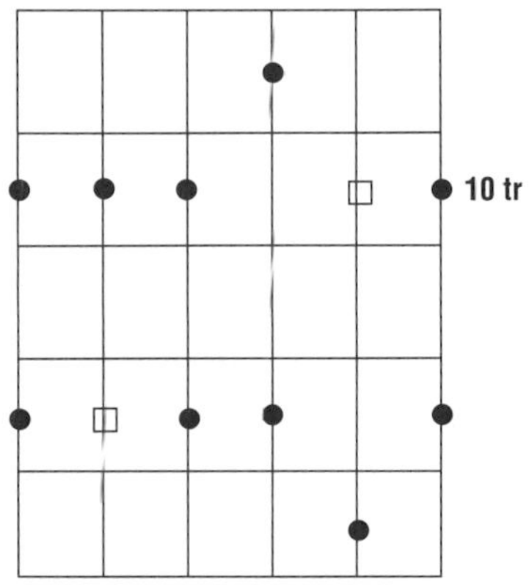

PATRÓN UNO (+1 OCTAVA)

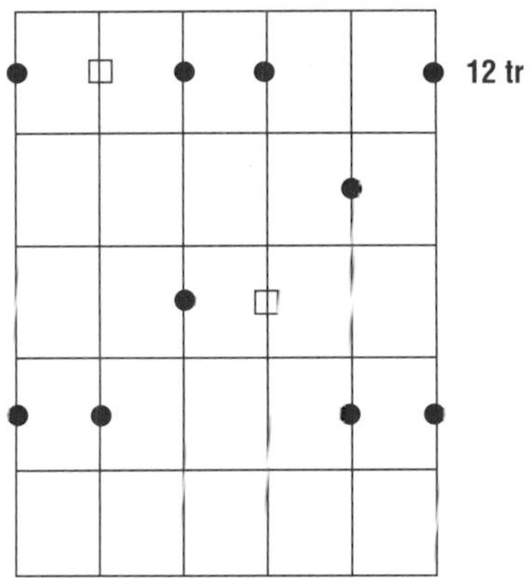

PATRÓN DOS (+1 OCTAVA)

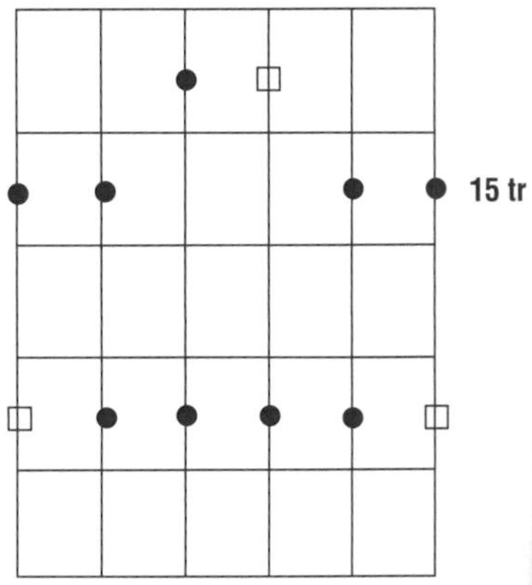

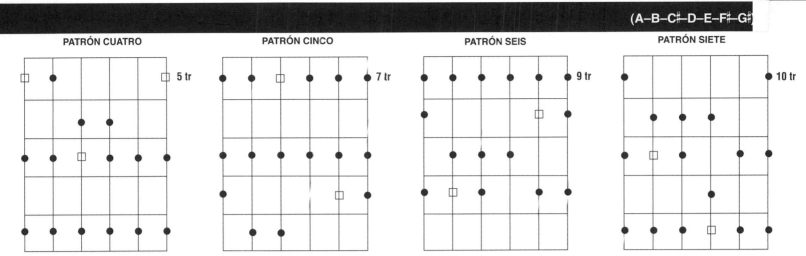

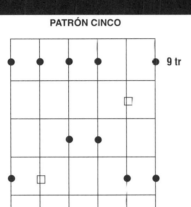

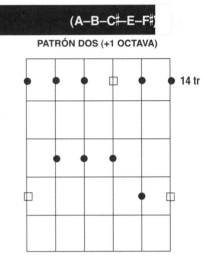

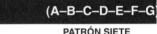

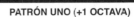

A BLUES

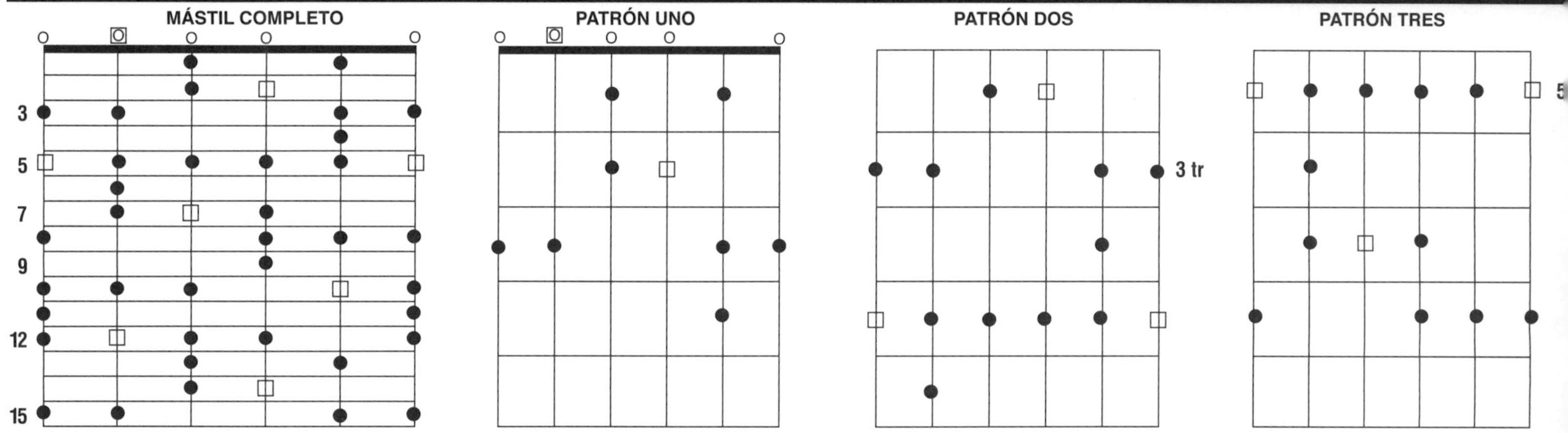

A MIXO BLUES

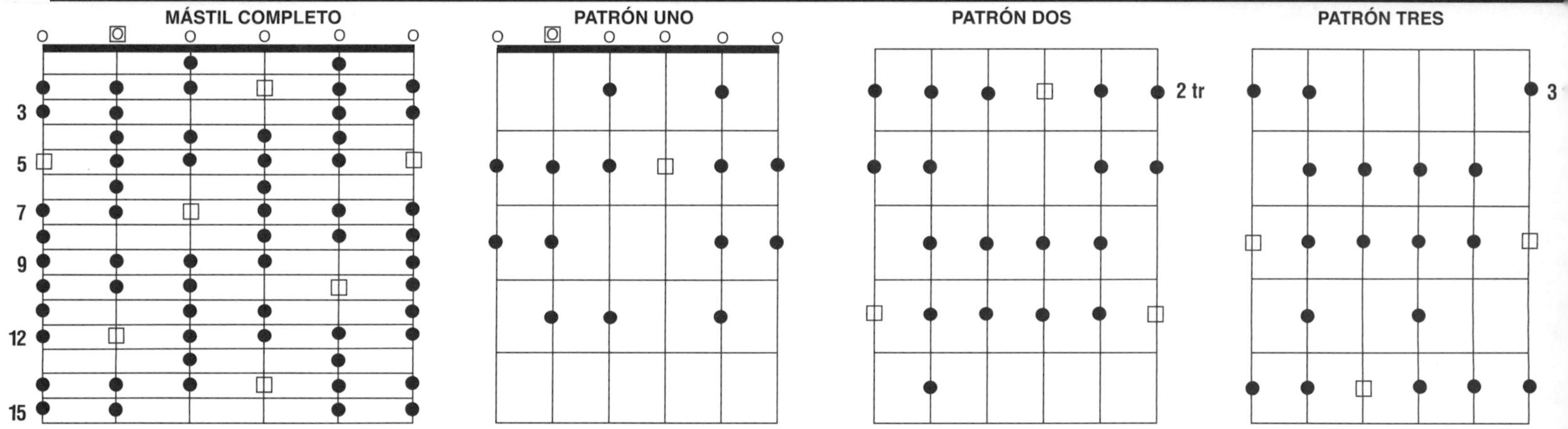

A MIXOLIDIO

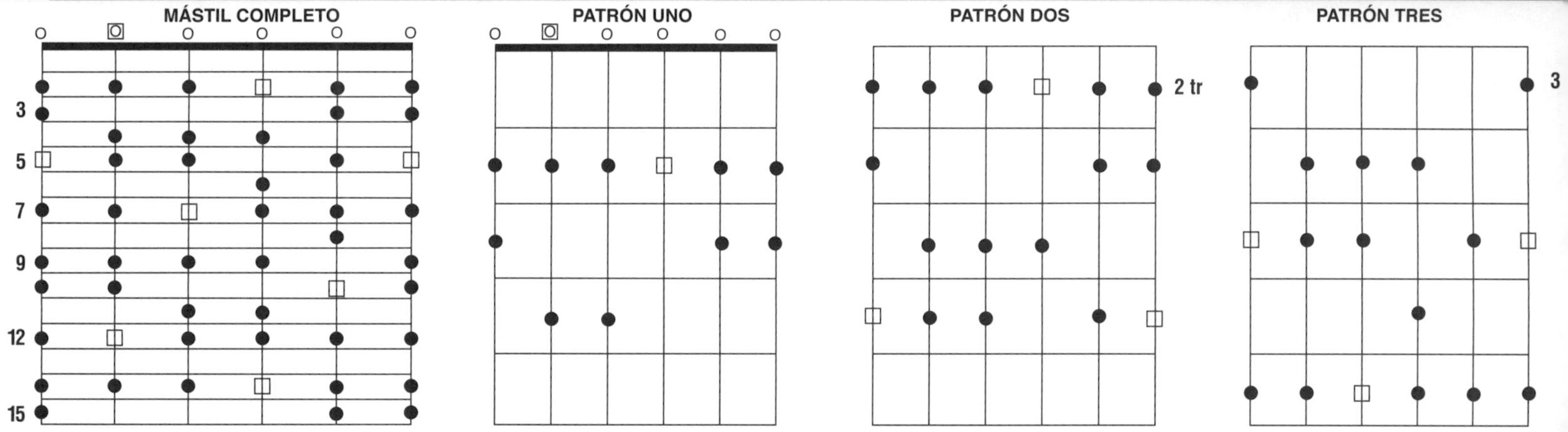

A DÓRICO

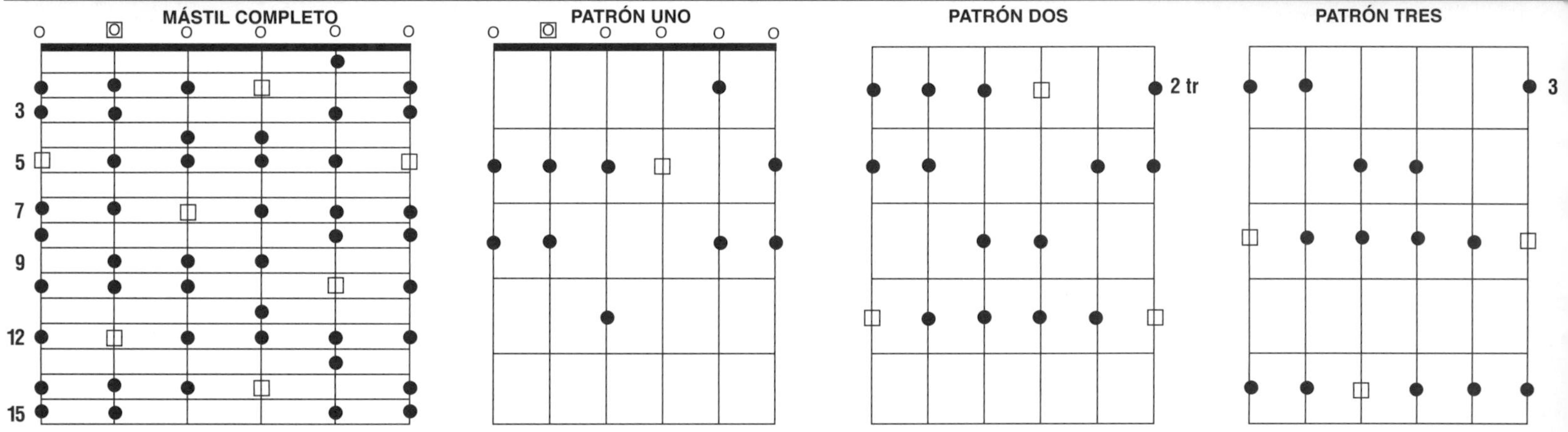

(A–C–D–E♭–E–G)

PATRÓN CUATRO

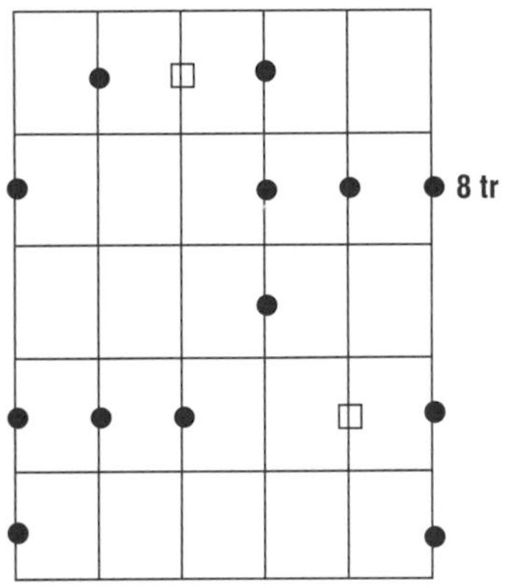

PATRÓN CINCO

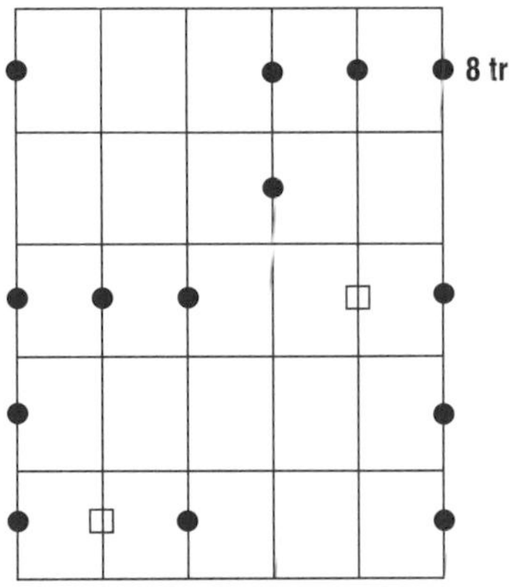

PATRÓN SEIS

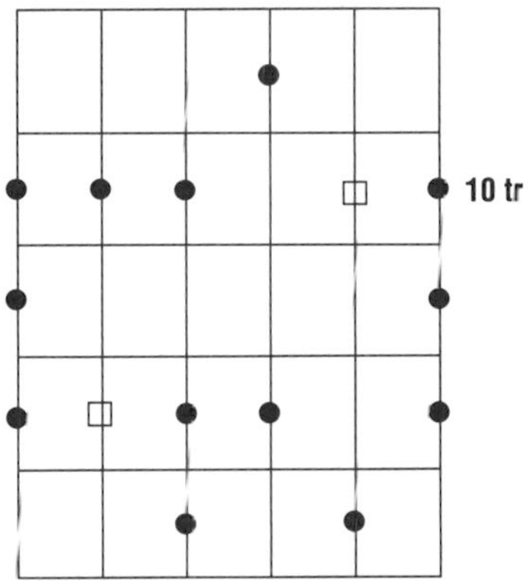

PATRÓN UNO (+1 OCTAVA)

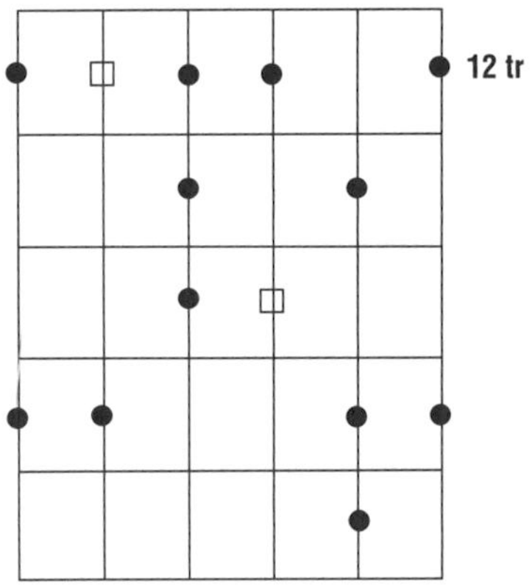

(A–B–C–C♯–D–E♭–E–F♯–G)

PATRÓN CUATRO

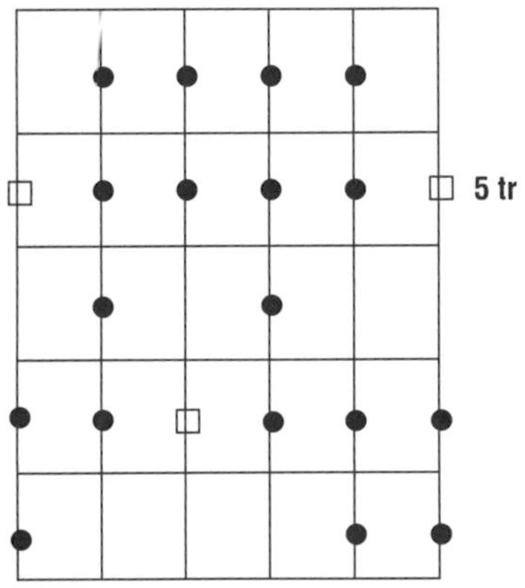

PATRÓN CINCO

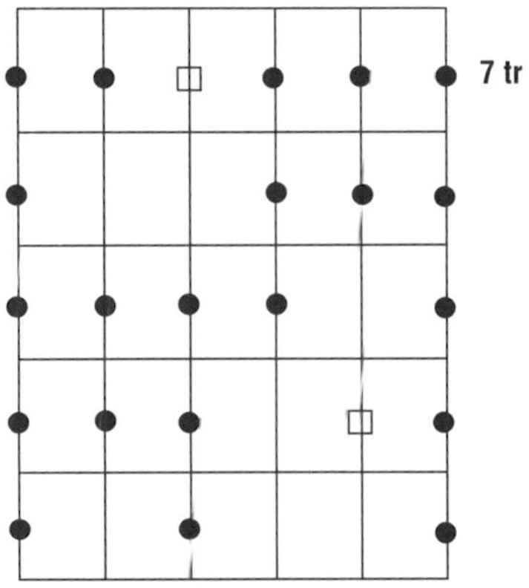

PATRÓN SEIS

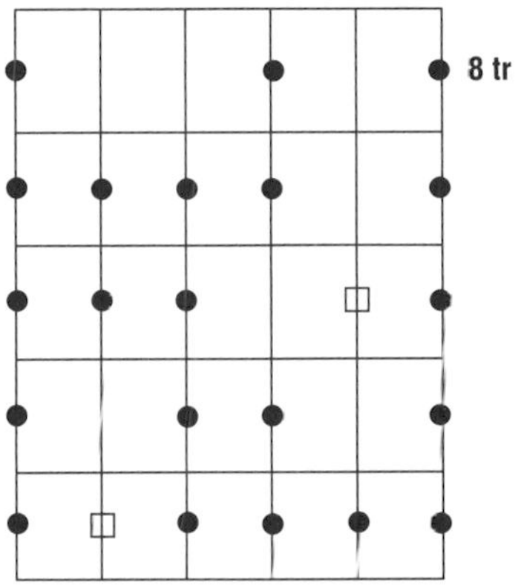

PATRÓN SIETE

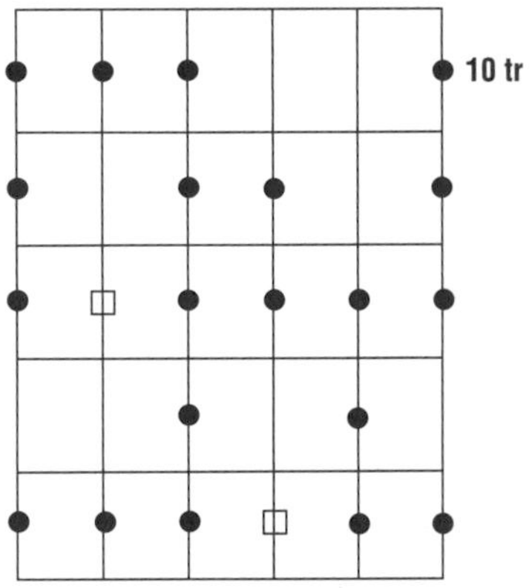

(A–B–C♯–D–E–F♯–G)

PATRÓN CUATRO

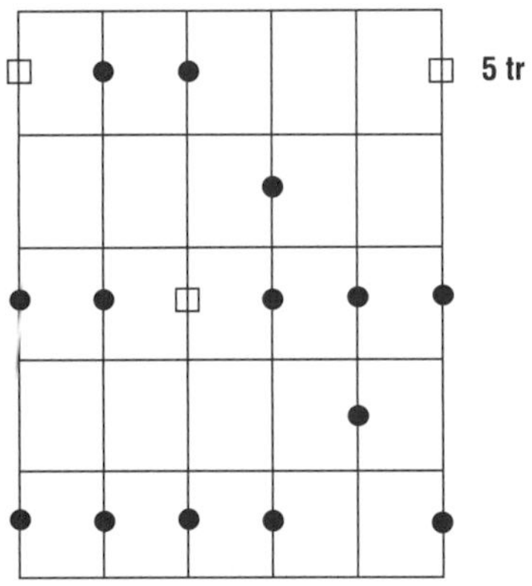

PATRÓN CINCO

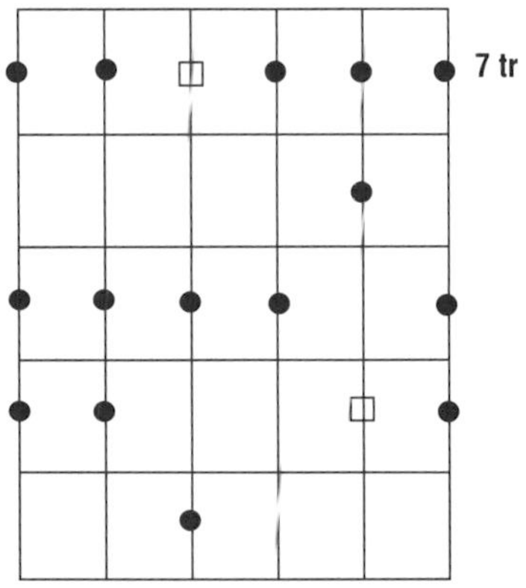

PATRÓN SEIS

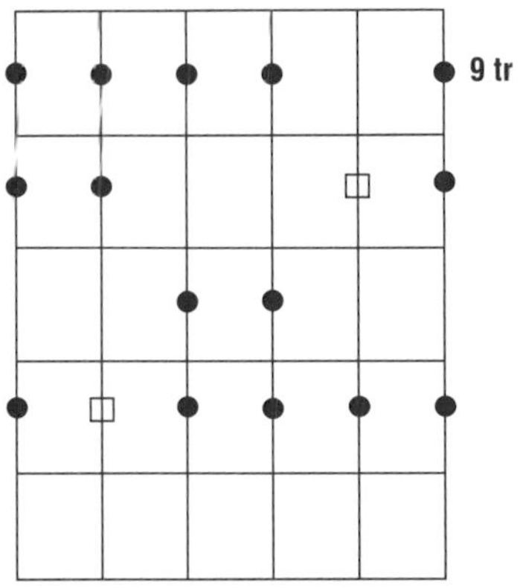

PATRÓN SIETE

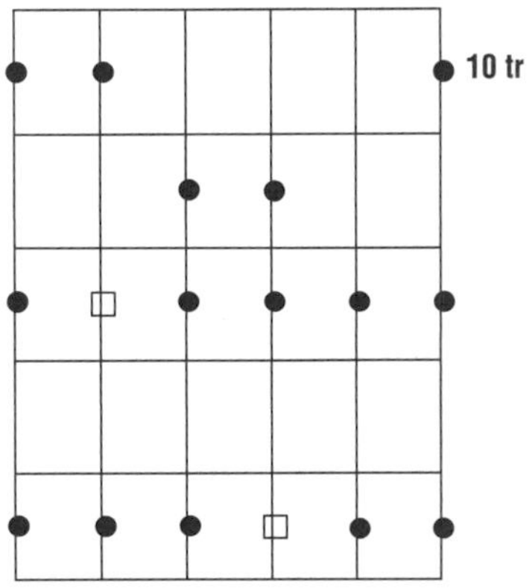

(A–B–C–D–E–F♯–G)

PATRÓN CUATRO

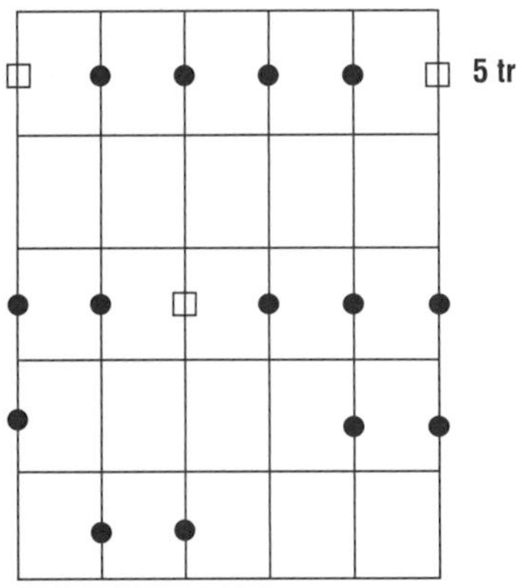

PATRÓN CINCO

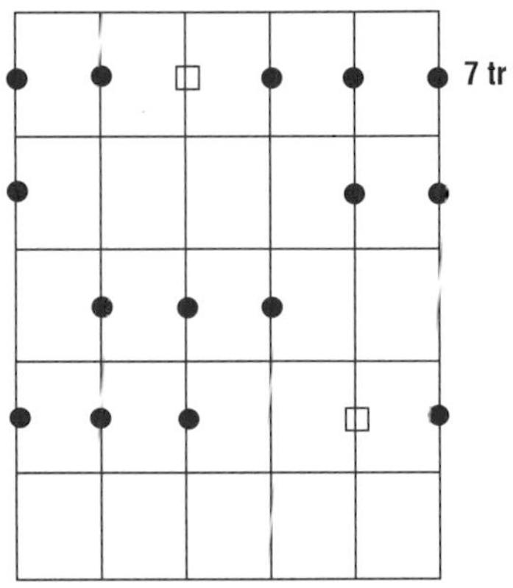

PATRÓN SEIS

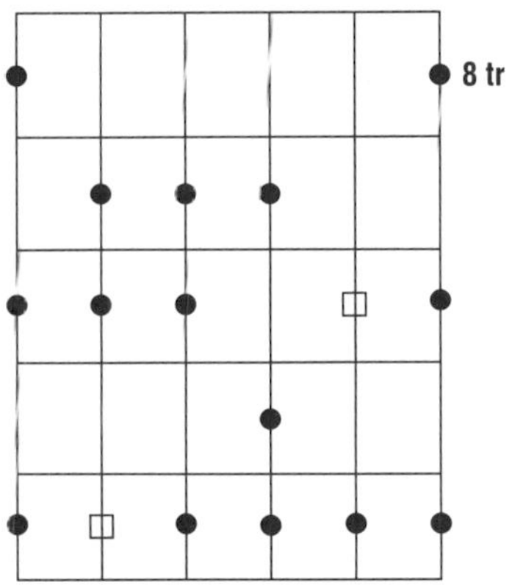

PATRÓN SIETE

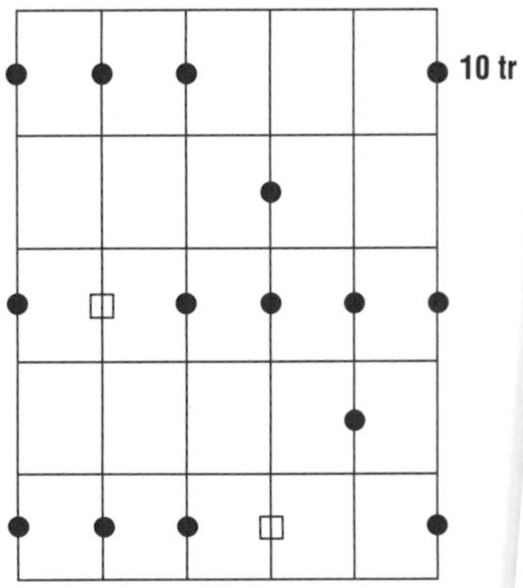

A MENOR MELÓDICA

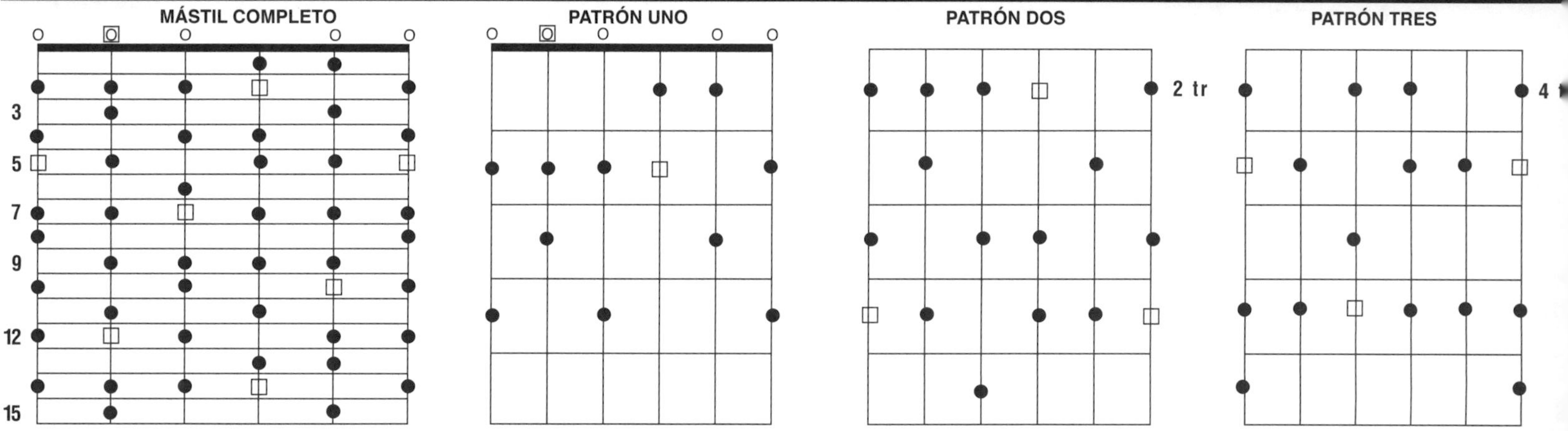

A MENOR ARMÓNICA

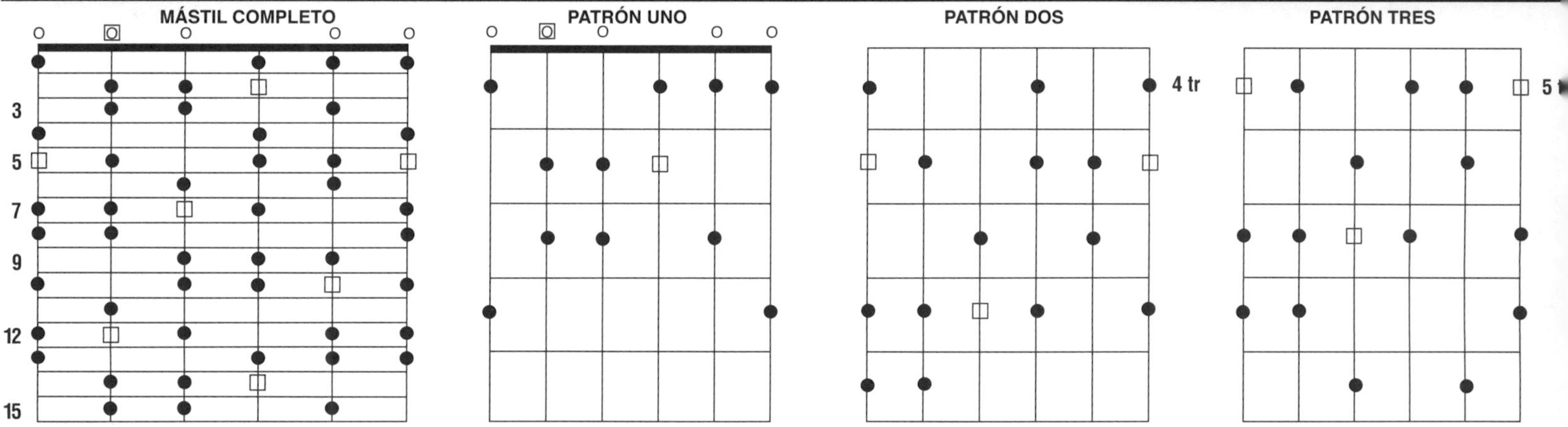

A TRIGIA

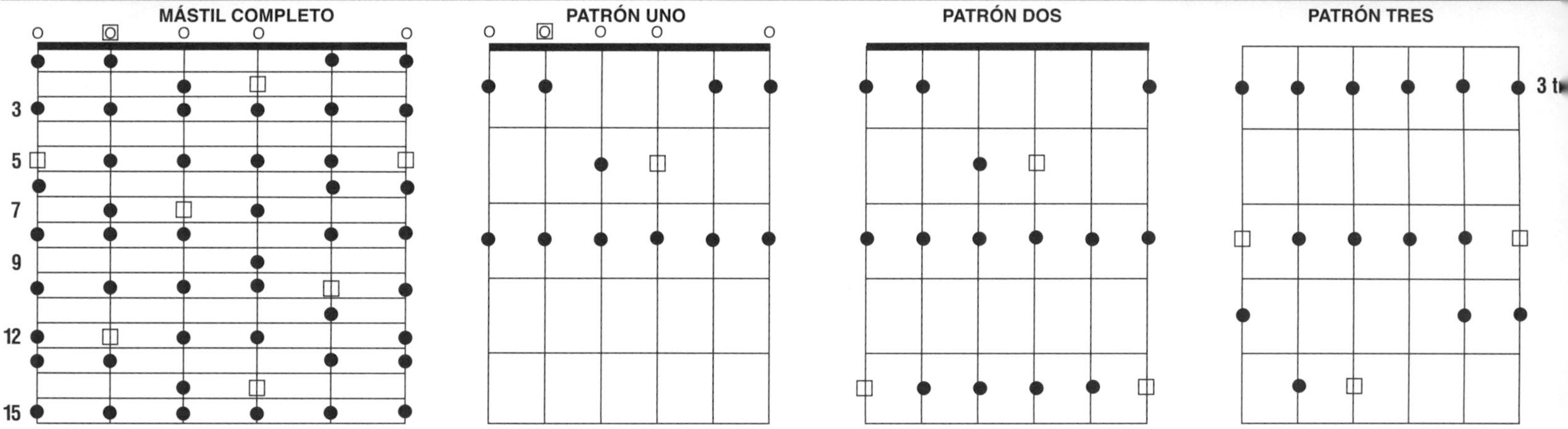

A LOCRIO

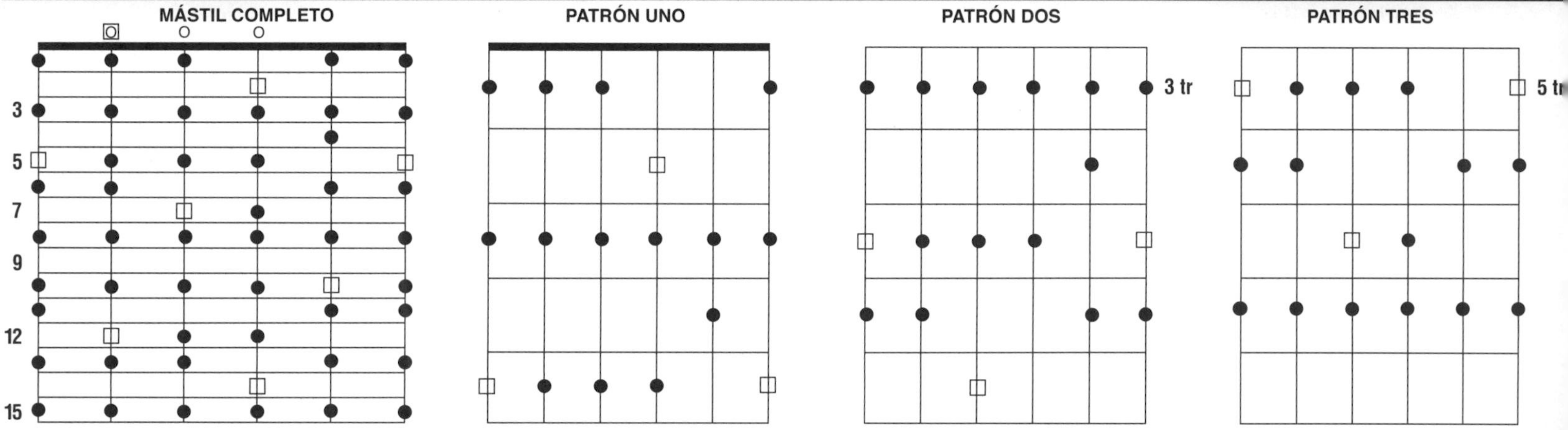

(A–B–C–D–E–F♯–G♯)

PATRÓN CUATRO

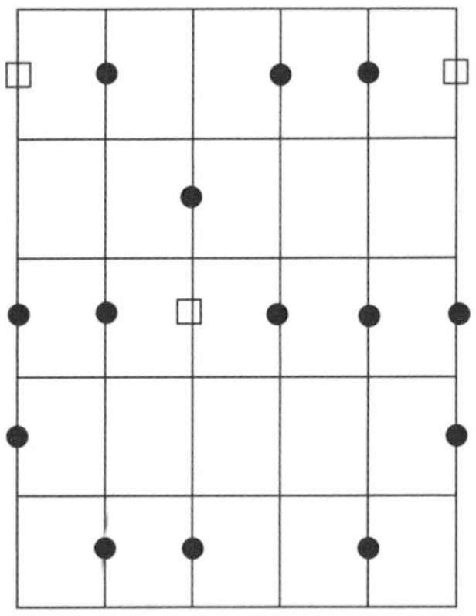

5 tr

PATRÓN CINCO

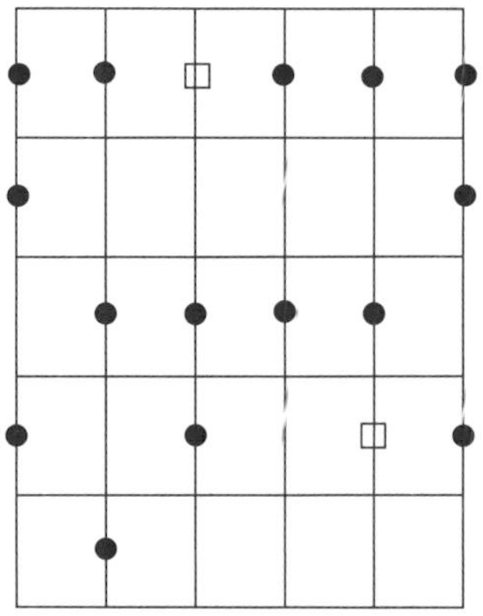

7 tr

PATRÓN SEIS

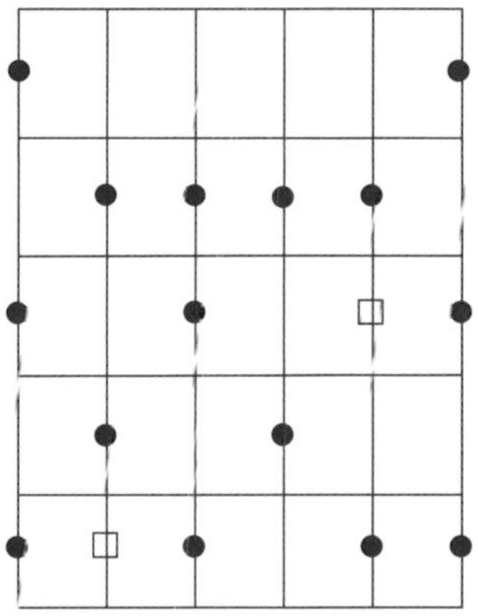

8 tr

PATRÓN SIETE

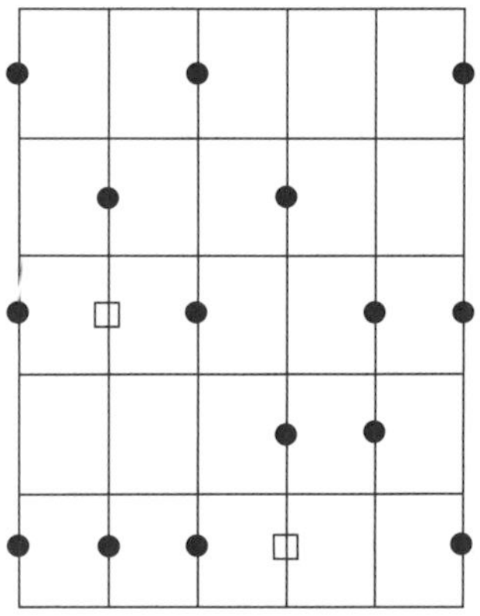

10 tr

(A–B–C–D–E–F–G♯)

PATRÓN CUATRO

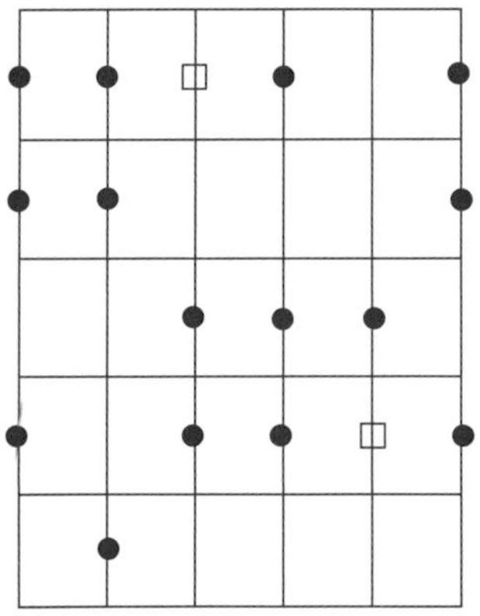

7 tr

PATRÓN CINCO

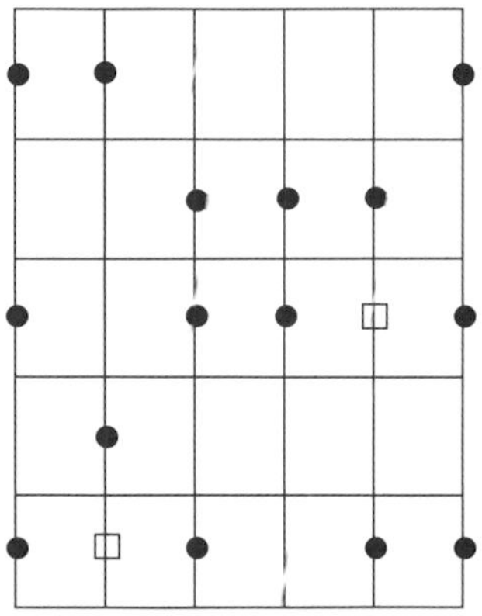

8 tr

PATRÓN SEIS

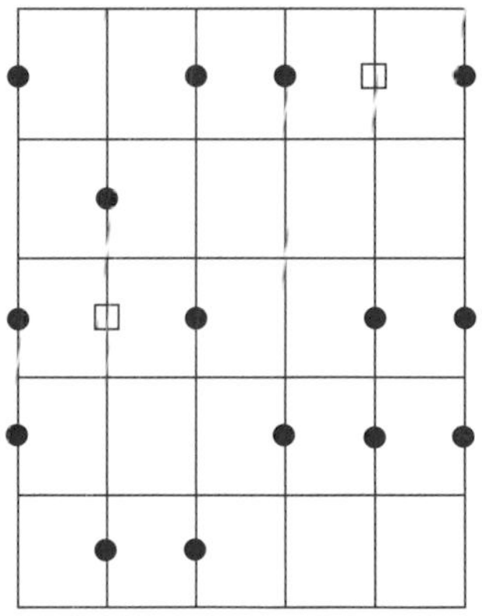

10 tr

PATRÓN SIETE

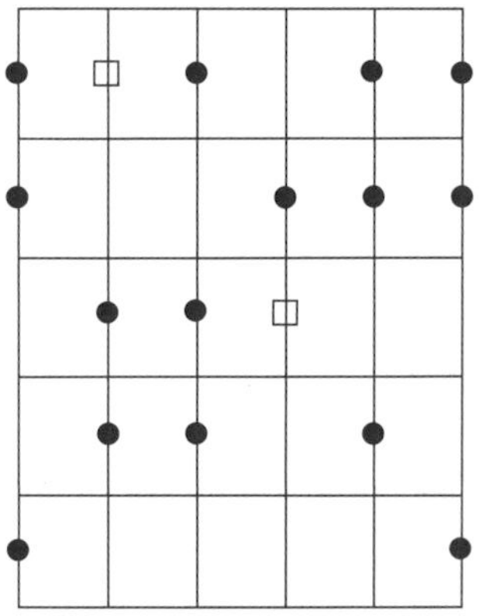

12 tr

(A–B♭–C–D–E–F–G)

PATRÓN CUATRO

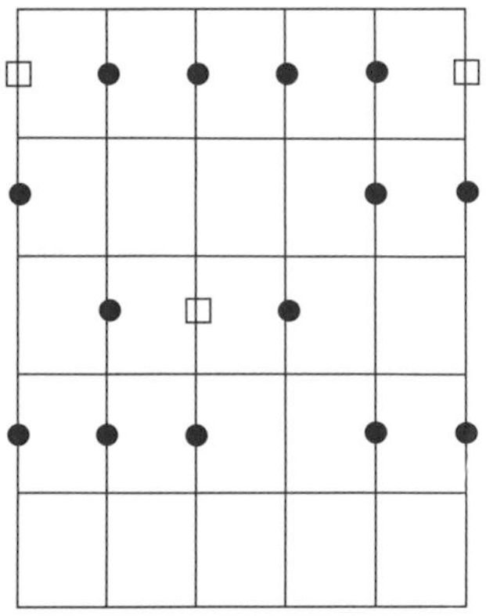

5 tr

PATRÓN CINCO

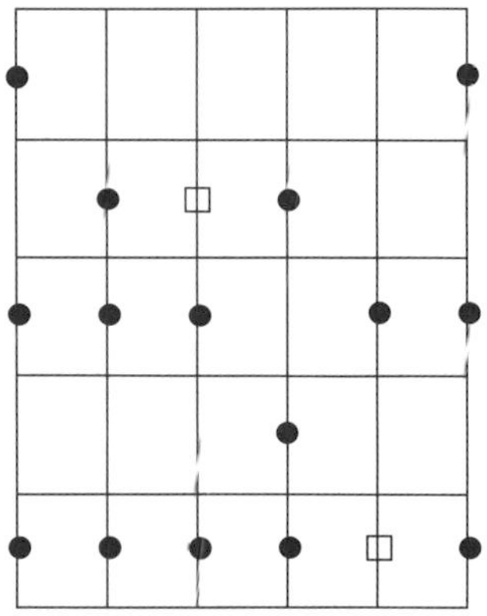

6 tr

PATRÓN SEIS

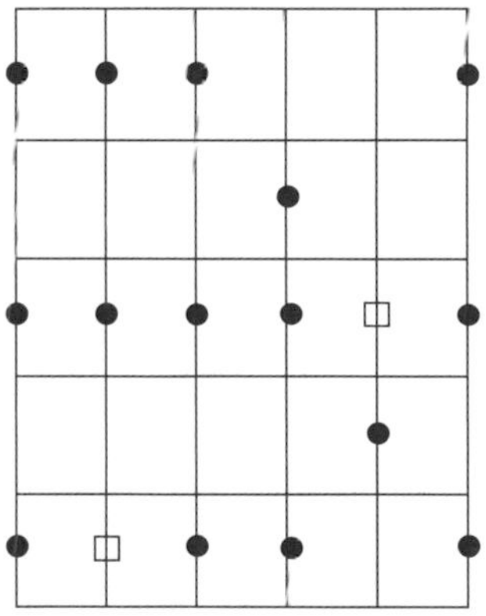

8 tr

PATRÓN SIETE

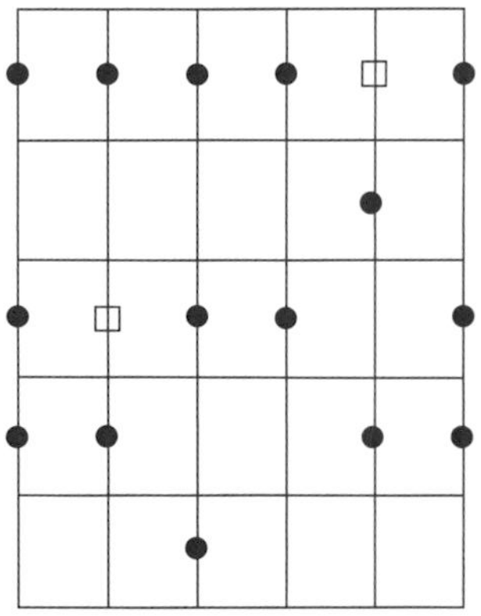

10 tr

(A–B♭–C–D–E♭–F–G)

PATRÓN CUATRO

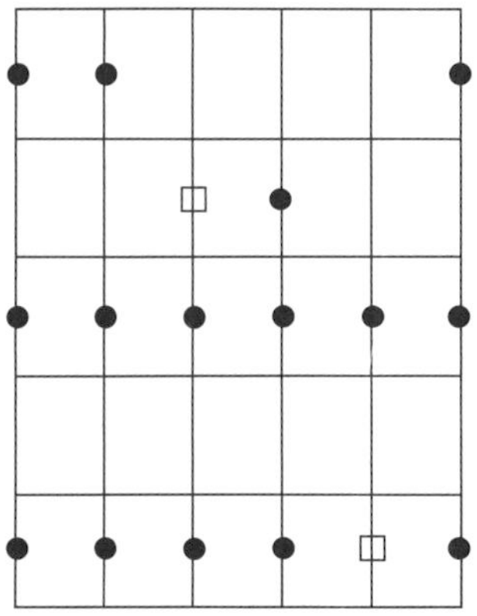

6 tr

PATRÓN CINCO

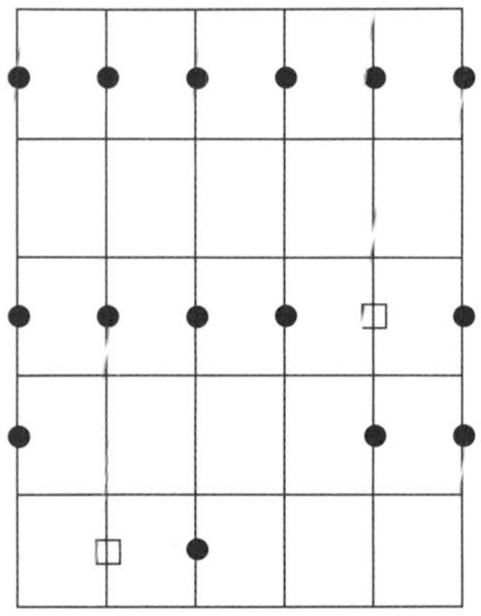

8 tr

PATRÓN SEIS

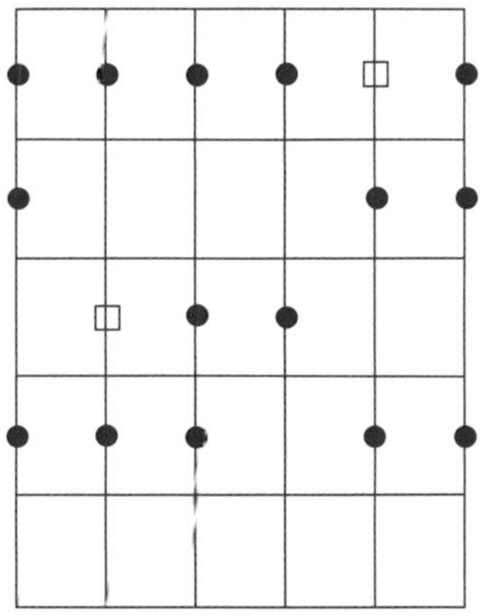

10 tr

PATRÓN SIETE

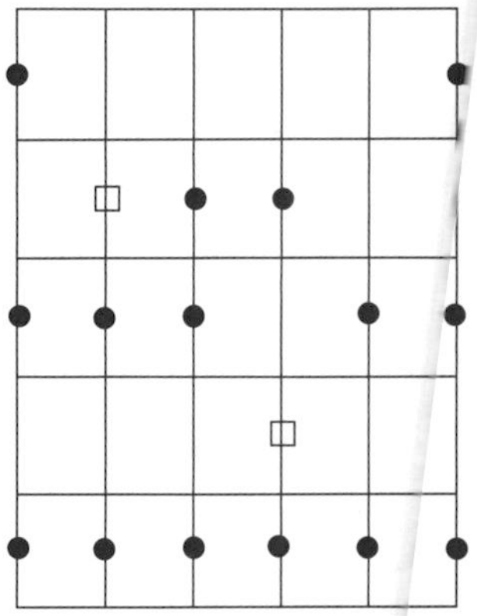

11 tr

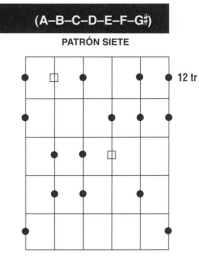

A LIDIO

MÁSTIL COMPLETO

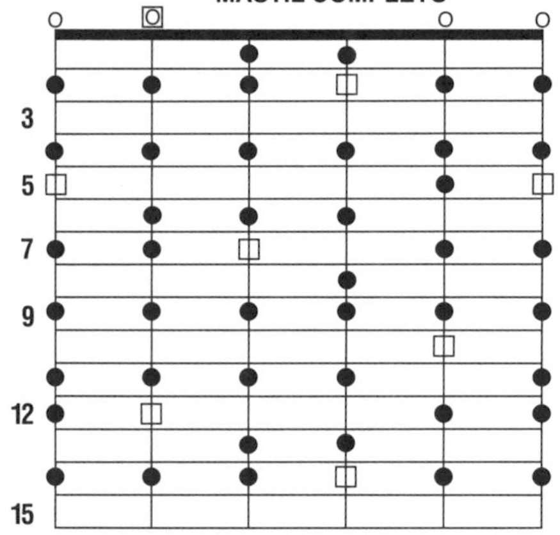

PATRÓN UNO

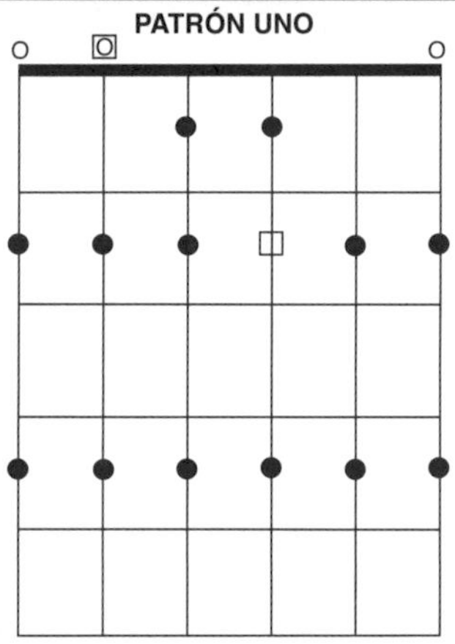

PATRÓN DOS

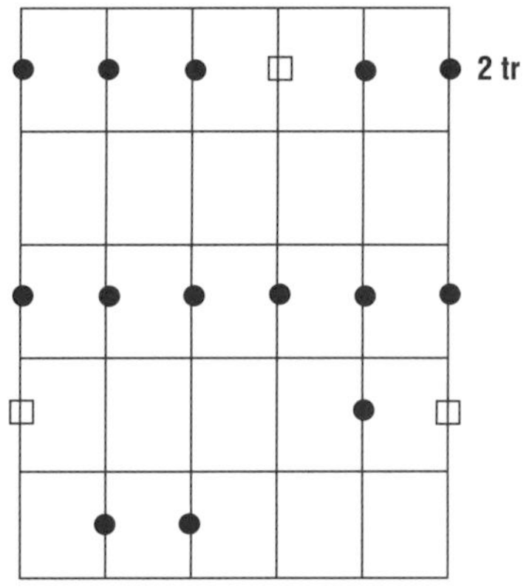

PATRÓN TRES

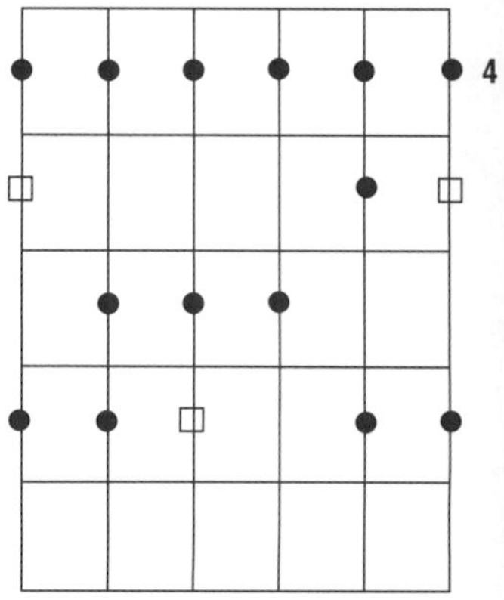

A DISMINUIDA (SEMITONO-TONO)

MÁSTIL COMPLETO

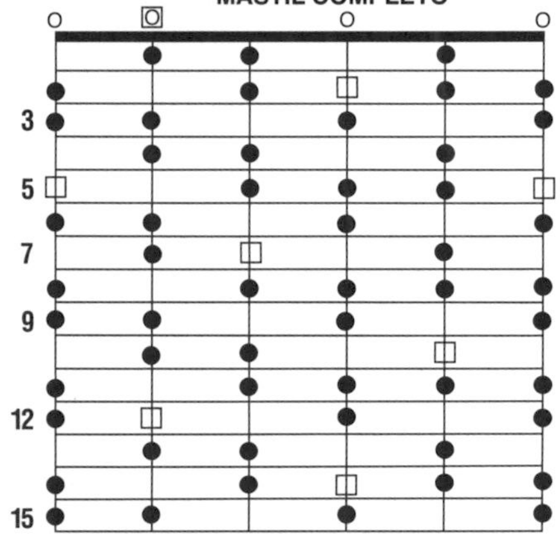

PATRÓN UNO

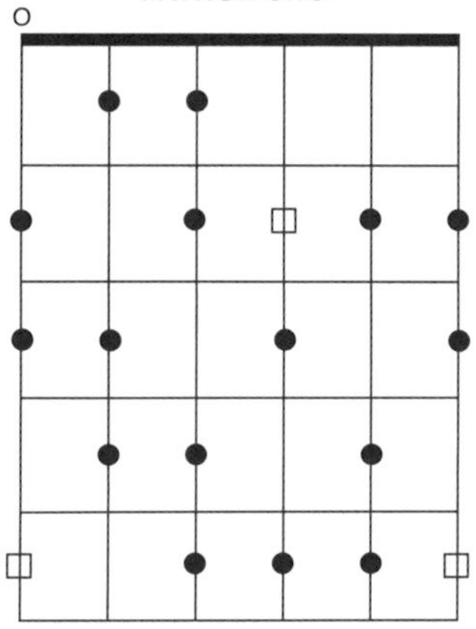

PATRÓN DOS

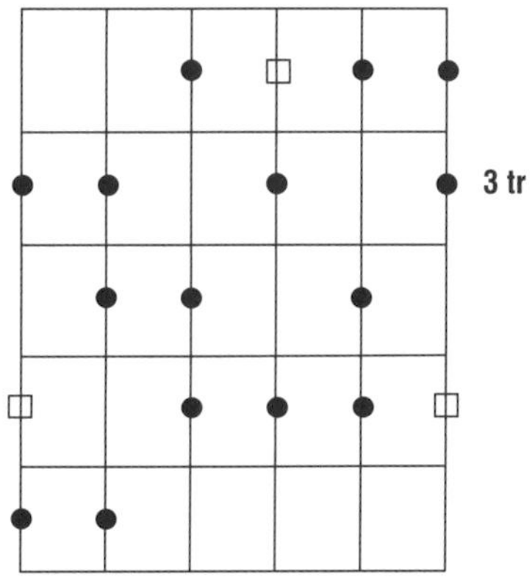

PATRÓN TRES

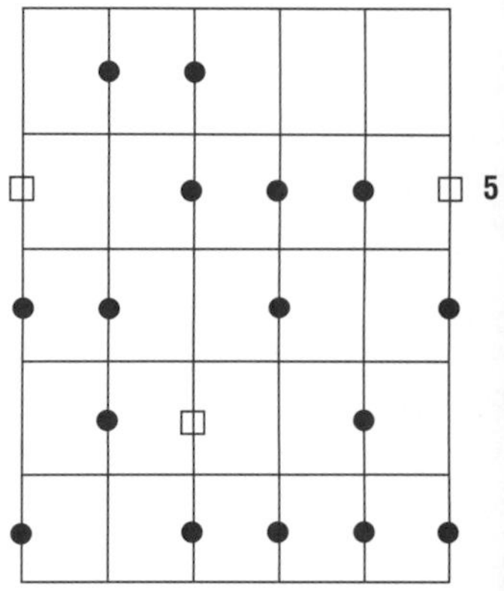

A DISMINUIDA (TONO-SEMITONO)

MÁSTIL COMPLETO

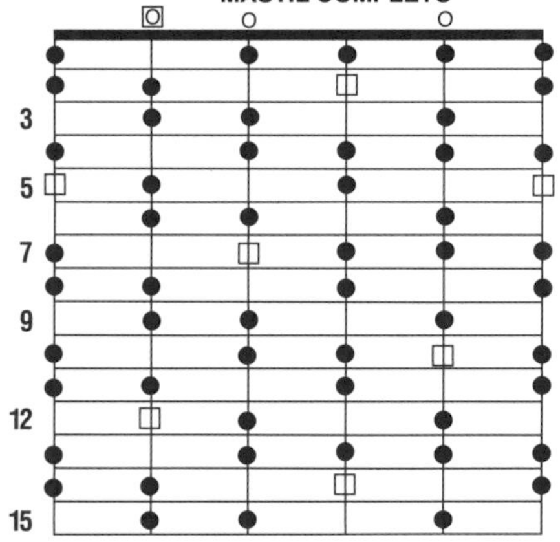

PATRÓN UNO

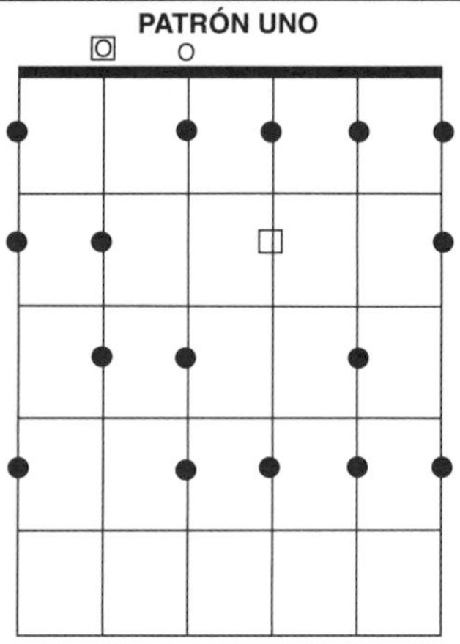

PATRÓN DOS

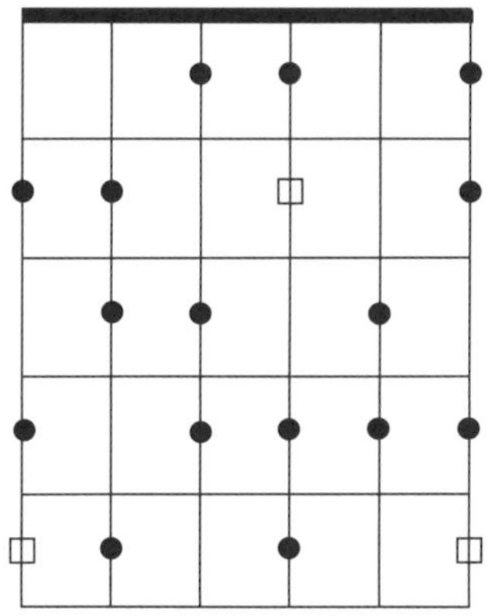

PATRÓN TRES

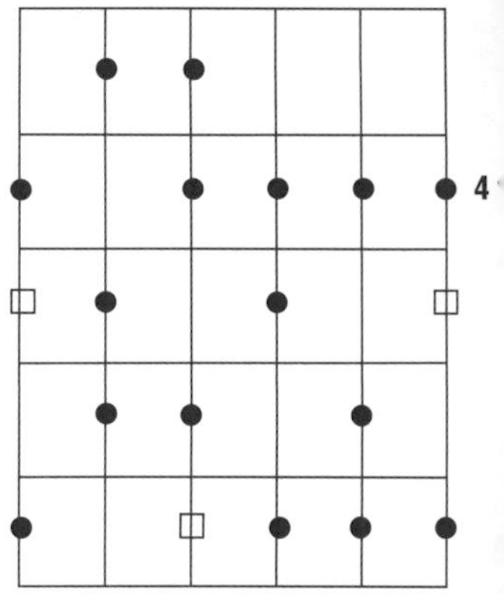

A CROMÁTICA

(A–B♭–B–C–C♯–D–E♭–E–F–F♯–G–G♯)

MÁSTIL COMPLETO

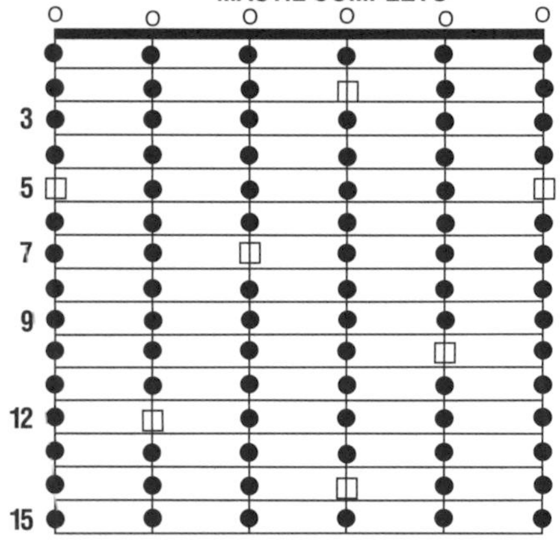

PATRÓN UNO ASCENDENTE

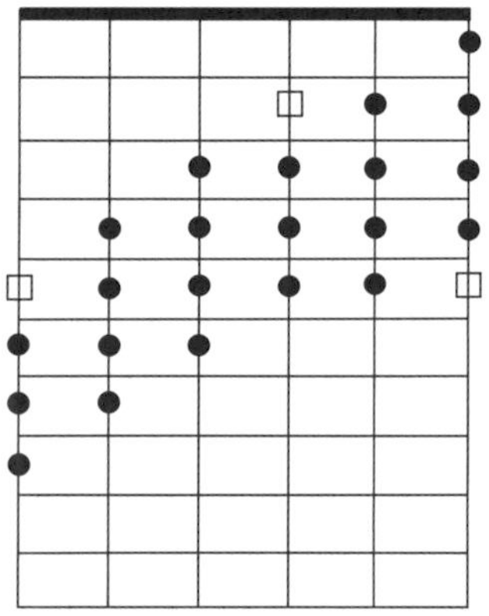

PATRÓN UNO DESCENDIENTE

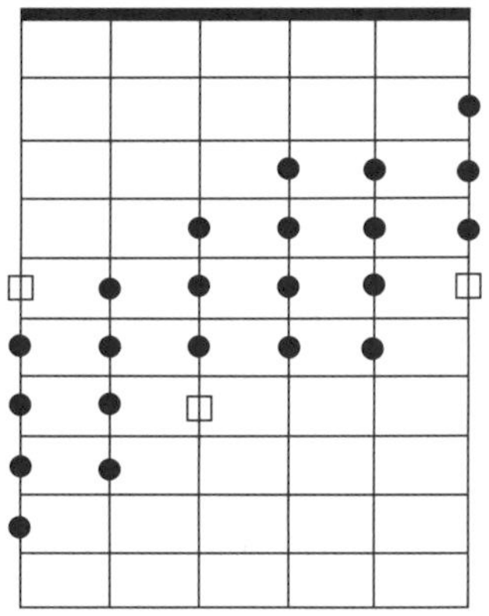

PATRÓN DOS

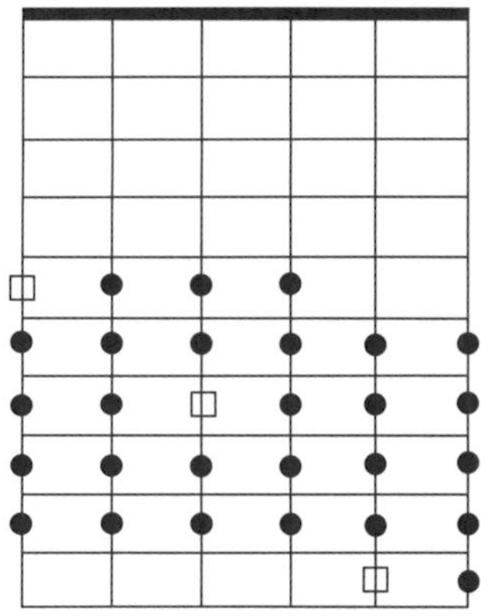

(A–B–C♯–D♯–E–F♯–G♯)

PATRÓN CUATRO

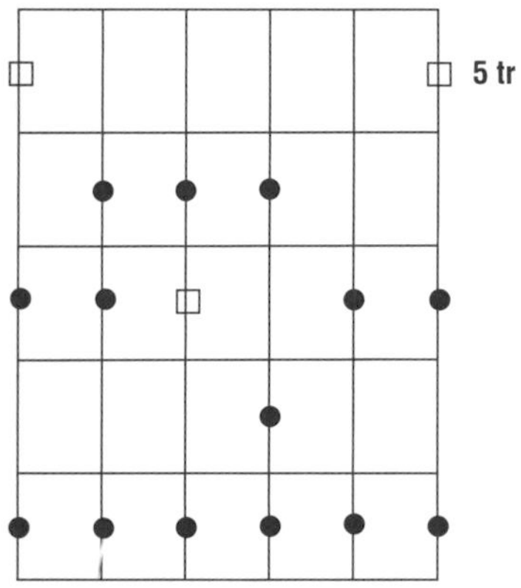

PATRÓN CINCO

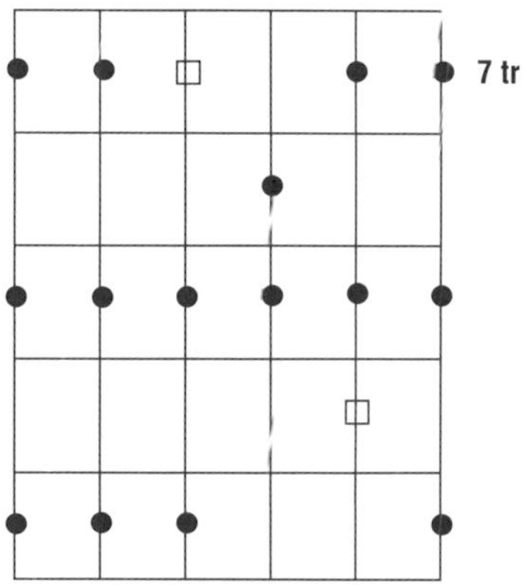

PATRÓN SEIS

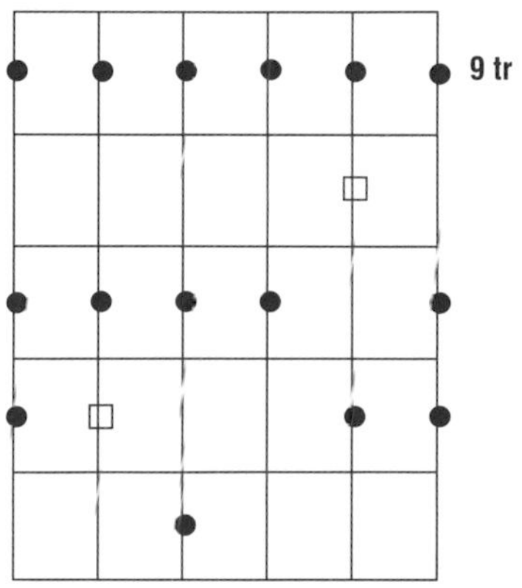

PATRÓN SIETE

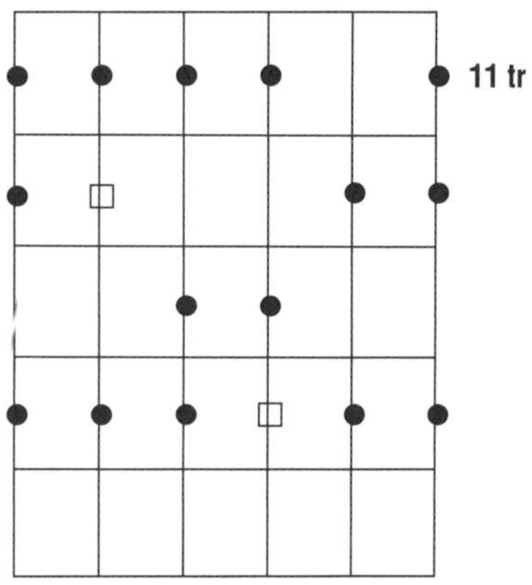

(A–B♭–C–D♭–E♭–E–F♯–G)

PATRÓN CUATRO

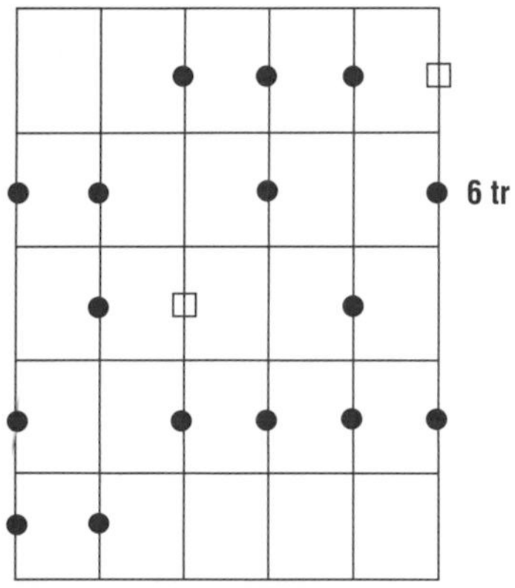

PATRÓN CINCO

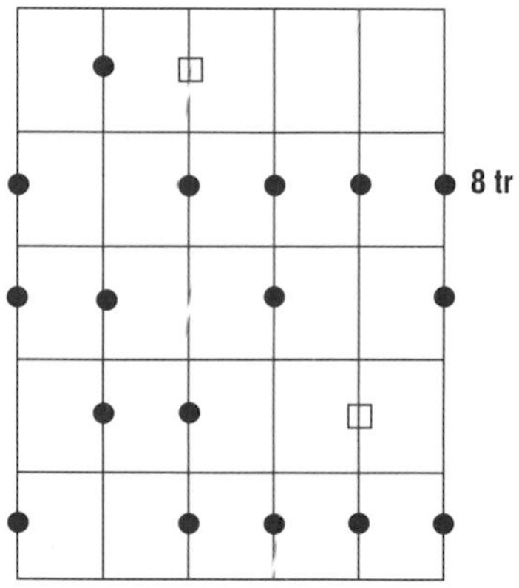

PATRÓN SEIS

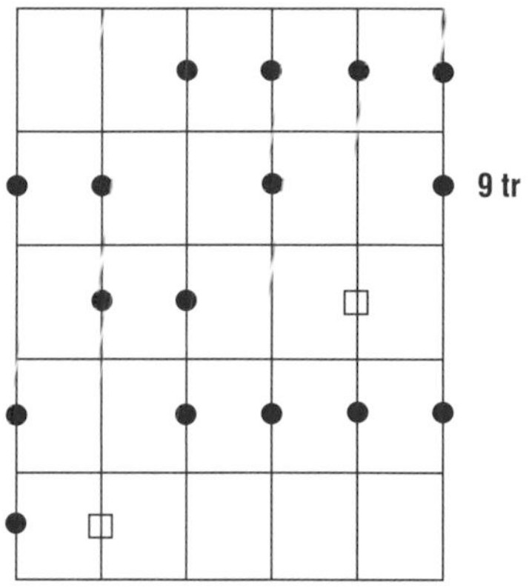

PATRÓN SIETE

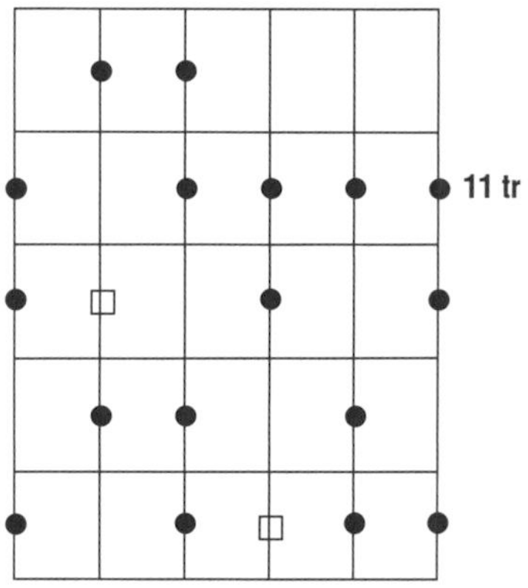

(A–B–C–D–E♭–E♯–F♯–G♯)

PATRÓN CUATRO

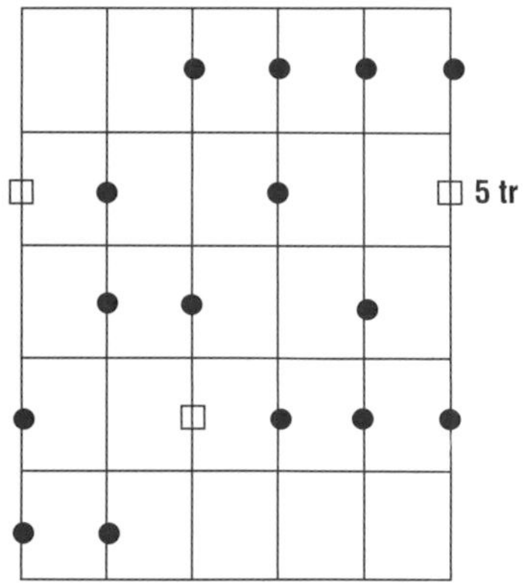

PATRÓN CINCO

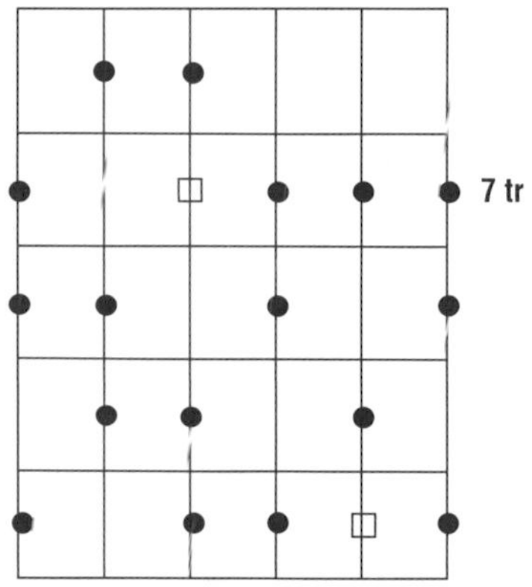

PATRÓN SEIS

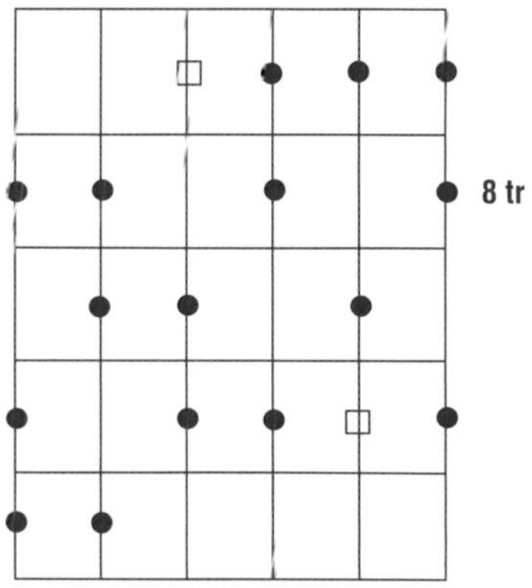

PATRÓN SIETE

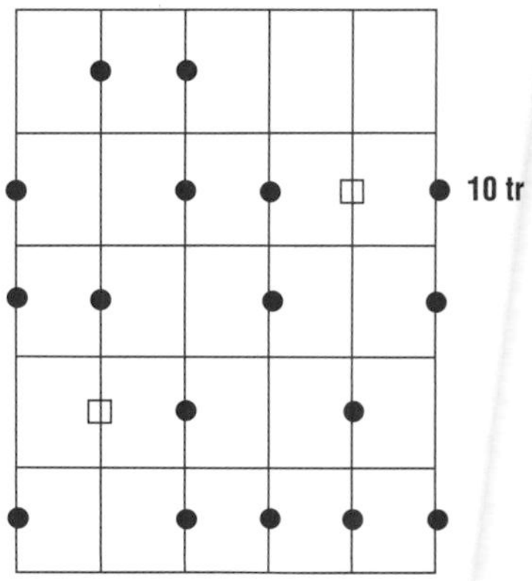

A TONO (A–B–C♯–D♯–E♯–F𝄪)

MÁSTIL COMPLETO

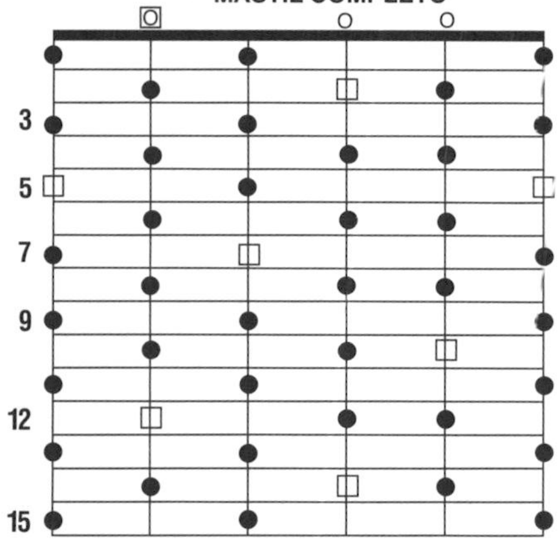

PATRÓN UNO

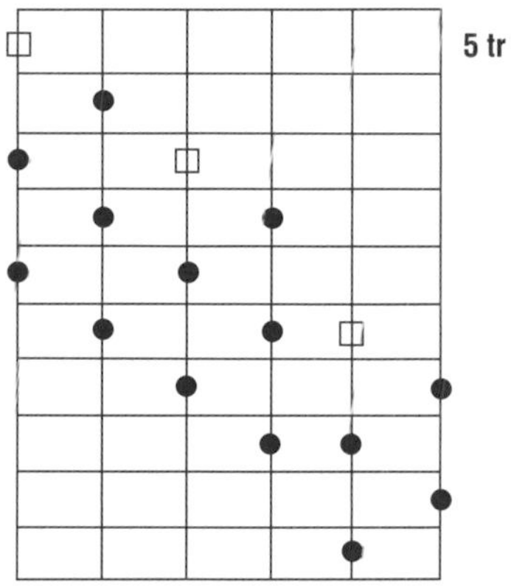

PATRÓN DOS

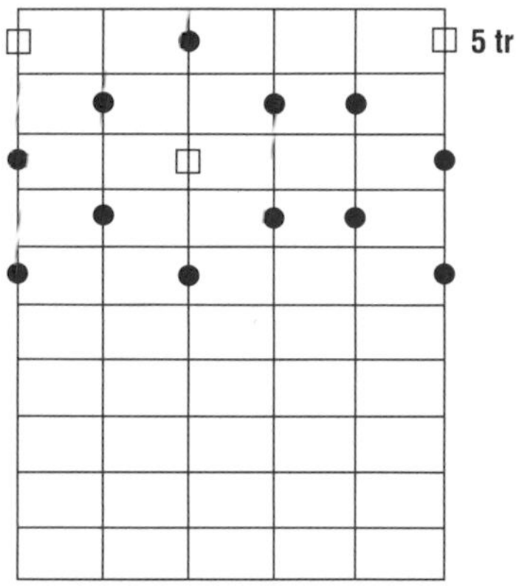

PATRÓN TRES

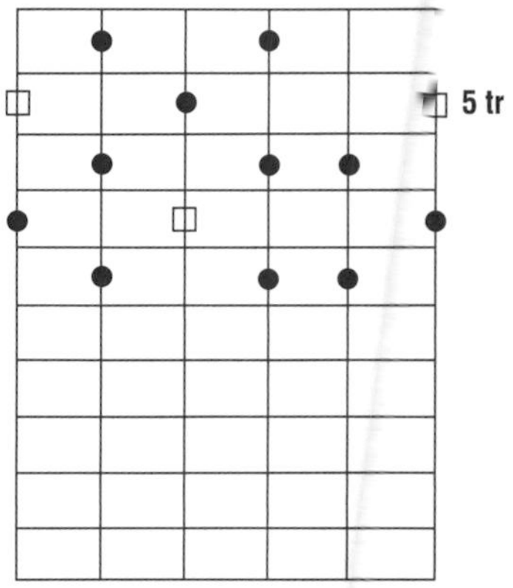

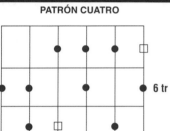

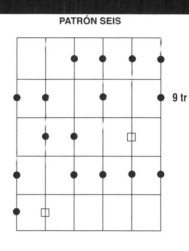

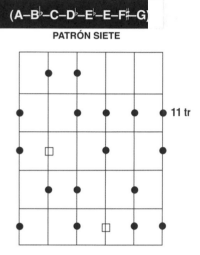

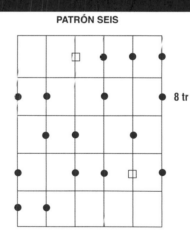

B♭ MAYOR (JÓNICO)

MÁSTIL COMPLETO

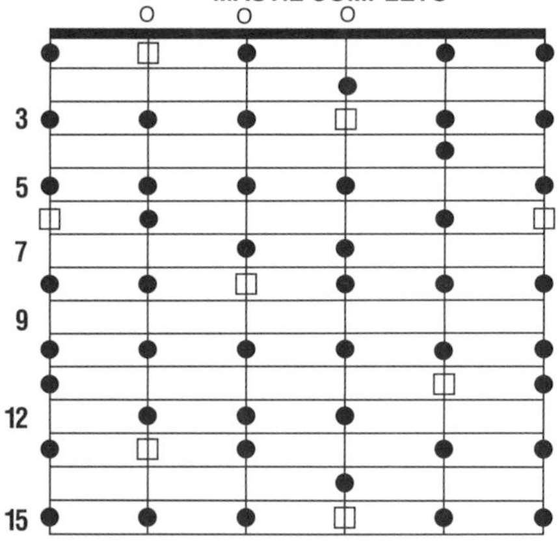

PATRÓN UNO

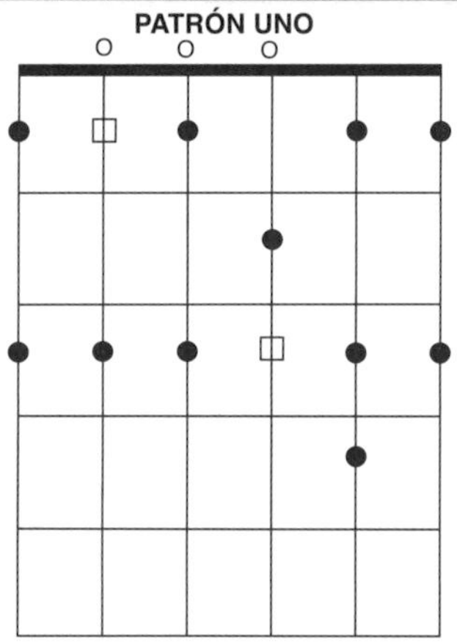

PATRÓN DOS

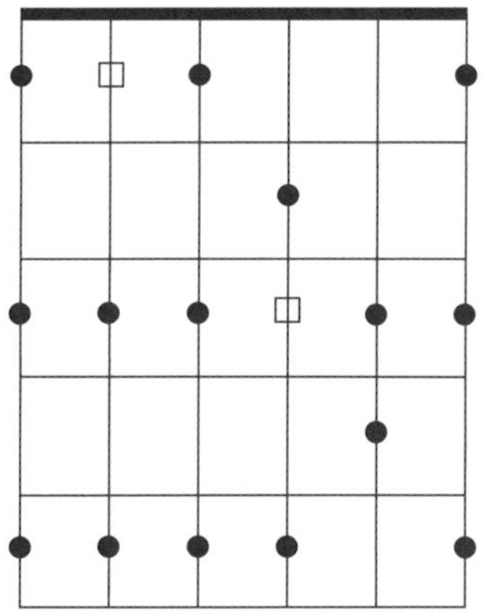

PATRÓN TRES

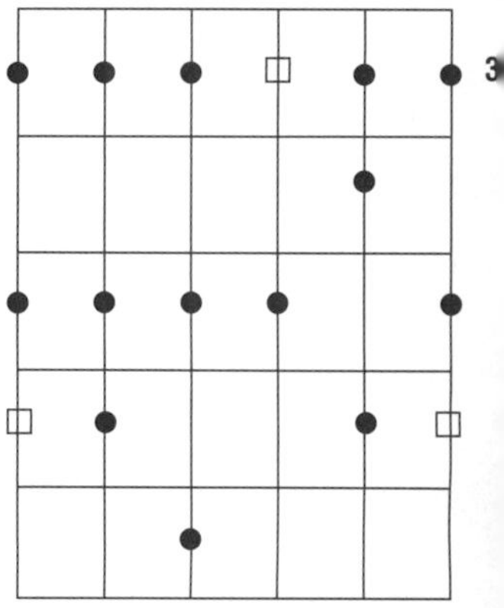

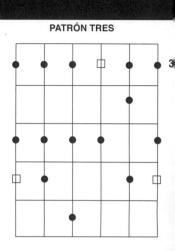

B♭ PENTATÓNICA MAYOR

MÁSTIL COMPLETO

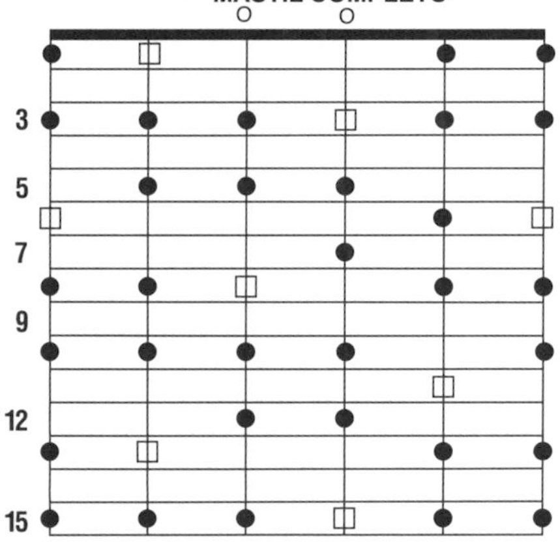

PATRÓN UNO

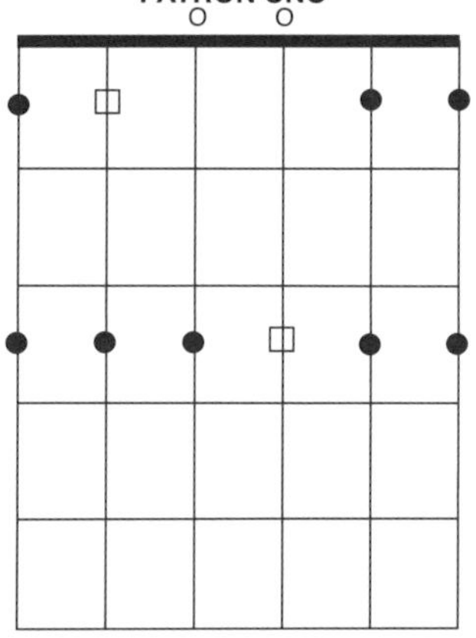

PATRÓN DOS

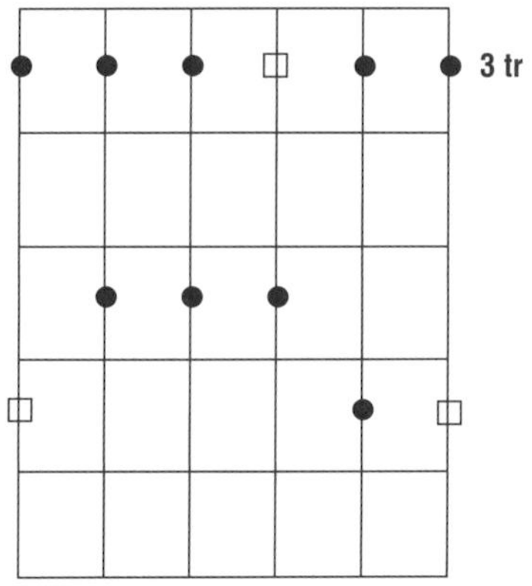

PATRÓN TRES

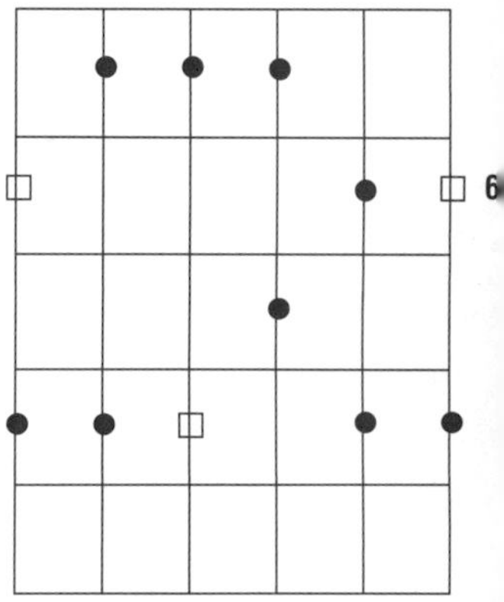

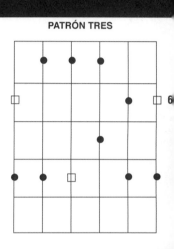

B♭ MENOR NATURAL (EÓLICO)

MÁSTIL COMPLETO

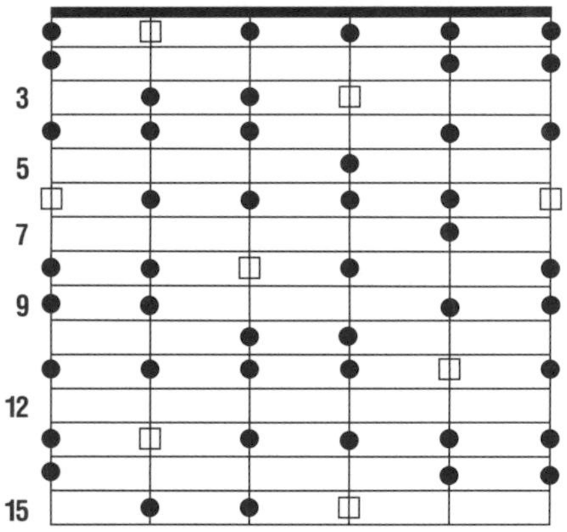

PATRÓN UNO

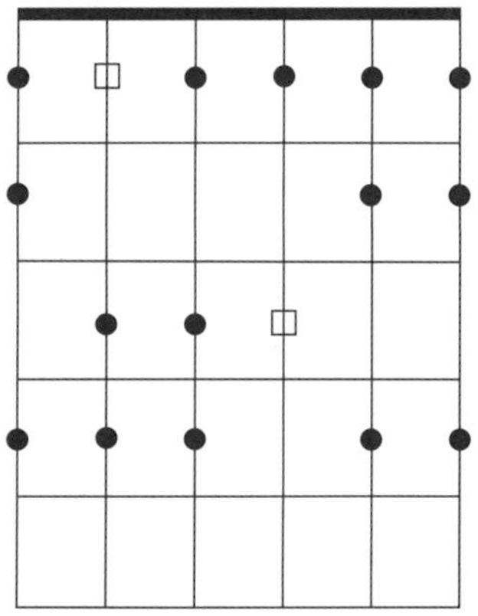

PATRÓN DOS

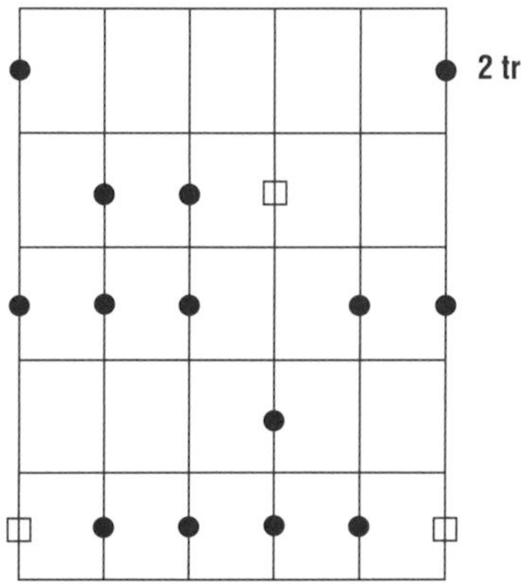

PATRÓN TRES

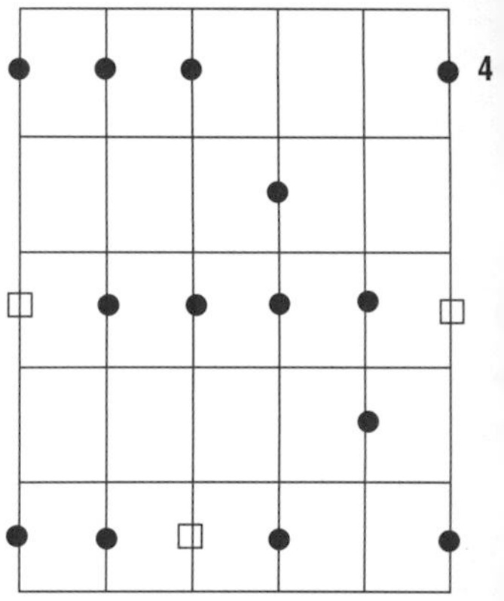

B♭ PENTATÓNICA MENOR

MÁSTIL COMPLETO

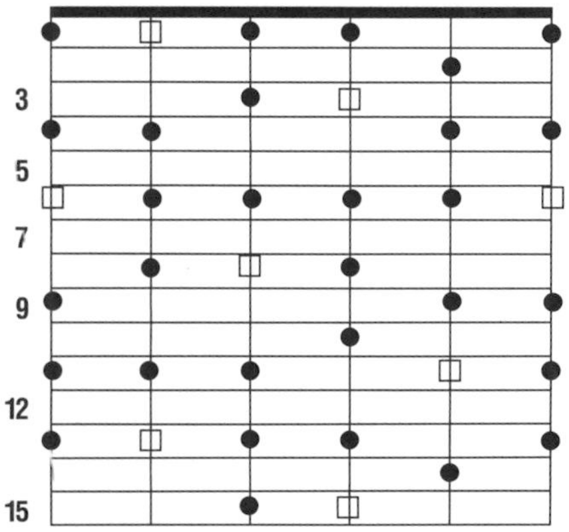

PATRÓN UNO

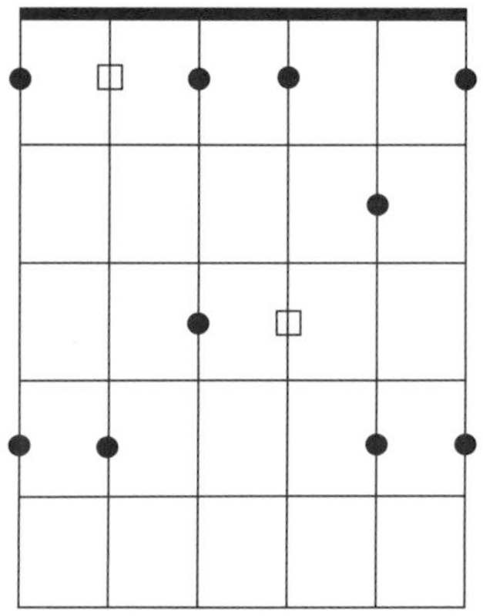

PATRÓN DOS

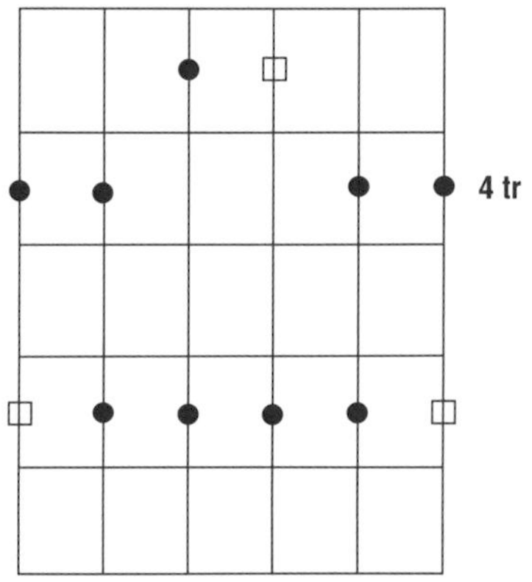

PATRÓN TRES

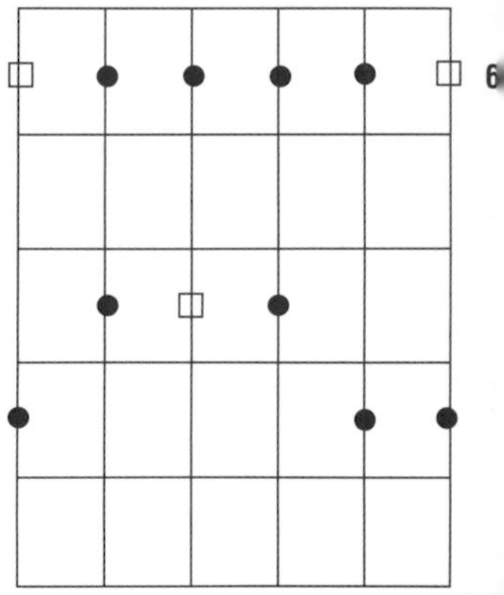

(B♭–C–D–E♭–F–G–A)

PATRÓN CUATRO

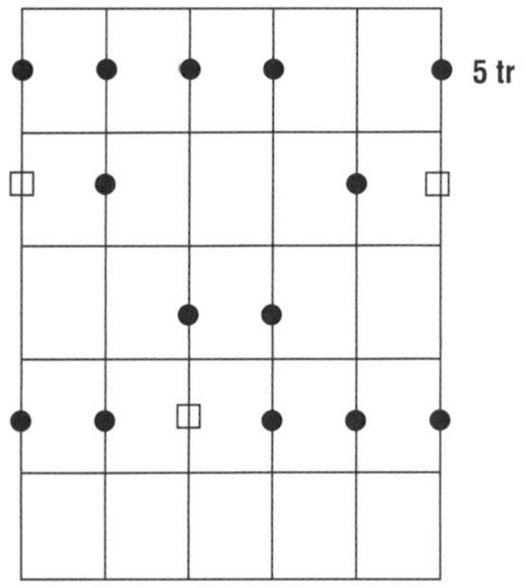

PATRÓN CINCO

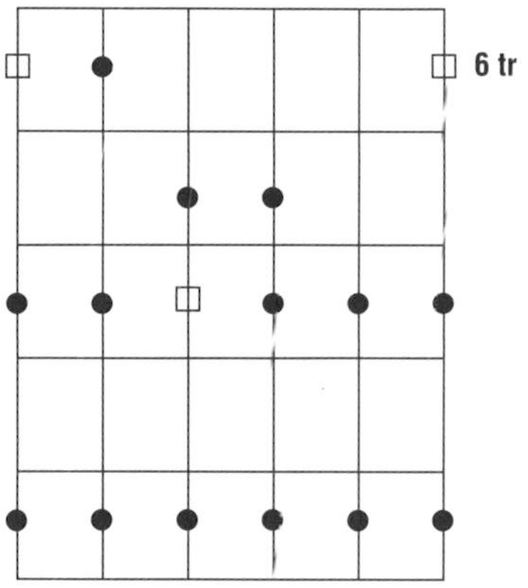

PATRÓN SEIS

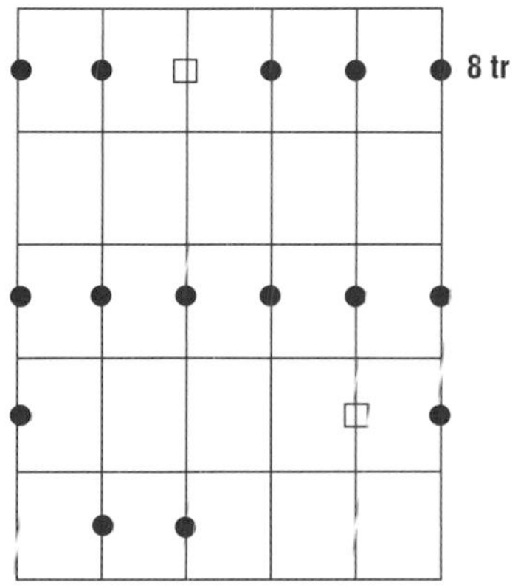

PATRÓN SIETE

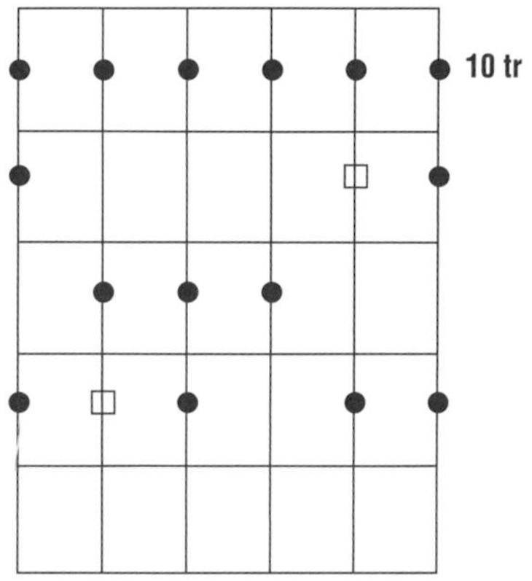

(B♭–C–D–F–G)

PATRÓN CUATRO

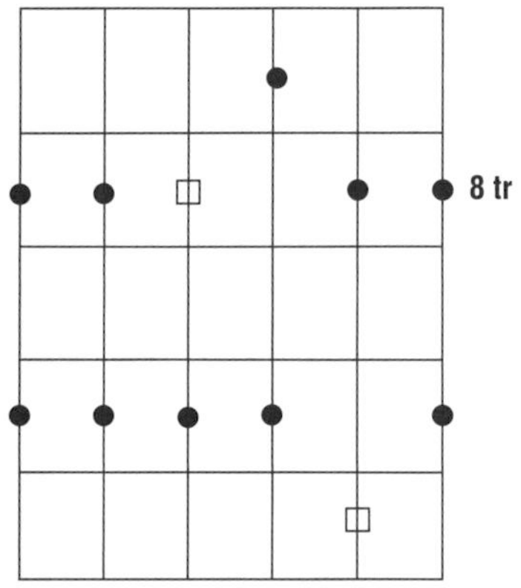

PATRÓN CINCO

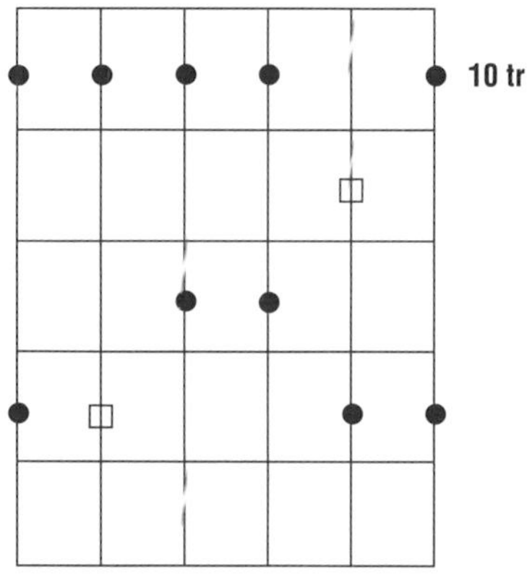

PATRÓN UNO (+1 OCTAVA)

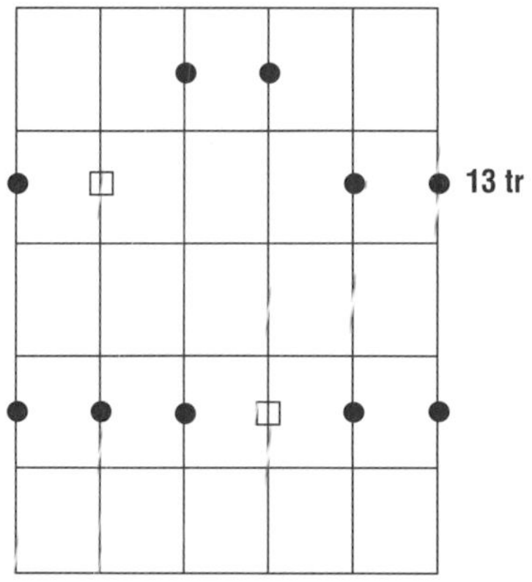

PATRÓN DOS (+1 OCTAVA)

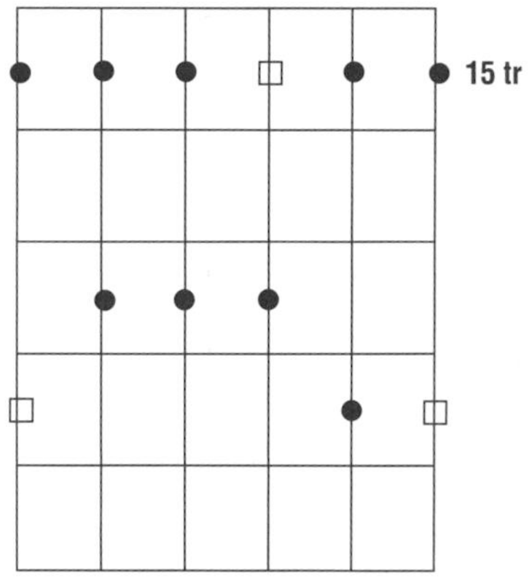

(B♭–C–D♭–E♭–F–G♭–A♭)

PATRÓN CUATRO

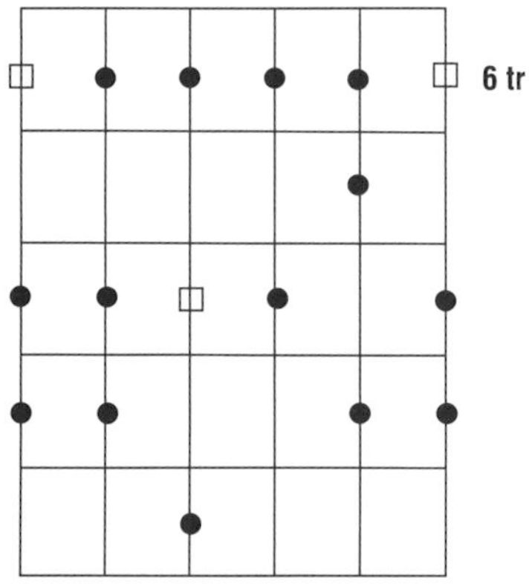

PATRÓN CINCO

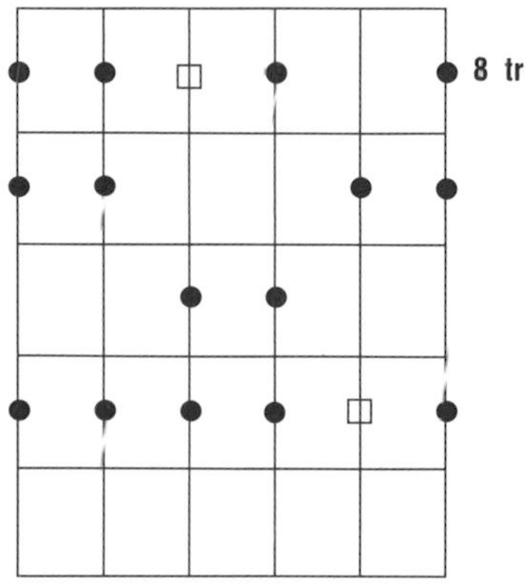

PATRÓN SEIS

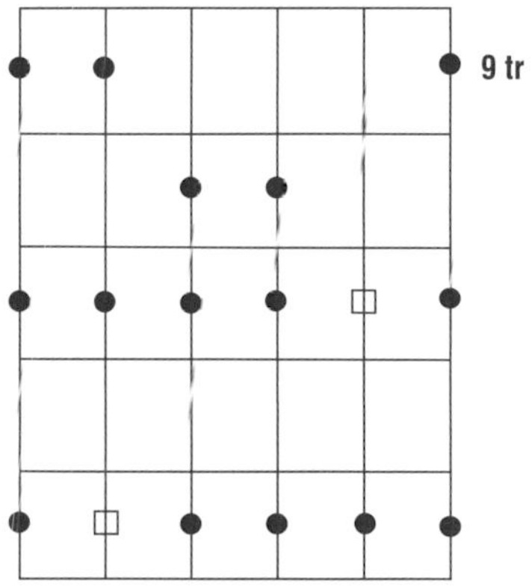

PATRÓN SIETE

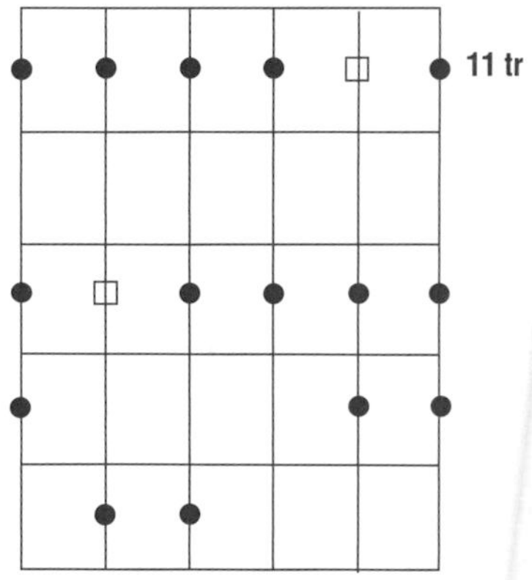

(B♭–D♭–E♭–F–A♭)

PATRÓN CUATRO

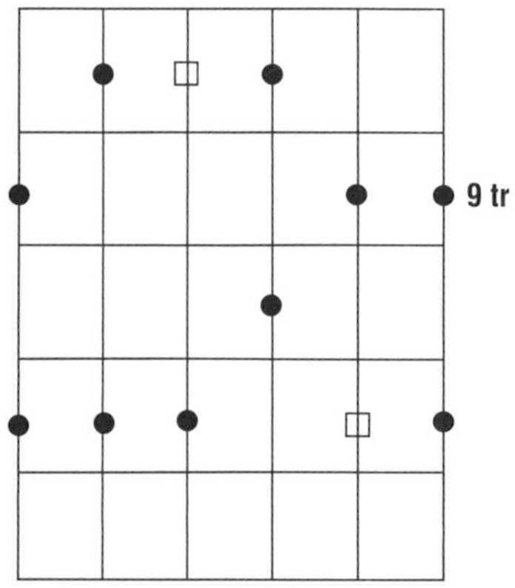

PATRÓN CINCO

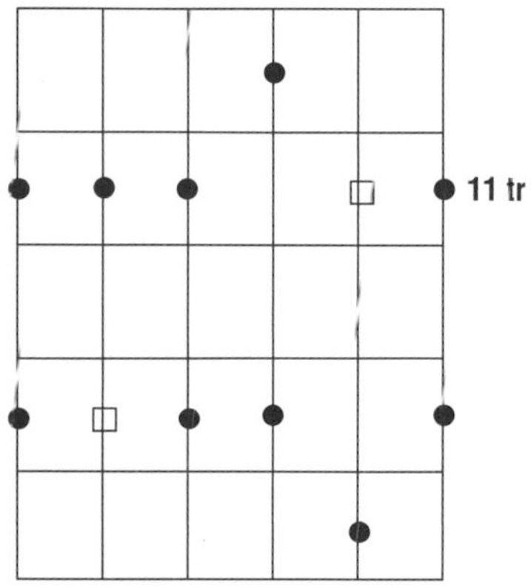

PATRÓN UNO (+1 OCTAVA)

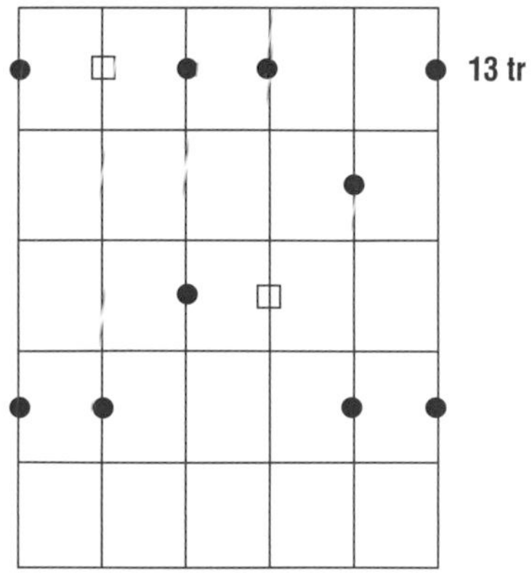

PATRÓN DOS (+1 OCTAVA)

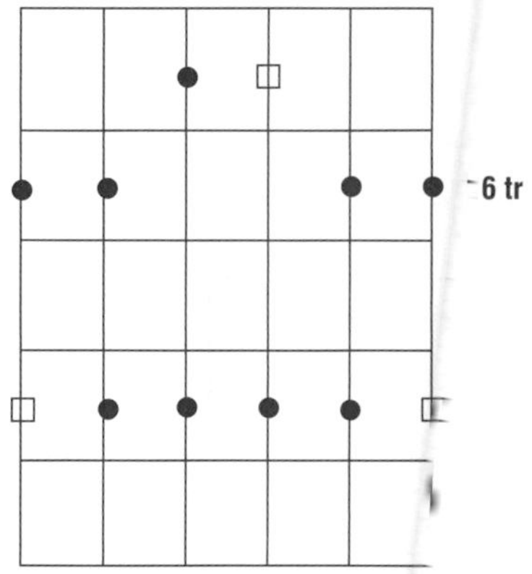

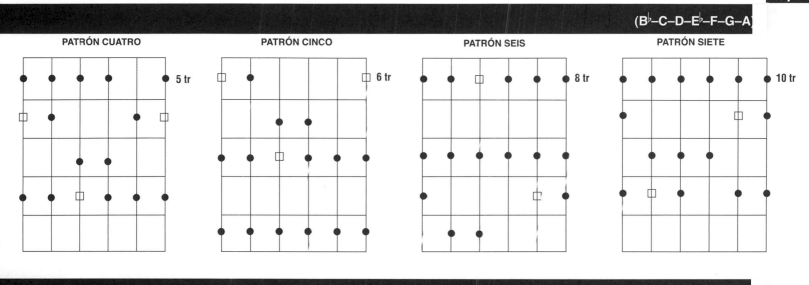

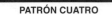

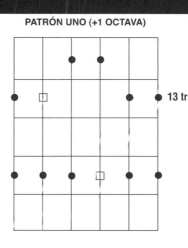

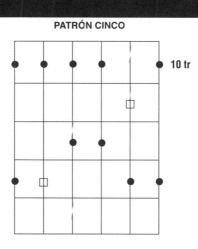

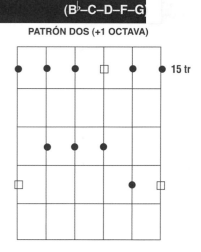

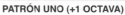

B♭ BLUES

MÁSTIL COMPLETO

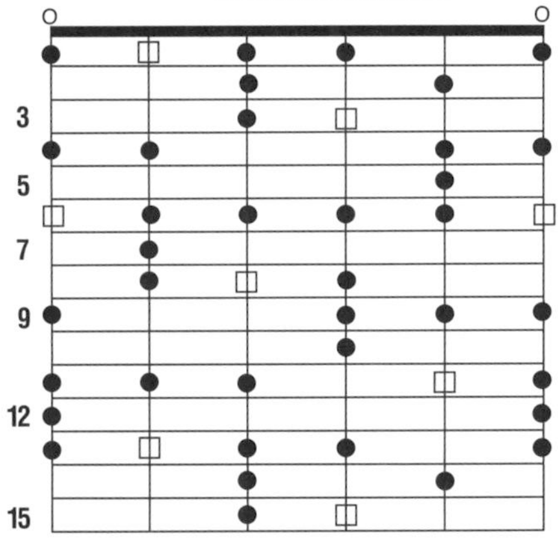

PATRÓN UNO

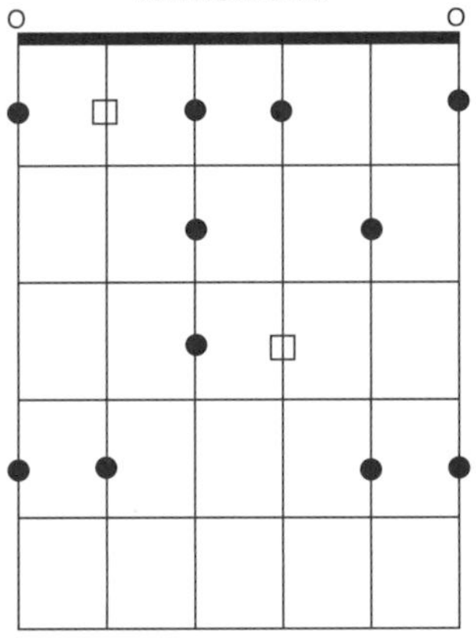

PATRÓN DOS

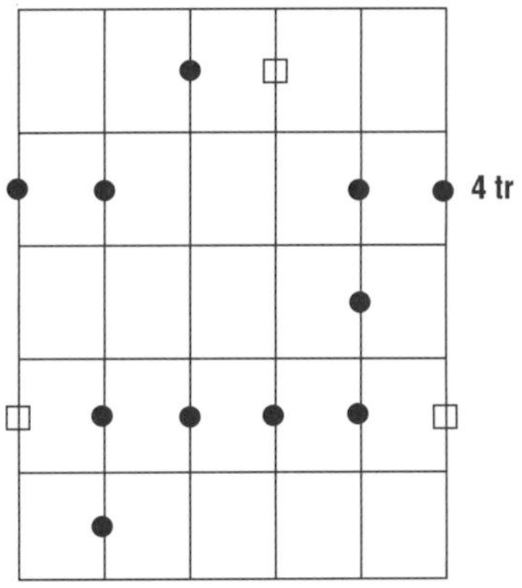

PATRÓN TRES

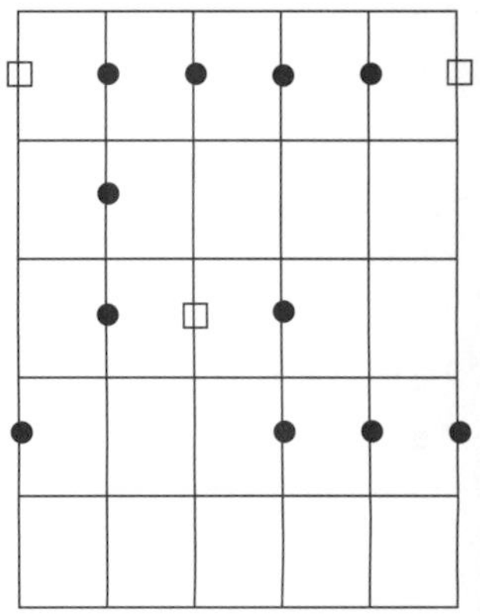

B♭ MIXO BLUES

MÁSTIL COMPLETO

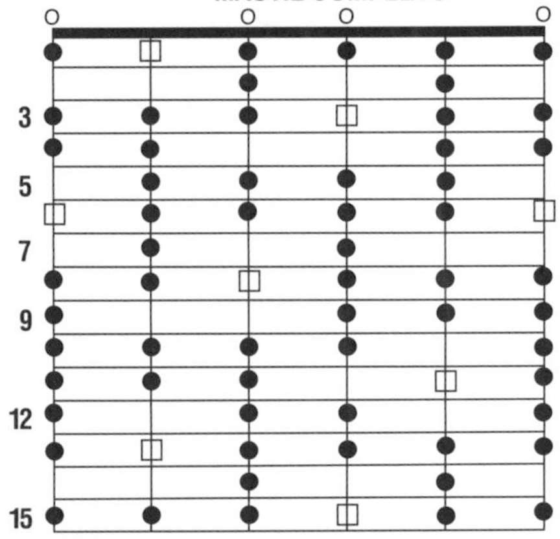

PATRÓN UNO

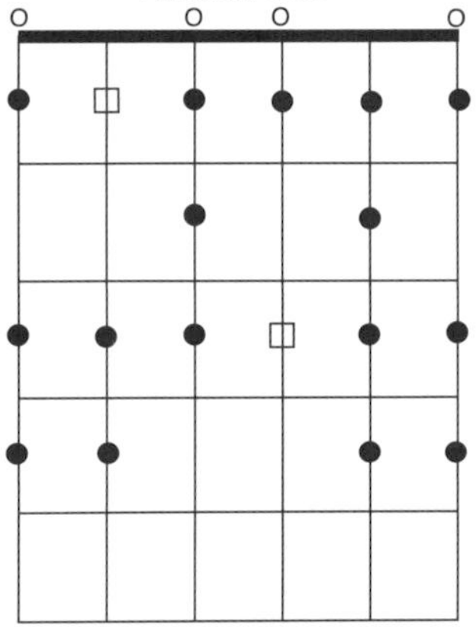

PATRÓN DOS

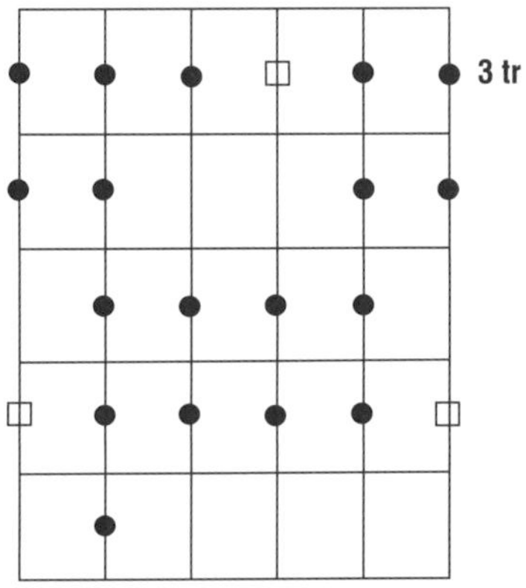

PATRÓN TRES

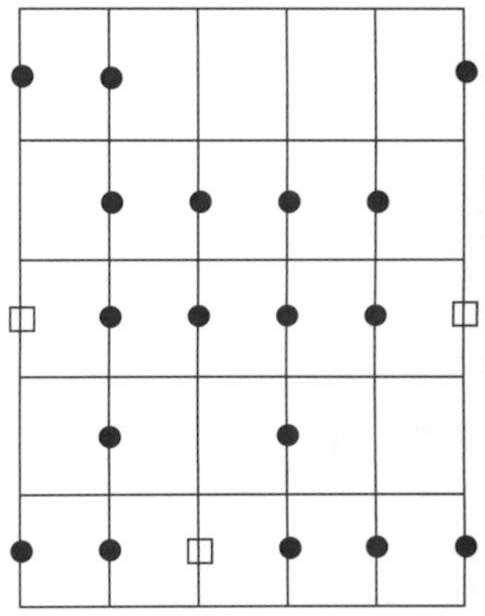

B♭ MIXOLIDIO

MÁSTIL COMPLETO

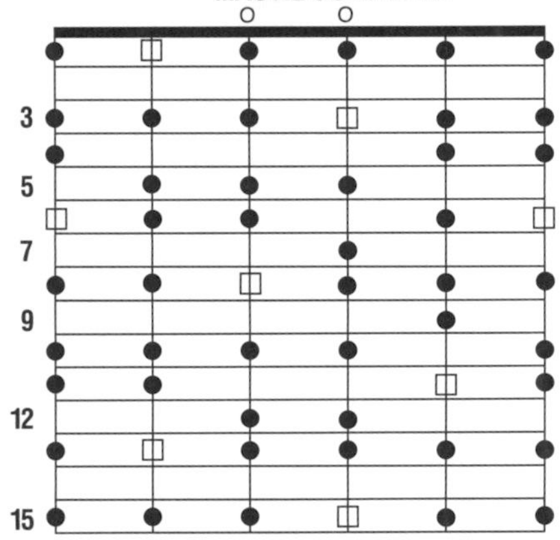

PATRÓN UNO

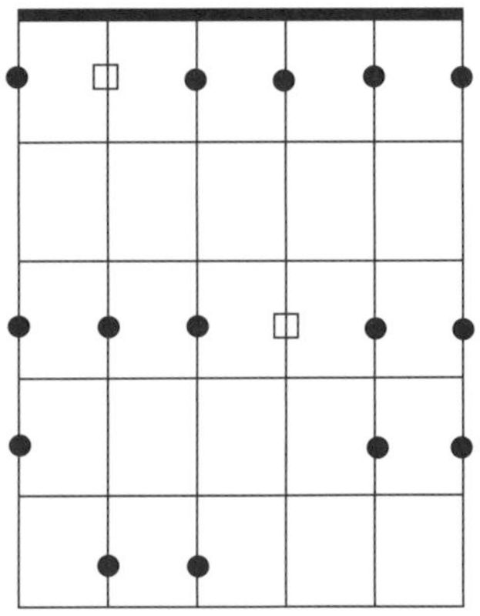

PATRÓN DOS

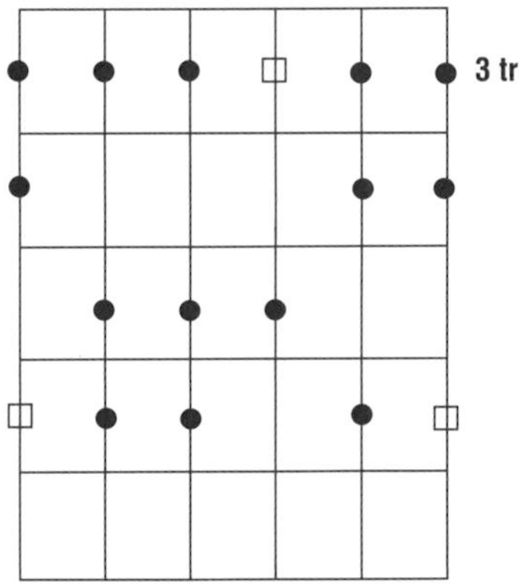

PATRÓN TRES

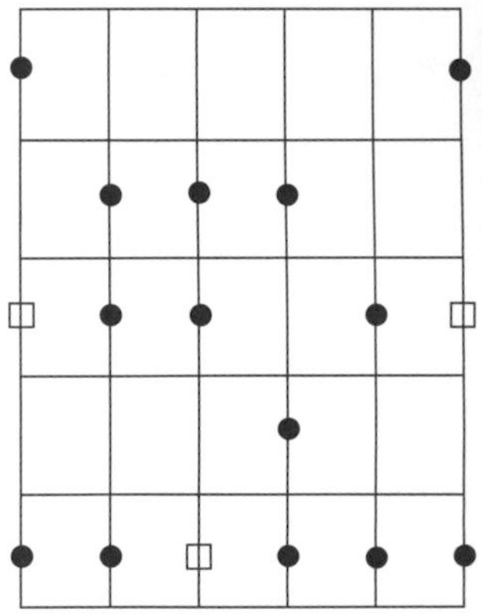

B♭ DÓRICO

MÁSTIL COMPLETO

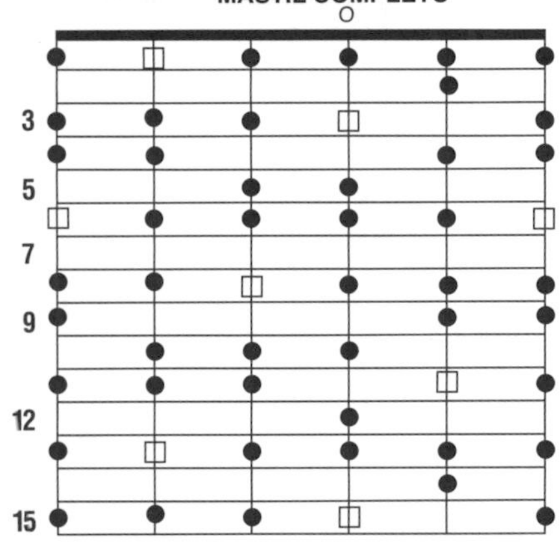

PATRÓN UNO

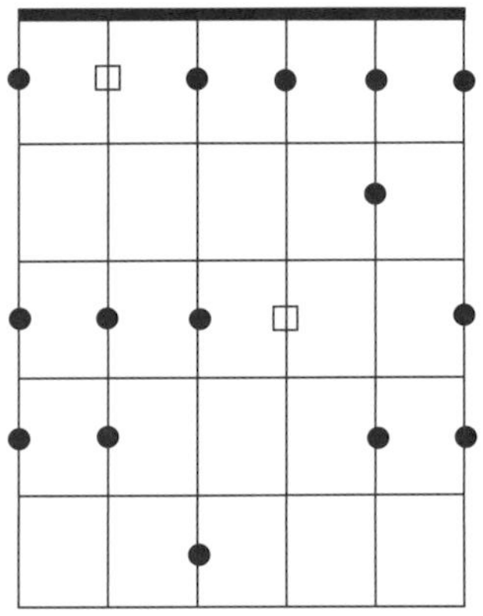

PATRÓN DOS

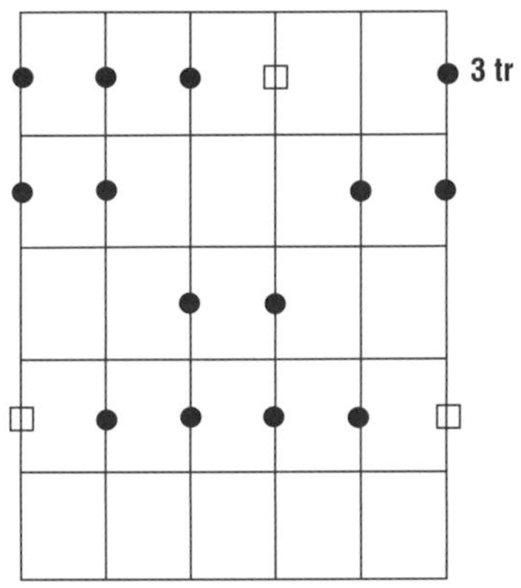

PATRÓN TRES

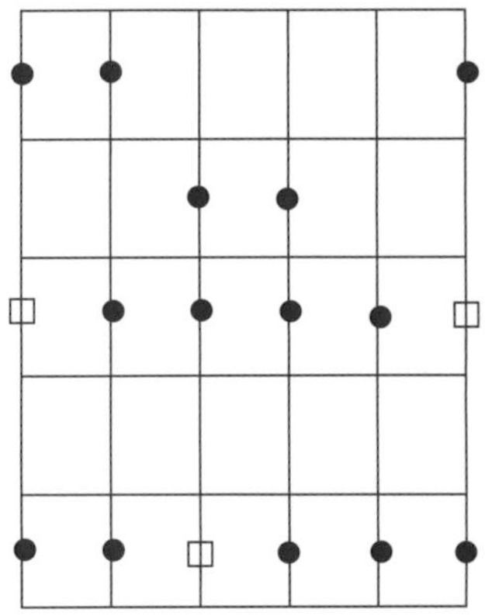

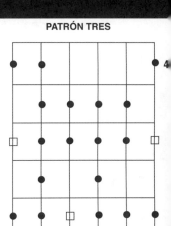

(B♭–D♭–E♭–F♭–F–A)

PATRÓN CUATRO

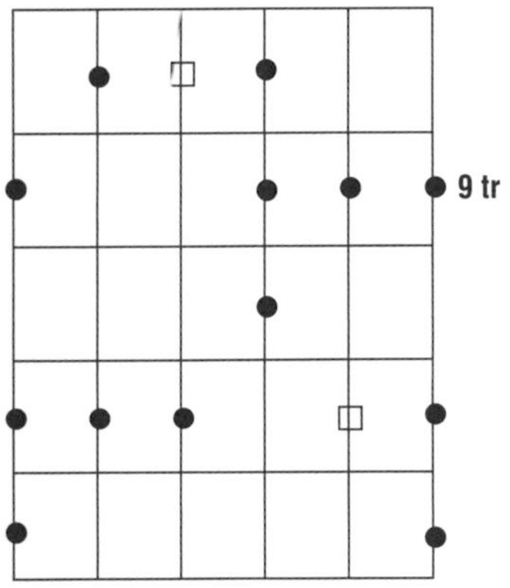

PATRÓN CINCO

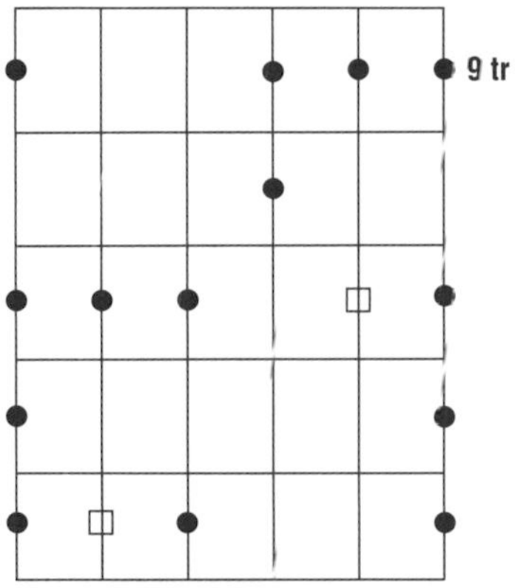

PATRÓN SEIS

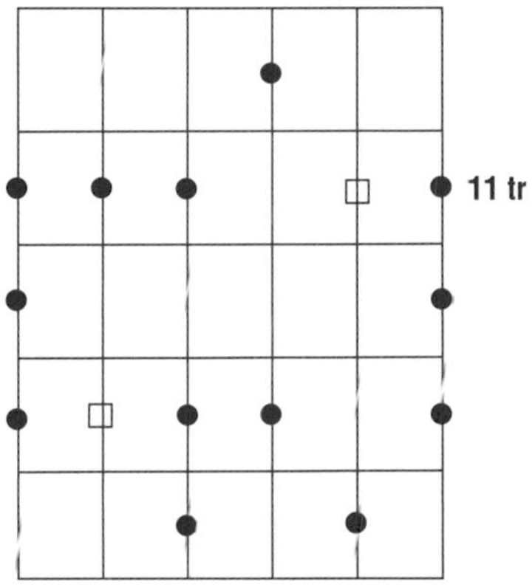

PATRÓN UNO (+1 OCTAVA)

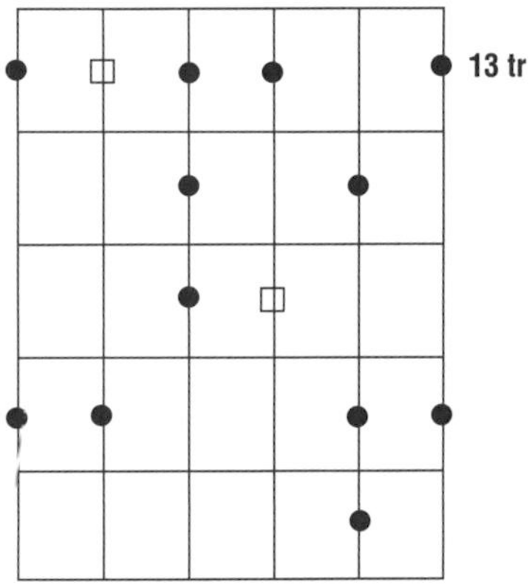

(B♭–C–D♭–D–E♭–F♭–F–G–A♭)

PATRÓN CUATRO

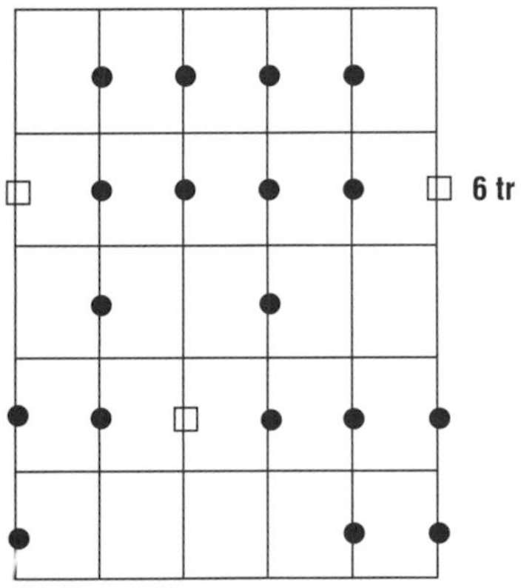

PATRÓN CINCO

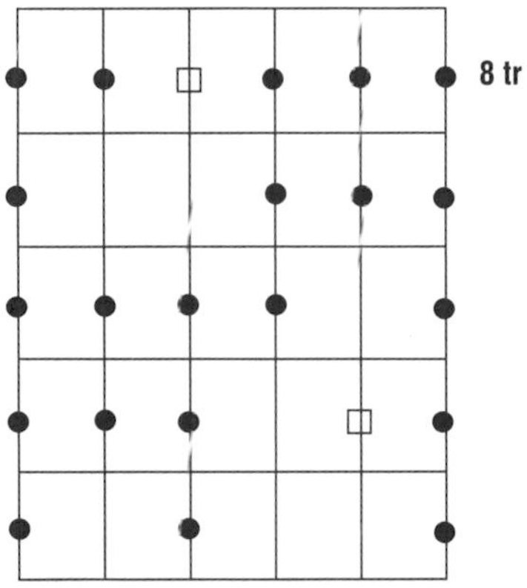

PATRÓN SEIS

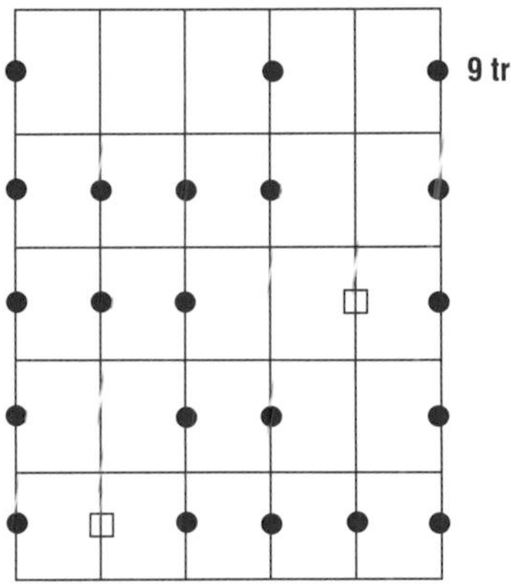

PATRÓN SIETE

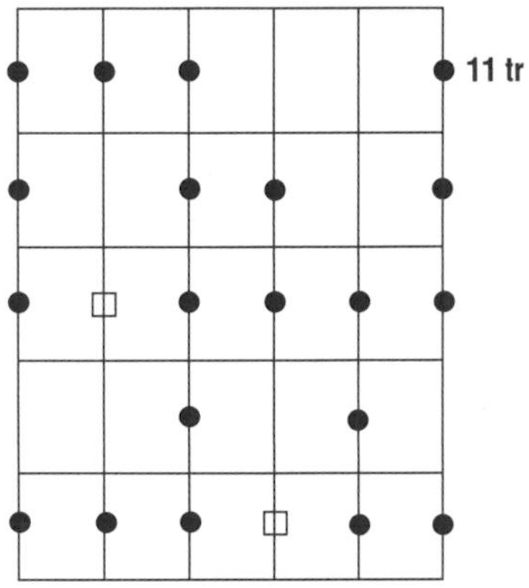

(B♭–C–D–E♭–F–G–A♭)

PATRÓN CUATRO

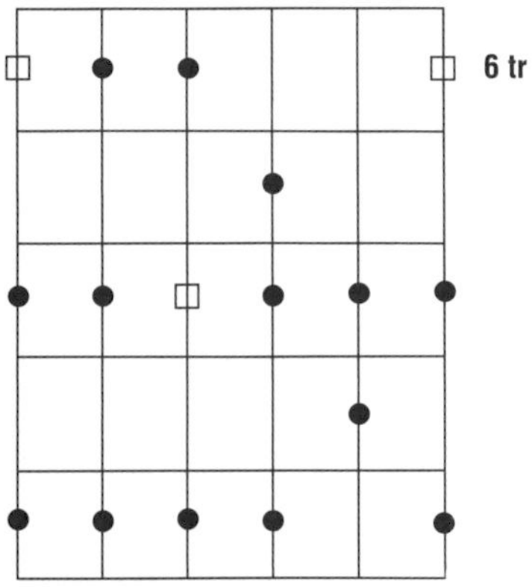

PATRÓN CINCO

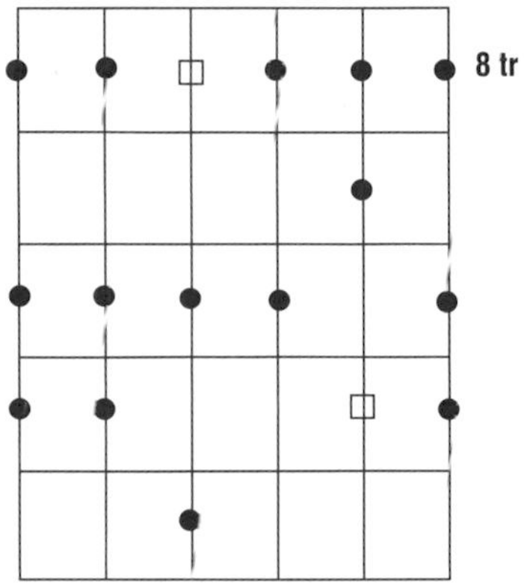

PATRÓN SEIS

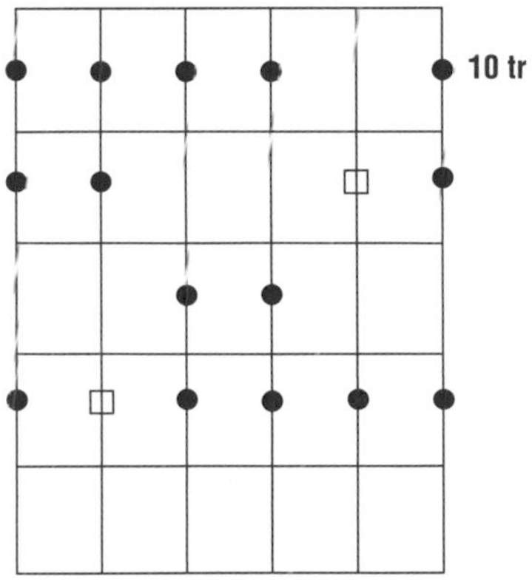

PATRÓN SIETE

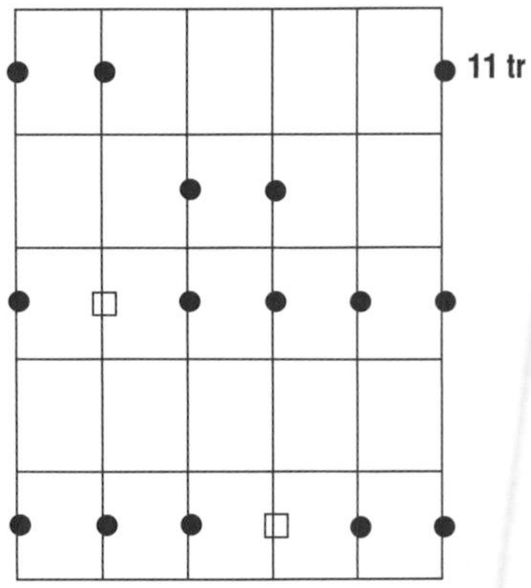

(B♭–C–D♭–E♭–F–G–A♭)

PATRÓN CUATRO

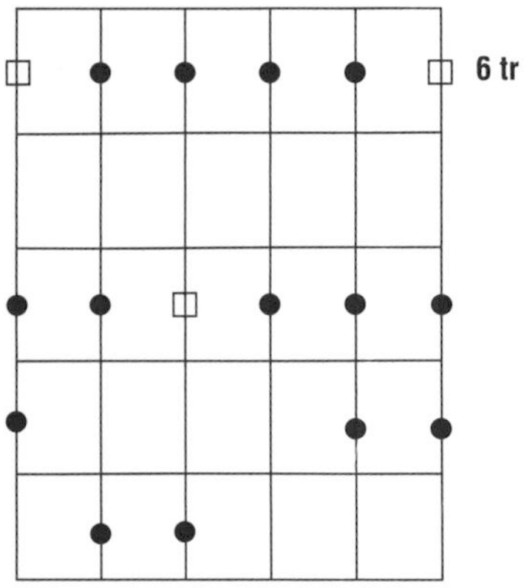

PATRÓN CINCO

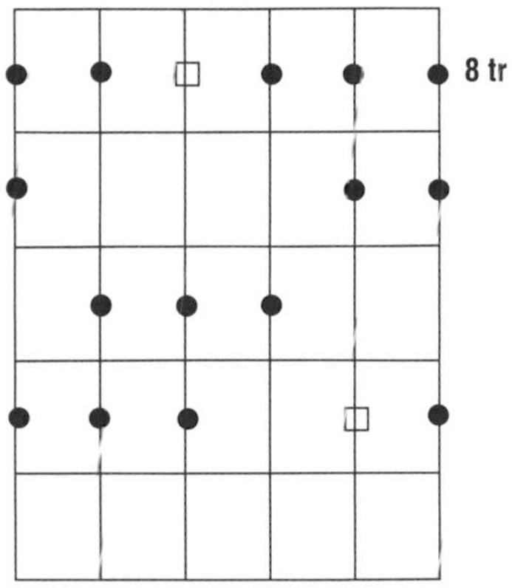

PATRÓN SEIS

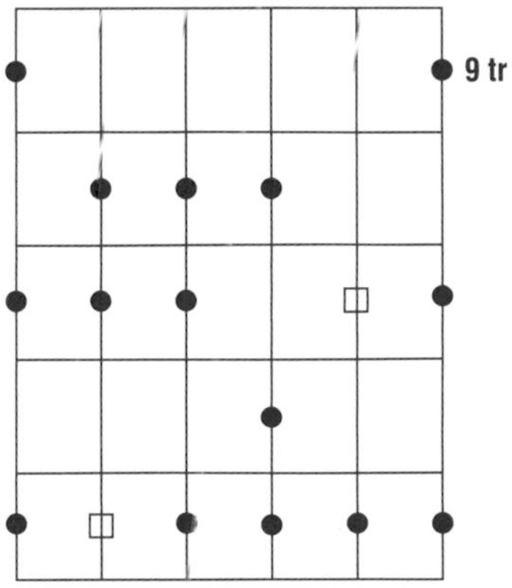

PATRÓN SIETE

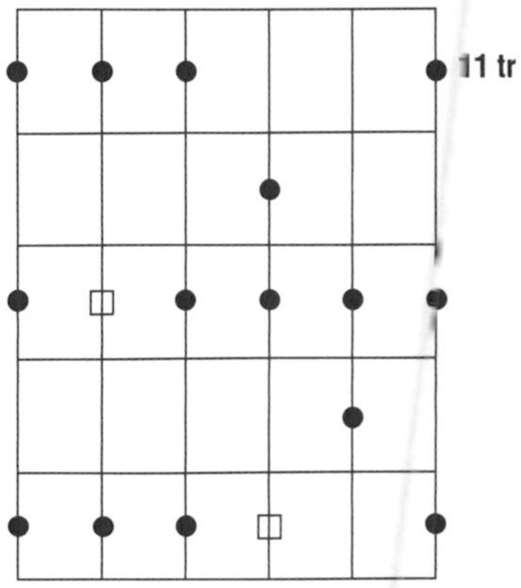

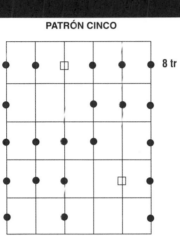

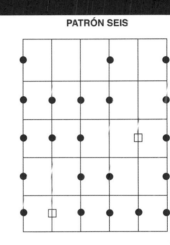

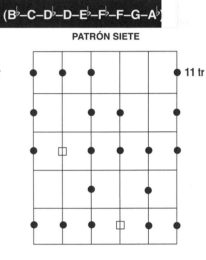

B♭ MENOR MELÓDICA

MÁSTIL COMPLETO

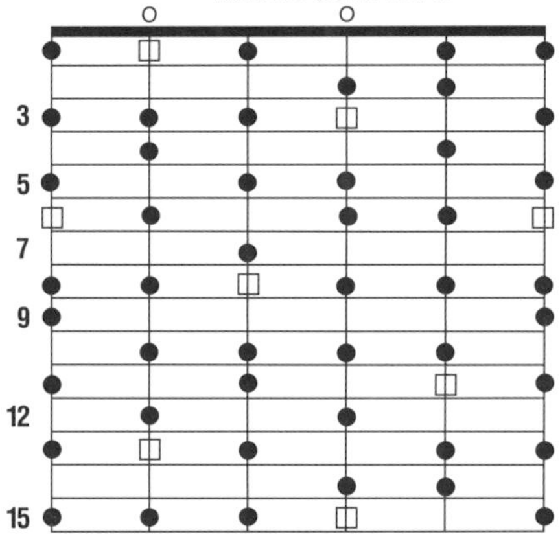

PATRÓN UNO

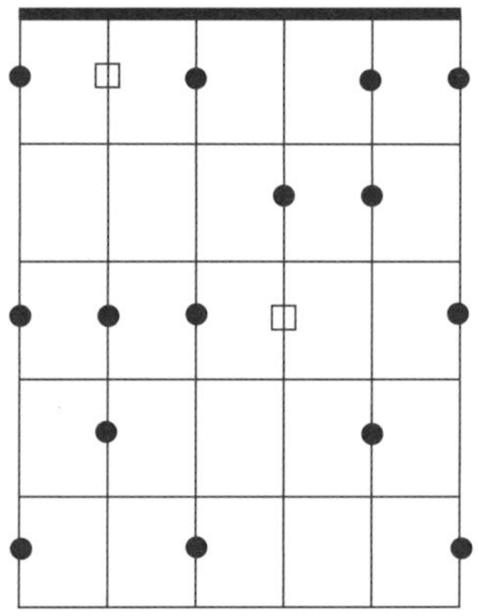

PATRÓN DOS

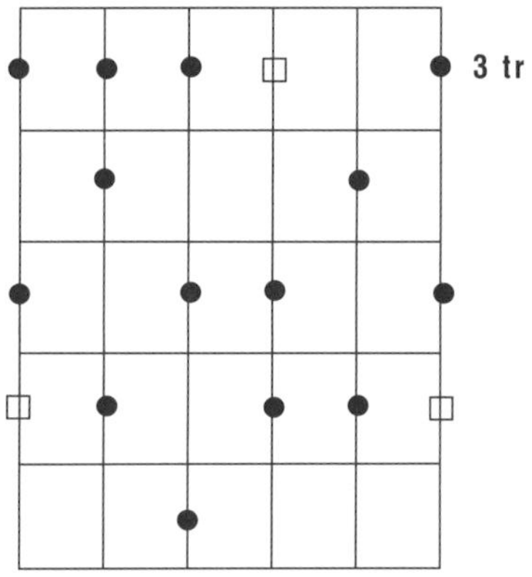

PATRÓN TRES

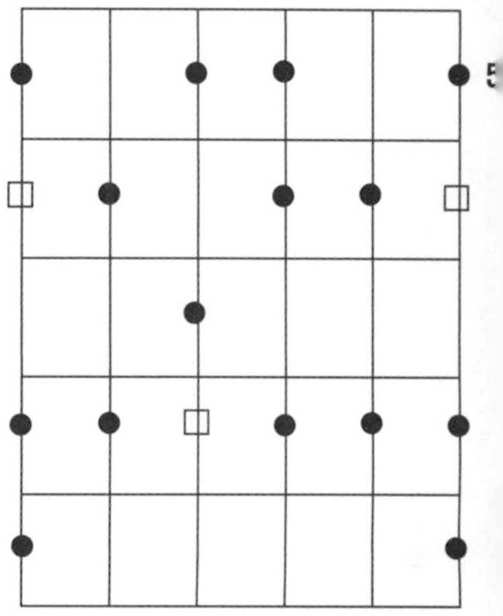

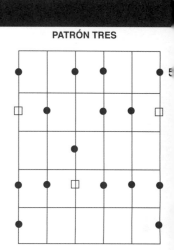

B♭ MENOR ARMÓNICA

MÁSTIL COMPLETO

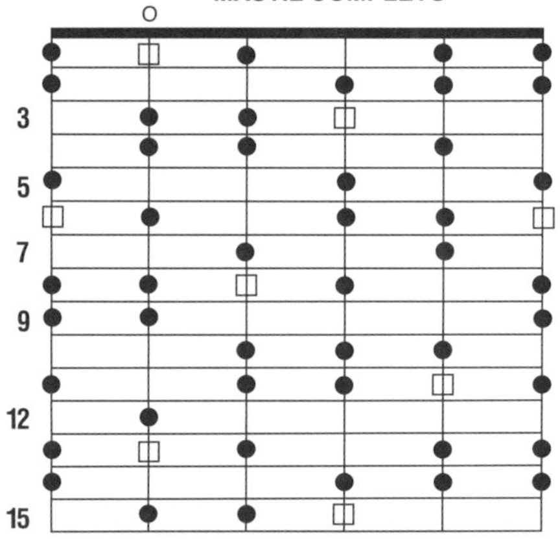

PATRÓN UNO

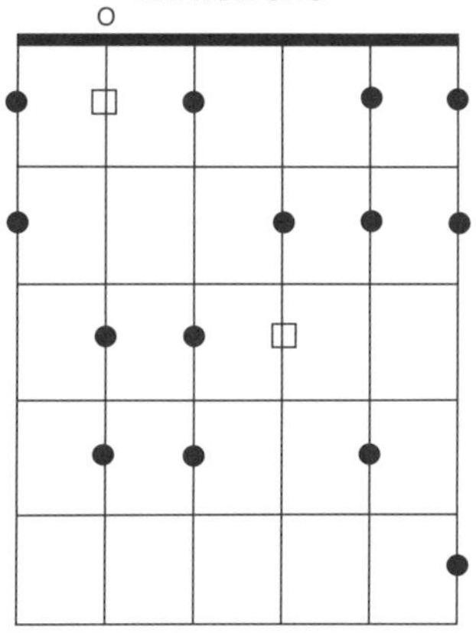

PATRÓN DOS

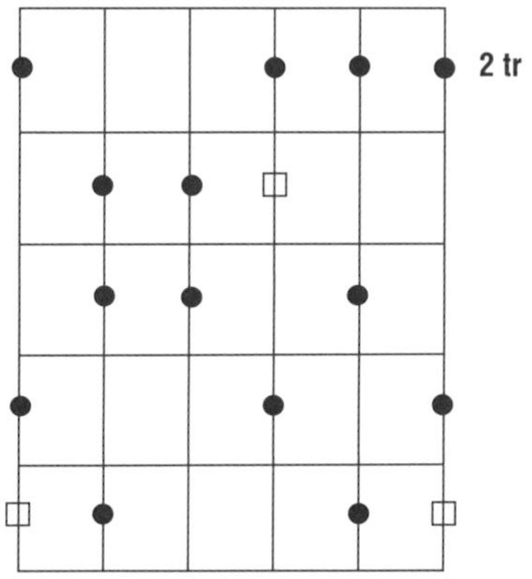

PATRÓN TRES

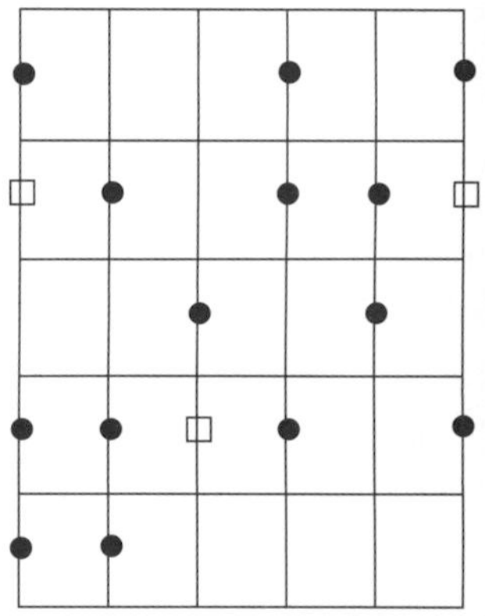

B♭ TRIGIA

MÁSTIL COMPLETO

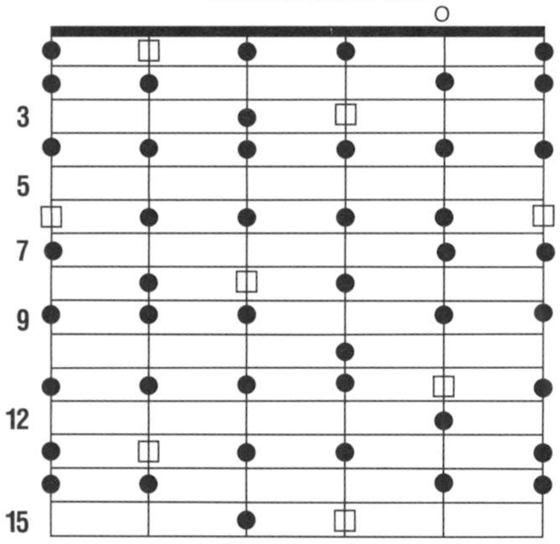

PATRÓN UNO

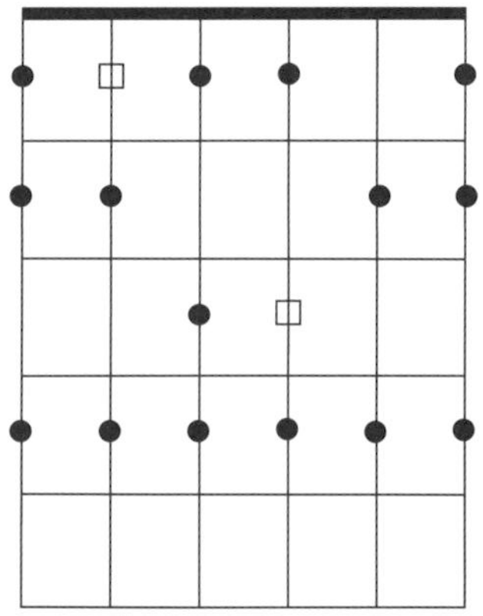

PATRÓN DOS

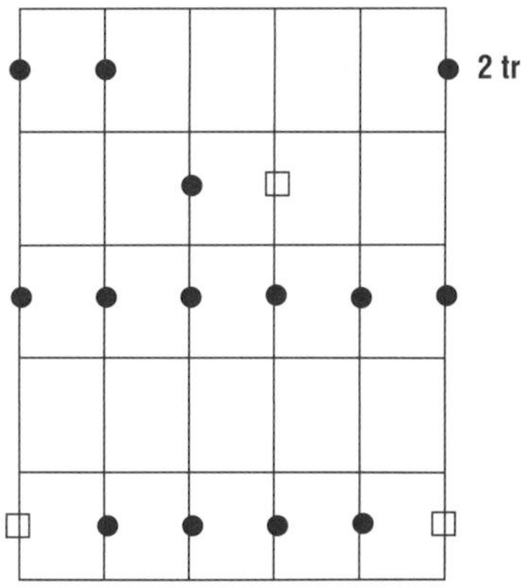

PATRÓN TRES

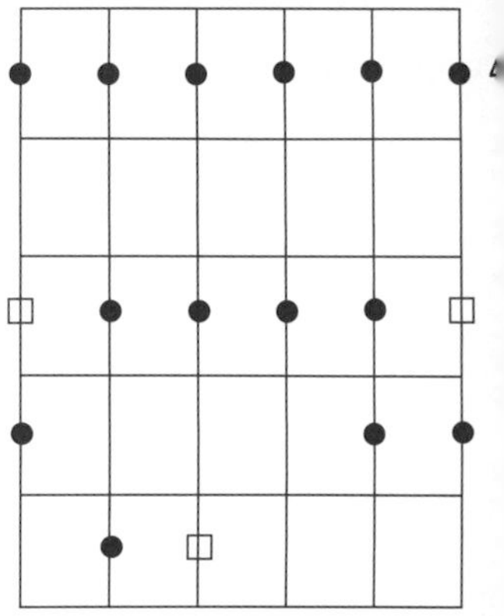

A♯ LOCRIO

MÁSTIL COMPLETO

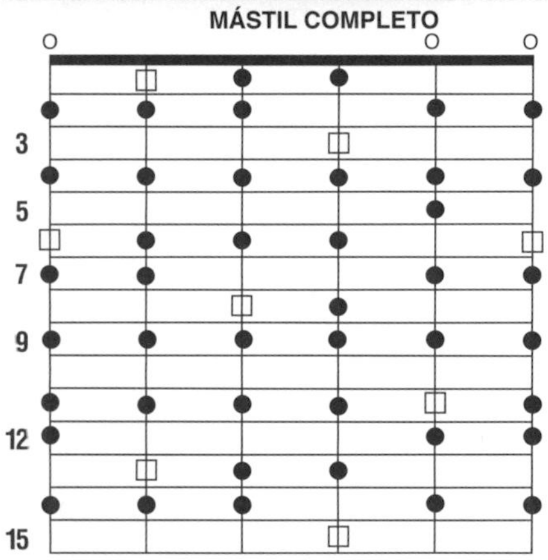

PATRÓN UNO

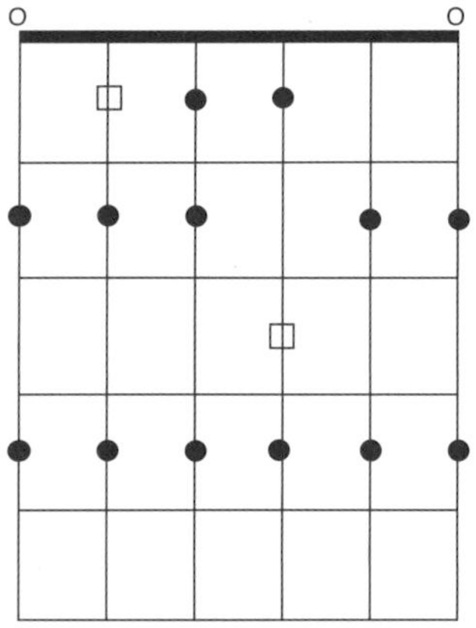

PATRÓN DOS

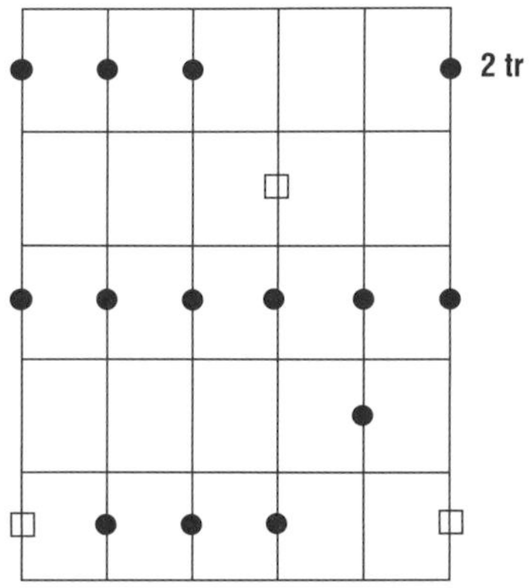

PATRÓN TRES

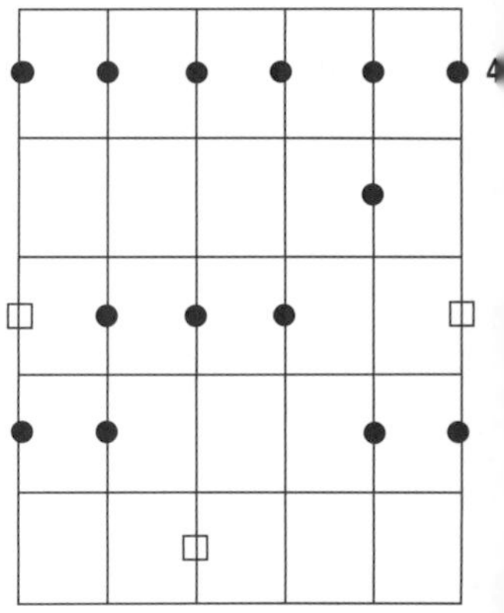

(B♭–C–D♭–E♭–F–G–A)

PATRÓN CUATRO

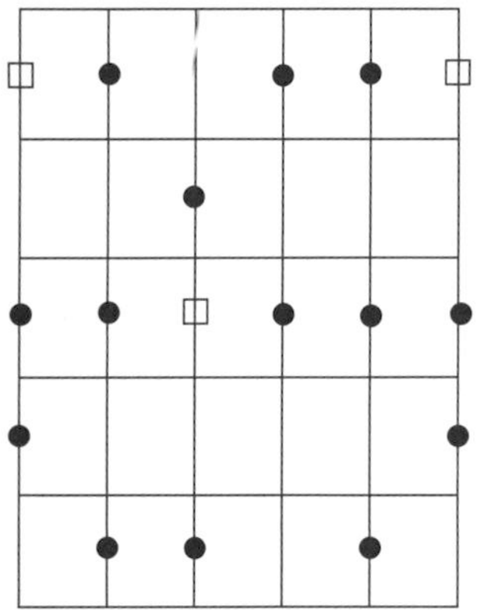

PATRÓN CINCO

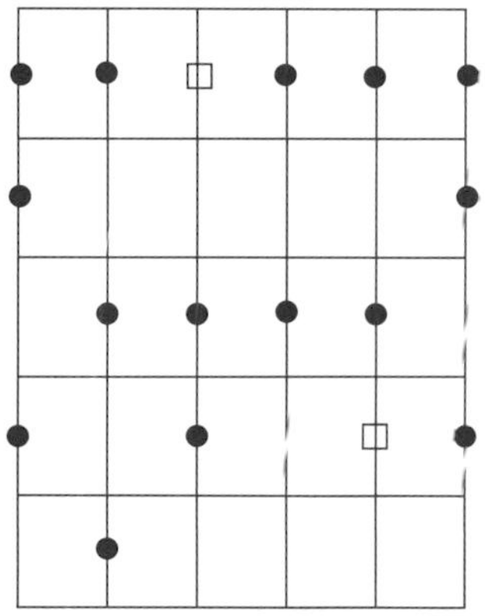

PATRÓN SEIS

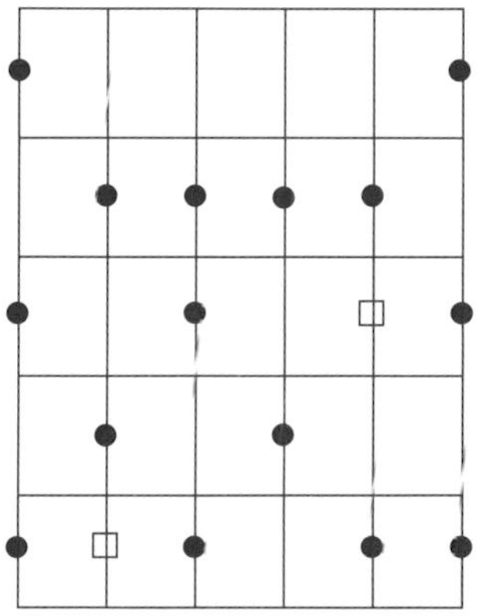

PATRÓN SIETE

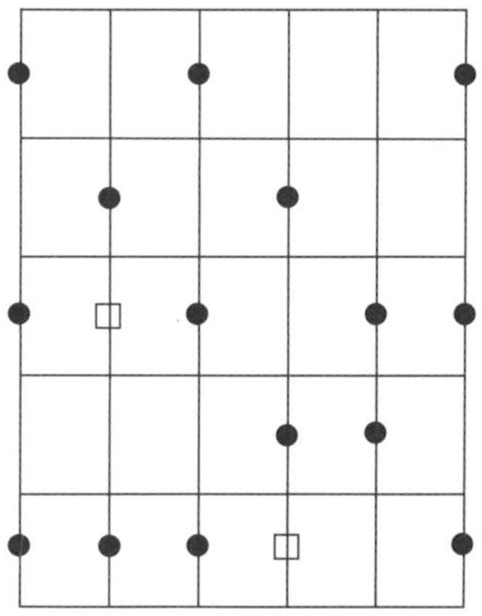

(B♭–C–D♭–E♭–F–G♭–A)

PATRÓN CUATRO

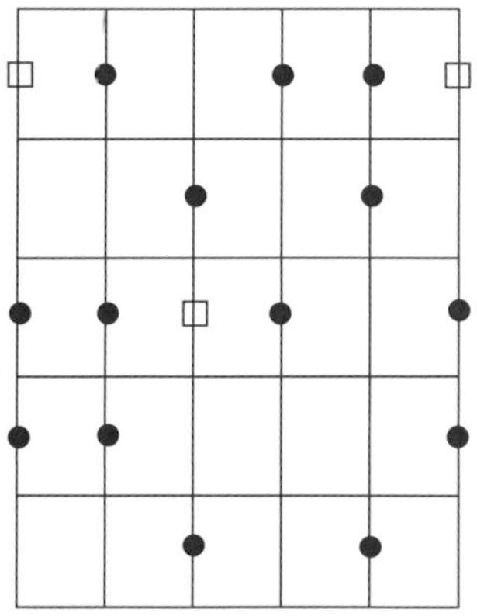

PATRÓN CINCO

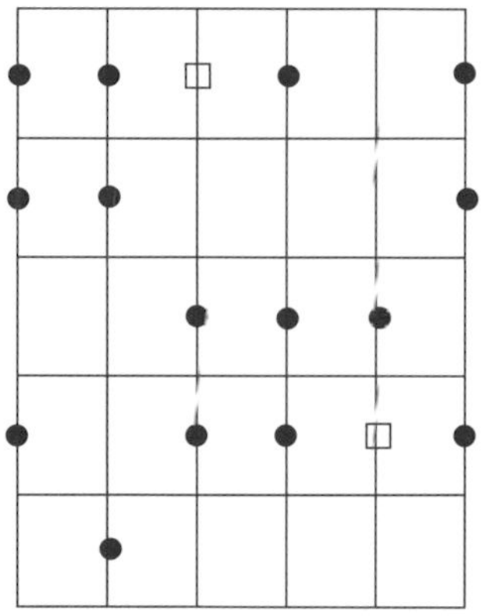

PATRÓN SEIS

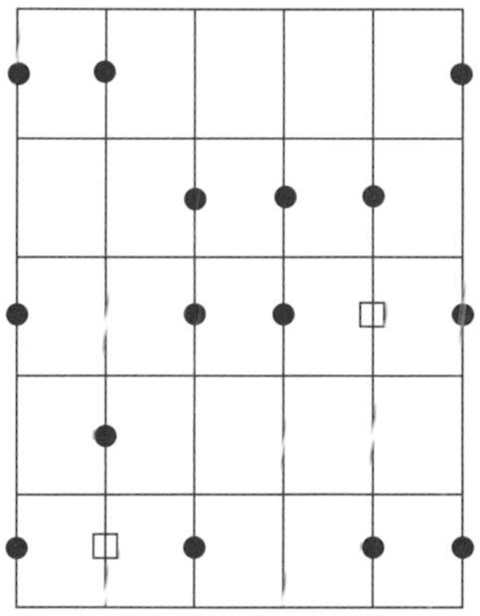

PATRÓN SIETE

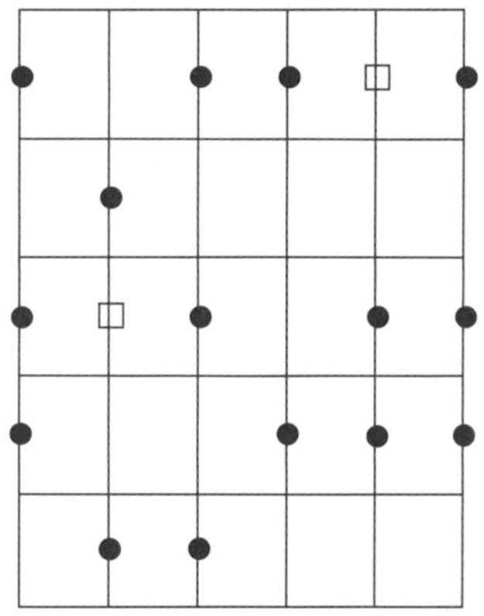

(B♭–C♭–D♭–E♭–F–G♭–A♭)

PATRÓN CUATRO

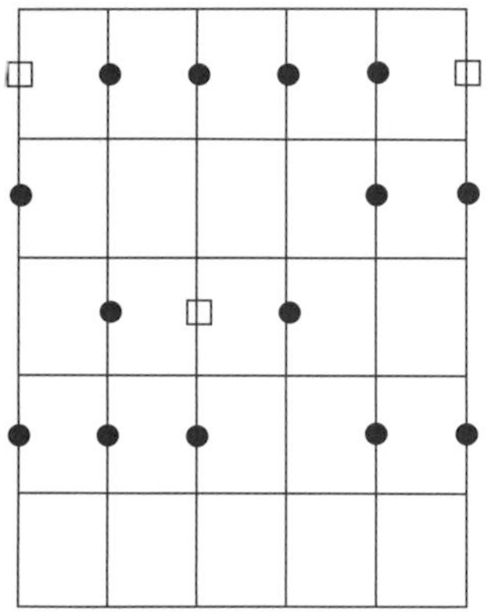

PATRÓN CINCO

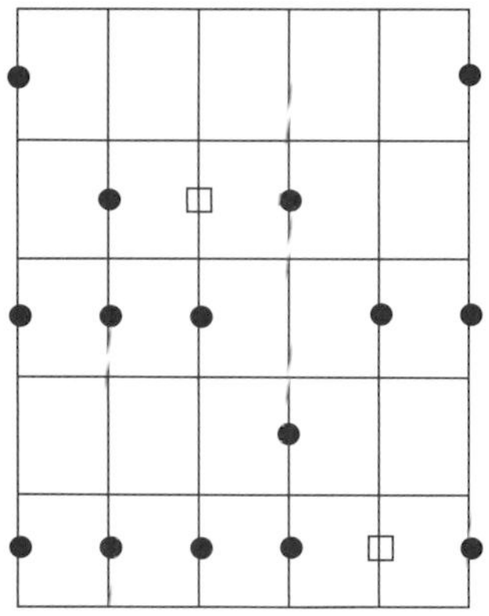

PATRÓN SEIS

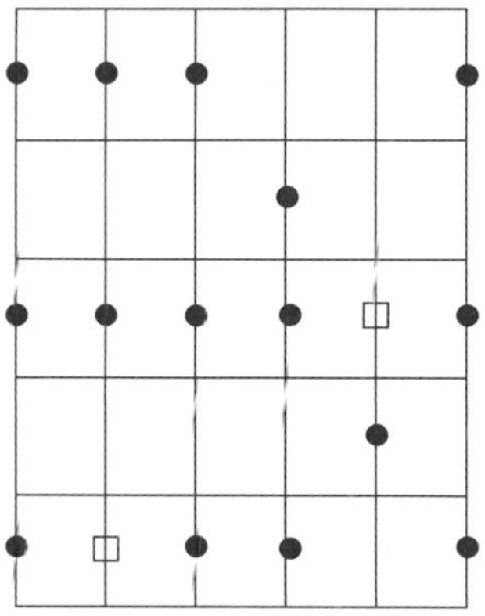

PATRÓN SIETE

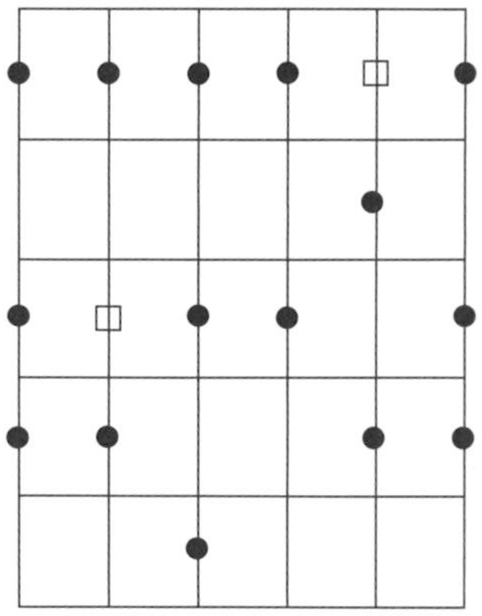

(A♯–B–C♯–D♯–E–F♯–G♯)

PATRÓN CUATRO

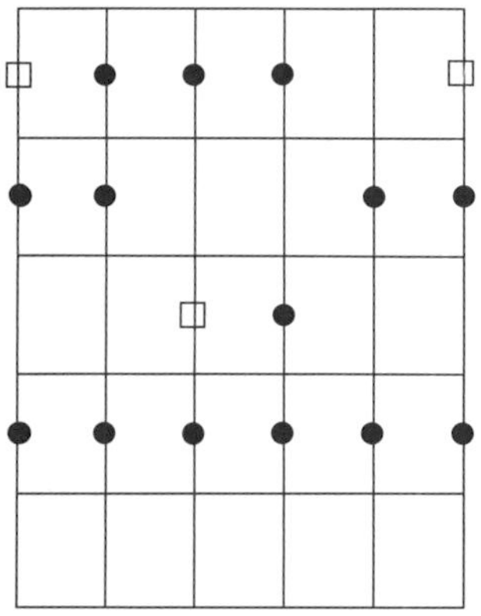

PATRÓN CINCO

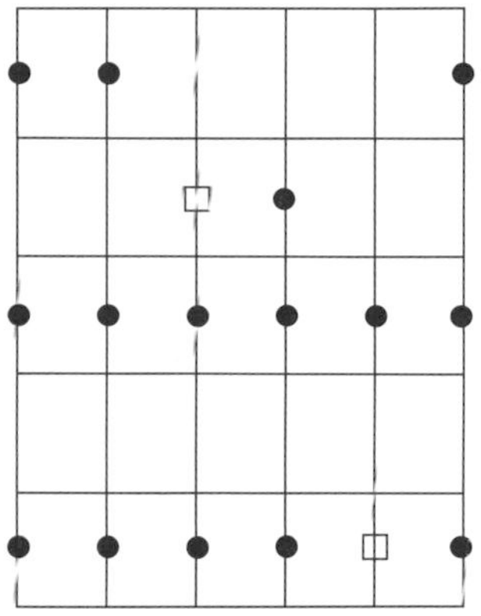

PATRÓN SEIS

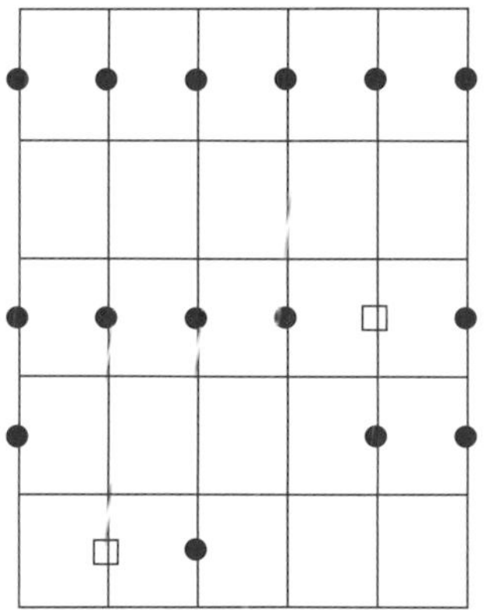

PATRÓN SIETE

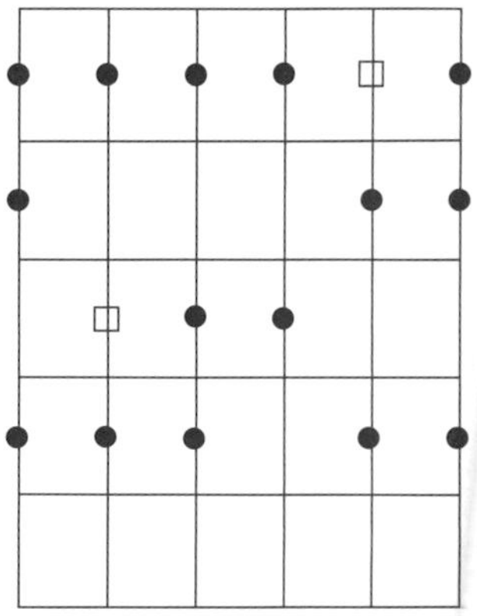

B♭ LIDIO

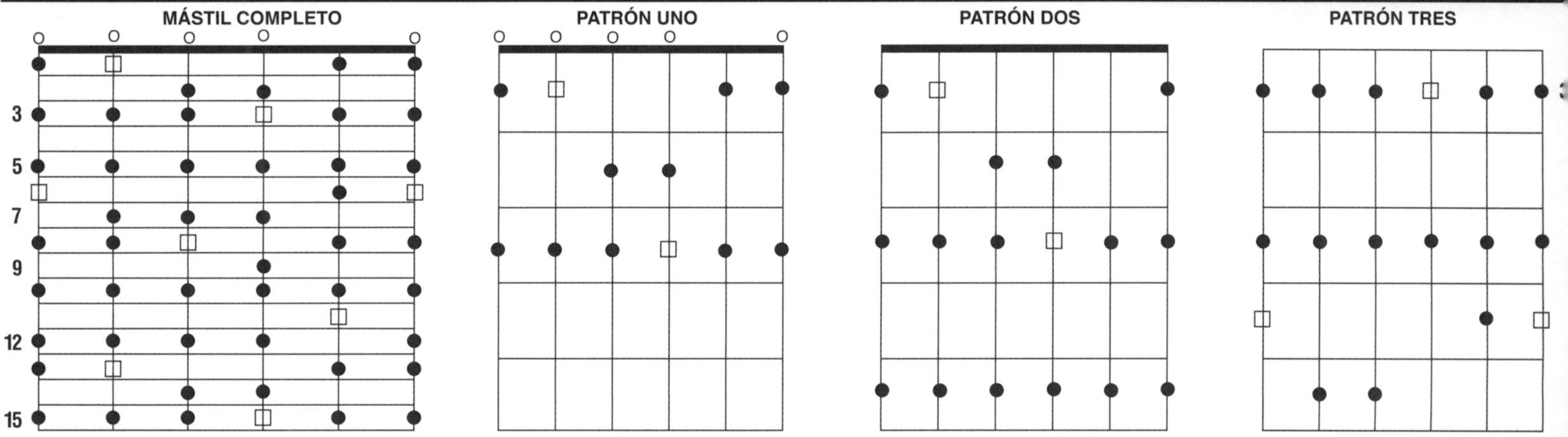

B♭ DISMINUIDA (SEMITONO-TONO)

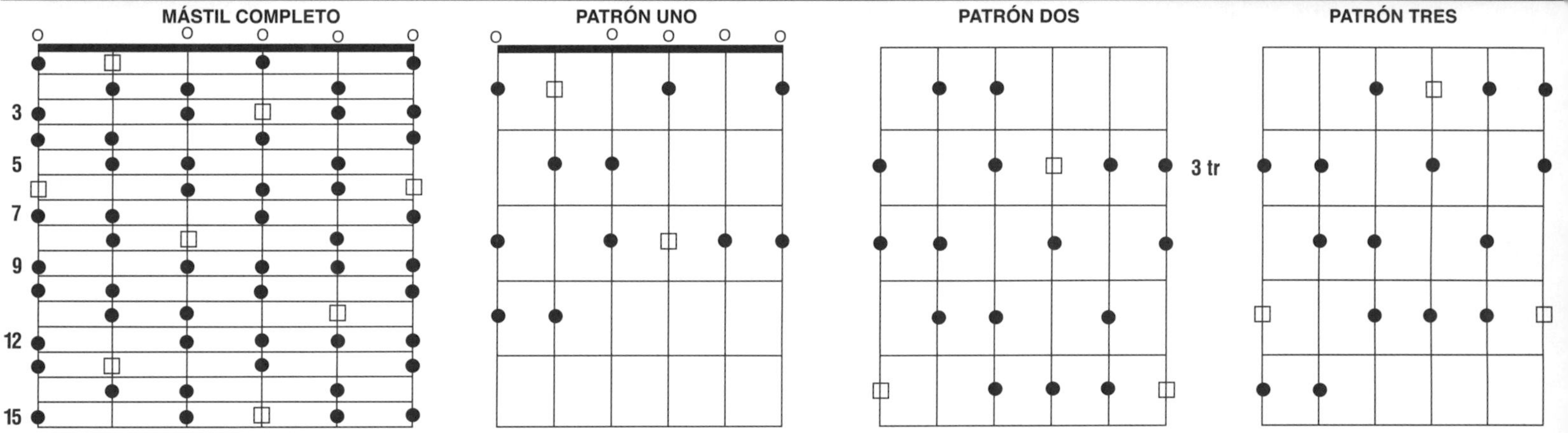

B♭ DISMINUIDA (TONO-SEMITONO)

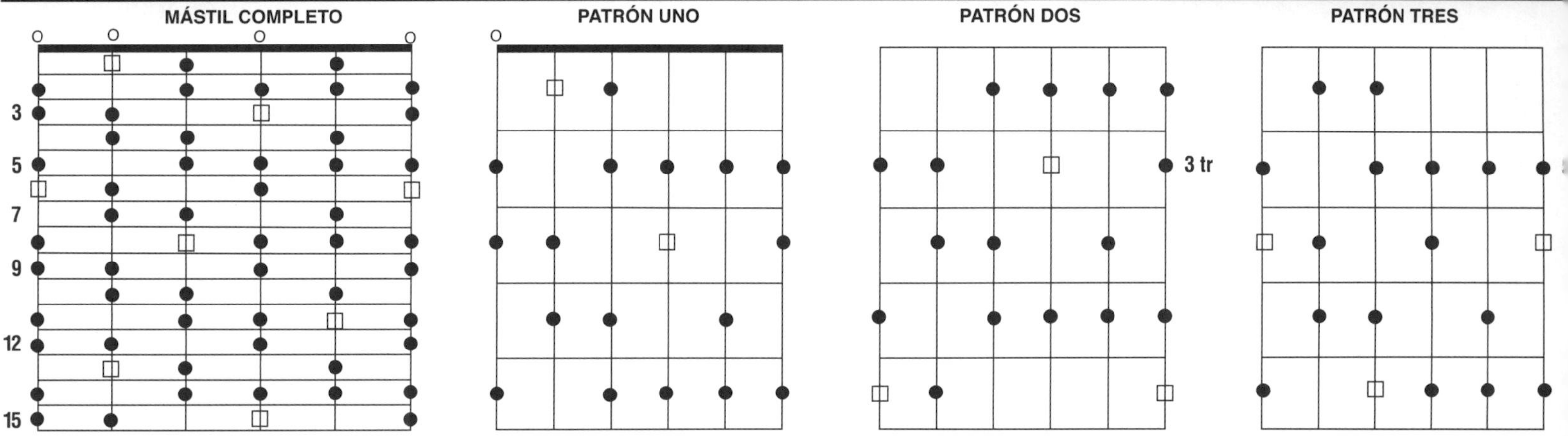

B♭ CROMÁTICA (B♭–C♭–C–D♭–D–E♭–F♭–F–G♭–G–A♭–A)

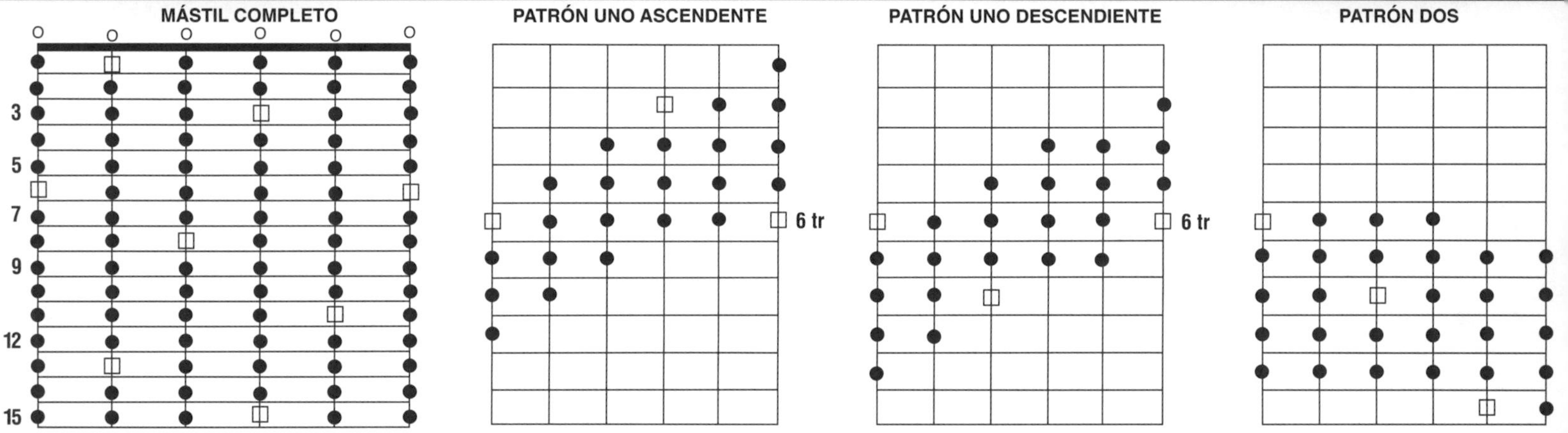

(B♭–C–D–E–F–G–A)

PATRÓN CUATRO

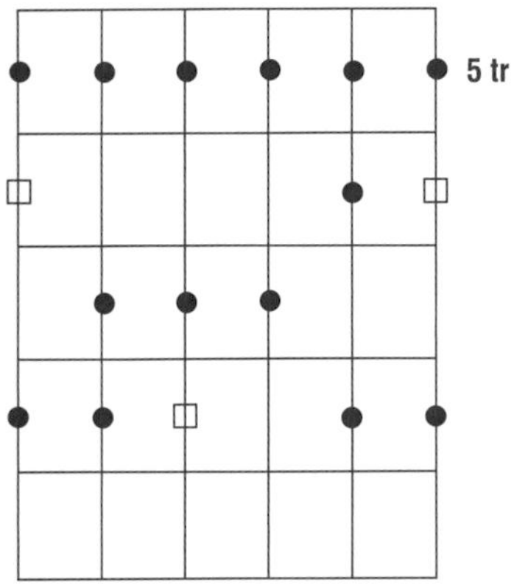

PATRÓN CINCO

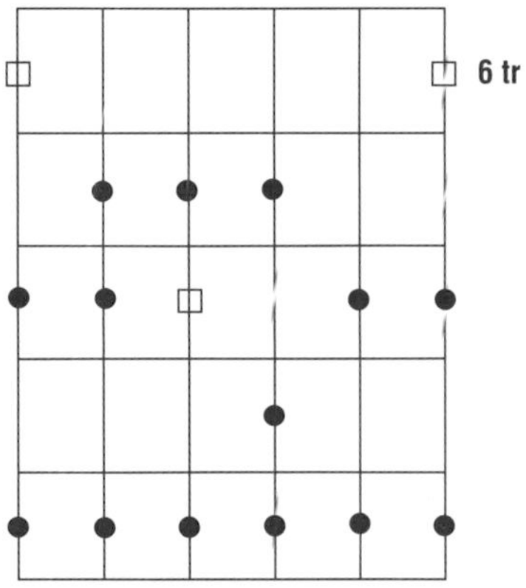

PATRÓN SEIS

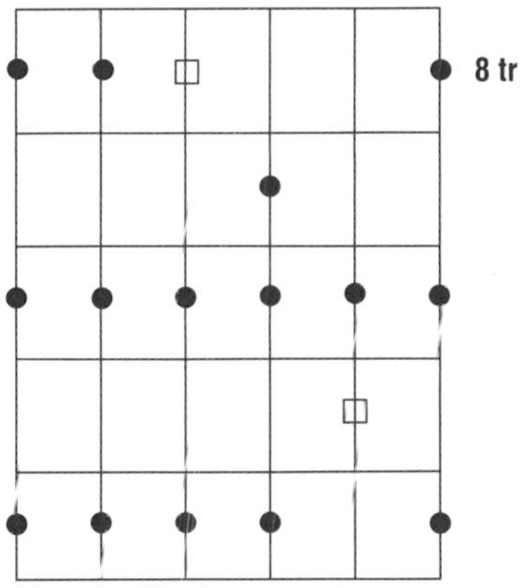

PATRÓN SIETE

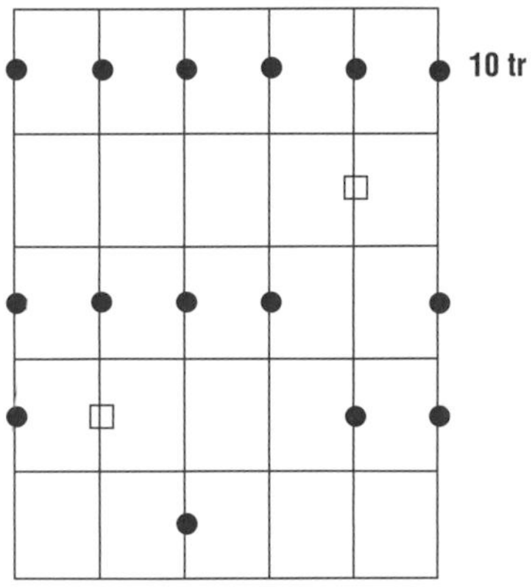

(B♭–C♭–D♭–E♭♭–F♭–F–G–A♭)

PATRÓN CUATRO

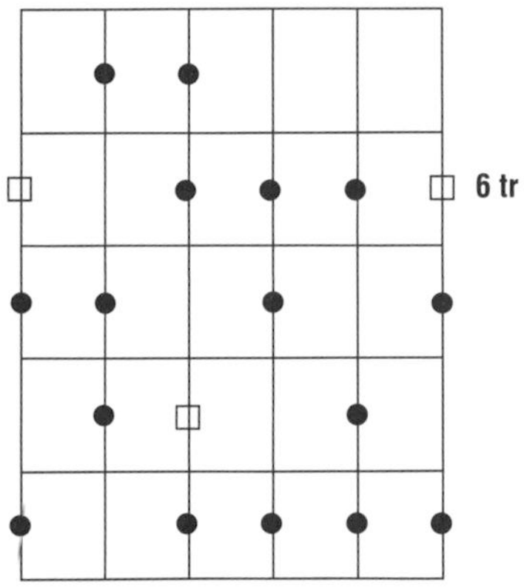

PATRÓN CINCO

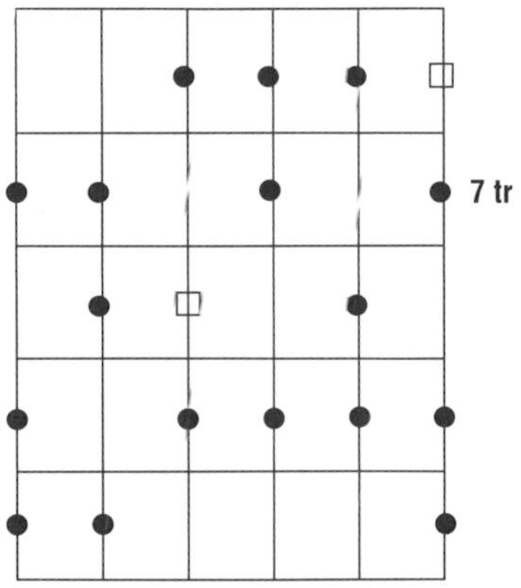

PATRÓN SEIS

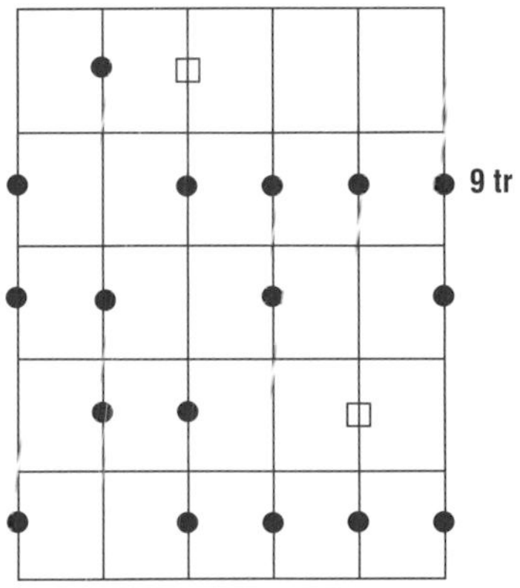

PATRÓN SIETE

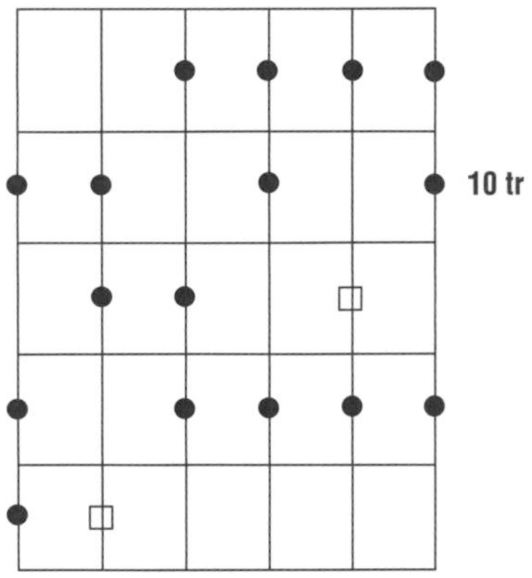

(B♭–C–D♭–E♭–F♭–F♯–G–A)

PATRÓN CUATRO

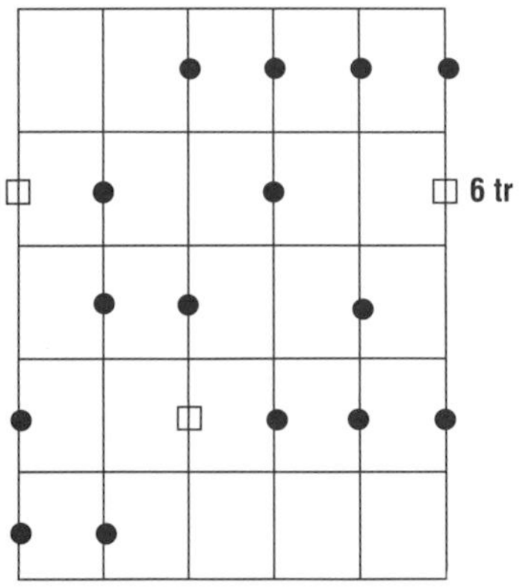

PATRÓN CINCO

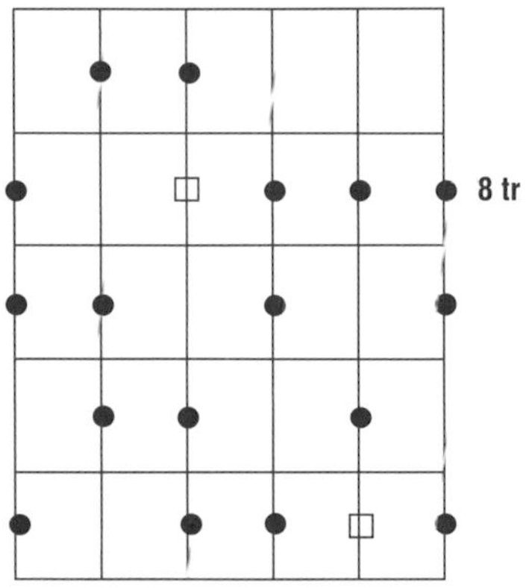

PATRÓN SEIS

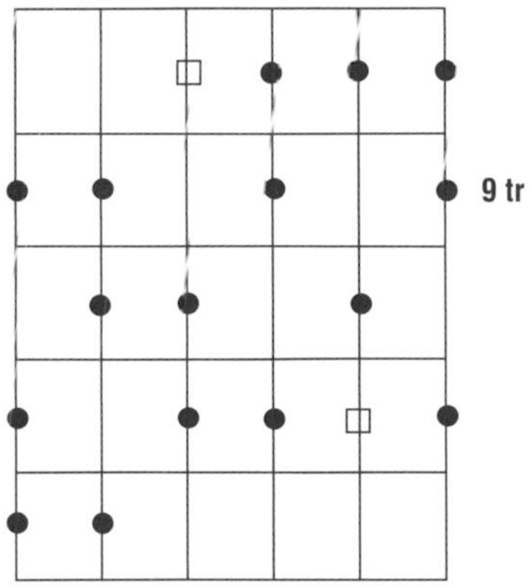

PATRÓN SIETE

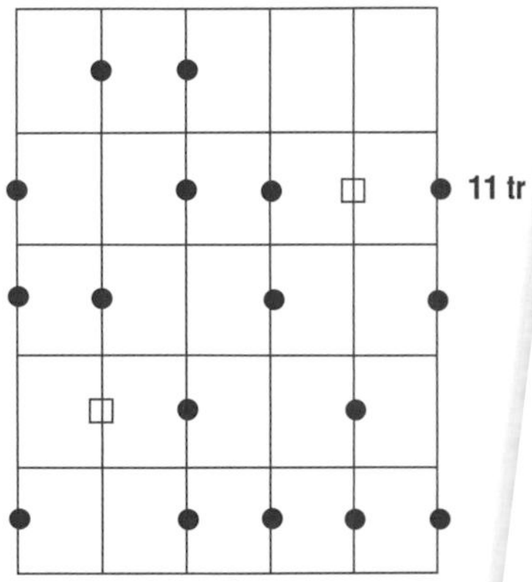

B♭ TONO (B♭–C–D–E–F♯–G♯)

MÁSTIL COMPLETO

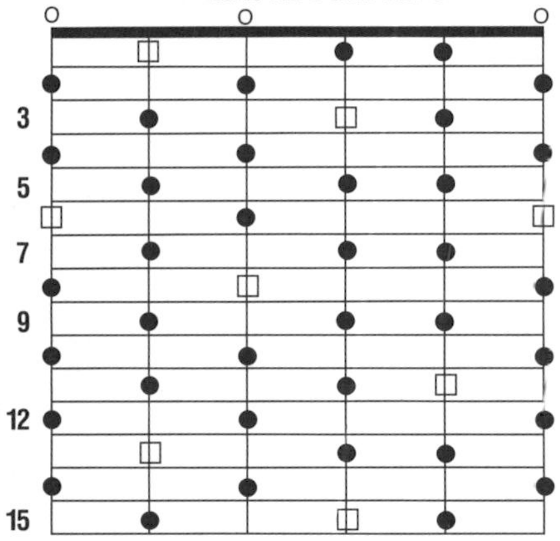

PATRÓN UNO

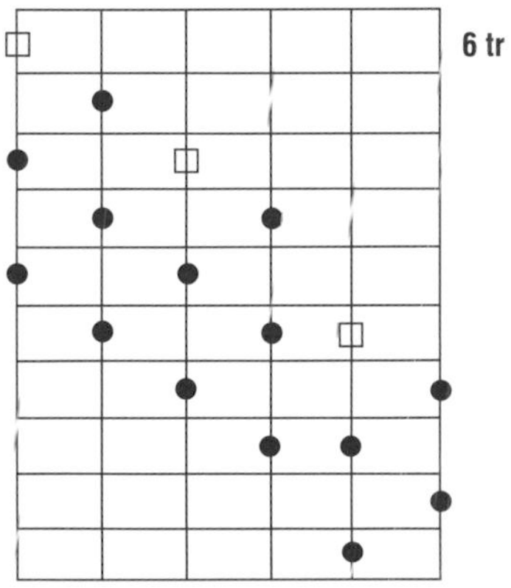

PATRÓN DOS

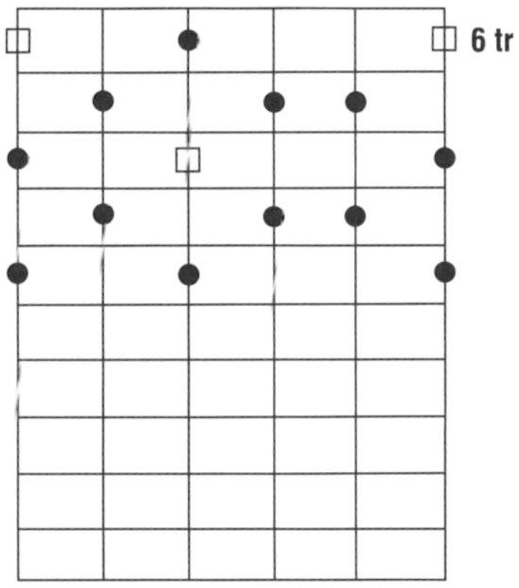

PATRÓN TRES

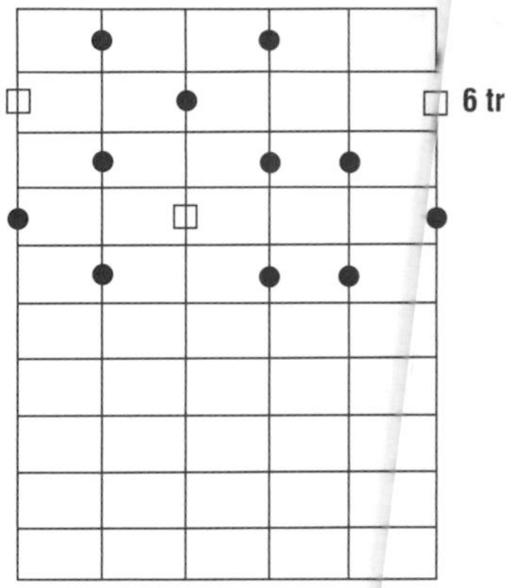

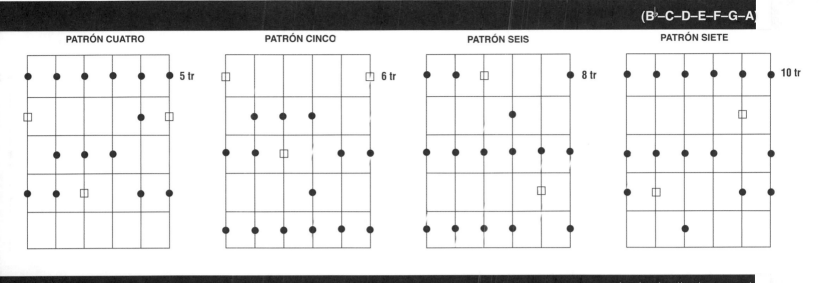

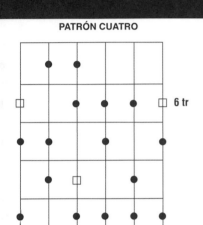

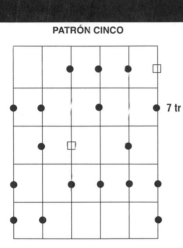

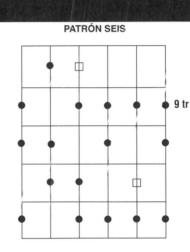

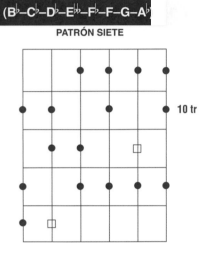

B MAYOR (JÓNICO)

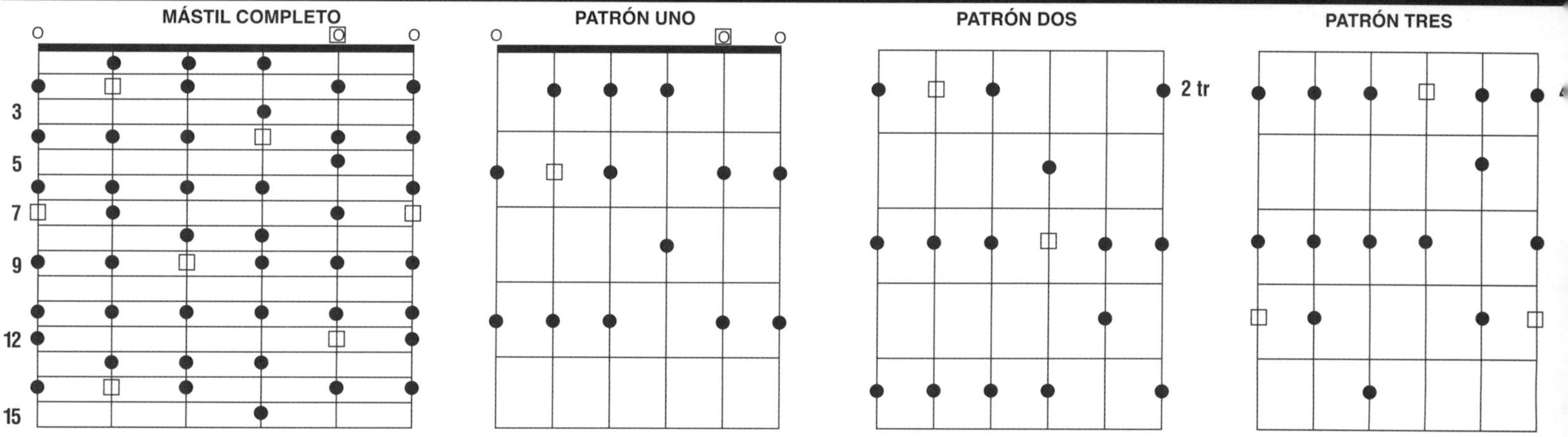

B PENTATÓNICA MAYOR

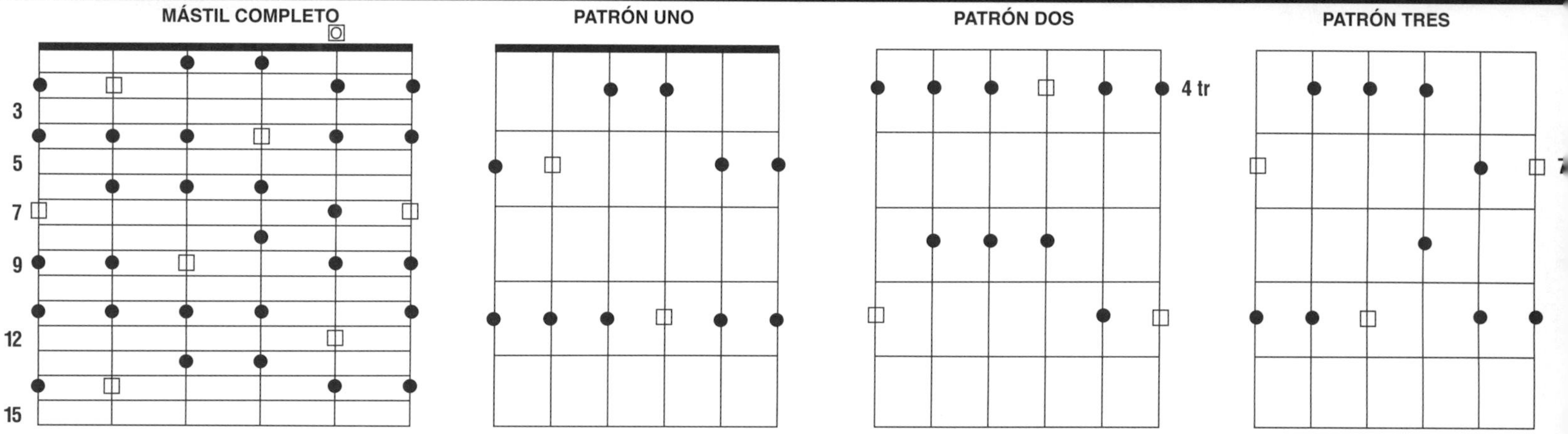

B MENOR NATURAL (EÓLICO)

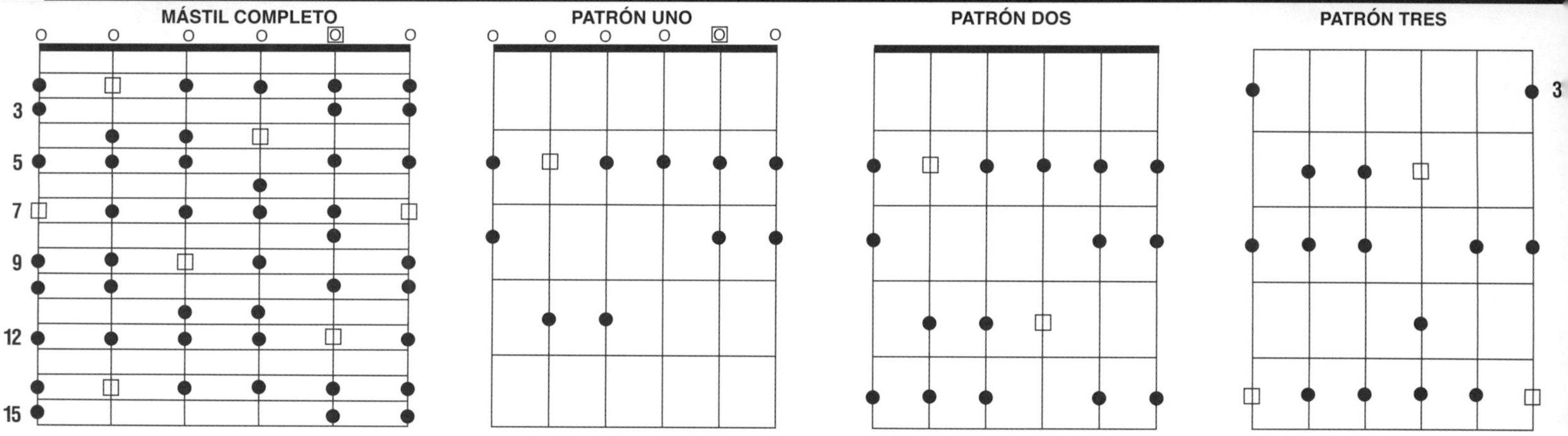

B PENTATÓNICA MENOR

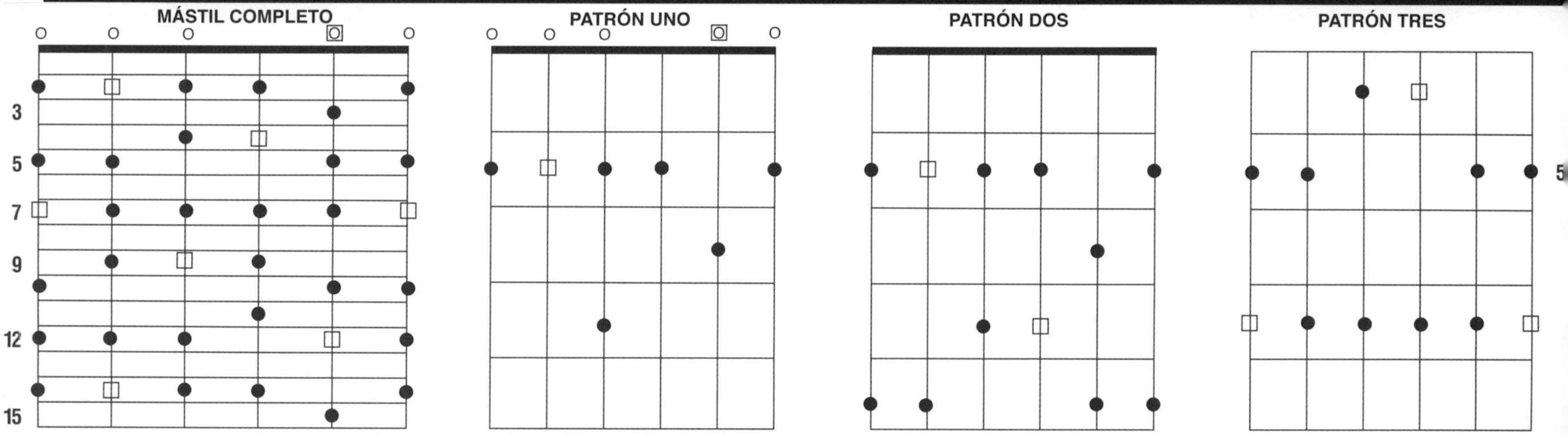

(B–C♯–D♯–E–F♯–G♯–A♯)

PATRÓN CUATRO

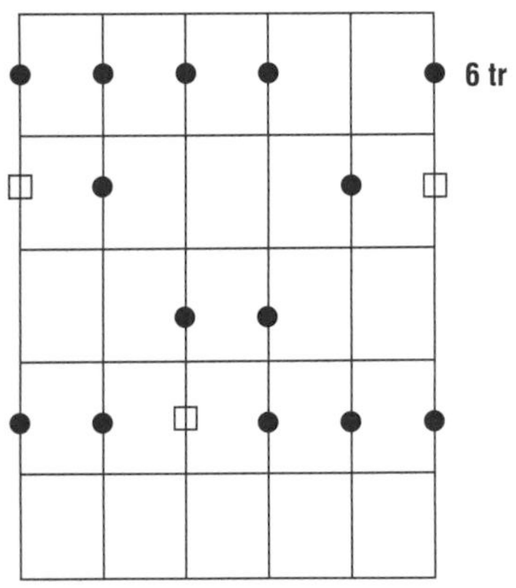

PATRÓN CINCO

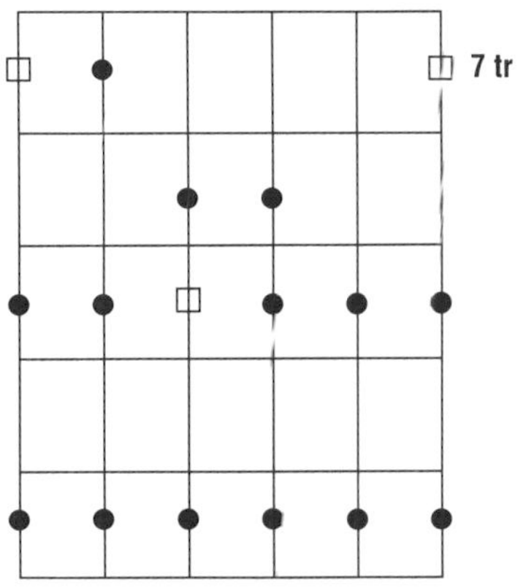

PATRÓN SEIS

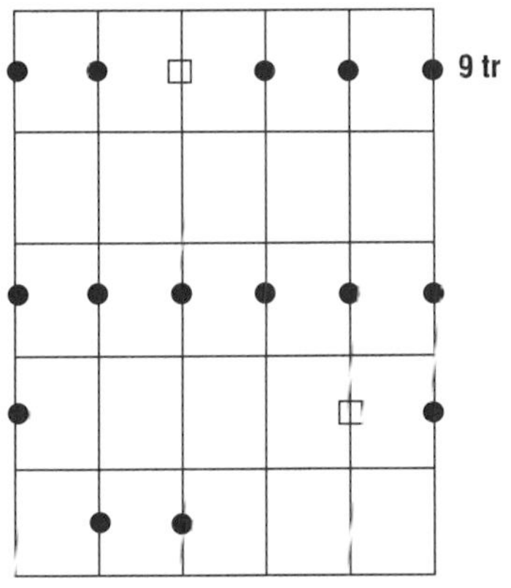

PATRÓN SIETE

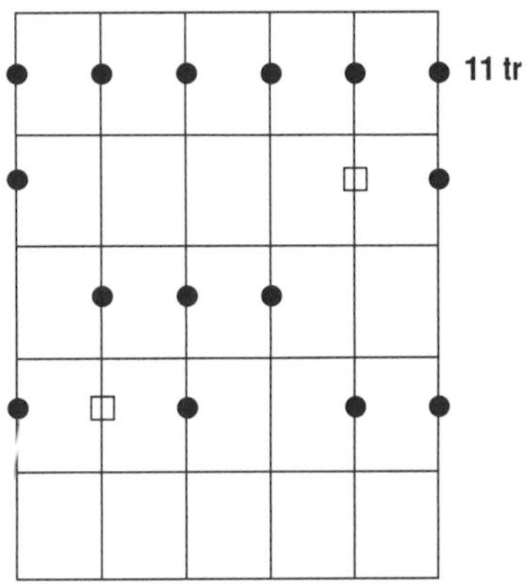

(B–C♯–D♯–F♯–G♯)

PATRÓN CUATRO

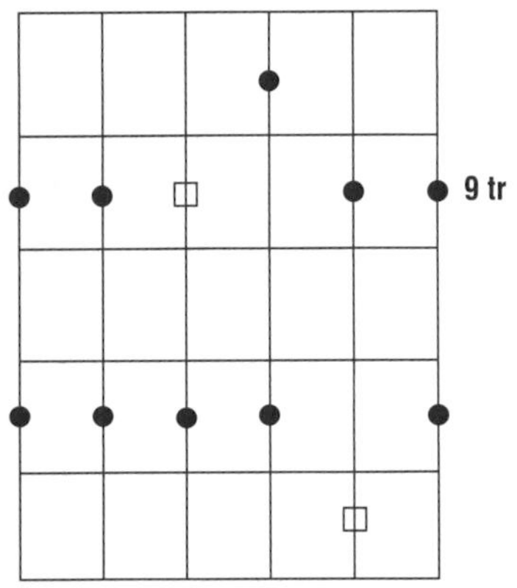

PATRÓN CINCO

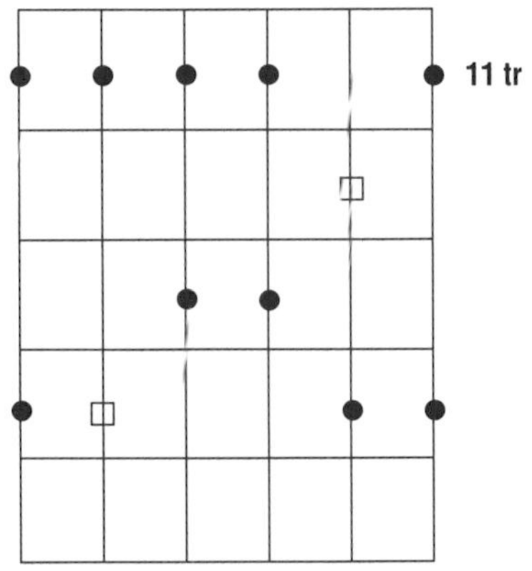

PATRÓN UNO (+1 OCTAVA)

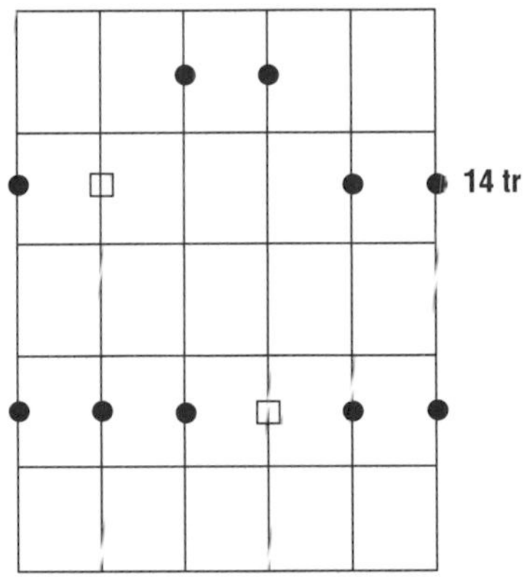

PATRÓN DOS (+1 OCTAVA)

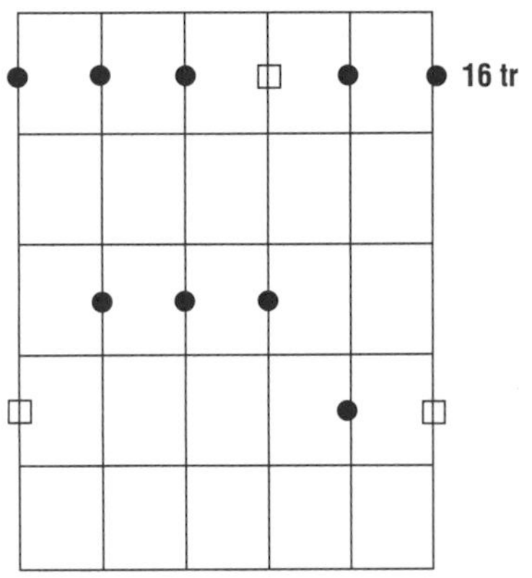

(B–C♯–D–E–F♯–G–A)

PATRÓN CUATRO

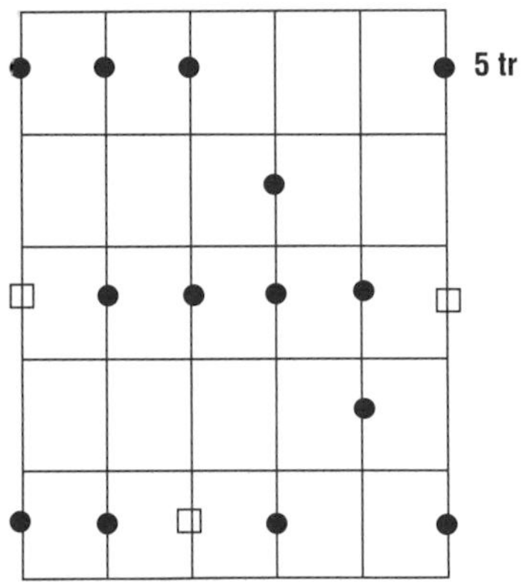

PATRÓN CINCO

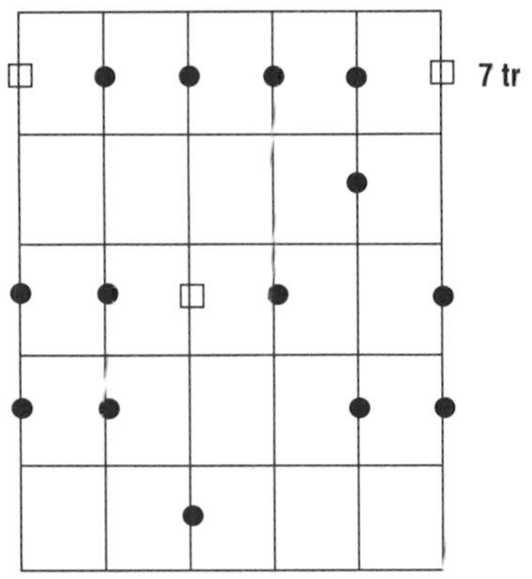

PATRÓN SEIS

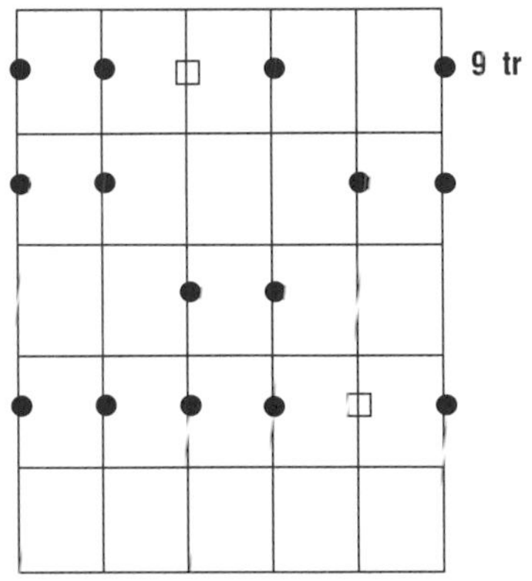

PATRÓN SIETE

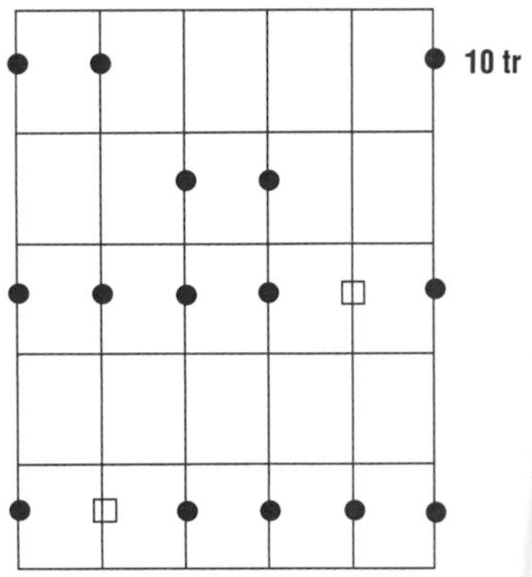

(B–D–E–F♯–A)

PATRÓN CUATRO

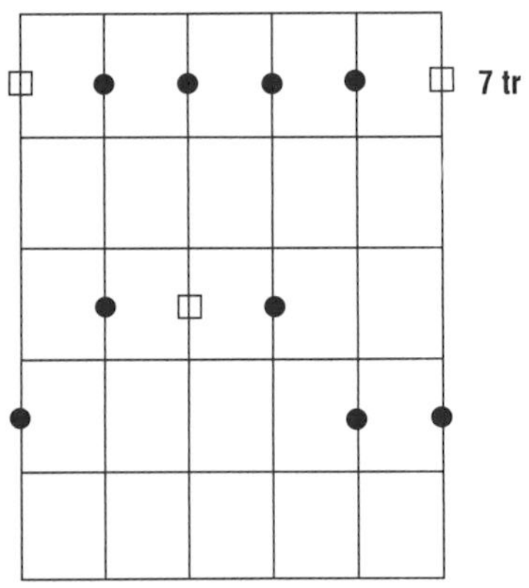

PATRÓN CINCO

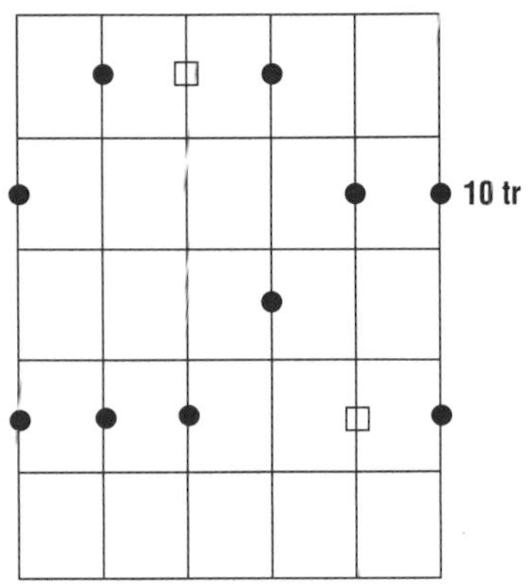

PATRÓN UNO (+1 OCTAVA)

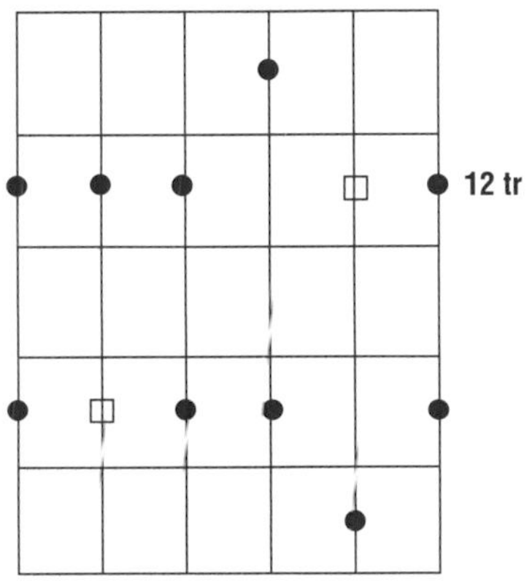

PATRÓN DOS (+1 OCTAVA)

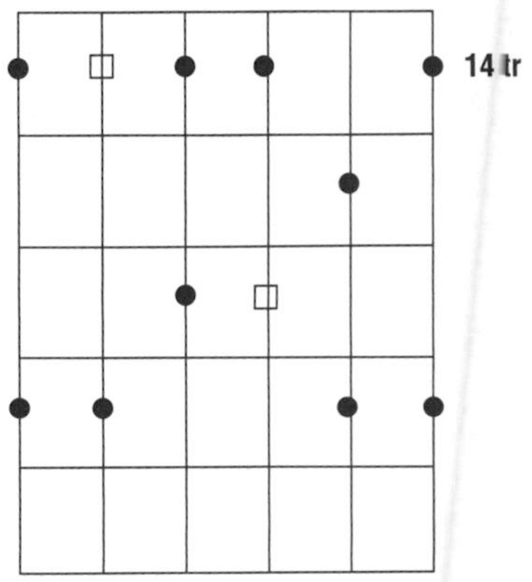

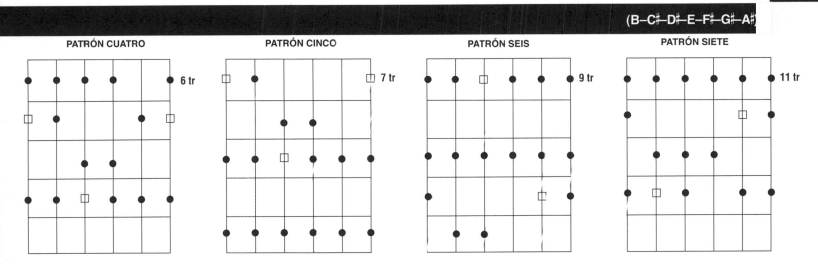

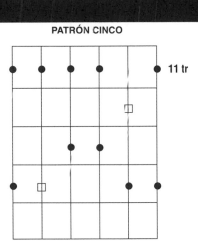

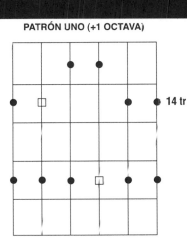

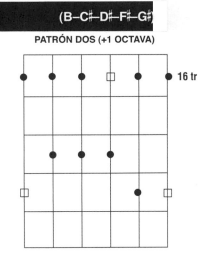

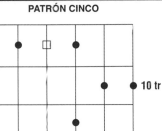

B BLUES

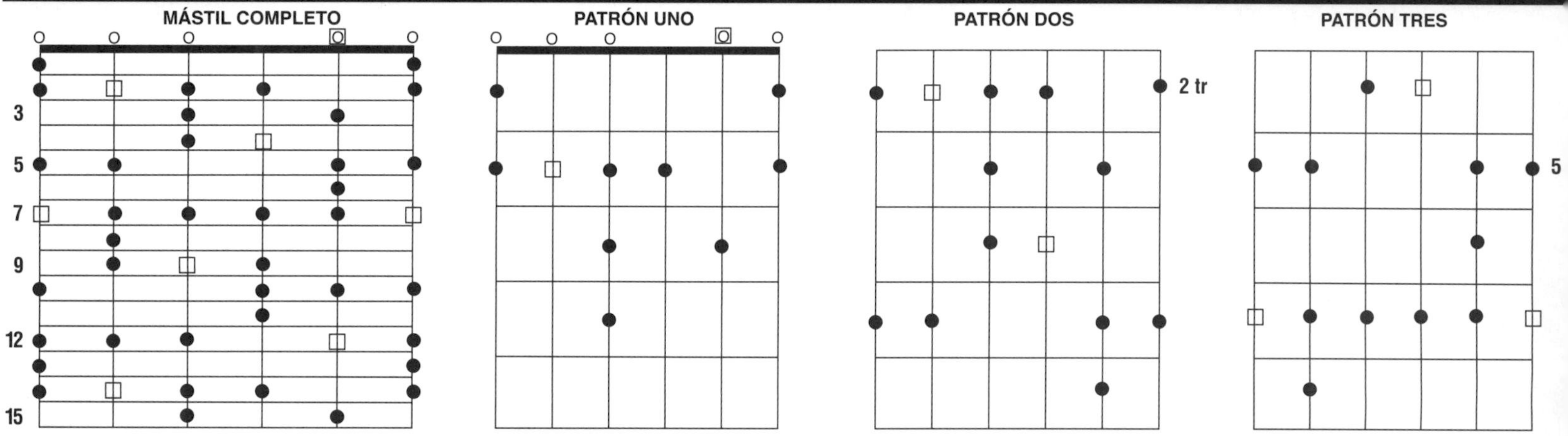

B MIXO BLUES

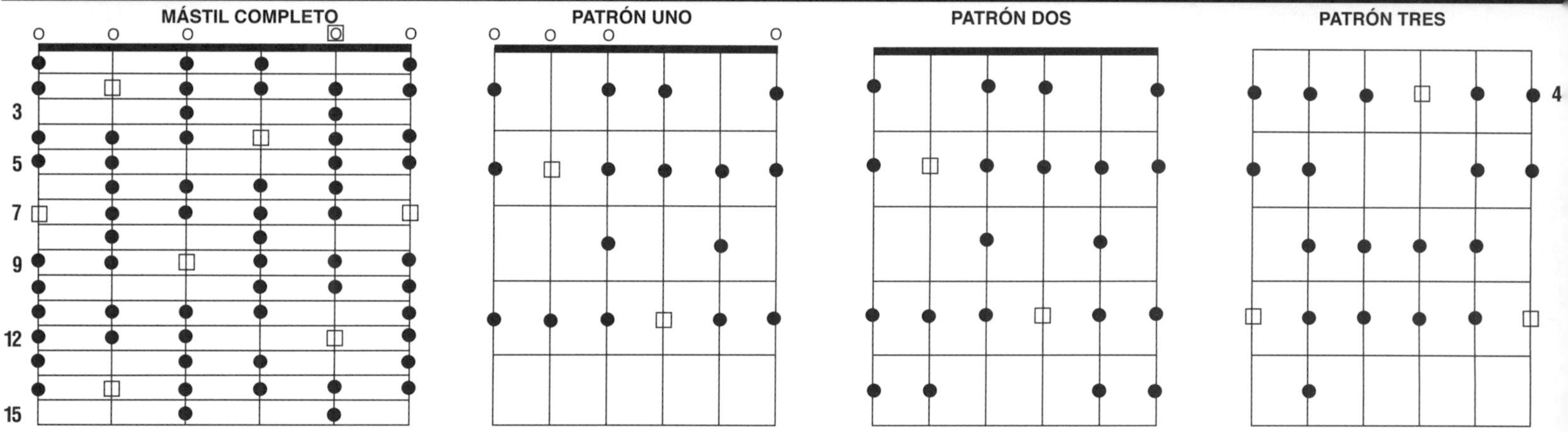

B MIXOLIDIO

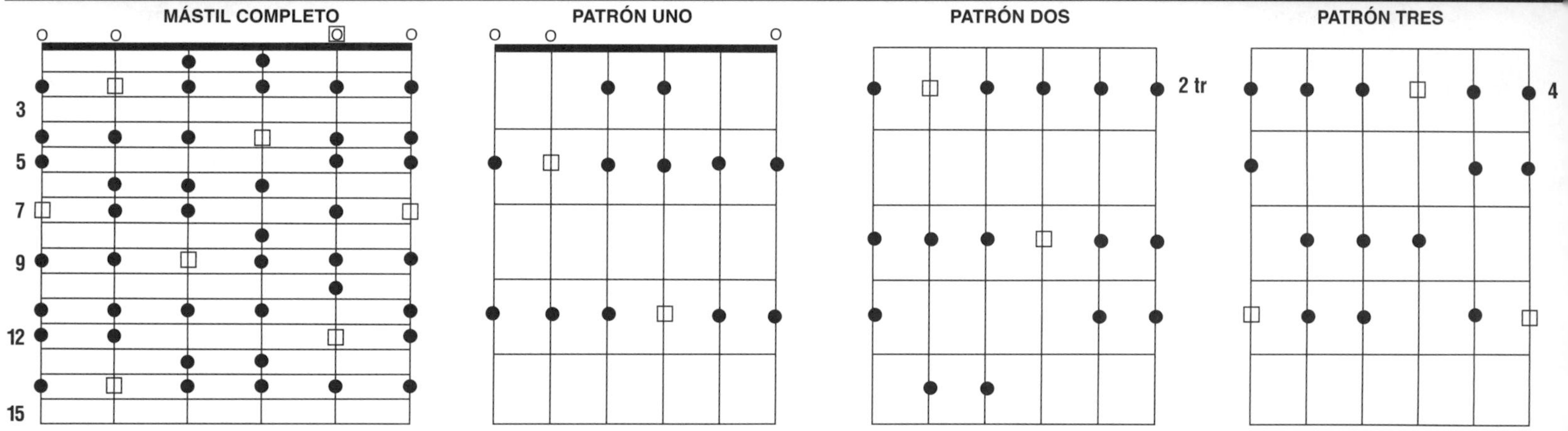

B DÓRICO

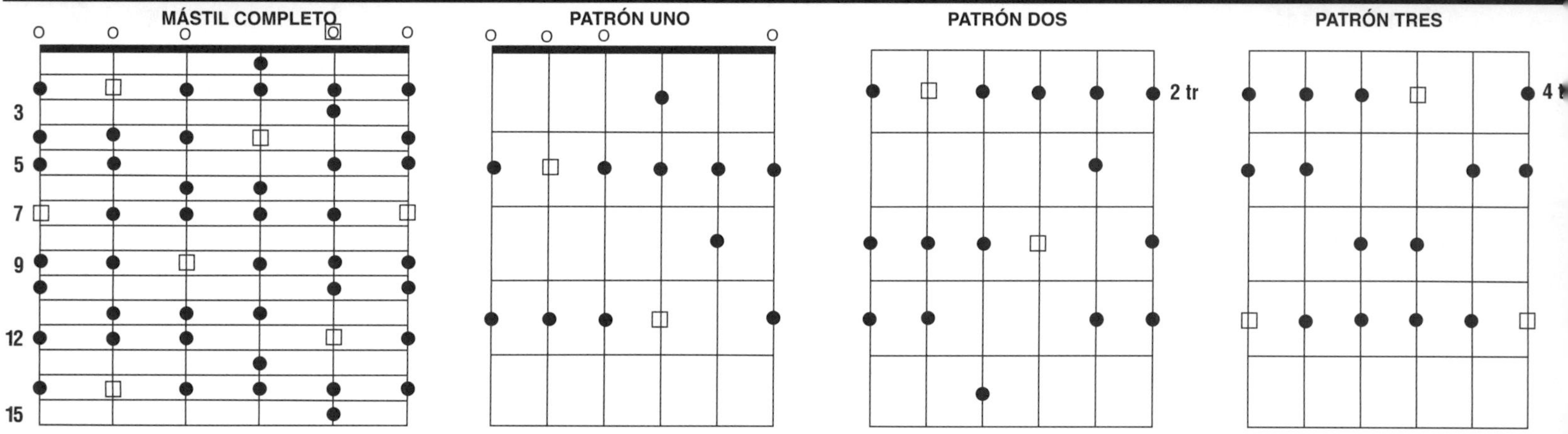

(B–D–E–F–F♯–A)

PATRÓN CUATRO

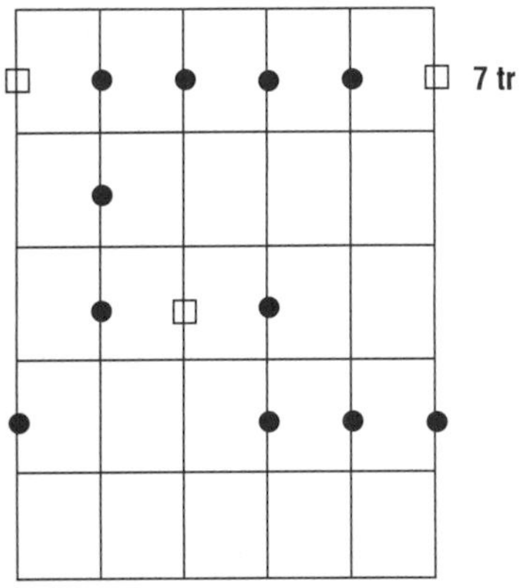

PATRÓN CINCO

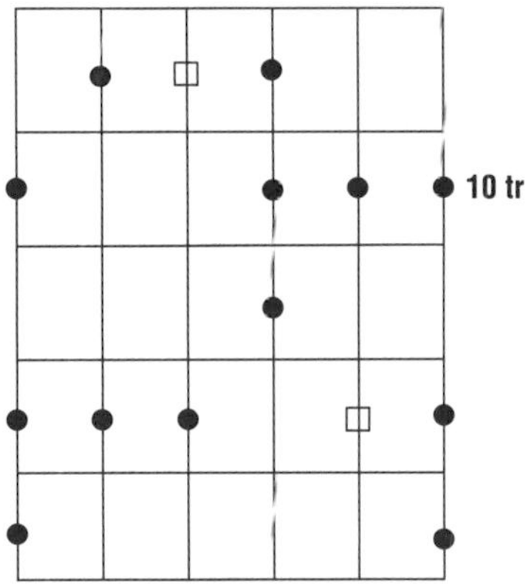

PATRÓN SEIS

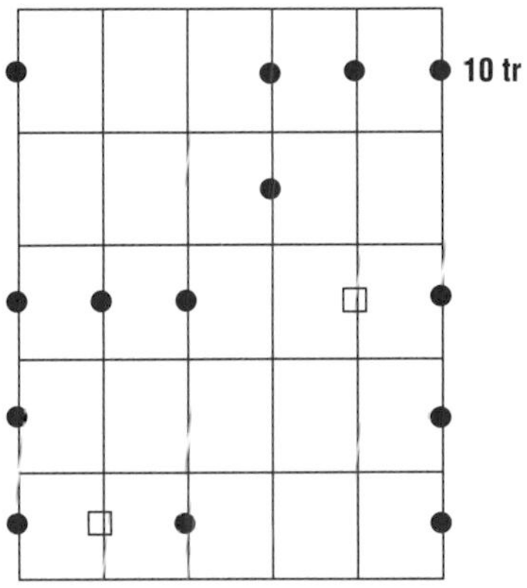

PATRÓN UNO (+1 OCTAVA)

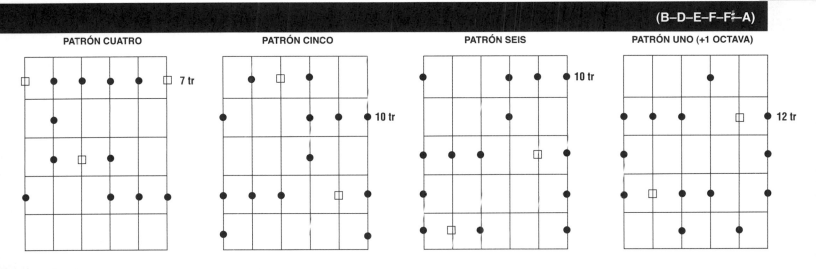

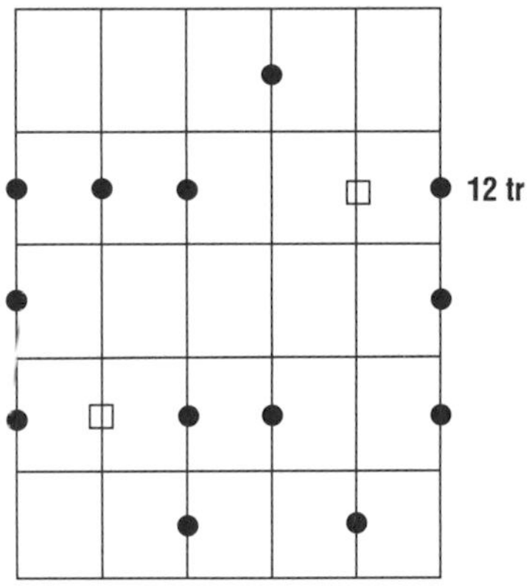

(B–C♯–D–D♯–E–F–F♯–G♯–A)

PATRÓN CUATRO

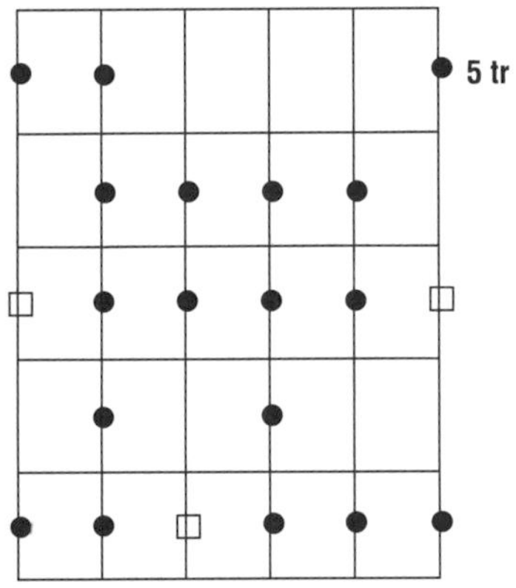

PATRÓN CINCO

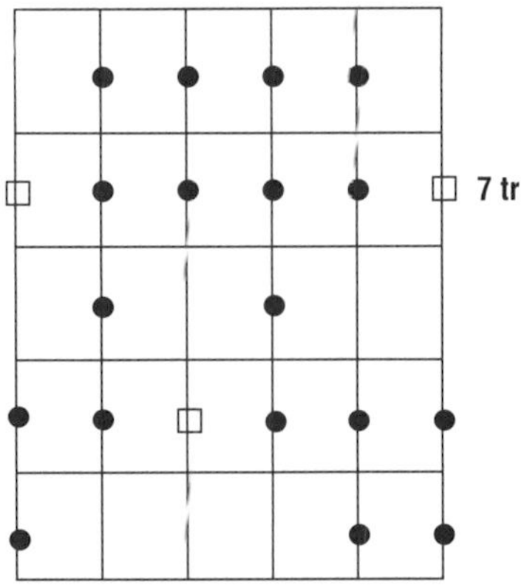

PATRÓN SEIS

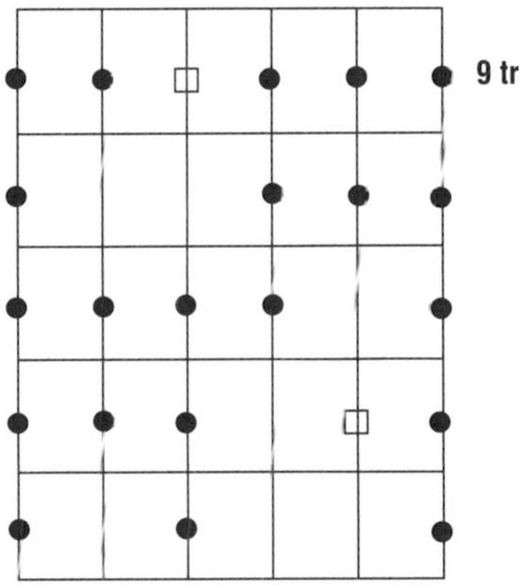

PATRÓN SIETE

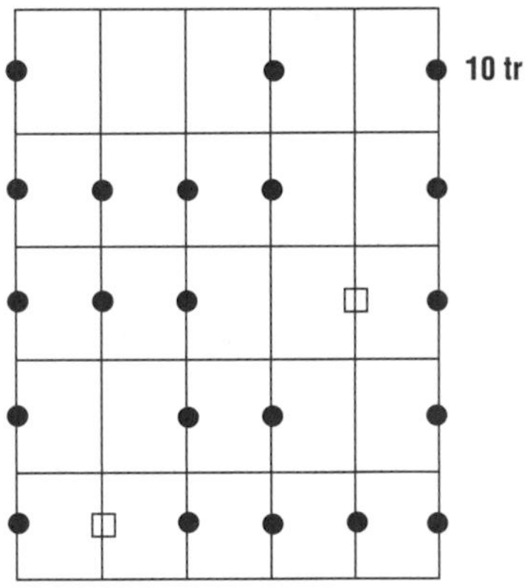

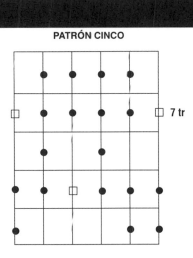

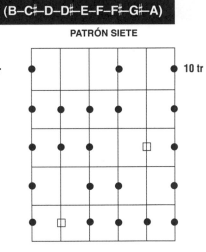

(B–C♯–D♯–E–F♯–G♯–A)

PATRÓN CUATRO

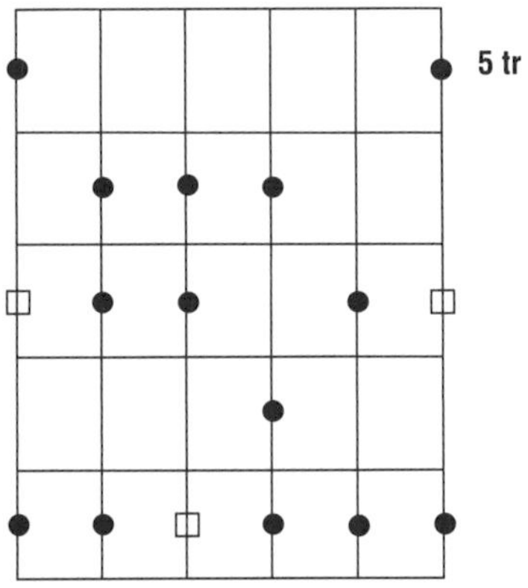

PATRÓN CINCO

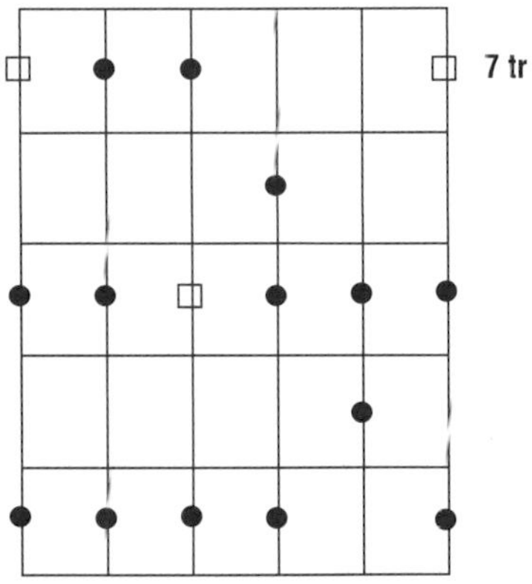

PATRÓN SEIS

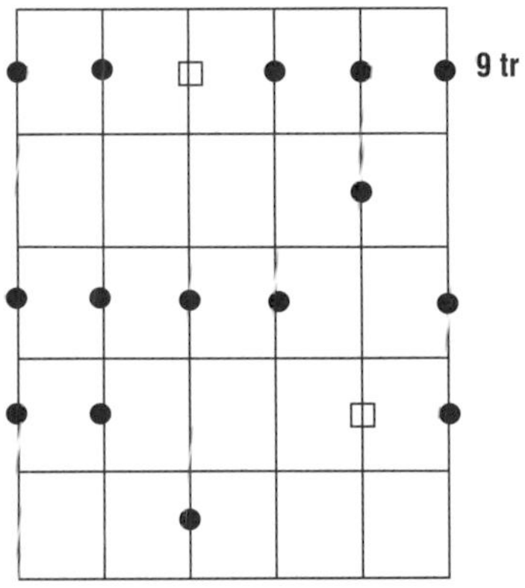

PATRÓN SIETE

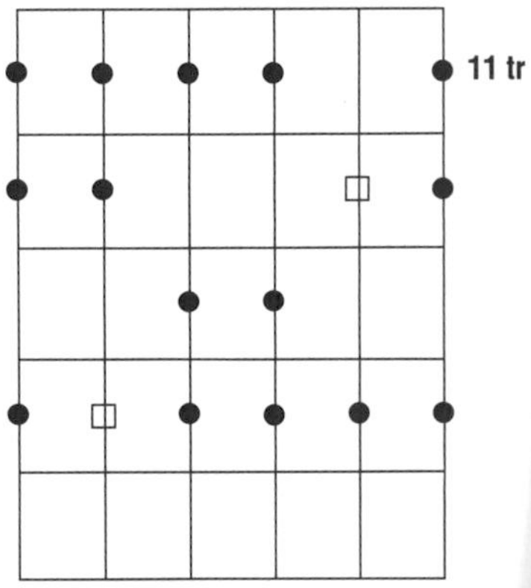

(B–C♯–D–E–F♯–G♯–A)

PATRÓN CUATRO

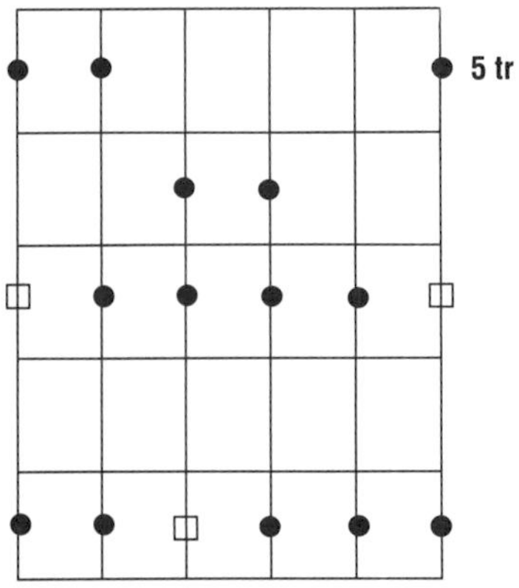

PATRÓN CINCO

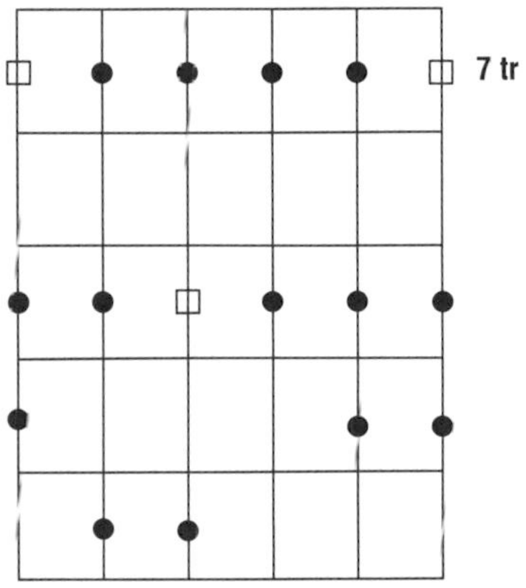

PATRÓN SEIS

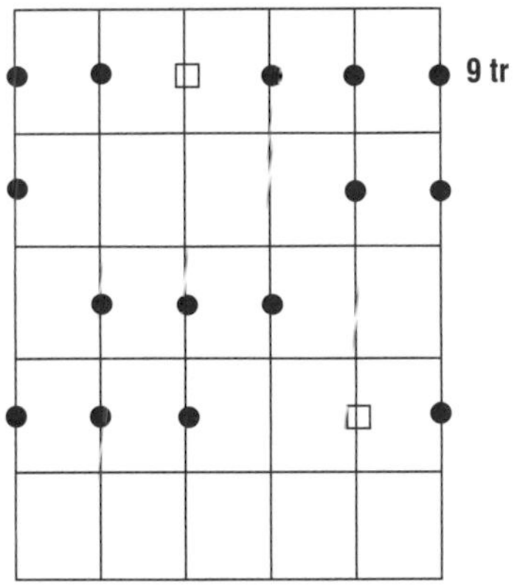

PATRÓN SIETE

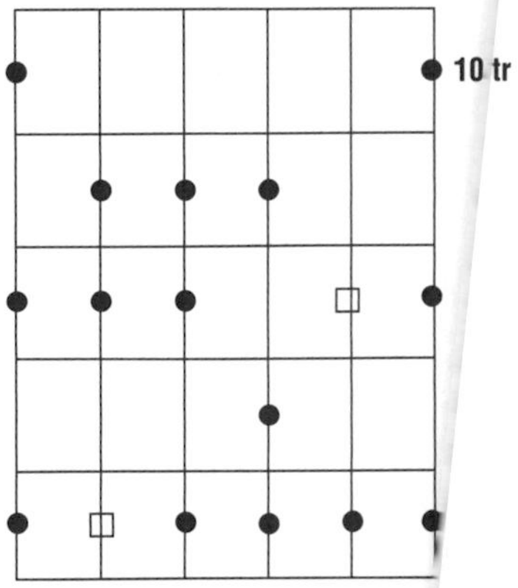

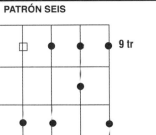

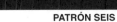

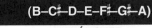

B MENOR MELÓDICA

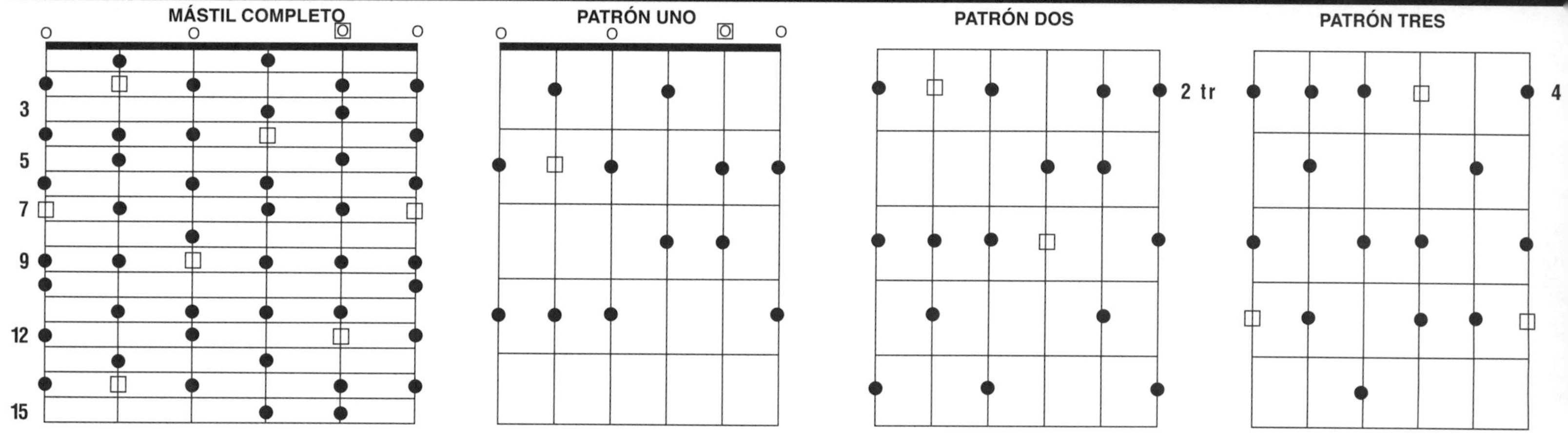

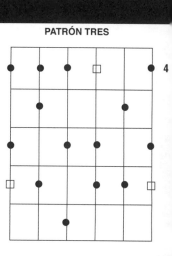

B MENOR ARMÓNICA

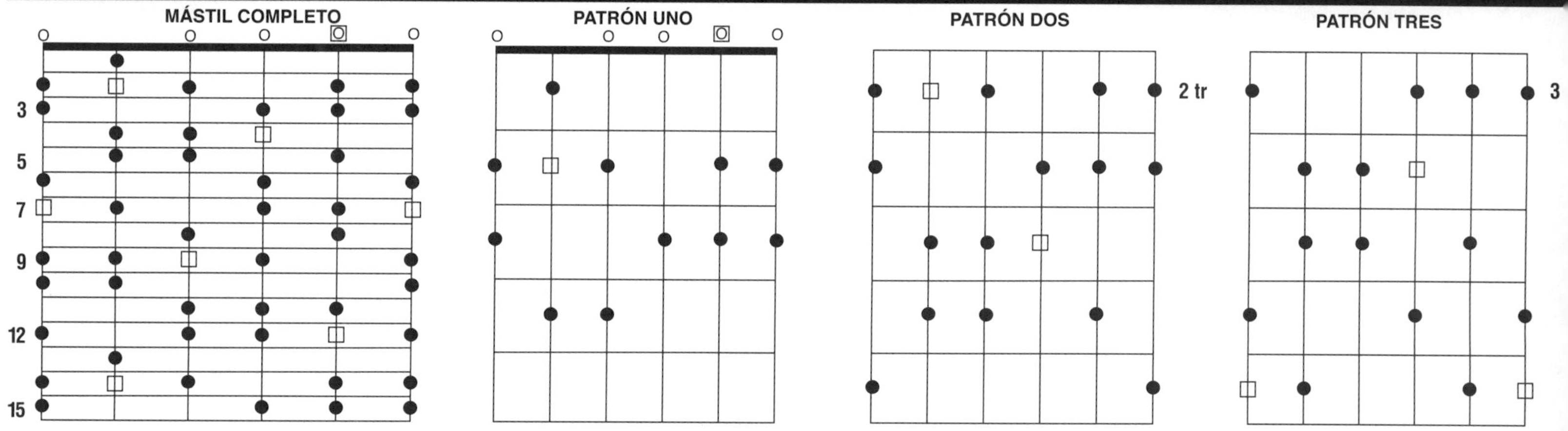

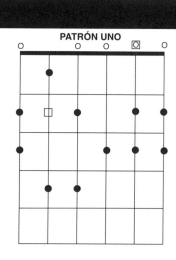

B TRIGIA

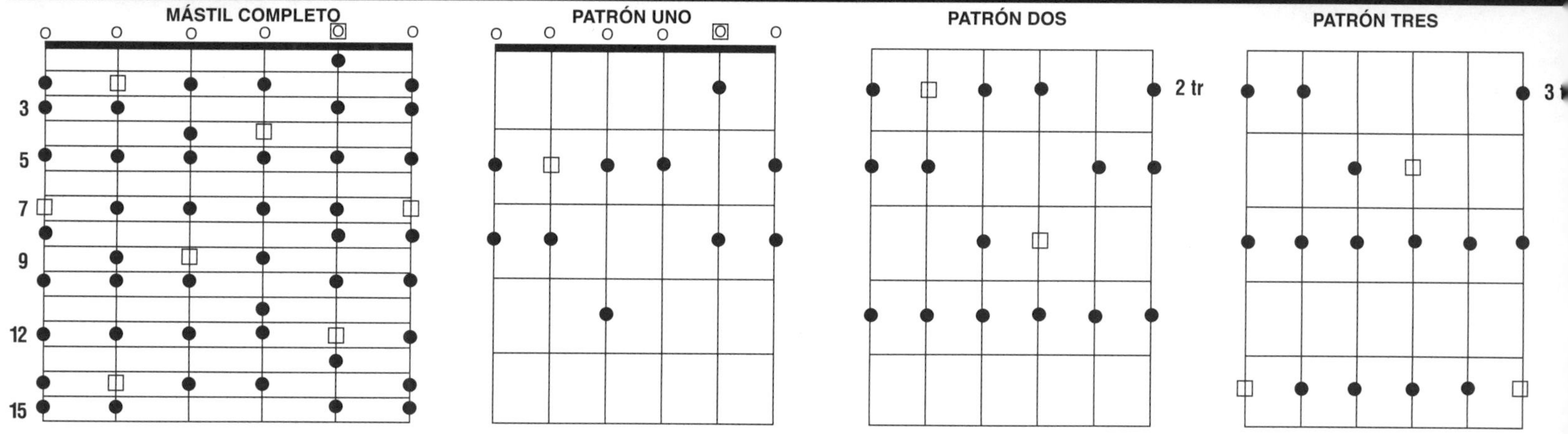

B LOCRIO

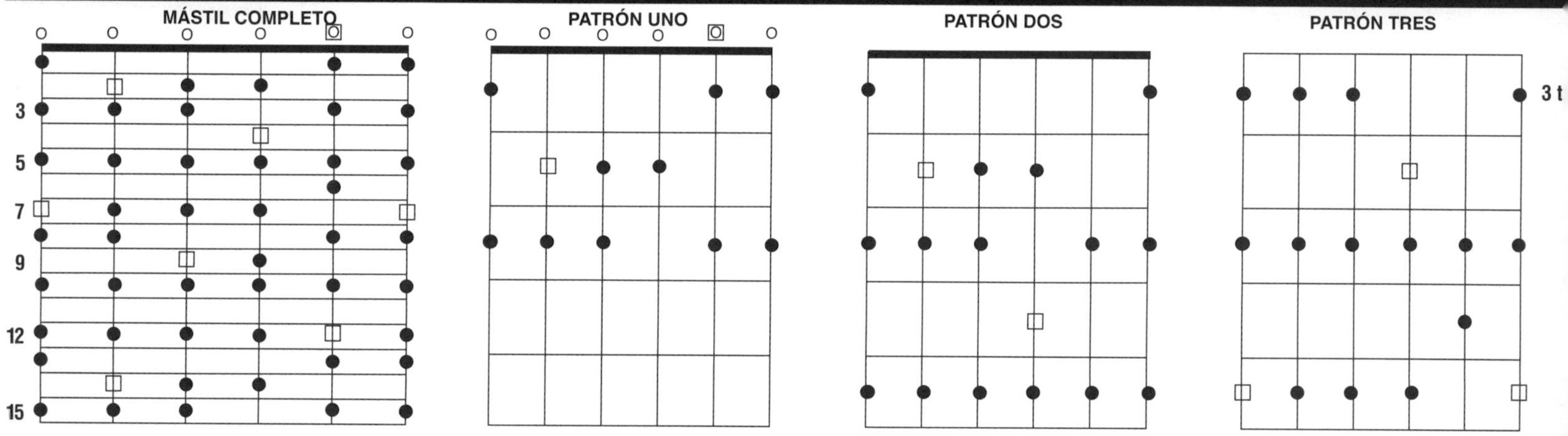

(B–C♯–D–E–F♯–G♯–A♯)

PATRÓN CUATRO

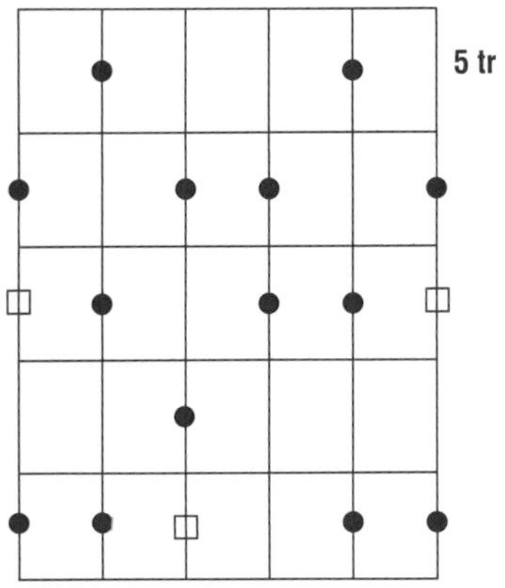

PATRÓN CINCO

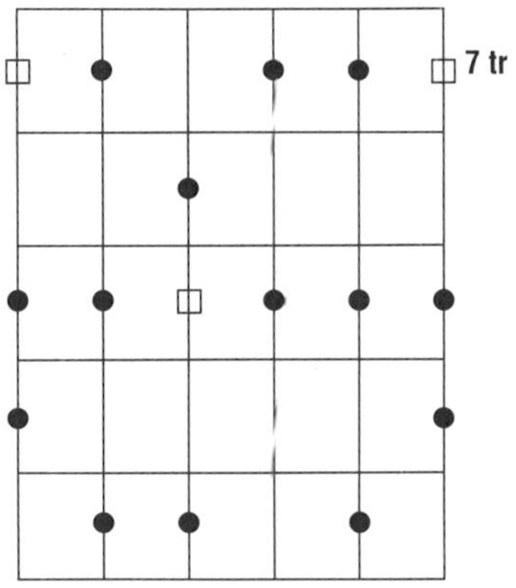

PATRÓN SEIS

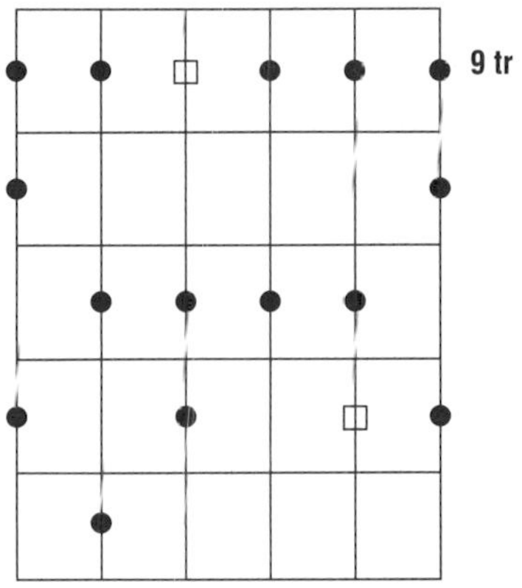

PATRÓN SIETE

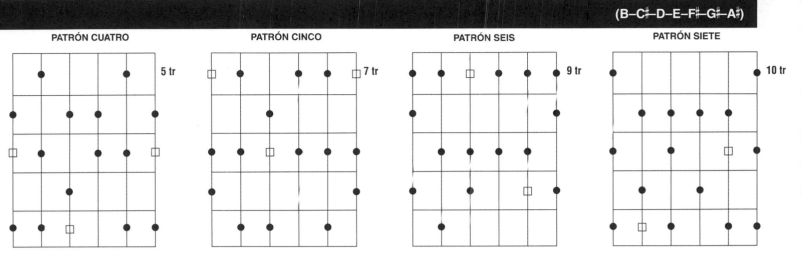

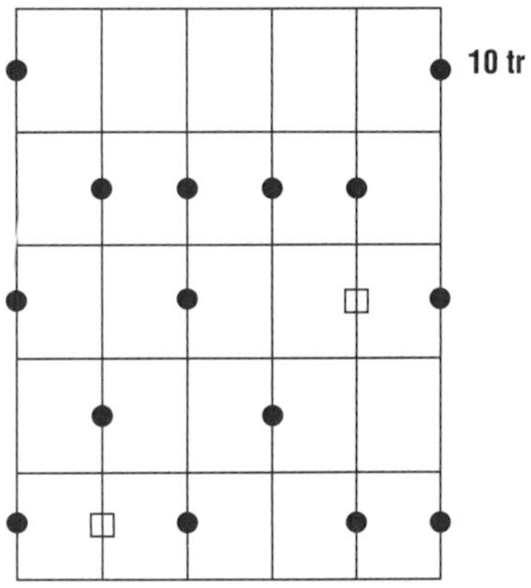

(B–C♯–D–E–F♯–G–A♯)

PATRÓN CUATRO

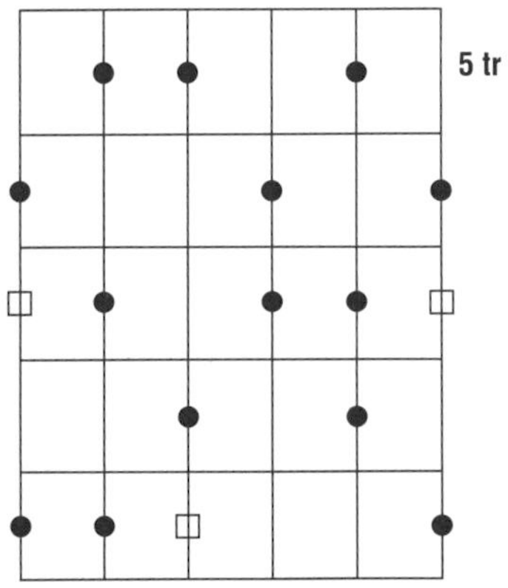

PATRÓN CINCO

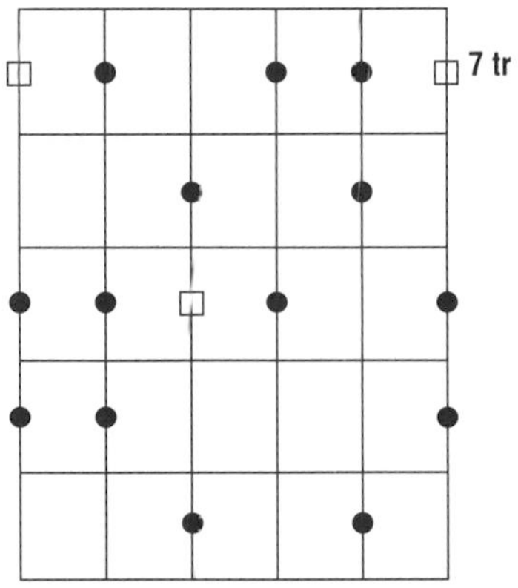

PATRÓN SEIS

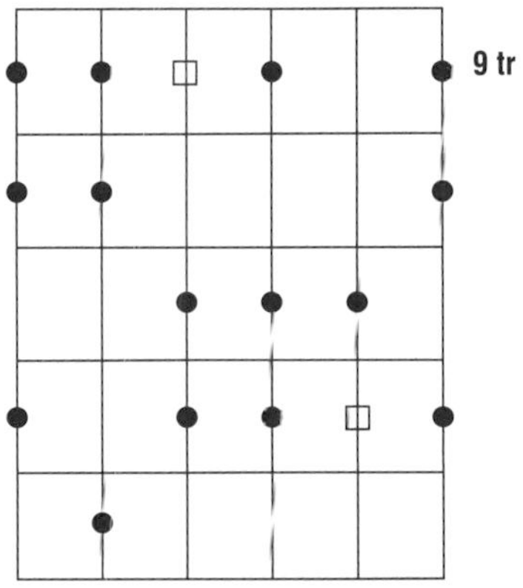

PATRÓN SIETE

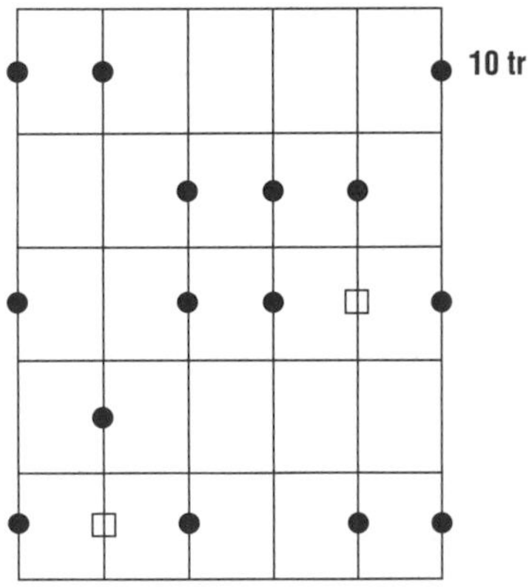

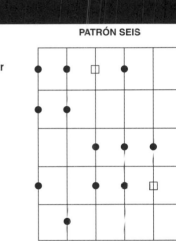

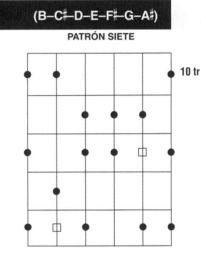

(B–C–D–E–F♯–G–A)

PATRÓN CUATRO

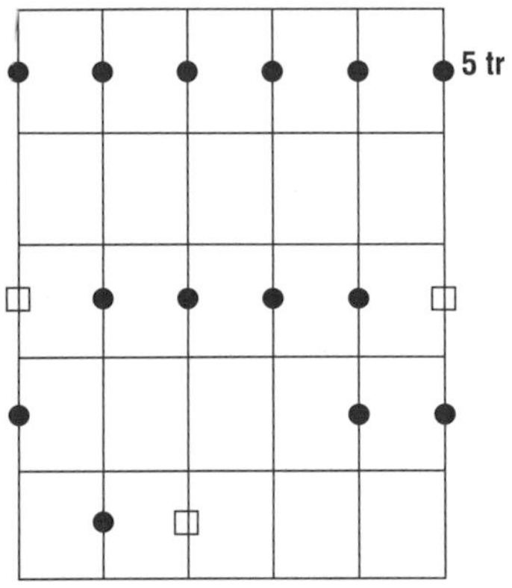

PATRÓN CINCO

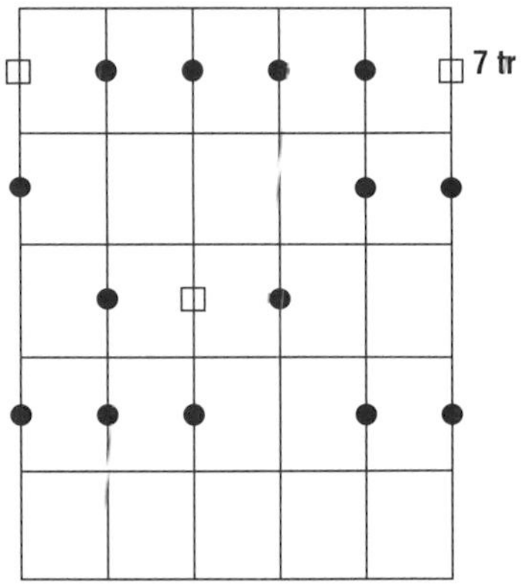

PATRÓN SEIS

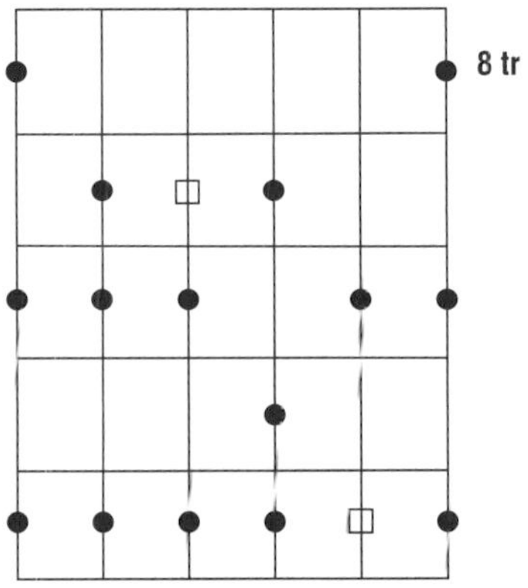

PATRÓN SIETE

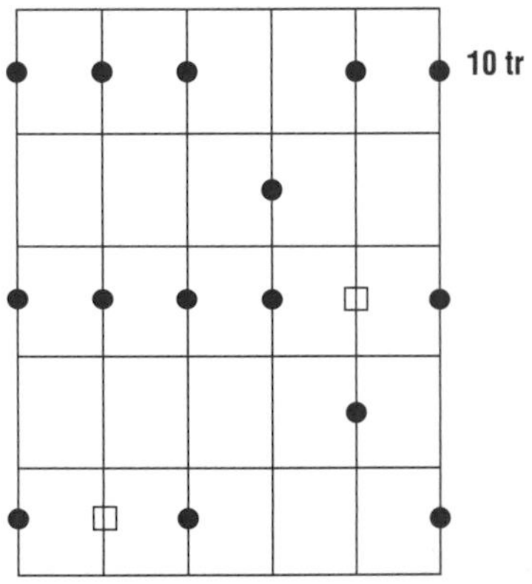

(B–C–D–E–F–G–A)

PATRÓN CUATRO

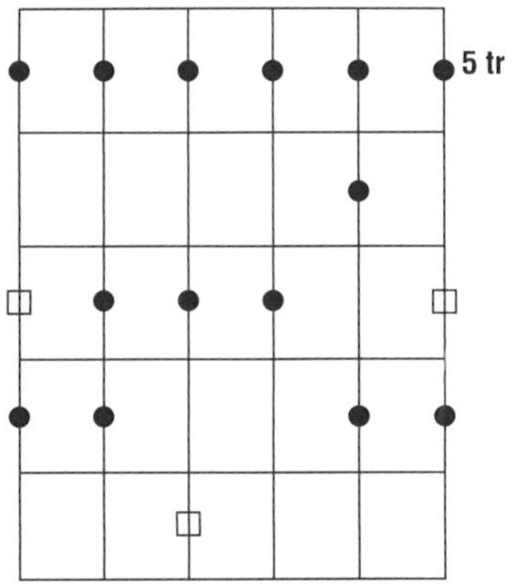

PATRÓN CINCO

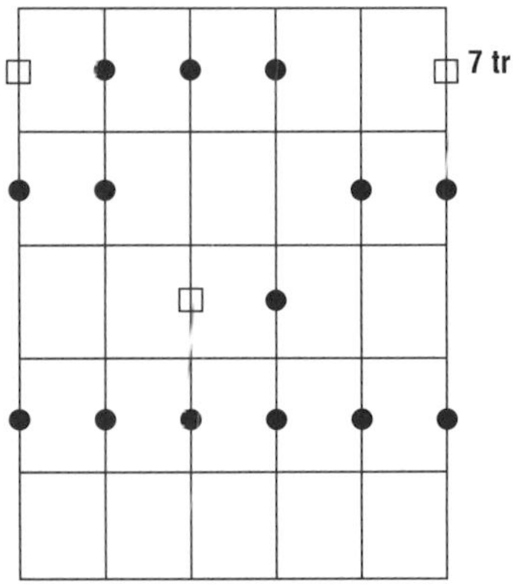

PATRÓN SEIS

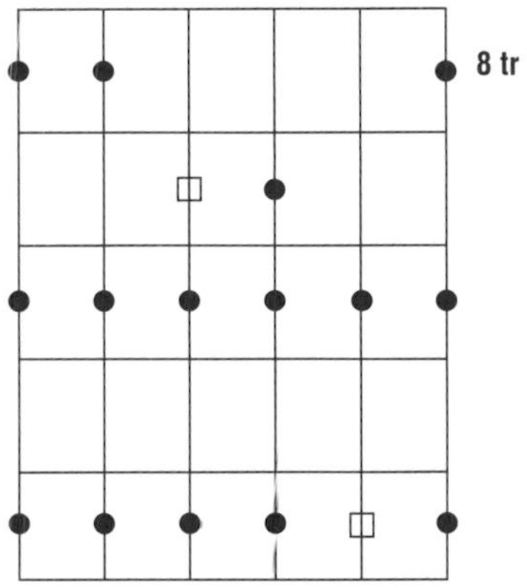

PATRÓN SIETE

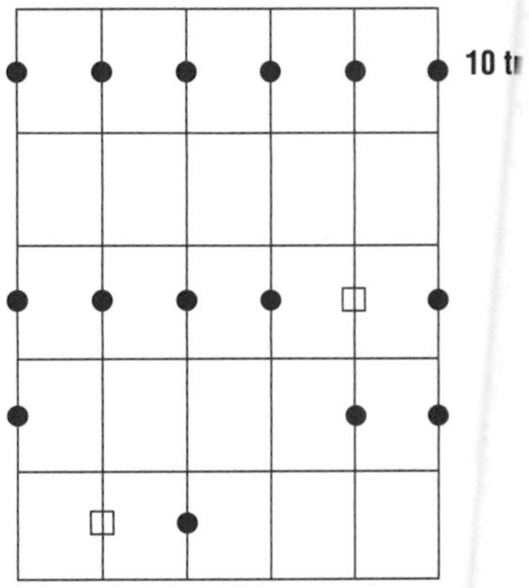

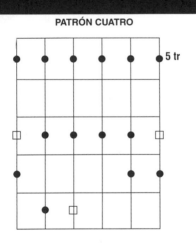

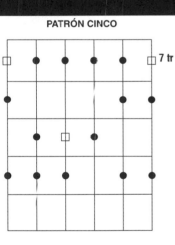

B LIDIO

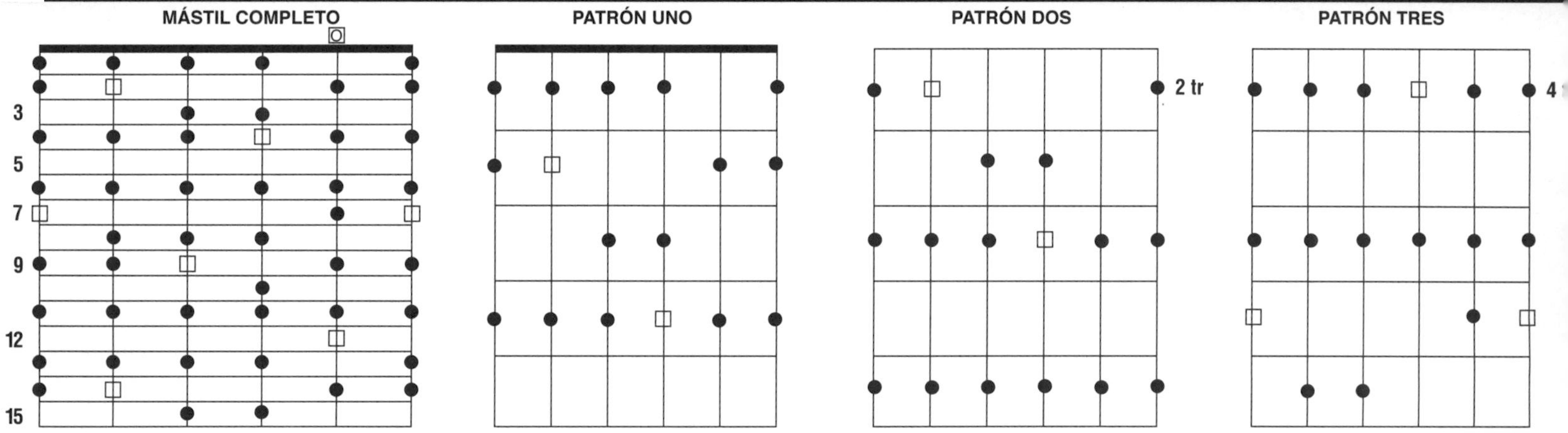

B DISMINUIDA (SEMITONO-TONO)

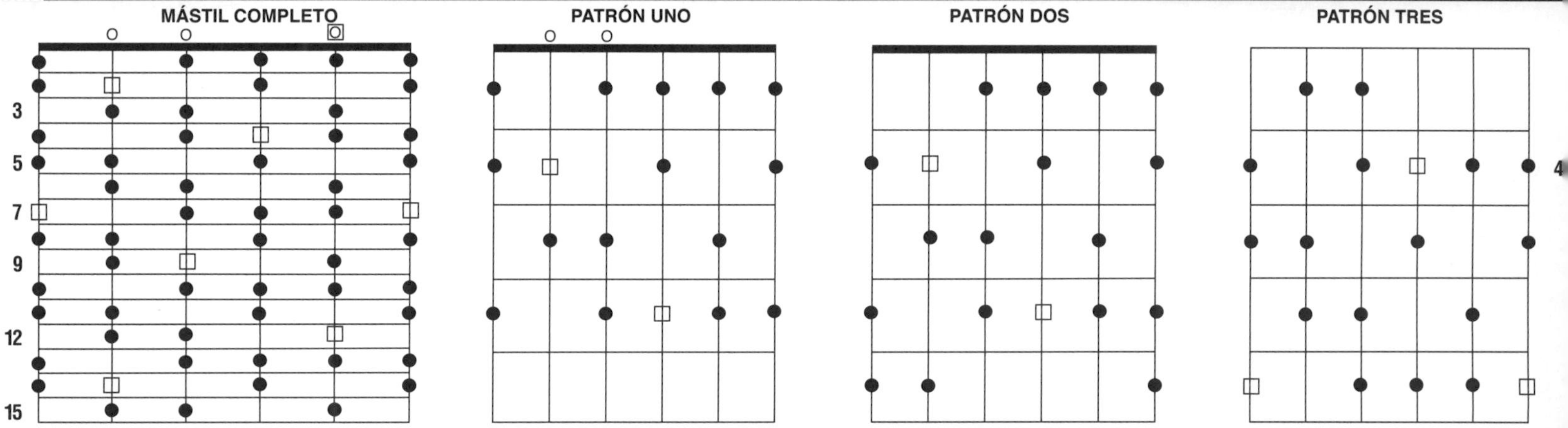

B DISMINUIDA (TONO-SEMITONO)

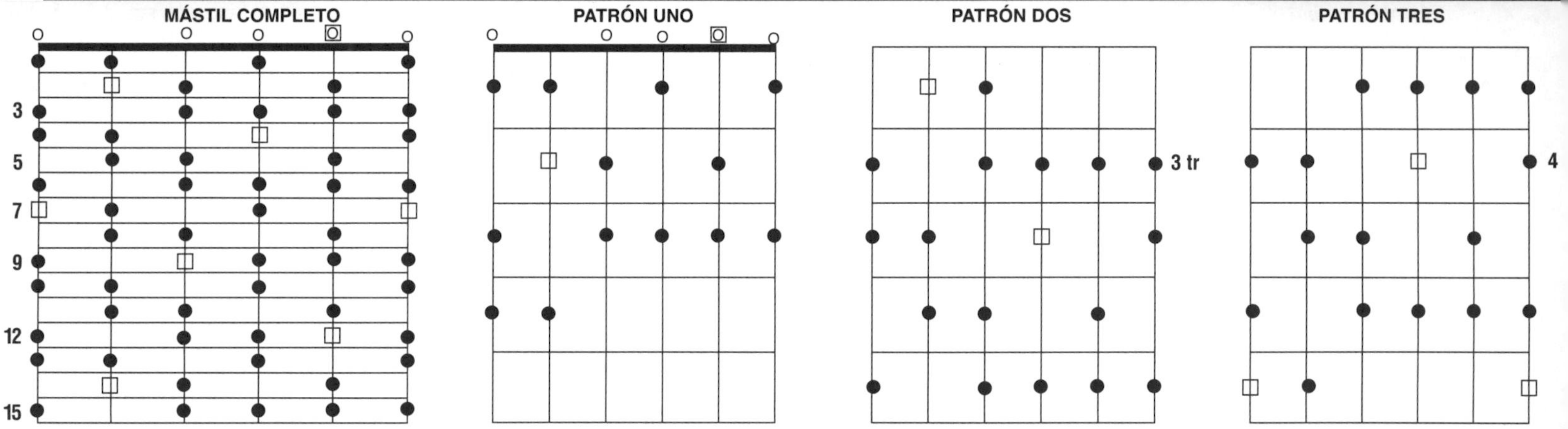

B CROMÁTICA (B–C–C♯–D–D♯–E–F–F♯–G–G♯–A–A♯)

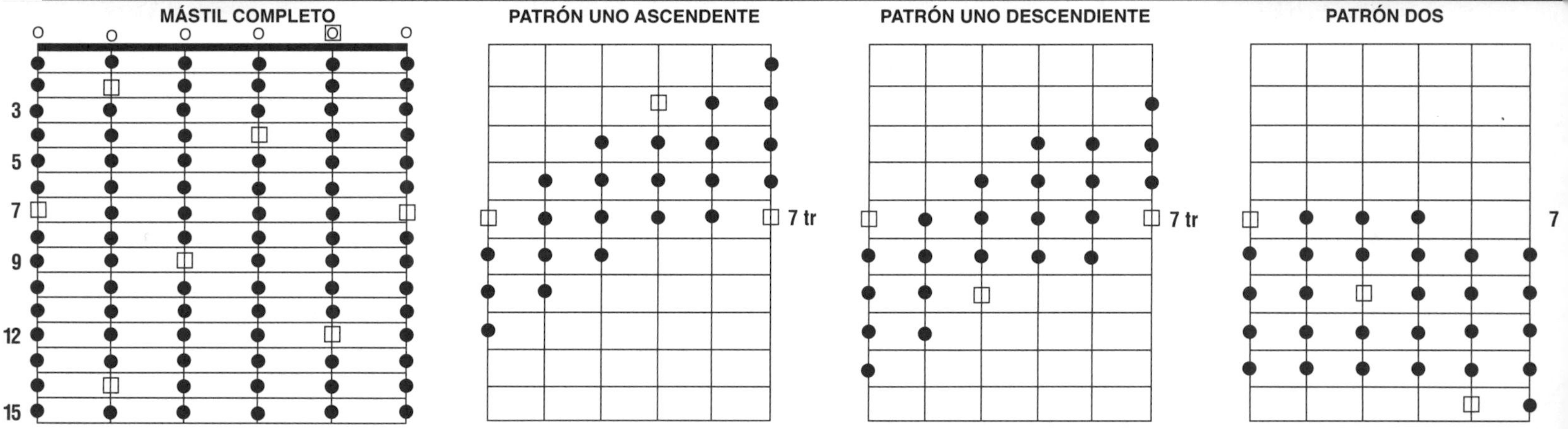

(B–C♯–D♯–E♯–F♯–G♯–A♯)

PATRÓN CUATRO

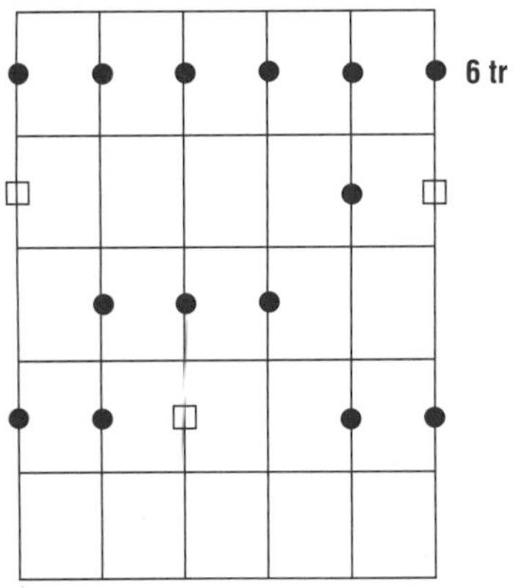

PATRÓN CINCO

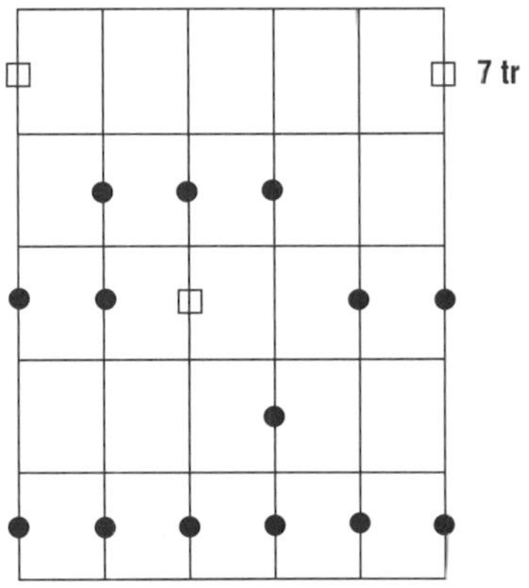

PATRÓN SEIS

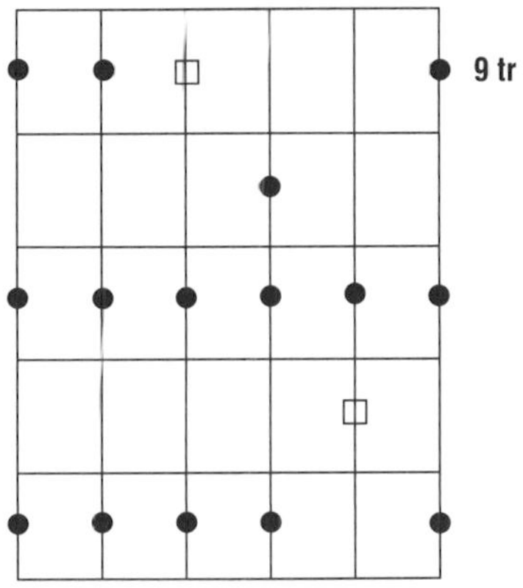

PATRÓN SIETE

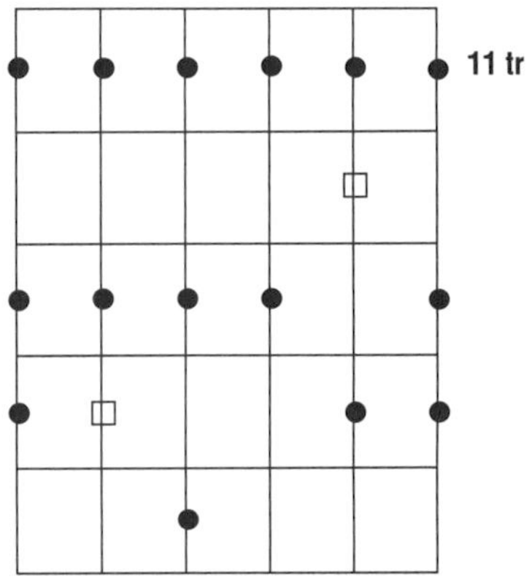

(B–C–D–E♭–F–F♯–G♯–A)

PATRÓN CUATRO

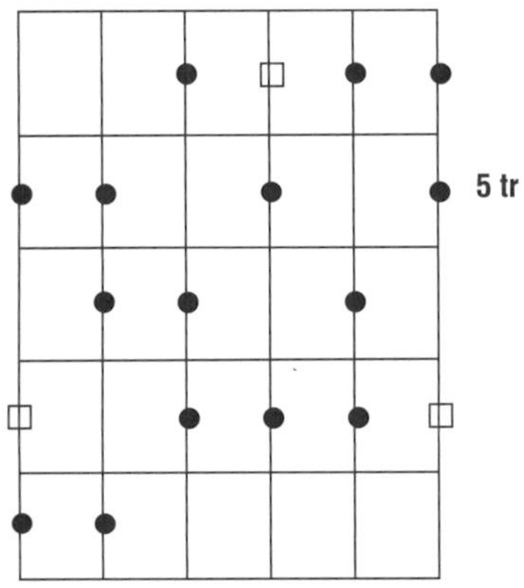

PATRÓN CINCO

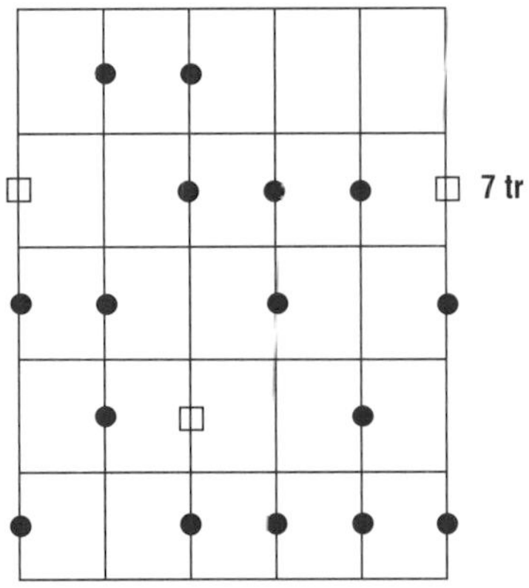

PATRÓN SEIS

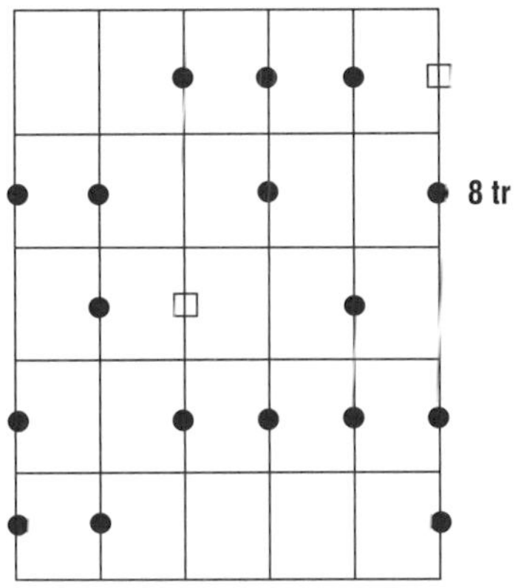

PATRÓN SIETE

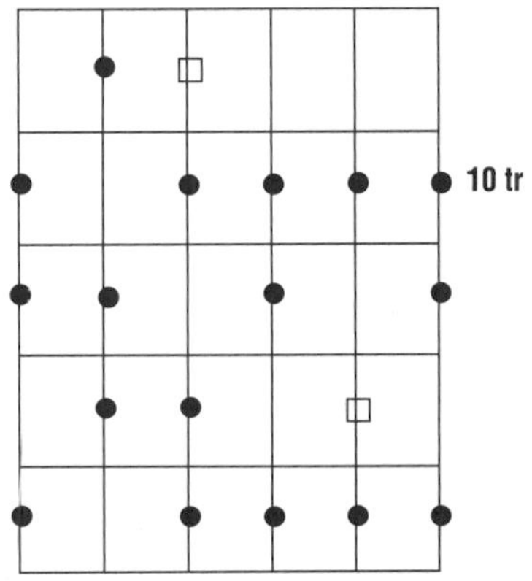

(B–C♯–D–E–F–F𝄪–G♯–A♯)

PATRÓN CUATRO

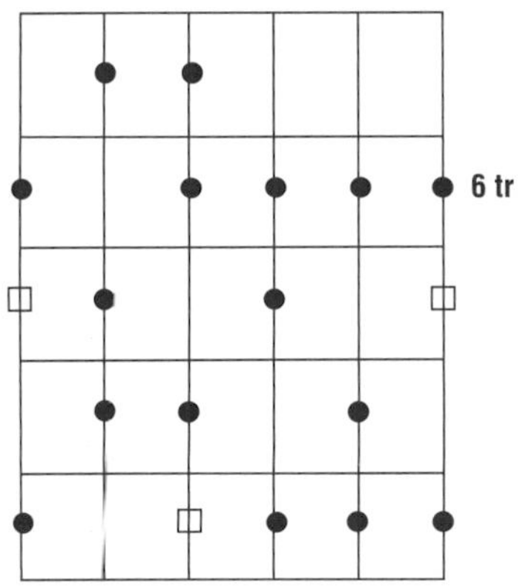

PATRÓN CINCO

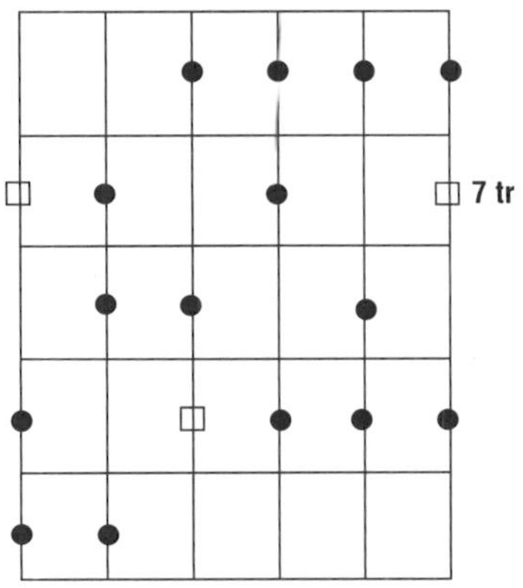

PATRÓN SEIS

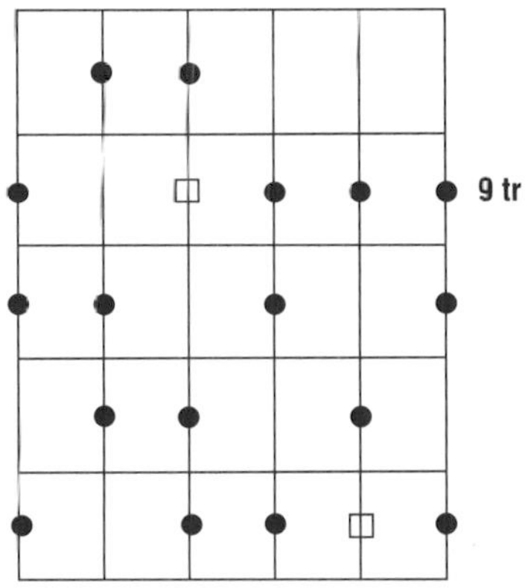

PATRÓN SIETE

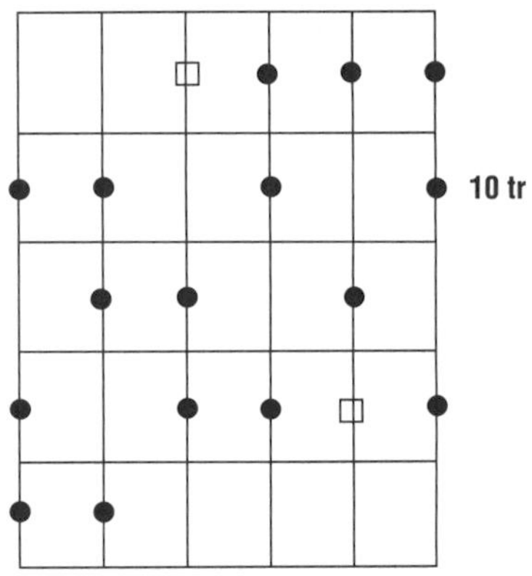

B TONO

(B–C♯–D♯–E♯–F𝄪–G𝄪)

MÁSTIL COMPLETO

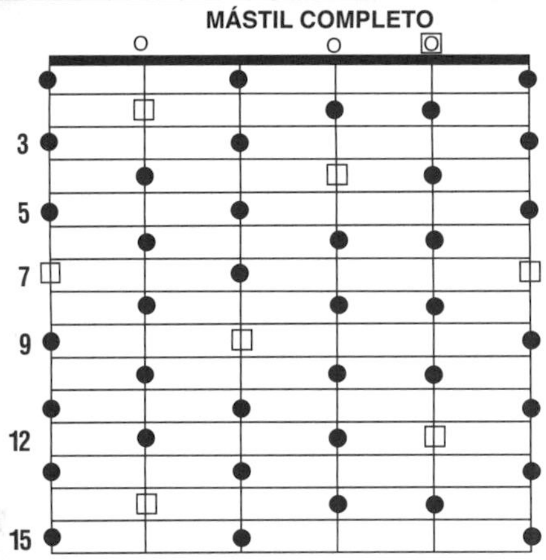

PATRÓN UNO

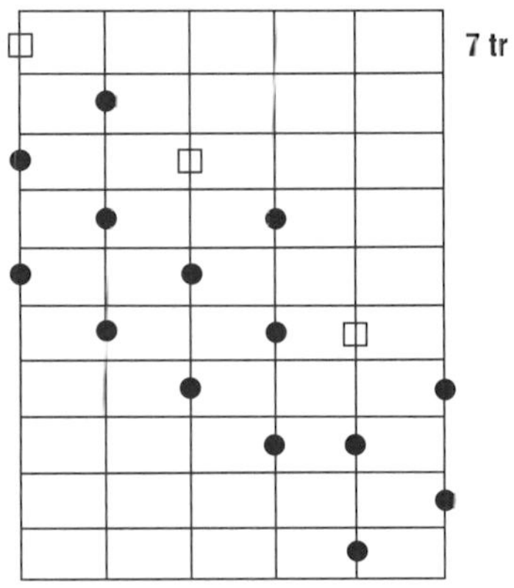

PATRÓN DOS

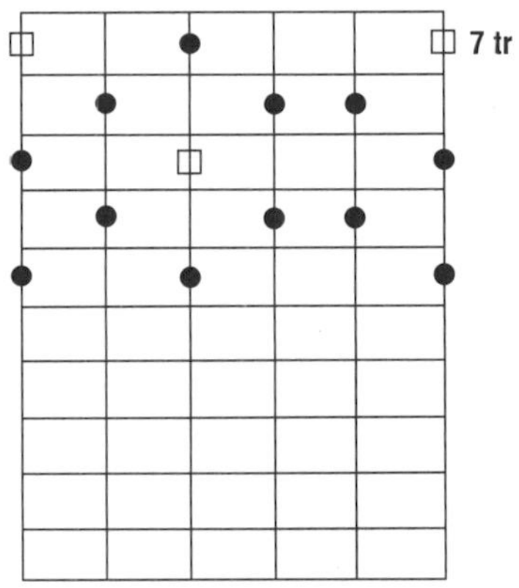

PATRÓN TRES

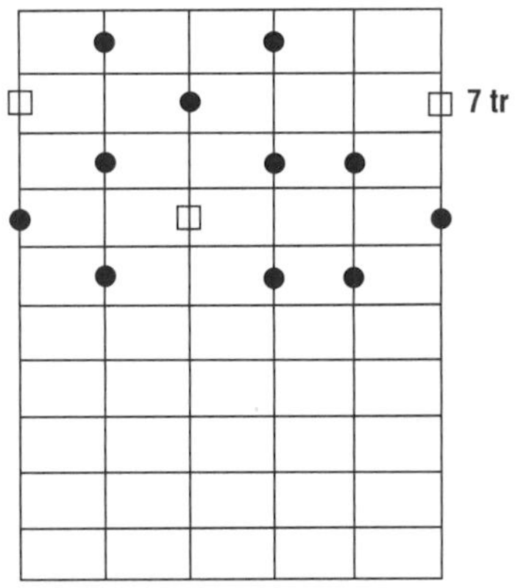

CÓMO USAR ESTE LIBRO

El *Increíble buscador de escalas* resulta una forma rápida y divertida para obtener inmediatamente más de 1300 patrones de escala esenciales. Con solo buscar una escala, descubrirás cómo y donde tocarla con tu guitarra.

Cómo buscar una escala

Para buscar una escala, primero debes determinar la *nota fundamental* que estás buscando (por ejemplo C, D, E, etc.) y luego el tipo de escala o la *calidad* (por ejemplo mayor, menor natural, etc.).

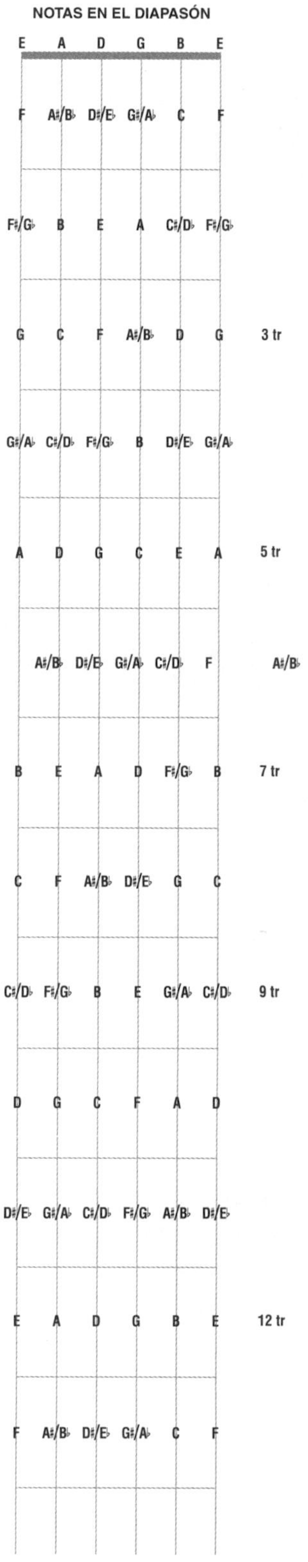

Cómo se leen las escalas
La lectura de escalas (por ejemplo, C–D–E–F–G–A–B) indica las notas de la escala.

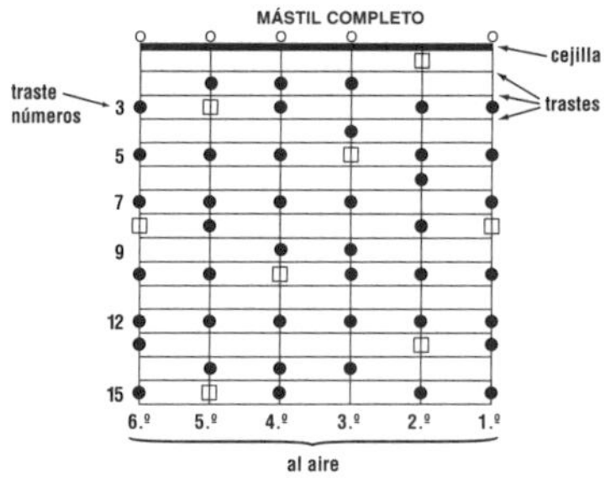

Diagrama de mástil completo
El diagrama de mástil completo muestra la escala a través de todo el diapasón con trastes. Puedes utilizarlo para conectar los patrones o para practicar improvisaciones de escala en sola una cuerda.

Patrones del diapasón con trastes
Los patrones del diapasón con trastes te indican cómo tocar la escala en diferentes posiciones a través del mástil, desde lo más bajo hasta lo más alto. Cada escala tiene hasta siete patrones, cada uno en una posición diferente en el diapasón con trastes.

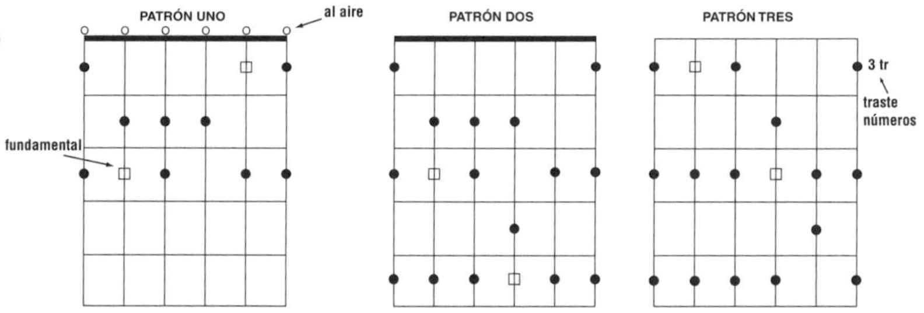

Cómo tocar los patrones

En general, al tocar un patrón de escala, debes mantener la mano en una posición y seguir **la regla de "un dedo por traste"** , es decir, el 1.º dedo en el 1.º traste, .el 2.º dedo en el 2.º traste, el 3.º dedo en el 3.º traste y el 4.º dedo en el 4.º traste. (La línea más gruesa que muestra **la cejilla** o el **número de traste** indica dónde debes colocar la mano en el diapasón con trastes para comenzar el patrón).

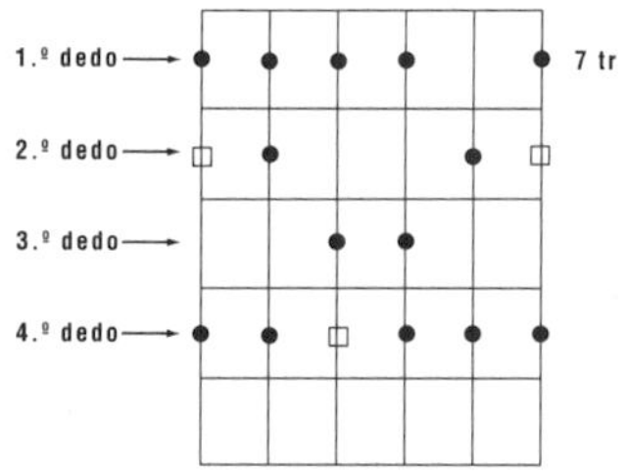

Sin embargo, si una escala cubre más de cuatro trastes, deberás modificar la regla de "un dedo por traste". Para tocar estos patrones, deberás:

- **estirar** la mano para cubrir una distancia mayor o
- **mover** la mano hacia arriba (o abajo) en el diapasón.

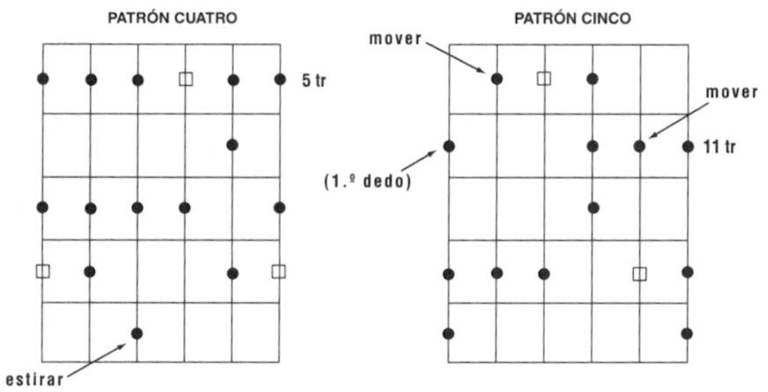

NOTA: Muchas de las notas se pueden leer de dos formas diferentes: con un sostenido *o* con un bemol (por ejemplo, C♯/D♭, D♯/E♭, F♯/G♭, etc.) Estas notas se denominan *equivalentes enarmónicos*. Consulta el gráfico del diapasón con trastes a la derecha si debes determinar la lectura enarmónica de una escala o para comprender mejor las notas que componen una determinada digitación.